Venezuela

Susanne Asal

Inhalt

Wissenswertes über Venezuela

Wissenswertes für die Reise

Unterwegs in Venezuela

Kapitel 1   Caracas und Umgebung

Kapitel 2   Die östliche Küstenregion

Inhalt

Kapitel 3 **Nueva Esparta**

Kapitel 4 **Der Süden**

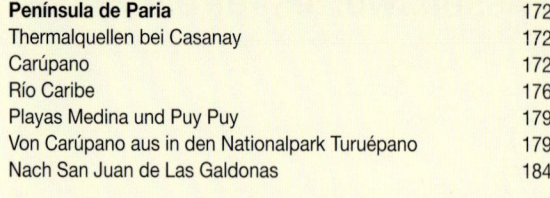

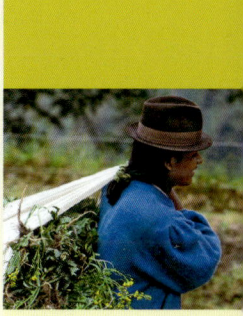

Inhalt

Themen

Alle Karten auf einen Blick

Hoch in den Anden

So rot wie Himbeeren: Ibisse im Nationalpark Laguna de Tacarigua

Wissenswertes über Venezuela

Zwischen Magie und Moderne

So vielfältig zu sein wie ein ganzer Kontinent – diesen Ruf trägt Venezuela stolz und sicherlich auch zu Recht. Tafelberge aus versunkener Vorzeit, eine noch kaum erforschte und schier unermessliche Pflanzenwelt, Bäume voller Kautschuk und Erde voller Quarzgestein, eine Landesmitte, die regelmäßig überflutet wird und ein Delta, dessen Standort noch nicht endgültig fixiert ist – dies bietet wahrlich mehr als genug Abenteuer für ein einziges Land.

Frühestes und noch nicht zu Ende geformtes Gestein, die Tafelberge und die Anden, finden in Venezuela zueinander. Und wie das Land, so scheinen auch die Verhältnisse. Venezuela ist ein Land der Ungleichzeitigkeiten.

Beispiele dafür gibt es genug: Ein Straßennetz flicht es zusammen, das in Teilen alten präkolumbischen Fährten folgt und dann wieder schwindelerregend aufwendig in die Landschaft geschnitten ist. Bruchstücke voller glatter Asphaltbahnen wechseln mit langen Strecken, in denen sich die *carretera*, die Landstraße, durch schier undurchdringliche Dschungel schlägt.

Zwischen Santa Elena und der Aussteigeridylle El Paují im Tafelbergland Gran Sabana holpert der Geländewagen über ausgewaschene Flussbetten, Steinschichten und Schlammmatratzen, vor sich nicht selten eine abenteuerliche Busladung voller Diamantensucher oder abgebrühter Händler, die dringend benötigte Materialien in diese unwegsame Gegend liefern.

Im Bundesstaat Amazonas bilden ausschließlich Flüsse die Wege zu indianischen Siedlungen, deren Kulturen in der Frühgeschichte der Menschheit verhaftet zu sein scheinen, während im Norden blitzende Hochhaustürme in den Karibikhimmel ragen, die Hauptstadt in einem Meer aus Verkehr versinkt und man Langusten mit Kastanienpüree in eisgekühlten Restaurants verzehrt.

Die Ungleichzeitigkeiten bestanden und bestehen aber nicht nur innerhalb der Landesgrenzen. Venezuela war über lange Zeit im Vergleich zu Mexiko und Peru eine von Spanien ungeliebte und vernachlässigte Tochterkolonie, seine lange Küstenlinie leichte Piratenbeute. Wie oft die zu Venezuela gehörende Isla de Margarita erobert werden sollte und tatsächlich wurde, lässt sich kaum zählen. Die europäischen Konquistadoren hatten rasch das Interesse an dem offenbar doch nicht goldstrotzenden Land verloren, das sie so vorschnell mit dem Wunder von »El Dorado« identifiziert hatten.

Caudillos herrschen

Später dann verwüsteten und entvölkerten Unabhängigkeitskämpfe und Bürgerkriegswirren das Land, das von *caudillos* inselhaft beherrscht wurde, die die Karriereleiter in militärischen Ehren erklommen hatten. Es hatte über Jahrhunderte hinweg immer nur einzelne Zentren gegeben, in denen sich die Bevölkerung konzentrierte: die Küstenzone mit ihren Kakao- und Kaffeeplantagen, Barquisimeto, Ciudad Bolívar und die Anden.

Alexander von Humboldt entdeckte im Jahr 1799 in Venezuelas Dschungel und auf seinen Flüssen einen neuen Schatz: ein bislang unbekanntes Paradies von Pflanzen und Tieren. Und Reiseberichte des beginnenden 19. Jh. zeichnen ein beschauliches, verträumtes Bild einer verschlafenen Hacienda-Mentalität, die sich über ganz Venezuela ausgebreitet hatte.

Die spektakulären Erdölfunde zu Beginn des 20. Jh. katapultierten das Land kometenhaft in die Moderne und spornten zu technischen Höchstleistungen an. Die einst teuerste Straße und die längste Brücke, die höchste und längste Seilbahn, die größte Raffinerie der Welt schufen atemlos schnell den Anschluss an Standards der Industrienationen, während die Yanomami tief im Dschungelsüden Jäger und Sammler geblieben sind und sich Halluzinogene in die Nasen blasen oder die Warao im Orinocodelta den Wurm der *moriche*-Palme braten und verspeisen.

Wie sollte allein der Zusammenprall dieser kulturellen Gegensätze kein besonderes Klima erzeugen? Venezuela ist ein Neugier entfachendes Land, weil diese Widersprüche nebeneinander bestehen – jeweils eine Welt für sich, und keine greift, relativ gesehen, störend in die andere ein. Seine großen landschaftlichen Schönheiten, welche die Touristen anziehen – von den Tafelbergen zu den Andengipfeln und den Karibikstränden – sind tatsächlich eines Kontinents würdig, und seine Bewohner entstammen gleich dreien: Südamerika, Europa und Afrika.

Chávezlandia

Seit einiger Zeit nun, genau genommen seit 1999, liefert Venezuela politisch tatsächlich regelmäßig mehr Schlagzeilen als nur in den Reisefeuilletons. Bei den Präsidentschaftswahlen 1998 fegte der Exmilitär Hugo Chávez Frías über die politische Landschaft hinweg. Er gewann die Wahlen mit seinem Versprechen, sich der Belange des kleinen Mannes anzunehmen und stürzte sich fortan in das Experiment, eine sozialistische Gesellschaft aus Venezuela zu formen.

Es schien, als wache Venezuelas Gesellschaft auf. Linke Parteien wie die MAS (Movimiento al Socialismo) oder die Causa R hatten auf der politischen Landkarte nie gefehlt, aber der Movimiento Quinta República von Chávez war etwas ganz Neues.

In seiner ersten Regierungsphase erlebte die Öffentlichkeit die erste historische Verbrüderung zwischen Gewerkschaftsbewegung und Arbeitgeberverband weltweit: Unter normalen Umständen »natürliche« Feinde, riefen sie gemeinsam zu einem Generalstreik gegen Chávez auf, und dies war wirklich Weltpremiere, aber wahrlich keine lustige.

Unter Chávez erhalten soziale Ungerechtigkeiten, die in der Vergangenheit entstanden und nicht bekämpft wurden, deutliche Konturen. Die schöne Ideologie, man sei ein Volk ohne rassische Diskriminierung, entlarvte sich als Phrase. Venezuela, das sich schon zur Ersten Welt gerechnet hatte, stellte fest, dass es alle Merkmale eines klassischen Dritte-Welt-Landes aufwies: Die winzige Oberschicht ist meist eingewandert, oft ignorant in ihrer Weltsicht, dem Konsum ergeben und an den Vereinigten Staaten orientiert.

Wie ist das gekommen? Als *café con leche*, Milchkaffee, hat der Politiker-Dichter Andrés Eloy Blanco 1944 die Bevölkerung seines Landes charakterisiert und damit ein friedliches Zusammenleben ohne rassische Diskriminierung gemeint. Ist dieses Potenzial bereits verspielt? Der große Señor der politischen Philosophie Venezuelas, Arturo Uslar Pietri, hatte bereits in den 1930er-Jahren vor den Folgen des Erdölbooms gewarnt. Man solle »das Erdöl säen«, lauteten seine weisen Worte; die Bevölkerung selbst, vor allem die arme, solle davon profitieren. Wurde dieser Ratschlag von den früheren Regierungen zu wenig befolgt? Dass der Erfolg von Chávez nur mit Korruption erklärbar sei, glauben nur die ignorantesten. Vielmehr scheint er eine Entwicklung, eine Bewegung aufgriffen zu haben, die vorher schon im Keim existierte.

Chávez nun bezahlt mit den mächtigen Petrodollars *misiones* zur Alphabetisierung, zur Bildung, zur Gesundheit. Eine vergangen geglaubte Variation des Tourismus wurde unter seiner Führung zusätzlich wieder belebt: der politische Projektetourismus. Doch sein selbstherrlicher Regierungsstil wird immer diktatorischer. Die Folgen für die venezolanische Gesellschaft sind bitter: Noch nie war sie so gespalten.

Steckbrief Venezuela

Daten und Fakten

Name: República Bolivariana de Venezuela

Fläche: 912 050 km^2
Hauptstadt: Caracas
Amtssprache: Spanisch

Einwohner: 26,6 Mio.
Bevölkerungswachstum: 1,35 %
Lebenserwartung: 74,5 Jahre
Analphabetenrate: Männer 7 %, Frauen 9 %

Währung: Bolívar, VEB. Zurzeit erhält man für 1 € 2873,60 VEB.
Zeit: MEZ – 5 Std., MESZ – 6 Std.
Landesvorwahl: 0058
Landesflagge: Sie zeigt drei parallel angeordnete Streifen in Gelb, Rot und Blau. Die

sieben halbmondförmig angeordneten Sterne im mittleren blauen Feld symbolisieren die sieben Provinzen, die sich 1810 von der spanischen Kolonialmacht losgesagt hatten. Im Nationalwappen ist ein weißes Pferd zu sehen, das Pferd Simón Bolívars, das auf Anordnung von Chávez seit kurzem nicht mehr nach rechts, sondern nach links läuft.

Geografie

Venezuela liegt im Nordosten Südamerikas, zwischen 1° und 12° nördlicher Breite und 60° und 73° westlicher Länge. Es misst 1500 km in West-Ost- und 1300 km in Nord-Süd-Richtung. Die Andenkordillere mit den höchsten Gipfeln Pico Bolívar (5007 m) und Humboldt (4942 m) sowie die Halbinsel von Paraguaná trennen es im Westen von Kolumbien. Die gängigen Landkarten verzeichnen im extremen Osten eine *zona en reclamación,* ein Gebiet im Nachbarland Guyana, auf das Venezuela Anspruch erhebt. Dschungel im Süden und Osten begleiten die Grenze zu Brasilien. Der Orinoco durchfließt auf 2140 km mit 400 Nebenarmen den Süden und Osten, um sich in einem 40 000 km^2 umfassenden Delta in ungezählte Mündungsarme aufzuspreizen. Die Anden verschmelzen im Norden mit der Küstenkordillere, die sich parallel zur Karibik zieht. Fruchtbare Täler und Hänge gliedern das Gebirgsmassiv. Erdgeschichtlich jüngste und älteste Formationen treffen im Osten fast aufeinander: Die Gran Sabana mit ihren Tafelbergen entstammt der Zeit vor 2,3 Mrd. Jahren, als sich der Großkontinent Gondwana in die Kontinente Afrika und Südamerika zu spalten begann.

Geschichte

Entschlüsselbare Zeugnisse der indianischen Urbevölkerung haben sich nur spärlich erhalten. Nachdem Kolumbus Venezuela 1498 entdeckt hatte, folgte lediglich eine einzige friedliche Erkundung. Orte der Küstenregion und im Landesinneren wurden kolonisiert, die indianischen Ethnien regelrechtem Völkermord ausgesetzt. Wirtschaftlich blühte die Kolonie im 18. Jh. auf, als in großem Maßstab Kaffee, Kakao und Tabak angebaut wurden.

Wie überall in Südamerika prallten Ende des 18. Jh. die Interessen des erstarkenden Bürgertums mit den spanischen Kolonialbestimmungen aufeinander. Zwischen 1811 und 1821 zogen sich die Unabhängigkeitskämpfe gegen Spanien hin; berühmtester Feldherr und Politiker war Simón Bolívar. In viele Einzelregentschaften zersplittert, zerbrach das Land unter Bürgerkriegen, bis Antonio Guzmán Blanco 1871 *caudillos* zähmte. Diktaturen unter Juan Vicente Gómez und Marcos Pérez Jiménez musste Venezuelas Bevölkerung noch erleiden, bis sie 1958 zur Demokratie fand.

Staat und Politik

Venezuela ist eine föderale Republik. Die insgesamt 23 Bundesstaaten werden von Gouverneuren geleitet, die nahezu ausnahmslos aus dem Regierungslager stammen. Bei den letzten Wahlen im Dezember 2006 gewann Hugo Chávez zum zweiten Mal unangefochten in Folge mit 63 % der Stimmen.

Die regierungsnahen Parteien heißen Movimiento Quinta República, PODEMOS und Patria Para Todos PPT, die wichtigsten Oppositionsparteien sind Primera Justicia, Proyecto Venezuela, MAS, AD und COPEI.

Das Kabinett besteht ausschließlich aus vom Präsidenten ernannten Ministern. Die Nationalversammlung Asamblea Nacional bestreitet mit 165 Mitgliedern die Legislative. Drei Sitze sind für indigene Vertreter bestimmt. Der Oberste Gerichtshof wird von der Nationalversammlung gewählt.

Wirtschaft und Tourismus

Das Agrarland verließ sich auf Kaffee-, Kakao-, Tabak-, Zuckerrohr- und Viehexport, als Anfang des 20. Jh. die riesigen Erdölvorkommen im Lago de Maracaibo entdeckt wurden. Rasch stieg Venezuela zum zweitgrößten Erdölexporteur der Welt auf. 1976 nationalisierte Carlos Andrés Pérez das »Schwarze Gold«. Auch heute sichern die Erdölvorkommen über 80 % der Staatseinnahmen. Venezuelas ökonomische Stabilität beruht auf dem Erdölsektor und ist insofern weltmarktabhängig. Doch dem Land geht es durch den stetig aufwärts strebenden Ölpreis hervorragend; die Profite stützen Chávez' politische Missionen.

Der Tourismus spielt zahlenmäßig eine untergeordnete, politisch neuerdings aber eine wichtige Rolle. 2005 wurde ein eigenes Tourismusministerium gegründet. 1 Mio. Arbeitsplätze will es im nachhaltigen Tourismus einrichten. Die Isla de Margarita als Billig-all-inclusive-Ziel gilt als warnendes Beispiel: Genau diese Entwicklung im Tourismus, die allein dem ausländischen Veranstalter Nutzen bringe, solle in Zukunft vermieden werden. Immer mehr gute und zuverlässige Reiseveranstalter zeigen ein diversifiziertes Bild vom Land.

Bevölkerung und Religion

Der stark pyramidale Altersaufbau definiert Venezuela als ein Land der sogenannten Dritten Welt. 50 % der Bevölkerung sind unter 50 Jahren. Der jährliche Zuwachs von 1,35 % signalisiert eine allmähliche Verringerung der traditionell hohen Geburtenraten. Inoffiziell leben 80 % der Venezolaner in armen Verhältnissen. Weiteres Merkmal eines sogenannten Dritte-Welt-Landes ist die hohe Verstädterung. In dem küstennahen Industriegürtel ist die höchste Bevölkerungsdichte anzutreffen.

96 % der Bevölkerung sind katholisch, 2 % evangelisch, 2 % gehören Naturreligionen an. Doch anImIstische Glaubensvorstellungen prägen auch den katholischen Alltag, Naturheiler und weiße Magie erfahren große Akzeptanz.

Natur und Umwelt

Venezuela hat eine mythentaugliche Natur: im Süden ein Gebirge aus der Zeit, als die Kontinente noch miteinander verbunden waren, im Norden und Westen die jungen Anden und dazwischen eine unermessliche Fläche voller Tafelberge, Dschungel und unbekannter uralter Pflanzen. Kein Wunder, dass hier Teile von »Jurassic Park« gedreht wurden.

Faszinierend ist allein schon zu wissen, wie dieses Land überhaupt entstand: Die südliche Hälfte, der Guayanaschild, entstammt der erdgeschichtlichen Frühzeit, die nördliche war ehemals bis zum Lauf des Orinoco von Wasser bedeckt. Am Ende des Mesozoikums zog sich das Meer zurück und gab eine Landmasse frei, die sich vom heutigen Orinoco bis zu den Bundesstaaten Lara und Falcón zusammen mit dem Lago de Maracaibo erstreckt. Die Küstenkordillere faltete sich empor und die Anden folgten.

Estado Amazonas und Gran Sabana

Beginnen wir mit dem ältesten und fesselndsten Teil. Das **Hochland von Guayana** erstreckt sich zwischen dem Orinoco und der brasilianischen Grenze im Süden Venezuelas und ist die größte geografische Einheit des Landes, aber kaum bewohnt. Zwischen den Blöcken der Tafelberge, in Dschungeln und den sich weit ziehenden Savannen leben lediglich 2% der Gesamtbevölkerung, meist indianischer Herkunft. Jeder, der diese Landschaft erblickt, assoziiert sie unvermeidlich mit dem Weltenanfang: Hier wirkt die Erde wie noch nicht zu Ende geboren. Die schwarzen Granitsteine sind noch nicht von einer vereinnehmenden schützenden Vegetation umhüllt, nackt und roh ragen sie wie unbedeckte Gliedmaßen aus dem Landkörper.

Aus der Urzeit

Doch das Hochland von Guayana gehört der erdgeschichtlichen Urzeit an. Vor 3 Mrd. Jahren bildete sich mit dem Guayanaschild einer der ältesten Kontinentalblöcke, der vom Wasser beharrlich ausgeformt wurde. Darunter ruhen – teils entdeckt und ausgebeutet oder noch nicht entdeckt und bloß vermutet – Schätze von Mineralien und Erzen. Abgesehen von seiner ungewöhnlichen landschaftlichen Schönheit, liefert Guayana auch ein wahres Füllhorn prachtvoller endemischer Pflanzen.

Es wird durch die drei umfangreichsten Nationalparks des Landes geschützt: den Parque Nacional Canaima (30000 km²), die Serranía La Neblina (13600 km²) und nicht zuletzt den Parque Nacional Parima-Tapirapeco (34200 km²). Alle drei weisen eine Fülle an *monumentos naturales* auf, schützenswerte Naturdenkmäler, wie etwa die Piedra de La Tortuga bei Puerto Ayacucho.

Lebensbäume der Indianer

Immergrüner Regenwald mit ganzjährigem Blattkleid bedeckt den Estado Amazonas, dessen Eingangspforte Puerto Ayacucho bildet. Baumfarne, Galeriewald aus Steineichen (*chaparros*), die selten gewordenen, breitkronigen Regenbäume (*samanes*) und Palmenhaine der Mauritiuspalme (*moriche*) bebändern Flussläufe und die weiten Ebenen der Gran Sabana, der Großen Savanne im Guayanaschild. Der *moriche* dient den dort lebenden indianischen Gemeinden als *árbol de vida,* als Lebensbaum, da er sowohl Nahrung als auch Baumaterial liefert. Eine fantastische Vielzahl an Orchideengewächsen sowie fleischfressenden Pflanzen besternen die wildromantisch zerklüfteten Erosionslandschaften der Gipfelplateaus der Tafelberge, die aufgrund der religiösen Überzeugungen der Pemones nicht bestiegen werden durften. Der Natur hat dies nur gut getan – sicher hätte sich die endemische Pflanzenwelt sonst nie so prachtvoll erhalten können; sie bildet heute ein kostbares Reservoir für Biologen. Doch auch Tierarten mussten vollkommen neu erfasst werden, darunter seltene Exemplare von Fledermäusen und Skorpionarten. Das Erklimmen der Tafelberge ist mittlerweile gestattet – doch man muss sich gebietserfahrenen *guias* anschließen.

Selten zu sehen, aber mitunter zu hören sind die Brüllaffen (*araguatos*) die ein wahrlich erschreckendes Getöse zu veranstalten pflegen: Besonders im Morgengrauen kommt ihr Gefauche doch recht überraschend. Und wer sie dann einmal erblickt, wundert sich: Das Gedröhn steht in keinem Verhältnis zur nur mittleren Körpergröße. Jaguare und Ozelots kommen vereinzelt noch in den dichten Dschungeln tief im Süden des Landes vor.

Für Cowboys: Die Llanos

Ein 320000 km² breites Band schlingt sich um die Landesmitte, unzählige breite Flussläufe tauchen in Seen unter und wieder auf: Die nahezu baumlosen Ebenen der **Llanos** sind in der hier ganz extrem ausfallenden Re-

Die Bundesstaaten Venezuelas

Trekkingtour durch die Anden: den Pico Bolívar immer im Blick

genzeit überflutet und im ebenso extremen Sommer, der Trockenzeit zwischen November und März, ausgedörrt. Unter einem schier endlosen Himmel brüten die Ebenen im feuchtheißen Klima. Die Llanos sind nur relativ spärlich besiedelt, etwa 10 % der Gesamtbevölkerung haben sich auf diesen etwa 35 % der Landesfläche niedergelassen.

In dem ökologisch fragilen Gefüge gedeiht nicht viel, was (Nähr-)Wert besitzt. Die Sonne verbrennt die hohen, harten Gräser, der Re-

gen laugt sie aus. Wozu also eignen sie sich dann? Eine solche Menge Land konnte nicht einfach ungenutzt bleiben. Man versuchte es also mit Viehweiden und das Experiment glückte – sogar so sehr, dass damit die wirtschaftliche Grundlage Venezuelas gefestigt wurde, denn Rinder und Leder gehörten im 17. und 18. Jh. zu den begehrten Ausfuhrgütern nach Europa.

Rund 1 ha Land benötigt ein Stück Vieh, denn es braucht Platz, um sich genügend

In den Llanos tummeln sich die etwas plumpschnäuzigen Wasserschweine (*chigüires*), Flussdelfine beleben die großen Flusssysteme. Ameisenbären, Stachelschweine, Gürteltiere und Tapire lassen sich sogar recht häufig blicken. Leguane, Echsen, Schlangen huschen durch die Gräser, die kleinen Kaimane (*babas*) suhlen sich zu Abertausenden an den schlammigen Ufern der Wasserfelder. Das riesenhafte Orinocokrokodil dagegen ist wegen seines begehrten Leders fast ausgerottet; auf der Estación Biológica des Hato El Frío wird der Versuch unternommen, es zu züchten. Als Lieferant zartschmeckenden Fleisches beliebt war und ist noch immer die *morrocoy*, eine geschützte Schildkrötenart.

Der Reichtum an graziösen Reiher- und Ibisarten, deren Federn in den 1920er-Jahren mit großem Erfolg in die mondänen Städte Paris und Berlin exportiert wurden, ist beeindruckend: Königsreiher (*garzas blancas*) und Scharlachsichler (*corocoros*) bevölkern die Feuchtgebiete. Wirklich ein wenig soldatenhaft stolzieren die *garzones soldados* (Amerikanische Graureiher) umher, während sich die winzigen *chicuacos* auf Wasserpflanzen umhertreiben. Die zierliche *cotúa* (Moschusente) kann mit ihrem beweglichen Hals und Kopf auch die schnellsten Fische aus dem Wasser angeln. Die Sonnenralle (*tigana*) kann zwar kaum fliegen, aber ihr Gang ist so graziös wie der einer Balletttänzerin.

Außergewöhnlichste Bewohner venezolanischer Flüsse sind die blutrünstigen *pirañas,* die man hier auch *caribe* nennt, und der Zitteraal (*temblador*).

Nahrung zu suchen. *Hatos* heißen die ausgedehnten Viehfarmen, die sich hier etabliert haben, und sie beschäftigen die *llaneros*, die venezolanischen Cowboys.

Flussdelfine und Königsreiher

Trotz aller landschaftlichen Grandezza bleiben die Llanos ein dennoch recht lebensfeindlicher Raum. Und auch hier tut das dem Land nur gut, denn die Natur blieb nahezu unversehrt.

Die Anden: Berge im Schnee

Es kommt immer auf die Perspektive an: Die **Anden** bilden das Herz Venezuelas, zumindest was die Bevölkerungsdichte anbelangt. Auf nur 12 % der Fläche konzentrieren sich 70 % der Venezolaner. Barinas, Barquisimeto, Mérida und San Cristóbal in und um die Anden verfügen über eine Einwohnerzahl von jeweils mehr als 200 000.

Immergrün: Deutsche Natur-forscher und ihre Zeugnisse

Das Kostbarste ist die Aktualität ihrer Anliegen: Die großen Naturforscher, Forschungsreisenden, Ethnologen und Landschaftsmaler, die vom Ende des 18. Jh. an Venezuela bereisten, bewahren uns in ihren Schriften, Bildern und Sprachstudien Kenntnisse über bedrohte ökologische und gesellschaftliche Zusammenhänge. Sie haben einen bis dato unentdeckten Schatz gehoben und behutsamst, respektvoll protokolliert und porträtiert. Die Ernsthaftigkeit ihrer Arbeiten versteht sich aus dem damaligen Zeitgefühl, das moderner nicht sein könnte.

Das Zeitalter der Vernunft war über Europa hereingebrochen und hatte Wissensdurst, Entgrenzung der eigenen Maßstäbe, Wünsche nach der Begegnung mit dem Neuen gesät, hatte das Rousseau'sche Menschenbild gebracht und Bücher wie »Paul und Virginie«, in denen der Naturzustand und die Unverbildetheit des Menschen untersucht und propagiert wurden. Die Verformung der menschlichen Seele durch drückende gesellschaftliche Regeln, Vorurteilsbildung aufgrund von angemaßtem Status und Dünkel, Willkürherrschaft und einseitige Wissenschaft hatten in letzter Konsequenz zu einem Bild des »Edlen Wilden« geführt, der, abseits von verdummender Bildung und einseitiger Zivilisation, im naturhaften, objektiven Status der Unschuld lebte.

In den deutschen Staaten, insbesondere in Preußen, hatte sich ein äußerst anregender und angeregter Zirkel herausgebildet, der die Theorie von der Ganzheitlichkeit des Wissens und der Abhängigkeit der Naturphänomene voneinander formulierte. Diese intellektuelle Elite kannte sich und pflegte engen Kontakt zueinander. Der Kunsttheoretiker Heinrich Meyer war Berater Goethes und leitete die Weimarer Kunstschule, auf der Ferdinand Bellermann studierte, der 1842 mit Unterstützung Alexander von Humboldts nach Venezuela reiste. Humboldt und Goethe schätzten einander sehr.

Und ebenso wie **Ferdinand Bellermann** (1814–1889) war der Botaniker **Karl Moritz** (1797–1866) mit königlich-preußischer Unterstützung in Venezuela unterwegs; beide arbeiteten eng zusammen. Moritz half Bellermann, die gemalten Pflanzen zu bezeichnen, was schließlich zu einem solchen Erfolg führte, dass man in Venezuela eine Tropenpflanze nach dem naturkundlich versierten Landschaftsmaler benannte. Angeregt durch Humboldt, beschäftigte er sich genau mit der Gestalt der Gewächse. Drei Jahre bereiste Bellermann Venezuela, lernte auch die frisch gegründete Colonia Tovar kennen, befuhr den Orinoco und bewegte sich auf den Spuren Humboldts.

Dies tat auch **Anton Goehring** (1836–1905). Als Ornithologe ausgebildet, Studierender an der Leipziger Kunstakademie und derart gerühmt, dass das British Museum ihn mit vogelkundlichen Studien in Venezuela beauftragte, befolgte er bei seiner Arbeit streng Humboldts Vorstellungen von der Physiognomie der Landschaft und der Vegetation. Sein Beitrag zur Erforschung des Landes: die Entdeckung der Höhle von Caripe.

Zwei weitere Maler haben sich um die naturkundliche Entdeckung Venezuelas einen

Thema

Namen gemacht: **Robert Hermann Schomburgk** (1804–1865) und **Carl Ferdinand Appun** (1820–1872). Schomburgk war von der Königlich Geographischen Gesellschaft in London beauftragt worden, den Grenzverlauf zwischen Guyana und Venezuela zu fixieren. Er hielt sich von 1835 bis 1844 anlässlich mehrerer Expeditionen in dieser Region auf und erforschte Flora und Fauna. Alexander von Humboldt würdigte seine Untersuchungen ganz besonders. Auch Appun verdankte seinem eigenen Können wie der Unterstützung Humboldts Aufträge der britischen Regierung. 1961 wurden seine naturwissenschaftlichen Studien ins Spanische übersetzt und in Caracas neu herausgegeben.

Auch **Theodor Koch-Grünberg** (1872–1924) genießt in Venezuela einen guten Ruf. Sein dreibändiges (im Original sogar fünfbändiges) Werk »Vom Roraima zum Orinoco« wurde ebenfalls in den 1960er-Jahren in Caracas verlegt und ist heute noch in der altertümlich wirkenden Ausgabe erhältlich. Doktor der Philosophie in Würzburg, ausgebildet in Humanwissenschaften in Gießen und Tübingen, unterrichtet in Geografie, Ethnologie, Soziologie und Psychologie, besuchte er den Süden Venezuelas, Guyana, Brasilien und Kolumbien von 1911 bis 1913. Neben fundierten, hochinteressanten Reisebeschreibungen enthalten seine Berichte bedeutsames ethnologisches Material: Untersuchungen über die Arekuna und Taulipang, über ihre Mythen und Märchen, ihre Alltagskultur und ihre Lieder sowie zum ersten Mal überhaupt ein Protokoll ihrer Sprache und der verschiedenen Dialekte mit Querverweisen und Wörterbüchern.

Er sei allerdings der wirkliche Entdecker Lateinamerikas, hat sein Verehrer Simón Bolívar gesagt, denn er habe die Geschichte Amerikas entdeckt: **Alexander von Humboldt** (1769–1859). Es gibt im gesamten Land keinen Ausländer, der höheres Ansehen genießt als der Philosoph, Naturwissenschaftler, Volkswirt, Geologe und Forschungsreisende. Sind seine eigenen Verdienste, dieses Land hingebungsvoll bereist, akribisch und preußisch genau porträtiert, hinreißend analysiert und beschrieben zu haben, schon groß genug, so ging eine Strahlkraft von ihm aus, die ganze Generationen von Naturwissenschaftlern, Politikern und Landschaftsmalern inspirierte und anleitete.

Humboldt entdeckte die Verbindung zwischen Amazonas und Orinoco über Río Negro und Río Casiquiare, was die bis dahin geltende Theorie der strengen Trennung großer Flusssysteme widerlegte, er spürte den Fettschwalm auf, die Zitteraale oder auch die Piranhas im Orinoco, er beobachtete, wie diese mörderischen kleinen Fische ganze Viehherden in den Flüssen der Llanos zerfetzten, aber er entdeckte auch das Temperament der Menschen: »Vergebens sucht man bei den Völkern spanischen Ursprungs das kalte, anspruchsvolle Wesen, das durch den Charakter der modernen Bildung im übrigen Europa nur noch allgemeiner zu werden scheint. In den Kolonien knüpfen Herzlichkeit, Unbefangenheit und große Anspruchslosigkeit des Benehmens ein Band zwischen allen Ständen.«

Der aufgeklärte Geist Alexander von Humboldts war, wie man unschwer erkennen kann, ein erbitterter Gegner der Klassengesellschaft, der bei jeder sich bietenden Gelegenheit den »unmenschlichen Einsatz indianischer Arbeitskräfte« und »die Schandtat des Sklavenhandels« geißelte. Sein Bewunderer Simón Bolívar setzte sich für die Abschaffung der Sklaverei in Venezuela ein.

Der Urwald Venezuelas gleicht einer Schatzkammer für Naturforscher

Auf 450 km Länge durchzieht eine imposante Kette der höchsten Berge des Landes den Westen. Viele Gipfel liegen oberhalb der Schneegrenze. Der Pico Bolívar ist mit seinen 5007 m am höchsten, dicht gefolgt vom Pico Humboldt (4942 m) und dem Pico Concha (4922 m). Die Sierra Nevada verschmilzt im Nordosten mit der Küstenkordillere, die aber nicht deren beträchtliche Höhen erreicht.

Die fruchtbare Erde der Anden gilt als agrarwirtschaftliches Schatzkästlein, gedeiht doch hier fast alles – schön nach Höhenlagen sortiert. Sie sind das Gemüse- und Obstreservoir des Landes und wurden als solches noch einmal besonders herausgestellt, als man für den enormen Bevölkerungszuzug, der auf die Erdölfunde in dem flachen und brütend heißen Maracaibo folgte, genügend Lebensmittel im Westen des Landes benötigte und schnell bereitstellen musste.

Die landwirtschaftliche Nutzung prägt das Erscheinungsbild des Gebirges, aber es sieht trotzdem wunderbar aus. Und für den Naturfreund bestehen immer noch reiche Rückzugsmöglichkeiten, geschützt durch die Nationalparks La Culata und Sierra Nevada.

Stockwerke im Wald

Die *tierra caliente* erstreckt sich bis zu etwa 1000 m Höhe und ist von tropischer Vegetation bedeckt. Zwischen 1000 und 2000 m, in der vom Kaffeeanbau beherrschten *tierra templada,* versammeln sich die meisten Städte, ausgezeichnet durch frühlingshafte Tagestemperaturen und frische Nächte. Kartoffel- und Weizenfelder dominieren die Region über 2000 m, die *tierra fría.*

An den westlichen Abhängen wird Mais, Karotten, Kohl und Kaffee angebaut und um das landwirtschaftliche Zentrum Barquisimeto breiten sich zahlreiche Viehfarmen aus. Ganz in der Nähe bei Carora gedeiht der venezolanische Wein und der wird immer besser. Der Sekt Pomar stellt mittlerweile manch chilenischen *champán* in den Schatten.

Die dichten, mit Bromelien geschmückten und von Baumfarnen durchsetzten märchenhaften Berg- und Nebelwälder der Anden haben sich einen Namen als Vogelreservat gemacht. In Lagen über 3000 m jenseits der Baumgrenze weisen die Andenhänge *páramos* eine ganz besondere Vegetation auf: die *frailejones*, Klosterbrüderchen, gelb blühende Espeletiengewächse, sogenannte Kreuzblütler, die aussehen wie kleine Sterne. Zweimal in die Höhe gestuft heißen sie *tamangos*, die in noch größeren Höhenlagen anzutreffen und oft vom Hochnebel verhüllt sind.

Die Anden sind weit weniger belebt als beispielsweise die Llanos. Ihr stolzester Bewohner dürfte der Kondor sein.

Der Küstengürtel

Die **Küstenzone** ist zugleich die nördlichste und kleinste der vier Großregionen, die Venezuela zusammen bilden; sie umschließt etwa 3276 km². Auf etwa 7 % der Landfläche leben ca. 20 % von Venezuelas Bevölkerung. Diese Zone ist heiß und weist – bis auf die ausgesprochen trockenen Halbinseln Paraguaná und Araya – eine hohe Luftfeuchtigkeit auf. In der Mitte schmal, weitet sie sich an ihren Polen, dem Orinocodelta im Osten und dem Tiefland um den Maracaibosee im Westen. Dort konzentrieren sich die Öllagerstätten, deren Erträge 80 % der Exporte des Landes ausmachen. Im Nordosten erstreckt sich die einzige Wüste Venezuelas: die Halbinsel Paraguaná mit dem schmalen Isthmus des Nationalparks Médanos de Coro. Die aus der Gran Sabana bekannte *moriche*-Palme herrscht ebenfalls in bestimmten Höhenlagen der Küstenkordillere vor, dazu kommen Wälder mit Moosen, Bromelien, Orchideen und einer satten Vielfalt an Farnsorten.

Kulturlandschaften und Industriezonen

Die Zentralzone wird von den industriellen Regionen bei Maracay, Valencia und der Landeshauptstadt Caracas besetzt. Kulturlandschaften haben schon seit Beginn der Kolonisation den ursprünglichen Naturraum stark verändert. Der Anbau von Zuckerrohr, Baumwolle, Zitrusfrüchten und Reis folgt einer Tradition von Jahrhunderten, seither wird in den fruchtbaren Tälern von Valencia Kakao und Tabak angepflanzt. Die fruchtbare Erde um Maracay liefert die richtigen Bodenverhältnisse für die Viehhaltung und auch die flache Landschaft im Süden von Maracaibo eignet sich gut für die Haltung von Milchkühen.

Weiter östlich, bei Barcelona und Cumaná, sackt die Küstenkordillere auf etwa 1000 m ab. Hier wird das Klima auch wieder tropisch. Die in dieser Region angelegten Kakao- und Kaffeeplantagen bildeten früher die Grundlage für den – relativen – Wohlstand der üppig bewaldeten Gegend und sind gerade neu (wieder-)entdeckt worden.

Anspruch kämpft gegen Wirklichkeit: Nationalparks in Venezuela

Recht rührig verleiht Venezuela seinen landschaftlichen Schönheiten den Status Nationalpark, Naturreservat, Geschützte Zone oder Naturdenkmal. Als der Schweizer Henri Pittier 1937 den später nach ihm benannten Parque Nacional Rancho Grande gründete, dauerte es zunächst einmal 15 Jahre, bis dieser Initiative eine zweite, das Schutzgebiet der Sierra Nevada in den Anden, folgte.

Mit dem wachsenden Bewusstsein von der Notwendigkeit, Ökosysteme zu bewahren, ist die Anzahl der *parques nacionales* und *monumentos naturales* seit etwa 1987 in die Höhe geschnellt. Flora und Fauna einiger unter ihnen sind noch gar nicht katalogisiert, manche der Parks verfügen über keinerlei Infrastruktur. Doch eine stattliche Anzahl wurde für den Fremdenverkehr erschlossen und manche, wie Canaima, die Cueva del Guácharo, Los Roques, Morrocoy und das Orinocodelta (Parque Nacional Maruisa), sind geradezu Touristenmagneten, deren wirtschaftliche Kraft man mittlerweile ungern einbüßen würde.

Etwa 40 % des Landes sind als schützenswert ausgewiesen. 43 Nationalparks und 20 *monumentos naturales* bedecken immerhin knapp 16 % der territorialen Ausdehnung. Für den World Wide Fund for Nature (WWF) gehört Venezuela zum Kreis der sechs amerikanischen Länder, die über eine besonders diversifizierte, unberührte Flora und Fauna verfügen.

Ein Nationalpark ist in Venezuela als ein für das Land bedeutsames Ökosystem oder eine einzigartige Landschaftsszenerie definiert, die nicht durch menschliche Eingriffe verändert wurde und deren natürliches Habitat der Wissenschaft, der Erziehung und der Erholung dient. Ein Naturdenkmal bezeichnet eine besondere Formation, die mindestens eine herausragende Eigenschaft besitzen muss, etwa dass sie einzigartig ist und dass ihr Zustand keinerlei Eingriff oder Veränderung erlaubt, weil sie sonst diese Einzigartigkeit einbüßen würde.

Das Land hat ohne Frage außergewöhnliche landschaftliche Schönheiten und wertvolle, einzigartige ökologische Systeme aufzuweisen. Schützenswert sind sie allesamt, aber werden sie auch wirksam geschützt?

Es ist sicherlich einfacher, ein unzugängliches Waldstück am unteren Casiquiare im Estado Amazonas intakt zu halten als den niedlichen Pelón, einen sanft gerundeten, komplett vegetationslosen, winzigen *cayo*. Im südlichen Bundesstaat Amazonas leben die vereinzelten Gemeinden der Yanomami – die allerdings insbesondere vor Goldgräbern zu schützen wären, doch das ist ein anderes Kapitel. Pelón ist eine der touristischen Attraktionen des Parque Nacional Morrocoy mit seinem umfangreichen System von Korallenriffen – die mittlerweile zu etwa 80 % geschädigt sind. Da möchte jeder mal hin und wenn sich mehr als 40 Gäste einfinden, meldet Pelón Land unter.

Der Schutz dieser Kostbarkeiten ist dem staatlichen Instituto Nacional de Parques (INPARQUES; s. S. 77) anvertraut worden. Die Parkwächter (*guardaparques*) jedoch können nicht überall – und mit gleichbleibendem Engagement – eingreifen, beispiels-

Thema

weise an der Quebrada de Jaspe im Parque Nacional Canaima, wenn Touristen mit dem Autowerkzeug die Jaspisadern bearbeiten. Oder wenn sie den Tafelberg Roraima langsam abtragen, weil die Quarze auf seinem Gipfelplateau den Eindruck erwecken, sie seien versehentlich auf die Erde gefallene Sterne aus Schnee.

Die Nutzung des wirtschaftlichen Potenzials gerät mit den erforderlichen Schutzmaßnahmen in Konflikt. Besonders nachdrücklich zeigt sich das im Parque Nacional Morrocoy, wo sich der Zusammenhang zwischen den Müllhinterlassenschaften von Campinggemeinden und der Vertreibung der heimischen Vögel deutlich nachweisen lässt und wo Lärm und Abgase der motorisierten Fährboote sowie die ungeklärten Abwässer der Hotels das

Korallensystem und die damit symbiotisch verbundene Unterwasserfauna schädigen.

Eine effiziente Umsetzung der Vorschriften, die allerdings auch so elastisch abgefasst sind, dass Übernachtungen in *parques nacionales* unter bestimmten Auflagen toleriert werden – die dann selten eingehalten werden –, kann INPARQUES kaum leisten. Dass vieles wie eine bloße Absichtserklärung wirkt, liegt wohl auch an der schlechten finanziellen Ausstattung der staatlichen Behörde. Doch eine Kontrolle erübrigte sich, wenn generell das Bewusstsein vorherrschte, dass die Natur auch ungestört belassen werden muss. Inländische und ausländische Touristen könnten dazu beitragen, den Zustand schützenswerter Zonen zu erhalten – oder ihn zumindest nicht zu verschlimmern.

Unter dem Salto Sapo zu spazieren ist ein Höhepunkt im Nationalpark Canaima

Grazile Waldbewohner: die Kolibris

Trockenvegetation bestimmt die Karibikküste und die Inseln, wobei sie auch das Produkt von menschlichen Eingriffen (Abholzung, Überweidung, etwa auf der Halbinsel Guajira nördlich von Maracaibo) ist. Die üppigen Palmenplantagen, malerische Staffage für die schönsten Strände des Landes, Playa Colorada und Playa Medina, illustrieren dies. Säulenkaktus (*cardón*), *guamacho* und eine Akazienart (*cuji*) gehören zu den bestimmenden Charakteristika der Zone.

Laubabwerfende Wälder und Mangroven

Der leuchtend gelb blühende *araguaney*, der Nationalbaum, wächst in den tropischen Laubwäldern der Zentralzone. Er tägt in den trockenen Monaten keine Blätter, aber Blüten, während er sich in der Regenzeit in ein reiches Blattkleid hüllt. Er kommt in einer Höhenlage zwischen 400 und 1000 m vor, ebenso wie *ceiba* und *copey,* und findet sich auch an den Andenhängen und auf dem Cerro Copey auf der Isla de Margarita.

Wie gut, dass die Mangrovendickichte der Küste häufig durch Nationalparks vor Eingriffen geschützt werden, so etwa auf der Isla de Margarita, in der Laguna de Sinamaica oder im Parque Nacional Morrocoy. Ihre aus den Wassern hervorspringenden und dicht verzweigten Stelzwurzeln bieten einer Fülle kleiner Meereslebewesen eine sichere Heimstatt. Die *manglares* gedeihen auf Schlickböden oder im brackigen Salzwasser, eine Fahrt durch ihre Kanäle gleicht geradezu einem Naturkundeunterricht.

Ökologische Nischen

Auch in der stark industrialisierten Küstenzone existieren ökologische Nischen. Neben der mittlerweile leider nicht mehr überzeugenden Korallenlandschaft im Nationalpark Morrocoy wird man dort aber Zeuge eines großen Vogelreichtums, etwa der *corocoro* und vieler schöner Reiherarten sowie der Fregattvögel, deren Männchen zur Brunstzeit ihre leuchtend roten Halsbeutel nahezu auf eigene Körpergröße aufblasen.

Für seine Vogelvielfalt genießt der Parque Nacional Henri Pittier im Norden von Maracay schon jahrzehntelang bei Wissenschaftlern einen hervorragenden Ruf. Jetzt ermöglichen Privatinitiativen es den interessierten Gästen, auf Vogelbeobachtung zu gehen – man muss also nicht mit Forschungsabsichten kommen. Und es lohnt sich: Vögel, die man nirgendwo sonst zu sehen bekommt, zumindest nicht auf dem südamerikanischen Subkontinent, machen hier Station: Der Paso Portachelo im Nationalpark ist der einzige Pass für Zugvögel auf dem südamerikanischen Kontinent.

Alexander von Humboldt wird die Aufspürung des Fettschwalms *guácharo* zugeschrieben, einem Nachtvogel, der nur in einer Höhle bei Caripe im Süden der Paria-Halbinsel lebt.

Naturschutz und Umwelt

Wie in vielen südamerikanischen Ländern nimmt im Alltagsleben der Venezolaner der Umweltschutz keine große Rolle ein. Die Mittelschicht orientiert sich eher an einer ignoranten Ex-und-Hopp-Mentalität, Plastiktüten gibt es massenhaft umsonst in jedem Supermarkt und sie werden auch abundant benutzt, Mülltrennung ist immer noch ein Fremdwort und wie es vor der eigenen Haustür aussieht, interessiert buchstäblich niemanden. Dass Klimaanlagen umweltschädlich sein sollen, würden die Venezolaner glatt in den Bereich der Legende verweisen – auch hierin geben sie sich komplett nordamerikanisch: Je eisgekühlter ein Restaurant oder eine Bar ist, desto schicker ist sie. Sicherlich gibt es in Venezuela Regionen, in denen solche Anlagen viel Sinn machen, doch auch in Mérida oder in Caracas blasen sie fröhlich ihre Gase in die Luft. Mit Erziehungsprogrammen, die bereits in den Schulen auf den Lehrplänen verankert sind, will man ein allgemeines Umdenken einleiten.

Dabei war Venezuela eines der ersten Länder in der Region, das einen Nationalpark einrichtete, den Parque Nacional Henri Pittier im Jahr 1937. Mittlerweile gibt es 43 Nationalparks im Land und dazu addieren sich Biosphärenreservate, Naturmonumente, Naturparks, geschützte Tierreservate, alle in verschiedenen Kategorien, sodass insgesamt nahezu 45 % des Landes unter einem speziellen Schutz stehen. Die neu formulierte Tourismuspolitik unterstützt nachhaltigen, ökologisch sinnvollen Fremdenverkehr, will aus den Naturschönheiten einen besonderen Anziehungspunkt schaffen – abseits des Sonne-Strand-Segments.

INPARQUES, Instituto Nacional de Parques Nacionales, das dem Umweltministerium untersteht, soll die gleichbleibende Qualität und den Schutz der Nationalparks garantieren, doch beklagt das sehr rührige Personal Stellenknappheit und mangelnde bis fehlende Ressourcen, um dieser Aufgabe gerecht zu werden. Nicht immer geht es seiner Arbeit ohne Interessenskonflikt nach, wenn beispielsweise verarmte Bauern in geschützten Wäldern Holz schlagen oder brandroden. Informationen über Nationalparks erhält man über deren Website www.inparques.gov.ve.

Wovon Venezuela am meisten hat

Statistisch betrachtet, wachsen 20 000 verschiedene Pflanzenarten auf Venezuelas Boden und 25 % davon ausschließlich hier. Für Ornithologen ganz besonders reizvoll sind das Orinocodelta und die Gegend um Puerto Ayacucho. Auch hier spricht die Statistik für sich: 15 % aller bekannten Vögel, insgesamt 1342 verschiedene Arten, leben in dem Karibikanrainerstaat, gibt Clemencia Rodner von der Audubon Society an.

Außergewöhnlich fällt die Vielfalt der Reptilien aus; Venezuela gilt immerhin als das schlangenreichste Land gleich nach Indien. 142 verschiedene Arten, davon 40 endemische, kommen hier vor und einige davon sind tatsächlich lebensgefährlich. Die *mapanare* verspritzt ein schnell tötendes Gift; die *guayma* ist so aggressiv, dass sie ihre Opfer verfolgt; die riesigen, trägen Anacondas leben an den morastigen Ufern der Llanoflussläufe.

Wirtschaft, Soziales und aktuelle Politik

Seit der Linkspopulist Hugo Chávez Frías 1999 zum Präsidenten gewählt wurde, sind die traditionellen politischen Kategorien außer Kraft gesetzt, die Gewichte in der Region neu verteilt. Die sprudelnden Petrodollars finanzieren soziale Programme auch politisch genehmer Nachbarländer wie Bolivien und Argentinien. Chávez begreift sich als Initiator einer antiglobalen Linken Südamerikas.

Land im Umbruch

Venezuela befindet sich im Umbruch. Seit Ende der 1950er-Jahre und der Diktatur unter Pérez Jímenez wechselten sich in der doch recht friedlichen Karibikrepublik die beiden großen Volksparteien, die konservative COPEI (Comité de Organización Política Electoral Independiente) und die sozialdemokratische AD (Acción Democrática) in den Regierungsgeschäften gegenseitig ab. Es gab mal mehr, mal weniger Korruption, mal mehr, mal weniger Reformwillen, mal mehr, mal weniger Fortschritte im Kampf gegen die Armut und das Analphabetentum. Wirtschaftlich sorgten die Einnahmen aus dem Erdölgeschäft für relativ stabile Aussichten.

Als der wegen eines Putschversuchs unter der Regierung des international renommierten AD'lers Carlos Andrés Pérez 1992 in Haft genommene und von dem späteren Präsidenten Rafael Caldera drei Jahre später auf freien Fuß gesetzte Militär Chávez zum Präsidenten gewählt wurde, änderte sich die politische Landschaft radikal. Die COPEI hatte auf die Ex-Miss-Universum Irene Sáez gesetzt. Obwohl beliebt und tüchtig, konnte sie gegen Chávez nichts ausrichten. Sie war die Repräsentantin des »weißen« Venezuela und zum ersten Mal brachen die stets erfolgreich kaschierten Klassen- und auch Rassengegensätze im Land auf. Es hatte auch vorher schon kräftige und gewalttätige Proteste gegen die Regierungen gegeben, z. B. die *cacarazos*, das Kasserrollenschlagen, während der zweiten Amtszeit von Carlos Andrés Pérez, und dabei tiefe soziale Unterschiede offenbart. Diesmal jedoch machte sich ein Kandidat offen zum Fürsprecher der Armen, erhob mit seinem Slogan »Ojo« (Aufgepasst!), die Venezolaner zu Mitwirkenden und Akteuren der Politik, zu Gestaltern ihres Schicksals.

Politische Missionen

Diese Strategie griff und sie hört bis heute nicht auf zu wirken. Egal wie erfolgreich oder erfolglos die Regierungsprogramme auch sein mögen, wie viel Staatsgeld in nicht richtig evaluierten Projekten vergammelt, wie viele gut angedachte Vorhaben reine Augenwischerei und auf Prestigegewinn ausgelegt sind: Die ärmeren Venezolaner lassen sich nun nicht mehr zum Schweigen bringen – und das sind immer noch etwa 80 % der Bevölkerung. Dass Chávez deren Situation in seiner nun nicht gerade kurzen Präsidentschaft offenbar nicht ändern, den Prozentsatz nicht signifikant drücken konnte, obwohl er doch der Anwalt der Armen ist, gehört wohl zu den Paradoxien seiner Regierung. Auch die relativ niedrigen Arbeitslosenziffern von etwa 9 % im Herbst 2006 enthalten nicht die Arbeit im informellen Sektor, sodass man nach mitteleuropäischen Maßstäben von einer weitaus höheren Arbeitslosenrate ausgehen müsste.

Doch unter Chávez wurde das Analphabetentum bekämpft, die medizinische Versorgung in den *ranchos*, den Vierteln der Armen, gewährleistet – mit kubanischem Personal, da sich offenbar die venezolanische Ärzteschaft, obwohl dazu angehalten, ein Jahr Praxiserfahrung in verarmten Landstrichen zu sammeln, nicht dazu bereitfand. Die in den *ranchos* Lebenden erhielten zum ersten Mal ganz unbürokratisch und ohne lange Wartezeit Personalausweise. Zwar wurde die Opposition nicht müde, dies als Stimmenkauf anzuprangern, musste sich aber die Frage gefallen lassen, warum sie diese Maßnahme unter ihrer lange währenden Regierungsverantwortung nicht selbst ergriffen hatte.

Die Rolle des Provokateurs

Dabei ist Chávez alles andere als unumstritten, seit er im Jahr 2000 eine neue Verfassung verabschieden und den Kongress auflösen ließ. Er folgt zwei so unterschiedlichen politischen Leitbildern wie Argentiniens Juan Domingo Perón und Kubas Fidel Castro, sozialistisch, aber paternalistisch mit eindeutig diktatorischen Tendenzen. Seine Marathonansprachen, die von allen Radio- und Fernsehsendern übertragen werden müssen, seine allsonntäglichen »Álo-Presidente«-Sendungen rufen internationales Interesse und Aufsehen hervor – aber man sieht ihn eher in der Rolle des Provokateurs. Wider die Vereinigten Staaten, wider die Globalisierung, für ein sozialistisches vereintes Südamerika, das nach Jahrzehnten voller Diktaturen und der neoliberalen Wirtschaftsstrategie der ungebremsten Privatwirtschaft verarmter dasteht als je zuvor – dieses Engagement bringt ihm Sympathien. Doch die Regierung stilisiert sich ebenso als Freund Irans und Libyens, sogar Robert Mugabes, unrühmlicher Diktator Zimbabwes, der sein Land ins wirtschaftliche und soziale Elend stürzte, und verhöhnt die Organisation Amerikanischer Staaten, OAS, wenn es ihr gerade in den Kram passt.

In Venezuela hat die Gewalt zugenommen. Die Opposition erblickt darin eine Folge der politischen Indoktrination gegen Privateigentum, die häufig genug als Aufruf missverstanden würde, gegen Besitzende vorzugehen, und seien es arme Kleinbauern, die für ihren kargen Lebensunterhalt ein bisschen Zuckerrohr anbauen.

Eine wirksame Opposition gegen die Chávez-Getreuen hat sich erst in jüngster Zeit herangebildet, obwohl ihr Protest immer wieder auch internationale Aufmerksamkeit erregte, beispielsweise anlässlich der lebhaften Demonstrationen im Winter 2002, zu denen Millionen Protestler zusammenströmten. Ein monatelanger Generalstreik, der von dem Arbeitgeberverband und der Gewerkschaft gemeinsam ausgerufen wurde, lähmte anschließend das Land.

Eine weitergehende Strategie war aber wohl nicht bedacht und so verebbte die Initiative mit dem Ergebnis, dass sich die streikenden und protestierenden Venezolaner verraten und gedemütigt fühlten. Denn die Regierung blieb davon nahezu unberührt.

Kandidaten gegen die Regierung, etwa bei der Wahl zur Nationalversammlung 2005, konnten sich von da an nicht mehr so wirkungsvoll in Szene setzen, ihre Glaubwürdigkeit hatte gelitten. Auch setzte sich Chávez in einem Abberufungsreferendum durch, welches die Opposition als gefälscht attackierte – aber den Beweis schuldig blieb. Doch die heftigen Studentenproteste gegen die Schließung des Oppositionskanals Radio Caracas Television im Juni 2007 offenbaren, auf welch instabilen Füßen die »Demokratur«, um einen von Mario Vargas Llosa geprägten Begriff zu benutzen, tatsächlich steht. Mit Meinungs- und Pressefreiheit ist es nicht weit her.

Wirtschaftliche Situation

Wie nicht anders zu erwarten, stellte und stellt die Regierung auch die Wirtschaft um. Was einst privatisiert wurde, soll jetzt verstaatlicht werden, so der Slogan nach dem Wahlsieg 2006. Die staatliche Erdölgesellschaft PDVSA wurde nach einem Streik 2003 völlig umgekrempelt, die Chefetage ausschließlich mit Parteigängern besetzt, deren Qualifikation als Manager nicht immer bewiesen ist. Vom grandiosen Missmanagement zum Schaden des Landes sprach und spricht auch die Opposition. Die Joint-Venture-Abkommen u. a. mit den Ölmultis British Petroleum und Exxon Mobile, die das Schweröl im Orinocobecken fördern, stehen auf dem Prüfstand.

Weitere einschneidende Maßnahmen im Wirtschaftsleben auf dem Weg zum Sozialismus des 21. Jh. haben sich schon angedeutet. Chávez kündigte nach seinem Wahlsieg 2006 an, Wasser und Strom zu nationalisieren. Landenteignungen fanden bereits statt: Die riesigen Ländereien im nahezu unkontrollierbaren Süden, die heute oftmals als *hatos*, Viehfarmen, firmieren, waren und sind nicht immer welche. In den Bürgerkriegen nach der Unabhängigkeit wurden Besitztitel und Land jenseits einer effektiven staatlichen Kontrolle geradezu verschleudert. Die unübersichtlichen Verhältnisse versucht ein im Herbst 2004 verabschiedetes *ley de tierras* in den Griff zu bekommen. Brachliegendes Land soll landlosen Bauern zur Bearbeitung übergeben werden. Doch es trifft beileibe nicht (nur) brachliegendes Land, sondern ebenso funktionierende Milchbetriebe. Prominentestes Beispiel lieferte der Hato El Piñero, eine blühende Touristenoase in den Llanos, deren Besitzer offenbar nicht die richtigen Besitztitel besaßen?

Unter der sozialistischen Regierung hat Venezuela seine Rolle als Investitionsland verspielt. Dies ist allerdings eine ganz normale, nachvollziehbare Reaktion der internationalen Märkte. Venezuela gilt im Ausland als unsicheres Investitionsland. Banken und Börsenkenner winken zur Zeit ab. Aufgrund ihres unsicheren Status haben sich ausländische Firmen aus dem Wirtschaftsleben zurückgezogen, etwa der US-amerikanische Lebensmittelkonzern Heinz. Private Investitionen erreichten jüngst einen Tiefstand. Dem gegenüber stehen die Übernahmen von 700 geschlossenen oder unter Kapazität produzierenden Fabriken und Firmen durch den Staat.

Das schwarze Gold

Nach den Vereinigten Staaten, Mexiko und Russland ist Venezuela das älteste Erdöl produzierende Land der Welt. 1928, elf Jahre nachdem die Lagerstätten im Maracaibosee entdeckt worden waren, stieg das bis dahin unbedeutende Venezuela bereits zum zweitgrößten Erdölproduzenten auf und katapultierte sich in den Reigen der reichen Länder. In seiner ersten Regierungsperiode verstaatlichte Carlos Andrés Pérez 1976 die Industrie, die seither von der PDVSA geführt wird.

Was später als schwarzes Gold die Wirtschaft des Landes dominieren sollte, war bereits in präkolumbischen Zeiten bekannt. Die ursprünglichen Landesherren nannten es *mene* und benutzten es als Arznei und zum Kalfatern ihrer Boote. Den spanischen Eroberern war es 1553 auf Cubagua aufgefallen und sie exportierten es als Heilmittel nach Spanien.

Die erste Konzession zur Förderung des Erdöls erhielt die nordamerikanische Gesellschaft American Camilo Ferrand im Jahr 1865 für Zulia, aber zum ersten Mal kommerziell ausgebeutet wurde das Vorkommen La Alquitrana im Bundesstaat Táchira von der Compañía Petrolia del Táchira 1878. Unter der Diktatur von Juan Vicente Gómez (1908–1935) beschäftigte sich Venezuela stärker mit der Exploitation seiner Ressourcen, stimuliert durch die hohe Nachfrage nach dem Ersten Weltkrieg. Das Land galt bei ausländischen Investoren und Ölfirmen als stabil, die Produktionskosten unterschritten die in den Vereinigten Staaten, wo damals 70 % allen Erdöls gefördert wurden. Den offiziellen Beginn des Booms datiert man auf den 14. Dezember 1922, als aus dem Ölfeld Barroso 2 die riesige Menge von 100 000 Barrel in nur 24 Stunden herausschoss. 1942 beschloss die Regierung ein Gesetz zur Besteuerung aller Gewinne aus dem Erdölgeschäft mit 50 %.

Gründung der OPEC

Um die heimische Produktion zu schützen und Beziehungen zu den Erdöl produzierenden Ländern im Mittleren Osten aufzubauen, damit eine gemeinsame Preisabsprache eingeführt würde, wurde 1960 zusammen mit dem Irak, Saudi-Arabien, Iran und Kuwait die OPEC gegründet. 1976 dann folgte die Verstaatlichung der Industrie; 70 % der Staats-

»Der Imperialismus hat das venezolanische Erdöl im Visier«

einnahmen und 90 % des Exports bestritt das Erdöl. Es hatte dem Land Wohlstand beschert und ihm den Anschluss an die Erste Welt gebracht.

Eine Diversifizierung der Produktion indes fand nicht statt. Die extreme Ölabhängigkeit des Landes zeitigte innen- wie außenpolitisch schwere nachteilige Folgen. Der Landwirtschaftssektor war nicht in der Lage, ausreichend Nahrungsmittel zu produzieren, die Bedürfnisse der ärmeren Schichten, die sich von Mais und Bohnen ernährten, wurden in der Regel nicht berücksichtigt. Eher brachte und bringt er Exportgüter hervor oder Produkte, die den Konsumbedürfnissen der Mittel- und Oberschicht entgegenkommen.

Dieses System bekam ernsthafte Risse, als Carlos Andrés Pérez von der Acción Democrática 1988 zum zweiten Mal als Präsident gewählt wurde. Handelsdefizite und Auslandsschulden waren drastisch emporgeklettert; die Regierung entschloss sich zu einem Sparprogramm, das besonders die un-

tere Mittel- und die Unterschicht betraf. Die Unzufriedenheit entlud sich im Februar 1989 in Straßenaufständen, den sogenannten *caracazos*. Der Golfkrieg 1990/91 und die dadurch erneut steigenden Ölpreise besänftigten die Krise, ohne die strukturellen Gründe hierfür auszulöschen.

Das Jahr 1997 markierte die Trendwende. Die PDVSA öffnete ihre Ölreserven dem internationalen Markt, verpackt in mehrere Gesellschaftermodelle, an denen der Staat weiter beteiligt ist. Ausschlaggebend für das Umdenken waren die umfangreichen Vorkommen, die ein Wachstum der Produktion von jährlich 1,5–2 % zulassen – das schaffen außer Venezuela nur noch die Staaten der Golfregion.

Im Orinocogürtel lagert Schweröl und viele marginale Ölfelder sind noch nicht erschlossen. Ausländisches Kapital ist gefragt – auch unter Chávez, allerdings in neuen Mischmodellen, in denen die Regierung die Kontrolle behält. Die von der Regierung kontrollierte

PDVSA soll an allen Joint Ventures mit mindestens 60 % beteiligt sein. Und trotz aller derben Missfallenskundgebungen vonseiten Venezuelas sowie der Vereinigten Staaten: Immer noch kaufen die USA nahezu die Hälfte der täglichen Erdölproduktion, 1,5 Mio. Fass, von ihrem ungeliebten Nachbarn im Süden.

Landwirtschaft

Schließt man Flüsse und Seen von der Landmenge aus, dann sind ungefähr 3 % Venezuelas für Landwirtschaft geeignet, wovon allerdings wiederum nur ein Drittel tatsächlich ständig genutzt wird. Etwa 2,3 Mio. ha umfasst die Agrarfläche, 350 000 ha davon werden durch Bewässerungssysteme versorgt. Hauptzweig ist die Viehzucht mit den Kreolenrindern (carora), 39 % der Erträge bringen Acker- und Bodenbau und die verbleibenden 10 % teilen sich Fischereiwirtschaft und Holzeinschlag.

Nahe der Karibikküste wächst der Exportschlager Kakao; Kaffee, allerdings erst an zweiter Stelle, gedeiht in den Anden. Milchvieh konzentriert sich in den Bundesstaaten Carabobo, Aragua, Zulia und Miranda, Schafe und Ziegen werden in den heißen Regionen von Lara, Falcón und Sucre gezüchtet. Venezuela verfügt über die sechstgrößte Fischfangflotte der Welt. Das liegt nicht nur am Fischreichtum vor den eigenen Küsten, sondern das Land engagiert sich stark im Thunfischfang im Pazifik.

Bodenschätze

Im südlichen Guayana versammeln sich die meisten Vorräte natürlicher Mineralien, an denen Venezuela so reich ist. Das Dorado der spanischen und deutschen Konquistadoren erweist sich heute tatsächlich als Depot für Kohle, Eisenerz, Kupfer, Bauxit, Phosphate, Nickel und Kaolin. Gold- und Diamantenadern werden von staatlichen wie auch pri-

Ron y Azúcar! Das im Land geerntete Zuckerrohr erfreut sich größter Beliebtheit

vaten Firmen ausgebeutet und ziehen Abertausende Glück Suchender *mineros* an. Bedeutsam sind auch die Vorkommen an Eisen, Schwefel, Blei, Asphalt und Platin.

Über lange Zeit hinweg hielt die staatliche Corporación Venezolana de Guayana das exklusive Nutzungsrecht für Eisen-, Gold-, Diamanten- und Bauxitvorkommen. Kompetenzgerangel mit dem Ministerium für Energie und Minen war die unausweichliche Folge. Hohe Steuern machten ausländische Investitionen wenig attraktiv.

Keine Erhebung in der westlichen Hemisphäre enthält mehr **Eisenerz** als der Cerro Bolívar, 85 km südlich von Ciudad Guayana. Man schätzt seine Ressourcen auf immerhin 2055 Mrd. t mit mindestens 55-prozentigem Eisengehalt und noch einmal 10 Mrd. t minderwertigen Erzes; insgesamt also ein riesiges Potenzial.

Die umfangreichsten **Kohlevorkommen** befinden sich im Bundesstaat Zulia und werden seit 1977 abgebaut. Auch hier markierte das Jahr 1990 einen Einschnitt: Zusammen mit der deutschen Vebaöl und der nordamerikanischen Shell arbeitete die staatliche Carbozulia, eine Tochter der PDVSA, an der Grube Socuy. Die italienische Agip und die nordamerikanische Arco Coal betrieben Joint-Venture-Unternehmen zur Ausbeutung weiterer Kohlevorkommen und zur Erschließung neuer Flöze.

Bauxit wird in Venezuela erst seit 1987 gefördert, doch die Zukunft verspricht reiche Erträge in La Cerbatama, südlich von Los Pijiguaos im Bundesstaat Bolívar.

Der viertgrößte **Goldproduzent** Südamerikas war früher einmal Erobererfantasie Nummer Eins. El Dorado liegt tatsächlich in El Dorado, wenn man den goldbestäubten Gottkönig, die goldenen Städte und gleißenden Juwelendächer einmal herunterrechnet auf das, was es tatsächlich gibt. Und so wenig ist das nicht. Aus El Callao im letzten Winkel des Landes wurde 1849 ein aufsehenerregender Goldgehalt des untersuchten Gesteins gemeldet. Erdgeschichtlicher Urzeit entstammt dieser Reichtum, denn vulkanische Schichten hatten sich zu goldhaltigen

Quarzadern mineralisiert. Auch die Diamanten rühren von diesem geologischen Prozess her. Neben dem Bundesstaat Bolívar finden sich auch im Estado Amazonas und im Orinocodelta Goldvorkommen. Welche Ausmaße die Erträge einmal annehmen könnten, ist noch gar nicht zu ermessen, weil bestimmte Vorkommen noch nicht erforscht wurden. Die Attraktivität der Minen besteht zudem in ihrer unproblematischen Zugänglichkeit: Das Gold lagert dicht unter der Oberfläche, man kann die Technik des *open pit* anwenden. Konzessionen zum Goldabbau vergibt die Corporación Venezolana de Guayana für einen jeweils begrenzten Zeitraum.

Soziale Lage

Schwer kann man ermessen, inwieweit sich die soziale Lage der Bevölkerung tatsächlich verbessert hat, seit Chávez' Initiativen greifen – im Jahr 2003 hat er damit begonnen. Sicherlich haben die *misiones* Erfolge erzielt, so etwa die Mision Robinson, die den Kampf gegen das Analphabetentum aufnahm. Viele soziale und wirtschaftliche Projekte wurden mit Petrodollars unterstützt, sinnvolle Aktionen wie beispielsweise die Biblioteca virtual aufgebaut. Dabei handelt es sich um Internetcafés für Kinder aus ärmeren Bevölkerungsschichten, die hier für ihre Schulaufgaben kostenlos surfen können, so wie es die reichen Kinder sowieso machen, da sie meist eigene Computer haben. Damit wird eine Chancengleichheit überhaupt erst hergestellt. Wer am Computer spielen will, darf das aber auch, nur für ein kürzeres Intervall. *Cyberguias* haben da ein Auge drauf. Doch viele Initiativen, geben selbst *chavistas* zu, versanden, weil letztlich zu viel Alltagskorruption herrscht, gegen die Chávez immerhin einige Erfolge verbuchen konnte.

Trotz allem, unter seiner Regierung zeigt sich Venezuela so sehr in zwei Lager gespalten wie nie zuvor. Und das liegt zweifellos auch an der populistischen Hetzpropaganda, die in Regierungskreisen üblicher Umgangston geworden ist.

Geschichte

Veneciola, Klein-Venedig, soll Amerigo Vespucci ausgerufen haben, als er 1499 auf die Pfahlbauten am Maracaibosee traf und sich an Venedig erinnert fühlte. Auch wenn dies nur Legende ist, die bezeugte Geschichte des Landes beginnt mit der Eroberung durch die Spanier.

Die präkolumbische Zeit

Die Gebiete, aus denen sich das heutige Venezuela zusammensetzt, waren bis zur Kolonialisierung durch die Spanier und Deutschen lediglich inselhaft besiedelt. Schwerpunkte bildeten die Anden, die Täler der Küstenkordillere, das Orinocodelta und die Llanos. Bedeutende Spuren dieser Besiedlung, die bis ins 1500 v. Chr. zurückzudatieren ist, haben sich, bis auf die Kultivierung des Andenbodens durch Terrassenfeldbau, nicht erhalten – eine Methode, die den Anden ihren Namen verlieh (*anden* bedeutet Steig oder Stiege).

Die indigenen Gemeinden waren in viele Einzelgruppierungen zersplittert; eine zentrale Hochkultur – vergleichbar den Maya und Azteken in Mexiko oder den Inka in Peru – existierte in Venezuela nicht. Die einzelnen Verbände lassen sich in drei große Kulturen zusammenfassen: Timotes-Cuica, Arawak und Kariben. Sie lebten als nomadisierende Jäger und Sammler, Fischer und Bauern. Doch durch das Fehlen einer entzifferbaren Schriftsprache bedingt, lassen sich prähistorische Felszeichnungen, die man auf venezolanischem Boden fand und findet, nicht deuten – und wo die Quellen fehlen, kann man Kulturen nicht rekonstruieren.

Entdeckungsgeschichte

Und so stammen halbwegs gesicherte Erkenntnisse aus zweiter, aus europäischer Hand. In drei Etappen wurde Venezuela, das damals weder diesen Namen trug noch ein fest umrissenes Gebiet umschloss, von spanischen Seefahrern erkundet.

Erster Entdecker war **Kolumbus** 1498. In seinen Berichten an die »Katholischen Könige« Isabella von Kastilien und Ferdinand von Aragón, ist überliefert, dass er als Paradies empfand, was er von Venezuela auf seiner dritten transozeanischen Reise nach »Westindien« sah: das heutige Macuro auf der Halbinsel Paria. Diese Empfindung fußte auf einer im »Imago Mundi« von Pierre d'Ailly verbreiteten Ansicht, das Paradies befände sich jenseits des Äquators an etwa ebendieser Stelle. In Macuro betrat er, der bis zu diesem Zeitpunkt ausschließlich Inseln gesichtet hatte, zum ersten Mal *tierra firme,* Festland. Die Bewohner, denen er begegnete, waren mit Perlen geschmückt – ein paradiesischer Zustand, den die spanischen Konquistadoren zwei Jahre später zum Anlass nehmen sollten, die Perlengründe von Cubagua mit grausamer Zwangsarbeit der Indianer in nur 20 Jahren zu zerstören.

Ein Jahr nach Kolumbus reisten der Kartograf **Juan de la Costa**, **Alonso de Ojeda** und der Kosmograf **Amerigo Vespucci** über den Ozean, umrundeten das Orinocodelta und gingen auf der Isla de Margarita und in der Laguna de Sinamaica beim heutigen Maracaibo an Land. Der Sevillaner Kaufmann florentinischer Herkunft Amerigo Vespucci gilt als Taufpate Venezuelas, da er sich beim Anblick der Pfahlbauten im heute verwahrlosten Viertel Santa Rosa de Agua von Maracaibo stark an Venedig erinnert gefühlt haben soll und diesen Küstenabschnitt Veneciola nannte. Später, 1507, bürgte er mit seinem Vornamen für den neuen Kontinent Amerika.

Die dritte Entdeckung trug dann bereits den Stempel der kolonialen Ausbeutung. **Alonso Niño**, der Kolumbus 1498 auf der Santa María begleitet hatte und Zeuge des Perlenreichtums geworden war, gründete gemeinsam mit **Cristóbal de la Guerra**, Erbe einer Schiffszwieback-Dynastie, im Jahr 1500 Santiago de Cubagua mit der Absicht, sich – und den leeren Schatztruhen der »Katholischen Könige« – diesen Reichtum einzuverleiben. Die auf der Insel lebenden Indianer wurden unter tödlichen Bedingungen zum **Perlentauchen** gezwungen. Moralisch gestützt durch die katholische Kirche, die es erlaubte, Andersdenkende und Angehörige anderen Glaubens (Mauren und Juden) bis in den Tod zu verfolgen, betrachteten sie die Indianer nicht als Menschen. Sie galten ihnen nicht mehr als Tiere, die man selbstverständlich wie Sklaven benutzen konnte.

Der Reichtum wurde zur schrecklichen, folgenreichen Legende. Perlen so groß wie Taubeneier, ein erzielter Reingewinn, der das Gold von Mexiko und Peru zu jener Zeit übertraf, hüllte Venezuela in den düsteren Glanz, El Dorado zu sein. Der hielt sich beharrlich über lange Zeit und stiftete zu Irrfahrten durch das Innere des Landes an.

Der Versuch einer Konsolidierung

Auf das Schwert folgte das Kreuz. 1515 gründeten Franziskanermönche **Cumaná**. Die Küstenlage und die Nähe zur wasserlosen Perleninsel Cubagua ließen die Spanier an diesem Standort festhalten, obwohl er von den Cumanagoto bedroht wurde und katholische Geistliche schon 1514 ermordet worden waren. Als dritte spanische Gründung wurde 1527 **Coro** im Westen angelegt.

Es erhielt zwei Jahre später neue, nichtspanische Herren. Das Augsburger Handels-

»Die Indianer gießen den Spaniern zur Ersättigung ihres Geizes geschmolzenes Gold in den Mund«, beobachtet von dem Kupferstecher Theodore de Bry

Goldfieber bis heute: In Las Claritas versuchen es viele auf eigene Faust

haus der **Welser** bekam als Gegenleistung für die umfangreiche finanzielle Unterstützung des Kaisers Karl V. aus dem Haus Habsburg das Generalkapitanat Venezuela vom Cabo de la Vela bis zum Cabo de Maracapaná zugeteilt. Verbunden war damit der Auftrag, indianische Aufstände niederzuschlagen, das Gebiet zu kolonisieren und durch zwei Stadtgründungen zu festigen. Das Kolonisieren war ein teures Geschäft: Einer venezolanischen Quelle zufolge soll die Unterwerfung Venezuelas mehr als die von Peru und Mexiko zusammen gekostet haben, denn man musste nicht das ausgebildete Heer einer einzigen Hochkultur schlagen, das, fehlte ihm der Kopf, sich in die Niederlage fügte, sondern eine Vielzahl von Stämmen und Clans bekämpfen. Die Welser unter **Ambrosius Alfinger**, später dann unter Georg Hohermuth, Nikolaus Federmann und

Philipp von Hutten, befestigten Coro neu, gründeten Maracaibo und begaben sich wie alle anderen Konquistadoren und *adelantados* auf den Vernichtungsfeldzug nach **El Dorado**, dem goldenen Königreich mit dem goldenen Gottkönig.

Nach zehn Jahren war die Welser-Macht jedoch zersplittert, einem spanischen Oberbefehlshaber unterstellt und wurde schließlich 1556 durch die *Real Audiencia,* den Obersten Königlichen Gerichtshof von Santo Domingo, endgültig aufgelöst.

Mit der Gründung weiterer spanischer Siedlungen versuchte das Königreich, seinen Machtanspruch auf das venezolanische Gebiet auch im Innern zu konsolidieren. 1545 wurde El Tocuyo angelegt, das ein Jahr später zur Hauptstadt und zum ersten erzbischöflichen Sitz der Provinz Venezuela aufstieg, 1547 folgte Maracaibo, 1553 Valencia,

1558 Mérida, 1567 Caracas. Konquistadoren durchpflügten das Landesinnere weiterhin nach El Dorado, doch nachdem die Perlenbänke von Cubagua abgeerntet waren, versprach Venezuela keine weiteren schnellen Reichtümer und gab so auch nicht den Impuls, es im größeren Maßstab zu besiedeln.

Stagnation und Blüte der Landwirtschaft

Während des gesamten 17. Jh. änderte sich an diesen Zuständen nur wenig. Das Generalkapitanat Venezuela, dem Vizekönigreich Peru unterstellt, blieb politisch und wirtschaftlich unbedeutend. Das **Encomienda**-System regelte die Verhältnisse auf dem Land: Den spanischen Landbesitzern wurden von der Krone indianische »Schutzbefoh-

lene« anvertraut, die sich im Gegenzug für die erhaltenen »Schutzleistungen« verpflichteten, für ihre Herren zu arbeiten. Wie sehr sich auch Krone und Kirche empörten und auf die Einhaltung der 1542 eingeführten Leyes de Las Indias pochten, Gesetze zum Schutze der Urbevölkerung, bedeutete die *encomienda* in der Regel grausame Ausbeutung.

In den Tälern der Küstenkordillere und an den Andenhängen blühte der Kaffee- und Kakao-, Tabak- und Zuckerrohranbau und andalusische Einwanderer etablierten die Viehzucht in den Llanos. Eine stärkere wirtschaftliche Expansion verhinderte indes das Verbot des Mutterlandes, zwischen den Kolonien Tausch und Handel zu betreiben; wäre dies ihr Wunsch gewesen, hätten die Tochterkolonien den kostspieligen Weg über Spanien nehmen müssen. Schmuggel und Handelsbeziehungen zu den Niederländischen Antillen waren die unausweichliche Konsequenz.

Das Jahr 1728 erbrachte die überfällige Wende, denn inzwischen waren Tabak, Zuckerrohr, der Pflanzenfarbstoff Indigo, Kakao und Kaffee zu begehrten Handelsgütern geworden. Die Gewinne übertrumpften die in Kolumbien und Ecuador erzielten um das Doppelte. Spanien reagierte und richtete in der Hafenstadt La Guaira eine Niederlassung der baskischen Handelsgesellschaft **Casa Guipuzcoana** ein, welche den Außenhandel der gesamten Kolonie steuern sollte. Elf Jahre später fasste das spanische Mutterland die Provinzen Kolumbien und Ecuador zum **Vizekönigreich Nueva Granada** zusammen. Zum ersten Mal erhielten die einzelnen Länder weiterreichende Kompetenzen. Am 8. Dezember 1777 bekam Venezuela den Status eines Generalkapitanats.

Die erstarkende wirtschaftliche Potenz des Landes führte zur politischen Unzufriedenheit der herrschenden kreolischen Großgrundbesitzer. Durch das strenge Regelwerk der Casa Guipuzcoana geknebelt, knüpften sie ihre Beziehungen zu Aruba, Bonaire und Curaçao enger, doch damit wurde die fehlende Repräsentation in den Entscheidungszentren der Macht nicht kompensiert, das Unbehagen wuchs.

Die Sonne, die niemals verlöscht: Simón Bolívar

Als die Simón-Bolívar-Biografie des Kolumbianers Gabriel García Márquez, »Der General in seinem Labyrinth«, 1989 in Südamerika erschien, brach ein Sturm der Entrüstung los. Denn sie zeichnete ein Porträt des Befreiungshelden, das dem offiziellen Pathos fundamental widersprach. Simón Bolívar, der Pater patriae, der Libertador, war ein mutiger, unerschrockener, gewiefter, hochintelligenter, militärisch versierter und glänzender Redner, Volkstribun, Kämpfer, Politiker.

Bis in die 70er-Jahre hinein hatten die Männer vor den Simón-Bolívar-Denkmälern den Hut zu ziehen, die Frauen durften nicht mit Hosen bekleidet daran vorbeigehen und Lasten zu tragen war in ihrem Angesicht verboten. Bis heute hat auf der Plaza Bolívar in Mérida ein Schild überlebt, das ebensolches besagt. In jedem Flecken gibt es eine Plaza Bolívar und die fein gezeichneten Züge des verschlossen blickenden, stolzen Bolívar zieren Universitäten und Banknoten, Einwickelpapier und Etiketten, seinen Namen tragen der eisenhaltigste Berg der Welt und der höchste Gipfel in den venezolanischen Anden. Simón Bolívar ist der Größte, der Herrlichste und in Venezuela omnipräsent.

García Márquez hat sich in seinem Roman die letzten Lebensmonate Bolívars vorgenommen und schildert den politischen Verrat, die dahinschwindende Gesundheit, die Zweifel und den verletzten Stolz, die Rankünen und ungezählten Frauengeschichten des Simón Bolívar, vermenschlicht die hochverehrte Gestalt, protokolliert auch die politischen Anfeindungen und die Zerstrittenheit der Unabhängigkeitskämpfer. In der offiziellen Geschichtsschreibung, die den Unabhängigkeitskampf verehrt wie die Jesusgeschichte, gibt es keinen Platz für solche Makel. Simón Bolívar ist dort mutig, blütenweiß und früh verwitwet.

Seine Karriere allerdings ist beispiellos, seine Wirkungskraft die zweifellos größte sämtlicher südamerikanischer Befreiungshelden. Argentiniens General José de San Martín, Chiles Bernardo O'Higgins verblassen angesichts der charismatischen, kosmopolitischen Gestalt des Libertador. Am 24. Juli 1783 als Sohn einer wohlhabenden großbürgerlichen Familie in Caracas geboren, wuchs er in der liberalen Atmosphäre eines politisch aufgeschlossenen Hauses auf, just in der Zeit, als Revolutionen und politische Bewegungen die Alte Welt neu zu ordnen begannen. Das Zeitalter der Aufklärung war über den Kontinent gefegt und hatte den Samen für den Aufruhr, den freidenkerischen Geist und die Entgrenzung der Gedanken gelegt.

Für den von hochgebildeten Lehrern wie dem Philosophen Andrés Bello und dem weit gereisten Simón Rodríguez erzogenen Bolívar war es eine Selbstverständlichkeit, in die Zentren der Bewegung zu reisen, um dort zu studieren. Vier Jahre bereiste er Europa, lernte 1804 Alexander von Humboldt kennen, den er außerordentlich schätzte, und schwor sich 1805 in Anwesenheit von Simón Rodríguez mit feierlichem Pathos am römischen Monte Sacro auf seine Lebensaufgabe ein, nicht eher ruhen zu wollen, »bis ich die Kette, die uns gegen unseren Willen mit Spanien verbindet, gebrochen habe«.

Thema

Mit beispielloser Tatkraft und Intelligenz, politischer Geschmeidigkeit und Widerstandsfähigkeit gegenüber Verbannungen und Anfeindungen im eigenen Lager, Chuzpe, unbeirrbarer Egozentrik und imperialer Geste verfolgte er sein Ziel, ein von den Spaniern befreites, in einem Staatenbündnis zusammengefasstes Großkolumbien zu gründen. Sein Biograf Salvador de Madariaga zeiht ihn deswegen des Bonapartismus und der Despotie und rückt ins Gedächtnis, dass Simón Bolívar von den Krönungszeremonien Napoleons tief beeindruckt gewesen war. Und in der Tat ließen sich seine Mitstreiter nicht auf diese Richtung einschwören.

Bolívar, der sein gesamtes Vermögen in den Befreiungskampf investierte und aufgrund seiner hervorragenden Verbindungen zur gesellschaftlichen Oberschicht auch deren Unterstützung genoss, war am Ende seines Lebens persönlich gescheitert. Als er 1830 im kolumbianischen Santa Marta starb, waren seine politischen Ideen aufgerieben in dem Alltag des Regierens, Taktierens, Kämpfens, der Feindseligkeiten und Rivalitäten.

Die *cuna del Libertador,* die Wiege des Befreiers, wie sich Caracas heute stolz nennt, brauchte lange, um ihn zu rehabilitieren. Zu seinem 100. Geburtstag 1883 verfügte der damalige Präsident Antonio Guzmán Blanco, den zentralen Platz von Caracas, bis dahin noch Plaza de la Constitución genannt, in Plaza Bolívar umzubenennen. 1884 ließ er die berühmte Statue anfertigen, deren Kopien viele Städte des Landes zieren. Danach wuchs die Heldenverehrung ins Überlebensgroße. Simón Bolívar ist ein nationales Identitätssymbol, wie es hochrangiger nicht gefunden werden konnte. Er ist, so sagt man in Venezuela, die Sonne, die niemals verlöscht.

Simón Bolívar ist Venezuelas geistiger Vater und omnipräsent

Am Vorabend der Revolution

Das Ende des 18. und der Beginn des 19. Jh. erschütterten die politische Landkarte der Welt. Die Vereinigten Staaten hatten ihre Unabhängigkeit von Großbritannien erkämpft und die Französische Revolution ordnete die Macht in Europa neu. Von beiden Bewegungen strömten emanzipatorische, antimonarchische, liberale und radikal-demokratische Philosophien hinaus in die Welt. Venezuela blieb davon nicht unberührt. Die intellektuelle Elite des Landes pflegte Europa zu besuchen, **Alexander von Humboldt** lernte auf seinen südamerikanischen Reisen in den Jahren 1799 und 1800 Venezuela kennen und später, in Paris, traf er Simón Bolívar.

Als *precursor*, Vorläufer, Wegbereiter, findet **Francisco de Miranda** seinen Platz in der venezolanischen Geschichtsschreibung.

Das beginnende 19. Jh. brachte den Einstieg in die Unabhängigkeit des Landes. Venezuela verweigerte 1808 dem vom französischen Kaiser Napoleon Bonaparte auf dem spanischen Thron eingesetzten Bruder Joseph die Gefolgschaft. Doch gleichzeitig wuchs mit der Loyalitätserklärung an den abgesetzten Ferdinand der Zweifel am Machtanspruch eines fremden Landes, Spanien, auf das eigene, Venezuela, heran. Die aus *criollos* gebildete wirtschaftliche Elite der *latifundistas*, der Großgrundbesitzer, unterlag ja weiterhin den kolonialen Knebelparagrafen und umstürzlerisches Gedankengut zentralisierte sich in einer **Revolutionspartei**. Im folgenden Juli setzte man den spanischen Generalkapitän ab. Ein Jahr später bereits, am 5. Juli 1811, proklamierte Venezuela seine **Unabhängigkeit** und gab sich im Dezember eine Verfassung.

Der Weg in die Unabhängigkeit

Doch das Fanal zeigte nicht die beabsichtigte einigende Wirkung. Der loyale Teil der Bevölkerung ließ sich nicht überzeugen, das Militär war ebenfalls in zwei Lager gespalten. Zwei gesellschaftliche Machtpole mit divergierenden Interessen hatten sich herauskristallisiert: eine städtische Kaufmannsschicht und die Großgrundbesitzer auf dem Lande. Als das verheerende Erdbeben von 1812 die junge Republik verwüstete, erblickten darin viele Gläubige eine Strafe Gottes für den Abfall vom Mutterland Spanien.

Unter den Angriffen des spanischen Heeres zerschellte die republikanische Armee.

Der gebildete, reiche und aus Caracas stammende **Simón Bolívar** hatte sich schon früh an die ideologische und politische Spitze der Bewegung gestellt, 1813 dann ernannte ihn eine revolutionäre Junta zum Kommandeur der Befreiungstruppen. Von Kolumbien aus unternahm er einen Feldzug bis nach Caracas, doch weitere militärische Erfolge blieben ihm zunächst versagt.

Eine entscheidende Wende erbrachte eine Änderung des politischen Konzepts. Nachdem schon der Mulattenführer Manuel Piar San Félix und Angostura, das heutige Ciudad Bolívar, im Jahr 1817 hatte erobern und halten können, gewann Simón Bolívar die Unterstützung der *llaneros* unter José Antonio Páez. Caracas verblieb im Machtbereich der Spanier. In Angostura wurde am 14. Februar 1819 die erste **Republikanische Verfassung** verabschiedet. Simón Bolívar verkündete an diesem Tag seinen politischen Traum von einem geeinten, revolutionären, republikanischen **Groß-Kolumbien**, das die Länder Nueva Granada (das spätere Kolumbien), Perú, Alto Perú (das spätere Bolivien), Venezuela und Ecuador zusammenfasste, was ihm den Ruf des südamerikanischen Napoleon eintrug.

Mit der ersten Verfassung war die Revolution jedoch noch nicht gewonnen. Entscheidende militärische Siege trug Bolívar im kolumbianischen Boyacá im August 1819 und im venezolanischen Carabobo im Juni 1821 zusammen mit Rafael Urdaneta und José Antonio Páez davon. Damit war die Unabhängigkeit von Spanien besiegelt.

Die zerstrittenen republikanischen Kräfte ließen sich dadurch nicht beruhigen.

Rivalitäten und unterschiedliche politische Konzepte gipfelten im versuchten Brudermord: Sein ehemaliger Mitstreiter Santander veranlasste am 25. September 1828 einen Mordanschlag auf den Pater patriae und Libertador Venezuelas, Simón Bolívar. José Antonio de Sucre, Bolívar-Vertrauter und Sieger der Entscheidungsschlacht von Ayacucho, in der Perú 1824 befreit wurde, starb unter den Händen der Verschwörer. Ein Jahr später verließ Páez, Präsident der Republik Venezuela, den Staatenbund Groß-Kolumbien. Der Lebenstraum Simón Bolívars fand bereits nach zehn Jahren ein Ende; der Libertador starb mit nur 47 Jahren angefeindet und politisch vom Machtgeschehen ausgeblendet, im kolumbianischen Küstenort Santa Marta.

Die Zeit der Caudillos

Die Präsidentschaft von **José Antonio Páez** (1830–1847) leitete eine Phase der politischen Beruhigung und der wirtschaftlichen Expansion ein. Besonderes Gewicht erhielten dabei die guten Exportmöglichkeiten für landwirtschaftliche Güter. Mit Kaffee, Zucker und Kakao ließen sich hohe Preise auf dem Weltmarkt erzielen. Venezuela konnte sich ökonomisch stabilisieren und auf dem internationalen Parkett etablieren; innenpolitisch jedoch knüpfte Páez an konservative Muster an: Die latifundistas besaßen politisches Schwergewicht. Die während der Unabhängigkeitskämpfe aufgestiegenen Militärs, durch Landbesitz belohnt, entwickelten sich zu rivalisierenden Provinzfürsten, caudillos, die sich keiner zentralen Macht unterzuordnen gedachten.

Daran änderte sich nichts, als **José Tadeo Monagas** die Präsidentschaft antrat (1847–1859). In dieser Zeit bildeten ländliche und städtische Oberschicht etwa 3,5 % der Bevölkerung, das breite Fundament mit 81,5 % nahm die Unterschicht ein. 79 % arbeiteten als Tagelöhner in der Landwirtschaft, der gesamte Landbesitz konzentrierte sich in den Händen von lediglich 1 % der Bevölkerung. Die Analphabetenrate betrug 80 %.

Auf Monagas' Präsidentschaft folgten die Jahre der **Föderalkriege** (1858–1864), die das Land erneut verwüsteten. 350 000 Tote sowie ein wirtschaftlich ruiniertes Venezuela standen an ihrem Ende und eine neue Verfassung, die den einzelnen caudillos einen größeren Machtspielraum beließ, lautete die politische Bilanz.

Als Erneuerer Venezuelas ging dann **Antonio Guzmán Blanco** (1870–1888) in die Annalen des Landes ein. Man sagt, ein caudillo habe die caudillos gezähmt. Sein autoritärer Regierungsstil gründete sich auf Konzepte, weniger auf die bis dahin gepflegten Bündnisse und Interessenverflechtungen von Machtcliquen. Eine Gegenkraft zu der bislang üblichen extremen Regionalisierung politischer und ökonomischer Macht entstand mit der starken Zentralregierung in Caracas. Die Machtsphäre der Provinzfürsten ließ Guzmán Blanco unangetastet, allerdings forderte er Abgaben an die Zentralregierung. Sein politisches Programm umfasste Religionsfreiheit, Schulpflicht und kostenlosen Schulunterricht. Mit einer Verkehrssteuer wurden Straßenbauprojekte finanziert. Caracas erhielt ein neues Gesicht: Viele der Viertel in der Innenstadt wurden unter seiner Ägide und nach seinen, europäischen Vorbildern nachempfundenen architektonischen Vorlieben neu gestaltet.

Nach der Abdankung von Guzmán Blanco flackerten erneut Bürgerkriege auf, die in die Präsidentschaft von **Cipriano Castro** (1899–1908) mündeten. Innenpolitisch diktatorisch, operierte er auf der internationalen Bühne derart selbstherrlich und ungeschickt, dass 1902 Italien, Deutschland und Großbritannien seine Weigerung, Staatsschulden zu bezahlen, mit der Blockade der venezolanischen Häfen beantworteten. Im Jahr seines Regierungsantritts wurde der heftig debattierte Grenzkonflikt zwischen British Guyana und Venezuela zuungunsten Venezuelas entschieden; Venezuela pochte dabei auf den Grenzverlauf, der vor der Unabhängigkeit bestanden hatte. Bis heute bewertet das Land das Gebiet bis zum Río Essequibo als zona en reclamación.

Der steinige Weg in die Moderne

Zwei ungeliebte Diktaturen hatten auf die politische Landschaft Venezuelas im 20. Jh. entscheidenden Einfluss: die des **Juan Vicente Gómez** (1908–1935) und die des Marcos Pérez Jiménez (1948–1958) – einmal durch ihre tatsächliche Politik, aber auch (und vermutlich stärker) durch die Festigung von politischen Gegenmodellen. Beide legten allerdings auch den Grundstein für ein in gesamt Lateinamerika verbreitetes Übel: die Korruption, unterstützt von den nach den Unabhängigkeitskriegen gestärkten Provinzfürsten, den *caudillos.*

»Die Gómez-Diktatur verhielt sich antizyklisch zur Weltbewegung«, so der Historiker Mariano Picón Salas. Das 20. Jh. sei in Venezuela erst nach dem Sturz des Diktators 1936 angebrochen. Zunächst auch von Intellektuellen begrüßt – Laureano Vallenilla Lanz sah in Gómez den neuen Cäsar, der Anarchismus und Individualismus beenden werde –, stellten sich jene bald gegen ihn. Rómulo Gallegos, der 1909 die Zeitschrift »Alborada« gründete, schreibt: »Wie schön du bist, mein Land. Jeder nährt in sich den Wunsch, dich bald zu verlassen.« Gómez' Politik gründete sich ausschließlich auf Klientelismus; der stabilen Wirtschaftslage verdankte er seine politische Beständigkeit, denn Erdöl und (zunächst) gute Exportaussichten für landwirtschaftliche Güter sicherten ihm innen- wie außenpolitische Erfolge.

Die 27 Jahre währende Gómez-Diktatur verursachte einschneidende Veränderungen in der politischen Struktur: Unter den straffen Zügeln eines *caudillo* zerschellte der regionale *caudillismo,* verschwand die Parteienlandschaft, wurde das Militär professionalisiert und zum ausübenden Arm der Diktatur. Gómez öffnete das Land dem Ausland; die Exportsteuern für Kaffee, Kakao und Rinderhäute wurden aufgehoben, gleichzeitig die Importsteuer gesenkt; die liberalste Erdölgesetzgebung in Lateinamerika zog ausländische Investoren an, die Auslandsschuld wurde komplett getilgt.

Der Reichtum des Landes floss jedoch in beispielloser Korruptionswirtschaft in die Taschen weniger Privilegierter. Familienmitglieder und persönliche Favoriten erhielten Förderlizenzen, die sie an nordamerikanische Unternehmen weiterverkauften, sie übernahmen Staatsländereien, die, wenn sie sich in Erdölregionen befanden, meistens ebenfalls an ausländische Gesellschaften veräußert wurden. Viehzucht und Schiffsverkehr konzentrierten sich in den durch Heirat zusammengeschweißten Familienclans.

Gefördert wurde der Straßenbau, das klassische Macht- und Kontrollmittel – so z. B. die Carretera de los Andes nach San Cristóbal, in eine traditionell aufrührerische Gegend, und zwischen Puerto Ayacucho und Samiariapo aus demselben Grund –, vernachlässigt wurden Bildung und Kunst, Gesundheits- und Sozialwesen. Am Ende der Gómez-Diktatur waren 70 % der Venezolaner Analphabeten. Zwischen 1912 und 1925 blieb die Universität von Caracas geschlossen. Extreme Unterdrückung und intellektuelle Repression führten zu einer politischen Gegenbewegung, der Generación de 28 des späteren Präsidenten Rómulo Betancourt, die ihren Namen von dem 1928 in Caracas gewaltsam niedergeschlagenen Studentenaufstand ableitete. Eine neue intellektuelle Elite war herangewachsen.

Verschwendungsmentalität

Die Unterschiede zwischen den sozialen Schichten waren weiterhin schroff geblieben. Gewaltige wirtschaftliche und soziale Umwälzungen hatten den Weg Venezuelas in die Erste Welt, den der Reichtum aus dem Erdöl ermöglicht hatte, begleitet. Andere Produktionszweige sowie die Landwirtschaft hatten jedoch unter schwerwiegender Vernachlässigung zu leiden. Betrachtet man das Städtewachstum in diesem Zeitraum, ist eine eindeutige Tendenz: Städte mit hohen Zuwachsraten hatten entweder Verwaltungsaufgaben inne, gehörten zur Erdölproduktion oder standen in Handelsbeziehungen zu den Außenmärkten. Landwirtschaftliche Zentren verzeichneten eine Stagnation oder Abwanderung. Gleichzeitig etablierte sich die Rentenmentalität, die der Politiker und Historiker Arturo Uslar Pietri früh als Verschwendungsmentalität geißelte. Kein normaler kapitalistischer Weg hatte sich entwickelt, das Land war von feudalen Strukturen direkt in den Kapitalismus gestürzt, ohne dass sich eine entsprechende Geisteshaltung hätte entfalten können; d. h. die so leicht erwirtschafteten Gewinne wurden nicht reinvestiert, sondern einfach ausgegeben, verschwendet.

Alle Parteien indes hatten sich ideologisch auf eine von dem Gómez-Regime abgewandte, fortschrittsgläubige Linie festgelegt. »Der Staat fördert die Wirtschaftsentwicklung und die Diversifizierung der Produktion mit dem Ziel, neue Reichtümer zu schaffen, das Einkommensniveau anzuheben und die nationale Souveränität zu festigen.« Wirtschaftliche Planung, Verwaltungsreform und Produktionssteigerungen in den Händen des Staates leiteten den Fortschritt ein. Das Erziehungssystem bewertete man als Schlüssel zu diesem Fortschritt, gezielte Studiengänge und -abschlüsse und eine bessere Ausbildung stellten ein erstes Anliegen dar. Die Analphabetenquote sank zwischen 1961 und 1987 von katastrophalen 36,7 auf 9,1 %. Mit den hohen Gewinnen aus der Erdölproduktion wurden diese Vorhaben realisiert; der Staat verankerte sich im Bewusstsein der Venezolaner als Motor aller Veränderungen.

Demokratie und erneute Diktatur

Einschneidende Veränderungen brachte das Jahrzehnt nach Gómez nicht. Eine wahre Aufbruchsstimmung beseelte hingegen 1946 das Land, als zum ersten Mal freie Wahlen die **Acción Democrática** (AD) als Sieger ermittelten: keine Diktatur, keine Militärs, sondern pure Mittelschicht. Mit viel Eifer machte sich Präsident **Rómulo Gallegos** an die Neuformulierung politischer Ziele; der *Estado Docente,* der Staat als Lehrer, der Erziehungsstaat, wurde ins Leben gerufen. Der Höhenflug währte nur kurz. Bereits 1948 putschte

das Militär gegen die »hegemoniale Machtausübung« der AD. Das Zeitalter der zweiten Diktatur begann.

Die Acción Democrática und die kommunistische PCV wurden verboten, aber URD (Union Republicana Democrática) und der COPEI arbeiteten zunächst unter **Marcos Pérez Jiménez** mit. Zum Bruch kam es nach Wahlmanipulationen im November 1952.

Der zerschlagenen Demokratie setzte Pérez Jiménez das »ideal nacional« entgegen, die »progressive Umwandlung der natürlichen Umgebung und die integrale Verbesserung (materiell, moralisch und intellektuell) der Einwohner«. Die natürliche Umgebung wurde mit Großprojekten in der bei Diktatoren beliebten Monumentalarchitektur sowie mit neuen Autobahnen bereichert, die Einwohner – und da bleibt nur noch der Sarkasmus – durch sinkende Sozialausgaben, Korruption und politische Repression materiell, moralisch und intellektuell dem nationalen Ideal näher gebracht. Pérez Jiménez' Modell der undurchsichtigen Wirtschaftspraktiken, der Kirchenfeindlichkeit, der politischen Unterdrückung, untermauert durch den Ausbau der Sicherheitskräfte, fiel nach den Wahlen im Jahr 1958 in sich zusammen. AD, URD und COPEI hatten zusammen 95 % der Stimmen erzielt und das Ergebnis bereitete den Boden für Pérez Jiménez' Sturz.

Sturmlauf in die Demokratie

Einen vehementen demokratischen Aufbruch löste im Dezember 1958 der Pakt von Punto Fijo aus, auf den sich das gesamte Parteienspektrum samt Gewerkschaften und Kirchenverbänden einschwor. Auf einer bis dahin einzigartigen Plattform verpflichteten sich die Teilnehmer zur Unterstützung ausschließlich demokratischer Regierungsformen, zur Stabilisierung und Modernisierung des Landes und zur Verabschiedung sozialstaatlicher Programme. Mit diesem Pakt gegen die Etablierung von Diktaturen beschritt Venezuela den Weg in die moderne Parteienpolitik.

Geschichte

Venezuela hatte eine rasante Wandlung durchgemacht: von einer Gesellschaft ohne staatlichen Zusammenhalt im ausgehenden 19. Jh. zur staatlichen Vorherrschaft. Doch genau diese Entwicklung begründete die oft kritisierte Rentenmentalität der Venezolaner. Die Verstaatlichung der Erdölindustrie in der ersten Regierungsperiode von **Carlos Andrés Pérez** 1976 zementierte diese Geisteshaltung. Der AD-Präsident profitierte von dem Schock, den der arabisch-israelische Konflikt ausgelöst hatte, die Ölpreise schnellten in die Höhe und verwandelten Venezuela erneut in ein wohlhabendes Land. Die Zahl der Staatsbediensteten wuchs rapide und die Staatsausgaben wurden im Jahr 1979 zu 68 % für soziale und ökonomische Projekte verwendet, nur 15 % erhielten Zentralverwaltung und Militär. In dieser Zeit entstand das Hausbauprojekt Indafe, das in den ärmsten Regionen Siedlungsvorhaben vorantrieb.

Auf die Boomjahre folgte die allmähliche Ernüchterung, die Ölpreise sanken und 1988 bekam das Land erstmalig Schwierigkeiten, seine Auslandsschulden zu tilgen. Im Februar 1989 beantworteten die *caraqueños* das neu verabschiedete Sparprogramm der Regierung mit Aufständen, den *caracazos*. Studenten überzogen das Land mit Streiks und Demonstrationen und 1992 kulminierte die Unzufriedenheit der Öffentlichkeit in einem missglückten Militärputsch linker Offiziere aus Maracay unter **Hugo Chávez Frías**. Chávez wurde zu einer langen Haftstrafe verurteilt, nach zwei Jahren kam er frei.

Die Venezolaner hatten die offensichtliche Korruption und Korrumpierbarkeit ihrer Präsidenten allmählich satt. Carlos Andrés Pérez hatte während seiner zweiten Amtszeit (1989–1993) Geld unterschlagen und illegale Finanztransaktionen unternommen. Der COPEI-Gründer Rafael Caldera scharte daraufhin mehrere kleine Gruppierungen als **Convergencia Nacional** um sich und siegte bei den Wahlen 1994. Seine Integrität und Kooperationsbereitschaft sicherten ihm vermutlich den Erfolg und sein Ruf der Unbestechlichkeit tat ein Übriges, ihn den Wählern als Alternative zur AD schmackhaft zu machen.

Doch wie ein Sturm brach die Wahl im Dezember 1998 herein. Angesichts der offenkundigen Misswirtschaft der großen Parteien, die das Land wechselweise regiert, die Situation aber besonders der armen Bevölkerungsteile nicht oder kaum verbessert hatten und deren Konzepte zur Sanierung des Haushalts verschlissen waren, polarisierte sich die Wählermeinung. Über Monate hinweg stand die Ex-Miss Universum **Irene Saéz** ganz oben auf der Liste der aussichtsreichsten Kandidaten. Sie hatte ihre Arbeit als Bürgermeisterin einer der reichsten Stadtteile von Caracas, Chacao, sehr gut gemacht. Als die prognostizierten Prozentzahlen für ihre Vereinigung IRENE sanken, ließ sie sich vor den Karren der COPEI spannen. Das war ihr Fehler.

Revolution und/oder Diktatur?

Mit energischem Vorsprung gewann ein anderer. Hugo Chávez Frias, der gescheiterte Putschist von 1992, versprach die linke Revolution, verkündete vollmundig seine Solidarität mit der armen Bevölkerung, sicherte zu, dass er sich gegen die Kamarilla aus Politik und Kapital einsetzen und der Korruption im Land ein Ende bereiten würde. Letzteres hatten andere auch versprochen. Doch ihm und seiner rumpelnden Hemdsärmeligkeit glaubten viele. Er trug keine Maßanzüge, sondern Sweatshirts. Er sprach die Sprache des Volkes.

Der Wahlausgang war eine Ohrfeige für die etablierten Parteien, die er zur Bedeutungslosigkeit zusammenschrumpfen ließ. Sie holten nicht einmal mehr als zusammen 15 %. Unterstützung fand Chávez zunächst auch bei Intellektuellen und Künstlern und bei den linken Parteien wie MAS und Causa R, die mit ihm lokale Bündnisse eingingen.

Sein erstes Projekt war, seinen venezolanischen »Brüdern und Schwestern« die Armee als Verbündete im »Kampf gegen die Oligarchie« schmackhaft zu machen. Dann änderte der Bewunderer von Simón Bolívar,

44

dessen Zitate er ständig im Munde führte, den Namen der Republik Venezuela in República Bolivariana de Venezuela. Das kostete einen Haufen Geld. Es folgten politische Absichtserklärungen, die kenntlich machten, worum es ihm eigentlich ging: eine verschleierte Präsidialherrschaft.

Die hatte er, mit dem Votum großer Teile der Bevölkerung, im Dezember 1999, ein Jahr nach seinem Wahlsieg, auch errungen. Der Kongress wurde aufgelöst, parlamentarische Einrichtungen entmachtet. Viele ehemalige Mitstreiter (z. B. Teodore Petkoff von der linken MAS) fielen ab, nachdem sich die Entdemokratisierung immer deutlicher abzeichnete. Den Universitäten wurden die Selbstverwaltungsorgane amputiert, Lehrer und Erzieher zogen zu Millionen auf die Straße, um gegen die Einflussnahme im Erziehungsbereich zu protestieren. Die Presse hat sich Tag für Tag gegen Anfeindungen zur Wehr zu setzen, ein Fernsehsender wurde mittlerweile geschlossen. Um seine Programme effektiv zu verkünden, nutzt der unermüdliche Präsident die Medien, die auch die (analphabetischen) Ärmeren kennen: das Fernsehen und das Radio. In »Aló Presidente«, jeden Sonntag zur besten Sendezeit ausgestrahlt, nimmt er sich persönlich den Beschwerden seiner Brüder und Schwestern an. Das erinnert von Ferne an die Aktionen einer Evita Perón, der legendären argentinischen Präsidentengattin.

Auf dem Feld der Korruption hat er es geschafft, den Zollbehörden einen Schlag zu versetzen. Das große Elend nach der Naturkatastrophe im Dezember 1999, in deren Verlauf vermutlich 50 000 Menschen starben, nahm er sich als Werbefläche für seinen persönlichen Einsatz. Trotz allem: Chávez mag Sympathien eingebüßt haben, für die Ärmeren des Landes, die die vorangegangenen Regierungen mit den Milliarden beleidigten, die sie aus der Staatskasse raubten, ist er immer noch ein Hoffnungsträger.

Eine schlagkräftige Opposition konnte sich bislang noch nicht überzeugend aufbauen. Aus dem reichen Bundesstaat Zulia kamen die vielversprechendsten Kandidaten wie etwa Arias Cárdenas, der im Mai 2000 gegen Chávez antrat, und Manuel Rosales, der 2006 etwa 37 % der Wählerstimmen errang.

Polit-Pop: Chávez-Anhänger demonstrieren ihre Verbundenheit

Zeittafel

15 000 v. Chr.	Erste Besiedlungen sind für die Regionen um den Maracaibosee und das Orinocodelta nachgewiesen.
1498	Venezuela wird von Christoph Kolumbus entdeckt. Er selbst soll Macuro im äußersten Ostzipfel der Halbinsel Paria betreten haben.
1499	Zweite spanische Expedition mit Alonso de Ojeda und Amerigo Vespucci, der das Land beim Anblick der Pfahlbauten am Maracaibosee Veneciola, Klein-Venedig, tauft.
1528	Das Augsburger Bankhaus Welser wird von Karl V. belehnt. Ambrosius Alfinger, Nikolaus Federmann und Philipp von Hutten gründen Coro und dringen auf der Suche nach Gold ins Landesinnere vor.
1546	Kaiserliches Lehen wird aufgehoben und fällt zurück an die Spanier.
1567	Diego de Losada gründet Caracas; davor sind Cumaná 1521 und Barquisimeto 1552 entstanden.
17. Jh.	Die heimische Bevölkerung muss auf spanischen Plantagen Frondienst der *encomienda* leisten.
1739	Venezuela wird neben dem späteren Kolumbien und Ecuador dem spanischen Vizekönigreich Nueva Granada unterstellt.
1786	Die *real audiencia* von Caracas ist oberste Gerichtsbarkeit für das gesamte Venezuela.
1811	Der in Caracas einberufene Nationalkongress proklamiert die Unabhängigkeit von Spanien.
1819	Simón Bolívar, der später als *libertador*, Befreier, des gesamten Subkontinents gefeiert wird, ruft in Angostura, heute Ciudad Bolívar, die unabhängige Republik Großkolumbien aus.
1821	Entscheidungsschlacht bei Carabobo: Venezuela ist unabhängig.
1835–1877	Phase starker politischer Machtkämpfe, die das Land in den Bürgerkrieg zwingen.
1908–1935	Diktatur von Juan Vicente Gómez, Erdölfunde im Maracaibosee.

46

Universitätsunruhen und Streiks gegen die Diktatur. Die Anführer nennen sich Generación de 28, darunter ist Rómulo Betancourt, späterer Präsident des Landes.	**1928**
Militärputsch und Diktatur von Marco Pérez Jímenez.	**1946**
Der Literat Rómulo Gallegos wird zum Präsidenten gewählt.	**1947**
Im Pakt von Punto Fijo einigen sich Parteien, Kirchen, Verbände und Gewerkschaften, nie wieder eine Diktatur zu tolerieren.	**1956**
Venezuela wird Gründungsmitglied der OPEC.	**1960**
Unter Carlos Andrés Pérez (AD) wird das Erdöl verstaatlicht.	**1974–1979**
Erste große ökonomische Krise seit Beginn der Erdölära: Der Erdölpreis fällt, die Wirtschaft geht auf Talfahrt. Abwertung der Landeswährung Bolívar gegenüber dem US-$ um 43 %.	**1984**
Putschversuche des Militärs unter Hugo Chávez Frías scheitern. Die Anführer werden 1994 von Präsident Rafael Caldera amnestiert.	**1992**
Hugo Chávez gewinnt die Präsidentschaftswahlen mit seinem Versprechen, sich gegen Korruption und Armut im Land einzusetzen.	**1998**
Wochenlange Regenstürme verursachen verheerende Erdrutsche in der zentralen Küstenzone. Zehntausende Menschen sterben, viele werden obdachlos.	**1999/2000**
Putsch gegen Chávez, für den der Präsident des Arbeitgeberverbandes die Verantwortung übernimmt.	**2002**
Das Abberufungsreferendum gegen die Regierung, das nach einem monatelangen Streik von Arbeitgeberverband und Gewerkschaft gefordert wurde, kann Chávez nicht stürzen.	**2004**
Erneut gewinnt Chávez die Präsidentschaftswahlen.	**2006**
Im April kündigt Chávez an, eine 12000 km lange Erdölpipeline von Venezuela bis nach Patagonien zu bauen. Im Juni massive Studentenproteste gegen die Schließung von Radio Caracas Televisión.	**2007**

Gesellschaft und Alltagskultur

Venezuela ist von Grund auf multiethnisch. Das Land der vielen Kulturen hat allerdings auch sehr unterschiedliche soziale Strukturen, wobei die Oberschicht unter sich bleibt und sich kulturell stark an den Vereinigten Staaten orientiert. Die Bewohner der *ranchos* tun das ebenso – die schwarze Gangsta-Kultur übersetzen sie in ihr Milieu. So bereichert eins das andere: die Einflüsse der schwarzen und indigenen Kulturen.

Stadt-Land-Fluss

Wer Caracas zum ersten Mal sieht, ist zunächst einmal schockiert. Jenseits aller karibischen Idylle, die man sich so in Mitteleuropa zusammenträumt, hängen Elendsviertel über einem Talgrund, durch den sich Stadtautobahnen drängen. Vor 40 Jahren mögen sie eventuell das Etikett futuristisch getragen haben, heute herrscht Verkehrschaos eigentlich rund um die Uhr.

Riesige Plakatwände thronen über dem Geflecht aus Beton. In den Hochhäusern erkennt man nicht nur Bürokomplexe, sondern auch Wohntürme. Der Parque Central ist beileibe kein lieblicher Zentralpark, er besteht aus zwei 38 Stockwerke hohen aluminiumglänzenden Türmen, in denen Büros, Behörden, Boutiquen, Restaurants residieren, denen ein Schwelbrand 2004 allerdings ihren Glanz genommen hat.

Aber keinem *caraqueño* würde einfallen, diese Stadt nicht zu lieben, das ist vollkommen unmöglich. Sie symbolisiert Reichtum, Modernität, Wachstum, das Dazugehören. Von den 24 Mio. Einwohnern Venezuelas leben geschätzte sechs Mio. in der Hauptstadt.

Und auch das ist ein Superlativ: In keiner anderen Stadt – auch wenn Maracaibo als zweitgrößte Stadt Venezuelas und Hauptstadt des reichen Bundesstaates Zulia das bestimmt nicht gerne hört – hat sich so viel Wohlhabenheit etabliert, konzentriert sich so

viel Kultur. Caracas ist die Schaltzelle der politischen Macht. Und sie verheißt Arbeitsmöglichkeiten und/oder ein besseres Leben, auch wenn es in den *ranchos* enden könnte.

Wer die mittlerweile international hoch gerühmte Sinfónica Nacional Juvenil de Venezuela des Dirigententwens Gustavo Dudamel hören möchte, muss ins Teatro Teresa Carreño gehen und nicht nach Carúpano. Das internationale Theaterfestival mit Gastspielen bester Bühnen findet in Caracas statt und nicht in Porlamar. In den Kinos von Caracas laufen auch heimische Avantgardeproduktionen, nicht in Punto Fijo. Und hier erscheinen alle meinungsmachenden Publikationen.

Die Provinzhauptstädte und die Provinzen selbst dagegen erfahren erst in jüngster Zeit eine Aufwertung auf kultureller Ebene. Coro, Ciudad Bolívar, Mérida, Carúpano, Trujillo, dazu noch Santa Clara de Choroní und Río Caribe hüten ein koloniales Erbe, auf das auch die *caraqueños* stolz sein könnten, wären sie nur nicht so stark an den Vereinigten Staaten orientiert und würden die Provinz nicht als rückständig bewerten. Natürlich schätzen sie das Orinocodelta und die Sehenswürdigkeiten, die es da gibt, die Pfahlbauten der Warao, die Tierwelt. Von dem großen Naturforscher Alexander von Humboldt hat jeder schon einmal gehört. Aber die Natur des eigenen Landes zu entdecken und zu würdigen, so wie er es tat, das können sich nur die Allerwenigsten vorstellen.

Das venezolanische Vielvölkerleben

Statistisch betrachtet, verraten selbst nüchterne Zahlen viel über Venezuelas Vielvölkerleben und seine Geschichte: 67 % Mischlinge (*mestizos*), 21 % Weiße, 9 % Schwarze und 2 % Indios verzeichnen die Ergebnisse der jüngsten Volkszählung. Diese Zahlen dokumentieren einen ungeheuren Verdrängungsprozess. Den vertriebenen und vernichteten indianischen Ethnien, die heute einen verschwindend geringen Bevölkerungsanteil bilden, aber ihre Kultur leben können, gehörte ursprünglich der Boden, schwarze Sklaven wurden seit dem 16. Jh. für Arbeitseinsätze von Afrikas Küsten verschleppt.

Heute begegnet man in Venezuela einer ethnischen Vielfalt, in der sämtliche multikulturellen Wurzeln ganz und gar gleichberechtigt nebeneinander zu pulsieren scheinen. Schwarze Kultriten, Fachwerk aus Baden, indianische Maisgerichte, Musik aus den Llanos und nordamerikanische Skylines vereinigen sich zu einem Mosaik von Lebensstilen, das trotzdem typisch venezolanisch wirkt und es auch ist – das Land hat eine schillernde Identität.

Lateinamerikanische Lebensfreude bestimmt den Alltag auch bei den Kleinen

Gesellschaft und Alltagskultur

Präkolumbische indigene Gemeinden

Wenn man die »Wahrhafftige Historia« von Nikolaus Federmann, dem Welser-Gesandten in Coro, von 1532 aufschlägt, dann verwirren sich einem die Sinne von der Vielfalt der verschiedenen indianischen Gruppierungen, die er auf seinen Feldzügen und Expeditionen nach El Dorado, dem sagenhaften Land des vergoldeten Gottkönigs, beschrieb. Die Regionen, die das heutige Venezuela umfasst, waren, so schätzt man, Ende des 15. Jh. von etwa einer halben Mio. Menschen bewohnt, die in drei große Sprachfamilien zerfielen: Chibcha, Kariben und Arawak.

Die auf dem Gebiet des heutigen Kolumbien siedelnden **Chibcha** wurden durch die Kultur der Timotes-Cuica in den Anden repräsentiert. Aus den tropischen Dschungeln des Amazonasgebietes drangen die **Kariben** in den venezolanischen Raum vor und etablierten sich um den Lago Maracaibo, an der Karibikküste zwischen der Península de Paria und der Mündung des Río Tocuyo und zwischen den Flüssen Caura und Caroní. Die **Arawak** zogen von den Oberläufen des Orinoco und des Río Negro bis zum Río Apure und gelangten hinauf bis zur Halbinsel Paraguaná.

Die stärkste Bevölkerungsdichte wiesen die Anden entlang der Achse San Cristóbal–Mérida–Trujillo auf, dort, wo die **Timotes-Cuica** Mais und Kartoffeln auf terrassierten Feldern pflanzten und in den Tälern Tabak, Kirschen, Pfefferschoten und Kürbisse anbauten. Die **Guajiro** auf der semiariden Halbinsel Guajira waren Jäger, Fischer und Sammler, ernteten wilde Baumwolle und handelten mit Meersalz, das sie zum Tausch gegen Maniok und Mais anboten. In den heutigen Bundesstaaten Lara und Falcón wohnten Gruppen der Arawak, die vom Fischen und Jagen sowie dem Sammeln von Datteln, Feigen und Agavenfrüchten lebten. Auch sie tauschten Meersalz.

Die **Jirijira**, **Ayamanes** und **Caquetíos** siedelten in den fruchtbaren Tälern von Barquisimeto und El Tocuyo und in den Savannen um Quíbor und Carora. Zentrale und östliche Küstenkordillere waren die Heimat der Caribes Costeros und viele verschiedene Gruppen profitierten von der Fruchtbarkeit der Täler um Caracas und Valencia, in denen Maniok, Mais, Kakao, Avocados, Erdnüsse und verschiedene Knollenfrüchte gediehen; Lebensmittel übrigens, die heute immer noch auf den Speiseplänen der Venezolaner zu finden sind. In großen Dörfern zusammengefasst, wohnten die Guarinos beim heutigen Unare. Die fruchtbare Erde bei Cariaco und die Salinen von Araya bildeten einen weiteren Besiedlungsschwerpunkt. Die **Warao** im Orinocodelta pflanzten damals wie heute die *moriche*-Palme in kleinen *conucos* an. Auch die Llanos waren bereits besiedelt und zwischen den Flüssen Apure, Orinoco und Meta lebten die Otomacos vom Gemüseanbau und dem Fischfang.

Venezuela in der Kolonialzeit

Nicht gerade lebhaft ging es in den Anfängen der Kolonialzeit auf Venezuelas Territorium zu. Die Kolonie bot aufgrund des offensichtlichen Fehlens schnell und mit sicherem Profit auszubeutender Ressourcen offenbar wenig Anreiz zur Besiedlung und die Städte blieben winzige Siedlungen. Sie waren teilweise zu schwach, um untereinander Handelsbeziehungen zu unterhalten.

Die weißen **Konquistadoren** waren von dem Bewusstsein beseelt, bessere Menschen zu sein als die, denen sie auf dem neuen Kontinent begegneten. Die katholische Kirche hatte sie ideologisch dafür imprägniert: Wer nicht den richtigen Glauben besaß, musste bekehrt, zur Bekehrung gezwungen oder eben vernichtet werden. Moralisch legitimierten spanische Krone und Klerus den Völkermord an der indianischen Urbevölkerung. Die Indianer, die nicht fliehen konnten, wurden zu Arbeitssklaven degradiert.

Bald waren deren Kräfte verschlissen; die Spanier begannen, **Schwarze** von Afrikas Westküste nach Venezuela zu verschleppen und zu versklaven. Gegen Ende des 16. Jh. war Venezuelas Gesellschaft in den zentralen Küstenregionen und in Caracas dunkelhäutig und schwarz. Die überlebenden Indianer hatten diese Gebiete aufgegeben und nur wenige Weiße lebten außerhalb der städtischen Zentren. Gegen Ende der Kolonialzeit machten Schwarze und Mulatten etwa 75 % der Bevölkerung Venezuelas aus.

Alexander von Humboldt schätzte 1800 die Bevölkerung auf 900 000 Einwohner, darunter 60 000 »Negersklaven«, 210 000 Hispanoamerikaner (*criollos*) und 12 000–15 000 Spanier. Caracas verzeichnete damals 40 000 Einwohner – 12 000 Weiße und 27 000 Farbige. Eine weitere Quelle nimmt für das Ende der Kolonialzeit folgende Zahlen an: 780 000 Gesamtbevölkerung, davon 45 % *pardos* – dies ist der venezolanische Begriff für Farbige, die damals so benannten Mestizen, Mulatten und Zambos (indianisch/schwarz, die Humboldt nicht separat erfasste) und 15 % schwarze Sklaven. Abgesichert sind diese Zahlen nicht. Die Ungenauigkeiten beruhen darauf, dass das Land damals keine abgeschlossene Einheit bildete, die leicht zu erfassen gewesen wäre.

In der Folge verwischten sich die Konturen, die Farbe der Haut diente immer weniger als Identifikationsmerkmal des »richtigen« Venezolaners. Und der venezolanische Historiker Salcedo-Bastardo verbreitet die Ansicht, Rassenvielfalt hätte mit der spanischen Konquista eingesetzt, da die ersten spanischen Konquistadoren »gemischtes«, maurisches und jüdisches Blut in den Adern gehabt hätten.

Multikultur: Ideologie oder Realität?

Der Politiker und Dichter Andrés Eloy Blanco, Gründungsmitglied der Acción Democrática (AD), ein weißer Intellektueller also, hat 1944 mit zwei Schlagworten die heutige ethnische Struktur Venezuelas griffig umschrieben. Das eine lautet: *café con leche* (Milchkaffee), das andere ist die Botschaft seines Gedichtes »Angelitos Negros«. In diesem Gedicht bittet ein Mädchen einen Kirchenmaler, schwarze – und nicht weiße – Engelchen zu malen.

Das moderne Venezuela schmückt sich gerne mit der Behauptung, rassische Diskriminierung existiere nicht, das bunte Vielvöl-

kergemisch lebe seit Jahrhunderten friedlich zusammen. Vergleicht man das Land mit den Vereinigten Staaten, dann trifft die nordamerikanische Ideologie vom Schmelztiegel tatsächlich eher auf Venezuela als auf ihr Herkunftsland zu. Denn die offizielle Doktrin ermöglicht soziale Mobilität für jedermann, unabhängig von der Hautfarbe. Als unter der Regierung von José Tadeo Monagas im Jahr 1854 die Sklaverei abgeschafft wurde, endete ein schlimmes hierarchisches System, aber im Gegensatz zu den Vereinigten Staaten waren die Schwarzen schon vorher in die Lage versetzt worden, sich tatsächlich freizukaufen und als Freie ein neues Leben aufbauen zu können.

Laut offizieller Lesart also gab es im modernen Venezuela keine Rassendiskriminierung zwischen Weißen und Schwarzen und keinerlei Vorurteile. In der multiethnischen Gesellschaft bestimmten Erziehung, Beruf und Wohlhabenheit und nicht die weiße oder schwarze Hautfarbe die soziale Stellung.

Die Diskriminierung verfolgte eher indirekte Wege: Eine hohe soziale Position machte das Individuum »weißer«. D. h., ein reicher, gut gekleideter, angesehener, beruflich erfolgreicher Schwarzer ist »weißer« als ein armer Weißer, er genießt einen besseren gesellschaftlichen Ruf. Für die stark vom Positivismus beeinflussten Venezolaner stellte die Hautfarbe, sofern sie weiß oder schwarz ist, im Prinzip keinerlei Barriere bei der Teilhabe an guter Ausbildung, Karriere und Wohlhabenheit dar. Jeder konnte die gesellschaftliche Stufenleiter erklimmen, sofern er sich nur anstrengte. Schwarze hatten unter Vorurteilen zu leiden, wenn sie arm und ungebildet waren, wenn ihr Status an den ihrer traurigen Vorfahren gemahnte, denn ihr Status sei, so hieß es dann ungerührt, selbst verschuldet.

Diese Ideologie ist auch dafür verantwortlich, dass kein »schwarzes« Selbstbewusstsein oder eine politisch motivierte schwarze Bewegung existiert (wie z. B. in den Vereinigten Staaten, in Brasilien, auf Jamaika und Haiti), da es keine »schwarze«, sondern nur eine multikulturelle Gesellschaft gibt.

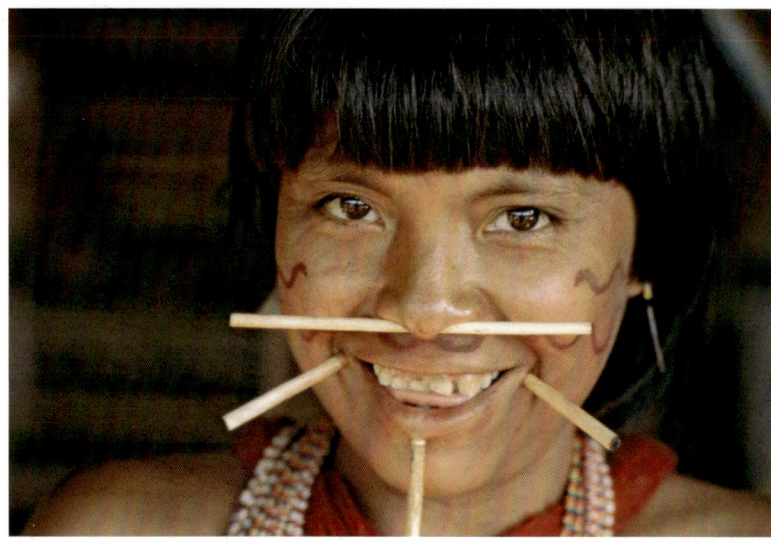

Eines der letzten Naturvölker der Erde: die Yanomami

Die Kultur der Einwanderer

Eine neue Dimension erhielt die Ideologie der unproblematisch verlaufenden Vielvölkerverschmelzung durch die Einwanderer, die zu Beginn des 20. Jh. ins Land kamen. Davor hatte es nur sehr isolierte Einwanderungsbewegungen gegeben. Die deutsche Colonia Tovar, die von Kaiserstühlern 1843 gegründet worden war, blieb die Ausnahme. Die vielversprechenden wirtschaftlichen Aussichten im wirtschaftlichen Bereich und das fehlende Know-how im Land selbst lockten bis in die 1960er-Jahre Hunderttausende an, ihr Glück in Venezuela zu versuchen. Dadurch entstand eine neue hierarische Stufenleiter, von der Andrés Eloy Blanco nichts wissen konnte, als er seine schönen Texte und Verse schrieb.

Spanier, Deutsche, Franzosen, Italiener, Nordamerikaner und Briten besaßen in der Anfangsphase der Erdölproduktion das nötige Wissen, um den neuen Industriezweig anzuregen und expandieren zu lassen, und wurden in der Ära Gómez (1908–1935) auch aktiv angeworben. Sie importierten einen Lebensstil, welcher der sogenannten Hacienda-Mentalität der venezolanischen Großgrundbesitzer widersprach: Tenniscourt und Kino wetteiferten mit Hahnenkampf und Musik aus den Llanos. Emanzipierte, selbstbewusste junge Frauen, die Auto fuhren und sich in Badeanzügen zeigten, sorgten für beträchtlichen Wirbel im konservativen Sittenbild des Landes. Ihre mitgebrachte Kultur suchten sie in Clubs zu bewahren; das heimische Alltagsleben wurde hier nachgebildet, der eigene Festkalender gefeiert. In diesen Kreisen entstand, aller kosmopolitischen, großbürgerlichen Aufgeschlossenheit zum Trotz, teils ein importiertes Bewusstsein von »weißer« Überlegenheit, das mit dem Stil der vorgefundenen, ineinander verschmolzenen Lebenskultur nicht mehr übereinstimmte.

Durch den massiven Zuzug europäischer Einwanderer im 20. Jh. hat sich die soziale Hierarchie komplett verändert. Die Venezolaner, ob schwarz, ob mestizisch, erfanden ein Wort für die neuen Weißen, *misiu*, eine Verballhornung des französischen Monsieur, und sie betonen es wahlweise abfällig, wohlwollend oder spöttisch. Nur eine Umschreibung einer tatsächlichen Gleichwertigkeit ist es sicherlich nicht.

Hier liegt vielleicht auch der Kern für die Überheblichkeit, mit der sich die Oberschicht dem Phänomen Chávez zuwandte und genauso umgekehrt. Dass in den Führungsriegen Weiße überrepräsentiert sind, kann mit deren Beziehungen, eventuell aber auch mit deren effektiverer Arbeitsweise begründet sein, was wiederum der *chavista* nicht glauben mag. Auf die *palancas*, die Vetternwirtschaft, reagiert man mit großer Empörung, aber davor gefeit zu sein, hat bisher noch keine einzige venezolanische Gesellschaft bewiesen – auch die neue nicht.

Auf kultureller Ebene ist das Vielvölkererbe jedoch anerkannt und abgesichert und wird auch von den weißen Bevölkerungsteilen zweifellos goutiert und konsumiert. Die Kultur der hauptsächlich von Schwarzen – Nachfahren ehemaliger Sklaven auf den Kakao- und Kaffeeplantagen – bewohnten Küstenstriche des Ostens, des Barlovento und des Oriente, erfreut sich großer Beliebtheit. Der Barlovento ist für seine nächtelangen Trommelfeste und die Feierlichkeiten zum Johannistag am 24. Juni berühmt. Der Karneval von Carúpano gilt als einer der prächtigsten, wildesten und ist einer der beliebtesten, beeinflusst von der schwarzen Bevölkerung von Trinidad und Tobago. Für die bodenständigen Venezolaner ist *negro* oder *negra*, *moreno* oder *morena* (dunkelhäutig) tatsächlich eher eine anerkennende Charakteristik im zwischenmenschlichen Bereich …

In der Religion manifestiert sich ebenfalls das Bewusstsein von Multikultur. Im Kult der María Lionza versöhnen sich die Elemente vieler verschiedener Religionen und stehen gleichberechtigt nebeneinander.

Indianische Verbände heute

Rassische Diskriminierung haben aber sehr wohl die indianischen Verbände zu erdulden. Etwa 2 % der Venezolaner gehören indianischen Ethnien an. Ihre Lebensformen und Kulturen lassen sich nicht problemlos von der multikulturellen Ideologie Venezuelas absorbieren. Auch besteht inerhalb der indianischen Völker selbst ein Bewusstsein, dass die Pflege der eigenen, indianischen Kultur

notwendig ist, um ihr Fortbestehen zu schützen. Die Warao im Orinocodelta, die Guajiro in Zulia, die Pemones im Parque Nacional Canaima, und – als ausgeprägteste Kulturform – die Yanomami im Estado Amazonas versuchen, ihre Lebensstile, ihre Alltagskultur und Religion zu bewahren und gegen die westlichen Vorstellungen von Zivilisation zu verteidigen. Dies gelingt in dem Maße, wie sie mit ihr (nicht) in Berührung kommen.

Die **Piaroa** im nördlichen Teil des Estado Amazonas leben teilweise vom Kunstgewerbe und stellen Schmuck aus Kernen, Samen und Perlen für den Mercado de los Indígenas in Puerto Ayacucho her, doch die weißen Aufkäufer beklagen sich darüber, dass sie nur nach Aufforderung arbeiten und ansonsten »in der Hängematte liegen«. Unverständnis bringen sie den Pemones entgegen, denen die Regierung das Recht eingeräumt hat, als Einzige den Gästemagneten Parque Nacional Canaima mit einer touristischen Infrastruktur auszustatten. Sie, die feuerverliebten Indios, fackelten den Boden zu jeder Gelegenheit ab und verwandelten ihn in unfruchtbare Erde, lauten die Vorurteile, ignorierend, dass diese alte Erde höchst humusarm und deswegen sowieso schon unfruchtbar ist.

In das Gebiet der **Yanomami**, im Südosten des Landes an der Grenze zu Brasilien, gelangt man nur mit einer Sondergenehmigung. Die Yanomami haben noch vor nicht allzu langer Zeit ihr halbnomadisches Leben abgestreift und wohnen in Runddörfern von jeweils etwa 50 Mitgliedern zusammen, in denen Privatleben ausgeblendet ist. Sie gelten als eines der letzten Naturvölker der Erde. Ihr Alltag ist in religiöse Riten eingebettet, Drogenkonsum zum Erreichen von Trancezuständen üblich und ihre Attitüde gegenüber Fremden recht kämpferisch und aggressiv.

Mit dem Vordringen der Missionsstationen wird aber auch hier eine Veränderung spürbar. Die einzelnen Familien schließen sich ab, bauen ein eigenes Haus, benutzen dazu nichttraditionelle Materialien, kleiden sich in T-Shirts und Shorts und kümmern sich nicht um die gemeinsame Dorfpflege – mit dem Ergebnis, dass es jetzt dort aussieht wie in einem *rancho,* einem der Elendsviertel von Caracas, wie ein Ethnologe, der ein Yanomami-Runddorf über zehn Jahre beobachtete, festgestellt hat.

Das Vordringen der westlichen Zivilisation ist demnach aus verschiedenen Blickwinkeln zu bewerten. Zum einen ermöglicht beispielsweise das Erlernen der spanischen Sprache die Teilnahme am gesellschaftlichen Leben des Landes – so man es wünscht –, aber es vermindert auch das Bewusstsein des Stellenwerts der eigenen Sprache, so wie die neuen Kleidungsmodi plötzlich mit einem Schambegriff konfrontieren, der vorher nicht existierte.

Im Selbstverständnis der aufgeschlossenen Venezolaner gelten die indianischen Ethnien als Boten einer Vergangenheit, die unter der Protektion der Regierung Privilegien genießen. Das venezolanische Rechtssystem betont die Autonomie der indianischen Verbände und anerkennt deren eigene Gesetzgebung, unterstützt sogar deren Kämpfe um das Recht auf Land. In der Nationalversammlung Asamblea Nacional sind drei Sitze für Vertreter der indigenen Gemeinden reserviert. Die staatliche Comisión Indígena Nacional, der Mitglieder verschiedener indianischer Ethnien angehören, versucht, kulturelle Charakteristika zu bewahren und die indianische Bildung in der Weise abzusichern, dass keinerlei hierarchische Unterschiede gegenüber der »weißen« Bildung entstehen können.

Aber auch hier findet eine Anerkennung auf der Konsumebene statt. Körbe der Yanomami, Holzschnitzereien und Keramikmobiles der Piaroa und indianischer Schmuck sind zierende, authentische Accessoires im venezolanischen Haushalt.

María, María: Religion im Alltag

Ihre Religion nehmen die Venezolaner sehr wichtig, allerdings nicht nur die katholische. In ihrer Glaubenswelt genießt eine schöne, wilde, weiße Frau eine ganz besondere Stellung: **María Lionza,** die oberste Naturgöttin der Quellen und des Waldes, der Berge und der Waldtiere, hat in den vergangenen Jahrzehnten eine steile Karriere als Heilige und eine wachsende Anhängerschaft hinter sich gebracht. Ihr ungeklärter Ursprung korrespondiert dabei sowohl mit den nicht genau fixierten Glaubenspraktiken als auch mit ihrem tatsächlichen Wirkungsfeld. Schwarze Magie ist tabu; doch für wen und in welcher Form der Zauber der María Lionza wirkt, hängt allein vom Glauben an sie ab – und von nichts sonst.

María Lionza besetzt den weißen Fleck auf der religiösen Landkarte, den die katholische Kirche als Teilhaberin an der Macht und als Botschafterin eines kolonialen, hierarchischen, asketischen Glaubensideals in Venezuela hinterlassen hat. Die katholische Kirche ist gleichwohl nicht aus dem Umfeld der heidnischen María Lionza ausgeblendet, im Gegenteil: Die Göttin verfügt über eine christliche Dienerschaft und viele aus ihrer Anhängerschar vereinigen vollkommen problemlos den Glauben an sie mit dem Glauben an Frauengestalten des katholischen Kosmos. Die Schutzheilige des Landes, La Virgen de Coromoto, und auch die einflussreiche Seefahrermadonna Virgen del Valle von der Isla de Margarita sind dabei die bevorzugten Marienfiguren. Und die katholische Kirche in Venezuela ist elastisch genug, María Lionza gelten und sie mit der María de Coromoto verschmelzen zu lassen.

Doch im Gegensatz zu den vergeistigten Heiligen der katholischen Kirche verfügt María Lionza gleich über mehrere und dazu ziemlich drastische Biografien. Ist sie die schöne weiße Tochter eines Indiokaziken, die vor den spanischen Konquistadoren in den Urwald flüchtete oder doch eher die grünäugige Kazikentochter, die von einer Anaconda vergewaltigt wurde? Hat sich ein Jaguar (*onza*) der kleinen, ausgesetzten Kazikentochter angenommen oder ist sie gar die Spanierin María Alonzo aus Chivicoa, die María de la Onza, Maria von der Unze, was als eine Anspielung auf ihre großen Reichtümer zu interpretieren ist?

Heilige Dreifaltigkeit des Volksglaubens: Negro Felipe, María Lionza, Guaicaipuro

So wie die Venezolaner den Umgang mit dem katholischen Heiligenkosmos vermenschlichen, um ihn näher an sich heranzurücken, so konstruieren sie für María Lionza eine tatsächliche, leidenschaftliche Lebensgeschichte. Und auch wenn dieser Kult erst seit etwa 50 Jahren ausgeübt wird, so transponiert man die »wirkliche« María Lionza in die Vergangenheit, in eine Zeit vor 300 bis 400 Jahren.

María Lionza als herausragende Repräsentantin der Volksreligiosität offenbart die Disposition gegenüber dem Glauben an das Übernatürliche und gleichzeitig den Wunsch nach einem folgenreichen Eingreifen in die eigene Wirklichkeit. Diese erscheint ihren Anhängern als nicht lenkbar und vom eigenen Willen beeinflussbar, sondern als jederzeit offen für Einflüsse von außen. Konträre Denkpositionen unter einen Hut zu bringen ist für Venezolaner ein Leichtes, was auch die Anwesenheit katholischer Heiliger in dem María-Lionza-Kult belegt, und insofern hält man sich auch für sie und ihre Wirkungen offen.

Es ist dem Einzelnen überlassen, wie, wann und wo er an den Kulthandlungen und Riten teilnimmt, dafür bestehen weder Regeln noch Zeitpläne. In der Nähe von Valencia liegt der Sorte, der heilige Berg der Naturgöttin, auf dem ein Pilgerpfad mit Altären angelegt wurde. Weitere Andachtsstätten befinden sich stets in der Nähe von Wasser und Quellen, außerdem bei San Carlos in den Voranden. Immer erscheint die Göttin in Begleitung des **Negro Felipe** und des **Guaicaipuro**, eines rebellischen und kriegerischen Indianers, der von den Spaniern in den Morgenstunden der Konquista das gesamte eroberte Gebiet zurückeroberte. Die Wahl dieser Gefährten spiegelt sinnbildlich die Wurzeln der venezolanischen Bevölkerung: Jeder kann sich hier repräsentiert fühlen, wozu auch die Einverleibung der Mariengestalten und des berühmten Arztes **José Gregorio Hernández** beiträgt.

Angerufen wird María Lionza vornehmlich als Heilende. Ihre Kraft entfaltet sie durch Medien, die, nachdem sie einen tranceähnlichen Zustand erreicht, sich von ihrer eigenen körperlichen Materie befreit und so für die Durchdringung mit der Heiligen vorbereitet haben, deren Befehlen folgen können. Die traditionelle indianische, afrokaribische und afrikanische Weisheit vom harmonischen Gleichgewicht der Körpersäfte spielt bei diesen Heilvorgängen (*curación, despojo, limpieza, purificación*) die bestimmende Rolle. Körperliche Gebrechen können gelindert werden; María Lionza gebietet über die Kraft, Störungen im Körpersystem zu besänftigen und zu beseitigen.

Der Ritus ist simpel und braucht wenige Hilfsmittel, oft wird der Patient lediglich mit Rauch eingehüllt, manches seltene Mal fügt man ihm symbolische Schnitte zu, um das Böse zu entfernen. Auch als Beschützerin und Lenkerin der Geschicke fungiert María Lionza, jedoch in untergeordnetem Maße.

Die katholische Kirche

María Lionza für die Armen, die Virgen de Coromoto für die Reichen und die Missionsstationen der Franziskaner, Kapuziner und Salesianer in den Bundesstaaten Amazonas, Bolívar und Delta Amacuro für die Indianer? So kann man es sicherlich nicht betrachten. So wenig María Lionza katholische Glaubenselemente fehlen, wie z. B. die Dreifaltigkeit mit Negro und Kazike, so wenig fehlen den am meisten verehrten Jungfrauen Venezuelas, der **Virgen de Coromoto** (Guanare), der **Virgen del Valle** (Isla de Margarita), der **Virgen de la Chiquinquirá** (Maracaibo) und der **Divina Pastora** (Barquisimeto/Santa Rosa) inbrünstige Verehrungsriten. Die Feierlichkeiten zu den Jahrestagen ihrer Erscheinungen werden in der Regel von fröhlichsten Volksfesten begleitet.

Die katholische Kirche hatte einen schweren Stand in Venezuela. Lag es daran, dass sie – Ironie der Geschichte – ausgerechnet im Paradies des Kolumbus, auf der Península de Paria nämlich, die er auf seiner dritten Reise betrat, 1519 bereits ihr erstes Bistum in Südamerika zu errichten beabsichtigte? Zuvor waren Dominikaner und Franziskaner 1513 und 1514 in den Gebieten des heutigen Chichiriviche und Cumaná von Indianern ermordet worden. 1531 schließlich wurde in Coro das Bistum eingerichtet und es war immer noch das erste ganz Südamerikas.

Doch schon bei der zweiten Synode 1687 zerstritt sich die katholische Kirche mit weltlichen Autoritäten. Die Synodalbeschlüsse untersagten, Viehherden in von Indianern bewohnten Gebieten weiden zu lassen, aber es wurde auch heftig um die Immunität der Kirchen debattiert. Die Doppelbödigkeit der kirchlichen Rolle in der Kolonialgeschichte fand hier ihren Ausdruck. Auf der einen Seite versuchte die Kirche sich als Anwalt der von den weltlichen Kolonialherren ausgebeuteten und geschundenen indigenen Bevölkerung ins Licht zu setzen, auf der anderen Seite wollte sie selbstverständlich auch an ihren Machtbereichen und finanziellen Interessen – Missionen und Kirchenzehnt – festhalten.

Rege missionarische Tätigkeit setzte Mitte des 17. Jh. ein. Die Kapuziner drangen bis zum Río Caura vor, die Dominikaner bis nach Apure. Die Jesuiten legten Reduktionen in Casanare und um Orinoco an und gründeten Schulen in Mérida (1629), Maracaibo (1735) und Caracas (1752).

Die Macht der Kirche erstarb unter den neuen politischen Verhältnissen nach der Unabhängigkeit. Ihre Rolle als Begleiterin der kolonialen Herrschaft ließ sich mit den Unabhängigkeitskämpfen gegen Spanien nicht vereinen. 1833 schaffte die Regierung den Kirchenzehnt ab und unter Guzmán Blanco schlossen die letzten Klöster ihre Pforten.

Die Religionsfreiheit wurde schon Ende des 19. Jh. verkündet und in den staatlichen Schulen ist bis heute Religion nicht als Unterrichtsfach etabliert. Es gibt aber über 800 Privatschulen mit insgesamt etwa 350 000 Schülern, 1953 wurde in Caracas die Universidad Católica Andrés Bello (UCAB) gegründet. Wachsenden Zulauf genießen, insbesondere im Estado Bolívar, die protestantischen Kirchen, wie Lutheraner, Adventisten, Baptisten und Pfingstkirchen.

Trotz allem: 96 % der Bevölkerung geben an, dass sie katholischen Glaubens sind. Und am 7. Mai 1995 wurde die erste Venezolanerin seliggesprochen: Madre María de San José Alvarado Cardozo, Gründerin der Hermanas Agustinas Recoletas del Corazón de Jesús, der Augustiner-Rekollektinnen des

Herzen Jesu. Von ihr sagen die Verehrerinnen, dass ein bei ihrem Begräbnis 1967 ins Grab gelegter Blumenstrauß nie verwelke. Welche Maria dafür wohl verantwortlich ist?

Fiesta!

Die venezolanische Improvisationslust beim Feiern ist höchst ausgeprägt und es gibt eigentlich kaum einen Anlass, den man sich nicht noch schöner machen könnte. Ein simples Abendessen wird mit ein bisschen Musik und ein paar eiskalten Bieren zum Tanzfest umgekrempelt, an Weihnachten fliegen nach Kirchgang und opulentem Mahl die Leuchtraketen in die Luft wie bei uns an Silvester (zum Jahreswechsel natürlich auch) und dem Karneval gibt man sich gerne hin, wobei lokale Unterschiede eine ausgeprägte Rolle spielen. Wer Geburtstag hat, lädt die ganze Belegschaft oder Nachbarschaft zur Torte, das ist Tradition. Wird im Café und Restaurant gefeiert, sind auch die übrigen Gäste dabei, und wenn auch nur ein Fitzelchen Kuchen für jeden abfällt.

Fällt ein Feiertag auf einem Donnerstag, veranstaltet halb Venezuela einen *puente*, eine Brücke, und arbeitet auch am Freitag nicht, genau so, wie es die Spanier zu tun pflegen. Auch Wallfahrten, Prozessionen, religiöse Bräuche sind nicht auf den puren religiösen Vorgang reduziert; sie werden stets von Konzerten und Tänzen umrahmt.

Die sich dahinter verbergende Mentalität lässt sich auf eine sehr schlichte, dennoch treffende Binsenweisheit konzentrieren: Hier wird nicht gelebt, um zu arbeiten, sondern gearbeitet, um zu leben, um es sich schön zu machen. Einladungen werden häufig ausgesprochen – nicht unbedingt um sie einzuhalten, es ist lediglich der Gedanke, die Möglichkeit, die dahintersteht: sich freundlich und festbereit zu zeigen.

Insofern braucht man nicht allzu viel Vorstellungskraft, um sich ein normales Dorffest auszumalen: Jeder nimmt teil, alle sind aufgeregt und manchmal wird auch noch eine Miss-Wahl veranstaltet.

Feste und Bräuche über das ganze Jahr

Weihnachten und die anschließende Zeit fällt in den Anden besonders feierlich aus, da sich hier katholische Bräuche am unverfälschtesten gehalten haben, etwa die *parandas*, während derer Kinder von Haus zu Haus ziehen und Weihnachtslieder singen, oder die *paradura de Jesús*, die Suche nach dem geraubten Christus. Unter viel Trubel wird der kleine Gottessohn in Privathäusern gesucht und wo er auftaucht, wird gefeiert, gesungen und *calentao* kredenzt, der typische heiße Kräuterschnaps der Anden.

In der Vorweihnachtszeit wiederum sollte man Maracaibo einen Besuch abstatten, denn dort bereitet man sich auf die Saison der Feste mit *gaitas* vor; das sind Weihnachtslieder, die im Kern eher eine Art komplizierter Salsa und textlich politisch-deftig sind und nach denen man selbstverständlich ausgelassen tanzt.

Gesetzliche Feiertage

1. Jan. – Neujahr (*Año nuevo*)
6. Jan. – Hl. Drei Könige (*Reyes magos*)
Karnevalsmontag und -dienstag (*Carnaval*)
Gründonnerstag, Karfreitag (*Viernes santo*)
19. April – Unterzeichnung der Unabhängigkeitserklärung (*Día de la declaración de la independencia*)
1. Mai – Tag der Arbeit (*Día del obrero*)
Anfang Mai – Fest des Maikreuzes (*Cruz de Mayo*)
Fronleichnam (*Corpus Cristi*)
24. Juni – Jahrestag der Schlacht von Carabobo (*Aniversario de la batalla de Carabobo*)
5. Juli – Unterzeichnung der Unabhängigkeitsakte (*Firma del acta de la independencia*)
24. Juli – Geburtstag von Simón Bolívar (*Natalicio del libertador*)
12. Okt. – Tag des Kolumbus (*Día de la raza*)
1. Nov. – Allerheiligen (*Todos los Santos*)
25. Dez. – Weihnachten (*Navidad*)
28. Dez. – Fest der Unschuldigen Kinder (*Día de los inocentes*)

Gesellschaft und Alltagskultur

Witzig und überraschend ist auch, wie der Tag der Unschuldigen Kinder am 28. Dezember in Coro und La Vela de Coro begangen wird: Mit Tänzen, die die *locos de la Vela* veranstalten. Dabei handelt es sich um verrückte *loco*, Tanzphantasien, aber auch um rituelle Tänze, die von der Arbeit der Fischer handeln oder von einer Heiligenanbetung.

Einen richtig prächtigen Karneval kann man in El Callao erleben, einem Minennest in der Gran Sabana, dessen hauptsächlich schwarze Einwohnerschaft aus Trinidad stammt und ihr überschwängliches Fest gleich mitgenommen hat. Auch in der Fastnachtshochburg Carúpano auf der Halbinsel Paria ist dann auf Wochen im Voraus schon jedes Bett ausgebucht. Eine Besonderheit von Carúpano ist die offen unkomplizierte Teilnahme von Homosexuellen an Umzügen und Tänzen, denn wie in jedem lateinamerikanischen Macholand steht man auch in Venezuela den Homosexuellen skeptisch, ja sogar diskriminierend bis feindlich gegenüber, hier nicht.

Besonders die Anden haben sich einen Namen für ihre feierlichen Passionsspiele zur *Semana Santa*, zur Osterwoche gemacht. In Boconó und in Altamira de Cáceres beteiligt sich das halbe Dorf daran. Katholischer Brauch im gesamten Land ist es, am Ostersonntag sieben verschiedene Kirchen aufzusuchen.

Zu Fronleichnam treten die Teufelstänzer auf, in prunkvolle, gleichzeitig furchterregende Kostüme gekleidete wilde Tänzer, die symbolisch den Kampf Gut gegen Böse ausfechten. Berühmt dafür sind die Ortschaften San Francisco de Yare, Chuao und Naiguata.

Weitere Patronatsfeste und religiöse Festivitäten sind:

Die **Fiesta de la Divina Pastora** mit Prozessionen zu Ehren der Divina Pastora in Santa Rosa bei Barquisimeto am 14. Januar.

Die **Fiesta de la Virgen de la Candelaria** mit Umzügen und Tänzen zu Ehren der Virgen de la Candelaria im Bundesstaat Mérida vom 1. bis 15. Februar.

Die **Fiestas de San Juan**, die überall im Land am 24. Juni begangen werden. Ihre Gestaltung fällt regional unterschiedlich aus, es kann auch schon mal ein Hahnenkampf im Oriente oder ein Rodeo in den Anden oder den Llanos dabei sein.

Der beliebten Seefahrermadonna **Nuestra Señora del Valle** gelten Wallfahrten, Ausstellungen und Kunstgewerbemärkte vom 8. bis 15. September in Valle del Espíritu Santo auf der Isla de Margarita.

Fronleichnamsfeierlichkeiten in Chuao: Die Teufel sind unterwegs in den Straßen

Die Feste zu Ehren der **Virgen de la Chiquinquirá** in Maracaibo beginnen Ende November. **San Nicolás de Bari** ist Namenspatron des Nikolaus-Festes in Porlamar auf der Isla de Margarita am 5./6. Dezember.

Feiertage und Ferien

Eine Fülle lokaler Feiertage bereichert den an Festlichkeiten nicht armen Kalender des Landes. Generell gilt, dass Karnevals- und Karwoche ausgiebigen Festlichkeiten gewidmet sind; sie werden auch von der überwiegenden Zahl der Venezolaner für einen Urlaub genutzt. Wer in dieser Zeit eine Reise plant, sollte vorausbuchen. Das Gleiche gilt für die Zeit zwischen Mitte Dezember und Mitte Januar. In den Büros wird nicht mit voller Besetzung gearbeitet oder die Arbeit ruht ganz.

Architektur und Kunst

Zunächst war die herrschende Kultur bloß weiß und kam aus Europa, danach begab sich das pralle Vielvölkerland auf die Suche nach seiner kulturellen Identität. Wird sie jetzt, unter der Regierung Chávez, neu definiert, nämlich als linke Kultur?

Wer repräsentiert Venezuela kulturell?

Venezuela boomte sich aus einem kulturellen Dornröschenschlaf in die Moderne. Als Kolonie wenig beachtet, während der Unabhängigkeitskämpfe und der anschließenden Bürgerkriegswirren ausgeblutet und erschöpft, konnte sich eine bedeutsame Produktion von Kultur in einer eigenen, individuellen Formensprache erst gegen Ende des 19. Jh. etablieren.

Die Aufsplitterung des Landes in eine kulturelle Vielfalt verhinderte die Suche nach einer nationalen kulturellen Identität aber keineswegs, nur wurde und wird sie vielleicht nicht mit derselben strengen Vehemenz betrieben wie in anderen ehemaligen Kolonialstaaten, die ihrer indianischen Vergangenheit beraubt wurden.

Lokale Kultur etwa wie die Weihnachtsmusik der *gaitas* aus dem Bundesstaat Zulia, die Musik der *llaneros*, der Cowboys aus den Llanos oder auch der Tanz *joropo* aus derselben Gegend gelten keinesfalls als provinziell, im Gegenteil, sie werden als große Bereicherung der nationalen Kultur verstanden. Ein Lied aus den Llanos, »El Lucero«, gilt vielen sogar als zweite Nationalhymne. Die witzig-lebhaften Choreografien aus dem »schwarzen« Barlovento zeigt der Kulturtempel Teresa Carreño in der Hauptstadt.

Lokales Kunsthandwerk trägt zu einem hohen Prozentsatz zur kulturellen Selbstvergewisserung bei. Es wird ihm mehr Bedeutung beigemessen, als man sich das hierzulande vorstellen kann. Ganze Dörfer auf der Halbinsel Paraguaná im Bundesstaat Falcón leben von ihrer Herstellung von künstlerischen Tonwaren. Auch auf der Isla de Margarita und in den Anden findet man viele Künstler, die sich ihr Handwerk oft im Eigenstudium selbst beigebracht haben. Keramik, Holzschnitzereien, gewebte Hängematten, Ponchos, Bilder – damit schmückten die Bauern und Fischer traditionell ihre Häuser. Geld für den Erwerb von Geschäftsware hatten sie schlicht nicht. Und so fallen ihre Objekte origineller, lustiger, ungewöhnlicher und variantenreicher aus als Fabrikware und verraten dazu viel von der Persönlichkeit des Künstlers selbst.

Das traditionelle Erzeugen von Kunsthandwerk stellt also viel mehr dar als die bloße Produktion für das Souvenirgeschäft. Die regionalen Eigenheiten fügen sich zu einem Abbild der kulturellen Vielfalt, keine strebt nach dem Vorrang, nach dem Status einer offiziellen Kultur.

Ungeachtet dieser Fülle an heimischer Kunst existiert aber trotzdem eine Bewertung, allerdings für die Populärkultur: an den *taquillas*, an den Kassenhäuschen für Kinos und Konzerte. USA-Mainstream beherrscht das venezolanische Kino komplett. Das ist für europäische Cineasten vollkommen unverständlich, denn es gibt durchaus auch gute heimische Filme, die sich nur leider nie lange halten können (s. S. 66). USA-Mainstream bildet auch die Richtschnur für Popmusik, fürs Essen, für alles eben, was als schick und modern gilt.

Literatur

Die bedeutsamsten literarischen Strömungen ranken sich um die Gründerzeitepoche Venezuelas und seine Verankerung in der Demokratie. Leider hat sich auf dem Sektor der Belletristik in jüngster Zeit nicht besonders viel getan, was deutschen Verlagen als übersetzungswürdig erschien. So sind fast alle Werke wichtiger und in diesem Falle älterer venezolanischer Autoren nur noch übers Antiquariat zu bestellen. Darunter befinden sich aber wirkliche Perlen, nach denen zu forschen sich lohnt, denn die bedeutendsten venezolanischen Schriftsteller setzen sich in ihren Werken mit der Ausformung der kulturellen Identität auseinander: Rómulo Gallegos (1884–1969), Arturo Uslar Pietri (1906–2001), Andrés Eloy Blanco (1897–1955) und Miguel Otero Silva (1908–1985).

Der spätere Staatspräsident **Rómulo Gallegos** ist Autor regelrechter Schlüsselromane, »Doña Bárbara« und »Canaima«. Indianische Vergangenheit und naturverbundene Mystik, der Glaube an die Wirkungskraft fremder Götter und das raue Gesetz der Natur vermischen sich mit den Bestrebungen einer vernunftbetonten Zivilisation, Ordnung, Aufklärung, Güte und Gerechtigkeit in die Welt zu bringen, die von Chaos, Machtgier, Verrohung und Gewalt regiert wird. Ein Element denunziert nicht das andere, die verschiedenen Gegensätze werden individuell begründet und aus der Geschichte heraus gewonnen: Das macht die Qualität seiner Romane aus.

Auch die Sicht **Miguel Otero Silvas** auf sein Land ist bemerkenswert. In mehreren Büchern setzt sich der linke Schriftsteller und Lyriker engagiert mit der politischen Geschichte seines Landes auseinander und interpretiert sie aus eigenwilligen Blickwinkeln. So wird aus Lope de Aguirre ein Revolutionär gegen das spanische Kolonialmacht. In seinem ersten Buch, »Fieber«, lange Zeit wegen seiner Bedeutsamkeit für die südamerikanische Wirklichkeit auch auf Deutsch erhältlich, liefert er eine Chronik des Studentenaufstands von 1928 gegen die Diktatur von Juan Vicente Gómez, die in die Bewegung Generación de 28 mündete.

In der Person von **Arturo Uslar Pietri** vereinigt sich ein überaus gebildeter, anspruchsvoller Literat mit einem politischen Philosophen. Seine politischen Essays waren immer scharfsichtige, unbequeme, prophetische, gleichwohl viel beachtete Analysen, seine Bücher historische Porträts mit exemplarischem Charakter. Befragt man die Venezolaner nach dem maßgeblichen Literaten ihres Landes, wird fast ausnahmslos sein Name genannt.

Literarische Einstimmung

Wer etwas Belletristisches sucht, wird es nicht leicht haben, wer Bücher zur bolivarischen Revolution lesen möchte, hat da eher die Wahl der Qual. Bis auf die Bücher der Nichtvenezolaner Gabriel García Márquez und Isabel Allende, die stets neu aufgelegt werden und deswegen problemlos erhältlich sind, müsste man bei den anderen auf die Suche gehen.

Wer noch Exemplare von Rómulo Gallegos’ »Canaima«und »Doña Bárbara« im Antiquariat oder in Büchereien aufstöbert, sollte zugreifen, sie verbinden hohen literarischen Anspruch und Landeskunde. Leider ebenfalls vergriffen sind die Romane von Miguel Otero Silva und Arturo Uslar Pietri »Lope de Aguirre, Fürst der Freiheit« oder »Rauch über El Dorado« stellen gleichermaßen treffend prägende Episoden aus der Geschichte Venezuelas vor.

»Der General in seinem Labyrinth« des Kolumbianers Gabriel García Márquez (Köln 1989) erntete in Venezuela nicht ungeteiltes Lob, denn diese romanhafte Biografie rückt den Pater patriae Simón Bolívar nicht unbedingt in das gleißende Licht der kritiklosen Heldenverehrung wie sie im heutigen Venezuela üblich ist. García Márquez hat die Perspektive der letzten Lebenstage gewählt und präsentiert einen kämpferischen, aber resignierten, verwundeten und verratenen Bolívar.

Die Journalistin Cristina Policastro verwebt in ihrem Roman »Haus der Tugenden« (Wuppertal 1992) magischen Realismus, Zauber,

Architektur und Kunst

Hurenhaus, Liebe und Journalismus zu einem spannenden Ganzen. Zugegeben, die Mischung ist nicht neu, aber sie stammt diesmal von einer Frau und ist sperriger und dabei intensiver als die einer Isabel Allende, die »Eva Luna« (Frankfurt/Main 1988) im venezolanischen Exil schrieb. Sie schildert darin spritzig und kulinarisch die Biografie einer jungen Frau, die ihren Weg durch Militärdiktatur und Liebe sucht.

Landeskunde, Geschichte und Politik

Von dem Vater des unabhängigen Venezuela, Simón Bolívar, stammt das Lob, er sei der wahre Entdecker Lateinamerikas: der Philosoph, Naturforscher und Biologe Alexander von Humboldt. Sein Standardwerk »Reise durch Venezuela« mit einer Auswahl der amerikanischen Reiseberichte gibt es beim Akademie Verlag in Berlin.

Karl Weidmann hat mit seinen Fotoaufnahmen das Bild Venezuelas, das wir von ihm haben, maßgeblich bestimmt. Zwei seiner Bände werden von Todtmann in Caracas verlegt, sind aber auch hier erhältlich. Das eine heißt schlicht »Venezuela«, das andere »Faszinierendes Venezuela«.

Mit der Epoche der Welser, die das gerade frisch entdeckte Venezuela 1528 als Lehen von der spanischen Kolonialmacht quasi als Entlohnung für ihre Bankdienste in Empfang nehmen konnten, beschäftigt sich Götz Zimmer in »Gold und Sklaven« (Berlin 2000).

Eine kleine Kostbarkeit: »Das Gold der Neuen Welt« hat unter anderem ein Verwandter des Welser-Vertreters in Coro, Philipp von Hutten, herausgebracht. Fünf bislang nicht transkribierte Briefe, eine kurzgefasste Entdeckungsgeschichte, Biografien der wichtigsten Konquistadoren und üppiges Bildmaterial sind zu einem schönen Band zusammengestellt, der 1999 beim Berliner Wissenschaftsverlag herausgebracht wurde.

Rolf Walter verfolgte die Spuren deutscher Einwanderer und untersuchte Deutschlands Beziehungen zu Venezuela zwischen 1815 und 1870 »Venezuela und Deutschland« (Stuttgart 1999).

»Inseln in der Zeit« von Uwe George (Hamburg 2005) darf ohne Zweifel als eines der aufregendsten, beeindruckendsten und schönsten Bücher über die Tafelberge gelten. Aufsehenerregende Aufnahmen wetteifern mit leuchtenden kleinen Texten und Essays: ein wirklich gelungenes Werk. Leider ist es nur noch antiquarisch erhältlich.

Die Yanomami sind die Stars der indigenen Völker Venezuelas, die übrigen Ethnien stehen nicht so stark im Rampenlicht. Eine Missionarin der Salesianer lebte eine Zeit lang mit ihnen, ihr ist das Buch »Mittendrin bei den Yanomami« von Norbert Lehner gewidmet (München 2005). Eine gründliche und einfühlsame Studie über das Alltagsleben der Warao im Orinocodelta hat Claudia Kalka geschrieben: »Eine Tochter ist ein Haus, ein Boot und ein Garten« (Münster u. a. 1995), ebenfalls bislang nur noch antiquarisch zu bekommen.

In »Eliten und Fortschritt« (Frankfurt/Main 1992) beschäftigt sich Claudia Gerdes mit der Sozialgeschichte Venezuelas zwischen den beiden Diktaturen von Juan Vicente Gómez und Marcos Pérez Jiménez, einer der prägendsten Epochen des Landes. Alles andere als knochentrocken werden Lebensstile und Moden geschildert, wird unterhaltsam aus Biografien und Zeitungsinterviews zitiert, werden Tagebücher aufgeblättert: Eine interessante Zeitgeschichte.

Viele Autoren nehmen die bolivarische Revolution unter die Lupe, darunter die beiden Klassiker unter den landeskundlich-politischen Verlagen, Vervuert und Horlemann. Wer so viel Schlagzeilen produziert, ist auch für Buchanalysen gut: »Venezuela unter Chávez. Aufbruch oder Niedergang« heißt ein Titel bei dem Frankfurter Verlag Vervuert (2005). Mehrere Autoren untersuchen bei Horlemann das Phänomen: »Venezuela – die bolivarische Revolution«.

Im Nautilus Verlag ist 2006 eine Biografie von Hugo Chávez erschienen, Dario Azzellini berichtet in Filmen (Cinco fábricas) und Büchern (Venezuela Bolivariana, ISP-Verlag) über Fabrikübernahmen und Arbeiterselbstverwaltung.

Musik

Ein charakteristischer und arabesker Melodiebogen aus viersaitiger *cuatro* und Harfe durchzieht das venezolanische Alltagsleben ebenso wie der prononcierte Rhythmus populärer Tanzmusik: Ohne permanente Berieselung scheint man hier nicht leben zu wollen. In den Restaurants als mehr oder minder dezente Hintergrundmusik, in besonderen Fällen als lautmalerische Ergänzung des Menüs, in den Bussen und auf den Märkten als grelle Popkulisse, in den Einkaufsgalerien als dröhnendes Gemisch aus allem möglichen, was gerade verkauft wird, und an den Stränden aus quietschenden Kassettenrekordern schallt es unaufhörlich und allgegenwärtig. Zwei Pole haben sich beim Musikgeschmack herauskristallisiert: Salsa-Merengue und die Musik aus den Llanos. Beide erfreuen sich großer Beliebtheit.

Die **Salsa** mit ihren kubanischen, puertoricanischen und kolumbianischen Wurzeln findet in Venezuela weltberühmte Vertreter wie Oscar d'León, die das musikalisch und rhythmisch komplizierte Feuerwerk gekonnt und hinreißend abbrennen. Populärer, verwässerter und mit recht einfältigen Texten versehen sind *Salsa bailable* und *Salsa erótica,* plätschernde, schnell gestrickte Melodien, pumpend rhythmisch unterlegt, um ihnen wenigstens ein Minimum an Spannung zu verleihen. Noch eintöniger für das Hörempfinden und noch etwas einfallsloser präsentiert sich der **Merengue,** der aber ursprünglich auch anspruchsvoller ausfiel. Die Venezolaner sind begnadete Tänzer und wer die Gelegenheit hat, ein Salsakonzert oder ein Fest zu besuchen, sollte dies unbedingt ausnutzen.

In der Musik scheint der Kontrast zwischen Stadt und Land aufgehoben, denn die

Salsa, Merengue, Pop: Musik ist allgegenwärtig in Venezuela

Sinfónica Nacional Juvenil de Venezuela

Thema

Kaum jemand hätte gedacht, dass Venezuela innerhalb der klassischen Musik für Furore sorgen würde. Doch Sir Simon Rattle, Chefdirigent der Berliner Symphoniker, der mit nie versiegender Energie Jugendlichen im Abseits die Klassik als Abenteuer darzustellen vermag, verhalf Venezuelas Jugendsinfonieorchester ins internationale Rampenlicht.

Der damals noch fast kindliche Dirigent Gustavo Dudamel gab im Teatro Teresa Carreño von Caracas wunderbare Mahler-Konzerte mit den jungen Musikern und Sängern, die Fachwelt überschlug sich – und mittlerweile gelten die Beethoven-Einspielungen der Sinfónica Juvenil als eine kleine Sensation.

Das Jugendsinfonieorchester selbst ist die urvenezolanische Erfindung von José Antonio Abreu, der 1975 damit begann, Kinder und Jugendliche aus Elendsvierteln von der Straße zu holen und für die Musik zu begeistern. Das Erleben einer Gemeinschaft, die ein gemeinsames Ziel verfolgt, spielerisch und ehrgeizig zugleich, steht im Vordergrund dieser Bewegung Sistema Nacional de Orquestras Juveniles, Infantiles y Preescolares. Heute wirken 240 000 Musiker in 180 Orchestern mit, Kinder, für die sich neue Lebensperspektiven aufzeigen, Jugendliche, die vielleicht sonst als Kleinkriminelle geendet hätten. Für diese Arbeit empfing Abreu 1991 den Alternativen Nobelpreis. Es sollte noch einmal 15 Jahre dauern, bis seine Erfindung einen Triumphzug durch internationale Häuser antrat, bis Dirigenten wie Daniel Barenboim, Simon Rattle und Claudio Abbado mit diesem Orchester arbeiteten und ein Venezolaner, Gustavo Dudamel, mit gerade mal 26 Jahren als Shootingstar gefeiert wird.

Einfach großartig sind Einsatz und Erfolg von Gustavo Dudamel

Musik aus den Llanos hört man überall. Reinaldo Armas und Simón Díaz gehören zu den reich gewordenen Stars dieser ländlichen Balladen, welche die Viehtreiber (*llaneros*) in einer Art spontanem Wechseldialog singen und die sie nun in polierten Vorzeigeversionen präsentieren. Die scheinbare Monotonie der endlosen Musikarabesken rührt aus dem Umstand, dass weniger die Musik als die improvisierten Texte bedeutsam waren, in denen witzige Kommentare und spaßige Herausforderungen untergebracht wurden. Zur einladenden Melodie beginnt ein Sänger mit dem improvisierten Dialog, dem *contrapunteo,* ein zweiter Sänger greift das angeschnittene Thema auf und antwortet. Neben der viersaitigen *cuatro* und der kleinen, tragbaren Harfe gehören auch die *maracas*, die Kürbisrasseln, und die *bandola*, ein Saiteninstrument, zur typischen *llanero*-Instrumentierung.

Aus den Llanos stammt auch der recht komplizierte *joropo*. Dieser Partnertanz setzt sich aus schnellen, gesprungenen und gehüpften, und langsamen Partien zusammen, verlangt ungemein rhythmische Genauigkeit und einige Ausdauer. Volksmusik und Volkstanz sind nicht den Venezolanern vorbehalten: Wer ein *hato* in den Llanos besucht, wird sicherlich *llanero*-Musik und den *joropo* kennenlernen.

Obwohl in Venezuela als katholischem Land Weihnachten festlich begangen wird, zeichnet es sich mehr durch eine freudige, weniger durch eine feierliche Stimmung und Atmosphäre aus. Dementsprechend sind auch die typischen venezolanischen Weihnachtslieder, die *gaitas*, überschwänglich fröhlich, sehr rhythmisch und laut. Sie stammen ursprünglich aus Zulia, haben aber das gesamte Land – auch als Tanz – erobert. Ihre Texte müssen nicht unbedingt weihnachtlichen Inhalts sein; die *maracuchos* selbst bezeichnen sie als Protestlieder mit sozialkritischen Texten. Oft steht auch die romantisch verklärte Heimat im Mittelpunkt, etwa in einer der bekanntesten *gaitas*, »Cuando me voy para Maracaibo« (»Wenn ich nach Maracaibo aufbreche«). Ein Instrument sticht ganz besonders hervor: der *furruco*, eine zylinderförmige, etwa 1 m lange Trommel, in die ein Stab eingelassen ist. Am unteren Ende dieses Stabes befindet sich eine runde Platte, die rotierend bewegt wird und dadurch ein einzigartiges Geräusch hervorbringt.

Bildende Kunst und Architektur

Auf diesem Gebiet hat Venezuela einiges aufzuweisen. Bemerkenswert ist die Pflege heimischer zeitgenössischer Künstler, die in großzügig ausgestatteten Museen in Sonderausstellungen präsentiert werden. Auch sie erkunden häufig die Wurzeln ihrer multikulturellen afrikanischen, indianischen, europäischen Identität und ein unbekümmertes, unkonventionelles Spielen mit Materialien und Formen charakterisiert oft ihre Werke. Damit ist keineswegs eine Abkehr von der europäischen oder nordamerikanischen Kunst formuliert. Aber simples Kopieren, das Schielen auf die großen Kunststädte und Kunstschulen Paris und Madrid verwässert nicht die Eigenständigkeit.

Die nationale Identität wurde im 19. Jh. noch durch die Unabhängigkeitskriege beschworen. Geradezu als Zeremonienmeister der Schlachten- und Historienmalerei fungieren dabei **Martín Tovar y Tovar** (1827–1902), **Arturo Michelena** (1863–1898) und später auch **Tito Salas** (1888–1974). Tovars bedeutendste Arbeit ist im Capitolio Nacional in Caracas zu bewundern: das elliptische Deckengemälde »Schlacht von Carabobo«. Tito Salas hat das Geburtshaus von Simón Bolívar in Caracas mit Szenen aus dessen Leben ausgemalt. **Cristóbal Rojas** (1847–1890) fällt ein wenig aus dieser Kategorie heraus. Beeinflusst durch den französischen Realisten Gustave Courbet, malte er sozialkritische Alltagsszenen und erzählt in seinen Bildern die Geschichte des kleinen Mannes.

Armando Reveróns (1889–1954) Werk wird in eine blaue, eine weiße und eine sepiafarbene Periode unterteilt. Oft benutzte er Farben aus der Natur, Erde oder Pflanzen-

Architektur und Kunst

stoffe. In seiner weißen Periode scheinen Landschaft und Menschen gleichsam aus Licht geformt und mit ihren Konturen im Licht zu verschmelzen. Reverón schloss sich früh dem Círculo de Bellas Artes an, einer Gruppierung, die Gegenpositionen zur akademischen, europäisch dominierten Kunstauffassung formulierte.

Berühmt, lustig, verwirrend und spöttisch ist die Kunst des Kinetikers **Jesús Soto** (1923–2005): Kunstgebilde im Stil der Op-Art, die mit den Sinnen des Betrachters spielen, überdimensionale, flirrende Kompositionen, die je nach Standort und Lichteinfall wiederum neue Bilder provozieren.

Auch **Carlos Cruz-Díez** (geb. 1923) genießt international als Kinetiker hohes Ansehen. Ein Klassiker der Moderne ist **Jacopo Borges** (geb. 1931), Schöpfer amüsanter und vieldeutiger Objekte sind **Gabriel Morera** (geb. 1933) und **Carlos Zerpa** (geb. 1950).

In Caracas lassen sich die Spuren des Architekten **Carlos Raúl Villanueva** (1900–1975) gut verfolgen, denn er zeichnet für die Konzeption der modernen Stadtgestaltung maßgeblich verantwortlich. Die Verwandlung des heruntergekommenen Kleine-Leute-Viertels El Silencio in der Innenstadt in ein nach Maßstäben des sozialen Wohnungsbaus ausgerichtetes Siedlungsprojekt wird jetzt als Patrimonio Cultural geehrt. Aperçu am Rande: Die Plaza O Leary wurde von den chavistas als Versammlungsort gewählt, während sich die Opposition an der Plaza Altamira im gleichnamigen Stadtteil trifft.

Städtebaulich verfolgte er ähnlich wie Oscar Niemeyer in Brasilia das Ziel, für das mittlere bis untere Bürgertum qualitätvollen Raum zu schaffen. Gute sanitäre Anlagen in jeder Wohnung, gemeinsam genutzte Flächen zur Stärkung des Solidargefühls, gemeinsam benutzbare Grünanlagen, Luft und Licht, lauteten die Schlagworte. Nicht die Absichten, gleichwohl aber die Ausführungen hatten die Kritik zu erdulden, die Wohnräume glichen letztlich anonymen, seelenlosen Schlafsilos.

Als Vorzeigeprojekt darf hingegen immer noch die Zentraluniversität von Caracas gelten, ein weiträumiges, durch tropische Gärten und erholsame Grünflächen unterbrochenes Gebäudeagglomerat mit Wandmalereien auf Skulpturen, unter anderem von Hans Arp und Victor Vasarély. Die öffentliche Meinung degoutiert mittlerweile die heute nicht sonderlich gepflegt wirkenden Hochhauskomplexe von Caracas am Centro Bolívar und am Parque Central, die beide zum Zeitpunkt ihrer Entstehung in den 1950er- bzw. 1970er-Jahren internationale Superlative darstellten. Mutig wird indes in Caracas weiter in den Himmel gebaut.

Film

Venezuela war nicht gerade als Filmparadies aufgefallen, doch gerade in jüngster Zeit häufen sich einige vielversprechende Titel. Allen voran »Secuestro Express« von **Jonathan Jakubowicz**, der ein bisschen so aussieht, als habe der Regisseur zu häufig »Amores Perros« und »Pulp Fiction« gesehen, aber immerhin: Für seine Produktion um eine Schnellentführung (secuestro express) gewann er Mia Maestro, Ruben Blades und venezolanische First-Class-Rapper als Darsteller. Schnell, brutal, aber auch witzig, romantisch und intelligent ist dieser Film, der von der Regierung Chávez mit Boykott belegt wurde. Sie empörte sich über das gewalttätige Bild, das dem Betrachter von Caracas vermittelt würde. Nach zwei Wochen Startverbot kam der Film aber wieder in die Säle: Das Publikum hatte entschieden.

Mit den weiteren neueren Produktionen dürfte die Regierung weitaus weniger Probleme haben: Seit 2003 kamen einige venezolanische Koproduktionen (mit Deutschland, Spanien, Chile) auf die Leinwände, die sich mit vergangenen Diktaturen beschäftigen (»La pluma del Árcangel« von **Luis Manzo**) oder behutsam vom Alltag sprechen (»Topocho sin sal« von **Ibrahim Prieto**). »Florentino y el Diablo« bezieht seinen Stoff aus einem alten Epos der Llanos, wird vom Regisseur **Michel New** allerdings mit aktuellen politischen Bezügen versehen.

Essen und Trinken

In den typischen Rezepten Venezuelas spiegeln sich viele ethnische Einflüsse. Die indianischen Grundnahrungsmittel Mais und Maniok, die spanisch-maurischen Gewürze, die portugiesische Backkunst und die großen heimischen Bestände an Fisch, Fleisch und vielen exotischen Früchten gehen eine lässige und sehr schmackhafte Verbindung ein.

Wer die Nacht einmal durchzecht hat, der wird ihn unter Umständen zu schätzen wissen bzw. schätzen müssen: den *mondongo*. In bestimmten Gegenden wird sonntags in den einfachen Imbiss- und Frühstückslokalen von 6.30 Uhr an nichts anderes serviert als dieser kräftig gewürzte Eintopf aus und mit Darm. Kein Hörnchen, keine Fleischpastete, kein Maisbrötchen mit Fischragout kommt auf den Frühstückstisch, sondern ausschließlich *mondongo*. Man geht selbstverständlich davon aus, dass die vorangegangene Nacht feucht-fröhlich verlaufen ist und der Gast dieser Stärkung bedürfe.

Wie so vieles andere in der Kultur ist auch die Landesküche das Ergebnis des Aufeinandertreffens verschiedener Stile und Traditionen. Spuren einer typisch indianischen, präkolumbischen Ernährung haben sich in den Bundesstaaten mit indianischer Bevölkerung, etwa im Orinocodelta oder im Estado Amazonas, bewahrt, Mischformen einer während der Kolonialzeit eingeführten Ernährungsweise schimmern durch die heutigen Gewohnheiten durch. Elemente europäischer, hauptsächlich spanischer und italienischer Küche blühen in Venezuela als klassischem Einwandererland weiter. Aber abgesehen von den tropikalisierten Speisen europäischer Herkunft fackelt die venezolanische Küche ein Feuerwerk an unbekannten und eigenen Spezialitäten ab

Die *hallacas* gehören ebenfalls in diese Kategorie. Sie stellen eine Vermengung all dessen dar, was früher in der Weihnachtszeit in den Vorratskammern der oberen Gesellschaftsschichten lagerte. Die Dienstboten bekamen die Reste der Festtagsdiners und sie bereiteten sich daraus ein Essen. Die Regeln der feinen Küchenkunst zerstoben in einem Gemisch aus Rosinen und feinem Rinderfilet, Ziegenfleisch und grober Wurst, Tomatensoße, Gemüse und Oliven, Kapern, Zitronen und Nüssen. Das Ragout, der *guiso*, wird in eine Art salzigen Maisteigstrudel gewickelt, auf Bananenblätter verteilt und anschließend gedämpft. Die Zubereitung einer *hallaca* ist langwierig und kunstvoll, jede Hausfrau hütet ihr eigenes Rezept wie ein Geheimnis und die Pasteten sind klassische Weihnachtsgeschenke.

Fremdartiges wandert auch zum Frühstück auf die Teller: *arepas, empanadas* und *cachapas*. Warme handtellergroße Maisteigbrötchen, aufgeschnitten und mit Fisch- oder Fleischragout gefüllt, sind *arepas*. Eine *empanada* wird immer in Fett ausgebacken und heiß und triefend serviert. Diese Maispasteten sind ebenfalls mit Fleisch, Fisch oder Meeresfrüchten gefüllt, aber auch mit Schinken und Käse zu haben. Richtig fett fällt die *cachapa* aus: Auf einer dicken Scheibe süßen Maisschrotteiges ruht eine ebenso fingerdicke Scheibe weißen Käses. Die Arbeiterportionen schon zum Frühstück können noch durch schwarze Bohnen und gebratene Bananenscheiben mit dem geriebenem *queso guayanés* vervollständigt werden.

Feste werden auch kulinarisch üppig gefeiert: Spießbraten gehört unbedingt dazu

Dazu trinkt der Neugierige einen *jugo de caña,* frisch gepressten Zuckerrohrsaft. Der Kaffee hat eine vorzügliche Qualität, wenn man nicht gerade einen *guayoyo* nimmt, eine meist dünne schwarze Brühe, die schon mit Zucker vermischt ist und häufig von Straßenverkäufern angeboten wird.

Dasselbe Programm lässt sich getrost auch zur Mittagszeit verzehren. Der *queso de mano,* ein säuerlicher, weißer Frischkäse, *arepitas,* die kleine, knusprigere Version der *arepa,* und *nata,* eine Mischung aus Frischkäse und steif geschlagener Sahne, ersetzen in Venezuelas Restaurants den Brotkorb.

Die üppige Auswahl und oft ausgezeichnete Qualität von Rindfleisch und Fisch zählt zu den Verlässlichkeiten, auf die auch der Uneingeweihte vertrauen kann. Das Nationalgericht *pabellón criollo* entstammt der Arme-Leute-Küche, denn es besteht aus dem gekochten Fleisch von den Rippenunterseiten des Rindes, das, in Streifen von den Knochen gelöst, gebraten und zusammen mit schwarzen Bohnen, gebratenen Kochbananen und Reis serviert wird. Zu probieren wäre auch eine *punta trasera,* ein Filetstück, das der Kellner am Tisch nach Geschmack fertig brät, von *jugoso* (rosa) bis bien *cocido* (fast durch).

Richtig überzeugend kommt auch die Fischauswahl daher, kein Wunder bei der langen Landesküste. Es gibt ganz ausgezeichnete Brassen, Barsche, Doraden, Makrelen, Seezungen und auch heimischen Thunfisch, dazu Langusten vom Feinsten.

Kochbananen (*tostones*) ersetzen oft die Pommes frites (*papas fritas*); *tajadas*, Scheiben von süßen Bananen, begleiten häufig Fisch. Schwarze Bohnen werden mit Minze und *ají dulce*, einer süßen Pfefferschote, zubereitet, das nimmt ihnen den tranigen Geschmack. Das Kochen von Gemüse gehört nicht zu den Stärken der Küchenmeister: Was

als *vegetales* den Tellerrand ziert, zeugt meist von wenig Raffinesse.

Auch für die Nachtische (*postres*) verzeichnen die Venezolaner eigene Erfindungen, z. B. *quesillo*, eine Art Flan, der von der Konsistenz her lockerer und im Geschmack säuerlicher ist. Ganz typisch auch *casco de guayaba*, in Zuckersirup gekochte Guaven. Für Liebhaber von wahren Kalorienbomben bietet sich *bienmesabe* an. Das »Schmeckt-mir-gut« scheint ausschließlich aus Zucker, Sirup und Kokosraspeln zu bestehen, obwohl auch noch Eier, Speisestärke und Biskuitteig dazugehören.

Was isst man wo?

Regionale Spezialitäten sind die kleinen Forellen aus den Anden, die oft mit Knoblauch gebraten werden, die *bollos* und *hallaquitas,* etwas fad schmeckende Maisklöße, und der Schnaps *cují*. Die *arepa andina* besteht aus Weizenmehl und hat mehr Ähnlichkeit mit unserem Weißbrot als mit einer üblichen *arepa*.

Pavón und *lau-lau* schwimmen im Orinoco, *chivo* (Zicklein) findet man in der Gegend um Barquisimeto häufig auf der Speisekarte. Im Oriente, in Cumaná und Carúpano, schmeckt der *sancocho* am besten, ein Eintopf aus einer Vielzahl uns unbekannter Knollenfrüchte und Gemüse mit Fisch und Meeresfrüchten, den es auch als *cruzado* gibt, dann gehört noch Fleisch in den Topf. Die lavendelfarbene *ocumo chino* ist eine dieser Knollen und sie ähnelt von der Beschaffenheit und dem Geschmack dem Maniok (*yucca*), der eines der Grundnahrungsmittel des Landes ist.

Wegen der Qualität und Auswahl der Früchte empfehlenswert sind die Obstsalate und Fruchtplatten, die man auch schon zum Frühstück bestellen kann. Die Güte der frischen tropischen Früchte ist in mitteleuropäischen Breiten unbekannt, denn hierher gelangen sie meist in unreifem Zustand. Wie Ananas, Banane, Mango, Melone, Passionsfrucht, Guave und Papaya richtig schmeckt, sollte man in den heimischen Küchen testen. Zur Palette gesellen sich noch *pamaluca* und *guanabana* hinzu.

Drei Komponenten zum Glück

Thema

Rum, Kaffee und Kakao – diese drei klassischen Hacienda-Produkte erfreuen sich vor allem wegen ihrer Qualität eines steigenden Zuspruchs auf der internationalen Konsumentenbühne. Merkwürdigerweise standen sie im Land selbst lange im Schatten von Erzeugnissen aus anderen Ländern. Vielleicht liegt dies darin begründet, dass die kaufkräftigen Venezolaner ausländischen Erzeugnissen mehr Vertrauen schenken als ihren eigenen.

Es sieht fast danach aus, dass erst einmal ausländische Unterstützung auf den Plan treten musste, um die hohe Qualität venezolanischer Rohstoffe herauszustellen. Chocolatiers reisten aus Belgien und Kaffeeprüfer aus Italien an. Allesamt waren sie begeistert. Pralinen, Schokolade und Kaffee haben mittlerweile vielleicht nicht einen Siegeszug im kleinstädtischen Supermarkt angetreten, aber in kleinen, feinen Geschäften erhält man sie ohne Weiteres. Oft werden sie so hübsch verpackt, dass man sie sogar gerne als Mitbringsel verwenden möchte. Vom Preis her können diese Produkte sicherlich nicht mit der Supermarktware konkurrieren, dazu fällt die handwerkliche Herstellung zu teuer aus und der Ertrag ist letztlich auch zu gering. Dasselbe gilt für den Café Azul aus der Sierra San Luis im Bundesstaat Falcón. Der unter ökologischen Bedingungen angebaute Kaffee wird von Vier-Sterne-Hotels und hochklassigen Restaurants aufgekauft; auf den freien Markt gelangt er allerdings kaum. Eine Anekdote am Rande: bereits in den 1920er-Jahren importierte den Café Azul ein Hamburger Kaffeekontor als ganz besondere exotische Spezialität.

Die Hauptanbaugebiete für Kaffee liegen in den Anden, beispielsweise bei Altamira de Cáceres und im Umland von Mérida, außerdem an den Hängen der Küstenkordillere. Die Haciendas bewahren und kultivieren teilweise noch ihren senioralen Charakter und manche kann man besuchen. Bei der Produktion handelt es sich ebenso wenig um Massenware wie beim Kakao, denn die Anbaugebiete sind nicht riesig.

Der Kakao hat längst schon den schokoladeverrückten deutschen Markt erobert. Wer ihn einmal in seiner unverfälschten Urqualität probieren möchte, kauft sich eine kleine *bola de cacao* auf dem Markt in Carúpano oder in den einfachen Tante-Emma-Läden in Río Caribe in der Kakaohochburg Península Paria. Auch in dem alten Kakaoplantagendörfchen Chuao bei Puerto Colombia bekommt man ihn, als heiße, gewürzte Trinkschokolade, ein richtig karibisches Vergnügen.

Um den heimischen Rum hingegen war es nie schlecht bestellt. Dazu trinken ihnen die Venezolaner einfach zu gerne, obwohl in den ›besseren‹ Kreisen natürlich lieber Whisky konsumiert wird … Hier bestehen Qualitätsunterschiede und nicht alles, was sich so im Longdrink, zum Beispiel dem beliebten *cuba libre* findet, ist wirklich first class.

Trotzdem erzielen venezolanische Produkte immer wieder Bestnoten in internationalen Vergleichen; besonders der Ron Aniversario von Pampero und der Santa Teresa können einen Rumkenner wirklich glücklich machen …

In den Anden explodieren die Fruchtgeschäfte geradezu, denn in diesen Breiten baut man auch noch das typisch europäische Sortiment an Himbeeren, Erdbeeren und Johannisbeeren an und alles wandert in eine *tizana*, einen Obstsalat, den die *merideños* mit sich herumtragen wie wir hier Kaffeebecher von Starbucks.

Das traditionelle Erfrischungsgetränk des Hacienda-Venezuela ist *pabelón,* der aus einer mit Wasser und Limettensaft vermischten Melasse gewonnen wird und leicht malzig schmeckt. Kaffee- und Kakaotrinker können sich wirklich freuen. Die venezolanischen Produkte schmecken hervorragend. Mittlerweile haben auch der venezolanische Wein und Sekt aufgeholt, seitdem sich der Getränke- und Nahrungsmittelmulti Polar um die Produktion kümmert. Die Sektmarke Pomar muss den Vergleich mit chilenischen Gewächsen nicht scheuen, die früher normalerweise unter Wein- und Sektkonsumenten in Venezuela getrunken wurden.

Doch wesentlich beliebter als diese europäische Variante des abendlichen Trinkens sind bei Venezolanern Bier, Rum und die fantasievollen Cocktails und Longdrinks auf Rumbasis (*tragos largos*). Wer sie einmal samstags nachts ausdauernd genossen hat, sollte nicht verzweifeln, sondern auf die kurierende Wirkung des *mondongo* vertrauen.

Es ist angerichtet

Was die Essenszeiten anbelangt, ist Umdenken nicht erforderlich, denn es gelten ähnliche Regeln wie in Deutschland, man frühstückt eher ein bisschen früher. Das Mittagessen kann sich in die Länge ziehen und am Wochenende geht man nicht schon um elf Uhr abends nach Hause. In Ausflugsorten und größeren Städten sind Restaurants oft durchgehend geöffnet, sodass man auch am Nachmittag noch essen gehen kann. Traditionell venezolanische Trinksitte war es lange Zeit, einen Aperitif zu nehmen, während des Essens nur Wasser oder Obstsaft zu trinken und mit einem Digestif abzuschließen.

Der klassische Familiensonntagsausflug mit Oma und Enkel führt zum Mittagessen ins Restaurant. Das ist keine kurze Angelegenheit, sondern eine längere Verabredung. Nach diesem Ansturm schließen die Restaurants oft am Sonntagabend.

Panadería und Tasca

Die Venezolaner lieben die Geselligkeit und das Ausgehen und das fängt schon am frühen Morgen an. In einer Bäckerei – einer *panadería* – kann man Brötchen und Gebäck kaufen, aber auch einen guten Kaffee und einen frisch gepressten Orangensaft bekommen, sie fungiert also auch als eine Art preiswertes Frühstückscafé. Mitunter ist auch noch ein kleiner Lebensmittelladen angeschlossen. Auch in einer *Fuente de soda* erhält man ein Frühstück.

Wer preiswert und deftig satt werden will, sollte sich den Namen *Arepera* merken. Meist turnhallengroß und von identischem Charme, kommen hier *arepas* auf den Tisch, die typisch venezolanische kleine Mahlzeit aus einem sättigenden Maisteigbrötchen. Die Füllung sucht man sich nach Gusto aus, z. B. Wachteleier, Hühnersalat, schwarze Bohnen mit geriebenem Käse, Babyhai, Rindfleisch. Meistens kann man dort auch *empanadas* und *cachapa* bestellen, Bier und Cola. Areperas werden auch im hintersten Winkel Venezuelas betrieben.

Das Etikett *restaurante* verhält sich flexibel. Auch ganz schlichte Einrichtungen nennen sich so. In den besseren orientiert man sich an der französisch-mediterranen Küche. Ganz exquisit kann man in Caracas und in weiteren größeren Städten traditionell italienisch und spanisch speisen – das liegt schlicht an der Einwanderertradition.

Ihre Lieblingskneipe *tasca* haben die Spanier denn auch gleich mitgebracht. Die Speisekarte ist nicht auf Tapas reduziert; gute spanische Hausmannskost darf man in einem solchen Lokal ebenso erwarten, *gambas al ajillo*, *merluza a la romana*, *tortilla española*, *pimientos fritos*, Gambas in Knoblauch, panierte Seehecht, Kartoffeltortilla und gebratene Paprika. Das Aussehen einer Tasca ist im besten Fall schön spanisch mit einem langen Tresen, über dem die Schinken baumeln.

Kulinarisches Lexikon

Im Restaurant

Ich möchte einen Tisch reservieren.	Quisiera reservar una mesa.
Die Speisekarte, bitte.	El menú, por favor.
Weinkarte	carta de vinos
Die Rechnung, bitte.	La cuenta, por favor.
Vorspeise	entrada/ primer plato
Suppe	sopa
Hauptgericht	plato principal
Nachspeise	postre
Beilagen	guarnición
Tagesgericht	plato del día
Gedeck	cubierto
Messer	cuchillo
Gabel	tenedor
Löffel	cuchara
Glas	vaso
Flasche	botella
Salz/Pfeffer	sal/pimienta
Zucker/Süßstoff	azúcar/sacarina
Kellner/Kellnerin	camarero/camarera

Zubereitung/Spezialitäten

a la plancha	gegrillt
al ajillo	in Knoblauchsoße
ahumado/-a	geräuchert
arroz congrí	Reis mit schwarzen Bohnen
asado/-a	gebraten/gegrillt
brocheta	Spieß
chube	Eintopf aus Huhn, Fleisch, Fisch, weißem Käse und Mais
crudo/-a	roh
empanado/-a	paniert
frito/-a	frittiert
gambas al ajillo	Krevetten in Knoblauchöl
guisado/-a	geschmort
hervido/-a	gekocht
pabellón criollo	Nationalgericht aus Rindfleisch, schwarzen Bohnen, Reis

tajadas	frittierte süße Bananen
tostones	frittierte Kochbananen

Snacks und Suppen

arepa	Maisteigbrötchen
bocadillo	belegtes Brötchen
hervido	Gemüsesuppe mit Fleisch
huevos fritos	Spiegeleier
jamón	Schinken
pan (tostado)	(getoastetes) Brot
pan con lechón	mit Spanferkelfleisch belegtes Brot
panecillo	Brötchen
perro caliente	Hot Dog
queso	Käse
revoltillo	Rührei
sancocho de pollo	Hühnereintopf
tortilla	Omelette

Fisch und Meeresfrüchte

atún	Thunfisch
almeja	Muschel
camarón	Garnele
cangrejo	Krebs
carite	spanische Makrele
cazón	kleiner Hai
croqueta de pescado	Fischkrokette
langosta	Languste
mariscos	Meeresfrüchte
mejillón	Miesmuschel
pescado	Fisch

Fleisch und Geflügel

albóndiga	Frikadelle
aves	Geflügel
cabrito/chivo	Zicklein
carne	Fleisch
carne en salsa	Fleischstücke in Soße
chuleta	Schweinekotelett
chuletas de cerdo ahumado	geräuchertes Kasseler (Schwein)

cerdo	Schweinefleisch	pastel	Torte
conejo	Kaninchen	cereza	Kirsche
cordero	Lamm	coco	Kokosnuss
escalope	Schnitzel	dulce de guayaba	Guavencreme oder
pato	Ente		-marmelade
pavo	Truthahn	flan	Eierpudding
pechuga de pollo	Hähnchenbrust	fresa	Erdbeere
carne	Hackfleisch	frutas abrillantadas	eingemachte Früchte
pollo	Hühnchen	galleta	Keks
rés	Rind	guanábana	Stachelanemone
salchicha	Würstchen	guayaba	Guave
solomillo	Filet	helado	Eiscreme
ternera	Kalb	limón	Limone
		manzana	Apfel

Gemüse und Beilagen

aceituna	Olive	melón	(Honig-)Melone
aguacuate	Avocado	naranja	Apfelsine
ajo	Knoblauch	natillas	Cremespeise
alcachofa	Artischocke	pastel	Kuchen
arroz blanco	weißer Reis	piña	Ananas
auyama	Kürbis	cambúr	Banane
berenjena	Aubergine	patilla	Wassermelone
batata	Süßkartoffel	toronja	Grapefruit
cebolla	Zwiebel	uva	Weintraube
ensalada	Salat		
espinaca	Spinat		

Getränke

fideo	Nudel	agua (con/sin gas)	Wasser (mit/ohne
caraota	schwarze Bohne		Kohlensäure)
garbanzo	Kichererbse	agua mineral	Mineralwasser
guisante	Erbse	añejo	mindestens 6 Jahre
judía verde	grüne Bohne		alter brauner Rum
lechuga	grüner Blattsalat	batido	Milchshake
arveja	Linse	café	Kaffee
papa	Kartoffel	café con leche	heller Milchkaffee
papas fritas	Pommes frites	cerveza	Bier
pepino	Gurke	champán	Sekt
pimiento	Paprikaschote	chicha	Erfrischungsgetränk
puré de papas	Kartoffelbrei		aus Mais oder Reis
remolacha	rote Bete	hielo	Eis
verdura	Gemüse	jerez	Sherry
zanahoria	Möhre	jugo	Saft
		leche	Milch

Nachspeisen und Obst

arroz con leche	Milchreis mit Zimt	marrón	starker Milchkaffee
	und Zucker	pisco	Tresterschnaps
		ron	Rum
		vino blanco/tinto	Weiß-/Rotwein

Ganz nah ran: Organisierte Touren führen zu den eindrucksvollen Wasserfällen im Parque Nacional Canaima

Wissenswertes für die Reise

Venezuela im Internet

Land und Leute, Tourismus

www.burodevenezuela.com
www.venezuelavisitorsbureau.com
Informative offizielle Seite mit vielen praktischen Hinweisen und Tipps für Reisende, dazu eine Fotogalerie.

www.visit-venezuela.com
Die ausführliche Website der Tourismusabteilung der venezolanischen Botschaft in Berlin mit Suchmaschine und Links.

www.venezuelatuya.com
Bunte Website mit knappen Stadt- und Landschaftsporträts und vielen Fotos; auch auf Deutsch. Buchungsmöglichkeiten.

www.venezuela.net.ve
Informative, etwas ungeordnete Website über touristische Attraktionen, allerdings kaum Praxisinfos; nur auf Spanisch.

www.lanic.utexas.edu/la/venezuela
Touristische und landeskundliche Informationen aus dem Archiv der Universität von Texas. Sehr gründlich.

Luftverkehr

www.aeropuerto-maiquetia.com.ve
Ist die offizielle Website des Internationalen Flughafens Simón Bolívar in Maiquetía, dem Flughafen bei Caracas; allerdings nur auf Spanisch.

www.aerotuy.com
Über die Fluglinie kann man auch gleich Unterkünfte auf Los Roques bestellen.

www.asercaairlines.com
Mit Ticketbuchung online; nur auf Spanisch.

www.avior.com.ve
Die Informationsseite der Airline Avior mit der Möglichkeit, online zu buchen.

www.conviasa.aero
Die staatseigene Linie fliegt u. a. nach San Fernando und Puerto Ayacucho, Ziele, die nicht viele im Programm haben; außerdem nach Damaskus und Teheran, auch politsch richtungsweisend.

www.rutaca.com.ve
Rutaca informiert über seine Flüge, aber nur auf Spanisch und nur mit Angabe der Flughafenkürzel, was es für Venezuela-Unkundige nicht einfach macht.

www.santabarbaraairlines.com
Portal der Fluglinie Santa Bárbara, die auch nach Madrid fliegt; auch auf Englisch.

Weitere Websites von Fluglinien:
www.avensa.com.ve, www.laser.com.ve

Kultur

www.museosdevenezuela.org
Eine ausführliche Übersicht über die Museen in Venezuela mit Einzelporträts und Suchmaschine; auf Spanisch.

Regionen, Aktivitäten

www.rumbadecaracas.com
Informiert über das Nachtleben von Caracas, dazu Nachrichten und Klatsch; auf Spanisch.

www.caracasvirtual.com
Vielfältiges, detailreiches Stadtporträt mit Geschichte, Nachrichten, Kulturvermischtes, Fotos. Die praktischen Informationen sind nicht immer ergiebig. Auf Spanisch.

www.andes.net
Ein gut gemachtes und übersichtliches Andenportal mit vielen nützlichen Informationen und Links. Auch auf Englisch.

www.visitfalcon.com
Der Fondomixto, der sich aus staatlichen Stellen und privaten Anbietern zusammensetzt, hat auch auf Deutsch einen lesenswerten virtuellen Reiseführer erstellt, mit kleinen historischen Porträts, Stadt- und Landschaftsinformationen und Links.

www.islamargarita.com/ve
Über diese Website sind Hotels und Apartments buchbar, aber es sind auch weitere nützliche Informationen darin wie Konsulatsadressen, Tipps fürs Einkaufen, alles über Kunsthandwerk bis hin zum Sport sowie kleine Städteporträts; auch auf Englisch.

Touristeninformation

Die República Bolivariana de Venezuela unterhält kein eigenes Tourismus- oder Verkehrsamt, doch in der Berliner Botschaft wurde eine Informationsstelle eingerichtet, die auch eine ausführliche Internetseite ausgearbeitet hat: **www.visit-venezuela.com**. Eine zweite findet man unter dem Namen **www.burodevenezuela.com**.

Informationsstellen

Instituto Nacional de Promoción y Capacitación Turística **INATUR**
Av. Francisco de Miranda/Principal de la Floresta, Edificio MINTUR, Caracas, Tel. 02 12/ 208 48 11, 208 48 13, www.mintur.gob.ve
Die staatliche Organisation ist für die touristische Auskunft zuständig.
Auskunftsschalter gibt es auch im nationalen sowie im internationalen Trakt des Flughafengebäudes Simón Bolívar in Maiquetía. Deutsche Sprachkenntnisse kann man vom Personal nicht erwarten. Die einzelnen Auskunftsstellen der Orte und Provinzen findet man im jeweiligen Adressteil.
Instituto Nacional de Parques **INPARQUES**
Edificio Sur del Museo del Transporte, Av. Los Dos Caminos, Caracas, Tel. 02 12/273 28 11, Fax 273 28 75, www.inparques.gob.ve
Informiert über Nationalparks (Anschriften der Vertretungen im Land im Adressteil).

Diplomatische Vertretungen

... in Deutschland
Botschaft der Bolivarischen Republik Venezuela
Schillstr. 9–10
10785 Berlin
Tel. 030/83 22 40 00, Fax 83 22 40 20
www.venezuela-embassy.de

Venezolanisches Generalkonsulat
Rothenbaumchaussee 30
20148 Hamburg
Tel. 040/410 12 41, Fax 410 81 03
consulado.hamburgo@t-online.de

Venezolanisches Generalkonsulat
Eschersheimer Landstr. 19–21
60322 Frankfurt/Main
Tel. 069/28 72 84, Fax 29 23 70
consulvenezfrankfurt@compuserve.com

... in Österreich
Botschaft der Bolivarischen Republik Venezuela
Prinz-Eugen-Str. 72
1040 Wien
Tel. 01/712 26 38, Fax 715 32 19

Konsularabteilung
Marokkanergasse 22/4
1030 Wien
Tel. 01/712 26 38, Fax 715 32 19
www.austria.gob.ve

... in der Schweiz
Botschaft der Bolivarischen Republik Venezuela
Schoffhaldenstr. 1
1005 Bern
Tel. 031/350 57 57

Konsularabteilung
Anschrift s. o.
Tel. 031/350 57 53, Fax 350 57 58,
embavenez@greenmail.ch
www.embajadavenezolana-suiza.com

... in Venezuela
Deutsche Botschaft
Torre La Castellana, 10. Stock, Av. Eugenio Mendoza/Calle José Angel Lamas
Caracas
Tel. 02 12/261 01 81, 261 12 05
Notruftelefon 04 14/306 18 92

Honorarkonsulat
Av. 3f Nr. 69–26, Bella Vista, **Maracaibo**
Tel. 02 61/792 29 55, 791 14 16
herrmann@cantv.net

Honorarkonsulat
Lobby Hotel Hilton, **Porlamar**, **Isla de Margarita**
Tel. 02 95/262 84 75
haciendax@cantv.net

Honorarkonsulat
Carrera 3/Calle 4, Centro Colonial Dr. Toto
Gonzáles, **San Cristóbal**
Tel. 02 76/343 62 18, Fax 344 19 06
kmargeit@hotmail.com

Österreichische Botschaft
Torre Las Mercedes, 4. Stock, Av. La Estancia, Chuao, **Caracas**
Tel. 02 12/991 38 63, 992 29 56

Honorarkonsulat
Centro Comercial CCM, Local 81, Av. Bolívar,
Urbanización Costa Azul, **Porlamar,**
Isla de Margarita
Tel. 02 95/249 10 92

Schweizerische Botschaft
Centro Letonia, Torre Ing-Bank, 15. Stock, Av.
Eugenio Mendoza/San Felipe, La Castellana,
Caracas
Tel. 02 12/267 95 85

Konsulat
Av. 9c/Calle 76, Bella Vista, **Maracaibo**
Tel. 02 61/797 77 10

Karten

Die kauft man am besten vor Reiseantritt zu
Hause, denn die venezolanischen Standard-
karten bestechen weder durch Qualität noch
durch Übersichtlichkeit.

Für viele ist die **Berndtson&Berndtson
Road Map** die geeignetste, weil sie plastifi-
ziert und somit recht robust und wider-
standsfähig ist, sie also auch bei häufigem
Gebrauch noch ihre Form behält. Die **International Travel Map Venezuela** aus Van-
couver, Kanada, wird zuverlässig aktualisiert
und erfüllt alle Ansprüche. Im Land selbst bekommt man die von der Erdölgesellschaft
Langoven vertriebene Standardkarte **Rutas
de Venezuela**, doch sie ist leider nicht immer
erhältlich. Auf ihrer Rückseite ist ein nützli-
cher Stadtplan von Caracas abgedruckt, der
auch die Außenbezirke verzeichnet.

Lesetipps

Viel ist es nicht, was man auf Deutsch von venezolanischen Literaten lesen kann; mit der
Suche nach den wichtigsten Titel der bedeutendsten Autoren beauftragt man auch am
besten ein Antiquariat oder versucht es selbst
via Internet. Dies betrifft vor allem Klassiker
wie Rómulo Gallegos oder Arturo Uslar Pietri; neuere venezolanische Literatur dagegen
findet bislang keinerlei Beachtung bei deutschen Verlegern. Im Gegensatz dazu moti-
viert der linkspopulistische Regierungschef
Hugo Chávez viele Autoren, zu schreiben und
mindestens ebenso viele Verlage, zu veröf-
fentlichen. Schilderungen des bolivarischen
Alltags oder politische Einschätzungen tummeln sich zuhauf auf dem Büchermarkt.

Im Anschluss eine Übersicht der wichtigsten Titel zur Landeskunde und eine kleine
Literaturauswahl.

Politik und Zeitgeschehen

Dario Azzellini: Venezuela Bolivariana. Revolution des 21. Jahrhunderts? Karlsruhe
2006. Der Filmemacher und Journalist wählt
für sein Buch den »Blick von unten«: Porträts
und Reportagen von Basisbewegungen, Fa-
brikbesetzungen, Landarbeiterkooperativen.

Oliver Diehl, Wolfgang Muno: Venezuela unter Chávez, Frankfurt/Main 2005.

Claudia Gerdes: Eliten und Fortschritt in Venezuela. Zur Geschichte der Lebensstile in Venezuela, 1908–1958, Frankfurt/Main 1992. Dieses sehr empfehlenswerte Buch begleitet Venezuela auf dem Weg von der traditionellen Haciendawirtschaft zum modernen Erdölstaat.

Peter Peetz: Neopopulismus in Lateinamerika, Institut für Iberoamerika-Kunde, Hamburg 2001.

André Scheer: Kampf um Venezuela. Hugo Chávez und die bolivarianische Revolution, Essen 2004.

Rafael Sevilla, Andreas Boeckh (Hrsg.): Venezuela. Die bolivarische Republik, Bad Honnef 2005.

Raul Zelik, Sabine Bitter, Helmut Weber: Made in Venezuela. Notizen zur Bolivarianischen Revolution, Hamburg 2004.

Geschichte

Conrad Koch: La Colonia Tovar. Geschichte und Kultur einer alemannischen Siedlung in Venezuela, Basel 1969. Eine ausführliche ethnologische Untersuchung über die Geschichte der deutschen Siedlung mit vielen Fotos.

Salvador der Madariaga: Simón Bolívar, Zürich 1986. Eine gute und detaillierte Biografie des Libertador Südamerikas.

Eberhard Schmitt, Friedrich von Hutten: Das Gold der Neuen Welt, Hildburghausen 1996.

Götz Simmer: Gold und Sklaven, Die Provinz Venezuela während der Welser Verwaltung, Bamberg 2000.

Rolf Walter: Venezuela und Deutschland 1815–1870, Stuttgart 1983.

Historische Reiseberichte

Alexander von Humboldt: Reise durch Venezuela. Auswahl aus den amerikanischen Reisetagebüchern, Berlin 2000.

Volkmar Vareschi: Geschichtslose Ufer. Auf den Spuren Humboldts am Orinoco, München 1959.

Ethnologie

Theo Eberhard: Kult und Kultur. Volksreligiosität und kulturelle Identität am Beispiel des María-Lionza-Kultes in Venezuela, München 1983. Der Klassiker zum Thema.

Hubert Fichte: Petersilie. Die afroamerikanischen Religionen, Frankfurt/Main 1980. Diese ethnologische Reportage des nomadisierenden Intellektuellen führt ihn über mehrere Stationen auch nach Venezuela.

Belletristik

Isabel Allende: Eva Luna, Frankfurt/Main 1988.

Alejo Carpentier: Die verlorenen Spuren, Frankfurt/Main 1982.

Rómulo Gallegos: Canaima, 1935.

ders.: Doña Bárbara, 1929. Beides sind Standardwerke zum Verständnis des Landes.

Gabriel García Márquez: Der General in seinem Labyrinth, Köln 1989. Eine in Lateinamerika kontrovers aufgenommene Romanbiografie von Simón Bolívar aus der Feder des kolumbianischen Starautors.

Miguel Otero Silva: Der Tod des Honorio. Über politische Gefangene unter der Diktatur von Pérez Jiménez, Berlin 1958.

ders.: Fieber, Berlin 1960. Roman über einen gescheiterten Aufstand gegen den Diktator Vicente Gómez.

ders.: Lope de Aguirre, Fürst der Freiheit. Der Autor stilisiert ihn zu einem Vorläufer Simón Bolívars, Mannheim 1979.

Lisa St Aubin de Terán: Hüter des Hauses, Insel Verlag, Frankfurt/Main 1998.

dies.: Deckname Otto, Frankfurt/Main 2007. Dieses Buch verdient besondere Aufmerksamkeit, denn was die britische Autorin mit venezolanischem Nachnamen und eigener venezolanischer Geschichte über den Exguerillero Oswaldo Barreto Miliani geschrieben hat, ist viel mehr als eine Romanbiografie. Oswaldo Barreto selbst autorisierte sie zu diesem Buch, dessen Material sie wohl in unzähligen Interviewstunden zusammenstellte. Herausgekommen ist dabei das sicherlich Aufschlussreichste, was in jüngster Zeit über Venezuela publiziert wurde. Auch wer sich nicht für die Guerillageschichte des Landes interessieren sollte, langweilt sich bei der Lektüre dieses abenteuerlichen Lebensweges, der uns in den sechziger Jahren nach Paris, Algier, Deutschland, Kuba und an viele weitere Orte entführt, keineswegs.

1934 kommt Oswaldo Baretto Miliani in einem armseligen Andendörfchen zur Welt. Diese Welt besteht eigentlich ausschließlich aus Kaffeeplantagen; das reiche Caracas liegt zehn Tagesreisen weit entfernt, die man zum überwiegenden Teil auf dem Maulesel absolvieren muss. Sein Werdegang zu einem der berühmtesten venezolanischen Guerilleros in den 1960er-Jahren gerät bei der Autorin zu einem atemlosen, spannenden Sozialpanorama aller Orte, in denen er sich bewegt. Die Figur des Guerillero ersteht dabei so plastisch vor Augen, dass man sie schon nach wenigen Seiten zu kennen glaubt. Außergewöhnliche Intelligenz, kluger Humor, scharfe Selbstironie kennzeichnen diesen Heranwachsenden aus den abgelegenen Anden, der zu einem wichtigen Freund und Verbündeten Fidel Castros, Che Guevaras und später Salvador Allendes wird. Spannend dabei liest sich auch die eingeflochtene Geschichte der Brüder Petkoff, die mit ihm zusammen in der Guerilla arbeiten. Teodoro Petkoff ist heute der einflussreiche Herausgeber der linksintellektuellen Wochenzeitung Tal Cual, die in starker Opposition zu Hugo Chávez steht und von seiner Regierung auch immer wieder mundtot zu machen versucht wird.

Doch abgesehen von dem politischen Gehalt ist »Deckname Otto« auch eine vorzüglich geschriebene, virtuose Romanbiografie, die weit mehr ist als die nacherzählten Erlebnisse eines Einzelnen: sie ist Geschichte, Zeitpuls und zeichnet beispielsweise auch ein berührendes Porträt Chiles vor und während dem Militärputsch 1973.

Musiktipps

Merengue, Salsa llanero-Musik und sonst nichts – dies dürfte die naheliegendste Assoziation zur venezolanischen Musikszene sein. Auf diesem musikalischen Gebiet verzeichnet das Land sicherlich herausragende Produktionen und ein ganzes Feld an Künstlern. Und mittlerweile dürfte sich der Ruhm des temperamentvollen Dirigententwens Gustavo Dudamel mit seinem Jugendsinfonieorchester bis in die letzte Nische der Feuilletons herumgesprochen haben. Aber es gibt weitere interessante Strömungen, die vielleicht nur Insidern bekannt sind.

Prisca Dávila ist eine junge Pianistin, Komponistin und Arrangeurin, die der akademischen Musik, wie sie sagt, einen venezolanischen Akzent verleihen will. Sie verbindet die populäre und recht grobschlächtig gewordene Tanzmusik Merengue mit Jazzrhythmen, webt die Folklore ihres Landes mit der Musik der indianischen Warao zusammen, setzt Hölzer, Windgeräusche, Gräser und Palmenrauschen als Tonerzeuger ein.

Der Querflötist **Huáscar Barradas**, Mitglied des Orquesta Sinfónica Municipal de Caracas, hat an der Frankfurter Musikhochschule studiert. Auch er liebt die Fusion von Rhythmen und will südamerikanische Tradition in seinen Stücken einbinden, um damit eine spezifische Musik aus der Neuen Welt zu schaffen. Die Okarinaflöte kombiniert er mit Walgesängen (»Pacificanto«), benutzt Muscheln und Seeschneckenkörper als Geräuscherzeuger.

Guten, innovativen, venezolanischen Jazz hört man z. B. von **Pablo Gil**, **Gerry Weil** und **Nené Quintero**.

Venezuela als Reiseziel

Die Zeiten, als man zur Isla de Margarita flog und nicht wusste, in welchem Land man eigentlich seinen Urlaub verbrachte, dürften verstrichen sein. In zunehmendem Maße rückt ins Bewusstsein, wie vielfältig dieses Land der Tropen eigentlich ist – ein »Land aus zwei Welten«, ein »Land der vier Jahreszeiten« wie es die Werbeslogans verheißen. Auch wenn die meisten Venezolaner ihre Ferien am liebsten an den Karibikstränden oder in Miami verbringen und die Infrastruktur ihres eigenen Landes entsprechend darauf abgestimmt ist, so hat Venezuela dem naturkundlich Interessierten und Abenteuerlustigen doch wesentlich Aufregenderes zu bieten als Sandküsten unter Kokospalmen.

Beim Blick auf die Landkarte enthüllt sich schnell, dass die weitesten Teile des Landes aus einem endlosen Meer grüner Vegetation zu bestehen scheinen, denen die Bänder der großen Flussläufe Struktur verleihen. Die Anden am westlichen Rand erreichen Höhen bis über 5000 m. Diese Daten mögen nicht jedem bewusst sein, der Venezuela-Strandurlaub bucht und sich im Nachhinein vielleicht darüber ärgert, nicht einen einzigen Ausflug ins Landesinnere eingeplant zu haben.

Venezolaner reisen anders und legen auf andere Dinge Wert als Mitteleuropäer, was sich auch im Zuschnitt und Aussehen der Dienstleistungen widerspiegelt. Kaum ein mitteleuropäischer Gast wird einen Fernseher im Hotelzimmer vermissen, wenn so viele Naturerlebnisse auf dem Urlaubsprogramm stehen, ein Venezolaner tut es schon. Ein Fernseher gehört nach seinem Geschmack selbst in das schlichteste Zimmer, das im Übrigen gerne mit Pressspahnmöbeln eingerichtet sein darf. Ebenso wichtig ist der eigene Telefonanschluss, für urlaubende Mitteleuropäer eine eher zu vernachlässigende Zutat.

Auf inländischen Strand- und Sonnentourismus ist Venezuela gut eingestellt, mit den Ansprüchen und Bedürfnissen des ausländischen tut es sich nicht immer leicht. Oft wird darauf hingewiesen, dass der noch sehr jung sei – was aber nicht unbedingt stimmt. Vielleicht können es sich die Venezolaner selbst nicht so recht vorstellen, dass Tafelberge und Andenluft einen ungleich größeren, weil unverwechselbaren Reiz ausüben als Sonne und Strand und Kasino. Auch ausländische Touristen, die sich ohne Umschweife in die Reisebusse setzen, zählen noch zu den großen Unbekannten und werden dementsprechend bestaunt.

Wesentliche Entwicklungshilfe für das vielfältige Bild Venezuelas leisten dabei die guten Sportmöglichkeiten, die man überall im Land hat. Kite- und Windsurfer, Taucher und Schnorchler finden exzellente Reviere vor und ebenso Wanderer wie auch Naturliebhaber. Im Kommen ist zweifellos auch der Sprachurlaub.

Einfach kreuz und quer im Land herumreisen allerdings dürfte schwer fallen, dafür ist das touristische Angebot von Venezuela zu zentralistisch angelegt; die meisten Wege führen schlussendlich nach oder über Caracas. Besonders trifft das auf die Routenführung der Airlines zu. Selbst wichtige größere Städte sind nicht unbedingt miteinander verknüpft, oft muss man einen Umweg über Caracas nehmen.

Vorschläge für Rundreisen

Variante 1

Paria–Orinocodelta–Canaima–Tafelberge
Dieser zehntägige Besuchsvorschlag verbindet die wohl aufsehenerregendsten Naturschönheiten miteinander, das **Delta**, **Canaima** und die **Tafelberge** der **Gran Sabana**; begonnen wird mit einem kleinen Einstieg über die **Halbinsel Paria**. Hierfür sind sowohl

Caracas als auch die Isla de Margarita als Ausgangspunkt geeignet, weil man auch vom Inselflughafen Santiago Mariño nach Carúpano, der Eingangspforte nach Paria, kommt. Ein Flugzeug besteigen wird man zwischendurch immer müssen, sonst lässt sich die lange Strecke nicht bewältigen. Obwohl über eine Straßenverbindung nach Canaima am Fuße des Auyán-Tepui laut nachgedacht wird, scheint dieses Projekt einer noch unsicheren Zukunft anzugehören – Canaima ist vom dichten Dschungel umgeben, das gerade macht es ja so spektakulär. Und der Flug dorthin ist es ebenso.

Gute Busverbindungen bestehen zwischen Carúpano und Ciudad Bolívar bzw. Puerto Ordaz, und von diesen Orten hinunter nach Santa Elena in die Gran Sabana, auch nachts. Es verkehren ebenfalls Nachtbusse von Santa Elena nach Caracas. Sie zu nehmen, dazu ließe sich bei Zeitknappheit auch raten, doch mindestens einen Streckenabschnitt in der Gran Sabana sollte man wegen der schönen Landschaft unbedingt tagsüber zurücklegen.

Auch das Delta erreicht man per Bus, entweder über Maturín oder Tucupita, jeweils von Ciudad Bolívar, Carúpano oder Puerto Ordaz aus.

In der Hauptstadt von Paria, **Carúpano**, stattet man der **Plaza Santa Rosa de Lima** einen Besuch ab. Mit ihren pastellfarben gestrichenen alten Häusern, der stillen, schattigen Plaza und der Kirche bildet sie den Hauptanziehungspunkt neben dem trubeligen **Mercado Municipal** und seinen Imbissbuden. Schöne Ziele krönen die Umgebung: das Kolonialdörfchen **Río Caribe**, Strände erster Güteklasse wie **Medina** und **Puy Puy** (mit dem Fischerboot von Río Caribe aus zu erreichen), die Flusslandschaft des **Río San Juan** und die Wasserbüffelhaciendas **Finca Vuelta Larga** und **Río del Agua** sowie die Kakaoplantage **Hacienda El Bukare**.

Von dort kann man die Weiterreise nach Maturín oder Tucupita beginnen, um eine Zweitagestour im Orinocodelta zu unternehmen. Tierobservationen, Wanderungen zu Pflanzgärten und Besuche bei den Warao sind dort die Höhepunkte.

Busse bringen einen in die leuchtend bunte Kolonialstadt **Ciudad Bolívar** am Orinocoufer oder in die großzügige Modernität von **Ciudad Guyana** am Caroní. Unverzichtbar: ein Bummel am **Paseo Orinoco** und Streifzüge im historischen Zentrum des alten Angostura, der Wiege der venezolanischen Unabhängigkeit, sowie des **Ecomuseo del Caroní** und des **Parque la Llovizna** in Ciudad Guayana (Puerto Ordaz). Es schließt sich ein Flug nach **Canaima** an. Das absolute Mindestprogramm dort besteht aus einem Tag mit diversen Ausflügen und einem Flug über den **Salto Angel**, doch mindestens zwei Tage sind in dieser verzaubernden Tafelberglandschaft angesagt. Das mag zwar dem Geldbeutel kurzfristig schaden, den eigenen Horizont aber gründlich erweitern. Für alle, die die Tour zum Salto mit dem Boot und zu Fuß erleben wollen, eignet sich die feuchte Jahreszeit zwischen Mai und November/Dezember besser als die trockenen Monate.

In Canaima ergattert man mit etwas Glück einen Flug in einer sechssitzigen Cessna nach **Santa Elena de Uairén** (s. S. 257) oder man fliegt zurück nach Cuidad Bolívar und versucht es dort mit einem Flug (über Gekkotours am Flughafen, es empfiehlt sich unbedingt, vorher Informationen einzuholen). Die Tafelberge aus der Vogelperspektive zu betrachten, das ist schon etwas ganz Besonderes. Denn in sie und in den **Parque Nacional Canaima** entführt der krönende Abschluss der Rundreise. Besonders bei gutem Wetter in den trockenen Monaten Januar und Februar paradieren die *tepuis*, Göttersitze der Pemones, satt und grün vor den Augen des Fluggastes. Zu anderen Jahreszeiten sind sie oft von Nebel verhüllt.

Von Santa Elena aus kann man einiges unternehmen: nach **El Paují** fahren, die Mission **Kavanayén** besuchen, in den Tafelbergen trekken, die *tepuis* unter kundiger Leitung besteigen, Wasserfälle, Flüsse und weit abgeschiedene Indianerdörfer kennenlernen. Badeunterbrechungen sind auch möglich, z. B. in den schmetterlingsumflogenen Staubecken der Kaskaden.

Santa Elena setzt den Schlusspunkt der Reise. Es ist ein wenig umständlich und zeitraubend, wieder zurück zum Ausgangspunkt zu kommen, denn wenn man nicht fliegen kann, und das ist meistens der Fall, muss man den Bus nehmen, z. B. nach Puerto Ordaz, und von dort zurückfliegen. Aber das verdeutlicht auch, welche großen Strecken man auf dieser Reise zurückgelegt hat, im geografischen, zeitlichen, aber auch im übertragenen Sinn.

Kurztrips

Wer nicht viel Zeit und eigentlich nur Strandurlaub auf der Isla de Margarita gebucht hat, findet sicherlich trotzdem die Möglichkeit, an einem dreitägigen Kurzprogramm teilzunehmen, das ihn ausschließlich in das Orinocodelta und nach Canaima führt. Es wird von vielen Reiseveranstaltern angeboten, z. B. von Meyers Weltreisen und von TUI.

Variante 2

Falcón–Barquisimeto–Acarigua–
Barinas–Mérida–Llanos–Amazonas
Diese Rundreise setzt als Ausgangspunkt Caracas und mindestens zweieinhalb Wochen voraus. Um Zeit zu sparen, fliegt man von Caracas/Maiquetía nach **Coro**, der Hauptstadt des Bundesstaates Falcón. Ein Nachteil: Dabei verpasst man sowohl den Parque Nacional Henri Pittier als auch den Parque Nacional Morrocoy. Diese beiden Nationalparks sind Highlights hinsichtlich des Vogelreichtums, der Wandermöglichkeiten, wegen ihrer Kakaodörfchen und Strände

(Henri Pittier) sowie ihrer Karibikschönheit und Schnorchelmöglichkeiten (Morrocoy). Da man beide aber von Caracas aus leicht erreichen kann, um dort einige Tage separat zu verbringen (praktische Informationen hierzu finden sich bei den jeweiligen Städten) sparen wir diese Ziele bei der Rundreise aus.

Flugverbindungen auf dieser Rundreise bestehen, doch sollte man sich einige Strecken nicht entgehen lassen, sie gehören zu den schönsten des Landes, etwa die Fahrt von Coro nach Barquisimeto durch das wüstenhafte, hügelige Weinanbaugebiet und von Barinas nach Mérida. Dabei ist zu bedenken, dass kleinere Ortschaften, die abseits der Hauptstrecken liegen, nicht so häufig von öffentlichen Verkehrsmitteln angefahren werden (z. B. Jajó, Isnotú), deswegen ist ein wenig Flexibilität bei der Zeitplanung gefragt. Wer einen längeren Aufenthalt in den Llanos plant, kann freilich von San Fernando de Apure nach Puerto Ayacucho fliegen; diese Fahrt macht nicht unbedingt mit anderen Landschaftsbildern als den bereits genossenen bekannt, sodass man sich eine Auto- oder Busreise sparen kann. Von Puerto Ayacucho geht es dann mit dem Flugzeug retour nach Caracas. Nicht alle Orte sind gleichermaßen sehenswert, z. B. Acarigua, aber wenn man sie alle anfährt, hat man hinterher ein vielseitiges Landschaftspanorama und auch ein bisschen den Alltag des Landes kennengelernt.

Coro, mit dem Hafenstädtchen **La Vela de Coro** zusammen Weltkulturerbe wegen seiner kolonialen Lehmbauarchitektur, hat einen ausführlichen Spaziergang in der **Calle Zamora** verdient. So bunt wie ein Blumenstrauß versammeln sich da die während der Kolonialzeit entstandenen Villen unter der meist strahlenden Sonne des heißen, staubtrockenen Coro, das am Rande einer Miniwüste liegt, den **Parque Nacional Médanos de Coro**, für die ebenfalls eine eingehende Würdigung spricht; etwas Trockeneres als diese

Sanddünen wird man im ganzen Land nicht mehr sehen und erleben. Von Coro schlängelt sich die Straße durch hügeliges Gebiet, was besonders in der Nachmittagsstimmung schön aussieht, hinunter nach **Barquisimeto**, der Stadt der schönen Sonnenuntergänge. Sie ist als bequeme Zwischenübernachtungsstation vorgesehen. Wer will, stattet der **María Divina Pastora** im benachbarten pittoresken **Santa Rosa** noch einen Besuch ab. Über **Acarigua** und **Guanare** geht es in eine der Metropolen der Viehzuchtregion, ins heiße **Barinas**. Da der Vater des Präsidenten Hugo Chavéz Frías hier Gouverneur ist, fiel der neue Gouverneurspalast augenscheinlich besonders modern und prunkvoll aus.

In Barinas beginnt der Anstieg in die Anden über **Santo Domingo** und **Apartaderos**, auf den fast 4000 Metern hoch gelegenen **Páramo** und den **Parque Nacional Sierra Nevada** mit seinen verschwiegenen Lagunen. Er ist steil und kurvig, aber wunderschön: Eine Art Naturkundeunterricht, der sich über alle möglichen Vegetationsformen und Anbauzonen von Tabak- und Zitrusplantagen bis zu Kartoffel-, Zwiebel - und Knoblauchfeldern erstreckt. Malerische Übernachtungsmöglichkeiten bieten **Altamira de Cáceres**, **Santo Domingo** und **San Rafael de Tabay**. Wer bis Mérida durchfährt, dem stehen eine Fülle an Hotels und Posadas offen. Von allen genannten Orten breiten sich sternförmig die Wanderwege aus, die man mitunter aber auch erst einmal selbst entdecken muss.

In der lebhaften und attraktiv gelegenen Studentenstadt **Mérida** wartet mit der höchsten und längsten Seilbahn der Welt ein besonderes Bonbon auf den Besucher. Des Weiteren sind die die Ausflugs- und Sportmöglichkeiten, die die Anden anbieten, auch nicht zu verachten, z. B. Trekking, Reiten, Paragliding, Vogelbeobachtung, Rafting.

Zurück und wieder hinunter nach **Barinas**, der Eingangspforte der Llanos. Eine in ihrer Einförmigkeit schon wieder interessante Landschaft aus flachem, von Flüssen durchzogenem Gelände mit Gruppen breit ausschwingender Akazien, den *samanes*, erstreckt sich Hunderte von Kilometern weit bis nach San Fernando de Apure, dem zweiten Zentrum der Viehzuchtregion. Nicht direkt an dieser Straße, aber mit entsprechenden Verbindungen und Abzweigungen, liegen die Hatos, die Rinderfarmen, mit Gästebetrieb, etwa **Hato El Cristero**, **Hato El Frío** oder **Hato El Cedral**, um nur die bekanntesten unter den Farmen zu nennen. Alle drei unterscheiden sich in ihrem Angebot und ihrer Aufmachung, für die Tierbeobachtung sind sie allesamt Topadressen.

Das Viehzüchterstädtchen **San Fernando de Apure** besticht nicht gerade durch besondere Baudenkmäler, aber es ist ein angenehmer, unaufgeregter und typisch venezolanischer Ort. Die Infrastruktur eignet sich für den Zwischenaufenthalt.

Die Strecke hinunter nach Puerto Ayacucho bestimmen die Llanos und die zahlreichen Flussläufe, bei **Puerto Páez** überquert man den Orinoco. Jenseits des jungen **Puerto Ayacucho** beginnt das Indianerland der Marikitare, Piaroa und Guahibo, weiter südlich dann der Yanomami. Gleichzeitig beginnt der Dschungel, die Wegelosigkeit, in der nur die Flüsse Mobiliät garantieren. Das brütende Puerto Ayacucho ist als Grenzort interessant, richtig urig dagegen nehmen sich die Ausflüge in die nur oberflächlich »zivilisierte« Wildnis aus, zu natürlichen Wasserbecken und die Spaziergänge durch indianische Pflanzungen.

Es besteht die Möglichkeit, die Route fortzusetzen und von Puerto Ayacucho nach Ciudad Bolívar zu fahren. Dort könnte man dann optional die diversen Angebote ausprobieren, die von diesem zentralen Punkt aus zu organisieren sind – Canaima, Parque Nacional Canaima. Oder man reist von Puerto Ayacucho zurück nach Caracas.

Organisierte Touren vor Ort

Wer auf gut Glück ohne die Hilfe einer Reiseorganisation nach Venezuela gefahren ist und nun feststellt, dass das Herumreisen doch nicht ganz so unkompliziert ist wie ursprünglich angenommen, findet im ganzen Land Unterstützung. Das beginnt mit der Abholung und Weiterleitung gleich nach der Ankunft in Maiquetía, entweder zum gewünschten Hotel oder zum nationalen Flughafen für den Weiterflug zu einer anderen venezolanischen Destination. Eine verlässliche Adresse ist Peter Zingg, Tel. 04 14/322 87 98, peterzingg@telcel.net.ve.

Verschiedene Anbieter und Gestalter von touristischen Dienstleistungen, die allesamt zu empfehlen und deren einzelne Adressen teilweise im Reiseteil zu finden sind, haben sich zusammengeschlossen. Die Mitglieder versprechen gleichbleibendes, hohes Niveau, besonders aufmerksame Gästebetreuung und ein faires, nachvollziehbares Preisgefüge: **www.circuitodelaexcelencia.com** (auf Englisch und Spanisch). Dazu gehören beispielsweise El Solar de la Luna (s. S. 313) und der Hato El Cristero (s. S. 290).

Unter **www.venezuelareise.net** findet man verschiedene Posadas, Pensionen, die allesamt unter deutscher Leitung stehen und teilweise auch ein eigenes kleines Reisebüro betreiben bzw. Touren oder Exkursionen veranstalten. Sie liegen über das ganze Land verstreut, sodass man praktisch in jeder wichtigen Reisedestination (außer der Isla de Margarita, den Llanos und dem Amazonasgebiet) eine Adresse hat, an die man sich wenden kann und die einen gleichwertigen Service anbietet (auf Deutsch).

Stets hilfreich sind die engagierten Leute von Cacaotravel von Bernd Kröning und Anke Nöthling. Am besten natürlich, man kontaktiert sie vor Reisebeginn und lässt sich von dem Team etwas nach seinen Wünschen zurechtschneidern, aber auch wer schon im Land ist, kann sich an sie wenden: **www.cacaotravel.com** (auf Spanisch, Englisch und Deutsch).

Ausgesprochen engagiert fallen auch Revis Travel auf, mit deren Münchner Niederlassung man bereits vor Reiseantritt Kontakt aufnehmen kann: Revis Travel, Kriemhildenstr. 14, 80639 München, Tel. 089/85 63 96 28, **www.revistravel.de**. Das Hauptbüro von Revis Travel wurde im Flughafen von Mérida aufgeschlagen.

Für Interessierte an ursprünglichen Naturerlebnissen sind folgende Adressen nützlich: Natura Raid, **www.naturaraid.com**, die ungewöhnliche Reisekombinationen und eigene Camps haben (auch auf Deutsch) und Arassari Trek, **www.arassaritrek.com**, in Mérida mit ihren Rafting- und Llanosprogrammen. Arassari Trek steht unter deutscher Leitung, ebenso wie Natoura, die mit ihren ausgefeilten Sportprogrammen auf sich aufmerksam machen, **www.natoura.com**. Ihr Standort liegt ebenfalls in Mérida. (Beide Websites auch auf Deutsch).

Strandurlaub

Wer die Wahl hat, hat die Qual. Der entgeht man am besten, wenn man sich nicht auf eine einzelne Region festlegt. Die **Isla de Margarita** bietet naturgemäß die abwechslungsreichste Auswahl von palmengesäumt und klein bis schattenlos und 20 Kilometer lang, von extrem bewirtschaftet bis recht einsam. Wer hier seinen Urlaub verbringt, kann sich praktisch jeden Tag an einem anderen Strand sonnen und auch noch die Insel wechseln: Das nur 35 Schiffsminuten entfernte Coche ist ebenfalls von Stränden umgürtet.

Für viele Venezuela-Urlauber besitzen jedoch die blendend weißen Sandmuschelstrände des exklusiveren Korallenarchipels **Los Roques** die größere Attraktion. Volkstümlicher als auf Los Roques geht es auf den idyllischen Keys im **Parque Nacional Morrocoy** im Bundesstaat Falcón zu, die ebenfalls zu einem Korallengürtel gehören, doch ist dieser längst nicht mehr intakt. Bei Venezolanern hoch im Kurs stehen die schattenfreien Sandstrände der Península Paraguaná nördlich von Coro. Vor allem auf Kite- und Windsurfer dürften sie großen Reiz ausüben, ebenso die Halbinsel Araya im Bundesstaat Anzoategui.

Gute Schnorchel-und Tauchmöglichkeiten bieten die Reviere im **Parque Nacional Mochima** in Sucre, schöne Strände findet man auch auf der Halbinsel **Paria**.

Doch die wenigsten werden wirksam überwacht. Am besten ausgestattet sind die Isla de Margarita und Coche, weil sie den größten touristischen Zustrom verzeichnen.

Reisen mit Kindern

Wer seinen Kindern einen Langstreckenflug von zehn Stunden, diverse Impfungen, extreme Klima- und Zeitunterschiede zumuten kann, hat sicherlich nicht vor, in seinem Urlaub nur in der Sonne zu liegen. Auf Kinder ist man in Venezuela eingestellt, weil sie eigentlich überall mit dabei sind und mitgenommen werden, auch beim abendlichen Essen. Besondere Aufmerksamkeiten wie beispielsweise Kinderteller im Restaurant sucht man vergeblich, dafür sind Kinder einfach viel zu selbstverständlich.

Kinder unter einem gewissen Alter erhalten bei diversen Airlines, in Hotels und in Museen ermäßigte Tarife. Besonders die Sportangebote dürften sie interessieren, z. B. das Wind- und Kitesurfen, das Schnorcheln und Reiten, das Klettern und Raften.

Eine besondere Gesundheitsvorsorge für den Nachwuchs muss man nicht treffen, außer, das sollte selbstverständlich sein, stets den Sunblocker dabeizuhaben, die karibi-

sche Sonne brennt gnadenlos. Die spannendsten Routen sind leider auch die unbequemsten. Die Lust am Abenteuer und an neuen Entdeckungen kann einem unter Umständen rasch vergehen, wenn man ständig auf der Hut sein muss, z. B. wohin man greift oder tritt bei einer Dschungelwanderung mit Indianern oder wenn man sich ständig mit einem Mückenschutzmittel einreiben soll. Das gilt vor allem für Reisen in die Llanos oder an den Orinoco. Für Kinder ist das nicht immer angenehm.

Auch sollte man seinen Nachwuchs darauf vorbereiten, dass er nicht immer dasselbe Essen und die bekannten Annehmlichkeiten wie zu Hause vorfinden wird.

Natur und Abenteuer

Golfen ist natürlich auch möglich, etwa auf der Isla de Margarita, aber damit ist sicherlich nicht das Nonplusultra sportlicher Betätigung in frischer Natur umschrieben, das man in Venezuela ausüben kann. Dann schon eher **Trekking**, **Mountainbiking**, **Paragliding**, **Wind**- und **Kitesurfing**, **Rafting** und **Kayaking**, eben alles, was diese teilweise anspruchsvolle und fordernde Natur zwischen Anden und Karibik gestattet. Das Allerneueste dürfte **Felsenklettern** in den bis zu 2800 m hohen, steilen Tafelbergen der Gran Sabana sein, aber diese Trips seien nur Extremsportlern mit entsprechender – entsagungsvoller und geduldiger – Einstellung und herausragender Kondition vorbehalten.

Allein schon die ganz normale Besteigung des Tafelbergs **Roraima** mit seinen 2600 m, aber teilweise lotrechten Wänden setzt eine überdurchschnittliche Kondition und fünf Tage Zeit voraus. Unter fünf Tagen bieten die in Santa Elena de Uairén ansässigen Veranstalter die Bergbesteigung nur ungern an, und dann auch nur für ein junges und sichtbar fittes Publikum. Schließlich existiert im

Land der *tepuis* nur absolut eingeschränkt Funktelefonempfang, eventuelle Notlagen wären schwerlich zu übermitteln.

Und so sind nicht nur die Routen ungewöhnlich für einen Mitteleuropäer, sondern auch die Standards. Informativ ausgezeichnete **Wanderwege** wie in unseren Mittelgebirgen sind keinesfalls zu erwarten, wer wandern will, wendet sich am besten an eine entsprechende Organisation. Auch taugliche **Wanderkarten** gibt es nicht bzw. kaum. Da ist ein begleitender Landeskenner gefragt. Abgesehen davon kann man mit einem verlässlichen Führer auch viel besser die Natur genießen, z. B. in den Anden, auf der Halbinsel Paria oder in der Sierra San Luis.

Der Naturschutz in den zahlreichen **Nationalparks** des Landes geht laut deren Statuten nicht so weit, dass man darin nicht Sport ausüben, arbeiten oder wohnen könnte – Letzteres natürlich nicht in Hotelblöcken o. ä. Im Parque Nacional Canaima betreiben die Pemones einige Posadas und Camps, und Fischer gehen in den Parques Nacionales Mochima und Morrocoy durchaus ihrem Beruf nach. Auch auf den *cayos* des Korallenarchipels Los Roques leben vereinzelt Fischer, nicht nur auf der Hauptinsel Gran Roque.

Trotzdem kann es stets zu Konflikten mit den Behörden kommen, besetzt und rodet die ärmere Bevölkerung Land, z. B. im Parque Nacional Juan Crisóstomo Falcón und im Parque Nacional Canaima. Die Rodungen finden häufig unsachgemäß statt und können wertvolle Waldbestände vernichten; die *guardaparques* sind finanziell und personell zu schlecht ausgestattet, um solche Vorkommnisse zu kontrollieren.

Tipps für die Reiseorganisation

Die Venezolaner reisen für ihr Leben gern. Davon kann jeder ein Lied singen, der unange-

meldet über Ostern unterwegs ist – da ist buchstäblich jedes Hotelbettlaken im Einsatz. Auch wer am Sonntagabend in Caracas eintreffen möchte, erlebt sein blaues Wunder: Die halbe Stadt hat über das Wochenende Ausflüge unternommen und quält sich jetzt auf den wenigen Verkehrsachsen zurück nach Hause.

Folglich ist das Land gut gerüstet und es ergeben sich kaum Schwierigkeiten, weg- und weiterzukommen. **Flüge** in alle Richtungen, meist zentral von Caracas aus, **Busse** und die Sammeltaxis **Por puestos**, die losfahren, sobald der Wagen voll besetzt ist, ermöglichen unbeschwertes Reisen.

Dabei ist zu beachten, dass man **Inlandsflüge** immer unter Angabe des Buchungscodes gegenbestätigen muss und dass sich bei der Wahl der Busse Geiz nicht lohnt – nicht alle Gefährte sind in tadellosem Zustand, der Zusammenbruch mitten auf der Strecke gehört zum Alltag, dem man als Unerfahrener lieber vermeiden möchte, obwohl auch das interessant werden kann …

Bei Reisetagen, die mit den venezolanischen Ferien zusammenfallen, sollte man im Voraus buchen, auch den Platz im Bus, obwohl dann meist die Frequenz der Fahrten oder Flüge erhöht wird.

Der lächerliche Benzinpreis verführt dazu, doch mit dem **Mietwagen** unterwegs sein zu wollen, aber das erfordert Anpassung an die venezolanische Fahrdisziplin: Eher wird auf die Mitmenschen geachtet als auf die Straßenampeln, Vorfahrtsregeln werden meist zu eigenen Gunsten ausgelegt – aber dafür entgeht man meistens dem auf deutschen Autobahnen üblichen Drängeln und Rasen.

Die großen bekannten internationalen Verleihfirmen unterhalten ihre Stationen an den großen Flughäfen wie Maiquetía, Santiago Mariño auf der Isla de Margarita, Maracaibo, Valencia, Barquisimeto, Punto Fijo, etc., doch nicht immer wird ein Gabeltarif angeboten oder er liegt sehr hoch.

Ein- und Ausreiseformalitäten

Für Aufenthalte bis zu 90 Tagen wird von Deutschen, Österreichern und Schweizern keinerlei Visum benötigt. Fluggesellschaften und Reiseveranstalter teilen bei der Einreise eine *tarjeta de turismo* aus, deren Kopie im Reisepass verbleibt und bei der Ausreise abzugeben ist. Bei Verlust wende man sich an die Reiseveranstalter, an die Botschaften oder an die Ausländerbehörde ONIDEX im Flughafengebäude von Maiquetía. Die ONIDEX stellt auch eine befristete Verlängerung der Aufenthaltserlaubnis aus, wenn man einen Rückflugschein vorlegt. Es empfiehlt sich, von Pass und *tarjeta* Kopien anzufertigen, da man verpflichtet ist, beides stets mit sich zu führen und auf Verlangen vorzuzeigen. Bei der Ausreise ist eine Steuer zu entrichten, zur Zeit beträgt sie etwa 55 US-$.

Im Flugzeug oder im Ankunftsgebäude erhält der Besucher neben der *tarjeta de turismo* auch eine Zolleinfuhrerklärung, die er auszufüllen und abzugeben hat. Sie ist in erster Linie an Handelsreisende gerichtet, die mit neuen Waren einreisen wollen. Ausgefüllt werden will sie trotzdem. Dinge des persönlichen Bedarfs können zollfrei eingeführt werden, außerdem natürlich Fotoapparate und Videogeräte, die zum Grundrüstzeug eines Touristen gehören. Des Weiteren gelten die internationalen Beschränkungen: Sportgeräte, Laptop, 200 Zigaretten, 25 Zigarren, 2 l alkoholische Getränke, 4 Flakons Parfüm.

Aktuelle Einreiseinformationen

Da die Einreisebestimmungen sich kurzfristig ändern können, ist man verpflichtet, sich darüber rechtzeitig vor Reiseantritt beim Auswärtigen Amt, www.auswaertiges-amt.de, www.bmaa.gv.at oder www.dfae.sdmin.ch, zu informieren.

Anreise

Venezuela ist im Programm der großen europäischen Fluglinien verankert. Lufthansa fliegt direkt Frankfurt–Caracas. Die übrigen Gesellschaften gehen folgendermaßen vor: Zubringerflüge zum Heimatflughafen des jeweiligen Landes und von dort Weiterflüge nach Maiquetía. Maiquetía wird angeflogen von Iberia über Madrid, TAP über Lissabon (mit Übernachtung in Lissabon, was ganz interessant sein kann), Air France über Paris und Alitalia über Rom und Mailand.

Zusätzlich bestehen Verbindungen über Nordamerika mit American Airlines, Continental, Delta und United Airlines. Sie dauern wesentlich länger, sind aber beispielsweise für Sportler manchmal von Vorteil, weil man in den meisten US-Maschinen sperriges Gerät (Windsurf, Kitesurf) ganz normal aufgeben kann und nichts dafür extra bezahlt. Das Charterziel Isla de Margarita wird von Condor angeflogen. Die reine Flugdauer beträgt 10 bzw. 9 Std. Die Preise schwanken zwischen 475 € und 1300 € je nach Saison.

Chartertouristen mit Ziel Isla de Margarita werden meist von Veranstalterbussen zum Hotel gebracht. Zusätzlich stehen Taxis zur Verfügung. Por Puestos verkehren nur von Montag bis Freitag; sie fahren nach Porlamar.

Wer in Maiquetía landet, hat die Wahl zwischen einem etwa halbstündlich verkehrenden Flughafenbus in die Innenstadt von Caracas (Nähe der Metrostation Bellas Artes beim Parque Central) und einem Taxi. Es gibt einen organisierten Taxidienst. Man kauft sein Ticket am Flughafenschalter und wird eingewiesen. Ausdrücklich gewarnt sei vor nicht gekennzeichneten Taxis, denn es ist schon zu Überfällen während der Fahrt und im glimpflichen Fall zu überhöhten Preisforderungen gekommen. Die Fahrt in die Innenstadt kostet z. Zt. etwa 100 000 VEB (ca. 50 US-$). Die Telefonnummern der Teletaxis sind im Reiseteil von Caracas aufgelistet (s. S. 130).

Unterwegs im Land

Flugzeug

Ein gut funktionierendes System von Flügen und Busabfahrten ermöglicht unproblematisches, schnelles und preiswertes Reisen. Auch hier ist eine Reisesteuer zu entrichten, deren Höhe der jeweilige Flughafen festlegt.

Das **Flugnetz** ist engmaschig geknüpft, sodass man durchaus auch noch am Flugtag ohne Reservierung ein Ticket bekommen kann. Dies gilt allerdings nicht für die Saisonzeiten; da ist frühzeitiges Reservieren ratsam. Wichtig bei dem venezolanischen System der Ticketreservierung ist die Bestätigung des Fluges (*reconfirmación*), die unter der Angabe der Buchungsnummer (*localizador*) vorgenommen wird. Andernfalls droht das Erlöschen der Buchung. Die Wahl unter den heimischen Linien ist groß: Aerotuy, Air Venezuela, Aserca, Avensa, Avior, Conviasa, Lai, Laser, Rutaca, Santa Bárbara, Servivensa, Venezolana. Sie bedienen nicht alle Strecken gleichzeitig, doch Konkurrenz auf den populärsten Zielen führt zu preiswerteren Tarifen.

Reservierungen zu tätigen ohne gleichzeitige Bezahlung ist in Venezuela nicht möglich, dafür kosten die Umbuchungen in der Regel nichts und man bekommt eine Reservierung auch ganz kurzfristig. In den persönlichen Reiseplänen unbedingt einzukalkulieren, z. B. bei spätabendlichen Abflugterminen, sind die häufigen Verspätungen, mitunter sitzt man stundenlang auf den Flughäfen fest. Gleichzeitig können Maschinen schon mal früher losfliegen, weshalb man die Erscheinungsfrist am Flughafen einhalten sollte.

Bus

Es gibt kaum einen Ort, den man nicht mit einem **Bus** erreichen könnte: Busse sind das wichtigste öffentliche Verkehrsmittel, sie sind sehr preiswert und verkehren häufig. Ihr Niveau variiert allerdings beträchtlich. Ein Zwei-Klassen-System existiert nicht und auch bei den Bezeichnungen herrscht ein ziemlicher Wirrwarr: ein *directo* muss nicht immer eine richtige Punkt-zu-Punkt-Verbindung sein und was unter *clase ejecutivo* (Business Class) zu verstehen ist, erfreut sich ebenfalls mehrerer Deutungen. Eine steigende Anzahl von Gesellschaften bietet gepflegte und wesentlich teurere Schnellbusse an, die nicht unbedingt am lokalen Busbahnhof (*terminal de pasajeros*) halten. Die speziellen Adressen befinden sich bei den jeweiligen Stadtkapiteln.

Eine Alternative stellen die **Sammeltaxis** dar. Fünf Personen müssen zusammenkommen, damit ein **Por Puesto** losfährt, die Tarife sind etwa doppelt so hoch wie die Buspreise. Sie befahren nicht nur kürzere Routen, sondern auch Langstrecken.

Mietwagen

Die Benzinpreise sind lächerlich niedrig, die Mietgebühren aber ganz und gar nicht. Mit dem Leihwagen unterwegs zu sein, fällt teurer aus als z. B. in Spanien. In der Regel bezahlt man für einen Mittelklasse-Kleinwagen bis zu 70 € am Tag, für ein größeres Modell bis 100 € inklusive Freikilometer und Versicherung. Wer wochenweise anmietet, erhält einen günstigeren Tarif. Um ein Auto zu mieten, benötigt man einen internationalen Führerschein, sollte seinen nationalen am besten auch einstecken und muss mindestens 21 Jahre alt sein.

Die großen Firmen bieten Pannenhilfe an. Beim Mieten sollte man auf eine vollständige Ausstattung achten. Das dient der eigenen Sicherheit und außerdem können die Straßenkontrollen *alcabalas* bei Mängeln saftige *multas* kassieren, wenn Reserverad und Wagenheber, Warndreieck, Feuerlöscher und Radmutterschlüssel fehlen sollten. Die *alcabalas* fordern quasimilitärischen Respekt, besonders in den grenznahen Zonen wie bei Santa Elena de Uairén in der Gran Sabana oder vor Puerto Ayacucho im Estado Amazonas. Es besteht die Pflicht, dort anzuhalten. Die *alcabalas* sind berechtigt, Papiere und den Zustand des Wagens zu kontrollieren. Entsprechenden Aufforderungen muss man unbedingt nachkommen. Meistens übrigens wird man einfach durchgewunken.

Nachts und auf einsamen, abgelegenen Straßen sollte man nicht mit dem Mietwagen alleine unterwegs sein.

Alle großen internationalen Verleihfirmen unterhalten Niederlassungen in Venezuela, meistens haben sie ihre Büros gleich am Flughafen. Der Zustand der Autos ist auf alle Fälle gründlich zu prüfen, bevor man losfährt. Eine Vorausbuchung empfiehlt sich.

In Venezuela erhält man in guten Buchhandlungen die International Travel Map »Venezuela«. Lagoven bietet eine solide Straßenkarte des Landes mit einem Stadtplan von Caracas an seinen Tankstellen an. Man erhält sie auch bei der Touristeninformation im internationalen Flughafengebäude von Maiquetía. Von Miro Popic gibt es ein nach Bundesstaaten geordnetes Straßenkartenbuch (»Guia Vial de Venezuela«) mit Stadtplänen und Informationen zu Hotels, Restaurants und Sehenswürdigkeiten auf Spanisch.

Verkehrsregeln

Die offiziellen Geschwindigkeitsbegrenzungen liegen bei 40 km/h im innerstädtischen und 80 km/h im Autobahnverkehr. Zudem herrscht Anschnallpflicht. Die *autopistas* sind mit deutschen Verhältnissen vergleichbar, die Rutas Nacionales in gutem Zustand. Zwar werden Radar- und Alkoholkontrollen nicht vorgenommen, doch gibt es ambulante Straßenkontrollen (*alcabalas*) an den Bundesstraßen, s. o. Man fährt mit Sichtkontakt und achtet auf Handzeichen. Von nächtlichen Überlandfahrten, besonders auf unbekannten Strecken, ist aus Sicherheitsgründen dringend abzuraten, denn nicht immer sind Fahrzeuge beleuchtet oder Baustellen markiert.

Nahverkehr

... mit dem Bus

Diese Fortbewegungsmethode ist für Ausländer nicht immer leicht zu durchschauen, denn einsehbare Fahrpläne an Haltestellen mit festen Zielangaben hängen nirgendwo aus, also muss man sich durchfragen, das ist besonders in dem auf Hügeln verstreuten Caracas nicht immer einfach. In Maracaibo oder Mérida dagegen kommt man gut zurecht. Die Fahrkarte löst man beim Busfahrer.

... mit dem Taxi

Taxifahren ist nicht teuer. Die Taxis sind in der Regel nicht mit einem Taxameter ausgestattet, also muss man vor Fahrtantritt den Preis aushandeln, um sich später nicht zu ärgern. Leider schmeißen *taxistas* angesichts ausländischer Gäste die Preise über den Haufen und verlangen bis zum dreifachen Tarif. Sich vorher zu informieren hilft.

Am sichersten sind Radiotaxis, die per Funk bestellt werden. Auf keinen Fall in ein Taxi ohne entsprechende Kennzeichnung einsteigen. Vor den größeren Hotels befinden sich Halteplätze mit bequemen Wagen. In Caracas gibt es eine ganze Reihe von Teletaxis über die Stadt verteilt; die Telefonnummern sind im Adressenteil aufgelistet. Andere Städte ziehen nach.

... mit Por Puestos

In einigen Städten, z. B. in Maracaibo, gibt es auch im Straßenverkehr Por Puestos, Sammeltaxis, die auf festen Routen verkehren, aber anhalten, wo man es bestimmt.

Oft abenteuerlich, immer unterhaltsam: Touren mit dem Bus

Unterkunft

Hotels

Hotels in Venezuela werden in fünf Kategorien klassifiziert, wobei in der Regel 5-Sterne-Hotels hohen internationalen Ansprüchen entsprechen. Diese befinden sich hauptsächlich bei den touristischen Attraktionen des Landes, wie auf der Isla de Margarita, in Puerto La Cruz, Chichiviriche, Maracaibo und in Caracas. Auch in Großstädten mit internationalem Geschäftsverkehr wie in Punto Fijo, in Valencia und in Puerto Ordaz (Ciudad Guayana) trifft man sie an. Oft gehören sie zu großen internationalen Ketten und sorgen damit für einen gleichbleibenden Standard.

4- und 3-Sterne-Hotels schlägt man der Mittelklasse zu; die preiswerten 2-Sterne- und 1-Stern-Hotels hingegen weisen beträchtliche Qualitätsunterschiede innerhalb ihrer Kategorie auf und liegen weit unterhalb einer entsprechenden Klassifizierung in Deutschland, Österreich oder der Schweiz.

Das typische preiswerte Mittelklassehotel des Geschäftsreisenden findet man häufig im Zentrum größerer Städte, mit Skai-Couchgarnitur in der Lobby, mit Teppichboden, künstlichem Blumenschmuck und ähnlichen Stilutensilien aus den 60er- bis 80er-Jahren.

Motels dienen nicht ausschließlich dem nächtlichen Schlummer; die meist hinter Mauern verborgenen Etablissements werden häufiger für Schäferstündchen benutzt, egal zu welcher Tageszeit. Zuverlässige und brauchbare Adressen sind sie allemal.

Posadas

Eine bequeme und häufig ansprechende Alternative stellen die **Posadas** dar. Darunter versteht man eine klassische Pension, in der auch für die Gäste gekocht wird. Oft handelt es sich dabei um Familienbetriebe, die auch bei Ausflügen beraten oder sie sogar selbst anbieten. Sie haben nicht viele, aber oft individuell gestaltete Zimmer, und man findet sie in ländlichen Gegenden, an Stränden und im Gebirge, weniger in den Städten, außer in Mérida. Im Reiseteil sind sie besonders berücksichtigt und hervorgehoben worden, weil die persönliche und meist offene Atmosphäre dem reisenden Gast zusagt.

Hato

Naturliebhaber sollten auf keinen Fall versäumen, einen **Hato** zu besuchen, der Exkursionen unter kundiger Leitung zu Tierbeobachtungsplätzen anbietet. Hatos sind riesige Viehzuchtbetriebe in den Llanos, der Landesmitte. Einige nehmen Besucher auf, die sich für das vielfältige Tierleben und den Alltag auf einer Farm interessieren. Manchmal kann man hier die *llaneros*, die Cowboys Venezuelas, auf ihren Ausritten begleiten.

Einkaufen ist eine Lieblingsbeschäftigung der Venezolaner, am liebsten in den *galerías* oder *centros comerciales*. Im Zeitalter des globalisierten Geschmacks finden wir dort Zara, Esprit und Benetton, Sport- und Schmuckläden. Trendgalería ist Sambil mit Filialen in Caracas, Valencia, Maracaibo und Porlamar.

Wer sich für Kunstgewerbe interessiert, stößt leider immer häufiger auf Industrieware bzw. auf Gegenstände aus Materialien, die mit den ursprünglich verwendeten gar nichts mehr zu tun haben. Besucher indianischer Märkte können nicht unbedingt auf Authentisches hoffen, die produzierten Erzeugnisse reflektieren häufig den Touristengeschmack, die Hersteller wollen damit Geld verdienen und nicht ihre Lebensweise ausstellen (Tipps in den jeweiligen Adressenabschnitten).

Öffnungszeiten

Einzelhandelsgeschäfte machen oft eine Mittagspause von 12.30 oder 13 bis 15 oder 16 Uhr, große Einkaufszentren sind durchgehend bis in die Abendstunden offen, ebenso die *licorerías* und *abastos*, die Getränke- und Lebensmittelläden. Manche öffnen um 8 Uhr morgens und haben 13–14 Std. geöffnet.

Der Restaurantbetrieb beginnt in der Regel gegen 11.30 und endet gegen 16.30 Uhr, abends kann man von 18.30–23.30 Uhr essen. In manchen Lokalen (in Großstädten, an Ausflugszielen) wird durchgehend serviert.

Die Pemones betreiben das authentisch eingerichtete Camp in Kavak am Auyan-Tepui

Drogen

Striktes Konsumverbot jeglicher Drogen begleitet das wachsende Kokaingeschäft in Venezuela, das als Nachbarstaat von Kolumbien selber zum Transitland geworden ist. Die Gesetze drohen daher unmissverständlich: Auch der Besitz kleinster Mengen wird mit drastischen Strafen beantwortet, vor denen selbst Botschaften kapitulieren.

Aus diesem Grund ist Vorsicht in Diskotheken geboten. Auch die Bitte etwa, ein Päckchen im Reisekoffer mitzunehmen, sollte schlicht abgeschlagen werden. Das sogenannte »Anderthalb-Meter-Gesetz« besagt, dass sämtliche Drogen, die sich im Umkreis von 1,5 m um eine Person befinden, dieser auch gehören.

Elektrizität

Die Stromspannung beträgt 110 Volt. In Elektrogeschäften und Hotels sind Adapter erhältlich.

Fotografieren

Am besten reist man vollständig ausgestattet nach Venezuela ein, denn Filme, Kameras und Reparaturen sind recht teuer und auch nicht überall erhältlich.

Fotografier- und Filmverbot besteht bei militärischen Anlagen. Besonders in grenznahen Gebieten (z. B. um Puerto Ayacucho) ist Vorsicht ratsam. Filmische Neugier sollte sich auch nicht über Würde und Taktgefühl hinwegsetzen: Beim Fotografieren von Personen holt man vorher deren Erlaubnis ein und verzichtet gegebenenfalls auf den Schnappschuss.

Vor allzu offensivem Gebrauch mit der Kamera sei übrigens gewarnt: Kameras werden oft gestohlen.

Frauen allein unterwegs

Allein reisende Frauen brauchen nicht mit mürrischem Gesicht durch die Gegend zu laufen, um Reserviertheit zu signalisieren. Die Venezolaner mögen *machos* sein, aber aufdringlich verhalten sie sich nur für die, die bewundernde Ausrufe oder Pfiffe schon als bösartige Anmache verstehen. Als Frau wird man höflich und zuvorkommend behandelt. Wer allerdings vertrauliche Anbiederungen zulässt, erntet eventuell weniger respektvolles Verhalten. Abends alleine auszugehen birgt ebenfalls Risiken, die Venezolanerinnen pflegen in Begleitung wegzugehen.

Verständigung

Spanische Sprachkenntnisse sind nützlich. Englisch kann man nicht voraussetzen, auch nicht in den Großstädten. Reiseleiter, die auf der Isla de Margarita und auf Rundreisen für deutsche Unternehmen arbeiten, sprechen gut Deutsch.

Zeitunterschied

Zur venezolanischen Ortszeit beträgt der Zeitunterschied in Mitteleuropa 5 Std. im Winter und 6 Std. während der Sommerzeit, um die die Uhr zurückgestellt werden muss.

Wechselgeld prüfen

Das hört niemand gerne: Man wird auch schon mal übers Ohr gehauen, beispielsweise bei einer Restaurantrechnung oder beim Kauf eines Eises auf der Straße. Manchmal gewinnt man den Eindruck, die Leute machten sich einen spaßigen Wettbewerb daraus. Das Wechselgeld also überprüfen, auch wenn es knausrig aussieht.

Geld und Kreditkarten

Banken

Die Banken tauschen nicht, nur in dem für einen Urlauber doch eher unwahrscheinlichen Fall, in Vnezuela ein Konto zu haben. Man kann es an den Bankenschaltern aber mit der Kreditkarte und dem Reisepass versuchen – die Bearbeitungsgebühren sind allerdings horrend und die Wartezeiten meist sehr lang. Am unproblematischsten tauscht man am Geldautomaten und die sind landesweit verbreitet.

Geldwechsel

Der Wechselkurs der venezolanischen Währung Bolívar (VEB) beträgt z. Zt. etwa 2800 VEB pro 1 € und 2150 VEB pro 1 US-$. Empfehlenswert ist die Mitnahme von Dollar-Währung und Euros.

Casas de cambio, Geldwechselstuben, findet man im internationalen Ankunftsgebäude des Flughafens Maiquetía, in Caracas, auf der Isla de Margarita, in Puerto la Cruz, Maracaibo, Valencia, Barquisimeto und in Mérida. Die großen Hotels tauschen auch, aber meist zu einem schlechteren Kurs.

Gängige Kreditkarten (Euro-, Mastercard und Visa) sind weit verbreitet.

Preisniveau

Das Preisniveau in Venezuela liegt aufgrund des günstigen Wechselkurses niedrig. Nur in den Großstädten wie Caracas, Maracaibo, Valencia und Puerto Ordaz erreicht es fast mitteleuropäisches Niveau, was z. B. die **Hotelpreise** betrifft. Luxushotels verlangen Preise über 200 US-$ pro Übernachtung und Zimmer; für ein Vier-Sterne-Hotel (nach venezolanischen Kategorien) zahlt man über 75 €, für ein Drei-Sterne-Haus sind 40 € einzukalkulieren, manchmal auch weniger. Preiswerte Unterkünfte können im Standard erheblich variieren; je höher der Standard, desto homogener die Ausstattung.

Preiswert fällt ein **Restaurantbesuch** auf dem Lande aus. In Großstädten wie Caracas, Puerto Ordaz und Maracaibo sowie in touristischen Zentren ist der Preisstandard nahezu mitteleuropäisch. Kaffee und Softdrinks schlagen mit etwa 1,5 € zu Buche, Longdrinks mit 4 bis 7,5 €. Je nach Kategorie des Etablissements wird aber auch teilweise mehr verlangt.

Die Tarife der **Exkursionen** belasten das Budget deutlich. Teuer wird es in Canaima und Los Roques; doch ist zu bedenken, dass alles eingeflogen werden muss. Mittlerweile gibt es auch günstigere Alternativen zu hochpreisigen Camps.

Spartipps

Da Venezuela kein teures Reiseland ist, braucht man eigentlich keine besonderen Spartipps. Sicherlich lässt sich eine Übernachtung im Hotel sparen, wenn man mit dem Nachtbus reist, und in den *areperas* isst man preiswert und sättigend deftige gefüllte

Die Siesta gehört zum lateinamerikanischen Tagesrhythmus

Maismehltaschen und *empanadas*. Auch in den Bäckereien, den *panaderías,* schlägt das Frühstück meist preiswerter zu Buche als in einem richtigen Café.

Trotzdem: Wer beispielsweise im Orinocodelta oder für eine Orinocofahrt im Estado Amazonas bei der Reiseorganisation knausert, kann böse reingelegt werden. Und das kann unter Umständen gefährlich werden. Denn man hält sich meist in abgeschiedenen Gegenden auf, in denen Hilfe nicht immer schnell zur Verfügung steht, beispielsweise wenn ein Boot beschädigt wird oder der Motor schlapp macht. Die Venezolaner warnen vor solchen *piratas*, also vor selbst ernannten Kleinveranstaltern, die wissentlich mit unzureichendem bis schlechten Material unterwegs sind und das Risiko trotzdem eingehen. Lieber auf eine Exkursion verzichten als eine unzulänglich vorbereitete mitmachen, das ist vielleicht der beste Spartipp.

Trinkgeld

Das Trinkgeld entspricht im Großen und Ganzen den internationalen Standards. Trotzdem wird man oft bemerken, dass Venezolaner meist einigermaßen knickrig damit umgehen. Kofferträger im Flughafen oder Hotel erhaltenbeispielsweise etwa 2000 VEB pro Koffer (ca. 1 US-$). Dasselbe bekommt das Zimmermädchen pro Tag.

Im Restaurant ist der *servicio* von 10 % im Preis enthalten, wo nicht, darauf muss allerdings ausdrücklich aufmerksam gemacht werden, bekommt der Kellner 10 % des Betrags, andernfalls nur 5 %.

Es ist in Venezuela nicht üblich, Taxifahrern oder Friseuren Trinkgeld, *propinas*, zu geben. Wer eine Ausflugstour gebucht hat, verteilt etwa 10 % des Gesamtbetrags auf die ganze Mannschaft (also Busfahrer, Reiseführer, Kellner etc.).

Klima und Reisezeit

Das tropische Venezuela weist im Jahresdurchschnitt keine einschneidenden Klimaveränderungen auf. Mitteleuropäische Jahreszeiten kommen nicht vor; das Jahr zerfällt in eine Regen- und eine Trockenzeit. Die günstigsten Reisedaten ergeben sich aus den Reiseabsichten. Trockenes Strandwetter garantiert der Sommer zwischen Dezember und Februar, der sich auch für Besuche in den Llanos und den Anden empfiehlt. Schnee nicht nur auf den Gipfeln, üppige Wasserfälle und hohe Wasserstände der Flüsse findet man in der Regenzeit vor.

Wer im mitteleuropäischen Winter nach Venezuela reist, begegnet einem idealen Strandferienklima. Durch die Trockenheit ist die Anzahl der natürlichen Tränken in den Llanos geschrumpft und die Tiere konzentrieren sich an wenigen Stellen. Das Risiko, die Tafelberge in der Gran Sabana wegen Nebelbildung nicht zu sehen, verringert sich; auch für Wanderungen ist diese Zeit geeigneter.

Kleidung und Ausrüstung

Kleidervorschriften gibt es nicht, bis auf eine: Für die Besichtigung bedeutender Kirchen und des Pantheons in Caracas sind Shorts und Miniröcke tabu. Die Venezolaner kleiden sich im Berufsleben korrekt und sportlich-elegant, in der Freizeit dagegen ausgesprochen lässig. Abends betritt man bessere Restaurants nicht in kurzen Hosen, aber es herrscht weder Jackett- noch Krawattenzwang. Venezolanerinnen kleiden sich für mitteleuropäische Verhältnisse recht provokativ. Miniröcke, enge Jeans oder ausgeschnittene Kleider sind gang und gäbe. Wer jedoch oben ohne praktiziert, erntet unmissverständliche Blicke und eher unerwünschte Aufmerksamkeit.

Was in den Koffer wandert, richtet sich nach Urlaubsort, Vorhaben und Jahreszeit.

Von Drei-Sterne-Hotels an aufwärts wird ein meist schnell funktionierender Wäscheservice angeboten, der das Gepäck entlastet.

In Restaurants und Einkaufsgalerien werden die Klimaanlagen gerne auf niedrige Temperaturen geschaltet. Empfindliche sollten sich dagegen wappnen.

Besten Mückenschutz bei Exkursionen in den Regenwald bieten langärmelige Hemden und Blusen sowie lange Hosen. Für ausgedehnte Wanderungen (z. B. auf die Tafelberge) eignen sich Trekkingstiefel aus atmungsaktivem Material mit guter Profilsohle. Schlangen beißen übrigens durch Leder, aber nicht durch Kunststoff. Wichtig: ein breitkrempiger Hut als Sonnenschutz.

Cremes mit hohen Sonnenschutzfaktoren sind Pflicht in einem Land in Äquatornähe, und man sollte sie auch bei bedecktem Himmel anwenden.

Die mitteleuropäischen Insektenschutzmittel haben sich als nicht besonders wirksam erwiesen. Die Venezolaner selbst schwören auf das Mittel Repelente Off als Spray oder Lotion.

Klimadaten Caracas

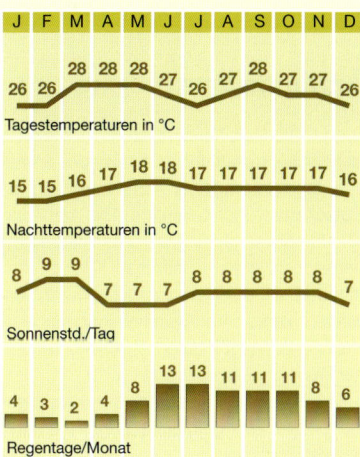

	J	F	M	A	M	J	J	A	S	O	N	D
Tagestemperaturen in °C	26	26	28	28	28	27	26	27	28	27	27	26
Nachttemperaturen in °C	15	15	16	17	18	18	17	17	17	17	17	16
Sonnenstd./Tag	8	9	9	7	7	7	8	8	8	8	8	7
Regentage/Monat	4	3	2	4	8	13	13	11	11	11	8	6

Impfungen

Für Reisen nach Venezuela bestehen keine Impfvorschriften, jedoch erteilen Hygieneinstitute und Gesundheitsämter Empfehlungen, die je nach Reisegebiet variieren. Hepatitis-A-, Typhus- und Tetanusschutz sollten intakt sein; für Regenwaldexkursionen rät man zur Gelbfieberimpfung und v. a. zur Malariaprophylaxe. Cholera- und neuerdings auch Dengueerkrankungen flammen immer wieder auf. Erkundigungen sollten rechtzeitig, am besten zwei Monate vor Reiseantritt, eingeholt werden, damit die Ämter bei verschiedenen Impfungen gegebenenfalls einen Fahrplan erstellen können.

Eine selbst zusammengestellte Reiseapotheke sollte alle Medikamente enthalten, die man regelmäßig einnimmt. Hinzu kommen Präparate für eventuell auftretende Erkrankungen und kleinere Verletzungen: Verbandszeug, antibiotische Lotion, ein Antibiotikum, Mittel gegen Durchfall, Augentropfen, gegebenenfalls Malariaprophylaxe und einen guten Sonnenschutz mit hohem Lichtschutzfaktor.

Empfehlenswert ist der Abschluss einer Reisekrankenversicherung.

Ärztliche Versorgung

Das private Gesundheitssystem in Venezuela ist hoch entwickelt und leistungsstark. Adressen deutschsprachiger Ärzte vermitteln die Botschaften und Konsulate. Die Arzt- und Krankenhausrechnungen muss man sofort begleichen, mitunter nehmen Kliniken niemanden auf, der nicht eine Kreditkarte vorweisen kann. Alle Bescheinigungen und Rechnungen legt man anschließend bei seiner Reisekrankenversicherung vor.

Das Niveau der staatlichen Krankenhäuser (*hospitales*) liegt beträchtlich unter dem der privaten (*clinicas*).

Apotheken

In den gut sortierten Apotheken (*farmacias*) arbeitet jeweils mindestens ein geprüfter Apotheker, der berät und auch Spritzen geben kann. Nachtdienste zeigt die rote Leuchtschrift *turno* an. Die Adressen weiß der Hotelportier oder man entnimmt sie den Tageszeitungen.

Die Verschreibungspflicht wird generell lax gehandhabt. Medikamente haben internationales Niveau und sind recht teuer.

Wasser

Der gängige Ratschlag, kein Leitungswasser zu trinken, auf Eiswürfel zu verzichten, weder ungeschältes rohes Obst oder Gemüse noch rohe Meeresfrüchte zu essen, reicht aus, um vor unliebsamen Erfahrungen zu schützen.

Sicherheit

Die Reisehinweise der Auswärtigen Ämter sprechen eine deutliche Sprache: Venezuela ist ein unsicheres Reiseland für Gruppen- genauso wie für Individualreisende, Straßenkriminalität nicht nur in Caracas ein Problem. Es wäre eine Dummheit, von Venezolanern ausgesprochene Warnungen nicht ernst zu nehmen, auch wenn dahinter mitunter eine übergroße Vorsicht sichtbar wird. Sie sind nicht als Schikane zu verstehen, eventuell sogar Resultat einer eigenen leidvollen Erfahrung. Kein Venezolaner wird es mögen, wenn man in seinem Land überfallen und ausgeraubt wird, er möchte, dass Sie gut gelaunt und mit vielen neuen Eindrücken in Ihr Heimatland zurückkehren. In den einzelnen Reisekapiteln sind diese heimischen Hinweise aufgegriffen worden.

Vermieden werden sollte unbedingt das offene Zurschaustellen von Wohlhabenheit, sei

Ärztliche Versorgung für jedermann

es durch Schmuck, Fotokamera oder dicke Geldbündel. Besonders auf Kameras haben es Diebe in jüngster Zeit abgesehen, etwa während einer nächtlichen Busfahrt.

Im gemieteten Auto sollte man nichts offen liegen lassen und den Kofferraum abschließen. Am besten aufgehoben ist es auf einem bewachten Parkplatz. Verleihfirmen verpflichten ihre Kunden, den Wagen nachts auf bewachten und/oder auf Hotelparkplätzen abzustellen.

Abzuraten ist der Besuch abgelegener, einsamer Strände auf der Isla de Margarita. Auch La Guaira, das nächtliche Macuto und Cumaná stehen in keinem guten Ruf. Ebenfalls nicht empfehlenswert ist es, Elendsviertel aus reiner Neugier aufzusuchen. Das vollständigste und aktuellste Bild von eventuellen Risiken geben die Gastgeber, das Hotel, die Posada oder der Reiseleiter. Sie vermitteln Vorsichtsmaßnahmen und Verhaltens-

regeln, eventuell stellen sie auch eine Begleitung oder einen Fahrdienst.

Gelegenheit macht Diebe: Langfinger arbeiten gerne an touristischen Plätzen wie auf der Avenida Santiago Mariño in Porlamar, auf Märkten oder Bahnhöfen. Auch unübersichtliche Situationen auf Flughäfen werden ausgenutzt – die Venezolaner begrüßen und verabschieden reisende Bekannte oder die Familie am liebsten in ganzen Pulks, im allgemeinen Getümmel verliert man da leicht den Überblick.

Notruf
Einheitlich für das ganze Land gelten:
Polizel (*policía*): Tel. 1 71
Ambulanz (*ambulancia*): Tel. 1 71
Feuerwehr (*bomberos*): Tel. 1 71
Notruf in Caracas: Tel. 1 71

Internetcafés

Gibt es überall in den Orten, die von ausländischen Gästen besucht werden. In Hotels und Posadas wird kostenlose Internetbenutzung angeboten. Die Hotels der gehobenen Preisklasse stellen freien Internetzugang im Zimmer oder es stehen in der Lobby besondere Zonen zur Verfügung.

Post und Kurierdienste

Die Post gehört nicht zur leistungsstärksten, ein Brief kann drei bis sechs Wochen nach Europa unterwegs sein. Private Kurierdienste schaffen Konkurrenz und in Caracas befördern Motorradboten die Geschäftspost.

Radio und Fernsehen

Die demokratische Substanz eines Landes stellt sich in der Pressefreiheit dar. Chávez kontert seinen Kritikern stets, dass die bei ihm gewährleistet sei, schließlich verträten die wichtigsten Tageszeitungen, »El Universal« und »La Nación«, unverhüllt die Opposition. Mit der Nichtverlängerung der Lizenz für den Sender Radio Caracas Television im Mai

Die *murales* sind in Venezuela eine beliebte und ausgeprägte Kommunikationsform

2007 jedoch hat der Präsident enthüllt, dass er es mit der Meinungsfreiheit nicht sonderlich ernst meint und hat damit zahlreiche Studentenproteste evoziert.

Interessant ist die sonntägliche Show des Präsidenten, »Aló Presidente«, während der auch mal Minister entlassen und Gesetzesänderungen bekannt gegeben werden. Sie ist wichtigstes Propagandamittel der Regierung. Mit TeleSur hat die Regierung als Gegenmodell zu CNN ihren eigenen Nachrichtenkanal geschaffen. Wenn Chávez auf Sendung geht, müssen übrigens alle anderen privaten Sender sein Programm ausstrahlen und ihres dafür skippen, *cadena* nennt man das, Kette.

Telefonieren

Die blauen Telefonkabinchen (*monederos*) der Telefongesellschaft CANTV sind üppig verteilt, aber viele funktionieren nicht. Münzfernsprecher gibt es praktisch nicht mehr, Telefonkarten (*tarjetas de teléfono*) zu 2000, 5000 und 7000 VEB erhält man an Zeitungskiosken. Für ein an einem *monedero* geführtes Auslandsgespräch sollte man mehrere *tarjetas* zu 7000 VEB erwerben. Nicht überall sind sie erhältlich, und nicht alle Apparate vermitteln internationale Gespräche. Im Gegensatz zu den niedrigen Ortstarifen sind die Preise für Auslandsgespräche relativ hoch. CANTV wurde kürzlich verstaatlicht.

Zeitungen und Bücher

Deutschsprachige, aktuelle Presse wird in Caracas in den Hotels Tamanaco und Hilton angeboten, ebenso in den Kiosken im internationalen Flughafen von Maiquetía.

Die beiden großen Tageszeitungen »El Universal« und »La Nación« bringen am Wochenende einen umfangreichen Veranstaltungskalender heraus. Das Zeitungs- und Zeitschriftenangebot ist im Übrigen breit gefächert. Wie überall auf der Welt am auflagenstärksten ist die *prensa amarilla*, die Boulevardpresse. In den Zentren der größeren Städte findet man Zeitungskioske, die auch das »Daily Journal«, eine englischsprachige, informative Tageszeitung verkaufen.

Deutsche Bücher und gute Beratung bekommt man in der Biblioteca Todtmann auf der Avenida Libertador in Caracas. Schöne, gediegene Buchhandlungen findet man in der Hauptstadt in den Filialen von Kuai-Mare: in Altamira, in den Centros Comerciales Tamanaco und Las Mercedes, wo es auch weitere Buchhandlungen mit breit gefächerter Auswahl gibt. Die Universitätsbuchhandlungen von Mérida sind ebenfalls ein Tipp.

Ausspracheregeln

In der Regel wird das Spanisch ausgesprochen wie es geschrieben wird. Treffen zwei **Vokale** aufeinander, so werden beide einzeln gesprochen (z. B. E-uropa). Die **Betonung** liegt bei Wörtern, die auf einen Vokal, n oder s enden, auf der vorletzten Silbe, bei allen anderen auf der letzten Silbe. Liegt sie woanders, wird ein Akzent gesetzt (z. B. teléfono).

Konsonanten:

c	vor a, o, u wie k, z. B. casa; vor e, i wie englisches th, z. B. cien
ch	wie tsch, z. B. chico
g	vor e, i wie deutsches ch, z. B. gente
h	wird nicht gesprochen
j	wie deutsches ch, z. B. jefe
ll	wie deutsches j, z. B. llamo
ñ	wie gn bei Champagner, z. B. niña
qu	wie k, z. B. porque
y	am Wortende wie i, z. B. hay; sonst wie deutsches j, z. B. yo
z	wie englisches th, z. B. azúcar

Allgemeines

Guten Morgen/Tag	buenos días
Guten Tag (ab 12 Uhr)	buenas tardes
Guten Abend/ Gute Nacht	buenas noches
Auf Wiedersehen	adiós/hasta luego
Entschuldigen Sie	¡Disculpe Usted!
Hallo/grüß dich	hola/¿Qué tal?
bitte	de nada/por favor
danke	gracias
sehr liebenswürdig	¡Muy amable!
ja/nein	si/no
Wie bitte?	¿Perdón?

Unterwegs

Haltestelle	parada
Bus/Auto	autobús/carro
Ausfahrt/-gang	salida
Tankstelle	gasolinera
rechts	a la derecha
links	a la izquierda
geradeaus	todo recto/dereccion

Auskunft	información
Telefon	teléfono
Postamt	correos
Bahnhof/Flughafen	terminal/aeropuerto
Stadtplan	mapa de la ciudad
alle Richtungen	todas las direcciones
Eingang	entrada
geöffnet	abierto/-a
geschlossen	cerrado/-a
Kirche	iglesia
Museum	museo
Strand	playa
Platz	plaza/sitio

Zeit

Stunde	hora
Tag	día
Woche	semana
Monat	mes
Jahr	año
heute	hoy
gestern	ayer
morgen	mañana
morgens	por la mañana
mittags	al mediodía
abends	en la noche
früh	temprano
spät	tarde
Montag	lunes
Dienstag	martes
Mittwoch	miércoles
Donnerstag	jueves
Freitag	viernes
Samstag	sábado
Sonntag	domingo

Notfall

Hilfe!	¡Ayuda!
Polizei	policía
Arzt/Zahnarzt	médico/dentista
Apotheke	farmacia
Krankenhaus	hospital
Unfall	accidente
Magen-/Leibschmerzen	cabeza estómago/ vientre

Übernachten

Hotel	hotel
Pension	pensión
Einzelzimmer	habitación individual
Doppelzimmer	habitación doble
mit/ohne Bad	con/sin baño
Toilette	servicio
Dusche	ducha
mit Frühstück	con desayuno
Halbpension	media pensión
Gepäck	equipaje
Rechnung	cuenta

Einkaufen

Geschäft/Markt	tienda/mercado
Kreditkarte	tarjeta de crédito
Geld	dinero
Geldautomat	cajero (automático)
Bäckerei	panadería
Lebensmittel	alimentos
teuer	caro/-a

billig	barato/-a
Größe	talla
bezahlen	pagar

Zahlen

1	uno	17	diecisiete
2	dos	18	dieciocho
3	tres	19	diecinueve
4	cuatro	20	veinte
5	cinco	21	veintiuno
6	seis	30	treinta
7	siete	40	cuarenta
8	ocho	50	cincuenta
9	nueve	60	sesenta
10	diez	70	setenta
11	once	80	ochenta
12	doce	90	noventa
13	trece	100	cien
14	catorce	150	cientocincu-
15	cince		enta
16	dieciséis	1000	mil

Die wichtigsten Sätze

Allgemeines

Sprechen Sie Deutsch/Englisch?	¿Habla Usted alemán/inglés?
Ich verstehe nicht.	No entiendo.
Ich spreche kein Spanisch.	No hablo español.
Ich heiße …	Me llamo …
Wie heißt Du/ heißen Sie?	¿Cómo te llamas/ se llama?
Wie geht es Dir/ Ihnen?	¿Cómo estás/ está Usted?
Danke, gut.	Muy bien, gracias.
Wie viel Uhr ist es?	¿Qué hora es?

Unterwegs

Wie komme ich zu/nach …?	¿Cómo se llega a …?
Wo ist …?	¿Dónde está …?
Könnten Sie mir bitte … zeigen?	¿Me podría enseñar …, por favor?

Notfall

Können Sie mir bitte helfen?	¿Me podría ayudar, por favor?
Ich brauche einen Arzt.	Necesito un médico.
Hier tut es mir weh.	Me duele aqui.

Übernachten

Haben Sie ein freies Zimmer?	¿Hay una habitación libre?
Wie viel kostet das Zimmer pro Nacht?	¿Cuánto vale la habitación al día?
Ich habe ein Zimmer bestellt.	He reservado una habitación.

Einkaufen

Wie viel kostet …?	¿Cuánto vale …?
Ich brauche …	Necesito …
Wann öffnet/ schließt …?	¿Cuándo abre/ cierra …?

Eine Herausforderung an die Sinne und an die Kondition: Unterwegs auf dem Tepui Acopan im Chimantamassiv in der Gran Sabana

Unterwegs in
Venezuela

Man gondelt wunderbar hinauf auf den Ávila:
Caracas liegt einem zu Füßen

Caracas und Umgebung

Karibisches Meer

Caracas

Orinoco

Dschungel und Moderne

Welchen Weg in die Hauptstadt man auch wählt, an jeder Einfahrt zeigt sich der Widerspruch des Landes seit Jahrhunderten: den Antagonismus von Natur und Zivilisation. Die Kulisse wird so weit das Auge reicht von der unvergleichlichen, über 2700 m hohen Küstenkordillere in Form des Ávilamassivs beherrscht, deren tropische Wälder im Sonnenlicht schillernden Dschungeln gleichen.

Als die Ölbonanza über das Land hereinbrach, musste die Natur gezähmt werden. Die 1952 erbaute, 20 km lange Autobahn von der Hafenstadt La Guaira und dem Flughafen Maiquetía über die Küstenkordillere nach Caracas war die für Lateinamerika größte Ingenieurleistung nach dem Bau des Panamakanals und damals die teuerste Straße der Welt.

Zu Füßen dieser Gebirgskulisse entfaltet sich Caracas mit allen Facetten der modernen Gesellschaft: Reichtum und Schäbigkeit, Abfall, Lärm, Leuchtreklamen, Umweltverschmutzung, Verkehrsstau. Die vorspringenden Hänge sind übersät mit *ranchos,* wie man die Elendsviertel nennt. Millionen wohnen zwischen den Schluchten, mit geklautem Strom und abgezapftem Wasser. Schnell-straßen durchgleiten das städtische Gewebe, ohne Ordnung in das Chaos bringen zu können. *Quintas*, ehemalige kleine Landhäuschen, ducken sich unter vernachlässigten Hochhäusern. In der Talsenke des Guaire blitzen verspiegelte Wolkenkratzer in den Farben der Postmoderne auf: Azurblau, Smaragdgrün, Altgold, Graphit. Der vornehme Osten versinnbildlicht mit seinen tiefgrünen Oasen den Luxus der domestizierten Natur. Elegante Apartmenttürme stapeln sich in die Höhe, eingefasst von Blumengärten und hauseigenen Kinderspielwiesen.

Architektonische Zeugen der kolonialen Vergangenheit wird man vergeblich suchen; zwei Erdbeben erschütterten Caracas, 1766 und 1812. Am 25. Juli 1567 wurde es als Santiago de León de Caracas gegründet – nach Coro, Cumaná und Tocuyo. 60 Familien lebten damals in den 25 *cuadras* des Örtchens. 1578 gab es nur drei Häuser und die Kirche aus Mauerwerk, der Rest war aus Zuckerrohr gebaut. Im 16. Jh. bestand der spärliche Handel mit Spanien aus ein wenig Gold, Medizinalpflanzen, Perlen, Mais und, zum Entsetzen des Sevillaner Mönchs Bartolomé de Las Casas, indianischen Sklaven.

Doch ganz allmählich wuchs Caracas zu einer hübschen Stadt heran, die auch Alexander von Humboldt gefiel. Bananenbaum, Orangenbaum, Kaffeebaum, Apfelbaum und Aprikosenbaum benachbarn sich in friedlicher Koexistenz, befand er. José Agustín de Oviedo y Baños, ein spanischer Chronist, war es, der Caracas die »Stadt des ewigen Frühlings« taufte. Gesund sei sie und heiter, fruchtbar und wasserreich, umgeben von schattigen Plantagen und hohen Bäumen. Eine ländliche Idylle.

Präsident Antonio Guzmán Blanco (1870–1888) ging dann als architektonischer Modernisierer in die Chronik ein. Telegrafendienst und Straßenbeleuchtung verschafften den Anschluss an die Modernität; die erste, von Pferden gezogene Straßenbahn zuckelte 1885 durch die Stadt.

Nach der Entdeckung der Erdölvorkommen im Maracaibosee stürzte Caracas aus der Hacienda-Beschaulichkeit in die Moderne: In den 1950er- bis 1970er-Jahren hinterließ die Bonanza des schwarzen Goldes für die damalige Zeit revolutionäre Spuren in *la capital*, hat sie mit Hochhauskomplexen verschönert, ihre Grenzen gesprengt. Doch während unverdrossen in die Höhe gebaut wurde, wuchsen auch die *ranchos*.

Kein Wunder, dass die *caraqueños* ihren Nationalpark Ávila lieben, schließlich bietet er die einfachste Möglichkeit für die kleine Flucht aus dem Alltag. Man setzt sich in die Gondel und ruckelt in 20 Minuten den Ávila hinauf, um dann von stolzen 2400 m Höhe einen Blick auf diese hybride Stadt zu werfen, in den ziemlich wilden Wäldern zu wandern, zu klettern, Skateboard zu fahren oder einfach nur in einem Ausflugslokal zu speisen oder Honig, Blumen und Marmelade einzukaufen.

Nicht viel länger braucht man, um in das koloniale Dörfchen El Hatillo zu fahren, welches sich zum ultimativen Einkaufs- und Ausgehtipp für Caracasmüde entwickelt hat.

Richtig Reisen-Tipp

Schokolade kaufen und Kaffee trinken: Hinein in die Hacienda-Vergangenheit von Venezuela: Bevor das Erdöl die Finanzen des Landes glänzen ließ, waren es zwei ebenfalls dunkle Flüssigkeiten: Kakao und Kaffee. In jüngster Zeit macht auch Caracas den europäischen Schokoladen- und Kaffeehype mit. Und die Qualität ist bestechend! (s. S. 124)

Kleine Boutiquen, esoterische Lädchen, eine abwechslungsreiche Gastronomie in niedlichen Häusern und auch ein schickes neues Einkaufszentrum vermitteln all die Heimeligkeit, die Caracas so gar nicht innewohnt.

Das schönste Ziel liegt allerdings weit vor der Küste; das Korallenarchipel Los Roques, ein wirklicher Höhepunkt des Landes.

Highlights

1 Parque Nacional El Ávila
▼ Der Nationalpark Ávila mit dem Hausberg der *caraqueños* lässt sich auf vielerlei Arten genießen: per pedes, mit der Gondelbahn oder mit dem Jeep (s. S. 133 ff.).

2 Los Roques
▼ Attraktives Korallenarchipel mit weißsandigen Stränden und glasklarem Wasser, für Tauch- und Schnorchelfreunde bestens geeignet (s. S. 142 ff.).

Reise- und Zeitplanung

Für Caracas selbst reichen anderthalb Tage, für den Ávila sollte man einen zusätzlichen einplanen und Ausflugstage für Colonia Tovar und El Hatillo mitrechnen. Auf Los Roques bleibt man mindestens drei Tage.

Klima und Reisezeit

Einwandfrei am schönsten ist Caracas im Winter, da sind die Temperaturen nicht sehr hoch und die Nächte trocken und kühl.

Nein, sie ist nicht die schönste aller lateinamerikanischen Städte, das muss in aller Deutlichkeit gesagt werden! Zu nordamerikanisch, zu wenig kolonial, zu turbulent, zu karibisch und dazu noch planlos gewachsen. Aber ihre Lage unterhalb der Küstenkordillere und des Parque Nacional El Ávila immerhin ist unvergleichlich. So viel Dschungelgrün in greifbarer Nähe findet man selten.

Geschichte

Lawine Stadt

Das Zeitalter des Rades, so spottet man in Caracas, habe in Venezuela erst im Jahre 1871 begonnen, als Antonio Guzmán Blanco zum Präsidenten gewählt wurde. Ein zusammengefügter Haufen Steine, scheinbar ohne Planung, sicherlich ohne Eleganz – das war diese provinzlerisch-schläfrige Hauptstadt, die »Stadt der roten Ziegeldächer«, *la ciudad de los techos rojos*, die nur knapp 48 000 Einwohner zählte, als andere südamerikanische Metropolen wie Mexico-Stadt und Buenos Aires schon längst an die Halb-Millionen-Grenze stießen. Dunkel und öde waren die Nächte, die Straßenpflaster löchrig, die Häuser alt und die Hotels miserabel. Erdbeben, Unabhängigkeitswirren und jahrzehntelange Bürgerkriegskämpfe hatten Wachstum und Entwicklung der Stadt gehemmt.

Wenn man indes heute in Caracas eintrifft, dann wünscht man sich, die Erfindung des Rades hätte überhaupt nie stattgefunden oder wäre nicht ausgerechnet über Caracas hereingebrochen, denn triumphaler kann ein Siegeszug wahrlich nicht ausfallen. Endlose Autoschlangen verstopfen die Stadtarterien zu jeder Stunde eines Wochentages, verwandeln die Seitengässchen in dumpfe Fallen und kafkaeske Albträume: Die Mobilität hat mit unvergleichlicher Wucht von Caracas Besitz ergriffen.

Welch ein weiter Weg trennt Caracas von der friedlichen Zeit, als es noch *la ciudad de los techos rojos* war. Die Einwohnerzahlen explodieren geradezu: Waren es 1920 noch 120 000 und in den 1950er-Jahren 700 000, weiß heute keiner genau zu sagen, wie viele Menschen sich in der Hauptstadt niedergelassen haben. Die Statistiken nennen 6 Mio. – aber das ist sowieso Makulatur, weil keiner genau angeben kann, wie viele Menschen tagtäglich in den *ranchos* Unterschlupf finden und eine Meldepflicht nicht existiert. 1332 Einwohner pro Quadratkilometer verbucht die Statistik für Caracas, 0,5 beispielsweise für den Estado Amazonas im tiefen Süden des Landes. Über 60 % sollen in den *barrios humildes* zwischen Wellblechdächern, billigen Ziegeln und Holzlatten leben, in dem *cordón de la miseria,* der sich um die Stadt zieht und in ihre Schluchten vordringt.

Und so ist Santiago de León de Caracas die steingewordene Schnelllebigkeit. Bis an den Horizont dehnen sich die Ränder der *urbanizaciones*, der Wohnsiedlungen und die Grenzen verschieben sich ständig. Vorstädte, Refugien, kleine Dörfchen wie Petare, Trinidad und Guanare hat die Stadtlawine Caracas schon längst ergriffen und überrollt.

Caracas war in den 1950er-Jahren die schillerndste, modernste lateinamerikanische Metropole, in der Zeit, als die Gewinner aus dem Erdölgeschäft nach Plätzen gesellschaftlicher Repräsentation verlangten und

Mit der Autorin unterwegs

Die Terrasse des Hotels Tamanaco

Eines der altehrwürdigen **Traditionshotels** von Caracas liegt umgeben von viel Grün am Rand des Viertels Las Mercedes. Seine ausladende Terrasse ist leider nicht ganz geräuschfrei, aber trotzdem: Das Frühstück im Garten einzunehmen gleicht purer Erholung und bei einem Drink auf der Hotelterrasse zu spätabendlicher Stunde bekommt man die vielen Glitzerlichter der Stadt und das schimmernde Gebirgsmassiv des Ávila gratis dazu (s. S. 125).

Centro Comercial San Ignacio

Fragt man einen Venezolaner nach den Sehenswürdigkeiten seines Landes, fallen ihm zuerst meist die Shoppingcenter ein. Da kommt man nicht drumherum, also besuchen wir zumindest das schönste, eines unter freiem Himmel nämlich, mit viel Grün, Backsteinoptik und relativ weit ausladenden Flanierwegen. Die Klimaanlagen surren nur in den Geschäften. Feine Markenshops, eine gute Restaurantauswahl von Italienisch bis Texmex, Bars und Kinosäle repräsentieren **das moderne Ausgeh-Caracas** für jede Tageszeit (s. S. 127).

Mazukamba's

Viele Hollywoodgrößen haben ein Restaurant oder ein Café in Los Angeles oder New York, in dem sie ab und an gesehen werden; der größte venezolanische **Salsero Oscar d'León** (»Llorarás«) ließ sich nicht lumpen und hat ebenfalls ein **Clubrestaurant** aufgemacht, das Mazukamba's im Centro Comercial Paseo Las Mercedes. Mit viel Glück erlebt man sogar eine kleine Liveeinlage vom Meister höchstpersönlich. Das Essen übrigens ist typisch venezolanisch: Fleisch, *yucca*, *arepa* ... (s. S. 128).

La Estancia de Arte

Das alte Caracas war einmal von Kaffeehaciendas umgeben, das heutige moderne Caracas hat sie sich einverleibt. La Estancia de Arte war auch einmal eine. Das Gelände wurde zu einem luftigen **botanischen Garten** umgestaltet, im Haupthaus finden häufig **klassische Konzerte** statt. Am Sonntagvormittag sind sie meist umsonst. Allein der Umbau der Estancia ist eine Meisterleistung: puristischer Kolonialstil mit viel Licht. Dazu gibt's noch ein hübsches Bistro-Café und alles gleich um die Ecke der beliebtesten Einkaufsgaleria Sambil (s. S. 129).

die Militärregierung unter Marcos Pérez Jiménez absolutistische Machttempel errichten ließ. Venezuela hatte das höchste Pro-Kopf-Einkommen Lateinamerikas. Nachtleben und Clubs brauchten den Vergleich mit Havanna nicht zu scheuen und reiche Damen der Gesellschaft veranstalteten nach dem Vorbild Eva Peróns Benefizveranstaltungen zugunsten der Armen, förderten Künstler und präsidierten politische Versammlungen. Doch das damals moderne Geschäftsviertel mit seinen futuristischen Bürogebäuden, dem Boulevard Sabana Grande und der Plaza Venezuela, später die beiden Türme des Centro Bolívar und der Parque Central, sind der Verwahrlosung anheimgefallen.

Die Moderne

Keiner hält Caracas für schön; das ist sein Schicksal. Man sagt, man könne die Stadt, in der fast ein Drittel aller Venezolaner leben, in nur ein paar Stunden abschreiten und habe dabei schon alles Wichtige gesehen. An Kolonialzeitlichem kann die Megalopolis tatsächlich kaum etwas aufweisen, doch wer sich für die lateinamerikanische Moderne der Architektur interessiert, wird fündig. In der Umzingelung durch eine als brutal und feindlich empfundene Natur wurden Stadtkonzepte entwickelt, die der Fortschrittlichkeit der Steine und des Betons huldigen. Die langen Perioden der Rückständigkeit (gegenüber anderen lateinamerikanischen Metropolen, Europa oder den Vereinigten Staaten von Amerika) wurden und werden kompensiert durch die Vergötterung der Technik, die in die Entwürfe der Siedlungsprojekte einfließen sollte. Die Moderne beherrscht Caracas mit ihren nicht immer ganz taufrischen Hochhaustürmen, an denen meterhohe Plakate kleben, mit den übereinandergetürmten und verkehrsreichen Stadtautobahnen, die über der Gebäudelandschaft schweben. Gleichzeitig herrscht lateinamerikanische Lebensfülle: eine temperamentvolle, überraschende, aber eben nicht immer schöne Mischung.

Stadtrundgang

Rund um die Plaza Bolívar

Den Mittelpunkt des ursprünglichen Stadtzentrums bildet die **Plaza Bolívar**, deren Basis schon der Stadtgründer Diego de Losada 1567 legte. Wie in jeder kolonialspanischen Gründung flankieren den Hauptplatz die Gebäude der öffentlichen Macht: Palacio de Gobernación, Casa Amarilla (Sitz des Außenministeriums), Concejo Municipal und Kathedrale. Der Kern von Caracas bestand früher buchstäblich aus aneinandergeschmiegten Kirchen und Klöstern und auf der Plaza Mayor fanden als rare Volksbelustigungen Stier- und Hahnenkämpfe statt.

Das strenge Gepräge von damals jedoch hat sich entschieden verkleinbürgerlicht. Zunächst muss man erst einmal ankommen. Die Tempel der staatlichen und kirchlichen Repräsentation haben einen proletarischen Rahmen aus Zeitungskiosken, Imbissbuden und billigen Schuhgeschäften bekommen, aus Trinkhallen, schmierigen Action-Kinos und *arepa*-Kneipen. Fliegende Händler wetteifern miteinander im lautstarken Anpreisen von Schminke, Handtüchern und Baumwollsocken. Unzählige Plastikreisetaschen baumeln als Sonderangebote in Hauspassagen, die schnell zu temporären Ladenfassaden umfunktioniert wurden. Der dichte Verkehr saust auf den Avenidas Urdaneta, Universidad und Baralt vorbei, jeweils im Zwei-Block-Abstand zur Plaza.

Fußgänger und Kauflustige schwemmt und presst ein nie endender Rhythmus in die angrenzenden Nebenstraßen, die als *peatonales* im Stil der Umgebung mit Kopfsteinen gepflastert wurden. Von der Metrostation Capitolio kämpft man sich durch die von Straßenhändlern nahezu luftdicht abgeriegelten Fußgängerzonen, die schon einmal beschaulichere Zeiten gesehen haben, in die man sich eigentlich gerne zurückwünscht. Zeugen dieser Vergangenheit befinden sich in den Passagen nördlich des Capitolio, wo die Schmuckhändler an ihrer Tradition festhalten und ihre kleinen Lädchen betreiben.

Neoklassizistische Imposanz: das Capitolio Nacional

Als neoklassizistisches Schmuckstück aus der Regierungszeit Guzmán Blancos beherrscht das zwischen 1874 und 1878 erbaute **Capitolio Nacional** 1 eine gesamte Straßen-*cuadra*. Die mit 14-karätigem Gold belegte und doppelt gestufte Kuppel dominiert schon von Weitem die flachen Gebäude, die das Aussehen des Viertels bestimmen. Steinerne Balkone, kannelierte Säulen mit bronzenen Kapitellen, mächtige dunkle Holztüren, zierliches schwarzes Gitterwerk und pariserische Kugellaternen werden schön karibisch von üppig grünen Fächerpalmenbäumchen gerahmt. Senat und Kongress tagen in der südlichen Gebäudehälfte, im nördlichen Teil ist der Repräsentationssaal Salon Elíptico untergebracht. Viel fotografiert und außergewöhnlich attraktiv ist das ebenfalls elliptische Deckengemälde von Martín Tovar y Tovar, das die Schlacht von Carabobo darstellt: die Entscheidungsschlacht auf Venezuelas Weg in die Unabhängigkeit (Plaza Capitolio bei der Plaza Bolívar; Di–So 9–11, 14–16 Uhr, Eintritt frei).

Weiter zur **Plaza Bolívar** 2 : Was so lebhaft umtost wird, kann ein ruhiges Museumsstück nicht sein. Die Töchter der besseren Gesellschaft promenieren schon längst

Cityplan: Caracas

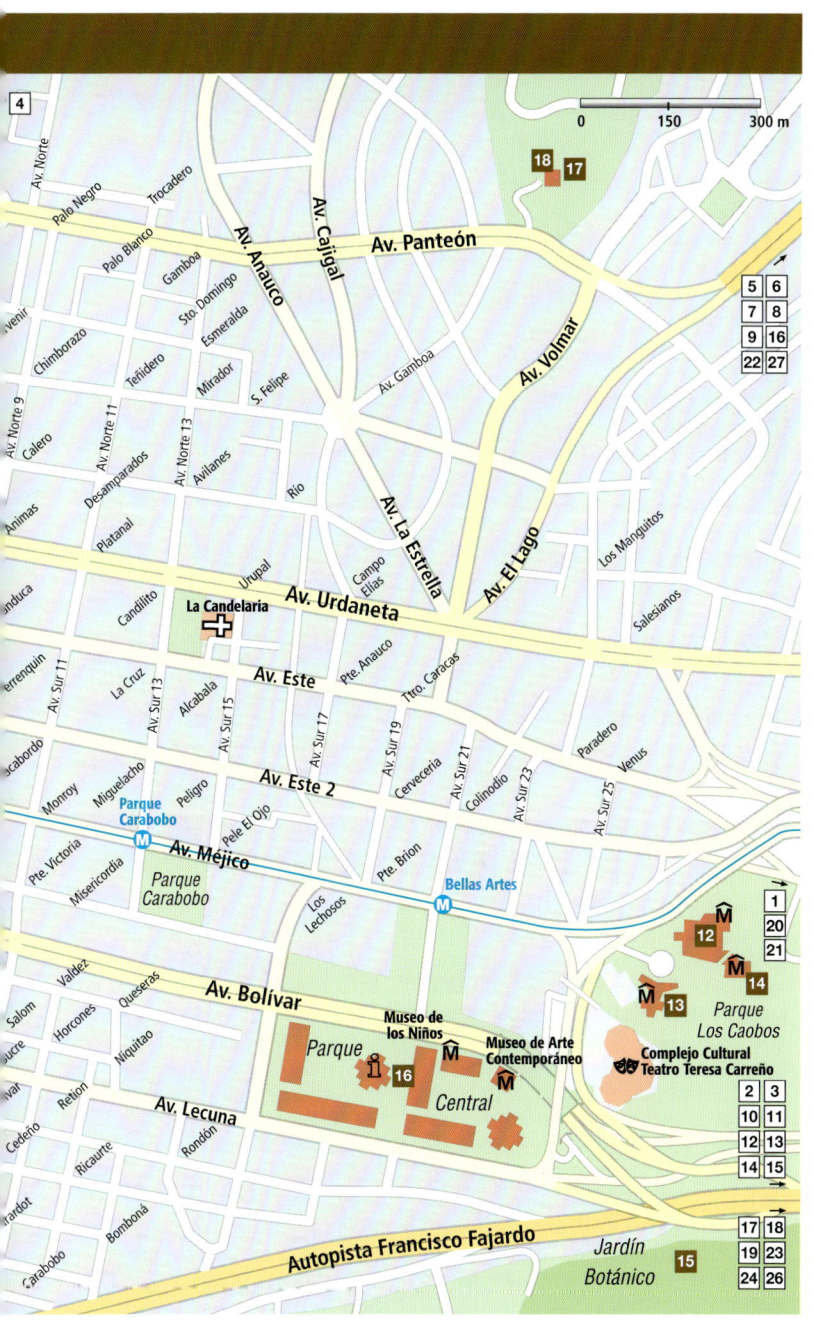

Cityplan: Caracas

Sehenswürdigkeiten

1 Capitolio Nacional
2 Plaza Bolívar
3 Kathedrale
4 Museo Bolivariano
5 Casa Natal
6 Centro Simón Bolívar
7 Iglesia de San Francisco
8 Panteón Nacional
9 Santa Capilla
10 Palacio de Miraflores
11 El Silencio
12 Galería de Arte Nacional
13 Museo de Ciencias Naturales
14 Museo de Bellas Artes
15 Jardín Botánico
16 Parque Central
17 Museo de Arte Contemporáneo
18 Quinta Anauco

Übernachten

1 Radisson Plaza Eurobuilding
2 Hotel Tamanaco Inter-Continental
3 Hotel CCCT Best Western
4 Hotel Ávila

5 Hotel Continental
6 La Posada Cooperativa
7 Hotel Altamira
8 Hotel La Floresta

Essen und Trinken

9 Ávila Tei
10 El Campanaro
11 Da Emore
12 Mezzanotte
13 Casa Urrutia
14 Dena Ona
15 Antigua
16 Tarzilandia
17 El Tinajero de los Helechos
18 Aranjuez
19 Mokambo
20 Allegre Trattoria
21 Da Guido
22 Fritz und Franz
23 El Granjero del Este
24 Café Ole
25 La Atarraya
26 La Granja del Pollo
27 Arepa Factory

nicht mehr an der Plaza Bolívar entlang, sondern Mütter mit Kindern und Jugendliche, die sich vom Einkaufsbummel in den preiswerten Schmuckgeschäften erholen. Unter den dichten Baumkronen werden sonntags Platzkonzerte abgehalten. Wochentags unterhalten Gaukler, Redner, Agitatoren und Musikgruppen die eilende Menge, aus der der eine oder andere vergnüglich ausschert, um zur Unterhaltung der Allgemeinheit beizutragen.

Trotz allem – die Plaza Bolívar ist immer noch schön. Schattige Mahagoniinseln werden durch plattenbelegte Wege getrennt, die sternförmig auf den Mittelpunkt zulaufen. Dort erhebt sich die imposante Bronzestatue des imperial wirkenden Libertador auf einem sich aufbäumenden Pferd.

Der Pater patriae Simón Bolívar genoss nach den Unabhängigkeitskämpfen nicht die

ungeteilte Sympathie seiner Lands- und Gefolgsleute, wie Gabriel García Márquez in seiner Bolívar-Biografie »Der General in seinem Labyrinth« so unerbittlich festhält, und offenbar brachte man im eigenen Land über Jahrzehnte hinweg nicht die Mittel (und den Wunsch) auf, den zentralen Platz in der Innenstadt dem Libertador gebührend zu gestalten. Aus der Plaza Mayor der Spanier war die Plaza de la Constitución der jungen venezolanischen Nation geworden, die aber ihre Funktion als *Plaza del Mercado* beibehielt und mit Verkaufsständen übersät war. So hieß sie übrigens noch bis zum 100. Geburtstag des Befreiungshelden 1873, dann folgte der Statue auch der Name. Später wuchs die Verehrung ins Überlebensgroße und man durfte sich nur in ordentlicher Kleidung vor dem bronzenen Libertador zeigen, die Herren zogen ehrfurchtsvoll den Hut, für die Frauen waren Hosen auf der Plaza bis in die 1970er-Jahre tabu.

An der Ostseite der Plaza präsentiert sich in strahlend weißer Farbe die **Kathedrale** 3 von Caracas, die bereits bei der Stadtgründung erbaut wurde. Vom Aussehen her eher eine ländliche Schönheit, hat sie ihre koloniale Erscheinung trotz häufiger Zerstörungen durch Erdbeben und entsprechender Umbauten weitgehend beibehalten. Hauptschiff und vier niedrigere Seitenschiffe werden von einem stämmigen Turm überragt, in dessen Aufsatz eine 1888 aus London importierte Glocke schlägt. Eine der vier Seitenkapellen war die Familienkapelle der reichen Bolívars, die nur einige Blocks entfernt in einem wunderschönen Patiohaus residierten. Der Libertador wurde zunächst hier bestattet, bevor seine sterblichen Überreste in den Panteón Nacional überführt wurden.

Hinter ihrem Äußeren verbergen sich wenige, aber exquisite Schätze: eine Auferstehung von Peter Paul Rubens und eine Jungfrau Maria des bedeutendsten spanischen Barockmalers, Bartolomé Esteban Murillo. Das Kostbarste ist der vergoldete Altar, für dessen Bau 300 Pfund des Edelmetalls aus den geplünderten Schatzkammern des aztekischen Moctezuma verwendet wurden (Plaza Bolívar, Mo–Fr 7.30–11, Sa 8.30–11, So 9–11 und 17–18 Uhr, Eintritt frei).

Die ausgewogenen, harmonischen Proportionen des **Concejo Municipal** dominieren die Südseite des Platzes. Hinter tiefgezogenen schmiedeeisernen Fenstergittern und neoklassizistischer schaumweißer Fassade öffnet sich ein geräumiger, säulenbestandener Patio in feinster Kolonialmanier. Die westlichen Säle sind Ausstellungsräume, einige davon kleinen Sonderausstellungen vorbehalten.

Plaza San Jacinto

Zwei Blocks voller preiswerter Schuhgeschäfte weiter östlich liegen, in Kolonialhäusern untergebracht, das Museo Bolivariano und die Casa Natal Tür an Tür. Ein schmaler, kopfsteingepflasterter Steig trennt sie von der

Plaza San Jacinto oder Plaza El Venezolano, einem ebenen, mit der Statue des hl. Jacinto und einer Sonnenuhrstele geschmückten Platz. In den Geburtsstunden von Caracas entstanden hier Kirche und Kloster der Dominikaner, die später die Nachbarschaft des von der Plaza Bolívar vertriebenen Marktlebens teilten. Auf der Plaza San Jacinto verbringen die Angestellten der umliegenden Büros gerne ihre Mittagspause. Mitunter breiten Kunsthandwerker ihre Ohrringe, Broschen und Gürtel aus und häufiger noch versuchen Redner, eine amüsierte Zuhörerschaft in ihren Bann zu ziehen.

Das Kolonialmuseum **Museo Bolivariano** 4 versammelt die ersten in Venezuela gemeißelten Steinwappen, einige Exponate aus den Unabhängigkeitskämpfen, eine Bibel aus dem Besitz Simón Bolívars sowie Bücher und *mantillas* der Familie.

Ein Besuch der **Casa Natal** 5, des Geburtshauses von Simón Bolívar, fällt ergiebiger aus. Der bedeutendste venezolanische Historienmaler des 20. Jh., Tito Salas, hat die unter dem Diktator Juan Vicente Gómez renovierten Zimmerfluchten, die sich um drei Patios gruppieren, plakativ mit Szenen aus dem Leben Bolívars ausgemalt. Zu sehen sind seine Taufe, die Kommunion, der Unterricht bei Andrés Bello, seine Trauung und der Libertador während des Erdbebens von 1812 auf den Trümmern vor der Kathedrale. »Wenn die Natur gegen uns ist, dann werden wir sie besiegen«, ist eine von ihm überlieferte Re-

Orientierung in der Altstadt

Wer sich im Inneren des alten Zentrums, dem *microcentro*, bewegt, muss damit rechnen, mit zwei unterschiedlichen Ortsangaben konfrontiert zu werden, denn das übersichtliche Schachbrettsystem aus der Kolonialzeit wird durch Eckenbezeichnungen ergänzt: Auch die Straßenecken haben nämlich einen Namen. Wer sich in dem Koordinatensystem der durchnummerierten Avenidas Sur und Norte nicht mehr zurechtfindet, orientiert sich einfach an den *esquinas*.

Intimes Refugium: der Patio im Bolívar-Haus

plik auf die damals populäre Befürchtung, die schreckliche Naturkatastrophe sei die Strafe Gottes für den Abfall vom spanischen König. Der Fußboden aus Ladrillokacheln ist im Originalzustand erhalten, ebenso wie die kleine, graue Badewanne im hinteren Bereich des Geburtshauses (Plaza San Jacinto, Casa Natal, Tel. 02 12/541 25 63, Di–So 10–16 Uhr, Museo Bolivariano: Di–So 9–16 Uhr, für beide Museen Eintritt frei).

Centro Simón Bolívar

Auf der gegenüberliegenden Straßenseite der Avenida Universidad wird man der Türme des **Centro Simón Bolívar** 6 gewahr. Hochmodern in den 1960er-Jahren und das erste architektonische Projekt Venezuelas, das mehr als sechs Stockwerke aufwies, waren sie Kristallisationspunkte geschäftlicher wie gesellschaftlicher Unternehmungen. César Rengifo und Oscar Guayasamín statteten die Unterführungen der Zwillingstürme mit *murales* aus und die ersten *centros comerciales* wurden eingerichtet, die heute angeschmud-

delt und lieblos wirken. Der riesige Innenhof, Synonym für zeitgemäße Architektur, ist nicht sauber. Das stolze Symbol dieser recht ehrgeizigen Stadtumwandlungen wurde gleichwohl zum *patrimonio cultural* erklärt.

Die weiträumige Umrundung der Plaza Bolívar setzt sich im Südwesten des Platzes weiter fort. An der Avenida Universidad liegen gleich nebeneinander die Iglesia de San Francisco und die Biblioteca Nacional. Die bedeutende koloniale **Iglesia de San Francisco** 7 ist im Laufe ihrer 400-jährigen Existenz ständig umgemodelt worden. Erdbeben haben sie 1641 und 1812 in Schutt und Asche gelegt; ihre heute freundliche neoklassizistische Gestalt erhielt die Klosterkirche unter der Präsidentschaft des frankophilen Guzmán Blanco. Zusammen mit der Biblioteca Nacional und dem Palacio de las Academias sollte sie ein architektonisch einheitliches Ensemble bilden.

Die Iglesia de San Francisco beherbergt in ihren drei Schiffen wertvolle koloniale Sakralkunst, etwa einen geschnitzten Altaraufsatz von 1764 in der Kapelle rechts vom Altar. Der bedeutsamste Sakralgegenstand indes ist nicht der kostbarste: Die Kopie einer Madrider *Virgen de la Soledad* von 1648 wurde, wie man sich erzählt, in Choroní ans Ufer gespült und von einem Sklaven aufgefunden. Ihre historische Bedeutung erhält die Kirche überdies durch die Tatsache, dass hier – und nicht etwa in der Kathedrale – die offizielle Trauerfeier für Simón Bolívar abgehalten wurde, nachdem 1842 seine sterblichen Überreste aus dem kolumbianischen Santa Marta überführt worden waren.

Über die neoklassizistische Umgestaltung des Kolonialgebäudes der ersten Universität des Landes, des heutigen **Palacio de las Academias,** haben sich Architekten schon häufiger geärgert, weil hier historische Substanz einem Konzept geopfert wurde, das ihrer Ansicht nach eher eine fixe Idee war: die Umgestaltung der Stadt im Stil eines puren Neoklassizismus. Vor der schaumweißen Fassade der benachbarten **Biblioteca Nacional** beobachtet man häufig lange Warteschlangen; ihr Inneres ist im gediegenen Stil der Gründerzeit gehalten.

Panteón Nacional

Fünf Blocks nördlich der Plaza Bolívar fand der Libertador seine letzte Ruhe. Der **Panteón Nacional** [8] huldigt griechisch-klassizistischen Elementen und stellt vermutlich das Vornehmste dar, was man sich als Tourist in Venezuela anschauen kann; dementsprechend streng sind die Kleidervorschriften. In Shorts, mit Dekolleté und Minirock schlendert hier niemand hinein, dafür sorgen die livrierten Wachposten vor dem säulengerahmten Portal. Im Innern dominieren die Bilder von Tito Salas, der 1934–1944 an einer Gemäldeserie von 15 Szenen aus dem Leben Bolívars arbeitete. Auf einen monumentalen Kristallüster wird gerne hingewiesen, denn er besteht aus nicht weniger als 4000 schimmernden Glasteilchen und 200 Lampen.

Die sterblichen Überreste von Simón Bolívar wurden 1876 mit großem Zeremoniell aus der Familienkapelle in der Kathedrale hierher überführt. Das Mausoleum dekorierte damals

schon das Monument des italienischen Bildhauers Pietro Tenerani: der Befreier mit Lorbeerschmuck im Eingang eines dorischen Tempels, ihm zu Füßen zwei weibliche Allegorien der Freiheit und Gerechtigkeit. Im Hauptschiff wurden neben Bolívar die Generäle Andrés und Diego Ibarra, Daniel O'Leary, sein Lehrer Simón Rodríguez und der Präsidentenvater Antonio Leocadio Guzmán beerdigt. Bolívars Mitstreiter Santiago Mariño, Juan Bautista Arismendi, Carlos Soublette und Pedro León Torres folgten. Die Unabhängigkeitskämpferin Luisa Cáceres de Arismendi und die Pianistin Teresa Carreño sind die einzigen Frauen, die mit einem Grab im Panteón geehrt wurden; ihre Särge befinden sich im linken Seitenschiff. Letzte Ruhe, erste Taufe: Wo heute das Pantheon steht, befand sich einst die Taufkirche des Libertador, Iglesia de Santísima Trinidad, die das Erdbeben 1812 verschluckte (Foro Libertador, Parroquia Altagracia, Tel. 02 12/862 15 18, Di–So 9–12, 13.30–16.30 Uhr, Eintritt frei).

Santa Capilla und Palacio Miraflores

Schon wieder recht nah an der Plaza Bolívar, weckt ein grauweißes neogotisches Steingemenge die Aufmerksamkeit mit spitzen Türmen, Rosettenfenstern und gezackten Steinbordüren. **Santa Capilla** [9] ist ein Imitat der Sainte Chapelle in Paris und entstand in der frankophilen Stadtentwicklungsphase unter Antonio Guzmán Blanco.

Zum raschen Angucken schön ist der weiße **Palacio de Miraflores** [10] an der Avenida Urdaneta/Av. Norte 10, doch wer hinein möchte, muss vorher eine Genehmigung einholen, und das dauert. Der Präsidentenpalast entstand 1880 als Privatresidenz des damaligen Präsidenten Joaquín Crespo. 1911 kaufte ihn der Staat quasi als Präsidentenbüro. Er ist mit Bildern von Arturo Michelena, Martín Tovar y Tovar und Tito Salas geschmückt. Der Regierungspalast zählt zum militärischen Sperrgebiet; lange davor herumtrödeln geht also nicht und fotografieren ist streng verboten (Av. Urdaneta, Esq. de Bolero, Tel. 02 12/860 08 11).

Caracas

Architektonischer Ausflug

Wer sich für die neuere Geschichte und Architektur interessiert, wird eventuell einen Abstecher nach **El Silencio**  einplanen wollen, das nur eine Metrostation von dem Capitolio entfernt liegt. In den 1950er-Jahren entstand auf dem Gelände eines Altstadtviertels das international hoch gelobte Wohnprojekt des berühmtesten Stadtarchitekten der venezolanischen Moderne, Carlos Raúl Villanueva, unter der Aufsicht von Cipriano Domínguez. Es ist in jüngster Zeit vollkommen saniert und herausgeputzt worden und sieht mit seinem Delfinbrunnen in der Mitte und den hellen Arkadenfassaden richtig stattlich aus. Es ist vielleicht nicht allzu weit hergeholt, zu behaupten, dass der jüngste Geldfluss damit zu erklären ist, dass die Plaza O'Leary im El Silencio Versammlungsort der *chavistas* war und ist und sich als Gegenpol zur Plaza Altamira etabliert hat, auf der sich die Opposition trifft.

Die modernen Museen und der Parque Central

Am schönsten ist es am Sonntag: Der Verkehr ist verebbt und die Straßenhändler und Hausfrauen haben das Pflaster der Avenidas Bolívar und Méjico zu ihren Geschäftsauslagen bestimmt. Von der Metrostation Bellas Artes bis zur Plaza de los Museos promeniert man an Lederschmuck, selbst gebackenem Kuchen, Glasobjekten und der grüßenden Bronzestatue des mexikanischen Präsidenten Lázaro Cárdenas vorbei. Die Nationalgalerie und das Naturwissenschaftliche Museum teilen sich einen gemeinsamen Museumsvorplatz, der am Sonntag bei schönem Wetter gern von Inlineskatern frequentiert wird. Hinter der strengen und schönen neoklassizistischen Fassade der **Galería de Arte Nacional** gibt man sich viel Mühe mit der Präsentation einheimischer Künstler: Alle drei Monate wechseln die Exponate. Ein Kino mit dem anspruchsvollsten Programm der Stadt komplettiert das künstlerische Angebot (Plaza de los Museos, Tel. 02 12/578 18 18, www.gan.org.ve, Mo–Fr 9–17, Sa/So/Fei 10–17 Uhr, Eintritt frei).

Als Dorado für Familien mit Kindern gibt sich das **Museo de Ciencias Naturales** , das nicht besonders üppig bestückt ist (aber im Erdgeschoss eine didaktisch gut aufgebaute Dauerausstellung zum Thema Erdöl enthält) und ebenfalls Wechselausstellungen zeigt (Plaza de los Museos, Tel. 02 12/577 50 94, www.museo-de-ciencias.org/ve, Di–So 9–12, 14–17 Uhr, Eintritt frei).

Im angrenzenden **Parque Los Caobos** wird an den Wochenenden gefeiert. Die Mahagonibäume schützten einst die Kaffee-

Urbaner Garten aus Stein, Stahl, Glas und Beton: der Parque Central

pflanzen einer Plantage vor starker Sonnen-
einstrahlung, heute liefern sie Cityjoggern
den ersehnten Schatten.

Um die Ecke kann man sich im Turmbau
des **Museo de Bellas Artes** **14** großzügig
präsentierte moderne Kunst anschauen.
Auch hier werden sehr interessante wechselnde Ausstellungen meist lateinamerikani-
scher Künstler erarbeitet, die einen guten
Überblick über die Produktion dieser Länder
liefern. Ausschließlich die ägyptische Sammlung im Treppenaufgang und die Sammlung
chinesischen Porzellans sind als dauerhafte
Bestandteile des Museums konzipiert (Plaza
de los Museos, Tel. 02 12/571 01 69, www.
museodebellasartes.org/ve, Di–So 9–17 Uhr,
Eintritt frei).

Der attraktive, gepflegte **Jardín Botánico**
15 befindet sich genau gegenüber dem Parque Los Caobos, doch grenzt er leider an die
viel befahrene Autopista Francisco Fajardo,
weswegen man seinen Haupteingang in den
Bereich südlich der Plaza Venezuela verlegte.
Einst war der Botanische Garten Teil einer

Caracas

Kakaoplantage, heute gehört er zur Universität und ist säuberlich nach nicht nur venezolanischen Vegetationszonen unterteilt: Palmen, Sukkulenten, Feigenbäume, Bromelien, Orchideen, eine Graslandschaft. Er bietet eine geruhsame Spaziermöglichkeit in einer der seltenen grünen Oasen mitten in der Stadt (tgl. 9–17 Uhr).

Den krassen Gegenentwurf, einen Exponenten der Architekturkonzepte der Moderne, versinnbildlicht der ab 1966 entstandene **Parque Central** 16, der das Centro Simón Bolívar spiegelnd übertrumpft und heute eigentlich nurmehr als Orientierungspunkt in der Stadtlandschaft dient. Der sogenannte Zentralpark besteht nicht aus Wiesen und Blumen, sondern aus Stein, Stahl, Glas und Beton. Zwei chromblitzende, achteckige 56-Stockwerk-Türme mit 225 m Höhe überragen markant ein von Stadtautobahnen gegliedertes Häuseragglomerat. Hier lag die architektonische Absicht vor, Platz und Raum für ein urbanes Leben zu konzentrieren. Im Innern der imposanten Zwillingstürme, die zum Zeitpunkt ihrer Entstehung 1980 die höchsten der Welt waren, herrschte einst das großstädtische Gewoge von Geschäftsleuten mit Mobiltelefonen und eiligen Büroangestellten, die dort ihre komplette Infrastruktur vom Friseur übers Reisebüro, den Rechtsanwalt und das Restaurant vorfanden. 40 000 m² standen als Bürofläche zur Verfügung. Der Wohn-

An den Hängen der Küstenkordillere: die *ranchos*, Wohngebiete der Armen

122

bereich umfasst insgesamt acht Komplexe mit jeweils 28 Stockwerken. Seit einem Brand im Jahr 2003 in einem der Türme wurde der gesamte Komplex nicht mehr wesentlich renoviert und so versinkt der einstige Vorzeigebezirk allmählich in Schäbigkeit, wie so vieles in Caracas, was zunächst so groß angedacht war.

Im Ostteil des Parque Central liegt das sehr sehenswerte **Museo de Arte Contemporáneo** (Nivel Bolívar) **17**, ein weiteres Beispiel für gelungene Museumsarchitektur und Kunstpräsentation: weit, hell und geräumig, mit geschickt ausgenutzten Räumen und Wanderausstellungen, für die die Plätze jeweils passend neu gestaltet werden. Die

wichtigsten venezolanischen Gegenwartskünstler sind hier ausgestellt: Armando Reverón, Jacopo Borges, Carlos Cruz-Díez und natürlich der Kinetiker und intelligent-amüsante Op-Art-Künstler Jesús Soto. Die internationale Abteilung widmet sich hauptsächlich der europäischen Moderne: Marc Chagall, Ferdinand Léger und Joan Miró, doch besonders stolz ist man auf die Arbeiten von Pablo Picasso, die allesamt seiner kubistischen Periode entstammen und die wertvollste Sammlung des Malers in Südamerika darstellen. Angeschlossen ist ein lohnenswerter Museumsshop (Zona Cultural de Parque Central, Tel. 02 12/ 577 50 94, www.maccsi.org, Di–So 10–18 Uhr, Café 11–18 Uhr, Eintritt frei).

Ungewöhnlich ist das 1981 eingeweihte **Museo de los Niños,** das Kindermuseum, in fröhlich buntem Design, das im westlichen Turm untergebracht ist. Es vermittelt eine spannende Einführung in Naturwissenschaften, neue Technik, Medien und Landeskunde, hat ein Planetarium und wird vom Disney-Imperium gesponsert (Parque Central, Ed. Tacagua, Av. Bolívar, Tel. 02 12/578 18 18, Mo–Fr 9–19, Sa/So/Fei 10–17 Uhr, Eintritt ca. 5 US-$, mit Planetarium ca. 8 US-$).

Koloniales Landhaus mit Museum

Als bestes Museum der Kolonialzeit wird die **Quinta Anauco 18** im Stadtteil San Bernardino gerühmt. Man erreicht sie in nur wenigen Minuten mit dem Metrobus von der Station Bellas Artes aus.

Eine lange und opulente Geschichte eilt der Quinta voraus; eine für die Venezolaner sicherlich sehr bedeutende Anekdote besagt, dass Simón Bolívar seine letzte Nacht in Caracas (am 5. Juli 1827) in diesem Haus verbrachte, das dem Onkel seiner Braut gehörte. Um den kopfsteingepflasterten Patio sind die einzelnen Räume gruppiert und abgesehen von der Kostbarkeit der Möbel, mit denen Säle und Schlafzimmer ausgestattet sind, gibt es zwei Rekordhalter: das immerhin älteste Bett Venezuelas, das einst der Unabhängigkeitskämpferin Luisa Cáceres de Aris-

Richtig Reisen-Tipp:
Schokolade kaufen und Kaffee trinken

Chocolatiers vermutet man in Basel und in Brüssel, Kaffeehäuser in Paris, Wien, Prag und Rom, aber nicht unbedingt in Venezuela. Mit Caracas ist dieser eher europäischen Genusskultur in jüngster Zeit ein neues Vollmitglied zugewachsen. Hier liegt keine verwässerte Imitation vor, denn die Rohstoffe liefert Venezuela selbst, und zwar in exquisiter Qualität. Lediglich die Namen der Etablissements mögen ein ganz klein wenig abgekupfert sein. Die besten Adressen liegen in Los Palos Grandes und Las Mercedes.

Arabica Coffee Bar: Av. Andrés Bello/1ra Transversal, Ed. Multicentro, Los Palos Grandes, Tel. 02 12/285 34 89. Die Geschäftstüchtigkeit des Kanadiers Jean Pierre Coupal hat dem venezolanischen Kaffee richtig gut getan. Seit er die Werbetrommel rührt, verkehren in seiner Arabica Coffee Bar die Conaisseurs, rauchen, lesen, trinken einen *marrón* oder einen *negro*, wie es sich eben gehört. Aber es gibt auch Kuchen und kleine Gerichte und den Kaffee kann man kaufen, beispielsweise den Coupa Café, eine Mischung aus Bohnen von sechs verschiedenen venezolanischen Haciendas. Mit kleiner Terrasse. Tgl. 7–23 Uhr.

St. Honoré: Av. Andrés Bello/1ra Transversal, Los Palos Grandes, Tel. 02 12/286 79 82. Von der Ausstattung her ähnelt dieses Café am ehesten einem guten, gemütlichen europäischen Kaffeehaus. Spitzenreiter unter den Mehlspeisen: die *profiteroles*. Es ist das Lieblingscafé der politischen Opposition und liegt schräg gegenüber von der Arabica Coffee Bar. Mo–Fr 7–21, Sa/So 8–21 Uhr.

Kakao Café: Centro Comercial Paseo Las Mercedes, Nivel Trasnocho, Tel. 02 12/993 55 83. Sicher wird hier auch Kaffee ausge-schenkt und man kann Tee und heiße Schokolade trinken, doch kommen die meisten wegen der Pralinen in das Geschäft, für die ausschließlich Kakao aus Chuao verwendet wird. Hinein wandern auch ungewöhnliche Zutaten wie roter Pfeffer, Passionsfruchtnektar, Pflaumen oder Tamarindenkonzentrat. Besonders zu empfehlen: die Mousse au Chocolat. Mo–Sa 8–22 Uhr.

Café con Gusto: La Cuadra Gastronómica, 6ta Transversal zwischen 3ra und 4ta Av. Los Palos Grandes, Tel. 02 12/285 49 93. In dem gastronomischen Viertel befindet sich dieses schlichte Lokal mit Terrakotta-Fußboden und weinroten Wänden. Es hat neben venezolanischem Kaffee auch eine ansprechende Abendkarte. Tgl. 9–22 Uhr.

Buondi Caffe: Centro Comercial San Luis, Local 21, El Cafetal. Hier kommt ausschließlich venezolanischer Arabica-Kaffee in die Tassen und Tüten. Besonders empfehlenswert dazu sind die Zitronentörtchen oder auch der Schokoladenkuchen. Mo–Fr 8–18, Sa 8–24 Uhr.

La Praline: Av. Andrés Bello/3ra Transversal, Ed. Las Flores, Los Palos Grandes, Tel. 02 12/284 79 86. Der Klassiker unter den Pralinenherstellern in Caracas. Seit 1985 produziert die belgische Familie Gillis traditionelle französische, italienische und belgische Kompositionen. Mo–Sa 9–20 Uhr.

Sander: Iskia/París zwischen Mucuchies und Trinidad, Las Mercedes, Tel. 02 12/991 04 11. Sander Koenen hat früher im La Praline gearbeitet und mag am liebsten hochprozentige Schokolade mit hohem Kakaoanteil und wenig Zucker. In seinem Geschäft gibt es erlesene Klassiker, auch mit Fruchtfüllungen. Mo–Fr 9–19, Sa 10–19 Uhr.

mendi gehörte, und das älteste Kaffeetässchen, aus dem Jahr 1764 (Av. Panteón, San Bernardino, Tel. 02 12/551 86 50, Di–Fr 9–11.30, 14–16.30, Sa/So/Fei 10–16 Uhr, www.quintadeanauco.org.ve, Eintritt 3 US-$. Die Teilnahme an den halbstündlich stattfindenden Führungen auf Englisch und Spanisch ist obligatorisch).

Parque del Este

Montags muss der Parque del Este erst einmal von den Gelagen des Wochenendes gesäubert werden; an diesem Tag bleiben seine Pforten geschlossen. Der 77 ha umfassende Ostpark erfreut sich mit Spielflächen, Museen, See, Zoo und Planetarium (www.dhn.mil.ve/Planetario/planetario.html) großer Beliebtheit. Eine Nachbildung des Kolumbus-Schiffes Santa María schwimmt in einem Extrabereich. Wer nach all den Spaziergängen zwischen Beton, Glas und Stein einmal Grün sehen will und eine Alternative zu dem innerstädtischen Jardín Botánico und dem Parque Los Caobos sucht, kann den Parque del Este mit der Metro erreichen.

i … für Caracas: **Inatur** im Edificio des Tourismusministeriums Mintur, Av. Francisco de Miranda/Av. Principal La Floresta (im Stadtteil Altamira), www.mintur.gob.ve, Tel. 02 12/208 45 11.
Instituto Nacional de Parques (INPARQUES): Ed. Sur Inparques (beim Museo del Transporte), Tel. 02 12/29 73 28 11.

Radisson Plaza Eurobuilding [1]: Final Calle La Guairita, Chuao, Tel. 02 12/902 22 22, www.radisson.com; 220 Zimmer. Mit verschiedenfarbigem Marmor kühl und klassisch gestylt, geräumige Zimmer, sehr guter Service, von internationalen Geschäftsleuten wegen seiner Leistungen geschätzt. DZ 250–360 US-$.
Hotel Tamanaco Inter-Continental [2]: Av. Principal de Las Mercedes, Tel. 02 12/990 71 11, Reservierungen unter 0800 181 60 68, www.ichotelsgroup.com; 486 Zimmer und Suiten. Das urbane Wohlfühl-Grandhotel seit Jahrzehnten, mit Ladengalerien, großzügig geschnittenen Salons und einem schönen Garten mit Pool, Terrassenrestaurants und Bar. Die klassisch eingerichteten Zimmer sind eher klein. DZ ca. 200 US-$.
Hotel CCCT Best Western [3]: im Centro Comercial Ciudad Tamanaco, Torre D, Chuao, Tel. 02 12/700 80 00, Fax 700 80 90, www.bestwestern.com; 200 Zimmer und Suiten. Liegt zentral in einer der renommier-

testen Geschäftsgalerien in Las Mercedes. Angenehm-diskretes Ambiente mit einem zuvorkommenden Service, zwei Schwimmbädern, Tennisplätzen und Fitnessraum. DZ ca. 180 US-$.
Hotel Ávila [4]: Av. Jorge Washington, San Bernardino, Tel. 02 12/555 30 00, www.hotelavila.com.ve; 140 Zimmer. Die Lage am Fuß des Ávilamassivs ist unschlagbar, der Stil ein bisschen altmodisch-schick. Mit einem üppig bepflanzten Garten inklusive Swimmingpool, der eine erholsame Atmosphäre schafft. DZ ca. 130 US-$.
Hotel Continental [5]: Av. San Juan Bosco, Altamira, Tel. 02 12/261 06 44, Fax 261 10 13. Liegt zentral im beliebten Ausgehviertel Altamira und in der Nähe der Metrostation Altamira. Die Zimmer sind nicht sehr groß und im standardisierten Businessstil eingerichtet. Es gibt einen kleinen Pool und einen begrünten Garten. DZ 120 US-$.
La Posada Cooperativa [6]: 8va Transversal zwischen 3ra Av und Avenida 12, Los Palos Grandes, Tel. 02 12/283 48 17; 7 Zimmer. Richtige Urlaubsatmosphäre herrscht hier – und das mitten in Caracas. Am Fuß des Ávila liegt diese persönlich geführte Posada in einem üppigen grünen Garten mit Fischteichen und einladend gestalteten Gemeinschaftsflächen, einer Bibliothek, Pool und Massageräumen. Die Zimmer sind untadelig in Größe, Komfort und Ausstattung. DZ 80–130 US-$.
Hotel Altamira [7]: Av. José Félix Sosa, Tel. 02 12/267 42 84; 58 Zimmer. Nette und preiswerte Option mit weiß getünchten Zimmern, einige haben Balkone. In ruhiger und dennoch zentraler Lage. Mit freundlicher Atmosphäre. DZ ab 65 US-$.
Hotel La Floresta [8]: Av. Ávila, Sur Plaza Altamira, Tel. 02 12/263 19 55, Fax 262 12 43; 32 Zimmer. Hell und zentral gelegenes, einfach ausgestattetes Haus bei der Metrostation Altamira; eher laute Umgebung. Freundlicher Service. DZ ca. 60 US-$.

Ávila Tei [9]: Av. San Felipe, Centro Coinasa, Planta Baja, La Castellana, Tel. 02 12/263 15 20; tgl. ab 18 Uhr. Klassiker unter den japanischen Restaurants mit tadel-

Caracas# Caracas

loser und einfallsreicher japanischer Küche in traditionellem Ambiente. In einem Raum isst man kniend auf Tatamis. Ab 35 US-$.

El Campanaro 10 : Av. Principal Las Mercedes, Tel. 02 12/991 51 20; tgl. 12–23 Uhr. Altgediente Adresse unter den klassisch-rustikalen Steakrestaurants in traditioneller Hacienda-Manier. Argentinische *parilla*, venezolanische *punta trasera* und französische Weine. Gerichte für 30 US-$.

Da Emore 11 : Centro Comercial Congresa, Nivel PP, Av. Caura, Tel. 02 12/979 32 42; nur abends geöffnet. Ein bisschen mondän, indirekte Beleuchtung, Samt auf den Stühlen, Bar und zwei exquisite Menüs zur Auswahl. Aufmerksamer Service. Ab 40 US-$.

Mezzanotte 12 : Av. Panorama, CC Mirador, Nivel 1, Lomas de San Román, Tel. 02 12/993 67 61; nur abends geöffnet. Bei gutem Wetter am schönsten, dann wird die Dachmarkise des Restaurants entfernt und man sitzt bei diesem Nobelitaliener unterm Sternenhimmel. Sehr leckere Speisen der gehobenen italienischen Küche: Bresaola, Spargelmousse, Carpaccio; stilvoller Service. Gerichte ab 30 US-$.

Casa Urrutia 13 : Calle Madrid/Monterrey, Tel. 02 12/993 95 26; tgl. 12–23 Uhr. In einer ländlich bemalten Quinta erwarten den Gast

ein stilvoll-elegantes Ambiente und eine baskische Karte mit einer überwältigenden Auswahl an Fischgerichten. *Ceviche de camarones*, *terrine de boquerones*, warmer Meeresfrüchtesalat, Brasse aus dem Ofen, Quarkeis, gute Weinempfehlungen. Ab 30 US-$.

Dena Ona 14 : Av. Tamanaco 52, Tel. 02 12/953 20 60; tgl. ab 12 Uhr. Familiär geführtes Restaurant mit langer Tascatheke, spanische *tapas* und *raciones*. Besonders gut sind die Meeresfrüchte, zwischen November und April sucht man sich die lebenden Langusten aus dem Becken aus. Ab 25 US-$.

Antigua 15 : Calle Madrid zwischen Mucuchíes und Monterrey, Las Mercedes, Tel. 02 12/991 22 02; tgl. ab 18 Uhr. Eine Quinta wurde zu einem angenehm gegliederten Restaurant umgebaut, sodass sich das junge bis mitteljunge Publikum in verschiedenen Räumen auf den barocken Möbeln verteilt. Ungewöhnliche Rezepte, ganz im Stil der *cocina autor*, die unlängst in Mode gekommen ist, Stil: mediterran-asiatisch. Salate ab 12 US-$, Hauptgerichte ab 25 US-$.

Tarzilandia 16 : Av. San Juan Bosco/10ta Transversal, Tel. 02 12/261 84 19; tgl. 12–24 Uhr. Traditionsrestaurant unter dem Ávilamassiv, mit Schildkrötenpanzern an den Wänden, Papageien im Käfig – leicht angestaubtes Dschungelambiente, aber sehr nett und beliebt. Die Küche bietet die typischen venezolanischen Spezialitäten mit internationalem Einschlag. 20–30 US-$.

El Tinajero de los Helechos 17 : Av. Rio de Janeiro/Av. Caroní, Tel. 02 12/993 35 81; nur abends geöffnet. Gepflegtes Mittelklasse-Restaurant mit untadeligen Fleischspezialitäten und aufmerksamer Bedienung. Beliebt fürs Familienessen am Sonntag. 30 US-$.

Aranjuez 18 : Calle Madrid, Quinta Anacoa, Tel. 02 12/993 13 26; tgl. 11.30–23 Uhr. Familiäre Atmosphäre in einem Restaurant, das ein bisschen wie eine ehrwürdige Quinta wirkt. Die Stars der Küche sind die Steaks vom Holzkohlengrill. Typisch venezolanisch: Avocadosalat mit Palmherzen, *yucca*, *arepas*.

Mokambo 19 : Calle Madrid/Monterrey, Quinta Luisa, Tel. 02 12/991 25 77; tgl. ab 11.30 Uhr. Der Name ist afrikanisch, die Kü-

Die Nächte von Caracas

Kein einfaches Thema, denn die meisten Hauptstadtbewohner selbst raten aus Sicherheitsgründen davon ab, sich in Caracas die Nächte um die Ohren zu schlagen und womöglich in den frühen Morgenstunden nicht mehr ganz nüchtern auf der Suche nach einem Taxi in unbekannten Straßen herumzulaufen. Ihr Rat an alle Gäste sei hier weitergegeben: In den Einkaufsmalls gibt es eine Fülle an unterschiedlichsten Restaurants, Bars, Kinos und Diskotheken. Hier kann man den gesamten Abend bis in die frühen Morgenstunden verbringen, ohne in der Stadt selbst unterwegs zu sein. Und die meisten kennen ein *taxi de línea*, ein Linientaxi, das man anrufen und bestellen kann.

che ist mediterran-innovativ mit guten Produkten und überraschenden Kombinationen, z. B. Risotto mit Ziegenfleisch und Mangosalat. Kerzen auf den Tischen, eine von Pflanzenkübeln umstandene Terrasse zum Draußensitzen, informell bis schick. Recht junges Publikum. Angeschlossen ist ein Laden mit Ökoprodukten. Ab 20 US-$.

Allegre Trattoria 20: Centro Comercial Sambil, Nivel Diversión, Tel. 02 12/266 65 13; Mo–Sa 12–24 Uhr. Im einzigen Italiener im Sambil kocht auch ein Italiener – Pasta und Risotti. Die Rezepte sind schlicht und traditionell, auch das Styling nicht überkandidelt. Ab 20 US-$.

Da Guido 21: Av. Francisco Solano, Tel. 02 12/763 09 37; tgl. 12–21 Uhr. Der absolute Klassiker für untadelige italienische Hausmannskost. Hier ist alles solide und überzeugend, von den Fresken an den Wänden bis zu den aufmerksamen Kellnern. Wegen der unsicheren Gegend besser nur mittags hingehen! 15–25 US-$.

Fritz und Franz 22: Av. San Juan Bosco/3ra Transversal, CC La Placette, Tel. 02 12/265 57 24; tgl. 11–23 Uhr, So abends geschl. Dieses einfache Speiselokal ist seit Urzeiten bekannt für seine *parilla de salsichas* und verteidigt vehement das Vorurteil, die Deutschen ernährten sich ausschließlich von Sauerkraut, Kartoffelsalat, Würsten und Schweinshaxen. Wenig anderes kommt hier auf den Tisch. Aber gut gegen Heimweh. Die Würsteparilla kostet 20 US-$.

El Granjero del Este 23: Av. Río de Janeiro zwischen Caroní und Nueva York, Tel. 02 12/991 66 19; tgl. ab 10 Uhr. Im vorderen Bereich eine simple *arepera*, aber eigentlich ein günstiges und gutes Familienrestaurant mit schönem Patio, zuvorkommendem Service und allen venezolanischen Köstlichkeiten auf der Karte inklusive hervorragende Fruchtsäfte. *Arepas* kann man natürlich auch bestellen. Die *bandeja paisa* enthält Fleisch, Salat, gebackene Bananenscheiben, geriebenen Käse und kostet 12 US-$.

Café Ole 24: Calle California/Calle Jalisco, Quinta Carylo, Tel. 02 12/993 90 59; tgl. ab 12 Uhr. Das Café folgt einem internationalen

Erfolgsrezept: Schmackhafte Salate und kleine Gerichte auf einer nicht überbordenden Karte. Innen postmodern gestylt, auch zum Draußensitzen mit Terrasse. Mittlerweile gibt es in Mercedes noch eines und im Centro Comercial San Ignacio gleich zwei Ableger. Tellergerichte ab 10 US-$.

La Atarraya 25: Plaza El Venezolano, Tel. 02 12/545 82 35; tgl. ab 11.30 Uhr. Im historischen Zentrum an der Plaza San Jacinto gegenüber dem Geburtshaus von Simón Bolívar. Ein schlichtes und leider leicht verwahrlostes Traditionshaus mit Köstlichkeiten wie frischen Fruchtsäften, *arepitas*, *queso de mano*, *nata*, *punta trasera*. 10–20 US-$.

La Granja del Pollo 26: Av. Beethoven, Esq. Calle Newton, Colinas de Bello Monte, Tel. 02 12/753 30 86; tgl.12–22 Uhr. Gepflegter Riesenschuppen mit deftigen, traditionellen Hähnchengerichten vom Grill. Hier wird man schnell und preiswert für etwa 10 US-$ satt.

Arepa Factory 27: Residencias Cristal Palace, 2da Transversal zwischen Av. Andrés Bello und 2da Avenida, Tel. 02 12/285 11 25; Mo–Fr 10–22 Uhr. Kleines Lokal im Imbissstubenambiente, das sich ausschließlich dem *arepa* in allen Formen und Füllungen widmet. Ein Muss für Fans dieser venezolanischen Kulinaria, denn es gilt als das beste in der ganzen Stadt; außerdem stehen Kreationen für Vegetarier auf der Speisekarte. Meist proppenvoll. *Arepas* für 4 US-$.

 Die *caraqueños* kaufen am liebsten in den *galerías* ein.

Sambil: Am meisten ist im **Sambil** auf der Av. Libertador im Stadtteil Chacao los.

Das **Centro Comercial Ciudad Tamanaco**, Calle Mercedes im Stadtteil Chuao, hat eine ebenfalls geradezu überwältigende Auswahl an Boutiquen und Juweliergeschäften sowie beliebte Discotheken und eine Fülle an Schnellrestaurants.

Das **Centro Comercial San Ignacio** in La Castellana ist der Modehit, versammelt nicht gerade die billigsten Läden, aber man kann schön flanieren.

Das **Centro Recreo** gleich neben dem Hotel Gran Meliá ist relativ bequem zu erreichen.

Wichtigster Kulturtempel der Stadt: das Teatro Teresa Carreño

Im **Paseo Las Mercedes**, in der Umgebung des Hotels Tamanaco, Tienda Trasnocho, findet man viele gepflegte Geschäfte; in Las Mercedes gibt es Galerien und Boutiquen.
Casa Francia an der Plaza Bolívar ist die klassische Adresse für Goldschmuck, außerdem die **Passage am Capitolio** und das **Minicentro Paris** in der Padre Sierra a Monjas, gegenüber vom Capitolio. Ein typisches Mitbringsel von hier: die goldene Orchidee mit einer Margaritaperle.
Museumsshops im Museo de Bellas Artes und im Museo de Arte Contemporáneo.

... in El Rosal:
Juan Sebastian Bar: Calle Mohedano/Av. Venezuela; Tel. 02 12/951 55 75; tgl. außer So. Ein Dauerbrenner und immer noch beliebt: die Traditionsbar mit Jazzmusik.
... in La Castellana/Los Palos Grandes:
El Solar del Vino: Av. Blandín/Av. Ávila, Tel.

02 12/266 28 73; Di–Sa ab 18 Uhr. Ist eigentlich eine Tasca mit Tapas, aber hier werden auch karibische Platten aufgelegt.
Masai: Calle Chaguaramos, Centro Comercial San Ignacio, Tel. 02 12/265 46 76; modern, auf zwei Ebenen, In-Platz.
... in Las Mercedes:
Auyama Café: Calle Londres, Tel. 02 12/991 94 89; Mi–So ab 20 Uhr. Seit fünf Jahren top: Auf zwei Terrassen verteilt sich das Publikum, Livebands, die meist Rockmusik spielen.

Im April liefern sich Tribünen, Säle und sogar das Straßenpflaster einen internationalen Theaterwettbewerb. International meint in diesem Fall wirklich international und das Festival ist meist hochkarätig besetzt. Wer sich zu dieser Zeit in Caracas aufhält, kann neben den Landesproduktionen auch die besten Aufführungen der geladenen Gastländer sehen (Termine s. Tagespresse).

Complejo Cultural Teatro Teresa Carreño: Final Paseo Colón, gegenüber dem Caracas Hilton, Los Caobos, Metro: Bellas Artes, Tel. 02 12/574 91 22. Moderner und imposanter Theaterkomplex. Zu sehen sind die renommiertesten Produktionen des Landes und internationale Gastspiele. Mehrere Säle, Platz für Ausstellungen, auch Sitz des international bekannten Tanztheaters Danzahoy und des Sinfonieorchesters von Venezuela. Gustavo Dudamel und die Orquesta Juvenil Sinfónica de Venezuela treten hier auf.

Ateneo de Caracas: Plaza Morelos, Paseo Colón, Los Caobos, Metro: Bellas Artes, Tel. 02 12/571 36 64. Ausgesprochen interessante Produktionen, auch Konzerte. Außerdem Dichterlesungen und Fotoausstellungen. Mit Café und Bibliothek. Eine Terrasse ist abendlicher Treffpunkt bei Livemusik.

Centro Cultural Corp. Group: Torre Corp. Banca, Plaza La Castellana, La Castellana, Metro: Chacao und Altamira, Tel. 02 12/206 32 46. Gastspiele und Zarzuelas.

Fundación Celarg: Av. Luis Roche s/n, Casa Romulo Gallegos, Altamira, Metro: Altamira, Tel. 02 12/285 30 76. Musik, Kino (Veranstaltungen der Cinemateca) und Theater.

La Estancia de Arte: Av. Francisco de Miranda, Metro: Altamira, Tel. 02 12/208 04 27, 208 04 11; tgl. 10–16 Uhr und zu den Veranstaltungen. Auf dem Gelände einer ehemaligen Kaffeeplantage wurde von der staatlichen Erdölgesellschaft PDVSA in den Räumlichkeiten der Hacienda ein Kulturzentrum eingerichtet mit einem Angebot, das anspruchsvolle Gemüter befriedigt. Internationale Theaterfestivals, Konzerte im Garten, in dem es 800 verschiedene Pflanzenarten gibt. Gute Kunstbibliothek und Informationszentrum. Mit Café/Bar in einer Art Wintergarten.

Teatro Municipal: Esquina Municipal/Av. Este 8, Metro: Capitolio, Tel. 02 12/481 64 92. Sitz der Orquesta Sinfónica Municipal.

Teatro Nacional: Av. Lecuna/Esquina de Cipréses, hinter Basílica de Santa Teresa, El Silencio, Metro: Capitolio, Tel. 02 12/484 59 56.

Grupo Rajatabla: Complejo Cultural Teresa Carreño, Fdf. Rajatabla, Sala Rajatabla, Final Paseo Colón, Metro: Bellas Artes, Tel. 02 12/ 572 61 09. Avantgardistisches und international renommiertes Theater.

Kinos: In Caracas gibt es neben den *multicines* auch Programmkinos, z. B. die **Cinemateca**, deren Hauptsitz die Galeria de Arte Nacional ist, Plaza de los Museos, Tel. 02 12/576 23 36, www.cinemateca.org.ve. Außerdem gibt es im Centro Comercial Paseo Las Mercedes im Komplex **Teatro Trasnocho** ein gutes Programmkino.

Die Aufführungssäle der weiteren bekanntesten Kinos befinden sich im Centro Comercial Parque Humboldt in Prados del Este, im Centro Comercial Congresa in Prados del Este, im Centro Comercial Ciudad Tamanaco in Las Mercedes, im Centro Comercial San Ignacio in Los Palos Grandes, im Centro Comercial Sambil in Chacao, im Centro Comercial Lido in El Rosal und im Centro Comercial Tolón in Las Mercedes.

Flughafen Aeropuerto Internacional Simón Bolívar, an der Küste in Maiquetía, etwa 20 km vom Stadtzentrum entfernt. Anlässlich der amerikanischen Fußballmeisterschaft Copa América ist im Juni 2007 ein neues Viadukt als Verbindungsstück zwischen Caracas und dem Flughafen Maiquetía bzw. der gesamten Küste eröffnet worden. Nun ist man so rasant wie früher, nämlich 30–60 Min., unterwegs.

Sichere Taxis

Es wäre falsch, die mangelnde Sicherheit der Taxis zu unterschlagen. Und ebenso falsch wäre es, die Sicherheitshinweise zu ignorieren. Wer sich ein nicht gekennzeichnetes Taxi von der Straße vor dem Flughafen holt, weil es die Fahrt wesentlich preiswerter anbietet als die Kollegen am Flughafenschalter, nimmt das Risiko eines Überfalls in Kauf. In Caracas bezahlt man für seine Sicherheit, das sollte jeder Besucher wissen. Es gibt genügend zuverlässig arbeitende Unternehmen, die für einen guten Transport sorgen. Nur: Billig ist das nicht. Zurzeit werden etwa 50 US-$ für die Fahrt nach Caracas verlangt.

Caracas

Häufige Flugverbindungen in alle venezolanischen Städte; internationale Verbindungen in alle Welt, z. B. nach Aruba, Bonaire, Curaçao. Um nach Caracas zu gelangen: **Shuttlebusse**, die in einer Unterführung unterhalb des Parque Central (halbstündlich 7–22 Uhr) halten. Metro: Bellas Artes. Diese Lösung ist abends aus Sicherheitsgründen nicht zu empfehlen. Im Flughafengebäude wurde ein **Taxidienst** installiert, der für jedes Fahrtziel den Preis ermittelt. Man bezahlt im Voraus und wird eingewiesen. Dies ist eine sichere Lösung. Am besten allerdings lässt man sich vom gebuchten Hotel abholen. Die Reiseveranstalter offerieren diese Dienste sowieso (www.aeropuertomaiquetia.com).

Busbahnhöfe: Terminal de Autobuses Oriente (TAO) liegt im Osten der Stadt, weit außerhalb des Zentrums. Hier fahren alle Busse Richtung Osten ab.

Alle anderen Richtungen werden im **Terminal La Bandera**, Av. Nueva Granada/El Valle bedient. Man kann es mit der Metro erreichen, die Station heißt La Bandera.

Weitere Adressen von Unternehmen, die mit gut ausgestatteten Bussen fahren (oft sind es Punkt-zu Punkt-Verbindungen):

Aeroexpresos Ejecutivos: Av. Principal de Bello Campo, Chacao, Tel. 02 12/266 23 21, www.aeroexpresos.com.ve. Fahrten nach Barquisimeto, Maracay, Maturín, Puerto la Cruz und Valencia.

Expresos Los Llanos: befinden sich im Terminal del Oriente und fahren zu allen Küstenstädten, in die Llanos, in die Anden, nach Santa Elena de Uairén und Güiria auf der Halbinsel Paria.

Rodavias de Venezuela: Av. Libertador/Bulevar Amador Bendayan, Metrostation Colegio de Ingenieros, Tel. 02 12/577 66 22, Fahrten in den Osten.

Peli-Express: Av. Francisco de Miranda, bei dem Museo de Transporte, Tel. 02 12/239 90 58, nach Barcelona/Puerto La Cruz, Maracay, Maracaibo, Coro, Barquisimeto, San Cristóbal, Cumaná, Carúpano und Valencia.

Por Puestos: zum Litoral (La Guaira, Macuto, Caribe, Caraballeda), an der Metrostation El Gato Negro.

Autovermietung: Zahlreiche große Firmen sind im internationalen Flughafengebäude in Maiquetía sowie in den großen Hotels vertreten. Es kann in Ferienzeiten allerdings zu Engpässen kommen. Telefonnummern der Autoverleiher im Flughafen: **Avis**, Tel. 02 12/ 355 11 90. **Aco Rent a Car**, Tel. 02 12/355 12 13. **Budget**, Tel. 02 12/355 27 99. **Hertz**, Tel. 0212/355 27 58.

Taxis: Am sichersten fährt man mit *taxis de línea*, Linientaxis, die feste Haltepunkte haben und die man anrufen muss. Hotels, aber auch Restaurants kennen die jeweiligen Nummern. Sie empfehlen sich auch für den Flughafentransfer. Der Preis sollte vorher festgelegt werden. Zur Zeit bezahlt man etwa 10–12 US-$ für eine Stadtfahrt und ungefähr 50 US-$ für einen Transfer zum Flughafen Maiquetía.

Taxis de Línea Colinas de Bello Monte (auch gut für Las Mercedes und El Rosal) Tel. 02 12/ 751 34 80, 751 06 79, 753 01 66. Soletaxis: 02 12/753 03 33. Móvil Enlace: Tel. 02 12/577 33 44. Teletaxi: Tel. 02 12/953 40 40, 952 87 80. www.discovervenezuela.net.

Metro: Effizient ist man in Caracas unterirdisch von 6 bis gegen 22 Uhr unterwegs. Die Metro erschließt große Teile der Innenstadt, die auf den Besuchswegen liegen, z. B. die Altstadt (Metrostationen Capitolio und El Silencio), die Museen am Parque Los Caobos und am Parque Central (Metrostation Bellas Artes) sowie die beliebten Ausgehviertel Altamira, La Castellana und Los Palos Grandes (Metrostation Altamira). Sie besteht aus drei Linien, die den Westen bis zum Osten gut bedienen, eine vierte befindet sich im Bau und soll bald fertiggestellt sein. Die Tickets muss man an Schaltern erstehen; weil das aber zu Berufsverkehrszeiten viel Zeit raubt, kauft man am besten ein Multiticket. An vielen Endhaltestellen warten Metrobusse, die sternförmig die Stadt erschließen. Allerdings besteht für die etwas weiter gelegenen Ziele keine zuverlässige oder ausreichende Versorgung mit öffentlichen Verkehrsmitteln. Abends sollte man sich auf die Taxis verlegen, da die Metro nicht unbedingt als sicher gilt (www.metrodecaracas.com.ve).

Die tropische Natur liegt immer gleich um die Ecke. Und so zieht es am Wochenende viele *caraqueños* hinaus aus der Stadt. Hoch in den Bergen, an der Küste oder gleich übers Meer liegen einige schöne Ausflugsziele für Tages- oder Wochenendtrips. Und wer während einer Rundreise ankommend vom Flughafen an der Küste gar nicht erst nach Caracas hinauffahren möchte, kann sich in verschiedenen Küstenhotels einmieten.

El Hatillo

Hatillo, so vermerkt ein Straßenschild in der Ortsmitte, nannte man früher einen Platz, an dem Reisende mit ihren Tieren für die Nacht unterkommen konnten, und die *posada* von Hatillo lag an dem alten *Camino Real,* dem Königsweg, zwischen den Valles del Tuy und Petare. Nun, heute liegt **El Hatillo** **1** genau richtig für alle, die mal schnell aus Caracas hinauswollen, sei es zum Einkaufen oder zum abendlichen Feiern und Dinieren. Von der Metrostation Chacaíto verkehren die Por Puestos in das 15 km entfernte heutige Künstlerdörfchen, das inmitten von Zitronenbaumhügeln malerisch hingestreut auf einer Höhe von 1150 m liegt. Autos müssen draußen bleiben, Parkplätze nehmen sie auf. Und das ist wirklich angenehm: El Hatillo ist eine einzige Fußgängerzone.

Seine gut restaurierte koloniale Architektur und das frische Klima machten es zu einem Lieblingsausflugsziel und Tummelplatz der *caraqueños.* In die schindelgedeckten und bunt gestrichenen Häuschen mit dekorativen Holzbalkonen sind Boutiquen und Kunstgewerbegeschäfte eingezogen und eine Vielzahl von reizenden Restaurants und originellen Kneipen erhöht den Freizeitwert des Ortes beträchtlich. Das Schlendern durch die Gassen macht Spaß. Die Preise fürs Ausgehen liegen im Vergleich zu Caracas recht niedrig und vielen jungen Leuten erscheint El Hatillo auch sicherer zu sein als die Hauptstadt. Es ist besonders am Wochenende ein beliebter Platz.

Nach El Hatillo pilgern aber auch betuchte *caraqueños*, etwa um frische, unverfälschte Lebensmittel einzukaufen. Hühnchen, Mais, selbst gemachte Pasta – in Hatillo selbst und in den Straßen und Gassen um den Ortskern gibt es einige einfache und auch hochpreisige Geschäfte mit frischem, ökologisch angebauten Gemüse und Obst, hausgemachten Marmeladen, Chutneys und Soßen – es gilt als schick, hier einzukaufen.

La Casona: Calle La Paz/El Comercio, Tel. 02 12/963 46 37; tgl. 12–24 Uhr. Stilvolles Restaurant in einem renovierten alten Stadthaus, der luftige Patio dient als Speisesaal. Aufmerksamer Service. Unter den Rezepten dominiert die venezolanische Hausmannskost mit deftigen Soßen und gegrilltem Fleisch. 20–35 US-$.

Mauricio's: Centro Comercial Los Aleros, Calle La Paz 30, Tel. 02 12/963 07 89; Di–So 12–24 Uhr. In einem für das Dörfchen typischen Kolonialhaus untergebracht, stimmungsvolles Restaurant und Bar, auf zwei Stockwerke verteilt, mit Terrasse. Französisch und schweizerisch angehauchte Küche mit gutem Standard. Die Gerichte kosten ca. 15–25 US-$.

Umgebung von Caracas

Ausflugsziel unweit von Caracas: das Kolonialdörfchen El Hatillo

Croquer: Calle Bolívar 17, Tel. 02 12/961 42 69; tgl. 12–24 Uhr. Der Namensgeber, Pepe Pancho Croquer, war in den 1950er-Jahren ein bekannter Rundfunkstar. Seine Tochter Betty hat das gemütliche, über 2 Etagen mit Kunstgewerbe leicht überdekorierte Restaurant als Hommage an ihn gestaltet. Besonders schön sitzt man auf der Terrasse und hat das Treiben in den Gassen unter sich. Venezolanische Klassiker, *pabellón criollo*, *asado negro*, für 20 US-$.

Das Pastellhaus: Calle La Paz 32, Tel. 02 12/ 963 54 86, Fax 961 28 08; tgl. 10–23 Uhr. Im Erdgeschoss ein Café mit köstlichen Torten und oben auf der Terrasse eine nett gemachte und gemütliche Pizzeria, empfehlenswerte Qualität, ansprechende Atmosphäre. Gerichte für 12–20 US-$.

La Romana Hatillana: Calle Miranda, Tel. 02 12/961 11 36, 961 18 16; Di–So 12–24 Uhr. Hier kann man üppig bemessene venezolanische *parillas* verspeisen. Spezialität ist *carne en vara*. Livemusik am Wochenende, große *churuata*, lebhafte Stimmung.

Las Tapas del Hatillo: Calle Bolívar 15, Tel. 02 12/961 37 21; nur abends, Mo geschl. Kleines Tapaslokal mit einigen galizischen Spezialitäten. Livemusik am Wochenende.

Taquería Padrisimo: Calle Miranda/Calle Escalona, Quinta Villa Rosa, Tel. 02 12/961 05 53; nur abends geöffnet. Eine für El Hatillo charakteristische Mischung aus Bar und kleinem Restaurant. Der Schwerpunkt bei Dekoration, Drinks und Speisen liegt hier auf Mexiko: *tacos*, *tostadas*, *queso fundido*. Satt wird man für 10 US-$.

Da der ganze Ort einer einzigen Einkaufsoase gleicht, fällt es schwer, einzelne Geschäfte besonders herauszustellen. Das traditionsreichste, bekannteste und zugleich größte Kunstgewerbegeschäft ist das **Hannsi'** am Ortseingang, mit Kunstgewerbe aus ganz Venezuela und aufgemacht wie ein Museum.

 Por Puestos nach Caracas halten auf dem großen Parkplatz.

1 ▼ Parque Nacional El Ávila

Als einst die geachtete Bürgermeisterin des Caracasviertels Chacao, die ehemalige Miss World Irene Sáez, vorschlug, die Öffnungszeiten des **Parque Nacional El Ávila** zu beschränken, machte sie sich erstmals in ihrer steilen Politikerinnenlaufbahn so richtig unbeliebt. Es erhob sich großer öffentlicher Protest mitsamt Unterschriftenaktion. Die Eingänge zum Park sollten auch denjenigen offen stehen, die erst nach Büroschluss Zeit fänden, sich dort zu erholen, lautete das Argument, und nicht nur den Reichen, die zu jeder Tageszeit dort spazieren gehen könnten. Der Park mit seinen steil ansteigenden Wanderwegen ist das einzige öffentliche Naherholungsgebiet von Caracas und dementsprechend heftig wird es auch verteidigt.

Doch ungehinderter Zugang hat in den vergangenen Jahren zu kleineren Naturkatastrophen geführt. Am Ende der Trockenzeit im März/April brennen regelmäßig die Wälder ab und schädigen die Waldbestände des Nationalparks. Schuld daran trägt meist das unachtsame Verhalten der Besucher. Das hat die Bürgermeister der Stadt veranlasst, den Zugang zum Park für Regenerationszwecke doch periodisch vollständig zu schließen, was dem Ávila nur gut getan hat.

Der beliebteste Eingang für die *excursionistas* befindet sich im nördlichen Bereich des Stadtteils Altamira bei Saba Nieves, westlich des Restaurants Tarzilandia an der Avenida Boyacá oder Cuota Mil (so genannt, weil sie genau auf 1000 m Höhe am Ávila entlangführt). Insgesamt neun Wege erschließen das anspruchsvolle, bis auf 2765 m ansteigende Gebirgsmassiv. Bereits eine zweistündige Wanderung entführt in die recht ungestüme Bergwelt des Ávila. Man kann zwischen gut markierten Tagesetappen und zweitägigen Wanderungen wählen, wobei in Zelten auf extra eingerichteten Campingplätzen übernachtet wird.

Wesentlich bequemer gondelt man mit der Seilbahn Ávila Mágica hinauf. Über Jahrzehnte stand die Seilbahn still; mittlerweile

gehört eine Fahrt mit dem Teleférico zu einer der beliebtesten Kurzfluchten aus der Megalopolis. Die *caraqueños* schleppen sämtliche Besucher auf den Hausberg, empfehlen ihn jedem ausländischen Gast. Für umgerechnet 15 € kann man die Küstenkordillere hinaufgondeln, was wirklich eindrucksvoll ist. Das in den 1960er-Jahren gebaute Hotel Humboldt, ein damals futuristischer Turmkomplex, steht leider immer noch leer, nachdem es privatisiert wurde. Doch oben warten eine Skaterbahn, ein Themenpark und ein Kasino auf Kundschaft.

Bei guter Sicht liegt einem nicht nur Caracas zu Füßen, sondern auch die Küste um Macuto. Diesen einfach atemberaubenden Blick genießt man am ehesten in den Wintermonaten, denn im feuchttropischen Sommer ziehen oft Nebel die Küstenkordillere hinauf.

Umgebung von Caracas

Prachtvolle Vegetationszonen überziehen das Ávilamassiv. Bis auf 500 m Höhe herrschen auf der dem Meer zugewandten Seite xerophytische Trockenpflanzen wie Disteln, Kakteen, Olivenbäume und Opuntien vor, zwischen 1000 und 1500 m dehnt sich der tropische Baumbestand mit dem Nationalbaum Araguaney, den heimischen Bucare, Copey (Clusiabaum, eine Kastanienart) und Javillo aus. Oberhalb 1500 m findet man Orchideen, Bromelien, Palmen und Farne.

Über Wanderwege und Picknickflächen, die Ruinen von Festungen und über Campingplätze erteilen die Parkwächter der INPARQUES Auskunft. Im Besucherzentrum Los Venados mit einem ökologischen Lehrpfad ist auch eine gute Übersichtskarte erhältlich.

Am spektakulärsten ist es natürlich, wenn man die Gipfelgrate übersteigt und auf der anderen Seite wieder hinunterklettert, aber solche Unternehmungen nehmen zwei Tage in Anspruch. Ein bisschen in den dichten Wäldern herumzuklettern und Ausblicke auf Caracas zu genießen ist auch auf eigene Faust ein Vergnügen. Jeepsafaris samt kurzer Wanderung, die einen halben Tag dauern, lohnen sich ebenfalls bei Zeitmangel.

ℹ️ www.avilamagica.com

🍴 **Altavista:** Galipán, Tel. 04 16/819 32 94. Die frische Gemüse- und Kräuterküche zieht viel Kundschaft aus Caracas an, deswegen sollte man unbedingt im Voraus reservieren. Das Hotel Ávila kann einen Transport organisieren. Auf der Speisekarte stehen viele Salate und kleine Gerichte, die Hauptgerichte haben eine italienische Note. Ein Risotto bekommt man für 15 US-$.

Cumbe: Tel. 02 12/315 99 98; Mi–Sa 12–23 (die letzte Gondel fährt um Mitternacht zurück), So und Di 12–20 Uhr. Außergewöhnli-

Ländliche Idylle

Von der Gipfelstation verkehrt in unregelmäßigen Abständen ein Bus in das schöne Blumendörfchen **Galipán**. Die Haltestelle dort ist umgeben von bunten Ständen mit Marmelade, eingelegtem Obst und Blumen. In diesem Örtchen kann man in einigen einfachen Gaststuben mit meist blendender Aussicht essen. Sie sind allerdings nur tagsüber um die Mittagszeit geöffnet.

Gebirgsgefühl in Metropolennähe genießt man in dem Blumendörfchen Galipán

ches Gipfelfeeling am Kamin mit Ausblick auf den Valle de Caracas. Die Küche serviert venezolanische Gerichte.

Litoral Central

»Die Regierung hatte in Macuto mit Zementblöcken zwei Stückchen Meer abgetrennt, um die Badenden vor den Haifischen zu schützen. Einige glitschige, von Algen und Mollusken bedeckte Stufen führten direkt in das bewegte karibische Meer. An der letzten Stufe konnten sich die Neulinge und die Schüchternen an einem Seil festhalten, um dem Aufprall der Wellen zu widerstehen. Es war ein groteskes Schauspiel, denn Jung und Alt tauchten vollkommen nackt auf und un-

135

ter.« So beschrieb Laureano Vallenilla Lanz in den 1920er-Jahren in seinen Memoiren »Escrito de memoria« den Badeort Macuto. Schnell allerdings fand der so geschmähte Strand Aufnahme in die Klatschspalten der Gesellschaftsillustrierten, denn 1928 wurde dort das Hotel Miramar eingeweiht, das als erstes im Land über einen Pool und einen nachts beleuchteten Tennisplatz verfügte.

Die Küste zwischen Macuto und La Caraballeda erfreute sich bis in die 1950er-Jahre besonderer Beliebtheit bei den gut betuchten *caraqueños.* Doch die verheerende Naturkatastrophe im Dezember 1999 hat große Teile des Litoral verwüstet und die Existenz als Baderegion vernichtet. Innerhalb von wenigen Tagen gingen damals mitten in der Trockenzeit Regenfälle nieder, die der Durchschnittsmenge eines gesamten Jahres entsprachen. Ganze Siedlungen wurden von den Steilabhängen der Küstenkordillere ins Meer gerissen, verseuchten das Wasser und vernichteten die Lebensgrundlage der Fischer.

Die *tragedia,* wie die Venezolaner sie noch heute nennen, hatte nicht nur eine Ursache. Naturkatastrophen wie diese hatte es schon in der Vergangenheit gegeben, aber damals waren die Hänge noch nicht so dicht mit den *ranchos* besetzt, den spontanen Hausbauten der Heimatlosen, die von den jeweiligen Regierungen toleriert wurden, weil sie selbst das Problem der Landflucht oder Landreform nicht politisch gelöst hatten. Im Laufe der Zeit entstanden Apartmenthäuser und Ferienvillen der begüterten Hauptstädter.

Wann die Küstenregion wieder vollständig restauriert sein wird, ist nicht abzusehen. Einigen Bezirke von **Caraballeda** 2 blieben vollständig erhalten, andere Viertel wurden vom Sturm gänzlich hinweggefegt. Inzwischen gibt es neue, voluminösere Strände, die sich steigender Beliebtheit erfreuen.

Macuto 3 zeigt allerdings tiefe Risse. Gerade dieser Ort verfügte wegen seiner unproblematischen Erreichbarkeit über die beliebtesten Stränden der *caraqueños.* Die Sammeltaxis Por Puestos verkehren hinunter an die Küste und Macuto ist die erste Haltestelle. Von der einstigen Schönheit des Badeortes künden einige wenige verbliebene Sommervillen zwischen immer noch nicht weggeräumten Trümmern und verwahrlosten Brachflächen. Einen Spaziergang, besonders einen abendlichen, sollte man sich verkneifen. Macuto gilt als unsicher.

Im Hafen von Caracas, **La Guaira** 4 , in unmittelbarer Nähe des Flughafens in Maiquetía, blieb noch ein Stück kolonialer Architektur erhalten. Am imposantesten und geschichtlich interessantesten ist sicherlich die **Casa Guipuzcoana**, das berühmte Handels- und Zollhaus aus dem Jahr 1734. La Guaira, in Maßen wieder hergestellt, gilt aber zunehmend als unsicheres Terrain für Touristen, wozu die Naturkatastrophe sicherlich beigetragen hat, sodass man sein Interesse an historischen Bauten besser an anderen Orten befriedigt.

Bedeutung erringt dieser Küstenstreifen aber für alle, die auf ihren Rundreisen nicht hinauf nach Caracas fahren wollen, sondern Anschlussflüge am nächsten Tag gebucht haben und gerne in Flughafennähe übernachten wollen. Wer die venezolanische Hauptstadt nicht besuchen will, kann sich leicht die Anfahrt sparen, denn zu Verkehrsspitzenzeiten kann es von der Küste hinauf nach Caracas auch schon einmal drei Stunden dauern.

Eurobuilding Express Maiquetía, Av. La Armada, Urb. 10 de Marzo, Maiquetía, Tel. 02 12/700 07 00, Fax 331 58 03, www.hoteleuroexpress.com; 119 Zimmer. Die teuerste und eleganteste Option für die Übernachtung in Flughafennähe. Von außen ein Kasten mit Poollandschaft, innen dominiert der Businessschick. Ein Spezialpreis gilt für alle, die nur tagsüber bleiben und nicht übernachten müssen. DZ ab 180 US-$.

Olé Caribe, Final Av. Intercomunal El Playón, Macuto, Tel. 02 12/331 11 33, www.hotel olecaribe.com, info@hotelolecaribe.com; 80 Zimmer. Unübersehbar jenseits des Strandes an der Durchgangsstraße. Nüchterner, funktionaler Bettenturm, doch die Zimmer sind groß und bequem. DZ für 140 US-$.

Frankenstein auf dem Ávila

Ein wunderlicher Deutscher hat im 19. Jh. für einiges Aufsehen an den steilen, unbewohnten Ávilahängen und in der Stadt Caracas gesorgt. In venezolanischen Schulbüchern ist ein unauffälliger Text dem Leben des wahrscheinlich verrückten Arztes Gottfried Knoch gewidmet, der seinen Schäferhund und ahnungslose Postboten betäubt haben soll, um an den lebenden Körpern Experimente durchzuführen. Doch wer war der mysteriöse Knoch, genannt El Knochoche? Ein harmloser Einwanderer, ein Arzt, ein Scharlatan? Frankenstein auf dem Ávila?

Die chilenische Schriftstellerin Isabel Allende, die lange Jahre ihres Exils in Caracas verbracht hatte, ließ sich für ihren Dr. Jones in »Eva Luna« vom Leben Gottfried Knochs inspirieren. Aber die Wahrheit ist meist noch spannender als die Fiktion. Denn die spitzfindigen Venezolaner sehen bereits im Namen des Doktors ein Indiz für seine schauerliche Profession: Knoch, ist das nicht ein Wortteil von Knochen? Und schon fabulieren sie die Geschichte ins Fantastische. Magischer Realismus, das ist in Venezuela sozusagen Volkskultur.

Gottfried Knoch wurde 1813 in Deutschland geboren. Er erwarb seinen Doktortitel 1845 an der Universidad Central in Caracas. Während einer Choleraepidemie in den Militärlagern von La Guaira verdiente er sich höchstes Lob und wurde 1883 vom damaligen Präsidenten Antonio Guzmán Blanco mit einem Ehrentitel ausgezeichnet, weil er Arme kostenlos zu behandeln pflegte. 1880 kaufte der mittlerweile äußerst angesehene Arzt die Hacienda Bella Vista in der Quebrada de Punta de Mulatos, einer Gegend, welche die Indios übrigens Caricari nennen, kleine Hölle. Die Hacienda in den Falten des Ávila verwandelte er in ein Laboratorium für Einbalsamierungen samt Krypta sowie in ein Observatorium.

Bereits 1869 erprobte er seine Kunst an dem tödlich verwundeten Hauptmann José Pérez. Knochoche wandte dabei ein in der Renaissance übliches Einbalsamierungsverfahren an, das jedoch nur glückt, wenn das Herz des Betroffenen noch schlägt. So machte er einen tiefen Schnitt in die Halsschlagader unterhalb der rechten Kinnlade, injizierte Aluminiumchlorid, vernähte die Wunde und setzte dem mittlerweile Verblichenen Glasaugen ein. Zusammen mit seinen ebenfalls solcherart präparierten Hunden wurde der Hauptmann als Wache in Uniform vor der Krypta abgestellt.

Auch das geheimnisvolle Verschwinden eines zufällig an der Hacienda vorbeikommenden Meeresfrüchteverkäufers wurde auf die dunklen Machenschaften des Dr. Knoch zurückgeführt. Zwecks Beruhigung der aufgeregten Gemüter balsamierte Knochoche danach ausschließlich Familienmitglieder und deren Schoßhündchen ein. Es wird allerdings gemunkelt, er habe auch den liberalen Politiker Tomás Lander mumifiziert.

Ein Spazierweg auf dem Ávila folgt den Spuren von El Knochoche. Villa, Laboratorium und Observatorium, vom Dschungel überwuchert und zu Ruinen zerfallen, belegen, dass diese ganzen Geschichten keine Fiktion sind.

Die Umgebung von Caracas

Costa Real Suites, Av. Jardín Botánico, Tanaguarena, Tel. 02 12/977 12 34, über Cacaotravel, www.cacaotravel.com; 15 Apartments. Dieses sehr großzügig angelegte und gepflegte Apartmenthotel liegt etwa 30 Autominuten vom Flughafen entfernt und vermittelt dadurch schon mehr Urlaubs- und Strandfeeling als die anderen. Mit Pool, Bar, Restaurant. Riesige Frühstücksbuffets werden auf Wunsch auch in aller Herrgottsfrühe aufgebaut, was bei frühen Flugterminen wichtig sein kann. DZ 110 US-$.

Hotel Macuto: Av. La Playa, Calle 3, Urb. Álamo, Tel. 02 12/415 52 62, Fax 731 62 17, www.hotelmacuto.com; 90 Zimmer. Komplett renoviert und neu ausgestattet, liegt dieser ansprechende, aber nicht luxuriöse Klassiker unter den Hotels in Macuto noch am nächsten zum Flughafen. Bis 75 US-$.

Aquarium: Av. La Playa con Calle 1, Urb. Álamo, beim Hotel Eduards, Tel. 02 12/211 60 00; Mo geschl. Elegantes und recht distinguiertes Meeresfrüchte- und Fischrestaurant, die Küche hat einen spanischen Touch. 20–35 US-$.

Cristal Mar: Av. La Playa, Bajada El Playón, Tel. 02 12/393 34 89; tgl. 11–22 Uhr. Nicht zu verfehlen: wegen seines auffallenden Äußeren mit weißen Steinwänden und einem Wasserfall als dekorativem Element, außerdem liegt es direkt neben dem neuen Polizeigebäude. Innen bietet das Restaurant eine große Bar, schöner sitzt es sich allerdings draußen auf der Terrasse mit Meerblick. Gute Meeresfrüchteküche, empfehlenswert ist die Fischsuppe. 20–35 US-$.

La Posada del Hidalgo: Av. La Playa, Urb. Álamo, Tel. 02 12/514 32 44; tgl. ab 11 Uhr. Eines der wenigen Restaurants, das die Katastrophe überstanden hat. Im leicht überdekorierten spanischen Kolonialstil eingerichtet, von umsichtigen Kellnern wird spanische Küche serviert; großes Angebot an Meeresfrüchten. Der *carite* kostet etwa 15 US-$.

 Por Puestos verkehren an der Hauptstraße nach Caracas.

Colonia Tovar

Dezent dekorierte Auslagen, Pastete in Silberschalen, zu Pyramiden aufgeschichtete Pfirsiche und die Verkäuferinnen in blütenweißen Schürzen: die Geschäfte der **Colonia Tovar** 5 in den Einkaufspassagen von Caracas können leicht mit dem Lebensmittelboutiquen-Styling der mitteleuropäischen Citygesellschaft konkurrieren. Doch hinter den Produkten aus der Colonia Tovar verbirgt sich kein Nahrungsmittelkonzern mit internationaler Abnehmerschaft, sondern ein Dorf in der Küstenkordillere, nur 51 km von Caracas entfernt, das 1843 aus dem Nichts entstand und bis 1963 total isoliert von der Außenwelt geblieben war.

Diese Kolonie lag abgeschieden, aber sie wollte es über lange Zeit auch sein. In den 1970er-Jahren, nachdem sie eine geteerte Straße bekommen hatte, die sie mit La Victoria und Caracas verband, galt sie wegen ihrer Eigentümlichkeit als interessantes Forschungsobjekt für Volkskundler. Denn in der Colonia Tovar lebten keine Venezolaner, sondern Kaiserstühler, Mecklenburger und Hessen und die hatten – auch anfällig für die Naziparolen der Rassenreinheit – über ein Jahrhundert ihre Isolation verteidigt.

Als die ersten deutschen Familien die Colonia erreichten, musste sie allerdings wohl der Schlag getroffen haben. Bettelarm waren sie aus dem Deutschland der beginnenden Industrialisierung und der durch die europäischen Kriege verwüsteten Felder nach Venezuela gezogen, hatten neben den wenigen eigenen Ersparnissen Starthilfen der Gemeinden investiert, um ein neues und natürlich ein besseres Leben als Handwerker und Bauern jenseits des Ozeans aufzubauen.

Es war damals nicht unüblich, das Land zu verlassen und sein Glück in Südamerika zu suchen, auch im Süden Chiles und Argentiniens gibt es derartige deutsche Einwandererkolonien. In deutschen Zeitungen waren häufig Aufrufe von sogenannten Kolonialagenten zu lesen, die glänzende Zukunftschancen in den fernen Ländern beschrieben und zur Umsiedlung aufriefen. Der Naturforscher und Geograf Augustin Codazzi, für die Colonia Tovar zuständig, schien ein vertrauenswürdiger Mann zu sein. Er versprach viel. Doch zunächst sah nichts danach aus, dass er es auch halten könnte. So wurde die Clementine bei ihrer Ankunft im Hafen La Guaira 1843 erst einmal unter Quarantäne gestellt, nachdem 14 Menschen während der Passage gestorben waren. Und nach einem strapaziösen Marsch von 120 km durch weglo-

ses, tropisch bewaldetes Gebirge erreichten die Siedler nur eine brandgerodete Fläche. Mehr gab es nicht. Kein Haus, kein Vieh, keinen Weg, keinen Platz, keine Kirche, kein Futter, kein Saatgut. Codazzi, der dies alles versprochen und nicht gehalten hatte, erhöhte aber nachträglich die Reisekosten und tyrannisierte seine Gemeinde, indem er kolonieeigene Zahlungsmittel entwarf und die Post kontrollierte. Die Siedler stampften dafür ein landwirtschaftliches Projekt aus dem Nichts, das den Ruf von den arbeitsamen, ein wenig ungelenken Deutschen nur verstärkt hat.

Das Los der Kolonisten wurde leichter, als Manuel Felipe Tovar, der diese Ländereien Codazzi zur Pacht überstellt hatte, sie den Bauern schenkte, um weitere Emigranten ins Land zu holen. Die langsam prosperierende Gemeinde legte sich selbst strenge Regeln auf – fast wie ein Reflex will es scheinen, um die eigene Fremdheit in dem fernen Land zu kompensieren. Beziehungen zu Venezolanern pflegte man nicht und junge Kolonisten, die sich ihre Partner außerhalb Tovars suchten, riskierten den Ausschluss von jeglichen Erbansprüchen. Die Kolonisten empfanden sich nicht als Staatsbürger ihres Gastlandes – was sie de facto auch nicht waren –, unterhielten eigene Schulen und eine eigene Gerichtsbarkeit. Erst in den 1940er-Jahren, als eine hinzugereiste faschistische Lehrerschaft die Colonia indoktrinierte, trieben es die deutschen Siedler den Gastherren zu bunt. Alsbald wurden sie der heimischen Gerichtsbarkeit und Verwaltung unterstellt.

In den 1960er-Jahren erhielt die prächtig funktionierende Colonia Tovar eine asphaltierte Straßenverbindung, an deren Rändern sich die Kolonisten aufstellten, um Obst, Gemüse und Marmeladen zu verkaufen. Die hohe Qualität sprach sich rasch herum. Der Ruhm der Würste drang sogar bis zur heißen Isla de Margarita, wo ein deutscher Restaurantbetreiber allwöchentlich neu ordern musste, um die Nachfrage zu stillen, und das war damals angesichts der komplizierteren Transportlage gar nicht so einfach, denn die begehrten *salsichas* ohne Konservierungsstoffe sollten ja unverdorben ankommen.

Umgebung von Caracas

Wer als Deutscher nach Venezuela reist, wird sofort in die Colonia Tovar geschickt. Zwei Stunden dauert die Fahrt von Caracas; die Strecke führt zunächst nach El Junquito und erklimmt anschließend die Kordillere. In einem weiten Tal breitet sich schließlich auf 1800 m Höhe das Dorf aus: weiße Häuser mit tief gezogenen Dachgauben und aufwendigem Fachwerk, ordentlich und hübsch grün und rot bemalt. Und sogar die zahlreich aufgestellten öffentlichen Mülleimer sind mit Schwarzwaldmotiven verziert.

Auf asphaltierten Straßen spaziert man durch bequem das freundliche, aufgeräumte Dorf, kauft an Imbissbuden *salsicha con repollo*, Wurst mit Kraut, oder Apfelkuchen. Ein bisschen nett-sterile Disneyland-Atmosphäre durchweht die Colonia Tovar, touristisch hergerichtet zur Bewahrung eines freundlichen Abbildes von Deutschland.

Für die Venezolaner bedeutet die Colonia pure Exotik und an den Wochenenden pilgern dann auch um die 30000 Besucher auf die Höhe. Es ist alles so ungeheuer stilecht! Sogar die Dielen in den schmalen Fluren der Häuser knarren und man blickt durch Butzenscheiben auf das Schwarzwaldbild draußen, das sich – im Schwarzwald wie in diesem Abschnitt der Küstenkordillere – schnell mit Nebel füllt.

Colonia Tovar strahlt hell am Tourismushimmel. Hotels und Restaurants genießen einen guten Ruf. Man schöpft das touristische Potenzial aus, bietet ungewöhnliche geführte Wanderungen durch den Nebelwald der Umgebung an oder besucht traditionell arbeitende Bauernhöfe.

Die Deutschen haben unfreiwillig auch die Wiederentdeckung ihrer indianischen Vorgänger gefördert. Über 2000 Jahre alte Petroglyphen wurden im Südwesten der Colonia Tovar entdeckt; auch hierhin geleitet eine Tour. Die indianische Geschichte wird im **Museo Arqueológico** präsentiert (Calle Codazzi, Sector Cementerio, nur in der Saison geöffnet).

 www.coloniatovar.net

Spa Renacer Center: Quinta Mi Refugio, Sector La Cava, Tel. 02 44/355 15 04, www.renacerspa.com; 7 Zimmer. Exklusives Spahotel mit vielen Anwendungen. Jacuzzi und Sauna im Garten; Angebot geführter Wanderungen. Blendend ausgestattete Zimmer, vegetarische Mahlzeiten. Nur Packages. 140 US-$ pro Person für zwei Tage. **Hotel Selva Negra:** im Ortszentrum bei der Kirche, Tel. 02 44/355 14 15, Fax 355 13 38, www.hotelselvanegra.com; 45 Zimmer, die meisten in Bungalows im Garten. Das imposante Haus hat die längste Tradition, ist sehr gepflegt und gemütlich im Schwarzwaldstil eingerichtet. Schöner Blick auf die Täler. Hat eines der besten Restaurants in Colonia Tovar. DZ 80–120 US-$.

Posada Don Elicio: bei dem Hotel Drei Tannen, Tel. 02 44/355 12 54, www.posadadon elicio.com; 11 Zimmer. Sehr persönlich und individuell. Geräumige, helle Zimmer, halb Laura-Ashley-Flair, halb Omastil, gut ausgestattete Bäder. Restaurant und origineller, großer Garten. Nur in Packages buchbar, DZ ca. 85 US-$.

Hotel Edelweiss: Sector El Calvario, Tel. 02 44/355 12 60, Fax 355 11 39; 25 Zimmer. Nette und hübsch eingerichtete Pension, nicht alle Zimmer haben Balkon, freundlicher Service. DZ ca. 85 US-$.

Hotel Alta Bavaria: Sector El Calvario, Tel. 02 44/355 13 33; 18 Zimmer, 6 Suiten. Schön gelegenes Hotel mit großem Garten und eher

Schwarzwaldidylle unter Palmenfächern: Die Colonia Tovar zitiert deutsches Erbe

schlicht eingerichteten Zimmern, dafür sehr freundlicher Service. DZ ca. 70 US-$.

Rancho Alpino: Calle Principal, Tel. 02 44/355 11 74; tgl. geöffnet. Hat zwei große Restaurants, unten gibt es ausschließlich Pizza, im ersten Stock werden auch andere italienische Speisen serviert. Gutes Preis-Leistungs-Verhältnis mit Hauptgerichten um die 20 US-$.

Frankfurt: Carretera Colonia Tovar, Tel. 02 44/355 18 79; tgl. geöffnet. Einfach, sauber, schlicht. Schmackhafte deutsche Küche mit Würstchen, Kartoffelsalat, Schweinekoteletts und Apfelstrudel. Gerichte ca. 15 US-$.

El Molino: Calle El Molino, Tel. 02 44/355 13 94; Mo geschl. In einem gepflegten Garten liegt dieses hübsche weiß getünchte Haus mit deutscher Küche; sehr freundlicher Service. Gerichte ca. 12 US-$.

An einem **8. April** wurde die Colonia Tovar gegründet. An diesem Tag finden alljährlich auch die Feierlichkeiten statt, umrahmt von Umzügen und Tänzen.

Por Puestos nach Caracas über Junquito.

2 Los Roques

Reiseatlas: S. 4, F 1

Der Karibikarchipel **Los Roques** gleißt in goldenen Sandtönen in einem türkis- und smaradgrün schillernden durchsichtigen Meer. Wie Glassteinchen in einem Kaleidoskop bilden 42 winzige *cayos*, Keys, eine angedeutete Ellipse, um die sich die Korallenriffe ziehen. Sanft und flach wölben sie sich aus dem glasklaren Wasser, zusammengehalten von niedrigen xerophytischen Pflanzen, die auf dem hellen Boden Muster bilden. Los Roques ist so schön wie aus dem Bilderbuch und der venezolanische Dichter Joaquín Crespo behauptete, hier hätten Steine aus dem Paradies Schiffbruch erlitten.

Das solchermaßen literarisch geadelte Juwel, 1972 zum Nationalpark erklärt, liegt etwa

170 km nördlich von La Guaira. Die Inselchen ruhen auf einem submarinen Plateau von extrem unterschiedlicher Beschaffenheit. Im Süden ist es schmal und weist Steilabbrüche von 500 bis 1000 m auf, im Norden beträgt die Tiefe etwa 10 m. Der Park mit einer Gesamtfläche von 225 ha umfasst etwa 250 Korallenriffe. Sie sind Heimat für die verschiedensten Fischarten. Schwärme bunter Papageienfische ziehen vor den flachen Küsten vorbei, es gibt Enten-, Kugel- und Trompetenfische, dazu unzählige Arten von Mollusken und Korallen, Langusten, Schwämmen und Seeigeln. Auf dem Cayo Sur wurde eine biologische Forschungsstation eingerichtet, die von der Regierung und privaten Spendern unterhalten wird. Neben ihrer Vielfalt an Unterwasserfauna bestechen die Inselchen auch durch ihren Reichtum an Fregattvögeln, Tölpeln, Scharlachsichlern, Pelikanen und Reihern. 80 verschiedene Vogelarten bevölkern die Mangrovendickichte der Lagunen. Man kann sich also vorstellen, wie interessant ein Besuch dieser Koralleninseln für Taucher, Schnorchler und selbst für die Tagesgäste auf dem Katamaran ist.

Doch das Paradies hat auch Schattenseiten. Es gibt kein Wasser auf Los Roques, weswegen auch über lange Zeit keine Grundlagen für eine Besiedlung gegeben waren. Die Fischer, die sich auf Gran Roque, der einzigen bewohnten Insel, niedergelassen hatten, kehrten am Wochenende zu ihren Familien zurück. Auch die mittlerweile installierte Entsalzungsanlage deckt den Bedarf nicht, sodass Wasser vom Festland hergebracht werden muss, wie so vieles andere auch, denn außer Mangroven, Glaskraut und Kakteen gedeiht hier nicht viel. Wegen seines ariden Klimas mit mindestens 300 Sonnentagen im Jahr nimmt das nicht Wunder.

Das wiederum erfreut andere. Los Roques hat sich in den vergangenen Jahren wegen seiner Schönheit zu einem der touristischen Höhepunkte von Venezuela für all jene gemausert, die in recht exklusiver Umgebung einen mehrtägigen Strand- und Tauchurlaub verbringen wollen. Los Roques ist allerdings keinesfalls preiswert. Die verkleinerte Version des All-inclusive-Urlaubs bieten die Posadas nur an, weil es auf der Insel für Selbstversorger ziemlich wenig zu kaufen gibt, was über Thunfischdosen und Trockenfutter hinausgeht. Die schattenlosen Strände sind ebenfalls nicht jedermanns Sache, an drei bis vier Tagen aber auch für Sonnenempfindliche zu verkraften.

In auffälliger Übereinstimmung werden Posadas, Bars und Restaurants von Italienern geführt, was Los Roques mit einer entsprechend lockeren, netten, kosmopolitischen Atmosphäre versieht. Schönste Karibik mit jungem Ibizaflair, so ließe sich Los Roques am treffendsten charakterisieren. Tagsüber besuchen die Gäste die Strände der *cayos*, zu denen sie sich übersetzen lassen, abends trifft man sich auf einen Sundowner am Strand oder auf der Hotelterrasse.

Doch so exklusiv wie früher, als lediglich Gäste mit eigener Jacht oder dem eigenen Flugzeug das Korallenarchipel erreichten und in den sündhaft teuren drei Hotels am Platze logierten, ist Los Roques keinesfalls mehr. Darüber bricht keiner in Bedauern aus. Allerdings beherbergt mittlerweile jedes zweite Haus eine Posada. Lebhaft ist Los Roques geworden, rummelig nicht.

Besucherzentrum beim Flugplatz: generelle Auskünfte, auch über die Campingplätze.

INPARQUES: Isla Gran Roque, Calle Principal, Tel. 02 37/221 12 26. Halten Informationsbroschüren (auch auf Englisch und Französisch) bereit, erteilen Campingerlaubnis. Alle bezahlen einen Eintritt für den Nationalpark, die Nichtvenezolaner etwa 15 US-$.

Posada Acuarela: gegenüber vom Spielplatz, Reservierungen in Caracas, Tel. 02 12/952 33 70, Posada 02 37/221 14 56, 221 10 08, www.posadaacuarela.com; 11 Zimmer und Suiten. Der Maler Angelo Belvedere beweis mit seiner Ausstattung dieser ungewöhnlichen Posada ein gutes Gespür für die Bedürfnisse und Vorlieben seiner anspruchsvollen, doch legeren Erholung suchenden Gäste. Die Posada stellt so eine Mi-

Übernachten auf Los Roques

Die meisten Unterkünfte verfügen nur über wenige Zimmer. Eine Vorausbuchung empfiehlt sich immer, besonders in den Ferienzeiten. Die Fluktuation ist hoch, denn Los Roques ist zwar preiswerter geworden, aber nicht billig. Nur selten bleiben Gäste mal eine Woche lang, üblich sind drei Übernachtungen/vier Tage.

In den *posadas* wird Vollpension serviert. Man kann aber auch mit Frühstück oder Halbpension buchen. Für die Tagesausflüge stellen die *posadas* normalerweise Kühltaschen mit Erfrischungsgetränken, Obst und leichten Gerichten zur Verfügung. Die angegebenen Preise gelten pro Person. Bei Reservierung wird man am Flughafen abgeholt.

schung aus Künstlerhort, tropischem Garten und entspanntem Wohnen mit einer Dachterrasse für den Sundowner dar. Und die Küche gehört fraglos zu den besten der Insel. Das hat allerdings auch seinen Preis: 150 US-$ pro Person im DZ mit Vollpension (Lunchbox) und Transfer zu den Stränden. Gekocht wird nach Voranmeldung auch für Nichtpensionsgäste. Zur Auswahl stehen jeweils zwei Menüs. Es wird Englisch, Französisch und Italienisch gesprochen.

Posada La Cigala: am Ortseingang links, Tel. 04 14/200 43 57 (Mobiltelefon), www.lacigala.com; 8 Zimmer. Hübsche und luftige Option mit einladend gestalteter Lobby und netten, schlicht im Kolonialstil eingerichteten Zimmern. Sehr freundliche und zuvorkommende Besitzer, die auch Englisch und Französisch sprechen. Preise differieren beträchtlich je nach Saison. Gratistransfer zu nahe gelegenen Keys. Übernachtung mit Vollpension und vollem Tagesprogramm 120 US-$.

Posada La Corsaria: Tel. 04 14/119 94 75 (Mobiltelefon), in Caracas Tel. 02 12/993 63 73, www.posadalacorsaria.com; 8 Zimmer. Eine einladende Anlage in ungewöhnlich dunklen Farben, weinrot und königsblau gehalten, Ziegel und dunkles Holz bestimmen die Inneneinrichtung mit kunstgewerblichen

Der Archipel Los Roques: ein karibischer Traum par excellence

Umgebung von Caracas

Akzenten und Muscheldekorationen. Eigene Wasserentsalzungsanlage. Transfer zu Stränden. Zimmer mit Vollpension 120 US-$ pro Person.

Posada Piano y Papaya: 02 37/221 14 96, 04 14/281 01 04 (Mobiltelefon), www.pianoypapaya.com; 6 Zimmer. Die weitläufigen Gemeinschaftsräume garantieren kommunikative Atmosphäre. Bei der Gestaltung dominiert ein mexikanischer Stil. Die Zimmer sind hell und gemütlich eingerichtet, allerdings nicht besonders groß. Mit Garten. Serviert wird Frühstück, nach vorheriger Vereinbarung gibt es auch Vollpension. Massage und Verleih von Schnorchelausrüstung. Italienische Besitzer. Übernachtung mit Frühstück pro Person 90 US-$, im Package mit Vollpension 170 US-$ für zwei Tage mit einer Übernachtung.

Posada La Plaza: Buchungen über Aerotuy in Caracas: Tel. 02 12/761 62 11, in Porlamar: Tel. 02 95/263 03 07; 15 Zimmer. Hinter einem gemeinschaftlichen Aufenthaltsraum öffnet sich ein Korridor zu den einfachen, aber geschmackvoll ausgestatteten Zimmern und einem begrünten, gepflegten Innenhof. Alle Mahlzeiten werden im Restaurant El Muelle am Hafen eingenommen. Man kann Übernachtung, Frühstück, Vollpension und Packages all inclusive und separat buchen. Verleih von Schnorchelequipment. Tagespreise mit Übernachtung um die 110 US-$. Packages sind preiswerter.

Posada Gremary: Tel. 02 37/221 14 01, 04 14/260 19 93 (Mobiltelefon); 10 Zimmer. Eine empfehlenswerte Alternative zu den teureren Häusern mit ausgesprochen freundlicher Atmosphäre. Alle einfachen Zimmer haben Bad. Preise differieren je nach Saison. Frühstück und Vollpension. Gratistransfer zu den nahe gelegenen Stränden. Arrangement mit Mahlzeiten und Transfer ca. 75 US-$.

Posada Doña Carmen: Plaza Bolívar, Tel. 02 37/221 10 04, donacarmen@losroques.com; 9 Zimmer. Eine der ersten Unterkünfte auf der Insel. Einfache, schlichte, aber geräumige Zimmer, familiäre Atmosphäre, mit Dachterrasse. Frühstück und Abendessen sind im Preis enthalten. 50–65 US-$.

El Barcito Escondido: direkt am Meer und Fischerhafen, kleines italienisches Restaurant mit Bar und einer Terrasse zum Draußensitzen.

Rascatequi: Plaza Bolívar. Ist nicht der Name eines weiteren Keys, *cayos*, sondern heißt salopp übersetzt »besauf' dich hier«. Ein wirklich netter Platz, um das zu tun, aber gut essen kann man hier auch und später am Abend auch noch tanzen. Rascatequi bietet tatsächlich vielerlei.

Für **Selbstversorger** stehen Supermärkte zur Verfügung, die Erfrischungsgetränke, Konserven, Tomaten, Süßkartoffeln, Knoblauch und Kaffee in den Regalen haben.

Alle *posadas* bieten **Transfers auch zu weiteren Inseln** an. Entweder ist dies im Preis inbegriffen oder auszuhandeln. Die Besucher werden zu einer vereinbarten Zeit abgeholt. Am beliebtesten sind Crasqui, Madrizqui, Rasqui und Francisqui; weiter entfernt liegen Noronquises und Dos Mosquises; Letztere hat eine Piste für kleine Flugzeuge.

Für Tauchunterricht, Schnupperkurse und Tauchausflüge stehen bereit:

Arrecife Divers: (neben INPARQUES), Tel. in Caracas 02 12/730 90 80, 04 14/245 22 55 (Mobiltelefon), info@diversvenezuela.com.

Ecochallenge Dive Center: Tel. in Caracas 02 12/730 24 65, info@ecochallenge.ws.

Die **Fangzeit für Langusten** auf Los Roques beginnt am 1. November. Bis zum 30. April dürfen sie gefischt werden. Wer also in diesen Monaten auf Los Roques Urlaub macht, kann sie ganz frisch bekommen. Es gibt zwei Restaurants, die sich darauf spezialisiert haben: das **Bora La Mar** neben der Kirche von Gran Roque und die **Casa Marina** auf Francisqui.

Der **Flughafen** liegt zwei Min. vom Ortskern entfernt. Flüge nach Caracas (2 x tgl.) und nach Porlamar.

**Entspannteste Karibik:
eine Kioskbar in Gran Roque**

Die Playa Colorada bei Puerto La Cruz
gilt als eine der schönsten im ganzen Land

Die östliche Küstenregion

Karibisches Meer

Paria

Araya

Cumaná

Barcelona

Orinoco

Fischer, Tropen, Wasserbüffel – die vielen Gesichter des Oriente

War es das Paradies? Kolumbus wollte es so erscheinen, als er zum ersten Mal auf seinen Fahrten die *tierra firme*, das Festland, erblickte. Es war die östlichste Spitze Venezuelas und er sah Fremde in reichem Perlenschmuck und üppigen tropischen Boden.

Doch verlor dieses Paradies rasch seine Unschuld. Die Konquistadoren, die auf Kolumbus folgten, Cristóbal de la Guerra und Pedro Alonso Niño, entdeckten Araya und damit die umfangreichen Salzpfannen der Region.

Perlen und Salz – der Osten Venezuelas stand bald auf der Agenda der zu erobernden Gebiete in der Neuen Welt, die Spanien sich zu unterwerfen und auszubeuten gedachte. Über die Jahrhunderte hinweg haben sich diese Regionen als verlässlich reiche Pfründe erwiesen. Allein das Salz erbrachte riesige Erlöse, war es doch unentbehrlich bei der Konservierung von Fleisch und Fisch. Die fundiertesten Kenntnisse über die zaghaft entstehende Fischindustrie besaßen die Niederländer, die nach Bekanntwerden des Salzreichtums vor der venezolanischen Küste das Gebiet auch schnell erkundeten und ausbeuteten. Die Salzdepots auf Araya stellten sich als die größten heraus, die bisher entdeckt worden waren.

Trutzige Festungen entstanden an der Küste, etwa in der ältesten Stadt Venezuelas, Cumaná. Nicht immer konnte sie erfolgreich gegen Piratenüberfälle verteidigt werden. Bei der alten Kolonialstadt Barcelona am Río Neverí wurde ein Flusshafen gebaut, der sich bald als die sicherere Option für die Verschiffung von Handelsgütern erwies. Später wurde hier auch der Warenverkehr aus den Llanos abgewickelt.

Der reiche Boden des Oriente glich bald einem Flickenteppich unterschiedlichster Plantagen. Schon im 18. Jh. war der fruchtbare Boden um den Golfo de Cariaco mit Baumwollfeldern übersät und im 19. Jh. waren die Hänge der Küstenkordillere mit Kakao- und Kaffeeplantagen überzogen, die für den Wohlstand des gesamten Landes sorgten. Zuckerrohr wurde angebaut und die Spanier beuteten *añil* aus, einen Pflanzenfarbstoff, der bis zur synthetischen Herstellung von Anilin begehrtes Handelsgut gewesen war. Die fein geschwungenen Buchten bepflanzten sie mit Kokospalmen. Aus Tobago (Islas de Tabaco) importierte Tabakpflanzen gediehen prachtvoll und erklommen rasch die Güteskala. Städtegründungen folgten, so etwa Carúpano und Río Caribe, um Handelsstützpunkte aufzubauen. Heutzutage ist der Oriente kräftig afro-karibisch eingefärbt – viele schwarze Sklaven schufteten einst auf den Plantagen und hinterließen ihr kulturelles Erbe.

Nur lieblich ist diese Region keineswegs. An der Grenze zum Parque Nacional Bahía de Mochima befindet sich La Guanta, einer der wichtigsten Erdölhäfen Venezuelas, und Puerto La Cruz markiert das Ende der Pipelines, die quer durchs Land bis hinunter zu den reichen Vorkommen um El Tigre gelegt wurden.

In drei Nationalparks, Bahía de Mochima, Turuépano und Paria, wird versucht, die ursprüngliche Vielfalt nicht weiter anzugreifen. Naturliebenden Touristen bietet sich hier eine Menge: Sie können sich an vogelkundlichen Exkursionen ergötzen, stille Wasserläufe erkunden, auf Dschungelpfaden die heimische Flora kennenlernen oder im Schnorchel- und Tauchparadies der Bahía de Mochima ihrem Hobby nachgehen.

Und in der Tat, es gibt viel zu sehen. Wie ein Amboss ragen die Doppelhälften der so unterschiedlichen Halbinseln Araya und Paria parallel zur Festlandsküste hinaus. Zur westlichen Seite löst der tief eingekerbte Golfo de Cariaco die Halbinsel von der Masse des Festlands, auf der östlichen Seite ist es der Golfo de Paria. Eine bis zu 2000 m hohe Küstenkordillere beginnt jenseits der alten Kolonialgründung Cumaná den Norden zu strukturieren. Im Süden des tropischen Paria dehnt sich eine Feuchtsavanne bis hin zu den nördlichen Ausläufern des Deltas des Río San Juan, während auf der staubtrockenen Halbinsel Araya zwischen Kakteen, Sandsteppen

und Ziegenherden die orangefarbenen und burgunderroten Salzbecken liegen.

Richtig Reisen-Tipp

Wasserwelten: Er ist schön und er ist reich, der Parque Nacional Bahía de Mochima. Schön allein schon wegen seiner ungewöhnlichen landschaftlichen Gestalt mit Mondsichelbuchten zwischen den steilen Abhängen der Küstenkordillere, reich wegen seiner Unterwasserfauna, die ihn zu einem lohnenden Ziel für Schnorchler und Taucher macht (s. S. 157).

Highlights

3 Cueva del Guácharo: Die Höhle der einzigartigen Fettschwalme hat schon Alexander von Humboldt untersucht. Heute kann man sie unter kundiger Führung selbst entdecken. Allein die Fahrt dorthin lohnt sich schon (s. S. 170).

4 Península de Paria: Als einen Mikrokontinent hat man die Halbinsel Paria wegen ihrer so unterschiedlichen landschaftlichen Gesichter schon beschrieben. Der Küste zugewandt, bildet die Kordillere eine eindrucksvolle Kulisse mit perlsandigen Meeresbuchten, in der Mitte dominieren die Tropen, im Süden die Savanne mit einer Art Miniaturdelta (s. S. 172 ff.).

Reise- und Zeitplanung

Wer einen Badeaufenthalt an den attraktiven Küsten des Oriente in seinem Urlaubsplan unterbringen will, rechnet mit mindestens einer Woche. Für Stadtbesuche reichen jeweils ein paar Stunden.

Klima und Reisezeit

Am angenehmsten im mitteleuropäischen Herbst bis Frühling, denn dann herrscht Trockenzeit mit angenehmen Temperaturen.

Puerto La Cruz erfreut sich bei venezolanischen Touristen größter Beliebtheit, für mitteleuropäische dagegen ist sein etwas lärmiger Reiz eher begrenzt. Doch was danach kommt, erregt Aufsehen: stille Fischerörtchen, traumhafte Buchten und kolonialzeitliche Reminiszenzen in den Küstenstädten.

Puerto La Cruz

Karte: S. 154/155

Ihre Nähe zur Isla de Margarita und dem Parque Nacional Bahía de Mochima hat der blühenden, aber keineswegs aufsehenerregenden Hafenstadt **Puerto La Cruz** 1 den Tourismus beschert. In weniger als vier Stunden ist das beliebteste venezolanische Ferienziel der Deutschen mit der Fähre von Puerto La Cruz aus erreicht.

Trotzdem hat der Name Puerto La Cruz zumindest bei den Venezolanern einen guten Klang, denn der Ort verfügt über eine Infrastruktur mit mehreren teuren Hotels und guten Stränden, die sich auf kleinen, der Hafenstadt gegenüberliegenden, ganz idyllischen Inselchen verteilen. Für schöneres Baden als in Puerto La Cruz selbst nimmt man die Fähren nach **La Plata** und **El Saco**. Sie gehören bereits zum Repertoire des Parque Nacional Bahía de Mochima. Reiseagenturen vermitteln Ganztagesausflüge mit dem Boot zu weiteren Karibikstränden auf den Inseln Cachicamo, Chimana und Arapo oder zur Playa Blanca, die man mit dem Auto nicht erreichen kann.

Wer in der Millionenstadt Puerto La Cruz seinen Urlaub verbringt, fährt nach der Ankunft gleich wieder weg an den Strand. Für den puren Sonnen- oder auch Shoppingtourismus ist sie durchaus eine gute Referenz. Den für Urlauber eigens konstruierten **Paseo Colón** scheint sich Puerto La Cruz bloß an-

geschminkt zu haben, so unverbunden bleibt er mit dem übrigen städtischen Gewebe, das schon zwei Straßen weiter beginnt. Aber als einzige wirkliche Flaniermeile und Strandpromenade im gesamten Land ist er eine Sehenswürdigkeit für sich. Der Strand ist freilich recht bescheiden: Nur wenig mit dem Staub der Stadt vermischter Sand lagert auf hartem Boden unter windzerzausten Palmen. Und auf der gegenüberliegenden Seite des Paseo reihen sich etwas in die Jahre gekommene 3-Sterne-Hotels, Boutiquen, Reiseagenturen und Souvenirgeschäfte aneinander.

Das normale Alltags-Puerto-La-Cruz, erst im 19. Jh. als Fischerort gegründet und seit den 1950er-Jahren Endpunkt der Erdölpipelines, wimmelt dagegen von klebrigen Bürgersteigen und staubigen Geschäften, kleinen Tischlereien und Möbelläden. Die einzige wirkliche Sehenswürdigkeit neben dem Paseo ist der **Markt**, besonders in den frühen Morgenstunden. Einen Lustgewinn bereitet der Besuch allerdings nur dem, der eine typisch latinische Marktatmosphäre zu genießen weiß und der sich nicht gestört fühlt, wenn neben seinem Frühstückskiosk mit *empanadas* die blutigen Schweinsköpfe zu Türmen aufgeschichtet sind. Früchte und Korianderkraut liefern sich ein Duell in Sachen Aroma und man kann ein Sammelsurium an Wundertinkturen erstehen, wie die in Abnehmerkreisen hochgerühmte nilgrüne *uña de gato* (Katzenkralle), die gegen Krebs und Hauterkrankungen helfen soll.

Coranztour: Paseo Colón, Pavillon am Strand.

 Maremares Golden Rainbow Resort y Spa: Complejo Turístico El Morro, Lecherías, Tel. 02 81/500 15 00, Fax 281 30 28, www.maremares.com; 491 Zimmer. Die luxuriöseste Option in Puerto La Cruz. Das Resort liegt mitten im Tourismuskomplex Aquavilla. Großzügig geschnittene Anlage mit origineller Poollandschaft, Spa, Fitnessraum und Tennisplätzen. DZ ca. 150–220 US-$.

Gran Hotel Puerto La Cruz: Final Paseo Colón, Tel. 02 81/500 36 11/46, Fax 500 36 66, www.hotelespremier.com; 220 Zimmer und Suiten. Die typische Luxusbettenburg mit komfortablen, gepflegten Zimmern und allen Finessen eines 4-Sterne-Klassikers. DZ 150–200 US-$, in Packages preiswerter.

Cristina Suites: Av. Municipal/Calle Maneiro, Tel. 02 81/418 77 77, Fax 267 33 83, www.cristinasuites.com; 221 Zimmer. Dieser Hotelturm liegt jenseits des Zentrums in der Nähe der Straße nach Barcelona. Businessstil, dennoch gemütlich, Pools, Restaurants und Fitnessraum. Packages und Touren. DZ mit Frühstück ca. 90 US-$.

 Chic e Choc: Paseo Colón 113, Tel. 02 81/265 25 51; tgl. außer So. Der Dauerbrenner mit guter französischer Küche mit venezolanischem Akzent, z. B. *lomito* mit Passionsfruchtsauce; durch die Klimaanlage immer eisgekühlt. Speisen ab 10 US-$.

Café Olé: Paseo Colón; tgl. geöffnet. Ein Ableger der sehr erfolgreichen Cafés Olé in Caracas. Auch kleine Gerichte und Salate für 7 US-$ neben venezolanischen Spezialitäten.

Flughafen, der Puerto La Cruz bedient, auf halber Strecke nach Barcelona.

Busbahnhof: Calle Juncal/Democrácia in Zentrumsnähe; häufige Verbindungen nach Acarigua, Caracas, Caripe, Carúpano, Cumaná, Ciudad Bolívar, Guanare, Maracay, Maturín, San Cristóbal, Tucupita, Valencia.

Por Puestos nach Altos de Sucre, El Tigre, Güiria, Piritu, Santa Fe, Playa Colorada und Playa Santa Cruz.

Mit der Autorin unterwegs

Sicher in Santa Fé
Der deftige Fischerort mit seinem schönen Sandstrand stand lange in dem Ruf, ein Drogenumschlagplatz und ein unsicheres Pflaster zu sein. Mit vereinten Kräften versuchen jetzt die freundlichen und engagierten Besitzer der verschiedenen Strandposadas, das schlechte Image des Ortes zu verbessern. Trotzdem, nach zehn Uhr abends wünschen sie sich ihre Gäste zurück hinter ihre Pforten (s. S. 160).

Restaurant Les Jardins du Sucre, Cumaná
Wenn man es betritt, weiß man, wie ein **typisch venezolanisches Kolonialhaus** ausgesehen hat: mit einem Patio an der Seite und einer hohen Pforte, um den Hausherrn hoch zu Ross passieren zu lassen. Die französische Besitzerfamilie hat dieses Haus aufwendig und puristisch restauriert und mit einem Wasserbecken versehen und sie kocht ganz herrliche Variationen aus französisch-venezolanischen Aromen (s. S. 168).

Por Puestos nach Barcelona befahren die Av. Intercomunal, die beide Städte miteinander verbindet.

Folgende Komfortlinien verfügen über eigene Terminals:

Aeroexpresos Ejecutivos: Terminal Conferry, Paseo Colón, Tel. 02 81/267 88 55, nach Caracas, Maracay und Barquisimeto.

Rodovias de Venezuela: Av. Intercomunal, Sector Las Garzas, Tel. 02 81/286 15 10, nach Caracas, Valencia, Cumaná und Carúpano.

Peli-Express, Av. Intercomunal, nur nach Caracas.

Autovermietung: Budget: Centro Comercial Golf Plaza, Tel. 02 81/281 45 65.

Fähren zur Isla de Margarita: Conferry: Paseo Colón, Tel. 02 81/267 70 03, www.conferry.com. 2 x tgl. nach Punta de Piedras, Fahrtdauer etwa 3 Std.

Die östliche Küstenregion

Barcelona

Karte: S. 154/155

Die gut ausgebaute *Avenida Intercomunal* verknüpft Puerto La Cruz mit **Barcelona** 2 . Etwa 350 000 Menschen leben in der Hauptstadt des Bundesstaates Anzoátegui. Der Verkehr saust zunächst an den Hochhausfassaden und *centros comerciales* von Puerto La Cruz vorbei und passiert das gepflegte Villenviertel Lecherías, wo einst Milchkühe weideten, sowie die halbwegs mondäne Ferienanlage **Complejo Turístico El Morro.** Ihr Kernstück Aquavilla, ein Gewirr teurer Ferienhäuschen an nicht abwasserbereinigten Kanälen und wahres Mückendorado, umgibt das luxuriöse 5-Sterne-Hotel Mare Mare mit beeindruckender Poollandschaft und grenzt an das postmodern bunt und fröhlich gestaltete Einkaufs- und Vergnügungszentrum Centro Comercial Plaza Mayor. Und dann hat die Schnelligkeit ein Ende: Die Fahrzeuge rollen buchstäblich in Barcelona aus.

Altmodischer Charme kennzeichnet die Landeshauptstadt des Bundesstaates An-

zoátegui. Das 1671 von Katalanen gegründete Barcelona del Dulce Nombre de Jesús, 30 km von der Küstenlinie entfernt, dämmert im Halbschatten baumgefasster Avenidas am Río Neverí als koloniales Provinzhauptstädtchen recht unbeachtet vor sich hin. Man könnte es als kontrapunktisches Modell zu Puerto La Cruz betrachten. Wird dort dem schnellen Konsum und dem Handel in jeglicher Variante gehuldigt, so ergötzt man sich in Barcelona an der Beschaulichkeit eines gemächlicher laufenden Alltagsgeschehens, in dem leicht angestaubte Drogerien und ambulante Schuhmacher noch ihren Platz haben. Die gemäßigt moderne und verkehrsreiche Avenida 5 de Julio, um die sich die von ambulanten Händlern gleichermaßen besetzte Geschäftszone konzentriert, trennt den südlichen Altstadtbereich von den bescheidenen Wohnvierteln im Norden.

Und doch befand sich in Barcelona bis Ende des 19. Jh. einer der wichtigsten Häfen für den Handel zwischen den Llanos und den Niederländischen Antillen. Verladen wurden hauptsächlich Fleisch, Rinder, Maultiere und

154

Pferde. Lebhafter Bootsverkehr mitsamt schwimmender Märkte würzte die Atmosphäre der Stadt. Das zweistöckige Zollhaus aus jenen Zeiten, **El Rincón Aduana,** war bis in die 1940er-Jahre in Betrieb, als der Meereshafen La Guanta bei Puerto La Cruz noch nicht existierte.

Über die **Puente Bolívar** rollt der Verkehr, von Puerto La Cruz aus kommend, gemütlich zur Plaza Rolando mit dem Teatro Cajigal. An der Bolívarbrücke gäbe es nichts Bemerkenswertes, wäre sie nicht in irgendeiner Weise mit dem Libertador verknüpft. Und sei die Verbindung auch noch so unbedeutend, den Venezolanern ist sie allemal wenigstens den Namen wert. Hier traf sich der Libertador mit seinem, wie es in einem Wortspiel heißt, Libertador, Francisco Bermúdez, der ihm während der Unabhängigkeitskriege half, den königlich-spanischen Truppen zu entkommen.

Angenehm beschattet, unterbricht die **Plaza Rolando** das den spanischen Kolonialzeiten entstammende Schachbrettmuster der gepflasterten schmalen Straßenlinien. Die weiße, zweitürmige Kirche El Carmen und das in Vanillegelb getauchte, neoklasssizistische **Teatro Cajigal** flankieren sie.

Am schönsten und anheimelndsten Platz der Stadt, der ausnahmsweise nicht Bolívar, sondern **Plaza Boyacá** getauft wurde, konzentrieren sich die Sehenswürdigkeiten von Barcelona. Sie liegt drei *cuadras* von der Plaza Rolando entfernt. Das **Museo Anzoátegui** im restaurierten kolonialen Geburtshaus des Unabhängigkeitshelden José Antonio Anzoátegui enthält eine bunte Mischung historischer und sakraler Exponate wie alte Näh- und Schreibmaschinen, steinerne Wasserfilter, Fossilien und – ungewöhnlicher Anblick – eine Parade unbekleideter Heiligenfiguren aus Holz aus dem 18. Jh., die den jeweiligen Anlässen entsprechend eingekleidet werden konnten (Plaza Boyacá/Calle Juncal 345, Tel. 02 81/416 19 41. Di–Sa 9–12 und 14–17.30, So 9–13 Uhr, Eintritt frei).

Ein Jahr nach Gründung der Stadt stand bereits die **Kathedrale,** ein dreischiffiger, heute strahlend weißer Bau mit stämmigen Säulenreihen. Reliquien und die sterblichen Überreste des hl. Celestino werden darin aufbewahrt und ein fast deckenhohes goldenes Retabel von 1744 leuchtet unübersehbar im Kircheninneren. Von der verschlafenen Atmosphäre des Platzes scheinen auch die anmutigen, kopfsteingepflasterten Straßen mit den typischen hohen Bürgersteigen in der unmittelbaren Umgebung beseelt.

Der ehemalige Franziskanerkonvent der Stadt aus dem Jahr 1647 – die Franziskaner missionierten schon früh und eifrig das Hinterland – bezeugt dagegen eine blutige Geschichte. Im Morgengrauen des 7. April 1817 war er Schauplatz eines der unzähligen Puzzlesteine im langen Kampf um die Unabhängigkeit; und diesmal war der Ausgang wahrhaft erschreckend. Mehr als 1500 Menschen starben bei einem Massaker in der vom Konvent zur Festung umfunktionierten **Casa Fuerte,** die heute an der viel befahrenen Straßenkreuzung Calle Eulalia Buróz/Avenida 5 de Julio liegt. Unter ihnen befanden sich viele Frauen, alte Menschen und Kinder. Auf der nationalistischen Seite verteidigten Pedro María Freites und Eulalia Buróz die Souveränität Großkolumbiens, während ein 3000 Mann starkes Heer der Spanier die Festung in Ruinen legte. Das Denkmal würdigt dankenswerterweise einmal eine Frau, Eulalia Buróz, und Bäume beschatten die übrig gebliebenen rotbraunen Mauerstümpfe, die, einem Mahnmal gleich, nicht restauriert, von diesem Todeskampf künden.

Dirección de Turismo, Av. 5 de Julio, Palacio de Gobierno/Calle Las Flores, Planta Baja, Tel. 02 81/275 04 74, www. corporaciondeturismoanzoategui.com.

Hotel El Dorado Suites: Av. Principal Los Mesones, Tel. 02 81/274 95 27. Sicherlich die beste Wahl in Barcelona, obwohl es nicht zentral liegt, aber es hat ordentliche große Zimmer, einen Pool zum Entspannen und einen zuvorkommenden Service. DZ ca. 45 US-$.
Hotel Neverí: Av. Fuerzas Armadas, Tel. 02 81/277 25 76; 30 Zimmer. 1960er-Jahre-Bau, allerdings leicht derangiert, untere Mittelklasse. DZ 15 US-$.

Tasca Restaurant El Llanero: Av. Pedro María Freites, Sector Buenos Aires, Tel. 02 81/276 97 15. Spanisch möbliert, Fleisch- und Fischgrill, freundliche Atmosphäre, zuvorkommender Service.

Ateneo de Barcelona: San Félix/Juncal, im restaurierten Kolonialhaus werden Ausstellungen zeitgenössischer venezolanischer Künstler veranstaltet. Ein Geschenk des Schriftstellers Miguel Otero Silva.

Flughafen Aeropuerto Internacional José Antonio Anzoátegui: Tel. 02 81/276 15 46, www.aeropuertodeoriente.com. Flüge nach Caracas, Carúpano, Cumaná, Maracaibo, Maturín, Porlamar, Puerto Ordaz und Valencia.
Busbahnhof: Av. San Carlos: Verbindungen mit Clarines, Boca de Uchire, Cumaná, Carúpano, auf die Halbinsel Paria, nach Ciudad Bolívar und San Félix.
Peli-Express: Complejo Turístico El Morro; Nonstop-Busse nach Caracas und Valencia (2 x tgl.).
Autovermietung: Verschiedene Anbieter im Flughafen.

Parque Nacional Bahía de Mochima

Von Puerto La Cruz auf der Ruta Nacional 9 kommend, lohnt **La Sirena**, nahe dem expandierenden hässlichen Erdölhafen La Guanta, einen Besuch. Es handelt sich um einen zwar kleinen, aber prachtvollen Wasserfall mit natürlichen Schwimmbassins in einem angenehm kühlen, tropischen Miniaturpark, der den Namen der Kaskade trägt. Eine Zementfabrik und die größte und traditionsreichste Brauerei des Landes, die von Deutschen gegründete Polar, begleiten wenig romantisch die Straße zwischen Puerto La Cruz und La Guanta.

Playa Colorada

Sie galt einmal als einer der schönsten Strände Venezuelas: die palmenbestandene

Richtig Reisen-Tipp: Wasserwelten

Der Barcelona durchfließende Río Neverí begrenzt im tropischen Süden den 950 km² messenden Parque Nacional Bahía de Mochima zwischen Puerto La Cruz und Cumaná, dessen größte Fläche unterhalb des Meeresspiegels liegt. Rund 42 % gehören zum Festland, 8 % bedecken die Inseln. Die Bahía de Mochima umfasst mit den Inselgruppen Las Borrachas, Las Chimanas und Las Caracas sowie dem Küstenstreifen ein wahres Schatzkästlein der Natur, ein wunderschönes Zusammenspiel von idyllischen Sandbuchten und zerklüfteten Ausläufern der mit dichten Wäldern überzogenen Küstenkordillere, die sich eng an die Strände schmiegen. Korallenriffe und Mangrovenwälder bieten Fischen und Vögeln Schutz. Viele der malerisch gegliederten Berggipfel erreichen bis zu 2000 m, um dann in gezackten Schwüngen und stark gefaltet steil ins Meer zu stürzen. Und das Sonnenlicht zaubert Licht- und Schattenspiele in die Nischen und Vorsprünge. Die Komposition von Karibikstränden, Palmenhainen, Fischerdörfern und duftenden Bergen setzt Venezuela ein ganz besonderes Glanzlicht auf. Ausgeprägtes Interesse dürfte der Park bei Schnorchlern und Tauchern auslösen, denn die felsigen Küsten eignen sich als Heimat für viele Fische und Meerestiere ganz wunderbar.

Anbieter von Tauchfahrten in Puerto la Cruz: **Explosub:** im Gran Hotel Puerto la Cruz, Paseo Colón, Tel. 02 81/500 63 11, weitere Informationen unter www.burodevenezuela.com/english.

Aquatic Adventures: Paseo Colón, Tel. 02 81/267 39 63, www.aquaticadven.com.

In Santa Fé: **Playa Santa Fé Resort and Dive Center:** Playa Cochaima, Tel. 02 93/231 00 51, www.santaferesort.com.

In Cumaná: Im **Hotel Cumanagoto** befindet sich eine Tauchschule.

Kleines Paradies für Taucher: Korallenriffe im Parque Nacional Bahía de Mochima

Der Nationalpark Bahía de Mochima besticht durch das Zusammenspiel von Bergen, Wäldern und Wasser

Von Puerto La Cruz nach Carúpano

Playa Colorada , in unmittelbarer Nachbarschaft der Playas Arapito und Hicacos im Nationalpark Mochima. Der orange- bis rosafarbene Strand, der allerdings an Wochenenden nach ausgiebiger Benutzung eine eher gräuliche Tönung annimmt, besteht aus einem schillernden Teppich fein zermahlener Muscheln. Seine Bekanntheit ermöglicht einigen improvisierten Fischrestaurants ein bequemes Auskommen und wie in Arapito und Hicacos paradieren die ambulanten Austernverkäufer mit ihren Plastikeimern und Zitronen an den Gästen unter gemieteten Sonnenschirmen entlang. Einsam ist die nähere Umgebung der Playa Colorada nicht geblieben; kleine, preiswerte Posadas am Fuß des Kordillerenabhanges sorgen für Übernachtungs- und Verpflegungsmöglichkeiten. Doch die Playa gilt nicht mehr als sicher, weshalb die Unterkunftsmöglichkeiten nicht immer geöffnet haben.

Quinta Jaly: Av. Principal, Tel. 04 16/681 81 13 (Mobiltelefon); 6 Zimmer mit Aircondition oder Ventilator, schöne Terrassen und Garten; freundliche, familiäre Atmosphäre. DZ ca. 20 US-$. Man spricht Englisch und Französisch.
Villa Nirwana: Calle Marchan, Tel. 04 14/824 56 07 (Mobiltelefon). Eine einfache, saubere Unterkunft mit äußerst hilfsbereiten Wirten. DZ 15 US-$.

Eine Reihe von Strandrestaurants offeriert Fisch und Getränke.

Altos de Santa Fé

Arapito, von ähnlichem Format wie die Playa Colorada, ist weniger gepflegt; **Hicacos** dagegen hat eine winzige Traumbucht mit tiefgrünem Wasser. Zwischen den vorgelagerten, kaum bebauten Inselchen Arapita und Arapo befindet sich eine Zone mit besonders tiefem, glasklarem Wasser, La Piscina, das Schwimmbecken. Fischer bieten an den Wochenenden Überfahrten von der Playa Colorada und von Arapito aus an. Man kann La Piscina auch von Puerto La Cruz mit einem organisierten Ausflug ansteuern.

Ist die Ansicht der tief in das Meer reichenden Zungen der Küstenkordillere und der mit zartem Sand bestreuten, mondsichelförmigen Buchten schon von der Küstenstraße her betrachtet imposant, so liefert die Fahrt hinauf zu **Altos de Santa Fé** eineen beeindruckenden Panoramablick über den Nationalpark. Bei El Chaporro zweigt eine kurvenreiche, schmale, asphaltierte Straße rechts ab und erklimmt rasch die Ausläufer des Gebirges; für die 14 km ist nahezu eine halbe Stunde einzukalkulieren. Los Altos de Santa Fé liegt auf einer lang gedehnten Terrasse, idyllisch beschattet von leuchtenden Weihnachtssternbäumen und tropischen Bananenpflanzen. In den tiefen Tälern, welche die Terrasse von der Kordillere trennen, wachsen Gurken und Auberginen reizvoll unter Palmendächern. Eine Anzahl von Ferienhäusern, meist mit wohltuend zurückhaltender Architektur und wundervoller Aussichtslage, sieht man über dem Golf thronen.

Posada Vista Montaña: Sector Cogollato, Tel. 02 93/433 35 42, 04 14/808 64 30 (Mobiltelefon), www.posadala montana.com; 10 Zimmer. In einem gepflegten tropischen Garten von 2 ha verteilen sich sanft orangefarben getünchte Bungalows im Pueblostil. Rustikales Restaurant. Der deutsche Eigentümer Eckhard Fellner organisiert Transfers und Touren. Ein Tipp zum Erholen. DZ ca. 50 US-$, mit Vollpension 80 US-$. Packages und Touren.

Der Ort hat sich zu einem Refugium für Kunsthandwerker entwickelt. Man muss nur durch die kleinen Gassen streifen und stößt auf authentische Handwerksgeschäfte mit schönen Kerzen, Keramik, Papierprodukten und Bildern.

Santa Fé

Ein weiteres – bekannteres – **Santa Fé** liegt 10 km hinter der Playa Hicacos am tief eingeschnittenen Golfo de Santa Fé. Wegen seiner mangelnden Sicherheit war ein Besuch längere Zeit nicht zu empfehlen, hinzu kamen Gerüchte über Drogenmissbrauch. Es wird zwar hartnäckig versucht, diesem Ruf entgegenzuwirken, ein idyllischer oder gar ruhiger Ort ist er dennoch nicht. Aber der Strand ist schön.

Santa Fé hat wahrscheinlich den hässlichsten Bolívar-Platz von ganz Venezuela, zu viel Beton und viel zu wenig Pflanzengrün. Dennoch ist es eines der authentischsten und atmosphärischsten Fischerdörfer in diesem Küstenabschnitt. Fischwaagen stehen aufgereiht am Strand zwischen den beiden Marktgebäuden, aus denen das geschmolzene Kühleis leckt und sich mit den Salzwasserpfützen mischt, Scharen von Pelikanen schaukeln auf den leuchtend bunt bemalten Fischerbooten. Die Fischer sind morgens müde und ruhen sich in der Bodega Mis Luchas aus, in der hauptsächlich Rum ausgeschenkt wird. Die Verkäufer, die Arme bis zu den Ellenbogen voller Schuppen, preisen lautstark die Traditionsfischsorten *parguito* und *carite* an und beschönigen die oft mageren Fänge von Doraden oder Meeresfrüchten. Bananenstauden baumeln über früchtebeladenen Verkaufstheken im dämmrigen Licht des Marktes und die feuchtheiße, salzige Luft flirrt unter der starken Sonne. Die Aussicht von Santa Fé ist zauberhaft, denn der gegenüberliegende Cerro Aceite Castillo zersplittert in eine reizvolle Vielzahl von kleinen Buchten und Landzungen.

Playa Santa Fé Dive Resort: Playa Cochaima, Tel. 02 93/808 82 49, Fax 231 00 51, www.santaferesort.com; 10 Zimmer. Attraktive, großzügige Anlage, die direkt am Strand liegt und über verschiedene Terrassen und Gebäudekomplexe verfügt. Mit Swimmingpool und einer kleinen Bibliothek; geplant ist ein Spa. Die allesamt sehr geräumigen, sauberen Zimmer sind dennoch von unterschiedlicher Qualität, am schönsten sind die beiden Frontzimmer mit eigener Terrasse. Insgesamt junge Atmosphäre, viele englischsprachige Gäste. DZ 80–40 US-$, Tauchkurs 350 US-$.

Café del Mar: Playa Cochaima, Tel. 02 93/ 231 00 09; 14 Zimmer. Sicherlich sollte hier Ibiza Pate stehen. Es gibt ein großes Restau-

Villa Majagual
Auf dem Weg nach Mochima liegt die Villa Majagual. Sie breitet sich auf einer eigenen kleinen Halbinsel aus, die Zufahrt liegt oben an der Küstenstraße. Die Anlage besteht aus ausgesprochen hübschen Bungalows mit eigenen Terrassen und großzügig gestalteten, mit Rattanmöbeln eingerichteten Gemeinschaftsebenen wie Bar und Lobby. Eigener Swimmingpool, der Strand ist winzig. Touren zu den vielen kleinen, einsamen Buchten der Küste. Tel. 02 93/433 21 20, 04 14/733 00 23 (Mobiltelefon). Mindestaufenthalt 2 Übernachtungen. DZ 120–140 US-$.

rantcafé mit Außenterrasse und einen zweistöckigen Extrakomplex mit großen, einfachen, aber sauberen Zimmern und einer Dachterrasse. DZ ca. 45 US-$.

Le Petit Jardin: Calle Cochaima, Tel. 02 93/ 231 00 36, lepetit.jardin@yahoo.com; 7 Zimmer. Bei den Besitzern Jean Pierre und Françoise fühlt man sich wie zu Hause. Die gemütliche Open-Air-Küche mit Speisezimmer ist für alle da. Unterschiedlich gestaltete Zimmer mit Klimaanlage. Tropischer Garten mit Pool. DZ 40 US-$.

Sierra Inn: Playa Cochaima (hinter dem Café del Mar, Tel. 02 93/231 00 42; 7 Zimmer. Eine einladende, komplett umzäunte Pension mit persönlicher Handschrift und sauberen Zimmern. Sehr kommunikative Atmosphäre. Mahlzeiten auf Bestellung. DZ ca. 40 US-$.

Hotel Cochaima: hat ein lebhaftes Strandrestaurant mit gut aufgelegtem Service. Nur mittags geöffnet.

Mochima

Der Fischerort **Mochima** 6 liegt nicht an der Hauptstraße, die im weiteren Verlauf wie ein Balkon hoch über der Küste entlangführt, sondern an der schmalen, stark gegliederten, smaragdgrünen Bahía de Mochima. Eine kurvenreiche Abzweigung mäandert hinunter zur Bucht, die, ähnlich den Fjorden Norwegens, eigentlich ein vor langer Zeit ins Meer versunkenes Tal ist, und gestattet die schönsten Ausblicke auf die Hügel, Buchten und Landzungen. Die Anmut seiner Umgebung und die Nähe zu schönen Stränden haben in dem sonnigen Mochima eine bescheidene, aber effektive touristische Infrastruktur aufblühen lassen; und die Busanbindung an Cumaná ist gut. Es gibt mehrere kleine *posadas*, die auch Ausflüge organisieren, und einen Veranstalter für Fahrten auf dem Meer.

Die Mangrovenwälder unmittelbar bei Mochima bieten keine großartigen Strände oder Bademöglichkeiten. Also wartet am **Puerto Viejo** am Fischmarkt eine kleine Flotte von Taxibooten, die regelmäßig zu den Stränden Las Maritas, Blanca, Guaigua, Cauterito und Cautaro sowie zur Halbinsel Manare verkehren, denn all diese Plätze sind nicht über Straßen zu erreichen.

Wer eine Rundfahrt bucht, bekommt auch die kleineren, nahe gelegenen Strände zu sehen wie **El Pozo** und **Las Salitas**, deren Ausstattung lediglich aus Picknickplätzen besteht. Am beliebtesten ist die feinsandige **Playa Blanca** [7] gesäumt von volkstümlichen Fischlokalen. An der Landspitze **Punta de Guaigua** kann man in unterirdischen Grotten tauchen. Ein kleines Heiligtum, der Seefahrermadonna Virgen del Valle von der Isla de Margarita geweiht, wacht hoch auf dem Felsen. Die **Playa Cauterito** ist nur zur Hochsaison bewirtschaftet; an der **Playa Cautero** lösen die dort lebenden Fischer eventuell auftretende Versorgungsprobleme: Sie bereiten ihren Fang an Stöcker, *catalana* und Makrele auf Wunsch gleich zu. In den schmalen Buchten der Halbinsel Manare haben sich hauptsächlich Fischer niedergelassen.

 Posada Gaby: Av. Principal, Tel. 04 14/ 733 11 04 (Mobiltelefon); 22 Zimmer. Die Lage ist die schönste im Ort: nämlich direkt über dem Meer. Hat zwei Terrassen und Aufenthaltsräume, die Zimmer sind nüchtern und funktional, und der Service nicht immer der aufmerksamste. DZ 35 US-$.
Posada Turística El Embajador: Av. Wolfgang Larrázabal, am Ortseingang, Tel. 02 93/ 808 10 12; 8 Zimmer. Hier genießt man den Vorteil, dass die freundlichen Besitzer auch gleich Touren und Überfahrten zu den Inseln anbieten. Das Haus liegt jenseits der Straße, mit einer schönen großen Terrasse. Die Zimmer sind unterschiedlich geschnitten und blitzsauber. DZ 30 US-$.
Posada Turística El Mochimero, Av. Principal, Tel. 04 14/773 87 82 (Mobiltelefon); 17 Zimmer. Einfache, aber saubere Unterkunft mit geräumigen Zimmern und einer attraktiven Dachterrasse, auf der das Frühstück serviert wird. Nette, freundliche Atmosphäre. DZ 25–30 US-$.

 Posada El Mochimero: Tel. 04 14/773 87 82. Hier isst man gut und preiswert.

 El Embajador, Playa Blanca, Rundfahrten zu den Stränden und den Inseln im Park.

Kleinbusse fahren mehrmals tgl. nach Cumaná und halten an der Hauptstraße Calle Marina.

Cumaná

Zunehmend strauchigere, wüstenhaftere Vegetation umgibt die Ruta Nacional 9 in Richtung Cumaná. Ein Saum einfacher Lokale und einige Unterstände, an denen die bunten Lumpenpuppen (*barbacoas*) baumeln, begleitet sie in die trockenheiße Hauptstadt des Bundesstaates Sucre, die die Regenzeit tatsächlich kaum kennt. **Cumaná** [8], 122 km von Puerto la Cruz entfernt, war schon zu Kolonialzeiten Verwaltungssitz der damals Nueva Andalucía genannten Provinz.

In der Stadt ist man stolz darauf, in derjenigen spanischen Gründung zu leben, die am zähesten und elastischsten in ganz Südamerika überdauert hat – aber unter welchen Opfern und Tragödien! Sie wurde 1521 erbaut und widerstand verheerenden Erdbeben ebenso wie den indianischen Aufständen der

Typisch karibische, typisch venezolanische Erfrischung: *raspado*

Von Puerto La Cruz nach Carúpano

Cumanagoto, die sich vom Joch der Konquistadoren befreien wollten. Denn die Bauern (*cumanagoto* bedeutet in ihrer Sprache Bohnenmenschen), die auch Teile der Isla de Margarita und der Halbinsel Araya bewohnten, wurden von den spanischen Kolonialherren zum Perlentauchen vor den Küsten des heutigen Nueva Esparta gezwungen. Die Arbeit war reinste Folter.

Berühmte Besucher

Häufig wurde das kümmerliche Dörfchen zerstört, doch strategische Überlegungen hielten diese spanische Niederlassung am Leben. Sie lag zu günstig, als dass auf sie verzichtet werden konnte: Nueva Esparta mit den Inseln Coche und Cubagua hatte kein Süßwasser und benötigte folglich einen Stützpunkt auf dem Festland.

Die Lebensbedingungen und vor allem der moralische Verfall schlugen damals selbst den Sevillaner Dominikanerpater **Bartolomé de Las Casas** in die Flucht. Überzeugt von einem fortschrittlicheren Missionierungskonzept, war er mit einer königlichen Pacht von 1000 *leguas* Land zu den Küsten im Osten

Piratenschutz: das Castillo San Antonio de la Eminencia in Cumaná

Venezuelas aufgebrochen, nur um festzustellen, dass die Perlengier die Gehirne der Spanier und die grausamen Verhältnisse das Bewusstsein der Indios zerrüttet hatten. Durch spanische Anleitung verroht, versklavten sich die indianischen Verbände gegenseitig und verkauften die Unterlegenen an die europäischen Eroberer, die ständig neue Sklaven für ihre Tauchgründe brauchten. De Las Casas, der später eine recht authentische und nicht beschönigende Chronik der *Conquista* verfasste, verbrachte nur kurze Zeit in dem einst sogenannten Nueva Andalucía.

Später lebten hier Guaiquerí, die schon früh mit den spanischen Eroberern und Missionaren zusammengearbeitet hatten und eine eigene Siedlung am Ufer des Río Manzanares bekamen. Diese hatte **Alexander von Humboldt** besucht, als er das nun getaufte Cumaná 1799 kennenlernte, das man in Europa bereits vergessen hatte. Denn in einer beispiellosen Ausbeutung waren die Perlenbänke schon zum Ende des 16. Jh. zerstört, die ursprüngliche Bevölkerung unter Arbeitsfolter nahezu vernichtet worden.

Humboldt verankerte das Städtchen wieder auf der Landkarte der Europäer. Er zeigte sich in seinem Tagebuch »Reise nach Südamerika« erstaunt darüber, dass sogar die Damen des Schwimmens kundig seien, weil die Abkühlung im Fluss offensichtlich notwendig für das tägliche Wohlbefinden sei, und man pflege sich morgens mit der Frage zu begrüßen, welche Temperatur das Wasser aufweise. Überdies wimmele der Manzanares von *babas,* kleinen Kaimanen, an denen sich – und auch das versetzte den Naturwissenschaftler in Verwunderung – die Badenden aber offenbar nicht störten. Für ihre abendlichen Geselligkeiten hatten sie ebenfalls den Fluss erwählt: Sie stellten einfach Tische und Stühle ins Wasser und ließen sich vom Mond bescheinen.

Stadtspaziergang

Die auf Kalkfelsen gelagerte Stadt Cumaná (280 000 Einwohner) zerfällt deutlich in zwei durch den Río Manzanares geteilte Hälften. Im östlichen Teil befindet sich die Altstadt mit Kirchen und dem Castillo, im Westen dehnt sich die karibisch lebhafte Neustadt bis zum Meer hin aus. Im Süden liegt die ausgedehnte Strandzone, die einen Besuch lohnt und mit einem Por Puesto zu erreichen ist (Beschilderung Avenida Universidad, Playa San Luis).

Hell leuchtet der **Castillo de San Antonio de la Eminencia** auf einem staubigen, mit Bougainvillen geschmückten Hügel schon von Weitem über Cumaná. Für seinen Bau wurde verwendet, was gerade zur Verfügung stand: Der Baukörper der Festung besteht aus Korallengestein, der Mörtel wurde aus

Von Puerto La Cruz nach Carúpano

Ochsenblut, der Agavenessenz Aloe Vera, Sand und Tierexkrementen angerührt. Vier schwere, halbrunde Türme bewachten die ursprünglich sternförmige Konstruktion von 1659, die Piratenüberfällen und Erdbeben (1684, 1853, 1929 und 1997) gleichermaßen standhalten musste. Vom Castillo aus lässt sich die gesamte, von der Sonne zu rissiger Erde gedörrte Umgebung gut überblicken. Studenten der Universität del Oriente bieten eine kurze Führung durch die Festung an und erzählen deren Geschichte (Mo–Sa 9–17, So 10–17 Uhr). Nach der Schließung am Abend sollte man das Castillo nicht mehr besuchen, da die Gegend dann als unsicher gilt.

Bemerkenswert ist die Lage innerhalb des Stadtgefüges, die eigentlich keinen Sinn für eine Verteidigungsanlage gegen Pirateneinfälle macht: Die Festung stand anfangs isoliert auf einer Insel, die durch Schwemmland aus dem Río Manzanares mit dem Gelände der Küste allmählich fest zusammengefügt wurde, auf dem sich dann die Stadt bildete.

Genau unterhalb des Castillo de San Antonio breitet sich ein durch Stiegen verbundenes **Altstädtchen** aus, dessen architektonische Anmut allmählich der Vergessenheit entrissen wird. Die schmalen Straßenzüge der Calles Alarcán und de Santa Inés mit einer Reihe zierlicher Häuschen in muntteren, sonnigen Farben über hohen Bordsteinen sind Beispiele dafür.

Älter und bekannter für seine Kolonialarchitektur ist das Straßendoppel der parallel angeordneten Avenidas Bolívar und Sucre, die leider unter einem Erdbeben im Jahr 1998 stark zu leiden hatten. Zusammengestürzte Bauten wurden nicht wieder aufgebaut, sodass klaffende Lücken an diese Tragödie erinnern, aber auch auf das politische Desinteresse der jeweiligen Landesregierungen hinweisen.

Die Avenida Sucre wurde größtenteils als Fußgängerzone eingerichtet. An ihr versammeln sich die wichtigsten historischen Sehenswürdigkeiten der Stadt oder sie befinden sich zumindest in Laufnähe. Ganz in Weiß erstrahlt die elegant gestaltete **Plaza Bolívar**. Auf einer abgestuften Plattform sind Büsten vom Pater patriae und dem berühmtesten Sohn von Cumaná, Antonio José de Sucre, aufgestellt. Von ihm gibt es auch ein Reiterdenkmal auf einem Marmorstufensockel im Zentrum des Platzes. Dahinter erheben sich die Ruinen des durch das Erdbeben zerstörten, ehemals elegant-klassizistischen Palacio de Gobierno aus dem Jahr 1930.

Eine Reihe restaurierter repräsentativer Kolonialbauten der ehemals besseren Gesellschaft säumt die Calle Sucre genau gegenüber; voluminöse Holzbalkone thronen über tiefgezogenen Fenstern in Fassaden von gleißendem Weiß. An der Zahl der Fenster und Türen erkennt man übrigens den Reichtum der einstigen Hausbewohner, denn es war üblich, die Zahl der Fenster und Türen zu besteuern und nicht etwa Fläche, Höhe oder Breite eines Hauses. Zwei Fenster in der Front symbolisierten bereits Wohlhabenheit.

Eines dieser Häuser gehörte der Familie des Dichters **Andrés Eloy Blanco** (1897–1955). Als volksnaher und politisch rühriger Intellektueller, der die Kultur der einfachen Leute in seinen *poemas* bewahrte (etwa in seinem Gedicht über die unglückliche Mutter Loca Luz Caraballo, die ihre zehn Söhne in den Unabhängigkeitskämpfen verlor), wird in dem luftigen Patiohaus porträtiert, der **Casa Natal**. Eartha Kitt hat eines seiner berühmtesten Gedichte, »Angelitos Negros«, in dem er scheinbar naiv einen Kirchenmaler befragt, warum er nur weiße Engel male, vertont und interpretiert (Plaza Bolívar; Mo–Fr 9–12 und 15–18, Sa/So 15–18 Uhr, Eintritt frei).

Ein paar Schritte in südlicher Richtung erhebt sich die Kirche der Stadtpatronin Santa Inés, zu der etliche Stufen hinaufführen. Sie ist recht neu, die Patronin dagegen recht alt – sie hat diese Funktion nämlich schon seit 1572. Die **Iglesia de Santa Inés** wurde bei einem Erdbeben 1853 zerstört. Die offizielle Version behauptet, Santa Inés habe die Bewohner von Cumaná vor einem indianischen Angriff der Cumanagoto gerettet. Für die Leute aus Cumaná steht indes fest, dass Santa Inés eine römische Märtyrerin war, die als Strafe für ihre Gottesgläubigkeit bereits 13-jährig in ein Bordell gesteckt worden war.

Cumaná

Den Lauf des Manzanares begleitet eine parkähnliche Grünzone und unter hohen Baumwipfeln spaziert man in erfrischender Kühle am Fluss entlang. Der Star der leicht verwahrlosten Promenade ist ohne Zweifel das **Museo Gran Mariscal de Ayacucho**. Von gediegenen Säulen in vollendeten Proportionen gestützt, bezieht sich alles in diesem prunkvollen, neoklassizistischen Gebäude auf Antonio José de Sucre, den tapferen Unabhängigkeitskämpfer, den strahlenden Sieger der Entscheidungsschlacht von Ayacucho und nicht zuletzt Simón Bolívars Lieblingskandidat für seine eigene Nachfolge. In den überaus dekorativ gestalteten Marmorböden spiegeln sich kostbare Kolonialmöbel und eine ganze Girlande von Historiengemälden veranschaulicht die Entscheidungsschlacht des Unabhängigkeitskrieges. Epauletten und Pistolen aus dem persönlichen Besitz des Marschalls und eine Kopie der Goldkrone, die Sucre als Auszeichnung erhielt, vervollständigen die Exponate. Konkurrenz hat Antonio José de Sucre nur noch durch Alexander von Humboldt bekommen, der sich gerne in dieser Stadt aufgehalten hatte. Die deutsche Botschaft finanzierte 1999 zum 200. Jahrestag seines Besuches ein ihm gewidmetes Denkmal, das neben dem Sucre-Museum im Parque Ayacucho aufgestellt wurde (Av. Humboldt, im Parque Ayacucho; Di–Sa 9–11.30 und 16–18.30 Uhr, Eintritt frei).

Ganz dem modernen Handel ist dagegen die westliche Stadthälfte gewidmet. Das Schachbrettmuster der Straßenzüge bringt Ordnung in das Gewühl der lärmenden Kaufhäuser, Supermärkte, Schnellrestaurants, Schuhgeschäfte und Billigdrogerien. Hier liegt die Anlegestelle der Fähren zur Isla de Margarita und der Península de Araya an der Final Avenida Islote.

In Cumaná sprechen überdies die Wände: Simón Bolívar mit Che Guevara, Simón Bolívar mit Jesus, Indianer, die ihre Ketten sprengen. Die Stadt ist übersät mit *murales*, Wandgemälden, die eifrige und kämpferische Maler hauptsächlich im östlichen Teil angebracht haben.

Dirección de Turismo: Calle Sucre, gegenüber der Farmacia profesional. Die Kartenlage ist zwar eher prekär, aber die Mitarbeiter sind ausgesprochen freundlich und hilfsbereit.

Fondoturismo Sucre: Av. Fernández de Zerpa, Ed. La Copita, 4. Stock, Tel. 02 93/432 38 38.

Hotel Cumanagoto: Final Av. Universidad, Tel. 02 93/430 15 88, Fax 452 18 77, www.hotelespremier.com; 163 Zimmer, dazu Apartments und Suiten. Sicherlich das beeindruckendste Hotel am Ort, das etwas außerhalb am eigenen Strand liegt. Klassisch-elegantes Styling, alle Bereiche inklusive der Zimmer sind äußerst großzügig geschnitten mit gediegen freundlicher Einrichtung. Außerdem gibt es eine Bar in einer *churuata* mit Palmdach, verschiedene Restaurants, Tennisplätze, einen Fitnessraum, ein Spa, eine Ladengalerie und einen schönen Pool. DZ 150–180 US-$, in Packages preiswerter.

Hotel Nueva Toledo: Final Av. Universidad, Sector Los Bordones, Tel. 02 93/451 81 18, Fax 451 99 74, www.nuevatoledo.com; 192 Zimmer. Mäßig moderne Architektur, bequeme Zimmer mit Balkon und Standardausstattung. Poollandschaft, gemütliches Tasca-Restaurant und Bar unter *churuatas* im Außenbereich. Freundlicher Service. DZ ca. 80–100 US-$.

Posada San Francisco, Calle Sucre 16, Tel. 02 93/431 39 26, Fax 433 39 17, posada_francisco@cantv.net; 9 Zimmer. Restauriertes Kolonialhaus mit Café-Restaurant im Patio, die hohen, großen Zimmer öffnen sich alle zum Innenhof. DZ 45 US-$.

Posada Bubulina's: Callejón Santa Inés/Callejón El Alacrán, Tel. 02 93/431 40 25, 04 14/883 71 74 (Mobiltelefon); 12 Zimmer. Die gebürtige Ungarin und zudem perfekt deutsch sprechende Rosa Marothy managt die Posada und ist gleichzeitig die engagierte Präsidentin der Tourismuskammer. Bubulina ist in einem der Kolonialhäuser untergebracht und liegt mitten in der Altstadt. Die Zimmer sind groß und gut ausgestattet. In der Posada gibt es ein empfehlenswertes Restaurant mit leicht spanisch angehauchter Küche. DZ 40 US-$.

Les Jardins du Sucre, Calle Sucre 27, Tel. 02 93/431 36 89; So geschl. Das aufwendig restaurierte Kolonialhaus beherbergt ein puristisch eingerichtetes elegantes Restaurant mit abendlicher Kerzenbeleuchtung. Das klassische Menü ist nicht umfangreich, wechselt wöchentlich und offeriert u. a. gute Salatvariationen, bestes Fleisch und besonders leckere Desserts. Hauptgericht ca. 17 US-$.

El Colmao, Calle Sucre, gegenüber der Plaza Pichincha, Tel. 02 93/433 32 51. Sämtliche Rezepte dominiert ein spanischer Touch; Paella, *langostinos* und gute Salatvariationen. Gepflegtes Ambiente in zarten Farben. Hauptgericht ca. 15 US-$.

Jardín de Sport, Plaza Bolívar; tgl. geöffnet. Ein leicht in die Jahre gekommenes, dabei volkstümliches und äußerst beliebtes Freiluftrestaurant mit Café und Biergarten und freundlichem Service.

Flughafen Antonio José de Sucre im Osten der Stadt, Flüge nach Barcelona (2 x tgl.), Caracas (9 x tgl.), Mérida und Porlamar (3 x tgl.).

Busterminal: Av. Las Palomas/Av. Perimetral. Verbindungen nach Puerto La Cruz, Ciudad Bolívar, Ciudad Guayana, Caracas, Maracay, Valencia und El Tigre.

Por Puestos zur Playa Colorada, Mochima, Puerto La Cruz starten am Busbahnhof.

Por Puestos zu den Ortschaften am Golfo de Cariaco fahren vor der Kathedrale ab.

Fähren: Hafen **Puerto Sucre** an der Calle La Marina.

Verbindungen zur Halbinsel Araya: Nach Araya mit der *chalana*, der Autofähre. Nach Manicuare mit der Personenfähre von Naviarca und mit dem *tapaíto*, einem Fischerboot, von La Islote, einem kleinen Extraterminal im Hafenbereich.

Zur Isla de Margarita, Punta Piedras, mindestens 2 x tgl. mit Conferry und Naviarca.

Autovermietung: im Flughafen

Die Península de Araya

Die über 70 km lange und 10 km breite, aride, in das abenteuerliche Orange, Ockerrot und Purpur ihrer Salzsümpfe getauchte **Halbinsel Araya** begleitet als Silhouette im Meer die Küstenstraße nach Carúpano, dem Ort der Kakaobarone und Kaffeepflücker. Wichtige touristische Attraktion dieser Komposition aus Kakteen, Ziegen und Sand sind die Strände und der Wind, der den Windsurffans den Urlaub versüßt. Außerdem ist die trockene Halbinsel Araya aufgrund ihrer Unwirtlichkeit recht einsam. Das hat ebenfalls seinen Reiz.

Araya liegt Cumaná genau gegenüber und kann vom Hafenterminal La Islote aus erreicht werden; auf dem Landweg sind es 181 km. Wenn man mit dem *tapaíto* von Cumaná aus ankommt, landet man in **Manicuare** 9, einem recht hübschen Fischerort mit bunt bemalten Häuschen. Gefischt werden hauptsächlich Makrelen und Sardinen. Auf Araya gibt es keine öffentlichen Verkehrsmittel, man ist also auf ein Taxi angewiesen. Sobald die Fähre anlegt, defilieren die zur Verfügung stehenden Wagen vorbei.

Stolz des Örtchens ist das **Museo Cruz Salmerón Acosta**, das Sterbehaus des einst an Lepra erkrankten Ortsdichters, das oberhalb des Dorfes liegt. Außerdem wurde in einem **Centro Cultural** das **Museo Histórico Manicuare** eingerichtet, mit eindrucksvollen Schwarzweißporträts der Bewohner und einigen kleinen Sammlungen von Alltagsgegenständen. Hier beeindruckt vor allem, mit welchem Selbstbewusstsein und mit welch liebevoller Hingabe sich die Betreiber für ihr Heimatmuseum engagieren. Öffnungszeiten haben beide Museen nicht, Führer stehen jederzeit bereit, wenn Besuch kommt.

Auf dem Weg nach Araya gelangt man zu den Salzanlagen. Wie eingebrannt wirken die Salzbecken in die Wüste, die Luft erzeugt fantastische Spiegelungen der drückenden Hitze. Die so heftig begehrten **Salinas de Araya** 10 erbringen noch heute eine große Salzausbeute, nämlich eine halbe Million Tonnen jährlich. Von der staatlichen SACOSAL überwacht, kann man den Salzabbau besichtigen, wenn man sich um eine besondere Erlaubnis bei der Verwaltung bemüht. Die *gerencia* stellt gerne einen Begleiter für eine kostenlose Besichtigung zur Verfügung. Doch letztlich ist einzig die Sicht auf die Laguna Madre wirklich eindrucksvoll. Sämtliche Produktionsanlagen entstanden während der Diktatur von Pérez Jiménez und die liegt bekanntlich ein halbes Jahrhundert zurück. Dementsprechend verrottet wirken die Anlagen heute.

Der Hauptort **Araya** 11 mit seinen rund 18 000 Einwohnern in der sanft geschwungenen Bucht am westlichen Ende der Halbinsel ist weit auseinandergezogen. Er verfügt über einige schöne Strände und wird von dem **Castillo de Araya** überragt. Es ist das sicherlich aufwendigste und von den kundigsten Militäringenieuren Spaniens entworfene Fort in ganz Venezuela; der Bau dauerte fast 50 Jahre. Wegen der großen Hitze wurde nur nachts gearbeitet. 300 Soldaten fanden in den Mauern Unterkunft, 45 Kanonen schützten die Festung vor den über hundert Überfällen, die die Chronik ausweist. Die Festung belegt auf ihre Weise die große Bedeutung, welche die Salzvorkommen einst innehatten. Vom stolzen Bauwerk übrig geblieben sind lediglich die mächtigen Mauern des Ostflügels, sonst nichts. Ein Hurrikan zerstörte 1762 das Castillo und die Salzlagunen gleichermaßen und die Spanier sprengten schließlich die Reste. Bei einem Besuch stehen bislang leider keine Erläuterungen zur Verfügung.

Im Norden der Halbinsel liegen nur einzelne träge Fischersiedlungen, die durch eine geschotterte Straße miteinander verknüpft werden. Schöne, aber schattenlose Bademöglichkeiten bestehen in der Nähe der *salinas* und in dem verschlafenen Fischerörtchen **Punta Arenas** 12, 10 km südlich von Araya. Zur Zeit allerdings ist die Straße dorthin in schlechtem Zustand.

Araya: Araya Wind: Calle El Castillo, Sector Lisboa, Tel. 02 93/437 11 32. Sommerlich anmutende, einladende Pension

mit einfachen, hübschen und hellen Zimmern; die neueren haben Klimaanlage. Gutes Preis-Leistungs-Verhältnis. DZ 30 US-$.

Posada Helen: Av. El Castillo, Sector Lisboa, Araya, Tel./Fax 02 93/437 11 01. Hat 14 ordentliche Standardzimmer in einer Posada mit netten Besitzern. DZ 25 US-$.

Punta Arenas: Posada de Arquimedes: Tel. 04 14/393 06 22 (Mobiltelefon); 14 Zimmer. Eine schöne Option, wenn die Verbindungsstraße zurzeit allerdings nicht so schlecht wäre. Originell gestaltete und komfortable Zimmer, gepflegter Garten mit Pool, gutes Restaurant. Organisation von Touren aufs Festland. DZ 60–70 US-$ (mit Pension).

In den beiden Posadas von Araya werden keine Mahlzeiten serviert, deswegen schlendert man über die Straße in das Restaurant **Eugenia**, das von morgens bis abends die Küche offen hält.

Windsurfen an der Playa von Araya, allerdings muss man seine Ausrüstung selbst mitbringen.

Einkaufen und Essengehen auf dem Küstenabschnitt

Sol Naciente: Carretera Cumaná-Marigüitar, km 102, Tel. 04 16/793 26 85 (Mobiltelefon). Die Straße entlang der Küste haben die Kunsthandwerker fest im Griff. Am auffallendsten ist das Geschäft von Damarys Fergusson, denn sie verkauft hier aus ihrer eigenen Produktion originelle Keramik. Dafür erhielt sie Mikrokredite vom Staat und die hat sie gut angelegt.

Restaurant Sol y Mar: Sector La Chica, Marigüitar, Tel. 02 93/416 29 74; tgl. von 9–17 Uhr. Es sieht eigentlich auch nicht anders aus als die anderen Küstenstraßenrestaurants. Allerdings macht der stets gut gefüllte Parkplatz davor darauf aufmerksam, dass der Koch hier eine Empfehlung ist. Die Zutaten sind auch nicht anders als bei anderen, aber die Zubereitung eindeutig frischer und sorgfältiger

Von Puerto La Cruz nach Carúpano

Autofähren: *chalanas*, nach Cumaná von Araya in unregelmäßigen Abständen: deshalb einfach losgehen, sobald man sie anlegen sieht. Fahrtdauer ca. 1 Std., an den Wochenenden nur 1 x tgl.

Tapaítos: Überdachte Fischerboote nach Cumaná von Manicuare, mehrmals tgl., dauert ca. 30 Min. Nachmittags wird das Meer stürmischer und die Überfahrt ebenso.

Den Golf entlang nach Carúpano

Entlang des Golfes von Cariaco zieht sich die Straße an Buchten und Steilabhängen entlang. Teilweise hat man sehr schöne Ausblicke auf die reich gestaltete Küste, die ein Ausflugsgebiet für sich ist: Wegweiser markieren die Abfahrten zu Buchten und Stränden. An der Straße warten malerisch gestaltete und einfache Restaurants auf Kundschaft.

Der größte Ort mit eigenem Hafen ist San Antonio del Golfo, der bis auf seine Lage keine besondere Schönheit aufweist.

3 Cueva del Guácharo

Vor dem Erreichen der Hauptstadt der Halbinsel Paria, Carúpano, führt ein obligatorischer Abstecher ins Landesinnere zur Cueva del Guácharo bei Caripe, einem hübschen, lebhaften Landwirtschaftszentrum. Das tiefe, von einem Flüsschen durchzogene und mit bizarr schönen Stalaktiten und Stalagmiten besetzte Labyrinth der Höhle haben die seltenen und außergewöhnlichen *guácharos*, die Fettschwalmen, zu ihrem bevorzugten Brutplatz erkoren.

Alexander von Humboldt entdeckte sie bei seinen naturkundlichen Streifzügen durch den Nordosten Venezuelas. Die bis dahin in der alten Welt unbekannten Tiere fressen Körner, fliegen bei Nacht und sind fast blind. Ähnlich den Fledermäusen orientieren sie sich ausschließlich am Echo ihrer Laute. Die guácharos haben – und das ist das Besondere an ihnen – während der Aufzuchtphase am Bauch ein mit Fett durchzogenes Federkleid und Fettreservoir unter der Haut. Für den indianischen Verband der Morocoyma (oder Chaima) sind sie Kulttiere und ihre Höhle der Ort, an dem die Seelen ihrer Verstorbenen die endgültige Ruhe finden. Das Höhleninnere ist ihnen heilig und sie fürchten sich davor, es zu erkunden, denn das könnte den Frieden der Toten stören. Und tatsächlich wurden in der Höhle Mitte des 19. Jh. indianische Gräber entdeckt.

Die Cueva del Guácharo erreicht man nach etwa 40 km auf der leicht ansteigenden Ruta 2 (Abzweigung von der Hauptroute hinter San Antonio del Golfo). Sie liegt umgeben von den dicht bewaldeten Berghängen der Sierra de Guácharo in einem üppig grünen Seitental des Río Caripe. Die Dschungelvegetation hat den Eingang zur Kalksteingrotte mit einem reichen Pflanzenkleid überwuchert. Diese Höhle zu erkunden stellt sich schnell als höchst interessantes, aber nicht unbedingt pures Vergnügen heraus, denn die *guácharos* verbreiten einen Riesenlärm und der glitschige Weg ist mit ihrem Kot bedeckt. Die Führungen geleiten etwa 750 m tief in das Höhlensystem hinein und dauern rund eine Stunde. Um die Vögel nicht zu irritieren, gibt es außer der Taschenlampe des Führers kein Orientierungslicht.

Um ihre Angst vor dem Eindringen in die Höhle zu bannen, was die missionierenden Franziskaner von ihnen verlangten, seien die Indios mit Stöcken bewehrt zu den Nistplätzen der *guácharos* gestürmt und hätten sämtliche Jungtiere erschlagen, schreibt Alexander von Humboldt. Jeweils am Johannistag habe man die »Fetternte« abgehalten. Die Franziskaner beanspruchten die Beute als kirchliches Eigentum. Sie brauchten es für die Herstellung des ewigen Lichtes, aber auch schlicht zum Kochen. Kaum ein Gericht sei ohne das Fett der Fettschwalme aus der Küche gekommen, das die Franziskanermönche als besonders rein, haltbar und vor allem geschmacksneutral bewertet hatten (Besuchszeiten tgl. 8–17 Uhr).

**Ein Heiligtum für die Morocoyma:
die Cueva del Guácharo**

Mit ihrem savannenhaften Süden und dem gebirgigen, tropisch bewaldeten Norden empfiehlt sich die Halbinsel Paria geradezu als Urlaubsziel. Die malerischen Strandbuchten werden von Kokoshaciendas gesäumt, die Dörfchen wirken ein bisschen afrikanisch. Paria engagiert sich im nachhaltigen Tourismus: »Wir brauchen die Palme ungefällt und den Tukan lebend« – und natürlich auch Arbeitsplätze.

Thermalquellen bei Casanay

Über den kleinen Weiler Casanay, der schon zur Halbinsel Paria gehört, geht es weiter auf der Ruta Nacional 9. Von hier aus bietet sich ein Abstecher zu den Thermalquellen der **Laguna de Buena Vista** 13 förmlich an, denn sie liegen gleich um die Ecke. Früher einmal dehnten sich hier riesige Kokosplantagen aus, ein weiterer landwirtschaftlicher Reichtum von Paria. Sie gibt es nicht mehr, aber ein neuer Reichtum wurde entdeckt: Hier gibt es eine Fülle an Thermalquellen.

Las Aguas de Moisés ist so eine. Unfreiwillig komisch wirkt die doch recht kitschige Gestaltung des Eingangbereichs, aber ist man erst einmal in der Anlage, kommt man aus dem Staunen nicht mehr heraus. Das gesamte Areal strahlt Großzügigkeit und meditative Ruhe aus (allerdings nicht am Wochenende!). Unter Kokospalmenalleen ruhen mehrere große Thermallagunen mit eigenen Wasserfällen, umgeben von einem gepflegten Park. Für das leibliche Wohl sorgen Massageanlagen und ein Restaurant. Cariaco/Casanay, Sector Río Azul, Tel. 04 14/780 20 13 (Mobiltelefon), www.lasaguasdemoises.com, tgl. 8–17 Uhr, Eintritt 10 US-$.

Ganz in der Nähe liegt Kokoland, das aber wesentlich kleiner, unromantischer und mit einem Hotelbetrieb ausgestattet ist (Tel. 02 94/416 66 64, www.hatkokoland.com).

Carúpano

Die Stadt **Carúpano** 14 mit rund 180 000 Einwohnern liegt am Scheitelpunkt zwischen den Halbinseln Araya und Paria. Sie lebt heute vom Fisch, vom Rum und vom Zement, so wie sie früher vom Kaffee und Kakao lebte. Sardineninnereien und -köpfe werden hier für die Tierfutterindustrie verarbeitet.

Nichts in Carúpanos Stadtbild verrät die wirtschaftliche Bedeutung, die es Mitte des 19. Jh. innehatte. Dank der lukrativen Absatzchancen des hochwertigen Kakaos und Kaffees war Carúpano ökonomisches Zentrum des Landes. Noch zu Kolonialzeiten hatten beide Erzeugnisse Carúpano zusammen mit Casanay erheblichen Wohlstand beschert. Von den so weit östlich gelegenen und dazuhin von Caracas aus nicht leicht zu dominierenden Orten gedieh der Handel mit diesen Produkten, unter Umgehung der spanischen Handelskontrolle, nach Trinidad und den Niederländischen Antillen.

Doch die Hausfassaden des modernen Carúpano sprechen heutzutage nicht mehr von diesem Reichtum. Man erlebt sie als eine unprätentiöse, heiße Stadt mit Geschäftszonen und auffallend hohen Bürgersteigen, die auf üppige tropische Regenfälle schließen lassen. Eingebettet in die im Sonnenlicht schwimmenden Silhouetten der nahen Küstenkordillere, hat sich in den vergangenen Jahren das Stadtbild sanft gewandelt. An der

Plaza Santa Rosa de Lima, die nach der städtischen Schutzpatronin benannt wurde, ist auf Initiative des Bürgermeisters historische Bausubstanz neu belebt worden. Nicht zuletzt die Nähe zur Touristenhochburg Isla de Margarita hat den Marktwert von Carúpano steigen lassen, denn es ist Ausgangspunkt für Ausflüge in die tropische Bergwelt der Halbinsel Paria und in einem halbstündigen Flug von Porlamar aus zu erreichen.

Zu einem Zeitpunkt im Jahr allerdings gleißt Carúpano im nationalen Schweinwerferlicht. Die karibisch-heißen Karnevalsfeiern sind im im ganzen Land berühmt und begehrter Ferien-Hotspot. Die Isla de Margarita, die während der Karnevalsfeiern ebenfalls Land unter meldet, was die Touristenzahlen betrifft, kann da in keiner Weise mithalten. Im gesamten Carúpano mitsamt benachbarten Ortschaften ist während der einwöchigen Feste im Februar kein Bett zu bekommen – nicht einmal bei Verwandten oder Bekannten. Wenn man überhaupt eines braucht …

Denn ähnlich wie der Karneval in El Callao, der von Immigranten aus Trinidad ins Leben gerufen wurde, kennt der in Carúpano keinerlei Schlafenszeit, sondern hauptsächlich rauschhaftes Feiern mit kleinen Ruhepausen. Versäumen möchte nämlich kein Besucher irgendetwas. Die schönsten Karossen, sagt man, gibt es weder auf Trinidad noch in El Callao, sondern in Carúpano. Und die beeindruckendsten stammen von den Homosexuellen, die im Macholand Venezuela sonst allenfalls still geduldet werden.

Stadtspaziergang

Die zentrale **Plaza Colón** umgibt ein Kranz von Lotteriebüdchen und Bekleidungsgeschäften und über allem schwebt beständig eine muntere Merengue-Beschallung. Im scharfen Kontrast dazu steht die eher stille, von üppigen Baumwipfeln verdunkelte, intime **Plaza Santa Rosa de Lima** mit der gleichnamigen Kirche. Die hübschen alten Holzhäuser in den Straßen sind in leuchtend bunten Farbkombinationen gestrichen, nur die **Casa del Cable** ist klassisch weiß mit massivem dunkelbraunem Holzbalkon. Darin

Mit der Autorin unterwegs

Las Aguas de Moisés

Der Eingang ist grotesk: Kleopatra, ägyptische Bauern, Moses und eine Sphinx aus meterhohem, farbenprächtig bemaltem Styropor bewachen den Zugang zu den Aguas de Moisés, doch man sollte sich vom billigen Las-Vegas-Style nicht irritieren lassen. Die Aguas de Moisés verbergen eine riesige, parkähnliche Landschaft aus **natürlichen Thermalwasserseen**, beschattet von anmutigen Kokospalmenalleen (s. S. 172).

Campamento Playa de Uva

Kein normales Camp, sondern eine mit der persönlichen Handschrift der Managerin Elizabeth Manzanares geführte Posada mit idyllischem, von Felsen gesäumten kleinen Privatstrand unter üppigem Palmensaum in einer ehemaligen Zitrusplantage. Ein richtiger *hideaway* **im tropischen Garten**, 4,5 km hinter Río Caribe auf dem Weg zur Playa Medina, www.caribana.com.ve (s. S. 176).

Pariana Café

Es ist eine Freude zu beobachten, wie sich das verschlafene Río Caribe herausputzt, ohne seinen authentischen Charme zu verlieren. Mittlerweile wird nicht nur in den beiden schönsten Posadas am Ort gut gekocht – das Pariana Café pflegt ebenso die *cocina del autor*, was man salopp so übersetzen könnte: Die Köchin kocht das, was ihr gerade in den Sinn kommt und worauf sie selbst Lust hat. In diesem Fall handelt es sich um die ehemalige Journalistin Tamara Rodríguez, die Einflüsse aus Trinidad verarbeitet. Heraus kommt dann meistens eine Mischung aus Curry, Coco, Ingwer und Meer (s. S. 177).

residiert der deutsche Wilfried Merle und unterstützt gleichermaßen den Naturtourismus und die Natur. Das Kabelhaus bezieht seinen Namen von dem Umstand, 1895 das erste Haus in Carúpano mit überseeischer Telefonleitung (in diesem Fall nach Marseille) ge-

Christliche Festung: Santa Rosa de Lima in Carúpano

wesen zu sein, was die Bedeutung des inter-
kontinentalen Handels mit Asphalt und Kaffee bezeugt. Eine kleine Fotoausstellung im
Inneren dokumentiert die einzelnen Schritte
zur Restaurierung des Hauses und die vielfältigen Aktivitäten seiner Inhaber, die sich
auch als Kulturorganisatoren engagieren
(Plaza Santa Rosa de Lima, zu den Büro- und
Veranstaltungszeiten geöffnet, Mittagspause
13–15 Uhr).

Das benachbarte **Museo Histórico de
Carúpano** zeigt Teile des ersten und größten
teleférico von ganz Südamerika. Über eine
Strecke von 20 km wurde mit dieser Seilbahn
einst Schwefel aus El Pilar zur Muelle Los
Alemanes in Carúpano transportiert. Die en-
gagierten Leiter richten auch immer wieder
Sonderausstellungen aus (Plaza Santa Rosa
de Lima; Di–So 8.30–12 und 14.30–18 Uhr,
Eintritt frei).

fehlenswertem Restaurant, Terrasse. Etwas langsamer Service. DZ 65 US-$.

Posada La Colina: Calle Boyacá 52, Tel. 02 94/322 05 27, Fax 331 20 67, merle@telcel. net.ve; 17 Zimmer. Das individuell gestaltete, gemütliche Haus thront oberhalb des Städtchens, hat elegant eingerichtete Zimmer, einen wunderbaren Whirl-Swimmingpool und ein gutes Restaurant mit aufmerksamem Service. DZ 50–60 US-$.

Posada Nena: Calle Principal, Playa Copey, Tel. 02 94/331 72 97, 808 36 02, www. posadanena.com; 12 Zimmer. Die schöne Posada von Volker und Minerva Alsen liegt etwas außerhalb von Carúpano, nahezu direkt am Strand. Es gibt eine einladende Bar, ein sommerliches Restaurant unter einer *churuata*, in dem auch mal deutsche Küche serviert wird, Internet für Gäste gratis und einen großen, von Palmen umstandenen Pool. Unterschiedlich gestaltete Zimmer für 25–30 US-$, in den zum Strand ausgerichteten hört man das Meeresrauschen. Ausflüge und Tourenvermittlungen im eigenen Reisebüro Parianatours, www.parianatours.de.

Casa Blanca: Av. Principal, Playa Copey, Tel. 02 94/331 68 96; 7 Zimmer. Schlichte, aber mit persönlicher Handschrift geführte, familiäre Pension. Große, nette Zimmer, Gemeinschaftsbäder, Garten. Der Clou allerdings ist die Paella, für deren Zubereitung der spanische Besitzer José María Carrión in ganz Carúpano gerühmt wird. In der Nebensaison ist das Restaurant nur am Wochenende geöffnet. DZ 18 US-$.

Posada Panda: Av. Principal de Playa Copey, Tel. 02 94/331 57 79. Die liebevoll aufgemachte Posada von Markus und Renata mit 8 Zimmern hat ihr Restaurant direkt am Strand, da kann es dann manchmal etwas laut werden. Leckere Holzofenpizza. DZ 18–20 US-$. Die Besitzer sprechen Deutsch und Englisch.

Cámara de Turismo: Ed. Fundabermudez, Calle Carabobo, Tel. 02 94/646 19 31, www.carupano.org.

Hotel Euro-Caribe: Av. Perimetral Rómulo Gallegos, Tel. 02 94/331 39 11; 90 Zimmer. An der Küste und zentral gelegenes, modernes Haus mit geräumigen, komfortabel ausgestatteten Zimmern, alles kühl in Blau und Weiß gehalten. Mit Bar und emp-

El Fogón de La Petaca: Av. Perimetral, Local 1, Tel. 02 94/331 25 55; tgl. ab 11.30 Uhr. Die Besitzerin dieses spanisch angehauchten Restaurants liebt es, Rezepte zu erfinden, etwa einen Auflauf mit Rochen.

Península de Paria

Spezialität sind Fisch und Meeresfrüchte, z. B. *pastel de chuchos*, *asopado de mariscos*. Hauptgerichte 10–18 US-$.

Dharma: Calle Independencia, CC Tawil, Tel. 02 94/332 28 83; tgl. ab 17 Uhr. Erfindungsreicher Mix aus mediterraner, spanischer und asiatischer Küche. Das Styling ist ein bisschen retro. Gerichte um die 15 US-$.

El Mar: Av. Perimetral, im Hotel Euro-Caribe, Tel. 02 94/331 39 11; tgl. 11.30–23 Uhr. Dieses gemütliche Restaurant im Bistrostil bietet vor allem Meeresfrüchte, Fisch und Pasta. Aber auch Vegetarisches steht auf der Speisekarte. Gerichte ab 7 US-$.

Villa Hermuz Café: Centro Comercial Villa Hermuz, Calle Santa Rosa 35, jenseits der Plaza Santa Rosa de Lima, Tel. 02 94/331 99 20. Mit bunten Glasfenstern herausgeputztes, gemütliches Restaurant, in dem man nett sitzt und einfallsreiche venezolanische Küche genießen kann. Gerichte für 10 US-$.

... im Mercado Municipal:
Hier gibt es die besten *empanadas* und *arepas* in allen erdenklichen Varianten. Dazu Fischsuppe und weitere Köstlichkeiten aus dem Meer.

 Sansibar: im Hotel Euro-Caribe, der angesagteste Tanzplatz der Stadt.
Eduardos American Bar: Calle Libertad. Hat ein Restaurant, das sich später am Abend in eine Karaokebar verwandelt.

 Im **Mercado Municipal** kann man *bolas de cacao* erstehen, Schokoladenkugeln mit unterschiedlichem Kakaoanteil.

Der **Karneval von Carúpano** wird im ganzen Land gerühmt und dauert fünf Tage. Tagsüber finden bereits Umzüge statt und natürlich wird auch eine Miss gewählt, doch am meisten los ist während der noch prachtvolleren Umzüge und ausgelassenen Straßenfeste am Abend. Wer hier mitfeiern möchte, sollte ein Hotelzimmer weit im Voraus buchen.

Geliebt wird natürlich auch die Patronin der Stadt, die **hl. Rosa**. Ihr zu Ehren gibt es Prozessionen am 30. August.

Der Flughafen José Francisco Bermúdez liegt ca. 2 km nördlich des Zentrums. Flüge nach Caracas und Porlamar.
Busbahnhof: Av. Perimetral/Av. Cantaura; **Busse** und **Por Puestos** nach Maturín, Barcelona, Caracas, Cumaná, Puerto La Cruz und Ciudad Guayana (San Félix), ebenso Por Puestos nach El Pilar und Yaguararaparo.
Por Puestos zu weiteren Zielen auf der Halbinsel Paria halten am Mercado Municipal.
Autovermietung: im Flughafen.

Río Caribe

Der wahre Reichtum der Kakaobarone manifestiert sich in dem 25 km entfernten **Río Caribe** 15, das allmählich aus seinem Dornröschenschlaf erwacht. An einer Reihe mehr oder weniger erschlossener Strände (den sauberen Militärstrand Manzanillo, El Morro de Puerto Santo, Iguana) entlang erreicht man auf der Ruta 2 ein Örtchen, in dem es am lebhaftesten während des morgendlichen Fischmarktes zugeht. Fischer bieten Bootsfahrten zu entlegenen Stränden an, die keine Straßenanbindung haben. Die ehemalige Pracht der Kolonialhäuser kann entdecken, wer zufällig einen Blick durch eine geöffnete Holztüre erhascht. Aufwendige Schnitzereien schmücken Galerien und Innentüren, die Innenhöfe sind üppig bepflanzt, der Stil ist heiter und bunt.

Mit Río Caribe kann sich die Paria-Halbinsel eines weiteren anmutigen Zentrums rühmen. Dort findet man keinen aufgemotzten Tourismus, sondern eine Infrastruktur, die für den gedacht ist, der die Schönheiten der Natur langsam und gründlich entdecken will. Künstlerisch gestaltete Pensionen, Cafés und Restaurants werben unaufdringlich dafür.

Campamento Playa de Uva: Playa de Uva, Tel. 02 94/416 62 84; 12 Zimmer. Die Spanierin Elizabeth Manzanares führt die unter Kokospalmen halb verborgene Luxusposada mit eigener sehr schöner Strandbucht. Die gesamte Anlage atmet Komfort und Erholung. Halbpension ca. 95 US-$.

Prächtige Kostüme machen den Karneval von Carúpano zum Farbenspektakel

Posada Caribana: Av. Bermúdez 25, Tel. und Fax 02 94/646 57 38, Fax 646 12 42, www.caribana.com.ve; 12 Zimmer. Eine zum Kolonialort passende, reizende Unterkunft. Restauriertes Haus von 1900 mit Schindeldächern, Veranden und einem Patio. Fröhliche Karibikpastelle in den Zimmern mit hohen Fenstern und kunstvoll geschnitzten Holztüren. Aufenthaltsraum mit Bibliothek. Sehr gute, einfallsreiche Küche. Ausflugsprogramm, Transfer zur Playa Medina, Besuche von Kakaohaciendas. DZ ca. 55 US-$.

Villa Antillana: Calle Rivero 21, Tel. 02 94/646 14 13, tillana@gmail.com; 5 Zimmer. Bei der Einrichtung des Kolonialhauses mit Patio, Hängematten und originellen Bädern ließ ein Architekt seiner Fantasie freien Lauf. Alles ist sehr individuell gehalten. Ausflugsorganisation. DZ ca. 40 US-$.

Posada de Arlet: Calle 24 de Julio, Tel. 02 94/646 12 90. Hell und freundlich eingerichtete und persönlich geführte Posada mit ordentlichen Zimmern und Bädern. Auch Ausflugsorganisation. DZ ca. 25 US-$.

Pensión Papagayos: Calle 14 de Febrero 38, Tel./Fax 02 94/646 18 68; 6 Zimmer. Familiär geführte Pension mit Küchenmitbenutzung, lockere Atmosphäre. Auch Ausflugsangebote. 13 US-$.

Posada La Ruta del Cacao: Guayaberos de Río Caribe, 04 14/994 01 15 (Mobiltelefon); 10 Bungalows; an der Straße zur Playa Medina 2 km von Río Caribe entfernt. Die Spanierin Otilia hat für Lokalkolorit gesorgt: Die gemütlichen, luftigen Bungalows haben Dächer aus Zuckerrohr und Fußböden aus Terrakotta und liegen auf dem Gelände einer Kokosplantage. Schöner Garten, Ausflüge. Transfers nach Carúpano. DZ mit Halbpension ca. 50 US-$.

Pariana Café: Av. Bermúdez, Tel. 02 94/646 77 56. Tamara Rodríguez hat diesem Café ihren ganz eigenen Stil gegeben und kocht extravagante Kreationen, z. B. ein Ragout aus Ziegenfleisch mit Curry. Eigene Rezepte betonen die Nähe zu Trinidad. Gerichte 14 US-$.

Man muss ein wenig herumfragen, aber dann findet man Raiza Mocco mit ihren scharfen Brat- und süßen Blutwürsten, *chorizos* und *morcillas*. Oder Dulce María, die köstliche Liköre in Eigenregie herstellt. In den Lebensmittelgeschäften gibt es *bolas de cacao*, Kakaokugeln.

Im Fischerhafen kann man Boote zur **Playa Medina** und zur **Playa Puy Puy** mieten. Auf dem Weg zur Playa Medina passiert man eine Abzweigung zur **Playa de Uva**.

Por Puestos: Verbindungen nach Carúpano, sie halten am Platz vor dem Fischmarkt.

Playas Medina und Puy Puy

Ein Wettstreit ist entbrannt, wer denn nun die schönste des Landes ist: die Playa Colorada oder die Playa Medina, 20 km östlich von Río Caribe, dessen Strand nicht unbedingt zum Schwimmen verführt. Die Playa Medina lässt sich über eine ausgeschilderte unbefestigte Straße in etwa einer Stunde erreichen. Diese führt zunächst in tropische Wälder und klettert über mehrere Präkordilleren-Abhänge zu einer Bucht im Idealmaß hinunter.

Die stark geschwungene, intimere **Playa Medina** 16 bildet wie die Playa Colorada den Saum einer tief ins Land reichenden Kokosplantage. Die Wände der Küstenkordillere ragen fast senkrecht in die Höhe. Fischköchinnen zaubern auf ihren offenen Kochstellen köstlichen *pescado frito*, derweil immer irgendein Junge die Kokospalmen erklimmt, um die frischen Nüsse zu ernten und anzubieten und etliche Früchteverkäuferinnen ihrer Wege ziehen – ein wahrhaft karibisches Idyll. Wer übernachten will, muss das spätestens in Carúpano planen. Es stehen die Cabañas Playa Medina zur Verfügung, die man aber vorher bucht.

Mondsichelformat unter Kokospalmensaum: die Playa Medina

In den Nationalpark Turuépano

Die **Playa Puy Puy** 17 gilt als die unprätentiösere Alternative. Zwischen schlichte Gehöfte und Bananenpflanzungen gebettet, öffnet sich ein kilometerlanger Strand, dessen üppige Ausdehnung wahren Wellenstürmen Platz zur Entfaltung lässt. Bewirtet wird man in einfachen Fischrestaurants und es gibt einige Bungalows.

Von Carúpano aus in den Nationalpark Turuépano

Den weiteren Möglichkeiten, die Península de Paria mit dem Wagen zu erkunden, setzen die Straßenverhältnisse natürliche Grenzen. Asphaltiert ist lediglich die kurvige, von den hohen, dschungelhaften Bergen der Küstenkordillere eingefasste Ruta Nacional 9 quer über die Halbinsel. Zwei weitere gut ausgebaute Strecken (Rutas 2 und 3) führen von der Küste bei Carúpano und Río Caribe zusätzlich ins Innere von Paria mit den beiden **Nationalparks Península de Paria** im Osten (375 km^2) und **Turuépano** im Süden (700 km^2). Die außergewöhnliche Schönheit der beiden Parks wird in zunehmendem Maße vom Ausflugstourismus entdeckt.

Über **Tunapuy** 18, mitten im Kakaoanbaugebiet gelegen, und den Stausee Sacamanteca, gerahmt von Bananen-, Mais- und Wassermelonenfeldern und mit *guanabana*, Passionsfrüchten und *pamaluca* überladenen Verkaufsständen, führt die Straße nach **El Pilar** 19, das malerisch auf zwei Erhebungen mitten im fruchtbaren Tal des Río Chaguaramas platziert ist. Der afrikanisch anmutende Marktflecken bildet einen lohnenden Ausgangspunkt für Wanderungen durch die dichte *selva* zu Wasserfällen und schwefelhaltigen Thermalbecken, die von einigen Reiseveranstaltern mit lokalen Führern organisiert werden (z. B. Parianatours).

Das indianische Know-how ist unabdingbar, will man die Wanderwege nicht verfehlen, denn effektiv ausgeschildert sind sie freilich nicht. Und das Wandern lohnt sich hier: Denn *bejucos* und *lianas* haben sich auf den überwucherten Pfaden zu einem engmaschi-

Ferien im Einklang mit der Natur

Der eine träumt, der andere nicht. Zwei Deutsche beleben mit ihren unterschiedlichen, konkurrierenden und interessanten Urlaubskonzepten die Península de Paria. Wie zwei Äste von einem gemeinsamen Stamm haben sich ihre Konzepte entwickelt und gehen nun in eine jeweils pointiert andere Richtung.

Claus Müller mit seiner Finca Vuelta Larga bei Guaraúnos und Wilfried Merle mit der Hacienda Río El Agua huldigen dem *ecoturismo*, dem Ökotourismus. Allerdings erweist sich das griffige Schlagwort in Venezuela als äußerst elastisch. Nicht so für die beiden Deutschen. Der eine betrachtet Tourismus als Beschädigung der Umwelt und sieht seine Aufgabe darin, dazu beizutragen, dass es nicht noch schlimmer wird, der andere verhehlt seine Absicht nicht, damit auch Geld verdienen zu wollen, um weitere Projekte finanzieren zu können. Der eine legt sich mit Behörden an, der andere ist überall gut Freund.

Die **Finca Vuelta Larga** von Claus Müller ist mit ausgeklügelten architektonischen Details ausgestattet. Die Bungalows haben als Moskitoschutz doppelte Holztüren und -fenster und einen schön geschnitzten Fenstervorbau. Als Seifenschalen dienen geschliffene Kokosnusshälften, die Regale sind mit handgeflochtenen Strohmatten bedeckt, eine traditionelle Handarbeit, die nur noch ein alter Mann aus dem Dorf kannte, der sie jetzt den jungen Frauen beibringt. Wunderschön harmonisch, weil vollkommen aus Naturmaterialien hergestellt und aus der heimischen Landschaft gewonnen, sind die Pfahlbauten in den sumpfigen Gebieten seines 100-ha-Geländes. Aus den Fasern der *moriche*-Palme lässt der Besitzer kostbare Hängematten weben, so dicht und weich, wie man es sich nur vorstellen kann. Claus Müller zählt auf die natürliche Regenerationsfähigkeit der Natur, begreift Naturschutz als verantwortungsvolle Haltung, die eine Artenvielfalt zulässt. Er hasst die Verkitschung von wilden Tieren in den Tourismusresorts, er hasst Naturschutz als dekoratives Aperçu. Konsequent betreibt er die Einbindung des Tourismus in das vorgefundene Umfeld. So macht sicher kein gebietsfremder Großhändler an der Finca Vuelta Larga halt.

Wilfried Merle dagegen beherrscht die Kakaostadt Carúpano, den schönsten Strand Venezuelas, die Playa Medina, und die Playa Puy Puy. Das netteste Hotel in Carúpano ist seines, das hübscheste Kolonialhaus an der Plaza Rosa de Lima ebenfalls, er mischt kräftig und verantwortungsbewusst im nachhaltigen Tourismus mit. Mit seinem energischen Engagement räumt er umweltpolitische Preise ab. Unermüdlich in der Propagierung seiner Vorhaben (Museum, Theaterworkshop, Unterstützung lokaler Feste), ficht ihn das Gerücht nicht an, er habe die Fischer von der Playa vertrieben, schließlich schützt er dort die Schildkröten. Auf seiner **Hacienda Río El Agua** werden, wie auf der Finca Vuelta Larga, Naturwanderungen und Tierbeobachtungen angeboten – eine echte und lohnende Alternative (Adressen s. S. 184).

Die Wasserbüffelfarm Río El Agua von Wilfried Merle ist nur eines seiner Projekte für nachhaltigen Tourismus

Península de Paria

Wohlige Entspannung in den Thermalquellen bei Guaraúnos

gen grünen Vorhang verwoben, Baumkronen zu einem smaragdfarbenen Himmel verknüpft. Dazwischen leuchten Helikonien und Mimosen, die *celidonia*, hauchzarte Orchideen und die *copey* mit weißen, lilienhaften Blüten. Zu entdecken sind die Medizinalpflanzen *chinchamuchina* gegen Masern und die *caña la India* gegen Nierenbeschwerden, nicht zu vergessen der *maporite* gegen Krebs und Tausende von zierlichen Orchideen. Der hohe *javillo* liefert das Holz für die Herstellung von Einbäumen, den *curiaras.* Nur wenige indianische Hütten verlieren sich im Dschungel. Hühner gackern unter breitkronigen Palmen.

El Pilar ist auch ein geeigneter Ausgangspunkt für Besuche des feuchtheißen **Parque Nacional Turuépano** 20 am Golf von Paria, nördlich des mächtigen Wassersystems des Río San Juan. Die nächstgelegene Ortschaft ist Guaraúnos. Man bezieht den Park landschaftlich in das Orinocodelta ein, obwohl er nicht direkt an dieses grenzt. Undurchdringliche Mangrovendickichte, Sümpfe, Savannen, Wäldchen und Lagunen fügen sich zu einer überraschenden Landschaftskomposi-

tion zusammen. Das Tier- und Pflanzenleben wird bestimmt vom Diktat der Gezeiten. In den zahlreichen Flussästen wimmelt es von Austern, Krebsen, kleinen Kaimanen (*babas*), Haien und Anacondas. *Cipoteros* heißen Fische, deren Augenform es ihnen ermöglicht, gleichzeitig unter und über Wasser zu sehen. Weiße Reiher, die rot-weiß-schwarzen, löffelschnabligen Wasserhühner, Kolibris, Pelikane, Seeschwalben und Kormorane dominieren die Flussufer, es gibt Seekühe (*manatíes*), die man eher selten zu sehen bekommt, Flussdelfine und natürlich Frösche im Überfluss. Turuépano bedeutet in der Sprache der Chaima nämlich Ort der Frösche und Kröten. Auch weniger auserwählte Lebewesen finden im extremen Feuchtklima des Parks ihren natürlichen Tummelplatz: Mücken und die allerorts sogenannte *plaga*, die *piri piri*, kleine Mücken mit besonders langem Saugrüssel.

Die Artenvielfalt des Parks lässt sich am schönsten und umweltverträglichsten im gemächlichen Tempo einer *curiara* erkunden (etwa von der Finca Vuelta Larga aus). Oder man besteigt bei **Ajiés** 21 eine motorbetriebene *curiara* und befährt den schmalen Caño de Ajiés bis hinunter zum **Caño Guariquén** 22. An den Flussufern siedeln Warao wie im Orinocodelta. Übernachtungen sind in dem attraktiven, komfortablen Bungalow-Campamento Orinoco Paria möglich, das auch als Ausgangspunkt für weitere Entdeckungsfahrten mit der *curiara* und Tierbeobachtungen dient (z. B. über Parianatours).

Südlich des Nationalparks erstreckt sich die **Laguna de Guanoco** 23, ein natürlicher Asphaltsee, aus dem sich die Indios bedienten, um ihre Boote zu kalfatern. Er ist mit 4,5 km² Fläche der größte Südamerikas. Das an der Luft erhärtete Erdpech bildet einen riesigen anthrazitgrauen Spiegel. Die US-Firma New York and Bermúdez Company beutete Anfang des 20. Jh. den Asphalt in großem Maßstab aus, ließ Schienen durch das Land legen und baute Handelshäuser, doch der Boom war nur von kurzer Dauer und heute wird Pech nicht mehr industriell abgebaut. Wer sich für den See interessiert, muss mit einer komplizierten Anfahrt rechnen: per Boot und per pedes, und das dauert gute anderthalb Tage.

Hacienda El Bukare, Agua Sana, Wasserbüffelhaciendas

Den östlichsten Punkt der Halbinsel Paria hat Kolumbus auf seiner dritten Reise nach Südamerika berührt und ihn als Paradies apostrophiert. Doch die Venezolaner sind offenbar zu schläfrig, um aus diesem Fakt Kapital schlagen zu wollen: Nach Macuro, wo ein schlichtes Eisenkreuz und ein Denkmal dieser Tat gedenken, wurde erst vor Kurzem eine Straße gelegt; davor gelangte man mit einer Fähre von Güiria dorthin.

Von Río Caribe aus gesehen ist **Chacaracual** 24 die nächste Ortschaft; wenn man von El Pilar startet, kommt man nicht an ihr vorbei. Das Örtchen sieht aus, als habe eine Plakatfarbenfirma ihre Lager geräumt und die Restbestände freigiebig spendiert, denn sämtliche Zäune und Häuser, und seien sie noch so bescheiden, sonnen sich in einem regelrechten Farbrausch. Dies ist das sehr sehenswerte Werk eines überzeugenden heimischen Künstlers.

Von Armut künden dagegen die schäbigen Anwesen am Wegesrand; die kleinen Ortschaften freilich wirken sauber und aufgeräumt. Und so wird man bei der Weiterfahrt immer wieder die hellen Kakaosamen sehen, die zum Trocknen auf Plätzen und Straßen, auf dem Pflaster und in Höfen ausgebreitet sind. Kakao wird in kleinen *conucos* im Familienbetrieb angebaut.

Für einen fairen Handel mit dem hochwertigen Kakao Venezuelas hat sich der Deutsche Wilfried Merle eingesetzt. Nun kann man über seine Vermittlung auch eine wiederbelebte Kakaohacienda bei Chacaracual besuchen. Die Hacienda **El Bukare**, benannt nach einem Baum, der zum Schattenschutz der Kakaopflanzen traditionell auf den Haciendas angepflanzt wird, wird geführt von der aus Irland stammenden Familie Esser. In ihrem Haupthaus demonstriert sie die Verarbeitung der Kakaobohnen und lädt zu einer verführerischen Degustation, nachdem man zuvor die Plantagen und die Fabrik besichtigt hat. Wer will, kann bleiben und übernachten; im Garten liegen vier attraktive, luftige Zimmer, eingerichtet im Stil der vorigen Jahrhundertwende.

Bei Bohordal steht hinsichtlich der weiteren Route eine Entscheidung an. Entweder geht es zur Landspitze nach Güiria oder zurück in Richtung Tunapuy. Wer nach Güiria weiterfährt, erlebt eine Landschaft, die im feuchten Grün der Küstenkordillere zu versinken scheint. Die Straße führt, von Farnen und Bambus überschattet, über deren hügelige Ausläufer. **Güiria** 25 ist fast so verschlafen wie Río Caribe, aber als Hafen zu ein wenig mehr Munterkeit verpflichtet. Es gibt zwei Kneipen, einige preiswerte Unterkünfte und ab und an ein Schiff nach Puerto de Hierro und Macuro, dem Paradies des Kolumbus.

Die zweite Variante führt bei **Bohordal** 26 wieder zurück in Richtung **Tunapuy**. Hier erreicht man die Thermalquellen **Aguasana**. In den offenen, von Steinen gefassten natürlichen Becken herrschen unterschiedliche Temperaturen und man kann sich mit Heilschlamm massieren lassen. Für Übernachtungen stehen sechs Zimmer zur Verfügung.

Península de Paria

Auf dem Weg nach El Pilar kommt man an den beiden Wasserbüffelfarmen **Hacienda Río El Agua** und **Finca Vuelta Larga** bei **Guaraúnos** `27` vorbei. Die beiden Farmen wurden von den ehemaligen deutschen Entwicklungshelfern Wilfried Merle und Claus Müller eingerichtet (s. S. 180). Beide kann man nach vorheriger Anmeldung besuchen und dort auch übernachten. Besonders die Finca Vuelta Larga besticht dabei durch ihre schattig gelegenen, ausgeklügelten *cabañas*, für deren Ausstattung indianische Flecht- und Textiltechniken wiederbelebt wurden.

Nach San Juan de Las Galdonas

Wenn schon nicht paradiesische, dann aber wenigstens unverfälschte natürliche Zustände könnte man in dem 375 km² umfassenden **Parque Nacional Península de Paria** vermuten, denn er blieb seit seiner Einrichtung im Dezember 1978 unerschlossen. Winzige, weit verstreute Siedlungen säumen seine Küsten. Ein einziger Pfad durchstreift von Macuro aus in nördlicher Richtung den Nationalpark, seine Strände sind ausschließlich per Boot zu erreichen. Das Kordillerenmassiv erreicht hier Höhen von bis zu 1000 m und die oft steilen Abhänge sind mit Nebelwald bedeckt. Kapriziösester Bewohner ist ein seltener Kolibri mit einer Art Schwalbenschwanz.

Annähern kann man sich ihm über **San Juan de las Galdonas** `28`, einem von den Stränden Barlovento und Sotovento flankierten Fischerort. Seit ein paar Jahren führt eine Straße dorthin. Die touristische Ausstattung besteht aus zwei Hotels, einigen Restaurants und einem Kunstgewerbeladen.

Cabañas Playa Medina: direkt an der Playa Medina, 18 km außerhalb von Río Caribe, nur auf Reservierung, Tel. 02 94/ 331 52 41, Fax 331 30 21, playamedina@ cantv.net; 8 gut ausgestattete Häuser aus natürlichen Materialien. Mit Gartenrestaurant. 130 US-$ für 2 Personen mit Halbpension.

Cabañas Playa Puy Puy: direkt am Strand, 4 km außerhalb von Puy Puy, nur auf Reservierung, Tel. 02 94/331 52 41, Fax 331 30 21, playamedina@cantv.net; 18 geräumige Bungalows, jeweils mit kleinem Patio und Hängemattenvorrichtung. Bar und Restaurant. 100 US-$ für 2 Personen mit Halbpension

Hacienda El Bukare: Chacaracual, Tel. 02 94/808 15 05, 04 14/777 11 74 (Mobiltelefon), www.bukare.com. Gästehaus einer Kakaoplantage, das sich dem ökologischen Anbau verschrieben hat. Hübscher Garten mit kleinem Pool, 4 stilgerecht möblierte Zimmer. Plantagenführungen, Ausflüge. Laden mit Kakaoprodukten. Angenehme Atmosphäre.

Aguasana: Tunapuy, Tel. 04 14/260 70 68 (Mobiltelefon), www.ecoparia.com; 4 Zimmer. Anlage mit Thermalbecken in natürlicher Umgebung. DZ ca. 40 US-$.

Finca Vuelta Larga: Calle Bolívar 8, Guaraúnos, Tel./Fax 02 94/416 36 49, 04 14/782 79 62 (Mobiltelefon), vueltalarga@cantv.net. Auf dem Gelände einer Wasserbüffelfarm 10 Zimmer in raffiniert und sorgfältig gearbeiteten Bungalows aus heimischen Materialien, Flechtwerk an den Fenstern, dekoratives, puristisches Mobiliar. Gegessen wird in einer indianischen *churuata,* Spezialität: Ragout aus Büffelfleisch und Salat aus dem eigenen ökologischen Anbau. Engagierte deutsche Leitung, umfangreiches Ausflugsangebot.

Hacienda Río El Agua: 20 km östlich von El Pilar, Tel. 02 94/332 29 15, merle@telcel.net. ve. Wasserbüffelfarm mit 5 Bungalows im indianischen Stil und Mirador, Restaurant und Bibliothek. Mahlzeiten aus lokalen Produkten. Das riesige Gelände kann man per Boot erkunden. Ausflüge.

Habitat Paria: Playa Barlovento, San Juan de las Galdonas, Tel. 04 14/779 79 55 (Mobiltelefon), www.habitatparia.vzla.org; 12 Zimmer. Liegt malerisch zwischen Strand und Kakaoplantagen. Halb Kolonialstil, halb Bauernkate, schlichte Zimmer, schöne zweistöckige Terrasse und Restaurant in einer *churuata*. Ausflugsprogramm. DZ 35 US-$.

**Treppauf und treppab
in San Juan de las Galdonas**

Die Virgen del Valle ist die Seefahrermadonna der *margariteños*

Nueva Esparta

Karibisches Meer

Isla de Margarita

Orinoco

Bunte Perlen

Im nationalbewussten Venezuela muss man nicht lange forschen, um herauszufinden, warum sein bekanntester Karibikarchipel den Namen Nueva Esparta, Neu-Sparta, trägt. Eine Überlieferung aus den Unabhängigkeitskämpfen gegen die Spanier bezeichnet die *margariteños*, die Bewohner der Isla de Margarita, als besonders tapfer und wagemutig, eben jene Eigenschaften, die auch die Spartaner auszeichneten. Zudem verweist die Hauptinsel Margarita mit ihrem Namen auf einen griechischen Wortstamm, denn *margaritari* ist die griechische Bezeichnung für Perle, und Perlen gab es einstmals rund um Margarita, Coche und Cubagua im Überfluss.

Und heute? Sind die drei Inseln wirklich Perlen der Karibik oder gar deren bestgehütetes Geheimnis? Um die Eigenwerbung braucht sich die Inselgruppe nicht zu bekümmern, wo das Wortspiel Perle–Margarita doch so nah liegt.

Und in der Tat: auf welchem Weg man sich Nueva Esparta auch nähert, ob per Schiff oder mit dem Flugzeug, die Strände leuchten in den schönsten Sandtönen, das Wasser schimmert türkis- und jadegrün – eine einzige Einladung an Strand- und Sonnenliebhaber. 167 km Küstenlinie und dazu mindestens 50 Strände allein auf Margarita lösen jedes Werbeversprechen überzeugend ein. Und so wandelten sich die Inseln Margarita und unlängst auch Coche, die nach einer bewegten Vergangenheit bald ruhige Fischerrefugien und kleine Landwirtschaftszentren geworden waren, in jüngster Zeit zum touristischen Goldstück Venezuelas.

Doch übermäßiger Gebrauch hat den Glanz ziemlich abgegriffen. Die Touristenzahlen auf der Isla de Margarita sind immens gestiegen und sie steigen weiter. Die Insel stieg in das All-inclusive-Geschäft ein. All inclusive bedeutet, dass der Gast vom Flug über die Übernachtungen bis zum Late-Night-Drink

alles in einem Preis erhält, er muss sozusagen nur noch das Trinkgeld einpacken. Diese Ferienvariation wurde auf internationalen Märkten preiswert angeboten, was zur Folge hatte, das die inseleigene touristische Infrastruktur mit Cafés, Bars, Restaurants und Geschäften nahezu zum Erliegen kam. Bettenburgen wurden in die Höhe gezogen und, man mag es kaum glauben, werden es immer noch, um die Nachfrage zu befriedigen.

Die Urlaubsmoden wandeln sich, zum Glück. All inclusive ist zwar nicht out, aber richtig in ist es auch nicht mehr. Überall auf der Insel entstehen neue Restaurants, besinnt man sich auf die eigene Kultur. Die Bürgermeisterämter beschenkten die Ortschaften mit viel Farbe und plötzlich erstrahlen die Kolonialhäuschen in leuchtendem Orange, Zitronengelb, Limettengrün, Dunkelviolett oder gleich in allen Farben zusammen. Mittlerweile fällt bei einer Rundfahrt ins Auge, wie farbenprächtig und eigenwillig Margarita eigentlich ist.

Sieht man die Insel nicht als reines Strandziel, öffnen sich besondere Welten. Margarita ist viel zu groß, um eindimensional zu sein. Eine tropisch bewaldete, mit Bergen in der Landesmitte und vielgestaltigen Buchten üppig besetzte Osthälfte wird durch die Mangrovenlagune Restinga im Norden zusammengeklammert, während die westliche Hälfte eher einer Wüste oder Steppe ähnelt. Hier fegt der Wind über den Sand und in die Fischerdörfchen hinein.

Kommerz und Rummel schillern in der Touristenhochburg Porlamar und an der Playa El Agua. Beschaulich geht es in der kolonialen Hauptstadt La Asunción zu, die auf dicht bewaldeten Ausläufern des Copeygebirges thront. In den Falten des Copey haben sich die gemütlichen Ortschaften San Juan Bautista und Fuentidueño eingerichtet, die man als Ausgangspunkt für Wanderungen wählt. Mit der Seefahrermadonna Virgen del Valle in El Valle del Espíritu Santo hat die In-

Richtig Reisen-Tipp

Museo Pueblos de Margarita, Tacuantar: Ein Dorf als Freiluftmuseum mit allem Wichtigen, was die Insel ausmacht. Hier wird unterhaltsam und anschaulich vermittelt, welche Bedeutung etwa Perlen, Musik, Literatur oder Medizinalpflanzen in Geschichte und Gegenwart der Insel haben (s. S. 203).

sel eine überregional bedeutsame Marienfigur, der besonders zu ihrem »Geburtstag«, also dem Datum ihrer Erscheinung, mit prächtigen Wallfahrten gedacht wird.

Woran es in Nueva Esparta aber wirklich mangelt, liegt ebenso offenbar auf der Hand. Spartanisch oder asketisch leben mögen die Venezolaner nicht, und sie entledigen sich unbekümmert ihres Wohlstandsmülls, wo es ihnen gerade beliebt. Das stinkt dann manches Mal leider regelrecht zum Himmel.

Highlight

5 Die Isla de Margarita

Unbestritten Publikumsmagnet Nummer eins ist sie mit ihren vielen schönen Stränden, dem trubeligen Nachtleben, dem beschaulichen Inselinnern, der tropischen Landesmitte, den Kolonialstädtchen und Fischerdörfern – ein kleiner Kosmos für sich (s. S. 190 ff.).

Reise- und Zeitplanung

Wer nicht all inclusive gebucht hat, widmet den Inseln eine Woche, um Strandattraktionen und das Inselinnere gleichermaßen kennenzulernen.

Klima und Reisezeit

Nueva Esparta mit seinen vielen Sonnenstunden ist ein Ganzjahresreiseziel. Für die Venezolaner selbst sind Karneval und Ostern Margarita-Ferienklassiker. Die Hotels quellen über – eine Vorausbuchung ist unerlässlich.

Perlenfischers Lieblingsinseln: Wie ein ausgebreiteter Schmetterling ruht Margarita friedlich im Wasser, mit einem wüstenhaften und mit einem tropischen Flügel. Der Reichtum an Perlen wurde ihr während der Kolonialzeit zum Verhängnis, heute ist er das Markenzeichen der Insel. Die Perle und natürlich die Sonne locken Gäste aus aller Welt an ihre karibischen Gestade.

Der Fluch des Goldes: Perlen

Kaum waren die Inseln Margarita, Coche und Cubagua 1498 von den spanischen Karavellen gesichtet worden, zerstörte die Gier nach den Perlen die Idylle der Eilande. Kolumbus hatte auf der Halbinsel Paria den Perlenschmuck der Eingeborenen bestaunt und ein Jahr später machten Alonso Niño und Cristóbal de la Guerra die Fundstelle aus: das wasserlose Eiland Cubagua, wo die Siedlung Santiago de Cubagua, das spätere Nueva Cádiz, aus dem Boden gestampft wurde.

Fünfzig Glücksritter aus Santo Domingo tyrannisierten bald diese Insel. Deren Einwohner starben wie die Fliegen unter den mörderischen Arbeitsbedingungen des Perlentauchens, die Padre Bartolomé de Las Casas später entsetzt beobachten und beschreiben sollte.

Die Spanier schwärmten zu wahren Menschenraubzügen nach Margarita und auf das Festland aus, um den Nachschub an Sklaven zu sichern. Margaritaperlen, so groß wie Taubeneier, füllten bald die Schatztruhen der spanischen Könige, ihr Wert überstieg die Einnahmen aus den Goldminen von Peru um ein Vielfaches. Die strapazierten Perlengründe von Coche und Cubagua waren bereits leer gefischt, als ein Seebeben am 24. Dezember 1541 Santiago de Cubagua vernichtete.

Danach fiel Nueva Esparta anderen spanischen Despoten und Piraten in die Hände, allesamt Tyrannen wie Lope de Aguirre (s. S. 198). Man begann, die Insel mit Befestigungsanlagen zu überziehen. Zwei kann man heute noch besichtigen und diese spielten auch während der Unabhängigkeitskriege eine Rolle. Die *margariteños* sind stolz auf ihren ruhmreichen und lang andauernden Widerstand gegen die Kolonialmacht; beide Parteien, Republikaner und Royalisten, betrachteten die Insel als strategischen Brückenkopf und deswegen als unverzichtbares Terrain.

Diese kriegerischen Geschichten liegen lange zurück. Das Perlenfischen im größeren Maßstab wurde in den 1960er-Jahren eingestellt, heute erbeutet man nur noch stecknadelkopfgroße Perlchen. Um die Armut, Arbeitslosigkeit und die Isolation Margaritas zu mildern, erklärten die Regierungen die Insel zur Freihandelszone. Heutzutage liefert der Tourismus die meisten Arbeitsplätze.

Porlamar

Porlamar 1 ist mit seinen rund 200 000 Einwohnern für den heutigen venezolanischen Geschmack das perfekte Ferienparadies schlechthin. Wer hier Urlaub macht, geht auch einkaufen und befindet sich sozusagen im Einkaufshimmel.

Mit der Autorin unterwegs

Langusten essen im Viña del Mar Lobster House

Chilenische Langusten sind Spitze – und venezolanische sind es auch. Also hat der 1977 eingewanderte Chilene Reinaldo Romero ein Restaurant eröffnet, das diesem Krustentier nahezu ausschließlich gewidmet ist, und 18 Langustenfischer vor den Islas Testigos fischen ausschließlich für ihn. Frische ist selbstverständlich: Die Ausbeute krabbelt in einem **Langustenpool** mitten im Restaurant. Die in unseren Breiten recht kostspieligen Meeresbewohner schmecken köstlich, egal, wie sie zubereitet sind (s. S. 194).

Playa Guacuco

Der nahezu nicht existente Strandservice mag dafür verantwortlich sein, dass Guacuco sich nicht allergrößter Beliebtheit erfreut, was dem mitteleuropäischen Geschmack aber nicht zuwider läuft. Im Gegenteil, hier geht es noch ziemlich ruhig zu. Dichte Palmensäume sorgen für Schatten, zwischen den Stämmen mag man seine Hängematte für die Siesta

anbringen, der Strand ist gepflegt, sehr lang und hat nur ein Restaurant (s. S. 197).

Perlen aus der Casa de las Muñecas

Perlen gibt es kaum noch vor den Küsten von Nueva Esparta, da müssen dann eben Exportwaren her. Trotzdem, im ersten Stock der Casa de las Muñecas befindet sich ein **schillernder Showroom** mit teilweise originell gestalteten Colliers und Ohrgehängen, die den Preis lohnen. Die Käuferinnen befinden sich in guter Gesellschaft: Königin Sofia von Spanien hat hier auch eingekauft, wie ein dort ausgestelltes Foto bezeugt (s. S. 200).

Playa Zaragoza

Der Strand an sich mag nicht für sich beanspruchen, der allerschönste der Insel zu sein, dafür ist die kurze Promenade aber die beste. Unter Palmenkronen flaniert man an karibisch bunt bemalten **Kolonialhäusern** vorbei, in denen **angenehme Mittagsrestaurants** eingezogen sind (s. S. 202).

Zunächst waren Elektrogeräte, Kleinmöbel und Alkoholika der Renner, dann Drogerie- und Parfümerieartikel und schließlich kam alles andere. Architektonische Fehlschläge braucht man eigentlich nicht zu bedauern. Wo der Nutzen regiert, schweigt der Charme. Man schlendert mit kleinen Papiertüten am Handgelenk durch die Einkaufsmeilen Avenida 4 de Mayo und Avenida Santiago Mariño, wo sich in eiskalt klimatisierten *centros comerciales* Jeans, Modeschmuck, Markenparfüms, Kosmetika und Schuhe recht preisgünstig erwerben lassen. Oder man pilgert gleich ins Sambil, das hat Kultstatus.

Porlamar widmet sich auch sonst nahezu rund um die Uhr zuverlässig der Befriedigung touristischer Ansprüche. Diskotheken, Friseure, Hotdogstände, Kioske mit internationaler Presse, Eissalons, Dart- und Hardrockkneipen, Restaurants, Hotels, turnhallen-

große Bademodenanbieter, Spielhöllen, Kasinos, die 24 Stunden lang geöffnet haben, Souvenir- und Kunstgewerbeläden, Freiluft-Parilladas – alles ist in großer Auswahl vorhanden. Nur eines hat Porlamar leider nicht zu bieten: einen hübschen Strand.

Das alte, traditionelle Porlamar, Pueblo del Mar, konzentriert sich um die **Plaza Bolívar** und den **Boulevard Guevara** entlang, vier Blocks vom Paseo La Marina am Meer und acht Blocks von der Avenida Santiago Mariño entfernt. Die Häuser entstanden Anfang des 20. Jh. und gehörten den besseren Familien der Insel, die häufig im Perlengeschäft tätig waren. Hinter den unscheinbaren Portalen verbergen sich flache, aber ausgedehnte, luftige Häuser mit großen, blumenbestandenen Patios, die eine ganze *cuadra* einnehmen. Allerdings wohnen hier inzwischen auch viele ärmere Menschen.

La Isla de Margarita

Das ruhige alte Zentrum von Porlamar an der Plaza Bolívar

Das volkstümlich bunte Gewühl der vielen *buhoneros*, Straßenverkäufer, die mit Plastiktaschen, Raub-CDs und Haarbändern handeln und der Kranz an Parfümerien und preiswerten Schmuckgeschäften prägen das Bild des Zentrums. Einem Ruhepol gleich thront die **Kathedrale** von Porlamar in einem mit Bäumen bestandenen Garten an der Plaza. Die Parallelstraße **Boulevard Gómez** führt auf den alten Fischmarkt zu, der mittlerweile von billigen Kleider- und Sportartikelständen umringt wird. Unter Pergolas aus Beton schlendert man auf dem **Boulevard Rómulo Gallegos** am Meer entlang, vorbei an einigen öffentlichen Gebäuden wie der Stadtbibliothek und der Fischerorganisation. Er geleitet zum **Faro de la Puntilla** und zum westlichen Teil der Stadt. Der Leuchtturm, mit seinen 100 Jahren ein richtiger Oldtimer in der schnell sich verjüngenden Textur der Stadt, ist das Wahrzeichen von Porlamar.

Einzige Sehenswürdigkeit ist das **Museo de Arte Contemporáneo Francisco Narváez,** das den Namen eines der wichtigsten Maler und Bildhauer seiner Epoche trägt. 1905 auf der Insel als Sohn eines Holzschnitzers geboren, der Kirchenplastiken schuf, verließ er während der Gómez-Diktatur Venezuela und lernte in Paris den Bildhauer Auguste Rodin kennen. Sein Werk reflektiert vor allem das Alltagsleben; von 1950 an widmete er sich der abstrakten Darstel-

 **Margarita Hilton:** Calle Los Uveros, Urbanización Costa Azul, Tel. 02 95/262 08 10, www.margaritahilton.com; 336 Zimmer. Der Klassiker unter den Luxushotels auf Margarita. Liegt exklusiv etwas außerhalb von Porlamar mit kühl-elegantem Styling. Ladengalerien, Garten und beeindruckende Poollandschaft. DZ 170–240 US-$.

La Samanna de Margarita: Av. Bolívar s/n/ Av. Francisco Estéban Gómez, Urb. Costa Azul, Tel. 02 95/262 22 22, www.samanna margarita.com; 67 Zimmer. Außergewöhnliches Spa-Hotel mit mediterranem Flair und großzügigen Zimmern. DZ ca. 150 US-$.

La Puerta del Sol: Calle Los Pinos, Tel. 02 95/264 44 21, Fax 263 59 02; 236 Zimmer. Hotelkomplex ganz in der Nähe der belebten Avenida 4 de Mayo. Alles ist großzügig angelegt, die Zimmer, die Empfangshalle, die Lobby und die Bar. Freundlicher, aufmerksamer Service (das Frühstück wird bei Bedarf auch schon morgens um 4 Uhr serviert), Pool und nettes Gartenrestaurant. Sehr gutes Preis-Leistungs-Verhältnis. DZ 60 US-$.

Howard Johnson Tinajero: Calle Campos s/n, Tel. 02 95/263 88 30, Fax 263 91 63; 66 Suiten. Modern gestylter Turm in Backsteinrot und Glas, Suiten mit Balkon und Meerblick. Zentral gelegen und für 55 US-$ gutes Preis-Leistungs-Verhältnis.

Posada Casa Lutecia: Calle Campos zwischen Cedeño und Marcano, Tel. 02 95/263 85 26, 04 14/789 77 69 (Mobiltelefon), www.guiaturismo.com/casalutecia; 14 Zimmer. Im Stil eines Privathauses gebaut mit einladender Bougainvillen-Terrasse. Angenehme Zimmer, Pool auf dem Dach. DZ 40–60 US-$.

Hotel Imperial: Av. Raúl Leoni, Vía El Morro, Tel. 02 95/261 64 20, Fax 261 50 56. 20 saubere, gepflegte Standardzimmer in einem ruhigen Hotel fast am Stadtstrand. Gutes Preis-Leistungs-Verhältnis, doch ist die Gegend abends nicht sicher. DZ 40 US-$.

Hotel María Luisa: Av. Raúl Leoni, Sector Bella Vista, Tel./Fax 02 95/263 79 40, 261 05 64. Bettenturm der bescheideneren Kategorie mit 45 gefliesten, sauberen, aber nicht sehr großen Zimmern, einem freundlichen Service und kleinem Pool. DZ 35 US-$.

lung. In dem ungewöhnlich konstruierten Museum ist eine interessante Werkschau zusammengestellt. Passend dazu wurden die Werke weiterer Künstler der Insel ausgesucht (Calle Igualdad/Fraternidad, Mo–Fr 8.30–15.30, Sa/So 10–15.30 Uhr, Eintritt frei).

Corpotur: Av. Jóvito Villalba, Centro Artesanal Gilberto Menchini, Los Robles, Tel. 02 95/262 23 22, www.corpoturmargarita.gov.ve. Auskunftsstellen mit Prospekt- und Kartenmaterial wurden auch im Flughafengebäude, im Sambil und auf der Av. Santiago Marino/Av. 4 de Julio eingerichtet. Informationen gibt es auch unter www.margaritaonline.com.

La Isla de Margarita

Salvia: im Hotel Samanna, Av. Francisco Estéban Gómez, Tel. 02 95/262 71 91, www.salviamargarita.com; montags Ruhetag. Die neue Gourmetadresse in Porlamar: In einem unterkühlt schwarz-weiß gehaltenen Styling wird aromatisch interessantes *fusion food* aus der venezolanischen und klassisch italienischen Küche serviert, z. B. frischer Lachs mit Johannisbeeren, grüne *parilla* aus Gemüse, Fischfilet in Kokossauce. Hauptgerichte ab 25 US-$.

Viña del Mar Lobster House: Av. 4 de Mayo, Tel. 02 95/264 41 55, www.lobsterhousemargarita.com; tgl. geöffnet. Die richtige Adresse für fangfrische Langusten in jeglicher Zubereitungsform, von klassisch *natural* bis zu einem kreolischen Rezept. Gerechnet wird das kostspielige Krustentier nach Gewicht, eine große Portion kostet etwa 45 US-$.

Mediterráneo Café: Campos/Patiño, Tel. 02 95/264 05 03. Ausgefallene italienische Küche in einem kleinen, mit witzigem Kunstgewerbe dekorierten Restaurant mit einer Terrasse zum Draußensitzen. Die Karte schreibt der Wirt auf eine Schiefertafel, die Preise allerdings sind gepfeffert. Hauptgerichte ab ca. 35 US-$.

Cocody: Av. Raúl Leoni, Playa Bella Vista, Tel. 02 95/261 84 31. Immer noch ein Klassiker der gepflegten französischen Küche in einem geschmackvoll, hell und freundlich eingerichteten, abends von Kerzen erleuchteten Restaurant mit Terrasse zum Meer. Liebenswürdige Gastgeber und angenehme ruhige Atmosphäre, abends Livemusik. Gerichte ca. 20 US-$.

El Pescador de la Marina: Av. Raúl Leoni, Sector El Morro, Marina Puerto Ángel, Playa Concorde, Tel. 02 95/264 63 74. Terrassenrestaurant am Jachthafen. Die Spezialitäten hier sind natürlich Fisch und Meeresfrüchte. Am Wochenende oft Livemusik, dann ändert sich der Charakter des Restaurants entsprechend. Hauptgerichte ca. 18 US-$.

El Remo: Av. 4 de Mayo, Tel. 02 95/261 31 97. Restaurant, Bar und Tanzsalon, alles in einem. Hinzu kommt eine gute und preiswerte italienische bis internationale Küche. Gerichte ab 15 US-$.

Karibisches Meer

Rancho Mandinga: Av. Raúl Leoni, Sector Bella Vista, Tel. 02 95/263 97 55. Typisches, recht einfaches, aber einladendes Restaurant direkt am Strand unter einer Pergola-*churuata*. Deftige Fisch- und Fleischgerichte, eine gute Fischsuppe, leckere Salate sowie große Auswahl an Fruchtsäften. Ein großer *parguito* (Red Snapper) kostet 20 US-$.

El Granel: im Centro Comercial Sambil. Viele verschiedene Kaffee- und Teesorten zieren das kleine, stimmungsvolle Cafégeschäft. Auch frisch gepresste Säfte und Kuchen.

La Isla de Margarita

Map labels:
- Playa Manzanillo
- Playa Guayacán **7**
- Manzanillo **6**
- **5** Playa El Agua
- **4**
- Playa Puerto Viejo **8**
- Playa Parguito
- Playa Zaragoza
- Pedro González
- Punta Cabo Blanco
- Isla de Margarita
- **5**
- Playa Pedro González **9**
- Puerto Fermín
- Playa Caribe **10**
- Playa El Tirano
- Juangriego
- **11**
- **1**
- **26**
- Santa Ana
- Cerro Matasiete 680 m
- **4**
- Playa Guacuco
- Pueblos de Margarita
- **12**
- **27**
- Tacarigua
- **25**
- **22**
- **2**
- El Cercado
- El Maco
- La Asunción
- **23**
- Castillo Santa Rosa
- **28**
- **29**
- **24**
- **2**
- Pampatar
- Parque Nacional Laguna de la Restinga
- **15**
- La Guardia
- San Juan Bautista
- Fuentidueño
- Parque Nacional Cerro El Copey
- **1**
- **21**
- Laguna de La Restinga
- **14**
- **5**
- El Valle del Espíritu Santo
- **30**
- **3**
- Boca del Río
- Las Tetas de María Guevara
- Las Hernández
- Porlamar
- **1**
- Aeropuerto Internacional Santiago Mariño (El Caribe)
- El Yaque
- Punta de Piedras
- La Isleta
- Playa El Yaque **13**
- Playa Pagato
- Playa La Cabecera
- Ruinas de Nueva Cádiz
- **20**
- Isla Cúbagua
- Playa San Pedro
- San Pedro
- Playa El Coco
- El Coco
- Playa Manglecito
- **19** Isla de Coche
- Güinima
- El Guamache

Straßencafé auf der Av. 4 de Mayo/Calle Fermin: beliebtes Café, leckere Kuchen, sahnige Torten, kleine Gerichte und Säfte. Lebhaft, venezolanisch.

Mercado de los Conejeros: liegt am Stadtrand von Porlamar in Richtung Flughafen. Hier ist eher die Stimmung Interessant: riesiger Markt für Billigklamotten, Raub-CDs, Pflanzen und Lebensmittel. Krasser Gegensatz: Das **Sambil** auf der Straße nach Pampatar ist mit rund 250 Geschäften das Nonplusultra für alle Einkaufsflanierer. Mit Boutiquen, Ketten wie Zara, Cafés, Restaurants und Kinos. Um die Plaza Bolívar auf den **Boulevards Gómez und Guevara** gibt es Geschäfte für den preiswerten Einkauf sowie einige Schmuckgeschäfte.

Señor Frog's: Av. Dolívar, Centro Comercial Costa Azul, Tel. 02 95/262 04 51. Das Essen ist passabel original mexikanisch, aber deswegen geht niemand dorthin. In der à la *cantina* aufgemachten Halle ge-

La Isla de Margarita

bietet der Moderator, dröhnt die Musik, darf der Gast mitmischen. Die Kellner sind ewig gut gelaunt. Kein geeigneter Ort für romantische Gespräche …

Opah's: Av. Bolívar, Centro Comercial Costa Azul. Eine passable Diskothek, in der nicht nur Techno oder Reggae gespielt wird.

Der **Flughafen Santiago Mariño** liegt etwa 20 km südwestlich von Porlamar und 6 km östlich von El Yaque. Shuttlebus nach Porlamar, die Busse halten bei Wendy's in der Nähe des Centro Comercial Jumbo auf der Av. 4 de Mayo.

Flüge nach Arekuna, Barcelona, Caracas, Canaima, Carúpano, Cumaná, Los Roques, Maracaibo, Maturín, Mérida, Puerto Órdaz, Valencia.

Es gibt keinen Busterminal. Häufige Verbindungen mit **Por Puestos** oder **Bussen** von den Stationen an der Av. 4 de Mayo in Porlamar nach Pampatar, La Asunción und Juangriego. Weitere Stationen liegen in der Calle Maneiro, in der Calle Mariño und in der Calle Fraternidad. Zur Halbinsel Macanao besteht weniger Verkehr.

Fähren: Conferry, Calle Marcano, Tel. 02 95/261 67 80, 263 15 58.

In Punta de Piedras: Tel. 02 95/239 83 40. Verbindungen nach Puerto La Cruz. Es gibt Ferrys Express, die 2 Std., und normale Fähren, die ca. 4 Std. unterwegs sind.

Gran Cacique: Av. Santiago Mariño, Ed. Blue Sky, Tel. 02 95/264 29 45. 2 x tgl. Fähren nach Cumaná, die Überfahrt dauert 2 Std.

Autovermietung: Die meisten haben ihre Büros im Flughafen. Budget ist zusätzlich in den Hesperia-Hotels, Tel. 02 95/400 71 68 und 400 81 38. Hertz im Margarita Hilton, Tel. 08 00/800 00 00.

Strände im Osten

Die Strandausbeute von Porlamar fällt eher gering aus: Am Hotel Bella Vista gibt es einen Strand, der sich in östlicher Richtung verliert, aber er ist weder besonders attraktiv noch besonders sicher.

Die Caracola und die Playa Concorde in der Nähe der Avenida Bolívar an der Laguna Blanca erfreuen sich bei Joggern größerer Beliebtheit, von Schwimmern und Sonnenbadenden allerdings werden sie verschmäht, was kein Wunder ist bei der großen Auswahl, die jeder ein paar Kilometer weiter nördlich genießen kann.

Kokospalmen spenden der Playa Guacuco großzügigen Schatten

Man geht bei der Inselrundfahrt gegen den Uhrzeigersinn vor und nimmt Porlamar als Ausgangspunkt. Die Playa von Pampatar, Playa La Caranta, verdient ebenfalls kelnerlei besondere Erwähnung, doch kann, wer will, durchaus ins träge dahinplätschernde Wasser steigen. Der nächstgelegene richtige Strand nach 17 km von Porlamar aus ist die schmale, lang gezogene, von einem dichten Kokospalmensaum beschattete und gepflegte **Playa Guacuco** 2. Die Wellen können hier schon einmal kräftiger werden, deswegen ist Vorsicht angeraten. Dieser Strand weist nur ein einziges Restaurant und einige wenige Kioske für die Verpflegung auf. Meist bleibt es hier ruhig.

Lope de Aguirre: Der Fürst der Freiheit

Er war der frühe Schrecken der trüben Kolonisationswellen und er ist der Schwarze Mann in der venezolanischen Kindererziehung, er war Gegenstand heftig geführter Debatten in der Literatur und wandelte sich in seiner Rezeptionsgeschichte vom blutrünstigen Mörder zum Freiheitshelden, der sogar von Simón Bolívar gelobt wurde: Lope de Aguirre, der Fürst der Freiheit, der Zorn Gottes, El Tirano, der Tyrann.

Hoch geehrt und schnell gefallen. Die Geschichte von Lope de Aguirre erinnert an den Sturz des bösen Engels Satan. Ein baskischer Haudegen erobert an der Seite der Brüder Pizarro das Inkareich Peru und wird zum Teilnehmer einer Expedition von Pedro de Ursúa bestellt, mit dem Ziel, El Dorado zu finden, das sagenhafte Goldland. Von Anfang an war dieser Eroberungsfeldzug von Unglück und Schrecken überschattet, die Stimmung von Misstrauen, Angst und Neid zerfressen. Die bei Santa Cruz de Saposoba bereitgestellten Schiffe sanken sofort, rasch musste Ersatz gezimmert werden, doch der konnte die umfangreichen Ladungen nicht aufnehmen. Zunehmend gewann unter den Konquistadoren der sogenannten zweiten Eroberungsphase der Eindruck die Oberhand, dass man sich bloß als Kanonenfutter zur Verfügung stelle, nicht entsprechend seiner Leistungen entlohnt und gewürdigt werde und dass das Land am Ende unter Adligen aufgeteilt werde. Man finanziere mit den Reichtümern aus den Schatzkammern der indianischen Gottesfürsten, die man der spanischen Krone unter Einsatz des eigenen Lebens erkämpfe, deren Kriege gegen Protestanten in Deutschland und den Niederlanden. Während Profite und Ruhm aus der ersten Eroberungsphase noch an die Eroberer selbst fielen, sei man jetzt zum bloßen Kampfkörper degradiert.

Dieser Hintergrund bestimmt den Verlauf der unglückseligen Expedition. Königsmord folgt auf Königsmord, Ursúa wird erschlagen. Kein Führer des Eroberungszuges bleibt länger als ein paar Wochen am Leben. Als Drahtzieher sämtlicher Morde wird Lope de Aguirre ausgemacht. Bis er schließlich selbst zum Führer gewählt wird.

Die Romane, die seine Biografie thematisieren, beschwören eine Stimmung, die der einer herannahenden Naturkatastrophe ähnelt. Mit einem Gestrüpp aus Intrigen und Morddrohungen hält Aguirre seinen Trupp in Angst und Schrecken: Jeder fürchtet, als nächster von der Garotte erwürgt zu werden. Der Wahnsinn breitet sich aus: Ein der Untreue Verdächtiger rettet sich, indem er das Gehirn eines Erschlagenen aufleckt.

Lope de Aguirre sagt sich vom spanischen König los und unterwirft sich allein der Kirche. Seine Mission, auf die er seine Mitstreiter einschwört, lautet, das geheimnisvolle Dorado aufzugeben und Peru den Royalisten zu entreißen. Nach Verlassen des Marañóngebietes reist er hinauf zur Isla de Margarita, die er am 21. Juli 1561 betritt und sich unterwirft. Von dort aus soll ihn der Weg nach Peru eigentlich über das Meer führen. Doch dann werden seine Absichten von geflüchteten Teilnehmern seines Feldzuges an die Spanier verraten. Die Kolonialmacht blockiert die venezolanischen Gewässer. Aguirre beschließt, zusammen mit den ihm verbliebenen *marañones,* wie er seine Mitstreiter nach dem Strom nennt, den sie so lange befuhren, den

Thema

aberwitzig anstrengenden Landweg nach Peru zu wählen. Ihm gelingt die Flucht von Margarita. Mit etwa 160 Getreuen fällt er über Barquisimeto her, erzwingt ein letztes Gefecht mit dem Statthalter der Provinz, Don Pablo Collado. Reihenweise laufen die *marañones* zu den Spaniern über, die ihnen Straffreiheit versprechen. Aguirre wird von seinen eigenen Leuten erschlagen und geviertelt, sein Kopf ausgestellt.

Der Mythos des grausamen Lope de Aguirre indes konnte nicht vernichtet werden. Für die Venezolaner manifestiert sich seine ruhelose Erscheinung in Irrlichtern. Bis 1883 veranstaltete man in Barquisimeto Umzüge, in deren Verlauf eine Puppe, die Aguirre symbolisierte, zunächst auf einen Esel gebunden und anschließend verbrannt wurde, um die *fuegos fatuos* zu bannen. In der Nähe von Puerto Cabello gibt es einen riesenhaften Baum, an dem sich Vorübergehende bekreuzigen, weil man annimmt, dass Aguirre dort Mitstreiter aufhängen ließ. Die ruhelose Seele von Aguirre, dem Untoten, bekämpft man in einigen Provinzen mit Prozessionen und Weihwasserbesprengungen.

Simón Bolívar veranlasste, dass der Brief Lopes, in dem er sich vom spanischen Königreich losgesagt hatte, 1821 im »Correo Nacional« von Maracaibo veröffentlicht wurde. Den Titel verfasste er selbst: »Acta Primera de la Independencia de América el Año de 1560« – »Die erste Unabhängigkeitserklärung Amerikas im Jahr 1560«.

Klaus Kinski als geniale Verkörperung des Lope de Aguirre

La Isla de Margarita

Wieder zurück auf der Hauptstraße, liegt linker Hand unübersehbar die **Casa de las Muñecas**, ein Hort des Kunsthandwerks à la Margarita. Tonfiguren in allen Farben und Formen, von den schwarzen Früchteverkäuferinnen *negritas* bis zu Landstreichern, hundertfachen Kleinstausgaben der Inselheiligen Virgen del Valle und im Obergeschoss ein Perlenladen – fast unmöglich, dass man hier kein Souvenir ersteht. Im hinteren Gebäude liegen die Ateliers der Kunsthandwerker (Av. 31 de Julio vía Playa El Agua-La Asunción, Tel. 02 95/242 15 28, tgl. 10–17 Uhr).

Der Cerro Guayamuri trennt mit seinen immerhin 450 m Höhe die Playa Guacuco von den beiden nördlicheren bei Puerto Fermín, die Playas Cardón und El Tirano nach etwa 4 km. Der Strand mit dem ungewöhnlichen Namen **El Tirano** `3`, der Tyrann, liegt am Südrand der Landspitze Punta Cabo Blanco und verewigt den Konquistadoren Lope de Aguirre, der 1561 mit einer Handvoll gedungener Gefolgsleute über Margarita herfiel und die Insel seiner Schreckensherrschaft unterwarf (s. S. 198). Den unfreundlichen Namen hat man übrigens offiziell in Puerto Fermín umgewandelt, aber die Bezeichnung Tirano hat sich nun einmal eingebürgert.

Der Strand freilich kann nichts dafür, dass Aguirre hier an Land ging, er ist friedlich und ruhig, das Wasser recht tief. An dem schmalen, langen Sandstreifen ragen zwei Hotels in die Höhe und die Fischer, die ein paar Meter weiter ihre Netze flicken, werden nun oft von den Touristen bestaunt.

Am Cabo Blanco beginnen die Bootsausflüge für Taucher und Schnorchler zu den Islas Los Frailes und das hat dem schmucken kolonialen Puerto Fermín zu einer einnehmenden Hafengestaltung verholfen. Ein Platz ist entstanden, ein Café kam dazu.

Der Star von Margarita liegt nur ein bisschen weiter nördlich. Die **Playa Parguito** `4` hat ein perfektes Halbmondformat, weichen Sand, wohlgewachsene Palmen und dazu die zur Zeit angesagtesten aufgepeppten Strandrestaurants der Insel, nämlich das Byblos, das Keops und das Cosme, in denen man bis gegen 18 Uhr Krabbensalate verzehren und

Cocktails schlürfen kann. Surfer stürzen sich hier gerne in die Wellen. Ist etwas für alle, die den gepflegten Rummel lieben.

Villa Cabo Blanco: Tel. 04 14/974 67 57 (Mobiltelefon), www.margarita-caboblanco.com; 8 Apartments. Der Modestrand liegt in Sichtweite. Die einzige Unterkunftsmöglichkeit gehört einem freundlichen französischen Ehepaar und entpuppt sich als eine komfortabel ausgestattete, nahezu familiäre Bungalowanlage mit Pool, frisch und schön möbliert. Die Apartments haben eigene Küchen. 70–100 US-$. Es wird Französisch und Englisch gesprochen.

Playa El Agua

An Obstgärten und freundlichen Ortschaften in sanft gewellter, tropisch sattgrüner Hügellandschaft vorbei erreicht man den bekanntesten Strand von Margarita, die 8 km lange **Playa El Agua** `5`. Wo es schön ist, da wollen viele hin, und deswegen ist die wirklich zauberhafte Playa El Agua auch so voll. Jenseits des Strandes erhebt sich eine wahre Armada aus Hotels aus dem Sand. Für jeden Geschmack ist etwas dabei, von der kleinen Posada bis zum Gartenhäuschen und vom Allzweckgebäude bis zum 4-Sterne-Komfort. Dazu gesellt sich eine Zeile voller Cafés, Restaurants, Strandboutiquen, dahinter folgen die *licorerías*, Schnapsläden.

Der beliebteste Strand der Insel ist auch sein lebhaftester: Die Wellen rasen flott auf die Küste zu und eine Unterströmung macht das Baden manches Mal gefährlich. Doch der Anblick des goldenen Sandes und der tosenden Gischt unterm vom Wind geformten Palmensaum ist einfach hinreißend. Vielleicht sollte man es halten wie die venezolanischen Gäste. Sie baden nicht. Sie surfen, springen in die Wellen oder stehen einfach im Wasser und plauschen. Trubelige Strandrestaurants im *churuata*-Stil, Beachclubs, Souvenirhändler und Verkäufer marinierter Muscheln und frischer Austern sorgen für eine lebhafte Atmosphäre. Das Unterhaltungsangebot ist zu Saisonzeiten groß und reicht von Strandpartys bis zum Jetski und Paragliding.

... an der Playa El Agua:
Hesperia Playa El Agua: Av. 31 de Julio, Tel. 02 95/400 81 11, www.hesperia.es, hotel@hesperiaplayaelagua.com; 355 Zimmer. Das gepflegte Traditionshotel hat einen großen Garten mit drei ruhigen kleinen und zwei großen Pools mit Animation und Bühne sowie drei Tennisplätze. Animation vom Merenguetanzen bis zum Spanischkurs. Die geräumigen und komfortablen Zimmer sind in Beige und Dunkelblau gehalten. All-inclusive-Anlage; DZ ca. 90 US-$ pro Person.

Coral Caribe: Calle Miragua, Tel. 02 95/249 00 21, coralcaribe@telcel.net.ve; 21 Zimmer. Der Südtiroler Walter Mair leitet ein familiäres Hotel einige Minuten vom Strand entfernt in ruhiger Lage. Rattanmöbel in den geräumigen Balkon- bzw. Terrassenzimmern, gut ausgestattete Bäder, gepflegter Garten mit offener Bar, reichliches, ausgefallenes Frühstücksbüffet, guter Service. DZ ca. 65 US-$.

Costa Linda Beach: Calle Miragua, Tel. 02 95/249 13 03, Fax 249 12 29, www.hotel costalinda.com; 24 Zimmer. Freundliche Posada in einer umgebauten zweistöckigen Hacienda, ganz in Ocker und Azurblau gehalten. Die Zimmer in spanischem Stil haben Terrakottaböden und weiß getünchte Wände. Mit kleinem Restaurant und freundlichem Service für ein junges Publikum. DZ ca. 65 US-$.

Hotel Flamenco: Playa El Agua, Tel. 02 95/ 249 12 07, 249 13 63, www.flamencohotel margarita.com; 80 Zimmer. Liegt fast am Ende des Strandes. Das Hotel wirkt wie eine fröhlich bemalte Reihenhausanlage, üppige Bougainvillea- und Hibiskuspergolas, schöne Zimmer, freundlicher Service. All inclusive; DZ ca. 65 US-$ pro Person.

Las Palmeras: Tel. 02 95/249 16 35, Fax 249 03 77; 45 Zimmer. Leicht verschachtelte Anlage in Flamingorosa: Die Einrichtung verströmt sommerliche Frische, Pool, freundliches, offenes Ambiente und große, attraktive Zimmer mit ebensolchen Bädern. All-inclusive-Anlage; DZ ca. 65 US-$ pro Person.

Palm Beach Caribbean: Calle Pelícano, Tel. 02 95/808 41 97; 128 Zimmer. Die Anzahl der Zimmer ist geschickt versteckt in diesem modernen, hellen Haus mit guter Küche und

sehr nettem Personal. Animation, ein großer Pool und ein kleinerer zum Ausruhen. All-inclusive-Anlage; DZ ca. 65 US-$ pro Person.

Posada Coco Paraíso: Boulevard Playa El Agua, Tel. 02 95/249 02 74; 8 Zimmer. Farbenprächtig gestaltete, geschmackvoll und komfortabel eingerichtete Bungalows mit Terrassen und Hängematten, Kühlschrank und Kochmöglichkeiten, Pool, Garten. Nur Frühstück. DZ ca. 60 US-$.

La Posada de Doña Romelia: Av. 31 de Julio, Sector La Mira, Tel. 02 95/249 02 38, www.hotelposadadonaromelia.com; 15 Zimmer. Die Villa Kunterbunt jenseits der Playa El Agua: Jedes der Doppelstockhäuschen mit zwei Balkonzimmern ist andersfarbig gestrichen. Es gibt einen blütenüberwucherten Garten und Pool. Nur Frühstück; weitere Mahlzeiten auf Bestellung. Sehr nett und gemütlich. DZ 55 US-$.

Casa Trudel: Calle Miragua, Tel. 02 95/249 05 58, www.casatrudel.com; bieten zwei Optionen: Bungalows in einem tropischen Garten und vier Zimmer. Einfach, aber einladend gestaltet mit Hängematten auf der Terrasse, man kann eine umfangreiche Bibliothek nutzen. Frühstück wird angeboten. DZ ca. 45 US-$. Die Besitzer leben selbst dort. Es wird Deutsch und Englisch gesprochen. Tourenvermittlung, Internet gratis.

Strände im Norden

Die **Playa Manzanillo** 6 jenseits der Nordspitze der Insel, die man nach rund 30 km von Porlamar aus erreicht, ist wesentlich ruhiger und immer noch ein Fischerdomizil geblieben. Die geschwungene Bucht mit ihrem malerischen Ambiente aus bunt bemalten Fischerkähnen und ihren beiden preiswerten Fischrestaurants empfängt immer mehr Besucher, denn das Meer dort ist sanft und kinderfreundlich.

Die **Playa Guayacán** 7 hat zwar nicht das Gardeformat anderer Touristenstrände, gehört aber zu einem recht intakten, freundlich aussehenden Fischerort. Von hier aus kann man bei den Fischern kleine Boote zur

La Isla de Margarita

Küstenerkundung mieten. Außerdem gibt es zwei einfache Restaurants.

An ihrem klippenreichen Ostrand überragt die dreifingrige Konstruktion des Hotels Isla de Margarita die **Playa Puerto Viejo** `8` so auffällig, als wäre sie selbst eine Sehenswürdigkeit. Das Hotel ist eine *top locations* für Bankette und Hochzeiten der oberen Zehntausend Venezuelas, was natürlich immer schnell die Klatschspalten der »Sol de Margarita« füllt. Ganz mit hellrosa Marmor verblendet, wirkt das Hotel glatt und unberührt. Den westlichen Rand der **Playa Puerto Cruz** nimmt, recht geschickt unter Palmen versteckt, die Bungalowanlage des Hotels Las Dunas ein. Es gibt ein paar Strandrestaurants und Liegestühle sowie einen Verleih von Kanus, Kajaks und Wasserski.

Isla de Margarita: Tel. 02 95/400 71 11, www.hesperia.es, hotel@hesperia-islamargarita.com; 290 Zimmer und Suiten. Hier regiert die Eleganz. Blassrosafarbene hohe Hotelanlage am Strand, mit eigenem recht windigen 18-Loch-Golfplatz, Restaurants und Bars, einer imposanten Eingangshalle, außerdem jeden Abend wechselndes Unterhaltungsprogramm, Spabetrieb, Fitnessraum, Miniclub für Kinder, viele Sportangebote. Distinguiert eingerichtete Zimmer mit riesigen, attraktiven Bädern. Allerdings haben die Zimmer keine Balkone.

Hotel Dunes: Calle Campo Elias, Sector El Pueblito, Valle de Pedro González, Tel. 02 95/250 00 00; 282 Zimmer. Eine charmante Luxus-Dorfanlage an einem attraktiven Strand, in Teilen frisch renoviert, mit eigenem Leuchtturm, elegant, vier Tennisplätze, drei Pools, Diskothek, Animation, Wassersport. All-inclusive-Hotel; ca. 90 US-$ pro Person.

Playa Pedro González

Ein schöner, breiter und noch nicht überfüllter Sandstrand, **Pedro González** `9`, mit bewegtem Wasser schließt sich an. Wenn man *margariteños* nach ihren Lieblingsstränden befragt, erzielt er häufig gute Beurteilungen, weil er weder touristisch aufgepeppt noch überlaufen ist.

La Casa de Esther: Frente a la Plaza Bolívar, Tel. 04 14/792 00 67, 04 14/188 02 35 (Mobiltelefon); Di–So geöffnet. Nicht zu verfehlen, nämlich an der zentralen Plaza Bolívar im Ortskern liegt dieses Kolonialhaus, in dem Esther mit ihrer Tochter kocht. *Cocina del autor,* so nennt man ihre außerordentliche Kreativität. Sie füllt Calamares mit Chorizo und Pistazien, mischt Babyhai mit Kochbananen zu einer Pastete, garniert das Rinderfilet mit einer Sauce aus geräuchertem Seeigel, paniert Fischkroketten in Kokosraspeln und serviert sie mit einem Chutney aus Passionsfrüchten. Hauptgerichte bekommt man für 15–20 US-$.

Playa Zaragoza

Sozusagen eine Fortsetzung der Playa Pedro González ist die Playa Zaragoza, diesmal leider ohne üppigen Kokospalmensaum. Den Schatten am nicht sehr tiefen Strand kann man aber mieten: es gibt Strandliegen mit Sonnensegeln darüber.

La Posada de Roger: Tel. 04 14/188 25 27 (Mobiltelefon); nur tagsüber geöffnet. Das leuchtend bunt bemalte Kolonialhaus soll in nächster Zukunft zu einer Posada umgebaut werden. Zur Zeit beherbergt es ein Promenadenrestaurant am Strand. Fischgerichte ca. 13 US-$.

Los 4 P: befindet sich ebenfalls an der Promenade in einem leuchtend grün und violett getünchten Haus. Die vier P stehen für *pescado, pollo, parilla* und *pasta,* also Fisch, Huhn, Grillgerichte und Pasta. Schlichtes Ambiente und nette Bedienung; tgl. bis 17 Uhr geöffnet.

Playa Caribe

Knallgelbe Bananenboote kreisen auf dem sanft bewegten Wasser vor der **Playa Caribe** `10`. Kenner halten sie für den schönsten Strand der Insel. Sie ist zwar nicht so lang wie die Playa El Agua, aber breit und feinsandig. Geschützt von einer Landzunge, ist das Meer hier gut für Schwimmer geeignet. An die beliebte, mit Sonnenschirmen und Liegestühlen ausgestattete Strandzone schließen sich ei-

Richtig Reisen-Tipp: Museo Pueblos de Margarita

An der Küstenroute wartet nun kein sehenswerter Strand mehr, dafür aber ein äußerst sehenswertes Museum, die **Pueblos de Margarita** 12. Wer sich mit der Geschichte seiner Urlaubsinsel ein wenig auseinandersetzen möchte, findet hier in einem nachgebauten urigen Dorf unterhaltsamen Anschauungsunterricht, macht eine kleine Reise in die Vergangenheit. In dem dunkelbraunen Lehm- und Terrakottahäuschen erfährt man u. a. etwas über den Star der *margariteño*-Musik, Don Lino González, oder dass die *alpargatas*, die typischen Strohsandalen, früher in San Juan Bautista hergestellt wurden und deswegen Alpargatas de San Juan heißen. Nach dem Besuch weiß man, dass ein besonderes Likörrezept mit Rum, Nelken, dem Pflanzenfarbstoff *onoto* und Pflaumen vorsieht, die Mixtur drei Monate in die Erde einzugraben und dort gären zu lassen. Und dass das Jahr 1934 eine Rekordernte von 1300 kg Muscheln aus dem Meer erbrachte. In 15 verschiedenen Häuschen und dem Haupthaus, in Galerien und Zimmern sind Bibliothek, Apotheke, traditionelle Küche, eine Gemäldegalerie, eine Radiostation, eine Zuckerrohrpresse und die Bar Dancing Paris mit einer betagten Jukebox untergebracht.

Im angeschlossenen Restaurant werden die typischen Speisen der *margariteños* serviert, ein Kunstgewerbegeschäft zeigt Hochwertiges aus dem ganzen Land. Außerdem gibt es noch eine richtige kleine Kapelle der Inselmadonna Virgen del Valle mit separatem Glockenturm, den man besteigen kann.

Diesem mit außergewöhnlichem Engagement betriebenen Heimatmuseum wünscht man sich massenweise Besucher.

Museo Pueblos de Margarita: Tacuantar, Tel. 02 95/263 85 01, Di–So 9–16 Uhr.

Maritime Volkskultur: Wandmalerei mit Fisch und Fischersandalen

Perlen gibt es hier kaum noch, aber Fischerboote zuhauf

nige Restaurants an, darunter das La Terraza. Bei manchen ist eine Boutique mit Strandutensilien angeschlossen.

… an der Playa Caribe:

Costa Caribe Beach Hotel: Playa Caribe, Vía Altagracia, Tel. 02 95/400 10 00; 405 Zimmer. Trotz seiner Größe ein gelungenes All-inclusive-Hotel. Styling halb rustikal, halb elegant, sparsam gesetzte kunstgewerbliche Akzente, Tennis, Beach-Volleyball, Animation, Kinderprogramm, Diskothek, Boutiquen, drei Restaurants. Gutes Buffet, deutsches Management. DZ ca. 70 US-$ pro Person.

Juangriego

Der Fischerort **Juangriego** 11 hat nicht die attraktivsten Strände, dafür aber sind sie ruhig und deswegen auch für kleine Kinder geeignet. Die Sonnenuntergänge werden stets hoch gelobt. Doch Romantiker seien gewarnt: Vor dem besten Platz, den Ruinen des **Fortín La Galera**, reiht man sich in Warteschlangen ein und die Sonne versinkt nicht in der schön geschwungenen Bucht, wie die meisten sich das vorstellen, sondern über den Küstenfelsen. Pfiffige kleine Jungs haben die Belagerungsgeschichte der Befestigungsanlage auswendig gelernt und leiern sie für Touristen gerne atemlos gegen ein paar Bolívares hinunter. In den Restaurants am Hafen kann man für nur wenig Geld hervorragende Langusten essen.

Juangriego – der Name soll von einem schiffbrüchigen Griechen herrühren – mit seinen einfachen Hotels und schlichten Pensionen am Fischerhafen entwickelt sich zu einem volkstümlichen und dazu wesentlich preiswerteren Kontrapunkt zum moderner aufgemachten, umtriebigen Porlamar und ist über die Ruta 1 direkt mit diesem verbunden. Eine ausgedehntere, dafür aber mit malerischen Ausblicken gesegnete Alternative ist die hügelige Küstenstrecke. Wer den direkten Weg von Porlamar gewählt und nicht die Route entlang der Strände genommen hat, hat eine Strecke von 25 km vor sich.

Hotel Patricks: Calle El Fuerte, Tel. 02 95/253 62 18; 10 Zimmer. Schlichte, saubere Unterkunft mit einfachen Zimmern ohne großen Komfort, dazu ein schönes Terrassenrestaurant und einen zuvorkommenden Service. DZ ca. 35 US-$.

La Mamma: Calle La Marina, Tel. 02 95/287 04 73. Schlichtes, aber gutes Freiluftlokal mit deftiger italienischer Küche, Pizza und Langusten. Freundlicher Service. Und natürlich die **Fischrestaurants am Hafen**, die ständig ihren Namen ändern. Aufgetischt werden Fisch und Meeresfrüchte.

Bavaria City: Calle El Sol, Frente a Damas Salesianas, Tel. 02 95/253 14 74. Iris de Rauschen heißt die deutschstämmige Besitzerin dieser Bäckerei, in der für Venezuela recht ungewöhnliche Rezepte verwendet werden. Star ist der authentische Apfelstrudel. Gute Obstkuchen, aber auch Salziges wie Spinatkuchen und *empanadas*.

Playa El Yaque

An der **Playa El Yaque** 13 entstand in den vergangenen Jahren ein Gegenpol zur Playa El Agua im Norden von Margarita. Hier, im flachen und trockenen Süden, etwa 8 km vom Flughafen entfernt, trifft sich die internationale Windsurfgemeinde – mittlerweile sogar zu Weltcups. Das Publikum ist entsprechend jung und sportlich. Entdeckt hat den Flecken Victor Martins, Besitzer des Hotels Yaque Paradise, dem auch das Coche Paradise auf Coche gehört. Er selbst ist die Strecke zwischen den beiden Inseln auch schon mal in einer Viertelstunde entlanggesurft.

Die Hotels von El Yaque liegen nahezu ausnahmslos am Sandstrand, in die zweite Reihe wurden Cafés und Ausrüstergeschäfte verbannt. Die meisten Hotels bieten Halb- oder Vollpension an, am Strand haben sie Bars eingerichtet, sie verleihen Wassersportgeräte und erteilen Unterricht: Rundumversorgung also. Und für Kinder ist das seichte, warme Wasser ein ideales Badeparadies.

The Winds of Margarita: Av. Principal El Yaque, Tel. 02 95/263 92 70, www. hotelthewindsofmargarita.com; 28 Zimmer. Mit gepflegtem Garten und originell gestalteten Zimmern und Bädern, dazu ein Billard- und Spielraum. DZ 80 US-$.

Windsurf Paradise: Av. Principal El Yaque, Tel. 02 95/263 97 60, www.margaritaonline. com/windsurf-paradise; 65 Zimmer. In den Karibikfarben Weiß und Türkisblau gehalten, sticht diese Anlage hervor. Garten, Pool, Restaurant und Ladengalerie machen einen gepflegten Eindruck. Die Zimmer mit frisch gekacheltem Boden sind eher funktional und schön sommerlich eingerichtet. Verleih von Windsurfausrüstung und Unterricht. DZ ca. 60 US-$.

El Yaque Paradise: Av. Principal El Yaque, Tel 02 95/263 98 10, www.hotelyaquepara dise.com; 34 Zimmer. Sommerliches Hotel mit großen, ordentlich möblierten Zimmern, kommunikative Atmosphäre in der guten Strandbar und im Terrassenrestaurant. Eines der ersten Hotels am Platz, von einem Windsurfmeister gebaut. Meist junges Publikum, schöne Strandbar. DZ 55 US-$.

Von La Islote bei El Yaque verkehren die Boote hinüber nach Coche.

Boca del Río, Laguna de la Restinga

Boca del Río 14 heißt der Einstiegsort für die Entdeckungstour der westlichen Strände und er lohnt selbst einen Besuch. Das pittoreske Fischerdorf mit seinen bunt gestrichenen Häuschen hat in dem **Museo del Mar** einen richtigen Anziehungspunkt, denn er ist attraktiv aufgemacht und inhaltsreich zugleich. Auf zwei Stockwerken sind die fossilen Schätze ausgebreitet, eine Fülle von Muscheln und anderen Meeresbewohnern, dazu sind historische Fotodokumente des Fischereibetriebes und eine Sammlung von Schiffsmodellen ausgestellt. Es gibt auch einen Videofilmsaal und bei Kindern besonders beliebt sind die Walskelette und der Kaiman im

Beet. Die meeresbiologische Fakultät der Universität betreut das Museum (Boulevard El Paseo, tgl. 9–16.30 Uhr, Eintritt frei).

Vom kleinen Flusshafen in Boca del Río (ist ausgeschildert) beginnt die Reise durch die **Laguna de la Restinga** 15, dem maritimen Nationalpark der Insel. Ein Taxistand befindet sich am Parkeingang, dort sind in einem Büro der staatlichen Parkbehörde INPARQUES ausführliche Informationen erhältlich (www.in parques.gob.ve, Tel. 04 16/296 09 40, 04 14/ 395 44 78, Mobiltelefon) nebenan kann man *empanadas* und Erfrischungsgetränke für die Fahrt erstehen.

Venezolanische Seepferdchen sind rot. Das zum Beispiel erfährt man auf der überaus lehrreichen Bootsfahrt, die etwa eine Stunde dauert. Neben zahlreich vertretenem Krabbelgetier, das an dicken Mangrovenwurzeln herumturnt, bevölkern *caballitos del mar* (Seepferdchen) und Seesterne das salzhaltige Wasser der Lagune. Reiher erblickt man hier tausendfach – ein Naturparadies für die Spezies, die an keinem anderen Ort Venezuelas zu sehen sind.

Die Restinga umfasst ein ausgedehntes Dreieck von 17 000 ha; die Durchschnittstiefe beträgt nicht mehr als 50 cm; das badewannenwarme Wasser enthält bis zu 55 g Salz pro Liter, das aus den Mangrovenwurzeln besondere Nährstoffe löst. Ideale Bedingungen für einen Meereskindergarten, denn hier wachsen Welse, Steinbeißer und Maifische schneller heran.

Zwischen den bunten Mangroven, deren dicht gestrickte Wurzeln ins Wasser ragen, und den schwarzen Mangroven, die aus der Lagune wachsen und deren Wurzeln regelrechte Nistplätze bilden, finden sich zahlreiche Vögel. Das seltenste Exemplar ist der *ñángaro*, eine Papageienart, die nur hier vorkommt. Die zahlreich vertretenen Ibisse, Kormorane, Seeadler und Pelikane übrigens tolerieren den Meereskindergarten und gehen dort nicht auf Nahrungssuche.

Die unterhaltsame Fahrt kann um einen Strandbesuch der **Playa La Restinga** ergänzt werden, der mit 20 km sicherlich der längste Strand der Insel sein dürfte. Der Sand besteht aus den schimmernden Schalen der *chipi-chipi-* und *guacuco*-Muscheln; beide Muschelsorten versammeln sich in einer typischen Margaritasuppe, die man in den Restaurants am Bootsanlegesteg als *Viagra margariteña* bekommt. Ambulante Händler warten mit Muschel- und Perlenschmuck auf. Die Playa La Restinga ist über den Landweg nicht zu erreichen.

Die Halbinsel Macanao

Reiseatlas: S. 25–26

Auf dem Weg in die flachere und trockenere Halbinsel Macanao rücken zwei Hügel ins Blickfeld, die aus verschiedenen Blickwinkeln nahezu identisch zu sein scheinen. Die sich abrupt aus einer Ebene auf 130 m emporhebenden **Tetas de María Guevara** an der südlichen Verbindungsstelle zwischen den beiden Margaritahälften haben ihrer harmonischen und schönen Formen wegen die Bezeichnung Busen der María Guevara vollauf verdient. Die Identität der Besitzerin des Busens indes ist noch nicht ganz geklärt. Eine Indianerin im Kampf gegen die Spanier soll sie gewesen sein oder auch eine Freiheitsheldin im Kampf gegen die Kolonialmacht. Vermutlich aber hat die prosaischste Version den größten Wahrheitsgehalt: Eine Geschäftsfrau aus Cumaná namens María Guevara war weitläufig bekannt, denn sie handelte mit ihren Gütern bis nach Porlamar. Die Schiffe brauchten eine Orientierung für die Hafeneinfahrt, dafür mussten die Hügel herhalten.

Macanao ist kaum besiedelt, nur einige Fischerdörfchen reihen sich an den Küsten. Entlang der Südküste führt die Straße zum westlichsten Punkt der Insel, der **Punta Arenas** 16 mit einem besuchenswerten ausgedehnten, dottergelben Sandstrand. Strandkioske bieten Essen und Sonnenschutz an. Die beiden nördlichen Strände **Playa La Mula** 17 und **Playa La Auyama** 18 sind etwas für Selbstversorger: Hier bringt man Getränke und Sonnenschirme am besten mit. Hohe, weiche Sanddünen trennen sie von der Straße – geeignet für alle, die ein bisschen Ruhe suchen. Kenner übrigens behaupten, der Sonnenuntergang bei Punta Arenas sei noch viel schöner als der von Juangriego.

> i **Skylimit Venezuela** bietet für alle, die sich nicht alleine auf die Strandtour begeben wollen, eine Jeepsafari an, die etwa acht bis neun Stunden dauert und auch an die entlegenen Strände führt. Das Museum in Boca del Río wird auf dieser Tour ebenfalls besucht. Informationen unter www.skylimit venezuela.com.

Ausflug auf die Nachbarinseln Coche und Cubagua

Isla de Coche

Ein Saum aus Traumsand umgibt das ganz zart gewellte Minieiland **Coche** 19, 10 km lang, 5 km breit, auf dem sich einige Häuschen zu kleinen Fischersiedlungen zusammentun. Die größte heißt San Pedro. Die Windverhältnisse hier locken vor allem Surfer an und an den Wochenenden schaukeln Jachten von der Isla de Margarita auf dem glasklaren, smaragdgrünen Wasser. Es gibt nicht viel zu tun auf Coche. Im Inneren der Insel liegen einige *quebradas* in bunten Sandsteintönen, eine Art Spielzeugausgabe des Grand Canyon. Man erreicht sie über eine Saline. Im Südwesten hat die zerklüftete Küste einige bemerkenswerte Steilabhänge, geeignete Nistplätze für zahlreiche Vogelarten.

> 🛏 **Coche Paradise:** Playa La Punta, 02 95/268 98 10, www.hotelcochepara dise.com; 65 geräumige Bungalows mit kunstgewerblichen Akzenten in einem großen, gepflegten Garten direkt am Strand. Zwei schöne Pools, Tennisplätze, Inselrundfahrten auf Quads und Fahrradverleih. All-inclusive-Anlage; DZ ca. 65 US-$ pro Person.
> **Brisas del Mar** Vía San Pedro, La Uva, Sector Punta La Salina, Tel. 04 16/696 02 20 (Mobiltelefon), brisasdecoche@hotmail.com;

50 Bungalows, die recht geräumige, helle und sehr saubere Zimmer mit gefliesten Böden bieten. Außerdem gibt es einen Pool und ein Restaurant. Ca. 55 US-$ pro Person.

Coche Village: Tel. 02 95/415 69 24. Liegt direkt am Strand und besteht aus einer leuchtend ockerfarben getünchten Hauszeile mit vorgezogenem Palmfaserdach, das Platz für kleine Terrassen liefert. Vor jeder Haustür baumelt eine Hängematte. Umzäunter, schattenloser Pool direkt am Strand. DZ mit Vollpension ca. 100 US-$.

🍴 **Posada Turística El Oasis**, Playa La Punta, Tel. 02 95/416 33 38, 416 97 56. Einfaches Fischrestaurant zum Draußensitzen mit köstlichen Jakobsmuscheln. Man wird auf Wunsch vom Hotel abgeholt. Hauptgerichte ca. 10 US-$.

↔ Mehrfach tgl. **Fähren** von El Yaque nach Coche, das Hotel Coche Speed Paradise transportiert seine Gäste zum Hotel El Yaque Paradise, 2 x tgl.

Isla Cubagua

Als die Perlengründe entdeckt wurden, begann im Jahr 1521 die Geschichte von **Cubagua** [20], und nur 23 Jahre später war alles schon wieder vorbei. Die kärgste und abweisendste Insel von Nueva Esparta verwandelten die Konquistadoren in einen mörderischen Markt für Perlen und Sklaven. Nueva Cádiz tauften sie ihre erste Ansiedlung auf südamerikanischem Boden. Sie wuchs auf 1000 Bewohner an, bevor sie 1541 von einem Seebeben verschlungen wurde. Zwei Jahre später gab man sie endgültig auf. Fundamente im Sand wurden von den mit den Ausgrabungen beauftragten Archäologen als Überreste einiger sakraler Bauten und einer Hafenanlage identifiziert.

Nach Cubagua gelangt man allerdings nicht mit öffentlichen Verkehrsmitteln; dort gibt es auch keine Ansiedlungen. Das erste spanische Dorado, Santiago de Cubagua, ist aber dennoch Ziel von Ausflugsschiffen, denn das Meer eignet sich hier gut zum Tauchen und Schnorcheln.

Fischen stellt immer noch eine der Erwerbsquellen auf Margarita dar

Auf Entdeckungsreise zu gehen eröffnet so manche Überraschung. Zum Beispiel, wie ländlich und still die Insel mitunter sein kann, von Traditionen genährt und karibisch bunt, sogar in ihrer Hauptstadt La Asunción. Zwischen tropischen Wäldern lagern ruhige Dörfchen, die Berggipfel erreichen eine Höhe von bis zu 930 m.

Pampatar

Als beschauliche Alternative zum trubeligen Porlamar wird **Pampatar** 21 gerne beschrieben, doch eigentlich ist es mehr als das, nämlich ganz anders. In Porlamar prägen die Dienstleistungen am Gast überwältigend offensichtlich das Stadtbild, während Pampatar seit ein paar Jahren ganz bewusst seine koloniale Vergangenheit herauszustreichen versucht. Zu Recht, schließlich liegt seine Gründung weit zurück und weist in die Zeit der beginnenden Kolonialisierung und der Ausbeutung der Perlengründe im Jahr 1535. Es wurde einst durch gleich zwei Festungen beschützt, dem Fortín La Caranta oben auf dem Berg im Pueblo Arriba, von dem allerdings nicht viel geblieben ist, und dem restaurierten Castillo San Carlos de Borromeo an der Küste. Margarita war ja wegen der häufigen Pirateneinfälle mit Festungsbauten bestückt und der offen dalliegende und ohne weitere Umschweife zu erobernde Hafen von Pampatar musste besonders abgesichert werden.

Aus diesem kolonialzeitlichen Kapital entwickelte man in Pampatar eine Strategie mit dem Schwerpunkt auf der Bewahrung der Kultur der *margariteños*.

Pampatar hat auch einen touristischen Teil mit einigen Hotels, die in der Nähe des Fortíns La Caranta liegen, sie befinden sich also außerhalb des alten Ortskerns. Das ist auch ganz gut so, denn zu dem architektonischen Ensemble aus bunt bemalten kleinen Fischerhäuschen und farbenfrohen Quintas würde höchstens eine Posada passen und kein Bettenturm.

An richtigen Sehenswürdigkeiten gibt es tatsächlich nicht allzu viel. Die Altstadt, der *pueblo abajo*, besteht aus bunten Straßenzügen und einigen grün bepflanzten Plätzen und Parks. Das **Castillo de San Carlos de Borromeo** mit seinem sternförmigen Grundriss mit vier Schutzwehrtürmen und einer Gemäldesammlung im Innern (tgl. 9–18 Uhr, Eintritt frei, Spende erwünscht) wurde im 17. Jh. erbaut. Bei der massiven Restaurierung kümmerte man sich augenfällig wenig um den Erhalt oder die authentische Rekonstruktion historischer Substanz, trotzdem ist eine Besichtigung äußerst interessant, denn schließlich ist es ein Antipiratenkastell.

Ein bisschen weitergeschlendert, was in Pampatar richtig Spaß macht, stößt man auf die ehemalige **Casa de la Aduana**, das Zollhaus. Ganz in kräftiges Azurblau getaucht, mit weiß abgesetzten Fensterrahmen, ist sie heute Sitz der Cámera de Turismo und Fondene, Fondo para el Desarollo del Estado Nueva Esparta. Diese Stiftung hat es sich zur Aufgabe gemacht, lokale Künstler zu unterstützen, z. B. durch Sonderausstellungen, durch Musik- oder Literaturfestivals. Im Patio des Hauses kann man eine Bronze von Francisco Narváez bewundern. Im ersten Stock befindet sich eine Bibliothek mit zahlreichen Publikationen zur Kultur von Margarita.

Gegenüber dem Castillo steht die **Iglesia Cristo de Buen Viaje**, eine winzige, schöne Kolonialkirche aus dem Jahr 1758 mit einer außen angebrachten Treppe zum Glockenturm – eine Spezialität der Kultur der *margariteños*. Man wird diesem Kirchentypus noch häufiger auf der Insel begegnen.

In der **Casa Amarilla**, dem gelben Haus, im Pueblo Arriba wurde 1817 der Name Nueva Esparta für den kleinen Archipel ausgetüftelt. Die Türen der Casa Amarilla bleiben dem Besucher aber verschlossen und so lässt sie sich nur von außen betrachten.

Casa Caranta: Boulevard Histórico Pampatar, Tel. 02 95/262 86 10, 04 14/ 793 52 48 (Mobiltelefon); tgl. ab 18 Uhr, Reservierung ratsam. Hinter der azurblau und meergrün gestrichenen Eingangspforte eines kleinen Kolonalstilhauses öffnet sich ein von Kerzen erleuchtetes Patiorestaurant mit täglich wechselnder Karte. Wichtigste Akzentgeber sind die asiatische und italienische Küche sowie das Meer. Livemusik. Gerichte ab 20 US-$.

Guayoyo Café: Calle El Cristo, La Caranta, Tel. 02 95/262 45 14; tgl. ab 17 Uhr. Über mehrere Ebenen zieht sich das Terrassenrestaurant den Abhang hinunter, es gibt gute Drinks und recht ungewöhnliche Salatzusammenstellungen. Junges Publikum und dezente Livemusik.

La Casa de Charlie: Av. Principal de Pampatar, Tel. 04 14/790 14 36 (Mobiltelefon); tgl. ab 18 Uhr. Stark gegliederter Innenraum mit Kerzenbeleuchtung, der dem in Rot und in Brauntönen gehaltenen Restaurant etwas Intimes verleiht. Häufig wechselnde Karte. Venezolanisches Fischrezept und italienische Pasta gelingen gleichermaßen überzeugend. Hauptgerichte ca. 25–30 US-$.

Mykonos: Calle El Cristo, La Caranta, Tel. 02 95/267 18 50; Di–So ab 18 Uhr. Entgegen der Vermutung, in diesem Restaurant würde griechische Küche serviert, handelt es sich um zwei lässig ausstaffierte, große Terrassen fast am Meer, in denen eher asiatische Rezepte angesagt sind. Malerische Atmosphäre. Gerichte ca. 25 US-$.

Mit der Autorin unterwegs

Museo de Mariposas

Außerhalb von Pampatar lebte ein ganz besonderer Mann, der aus Jamaica stammende Brite Harold Skinner. Er verliebte sich – anders kann man das nicht bezeichnen – in die Schmetterlingswelt Venezuelas, forschte, untersuchte und entdeckte sogar zwei unbekannte Arten in den Wäldern der Gran Sabana, die jetzt seinen Namen tragen. In seinem Wohnsitz hat er zwei Zimmer einem **Schmetterlingsmuseum** gewidmet, durch das seine Tochter mit derselben Liebenswürdigkeit führt, wie er das früher einmal getan hat. Begegnung mit einem Pioniergeist, Begegnung mit einer besonderen Tierwelt – der Besuch lohnt sich (s. S. 212).

La Casona

Urlaub machen auf der Isla de Margarita: nicht am Strand, sondern in den Bergen, nicht in einem gesichtslosen All-inclusive-Bettenturm, sondern in einem umgebauten **Kolonialstilhaus** mit ganz persönlicher Handschrift: das ist La Casona, von der Schweizerin Elisabeth Schauer mit einem gewissen Mut zum Risiko geführt (s. S. 216).

Süßigkeiten aus Fuentidueño

Fuentidueño ist ein verschlafener kleiner Ort exakt in der Mitte der östlichen Margaritahälfte, und wer die Fruchtpaste *piñonate* probieren möchte, die wohl zu den traditionellsten Süßigkeiten der Insel gehört, muss sich durchfragen. Sie wird privat in den Patios der Häuser hergestellt, Geschäfte gibt es nicht. Wer *dulce de lechoza* oder *dulce de mango* bereitet, steht oft an den Privathäusern angeschrieben, und am Ortsausgang findet sich meist ein Junge, der die Erzeugnisse seiner Mama verkauft (s. S. 216).

La Posada de Pola: Calle La Marina (s/n). In einem anheimelnden Garten zum Meer hin stehen fünf Tische: Das ist die Posada de Pola, die nur am Wochenende geöffnet ist.

Das Landesinnere von Margarita

Dann bereitet Pola fangfrische Fische wie den *carite* und den *pargo* auf typisch venezolanische Hausfrauenart zu. Köstlich und preiswert, ca. 8–10 US-$.

▼ Das oben erwähnte **Guayoyo Café** mit seinem vielseitigen Angebot empfiehlt sich auch für den abendlichen Drink unterm Sternenhimmel.

Kamy Beach: Prolongación Av. Aldonza Manrique; Di–So ab 20 Uhr. Von der Avenida steigt man Treppen hinunter zum Strand, wo die typischen Chill-Utensilien auf den Gast warten: Bequeme Sitzkissen, Räucherstäbchen, Kerzen überall.

⟷ Häufig verkehrende **Busse** und **Por Puestos** von und nach Porlamar. Haltestellen befinden sich zwischen der Plaza Bolívar und dem Fortín La Caranta.

Museo de Mariposas

Außerhalb von Pampatar liegt in der Urbanización Playa El Ángel das **Schmetterlingsmuseum** von Harold Skinner. Der passionierte Naturforscher bereiste die Dschungel und Wälder Venezuelas und stellte eine einzigartige Schmetterlingssammlung von rund 37 000 Exemplaren zusammen, die seine Familie Besuchern gerne präsentiert und erläutert. Harold Skinner gilt als Entdecker von zwei in der Gran Sabana beheimateten Schmetterlingsarten. Abgesehen vom Betrachten der zauberhaften Ausstellung macht es viel Spaß, auf so leichte Art in das andere Venezuela einzutauchen (Calle Corocoro, Tel. 02 95/262 59 58; tgl. 9–17 Uhr).

Cerro Matasiete und La Asunción

Auf dem Weg von Pampatar nach **La Asunción** fällt ein grüner Küstenberg ins Auge, zu dessen halber Höhe sich ein kleiner Wallfahrtsweg in die Höhe windet. Es ist der **Cerro Matasiete** 22, ein wichtiger Kampfschauplatz im Unabhängigkeitskrieg gegen die Spanier.

La Asunción 23, die ruhige alte Hauptstadt von Nueva Esparta, lagert licht zwischen den ansonsten dicht bewaldeten Gebirgszügen in dem oft von Nebeln verschleierten, fruchtbaren Tal von Santa Lucía zu Füßen des Cerro Copey. Derart geschützt musste die Hauptstadt einer Karibikinsel in Piratenzeiten nun einmal sein, schließlich wollte man mit seinen Kirchen- und sonstigen Schätzen nicht gerade auf dem Präsentierteller residieren und die Bevölkerung etwa den Beutezügen der Piraten preisgeben. Moderne Ferienhäuschen sprenkeln das saftige Grün der Umgebung. Die Ausstrahlung von La Asunción leidet darunter nicht; es wirkt, reist man aus dem hektischen Porlamar an, schlicht wie von der Zeit vergessen. Die sanfte Luftfeuchtigkeit der Tropen lockert zwar den Putz von mancher kolonialen Mauer, doch ist die hübsche städtebauliche Kontur erhalten geblieben.

Im Herzen des Städtchens liegt die gepflegte, baumbestandene **Plaza Bolívar** mitsamt ihrem Doppel, dem **Parque Luisa de Cáceres**, kein Park, sondern ein von Bäumen bestandener Platz wie die Plaza Bolívar. Nur thront hier keine Statue des Bolívar, sondern es ist eine der aus La Asunción stammenden Unabhängigkeitsheldin Luisa de Cáceres zu bewundern. Alle Sehenswürdigkeiten gruppieren sich in einem Radius von nur 300 m um die beiden Plätze.

Die wenigen Häuser aus der Kolonialzeit vermitteln allesamt einen robusten Eindruck. Auch die alte **Catedral de Nuestra Señora de la Asunción**, die 1617 fertiggestellt wurde und damit bansprucht, die älteste des Landes zu sein, hat dicke Mauern und grobe feste Säulen im dreischiffigen Innern, eine richtige Schutz- und Trutzburg. Es heißt, ein unterirdischer Tunnel führe von der Kirche hinauf zum Verteidigungsfort Santa Rosa de la Eminencia auf den Hügeln außerhalb der Stadt. Man kann sie morgens bis 11 Uhr besuchen.

Der ehemalige Sitz der Kolonialverwaltung, die Casa Capitular von 1612, beherbergt das **Museo y Biblioteca Nueva Cádiz**. Es trägt einen stolzen Namen. Neu-Cádiz war

Berühmt für ihre Unerschrockenheit: Luisa Cáceres de Arismendi

einst mächtiger Verwaltungssitz des Perlenreichtums des gesamten Archipels. Heute zeigt das Museum einige Fotos der Ausgrabungsarbeiten von Nueva Cádiz, das sich auf Cubagua befand, und zwei verrostete mächtige Anker, die nach Schiffsunglücken geborgen wurden. Daneben gibt es eine kleine indigene Schau; geplant ist auch, hier die Perlenfischerei zu dokumentieren (Calle Independencia/Calle Fermin, Tel 02 95/416 84 92, Mo–Fr 9–16, Sa/So 9–13 Uhr, Eintritt frei).

Über die Calle Matasiete zwischen Museum und Kirche gelangt man nach nur wenigen Schritten zum ehemaligen **Franziskanerkonvent** aus dem 16. Jh. Heute tagt die Inselverwaltung darin. An der Plaza Bolívar liegt ein gemütliches Café-Restaurant mit Terrasse zur Plaza. Im selben Kolonialhaus befinden sich ein Schmuckgeschäft und ein hübsch aufgemachter Kunstgewerbemarkt in einer Ladengalerie im Miniaturformat.

Schließlich erstreckt sich westlich des Parque Luisa de Cáceres die **Casa de la Cultura** mit oft interessanten Wechselausstellungen.

Und wenn aus der Schule Orchestertöne klingen, dann probt hier die Orquesta Sinfónica Juvenil de La Asunción, das Jugendmusikorchester.

Das am meistbesuchte Bauwerk von La Asunción thront einen Kilometer entfernt über Mango- und Clusiabäumen: der stark restaurierte Festungsbau des **Castillo Santa Rosa** **24**. Nachdem 600 französische Piraten die Hauptstadt im Jahr 1677 geplündert hatten, konterte die spanische Kolonialmacht Ende des 17. Jh. mit dem Bau dieses Forts. Der Grundriss zeigt die für die Festungen der Karibik typische Form eines fünfzackigen Sterns. Besondere Attraktion ist hier die fensterlose, stockfinstere Zelle, in der die blutjunge Luisa de Cáceres drei Jahre lang gefangen gehalten wurde. Zusätzlich werden in einem restaurierten Raum Dokumente, Gemälde und Waffen aufbewahrt (tgl. 9–17 Uhr, Eintritt frei).

Vom Fort aus liegt einem die Insel sozusagen zu Füßen und es eröffnen sich herrliche Weitblicke über ganz Margarita.

Trutzige Festung gegen willkürliche Piraterie: das Castillo Santa Rosa

Panadería San Juan Bosco: Calle Virgen del Carmen 8–26, Tel. 02 95/242 14 63. Hier kauft halb Asunción ein. Gilt als die beste Bäckerei weit und breit, verschiedene Sorten von Früchtebrot, gute *empanadas*.

Häufig verkehrende **Busse** und die Sammeltaxis **Por Puestos** von und nach Porlamar und Juangriego halten an der Plaza Bolívar.

Parque Nacional Cerro El Copey

Den Parque Nacional Cerro El Copey, getauft nach dem Clusiabaum (*copey*), der hier in reichlichem Maße gedeiht, kann man über eine gepflasterte Abzweigung von La Asunción aus erreichen. Schnell nebeln feuchte Wolken die mit dichten Wäldern überzogenen Bergflanken ein. Die tropische Frucht *pamaluca* – rot-weiß, vom Aussehen her ein Ra-

Copey, Aerea Recreativa Félix Gómez, Parque Nacional Cerro El Copey) nach Routen oder kontaktiert Wanderführer (in den Hotels liegen Adressen aus).

Zu den Stätten des Kunsthandwerks

Tacarigua 25 ist ein Hort des Kunsthandwerks. Gleich zu Beginn der Ortschaft, die sich im Wesentlichen in zwei parallel verlaufenden Straßen seitlich der Durchgangsstraße hinzieht, wartet La Casa de la Abuela mit einem Sammelsurium an Gegenständen auf, Schmuck, Körbe, Schnitzereien, Mobiles. Doch eigentlich hängen die Himmel in Tacarigua voller Hängematten. Aus den Türöffnungen der hohen, weiß getünchten Adobehäuser baumeln sie über den hohen Bordsteinen. Tacarigua gilt als die Hochburg dieser karibischen Mobilbetten.

Am bekanntesten ist Mireya Meneses, denn sie verwendet ausschließlich Baumwollgarn und nur für die Halterungsschnüre Plastikmaterial. In zwei Wochen hat sie eine Hängematte fertig, sei es eine gewebte (*hamaca*) oder eine gehäkelte (*chinchorro*), wobei die gehäkelte die korrektere Version ist, die gewebten kommen vom Festland, etwa aus Tintorero, die sie ebenfalls in ihrem umfangreichen Sortiment führt.

Bauern verkaufen Obst, Gemüse, Marmeladen und Käse aus eigener Produktion auf hölzernen Ständen entlang des Straßenrandes. Nur 3 km weiter liegt **Santa Ana** 26, eine kleine karibische Schönheit mit anmutigen, pastellfarben gestrichenen Häuschen unter üppigen Mangobäumen. In der kleinen Kirche auf der Plaza Bolívar wurde 1817 der Libertador zum Befreier Südamerikas ausgerufen und man zeigt gerne den schlechterdings recht wackligen Stuhl, auf dem er damals saß. Kronleuchter und Kugellampen bringen etwas Licht in die drei dämmrigen Kirchenschiffe, an deren Längsseiten sich jeweils zwei Kapellchen schmiegen. Gegenüber wurde ein Heimatmuseum eingerichtet, das jedoch noch auf seine Eröffnung harrt.

dieschen, vom Geschmack her eine erfrischende Mischung aus Stachelbeere und Erdbeere – wächst üppig in den Bäumen und eine ehemalige Zuckerrohrmühle steht zu besichtigen. Die spanischen Eroberer kannten keine Gnade: In die Drehmühlen wurden Sklaven eingespannt.

Wer im Park wandern will, erkundigt sich bei INPARQUES (www.inparques.gob.ve, Tel. 04 16/296 09 40, 04 14/395 44 78, Mobiltelefone des Informationskiosks Cerro El

Das Landesinnere von Margarita

Über einen kurzen Abstecher zu erreichen, liegt südlich von Santa Ana **El Cercado** `27`. Dort widmet sich nahezu jedes zweite Haus der Töpferei. Selbst in der Schule wurde Töpfern zum Unterrichtsfach erklärt. Hier findet man allerdings keine dekorierten Geschäfte, sondern man muss bei Interesse schon selbst in die Hauseingänge schauen und nachfragen, etwa bei Anny, die üppige *negritas* mit Frucht- und Fischkörben auf dem Kopf aus Ton formt. Oder bei Chagüita und Lilia, die äußerst dekorative hochformatige Amphoren herstellen.

San Juan Bautista

Zwischen dicht bewaldeten Hügeln gelegen, sorgte **San Juan Bautista** `28` einst vor allem durch seine Strohschuhe für bescheidenen Wohlstand, wenn auch heute im Ort kein Alpargata-Schuhmacher mehr zu finden ist. Doch wurden in seiner unmittelbaren Umgebung Plantagen mit Dattelpalmen, Zuckerrohr und Ananas bepflanzt, genau die Zutaten, die man eben für einen guten *piñonate* braucht. Mangobäume und hochgewachsene Papayasträucher beschatten die Gärten. Das gepflegte San Juan mit seinem kühlen Klima ist eine wahre Idylle.

La Casona: Calle Miranda, Tel. 02 95/235 93 33; 24 Apartments. Diese ehemalige Hacienda und Exklosterschule wurde mit viel Fingerspitzengefühl zu einer Apartmentanlage umgebaut. Ein gepflasterter Patio trennt die beiden Gebäudekomplexe, die von einem tropischen Garten eingefasst werden. Weiß gekalkte Wände und viel dunkles Holz beziehen sich auf spanische Kolonialästhetik. Eine wirklich schöne Option für Gäste, die dem Strandtrubel ein wenig entfliehen wollen. Mit Tasca, Bar und empfehlenswertem Restaurant. Ca. 80 US-$.

La Casa del Chef Huguito: Calle Miranda/Calle Mariño, Tel. 02 95/259 00 40, www.posadachefhuguito.netfirms.com; 10 Zimmer. Das typische Kolonialhaus stammt von 1850 und wurde komplett zu einer Posada umgestaltet, mit dunklen Säulen, die das Dach stützen, und weiß gekalkten Wänden. Alle Zimmer öffnen sich auf den begrünten Innenhof. DZ ca. 45 US-$.

Fuentidueño

Das noch winzigere **Fuentidueño** `29` rutscht fast in die Ausläufer von San Juan Bautista hinein. Seine ausgeschilderten Pozas San Juan sind zwei kleine Badeplätze, ansonsten kann man von Fuentidueño gut auf den Cerro Copey wandern; die Route erstreckt sich entlang des Río San Juan (streckenweise auch darin) und ist ausgeschildert.

In den Gartenplantagen des grünen Dörfchens wächst alles, was in die Fruchtpaste *piñonate* wandert. Hier werden auch Hüte aus geflochtenen Palmfasern produziert. Das ist allerdings kein einträgliches Geschäft mehr, weshalb die Frauen vor allem für den Touristengeschmack produzieren. Die sorgfältig gebleichten und getrockneten Fasern werden zusammen mit den dunkelbraunen Fasern der Kokospalme zu Streifen im Fischgrätmuster geflochten, die Streifen zusammengenäht und daraus breitkrempige Sonnenhüte, Flaschenhüllen und Bilderrahmen hergestellt. Die Produkte kauft man am besten gleich bei den Erzeugerinnen.

El Valle del Espíritu Santo

Kehrt man zurück zur Hauptstraße, die Punta Piedras mit Porlamar verbindet, so zweigt kurz vor Porlamar eine kleine Straße nach **El Valle del Espíritu Santo** `30` ab. Die kleine Seefahrermadonna Virgen del Valle hat den zwischen duftende Hibiskussträucher und Araguaneybäumen gebetteten Ort voll im Griff; ihre neogotische Kirche **Iglesia de la Virgen del Valle** und der Besuchertrubel dominieren das Dörfchen. Zusammen mit der Schutzpatronin Venezuelas, der Virgen de Coromoto, steht La Virgen del Valle auf dem obersten Treppchen der Marienskala. Ihr mädchenhaftes Bildnis kann man in den An-

Souvenirs: Jungfrauenparade und Wunderarzt José Gregorio Hernández

denkengeschäften der Insel kaufen; in denen auf dem Festland rangiert sie gleich neben José Gregorio Hernández und María Lionza (s. S. 54). Wie alle anderen Marien ist auch La Virgen del Valle an einem bestimmten Datum erschienen, nämlich am 8. September, und die prachtvollen Feierlichkeiten ihr zu Ehren dauern eine Woche.

Die Herkunft des Marienstandbildes ist weitgehend unbekannt: Guaiquerí-Indianer sollen die kleine Statue in einer versteckten Höhle des Dorfhügels gefunden haben. Eine weitere Variante behauptet von der Virgen del Valle, sie sei, wie so viele Marien, fälschlicherweise in Venezuela aufgestellt worden und das eigentliche Ziel bei ihrer Ausreise aus Spanien sei Lima gewesen.

Wird schon die Kirche jedes Jahr in eine neue Pastellfarbe getaucht, so fallen auch ihre Inneneinrichtung und die Ausstattung der Marienfigur pompös aus. Im angeschlossenen Museum kann man die ihr zu Ehren angehäuften Schätze besichtigen. Goldene Mininachbildungen diverser Körperteile, Ehe-

ringe und goldene Babybetten weisen auf den Zuständigkeitsbereich der Jungfrau hin (Sanctuario de Nuestra Señora del Valle/Museo Diocesano, tgl. 9–17 Uhr, Eintritt frei).

El Valle del Espíritu Santo war die erste Hauptstadt von Margarita und blieb es bis 1594. Schön ist die Plaza Santiago Mariño mit Regenbäumen vor der Kirche, allerdings ist sie vollgestellt mit Andenkenbüdchen und Ständen mit den eiskalten Kokosnüssen *coco frío*. Warum sie nicht Plaza Bolívar heißt? Weil in El Valle der Freiheitsheld Santiago Mariño geboren wurde, in dessen restauriertem Geburtshaus neben der Plaza ein Museum mit Memorabilia und Möbeln aus der damaligen Zeit eingezogen ist. Eine Ausstellung zeigt Bilder ausschließlich regionaler Maler zum Thema Unabhängigkeit (Casa Museo Santiago Mariño, der Eingang liegt hinter einem Hohlweg neben der Plaza, tgl. 10–17 Uhr, Eintritt frei, Spenden erwünscht).

 Häufige Verbindungen mit **Bussen** und **Por Puestos** von und nach Porlamar.

Das Orinocodelta ist der Lebensraum der Warao, die entlang der Flussarme in Pfahlbauten leben

Der Süden

Karibisches Meer

Orinocodelta

Ciudad Bolívar

Llanos del Orinoco

Orinoco

Canaima

Gran Sabana

Puerto Ayacucho

Das Land der Magie

Grün, wohin das Auge blickt: Der Süden Venezuelas umfasst eine riesige, über weite Teile nahezu unbewohnte Landmasse. Wenn man mit dem Flugzeug darüberfliegt, sieht man die Flüsse goldgrüne Arabesken in die Erde malen, rahmen hell leuchtende Ufer und elefantengraue Felsen die Flussläufe ein, scheint der Dampf aus dem Dschungel in die Höhe zu schießen. Gigantische Wolkenberge sausen vorbei, Siedlungen sind kaum auszumachen, denn sie kommen kaum vor.

Kein Wunder, dass sich hier nahezu alle landschaftlichen Höhepunkte konzentrieren: Die mythischen Tafelberge, riesige Wasserfälle, Dschungel und das Delta eines der mächtigsten Ströme Südamerikas, des Orinoco. Und eine Stadt mit beträchtlichem Alter: Ciudad Bolívar, Unesco-Welterbe.

Das Bereisen des immensen Südens von Venezuela gleicht einem Hinabsteigen in eine rätselhafte Welt. Das Orinocodelta hält so manche Überraschung bereit, wenn zum Beispiel ganze Inseln voller Wasserhyazinthen an einem vorbeiziehen und sich mit den anderen pflanzlichen Inseln verbinden, sodass kein Weiterkommen auf dem Fluss oder in dem *caño*, dem mitunter bootsschmalen Kanal, mehr möglich ist.

Überwältigend ist der Anblick der uralten Tafelberge, die sich oft in Nebelschleier hüllen und nur ihre blauen Umrisse am Horizont erkennen lassen. Gold- und Diamantenadern lagern dicht unter der dunklen Erde der Urwälder, kostbare Wasserfälle sprühen ihr glitzerndes Taulicht in die feuchtheiße Luft. Blüten, Pflanzen und mit schillernden Schildpanzern bedeckte Tiere lebten und leben unberührt von den Begegnungen mit der Zivilisation. Nicht alle, weder in der Gran Sabana noch im Delta des Orinoco, sind bis heute erforscht.

Geheimnisvolle Märchen und Legenden spielen auf ihren Terrains, so geheimnisvoll, dass Sherlock-Holmes-Erfinder Sir Arthur Conan Doyle noch vor hundert Jahren Dinosaurier auf den Plateaus der Tafelberge spazieren und eine Forschungsmannschaft in Angst und Schrecken vor angreifenden Flugechsen verharren ließ. Und die Landschaft mit ihrer urweltlichen Ausstrahlung hört nicht auf, die Fantasie zu reizen.

Doch waren und sind Canaima und die Gran Sabana auch Orte von Ausbeutung der Natur und Erniedrigung der Menschen, die darin leben. Rómulo Gallegos hat das unverwechselbare Spannungsfeld dieses Landstrichs in seinem Roman »Canaima« (1935) eingefangen. Er entwirft ein atmosphärisch reiches Bild von der Majestät der Flüsse Orinoco, Caroní und Yuruarí, erzählt von den zahlreichen Wasserläufen, welche die sattrote Erde unter den dichten Dschungeln nicht befruchten können, malt eine Landschaft auf das Papier, auf der »der frühlingshafte Schrecken des ersten Weltenmorgens liegt«. Wirklichkeit und Fantasie schieben sich in seinem Roman ineinander, bis sie ein einziges festes Bild ergeben: Südamerika, der Kontinent des magischen Realismus, hier in Canaima könnte seine Wiege stehen. Wieso sollte hier nicht der versunkene Indianerstamm der Tarangué beheimatet gewesen sein, der unergründliche Schriftzeichen in den Granitfelsen hinterließ, die nur die Tararana, der Stamm, der noch kommen wird, entziffern können?

Highlights

6 **Orinocodelta:** Das traditionelle Stammesgebiet der Warao, der größten indianischen Ethnie Venezuelas (s. S. 222 f.).

7 **Die Altstadt von Ciudad Bolívar:** Sie ist Welterbe der Unesco, das Museo Jesús Soto eine Hommage an den berühmten Kinetiker (s. S. 232 ff.).

8 **Parque Nacional Canaima:** Er umschließt die älteste Erde der Welt. Der Tafelberg Roraima gilt bei den Pemones als die »Mutter allen Wassers« (s. S. 247).

9 **Salto Angel:** Der höchste Wasserfall der Welt stürzt fotogen von einem Tafelberg. Die wohl bekannteste Ansicht von Venezuela krönt jede Exkursion im Land (s. S. 259 ff.).

10 **Der Mittellauf des Orinoco** im Estado Amazonas: Malerische Wildnis aus Sandufern, Granitbergen, Dschungeln und Bergen mit Fledermaussilhouetten (s. S. 264 f.).

Richtig Reisen-Tipp

An der Straße schlemmen: Die Käsesorten *telita* und *queso guayanés* gibt es am besten und am frischesten in Upata und das Fleisch stammt aus einer Viehzüchterregion. Man sollte diese Kombination unbedingt einmal probieren (s. S. 242).

11 **Die Hatos in den Llanos:** Sie sind das gefühlte Herz Venezuelas. Endlose Ebenen, Cowboys und ein Dorado für Tiere ohnegleichen (s. S. 286 ff.).

Empfehlenswerte Route

Von der Sierra de Lema durch den Parque Nacional Canaima hinunter bis nach Santa Elena de Uairén: Zuerst gebirgiger Regenwald, dann weite Savanne mit Palmenhainen und Tafelbergen, eine Bergformation, die es, außer in Südafrika, nirgendwo sonst auf der Welt gibt (s. S. 247).

Reise- und Zeitplanung

Wer den besonderen Schönheiten des Landes gleichermaßen seine Aufmerksamkeit schenken möchte, sollte mindestens zweieinhalb Wochen einplanen. Am kürzesten, zwei bis drei Tage, bleibt man in den Llanos und im Orinocodelta, da das Gästeprogramm recht gleichförmig ausfällt. Für Canaima kalkuliert man dieselbe Zeit, für die Gran Sabana eine Woche.

Klima und Reisezeit

Grundsätzlich sind November bis April die angenehmsten Monate, weil Trockenzeit herrscht. Doch wer per Boot auf dem Río Caroní zum Salto Angel gelangen, die größten Wassermassen der Wasserfälle erleben und in den Llanos auf Fischfang gehen möchte, wählt die Regenzeit.

Der Orinoco mäandert auf 2140 km Länge von den kaum erforschten Tiefen der Sierra Parima an der Grenze zu Brasilien quer durch den Süden Venezuelas, durchstößt als silbriges Band den Estado Amazonas, windet sich, bereits von majestätischer Fülle, durch Guayana und den Estado Bolívar und verwandelt den Estado Delta Amacuro in ein Labyrinth aus Wassern, Kanälen und Flüssen.

 ## Das Orinocodelta:
Grandioses Finale

Der viertmächtigste Strom des Kontinents endet in einem grandiosen Finale. An seiner weitesten Stelle breitet er sich seengleich auf 20 km aus. 70 % aller Flüsse des Landes speisen ihn. Das eigentliche Delta spreizt sich in 80 größeren *caños* und ungezählten kleinen Wasserkanälen auf 40 000 km² dem Meer entgegen, ein riesiges Areal, das in seiner Ausdehnung nur noch vom Amazonasdelta übertroffen wird. Über eine Küstenlänge von 370 km verteilt der Strom seine Mündungen ins Meer.

Der Orinoco hat seine Richtung geändert: Er mündete in erdgeschichtlicher Vorzeit, als die Kontinente Afrika und Südamerika noch eine einzige Landmasse bildeten, nicht in den Atlantik, sondern in den Pazifik. Als sich die Anden emporfalteten, musste der Fluss umkehren. Dies erklärt seinen paradoxen Lauf: Bei seiner Mündung ist der Orinoco nur 750 km von seiner Quelle entfernt.

Die Inseln existieren nicht

Die Lage des Deltas ist genauso wenig fixiert wie die Anzahl seiner Inselchen oder seine Küstenlinie. Sie wandert jährlich etwa 40 m ostwärts ins Meer hinein, hat der Grandseigneur der Venezuela-Landeskundler, Volkmar Vareschi, herausgefunden. 80 % der Inseln existieren eigentlich gar nicht, sind zufällige Zusammenballungen von Vegetation, weiche Erdschichten, die schnell überflutet sind.

Erst 443 Jahre nach der Entdeckung der Mündung (1498 durch Kolumbus) fand ein französisch-venezolanisches Forscherteam die Quelle des Orinoco am Cerro Delgado Chalbaud. Venezuela und Brasilien einigten sich eigens auf eine Modifikation des Grenzverlaufes, damit der Orinoco in Venezuela nicht nur mit seinem Mündungsdelta endete, sondern auch im Land entsprang: Die Quelle liegt nämlich haarscharf an der Grenze.

Dieser Strom ist ein Weg, eine Route, ein Transportmedium: Der Orinoco diente Venezuela als bedeutendste Handelsverbindung bereits im 18. Jh. und schlug gleichzeitig eine Brücke zum Rest der Welt.

Die Warao

Kolumbus betrat das Delta auf seiner dritten Reise; seine exponierte Lage erhob es zur Eingangspforte des Kontinents. Aber ohne die eigentlichen Landesherren ging hier gar nichts: Die dort siedelnden Warao waren als Führer durch die Irrgärten aus Wasser unentbehrlich. Bewohnt war und ist das Delta von Gruppen der Warao, die mit etwa 25 000 Mitgliedern neben den Guajiro in Zulia die größte indianische Ethnie bilden. Die Bootsleute, wie sie in ihrer eigenen Sprache heißen, führen ihre individuellen Lebensweisen und Traditionen fort, sofern sie unbehelligt von Berührungen mit Weißen bleiben können.

Doch ihre selbstgenügsame Lebensform ist stark bedroht. Flexibel und tolerant im Kontakt zu Fremden seit den ersten Begegnungen, sei es mit anderen Ethnien, mit den Kariben oder den Europäern, vermochten sie dennoch Teile ihrer Kultur zu schützen. Mag man sich bei der heutigen touristischen Erschließung des Deltas noch damit beruhigen, dass durch den Verkauf lokalen Kunstgewerbes an Besucher ein bisschen Geld in die Kassen der Einheimischen wandert und im Allgemeinen eine recht behutsam gestaltete Begegnung gepflegt wird, so bedrohen die vermuteten Erdölvorkommen im Orinocodelta ihren Lebensraum und ihre Lebensgrundlage: den Fluss. Man vermutet in dieser ursprünglichen Wasserlandschaft das größte Schwerölvorkommen der Welt.

Die *Conucos*

Das sich ständig verändernde Landschaftsrelief des Deltas bilden *moriche*-Palmenhaine und Mangrovendickichte. Die Landflächen bestehen aus puren Sedimenten des Flusses. Ein großer Teil des sumpfigen Geländes ist mit Mischwäldern und Dschungeln aus Drachenblut- und Boroborobäumen, Sumpfmimosen, Aaronstabgewächsen und Clusiabäumen bedeckt. Kaum zu erkennen: einige der kleinen Inselchen sind in landwirtschaftlich genutzte Flächen, in *conucos*, Fruchtgärten, aufgeteilt, wobei das Multitalent *moriche*-Palme (Mauritiuspalme) die Hauptrolle spielt. Sie werden je nach Entfernung von der Küste von den Gezeiten überschwemmt; ein Großteil des Deltas ist ein Tidensumpf und hat keine feste Erde.

Eine prachtvolle Vogelwelt bevölkert die Ufer. Allein die Artenvielfalt der Stelzvögel ist enorm. Von den heimischen Moschusenten kommen mehrere Arten vor: die *cotúa aguajita* etwa breitet in Ermangelung einer natürlichen Fettschicht auf ihren Federn die Flügel zum Trocknen an der Sonne aus, die sehr gesellige *cotúa zamura* ähnelt einem kleinen Geier. Die Sonnenralle ist grazil wie eine Balletttänzerin und baut riesige Baumnester.

Im Delta ist es feuchtheiß mit einer Durchschnittstemperatur von 26 °C und einer Luft-

feuchtigkeit von 60 bis 80 %. Die Regenzeit fällt in die Monate April bis August mit Regenfällen von täglich mehr als zehn Stunden. Auch während der übrigen Monate kommt es zu ergiebigen Niederschlägen. Am trockensten ist es von Januar bis März, dann hat der Orinoco auch den niedrigsten Wasserstand.

Maturín

Maturín **1** (340 000 Einw.) ist groß, flach, latinisch, gepflegt und ein bisschen hektisch, Studentenstadt und nicht arm. Seine angenehme Lage auf halbem Wege zwischen der Küste und Ciudad Bolívar, also zwischen den Badeorten und dem Eingangstor zur Gran Sabana, hat seine touristische Attraktivität erhöht. Flughafen und Hotellerie sowie der Busbahnhof verzeichnen lebhaften Verkehr.

Touren auf dem Delta

Die Organisation eines Deltabesuchs hängt nicht unbedingt von Reiseveranstaltern ab; man kann dies durchaus auch auf eigene Faust versuchen. In Tucupita ist es am einfachsten, Touranbieter zu finden, doch hier ist das Risiko, betrogen oder enttäuscht zu werden, am höchsten. Die Nachfrage hat sich in der Hauptstadt des Delta Amacuro schnell herumgesprochen und entsprechend schnell haben die Bootsbesitzer reagiert.

Piratas schelten die Venezolaner unseriöse Tourguides, die nichts von dem halten, was sie versprechen, aber gerne im Voraus kassieren. Die Preise liegen unter dem Niveau der eingeführten Reiseveranstalter, aber man muss damit rechnen, dass sie mangels profunder Ortskenntnisse nur auf den Hauptkanälen herumschippern, auf denen man nichts sieht, dass die Mahlzeiten aus vertrockneten Sandwiches bestehen und die Übernachtungsmöglichkeit der nackte Boden ist, wenn nicht vorher noch der Motor kaputtgeht. Generell ist man besser bedient, wenn man ein paar Dollars mehr investiert, dafür aber auch wirklich eine Deltareise bekommt.

Reisen in das Delta

Hübsch ist die von dichten Baumkronen beschattete Avenida Bolívar, Einkaufszone und Flaniermeile sowie Bankenzone in einem. Drumherum gruppieren sich die Wohnviertel. An ihrem nördlichen Ende stößt sie auf die Avenida Raúl Leoni, wo sich einige familiäre Freiluftrestaurants aneinanderreihen. Maturín verfügt über alle Annehmlichkeiten, die einen bequemen Stopover ausmachen.

i **Cormotur:** Hacienda Sarrapial, Av. Alirio Ugarte Pelayo, Tel. 02 91/643 07 98, www.infomonagas.com.

Hotel Stauffer: Av. Alirio Ugarte Pelayo, Tel. 02 91/643 11 11, Fax 643 14 55, www.staufferhotel.com.ve; 220 Zimmer. 5-Sterne-Hotel in einem von Palmen bestandenen Park mit entsprechendem Komfort und Service, halb Businessstil, halb Ferienstimmung. Pools, Jacuzzi. DZ 165 US-$.

Hotel Morichal Largo: Av. Bellavista, via La Cruz, Tel. 02 91/65 14 222, Fax 651 54 44, www.morichallargo.com.ve; 212 Zimmer. Der hohe, rotbraune Kasten fällt in seiner tellerflachen Umgebung gehörig auf. Klassischer Businessstil bestimmt die Innenausstattung, mehrere Restaurants und Bars, Poollandschaft und Joggingpfade. DZ 150 US-$.

Chaima Inn: Final Av. Raúl Leoni, Tel. 02 91/641 51 11, hotelchaimainn@hotmail.com; 143 Zimmer. Im Halbrund gebautes, zweistöckiges Hotel mit Pool in der Mitte, die Zimmer sind groß und funktional ausgestattet, Restaurant, Bar. DZ 40 US-$.

Rancho San Andrés: auf dem Weg nach San José de Buja auf der Straße zwischen Maturín und Temblador, Tel. 02 87/414 46 60, 04 14/394 29 59 (Mobiltelefon), www.lodge-aventure.com; 26 Zimmer. Eine Milchfarm unter französischer Leitung bietet, umgeben von tropischen, gepflegten Gärten, geräumige und sehr komfortable Zimmer in Bungalows und einem Haustrakt. Pool, *churuatas*, Bar und Restaurant, Pferde und Verleih von Fahrrädern. Veranstaltet werden auch verschiedene Exkursionen. Es wird Deutsch, Französisch und Englisch gesprochen. Vollpension ca. 60 US-$.

¶¶ Auf der **Avenida Raúl Leoni** liegen beliebte Freiluftrestaurants. Die Restaurants in den **Hotels Morichal Largo** und **Stauffer** sind hervorragend und teuer.
Gitanos Café: Carrera 7. Eine Adresse nicht nur fürs Essen, sondern auch für den Rest des Abends; häufig mit kleinen Konzerten.

⇄ Der **Flughafen José Tadeo Monagas** liegt etwa 5 km östlich vom Zentrum. Verbindungen nach Caracas, Maracaibo, Porlamar und Puerto Ordaz.
Busbahnhof: Av. Libertador/Av. Orinoco; **Busse** und **Por Puestos** nach Anaco, Caracas, Carúpano, Ciudad Bolívar, Ciudad Guayana, Cumaná, El Tigre, Puerto La Cruz, Tucupita; Busse außerdem nach Caripe, Península Paria (Río Caribe, El Pilar, Tunapuy), Maracay, Valencia, Irapa, Casanay.
Autovermietung: Avis, Tel. 02 91/641 84 44, im Flughafen; **Budget,** Av. José Tadeo Monagas, Tel. 02 91/642 03 55, und im Flughafen, Tel. 02 91/641 31 01; **Hertz,** im Flughafen, Tel. 02 91/642 78 41.

Tucupita

Im Gegensatz zu Maturín liegt **Tucupita** **2** am Rand der Welt, denn dahinter gibt es nur noch Wasser, Deltaland und Missionsstationen. Die Straße durchschneidet, von Maturín oder Ciudad Guayana aus kommend, eine monotone, ärmliche Gegend und mündet in eine ebensolche Stadt. Aber sie lebt von der Besonderheit, am Ende Venezuelas zu liegen. Das Idyllischste sind ihr Paseo Mánamo am Orinoco, so verschlafen und schön, wie es nur eine südamerikanische Flusspromenade sein kann, und die Warenlager, die eher alten Handelskontoren gleichen, obwohl sie als Supermärkte entworfen worden sind. Vollkommen bar weiterer aufsehenerregender Reize – es gibt in der Hauptstadt des Estado Delta Amacuro trotz 80 000 Einwohnern nicht einmal ein Kino –, trifft man sich abends an der großen, von hohen Bäumen beschatteten Plaza Bolívar. Aber dort treffen sich auch wirklich alle und das ist dann wieder schön.

Orinocodelta

1920 wurde die Stadt von Kapuzinern gegründet, welche die Warao missionieren wollten und ihr eine mausgraue Betonkirche hinterließen. Tucupita bildet aufgrund seiner Lage den natürlichen Ausgangspunkt für Exkursionen in das Orinocodelta. Die touristische Infrastruktur hat sich erstaunlicherweise nicht der Qualität dieses attraktiven Naturspektakels angepasst. Hotels und Restaurants sind eher bescheidenen Zuschnitts und auch nicht zahlreich. Wer von Maturín aus nach Tucupita kommt, überquert den Orinoco mit einer Flussfähre, der *chalana*.

Dirección de Turismo: Ed. San Juan, Calle Bolívar, Oficina 18. Auskunftsstelle, allerdings ohne Informationsmaterialien.

Hotel Saxxi: Zona Industrial La Paloma, Tel. 02 87/721 21 12; 58 Zimmer. Am Ortseingang liegt das mit Abstand beste Haus am Platz. Dass die einzelnen Zimmertrakte durch betonierte Wege getrennt sind, kompensiert der hübsche Garten. Restaurant im Tascastil. Exkursionen und Ausflüge auch ins Orinocodelta. Das Hotel Saxxi bietet Touren zum Camp Mis Palafitos an. DZ 40 US-$.
Hotel Amacuro: Calle Bolívar 23, Tel. 02 87/ 721 04 04. Einfache Unterkunft mit wenig attraktiven Zimmern, aber ganz nettem Service. Zimmer ca. 20 US-$.

Capri: Paseo Mánamo, Tel. 02 87/721 38 85. Die Spezialität dieses schlichten, netten Restaurants ist Fisch, aber man darf nicht viel Raffinesse erwarten. Gerichte ca. 7 US-$.

Asociación Cooperativa Osibu: Calle Mariño, Tel. 02 87/721 38 40. Das einstige Delta Sur bringt seit mindestens 20 Jahren zuverlässig die Leute ins Delta. Sie unterhalten das Camp Maraisa im Caño San Francisco, ein idyllisches l längemattencamp.
Tucupita Expeditions: Paseo Mánamo, Tel. 02 87/721 19 53, www.orinocodelta.com. Unterhalten zwei der schönsten und am besten gelegenen Camps im Delta.

225

Auf einem der typischen *caños* im Orinocodelta unterwegs

Schulen sind wichtig für die Warao, die häufig als Wassernomaden leben

Um das Kunsthandwerk der Warao zu bewahren, wurde **El Tucán** eingerichtet, Calle Pativilca 2.

Der **Flughafen** ist für Linienflüge zurzeit nicht in Betrieb.
Kein zentraler Busbahnhof, die **Busse** fahren vor den Büros der Gesellschaften ab. Verbindungen nach Barrancas (von dort mit der *chalana* nach San Felix), Caracas, Ciudad Guayana, Maracay, Maturín und Valencia.

Touren ins Orinocodelta

In den beiden Bundesstaaten Monagas und Delta Amacuro, auf deren Gebiet das Delta liegt, herrschen ähnliche landwirtschaftliche Nutzungsformen vor. Die fruchtbaren, leicht gewellten Böden eignen sich für den Anbau von Obst, Maniok, Mais, Sorghum, Zuckerrohr und für die Viehzucht; wichtigster Erwerbszweig ist der Holzeinschlag für die Zelluloseherstellung. Auf dem Weg von Maturín in südöstliche Richtung nach San José de Buja, einem in der Sonne brütenden Flecken,

säumen Pipelines die Straße. Das Erdöl aus El Tigre im Bundesstaat Anzoátegui strömt durch die Metallrohre.

Der Waraoort **San José de Buja 3** mit zweisprachiger Schule ist einer der Einstiegshäfen der Veranstalter von Reisen in das Delta und über die Ruta Nacional 10 von Maturín, anschließend auf der *carretera* 4 zu erreichen. Wer von Tucupita aus aufbricht, hat den Hafen am Paseo Mánamo buchstäblich gleich vor der Hoteltür. Für beide Varianten gilt: Zunächst befährt das Boot eine breite Wasserstraße, den Caño Mánamo, um schließlich in die wesentlich attraktiveren Verästelungen des Deltas zu gelangen.

In den Nationalpark

Ein Teil des Deltas wurde 1991 zum Nationalpark deklariert. Der 2650 km² umfassende **Parque Nacional Mariusa 4** reicht bis an die Atlantikküste und malt einen weißen Fleck auf die Landkarte Venezuelas, denn weder Flora noch Fauna sind bislang richtig katalogisiert. Dschungel und Mangroven bilden den Löwenanteil der Vegetation. Besonders reich sind Vogel- und Insektenwelt. *Águila negra*, der schwarze Adler, *tiganas* (Sonnenrallen) und eine stattliche Anzahl verschiedener Kormoranarten beleben die Ufer.

Mit den Gezeiten ändert sich alle sechs Stunden die Strömungsrichtung des Flusses. Ablesen lässt sich das an den grünen Teppichen aus *bora*, den weiß blühenden Wasserhyazinthen, die sich zu dichten Inseln zusammenbündeln und im Laufe von Jahrzehnten ihre Wasserwurzeln zu einem festen, elastischen Untergrund verstricken. Die von Pflanzenwänden eingefassten Ufer wirken unbewohnt, nur selten erblickt man Bootsstege und einzelne Gehöfte, denn die Warao siedeln nicht unbedingt an den Flussrändern. Das salzhaltige Wasser des Orinoco färben mineralische Schwebstoffe, Wurzeln und Pflanzen undurchsichtig braungelb.

Exkursionen

Die Besuche des Deltas schließen normalerweise einen Spaziergang mit einem Waraoführer ein, der in knappen Worten Lebensweise und Kultur seines Verbandes erläutert. Der Verzehr eines Wurmes, der unter der Rinde der *moriche*-Palme lebt, ist nicht nur folkloristisches Spektakel. Die dicken Würmer liefern tatsächlich das in der Ernährung der Warao notwendige Eiweiß. Die *moriche* erweist sich so einmal mehr als Lebensgrundlage. Aus den Zapfen wird Stärke gewonnen, die Rinde lässt sich zu Seilen verarbeiten, aus den getrockneten Palmblättern flicht man Hängematten, das Holz stützt die üblichen Stelzenbauten (*palafitos*) und liefert das Brennmaterial. Von den zarten weißen Spitzen trennt man das Delikateste ab und schält ein elfenbeinweißes Palmherz heraus.

Die gewohnte Nahrungsergänzung sind die Knollenfrucht *ocumo*, Krebse und Fische. Es müssen übrigens nicht Piranhas sein, die den Orinoco unsicher machen und die man allerorten auf den Flussrändern anangelt; in der Regel handelt es sich um *morokotos*.

Der Orinoco ist ein Paradies für Tiere und die Waraoführer kennen die besten Plätze, um sie zu beobachten. Die Brüllaffen, deren dröhnendes, manchmal fauchendes Organ die stummen Wälder zur Morgendämmerung

erfüllt, die Flussdelfine (*toninas*), die Papageien, Reiher, Kormorane, Scharlachsichler und Tukane lassen sich nur an bestimmten Plätzen und zu bestimmten Stunden beobachten. Am besten sind Sonnenaufgang und Sonnenuntergang, also jeweils gegen halb sechs Uhr morgens und abends, und diese Termine sind obligatorisch im Stundenplan eines Deltaaufenthaltes. Auch bei einer Fahrt mit einer *curiara*, einem indianischen Einbaum, erlebt man die Deltanatur hautnah mit.

Den bedeutendsten Verbindungsweg zum Golfo de Paria und damit zum Meer stellt der breite Caño Mánamo dar, der auch von regulär verkehrenden Linienbooten von Tucupita aus befahren wird. Er mündet in **Pedernales** **5**. Dort gibt es eine Thunfischfabrik und einen Flughafen. Missionsstationen, zu denen einige Reiseveranstalter Besuche anbieten, befinden sich im Osten des Deltas.

Campamento Orinoco Delta Lodge: s. Tucupita. Tel. im Camp: 04 14/989 04 52 (Mobiltelefon). Das Programm schließt Tierbeobachtungen, einen Schulbesuch und Exkursionen mit dem Einbaum ein, dazu kommt der Besuch einer Waraogemeinde. Die Betreiber unterhalten auch ein weiteres, mit Hängematten ausgestattetes Camp. Die Orinoco Delta Lodge liegt malerisch am Ufer und besteht aus komfortablen und originellen Bungalows, die nahezu luxuriös wirken. Man muss im Voraus buchen. 2 Tage mit 1 Übernachtung 160 US-$ pro Person.

Flotel Warao: zu buchen ausschließlich über Cacao Travel Group, in Caracas Tel. 02 12/ 977 12 34, www.cacaotravel.com. Ganz anders und ziemlich mückensicher: ein schwimmendes Luxusschiff mit komfortablen Kabinen und einer Bibliothek. Von hier aus starten die *curiaras* (Einbäume) mit den Gästen in die Seitenarme des Orinoco. 3 Tage mit 2 Übernachtungen ca. 210 US-$.

Mis Palafitos: Auskunft erteilt Hotel Saxxi, Tel. 02 87/72 11 73 39. Von dort auch Touren zu diesem sehr gepflegten und ganz rustikalen Camp. Ähnliches Programm wie bei den anderen beiden Touranbietern. 2 Tage mit 1 Übernachtung ca. 150 US-$.

Gegensätzlicher können zwei Städte kaum ausfallen: Die alte, geschichtsbeladene Ciudad Bolívar, Welterbe der Unesco, und dagegen die rasante moderne Ciudad Guayana. Das bedeutet Ventilatoren in verblichenen Handelskontoren gegen hoch effiziente Klimaanlagen in modernen Einkaufsgalerias. Beide thronen an den Ufern der majestätischsten Ströme des Südens: Orinoco und Caroní.

Ciudad Bolívar: Welterbe der Unesco

Reiseatlas: S. 15, A 2, **Cityplan:** S. 233

Bei **Ciudad Bolívar** sind die Fluten des mächtigen Orinocostroms endlich einmal gezähmt: Der Fluss, der so mächtig das Land durchschneidet, rollt hier über ein felsiges Bett aus schwarzem Granit, das ihn auf einen Kilometer Breite zusammenpresst. An dieser, seiner schmalsten Stelle gründete der Gouverneur Joaquín Sabas Moreno de Méndez 1764 eine Siedlung und nannte sie Santo Tomás de la Guayana de Angostura, nachdem eine frühere Niederlassung der Spanier flussabwärts, strategisch weitaus ungünstiger gelegen, von holländischen Piraten überfallen worden war.

Von dem sperrigen Namen überlebte das viel eingängigere Angostura, das mit schmale Stelle oder Enge zu übersetzen wäre. Diesen Ort adelte die Dritte Republik der Nationalisten während der Unabhängigkeitskriege gegen die spanische Kolonialmacht 1817–1821 zur Hauptstadt des revolutionären Venezuela, nachdem General Manuel Carel Piar Guayana bereits 1817 den Spaniern abgetrotzt hatte. Eines der historischen Glanzlichter, auf die sich die Landesgeschichte mit großem Pomp bezieht, erstrahlte unweit des Orinocoufers: Der zweite Republikanische Kongress wurde im Jahr 1819 in Angostura abgehalten und Simón Bolívar präsentierte

hier sein Konzept von einem zentralistisch gelenkten Großkolumbien. Ihm zu Ehren wurde Angostura 1846 schließlich in Ciudad Bolívar umgetauft.

Hauptstadt, Handelsstadt, Kaufmannsstadt: Im nahezu straßenlosen Venezuela verliefen die wichtigsten Verkehrsverbindungen über Wasser. Der Orinoco eignete sich wegen beständig wehender Winde zum Gütertransport; Segelschiffe fuhren in alle Welt und erhoben das damalige Angostura zum kaufmännischen Zentrum von Venezuela. Die Waren aus den Llanos, Felle und Vieh, nahmen von hier aus ihren Weg nach Europa. Eine Reisedauer von 18 bis 20 Tagen hinüber nach Cádiz hatte Alexander von Humboldt ermittelt, als er 1800 in Angostura sechs Wochen lang ein Fieber auskurierte, das er sich bei früheren Expeditionsfahrten auf den Amazonaszuflüssen eingefangen hatte.

Heute spiegelt sich die Wohlhabenheit, die der Handel erzeugte, in einer Reihe restaurierter historischer Bauten rund um die Kathedrale und in den Handelshäusern am Flussufer, die hauptsächlich von syrischen Einwanderern betrieben werden. Das Surren der Ventilatoren ist die Musik der Ciudad Bolívar (312 000 Einw.), die in der flirrenden Hitze schwebt. Ohne die sanft zugefächelte Luft des Flusswindes würde sogar das Flanieren entlang der Uferpromenade **Paseo Orinoco 1** zu anstrengend. Niemand hetzt hier die Hänge hinauf, die zur Stadtmitte füh-

Mit der Autorin unterwegs

Lau-Lau essen im Mercado de la Zapaora

Seitdem der originelle Markt von Ciudad Bolívar in ein übersichtlicheres Gebäude gezogen ist, gilt er als richtig touristentauglich. Er öffnet morgens schon früh und schließt um die Mittagszeit. **Kunsthandwerks- und Lebensmittelstände** wetteifern mit ihren Auslagen, Fische gibt's reichlich, die in den kleinen **Mittagsrestaurants** am Ufer des Orinoco gebraten angeboten werden. Frischer und authentischer kann man den *lau-lau* nicht bekommen (s. unten).

Abends nicht unbedingt sicher: Der Paseo Orinoco

Schön, schattig und lang ist er, verschafft dem Flaneur eine leichte Brise in der Hitze von Ciudad Bolívar – nur abends sollte man nicht unbedingt dort spazieren gehen, der Paseo gilt dann nicht als sicher (s. unten).

Parque La Llovizna

Dieses Stück nahezu **wilder Natur** mit Wasserfällen und für die Region typischem Wald liefert einen augenfälligen und überraschenden Kontrast zu der geradezu perfekten Ciudad Guayana, die auf dem Reißbrett entworfen wurde (s. S. 238).

Abends Brücken gucken am Caroní

Wenn die aggressive Hitze des Tages allmählich weicht und einer sanften Brise Platz macht, dann ist ein Restaurant am **Flussufer** des Caroní in Puerto Ordaz (Ciudad Guayana) eine wirklich gute Entscheidung. Zunächst deshalb, weil man den allgegenwärtigen Klimaanlagen entflohen ist, und schließlich, weil drei glitzernd beleuchtete Brücken den Strom schmücken – und das sieht in dieser unromantischen Stadt plötzlich außerordentlich romantisch aus (s. S. 238).

ren, nur zwei Blocks vom Orinocoufer entfernt. Beschaulichkeit ist ein bestimmendes Element des hauptstädtischen Lebens.

In der Mitte des langgestreckten, schattigen Paseo Orinoco bietet die Aussichtsplattform **Mirador Angostura** [2] den besten Blick über den Fluss. Als ob ein Riese zu urweltlichen Zeiten willkürlich Halbkugeln aus Granit und Ellipsen auf die Erde habe plumpsen lassen, so wirken die schwarzen Steine (*lajas*) im Flussbett. An ihnen misst der *ciudadano* den Wasserstand des Orinoco, der erheblich variiert. Zwischen Regen- und Trockenzeit ergeben sich Differenzen von bis zu 20 m. An der **Piedra del Medio** lernte Humboldt den Wasserpegel zu lesen und taufte sie um in Orinocometer.

5 km flussaufwärts überspannt die einzige, 1967 erbaute Brücke, **Puente de Angostura** [3], den Orinoco. Die Bewohner auf beiden Flussseiten sind ansonsten auf *chalanas* angewiesen und zur Rushhour steht man sich an den Fähren die Beine in den Bauch.

Zurück zum Paseo mit seinen roh gezimmerten Ständen der ambulanten Uhr- und Schuhmacher, die aus einer anderen, wundervollen Epoche zu entstammen scheinen. Er führt im Osten zum **Mercado de la Zapaora** [4] (*zapaora* ist ein Flussfisch), einem geräumigen, grün angestrichenen Bau mit Lebensmittelpavillons, interessanten Kunstgewerbeständen und recht stimmungsvollen Fischrestaurants direkt am Flussufer. In den kleinen Ladenpassagen auf dem Weg dorthin konzentrieren sich die Schmuckgeschäfte. Die Erzeugnisse aus den legendären Gold- und Diamantenminen des Staates Bolívar finden in der Landeshauptstadt ihr natürliches Handelszentrum. Anmutig geschnitzte Holzbalkone umlaufen die Stockwerke der pastellfarben gestrichenen Handelskontore am Paseo. In ihrem Innern schlummern hinter weit geöffneten, hohen Flügeltüren Reste überseeischer Atmosphäre, die an eine Zeit erinnern, als hier noch Pflanzenfarbstoffe, Gummi, Kakao und spanische Kolonialmöbel gemakelt wurden. Das Warensortiment besteht heute profanerweise aus handelsüblichen Matratzen, Reisetaschen, Hängematten und billigen chinesischen Schmuckschatullen, doch in dieser Umgebung wirken die Dinge wie Beutestücke aus der Flusspiraterie, die den Orinoco lange beherrscht hat. Ciudad Bolívar ist eine der atmosphärischsten Städte Venezuelas.

7 Die Altstadt

Zwei Blocks die Calle Igualdad hinauf entfaltet sich die Anmut der bunt gestrichenen Kolonialhäuser um die Plaza Bolívar, Kern des historischen Viertels, des **Cuadrilátero Histórico**. Sienabraun, azurblau und sonnenblumengelb leuchten die Fassaden mit ihren weiß gemalten Fenstereinfassungen. Die meisten von ihnen beherbergen städtische Einrichtungen, Oberschulen und Bibliotheken. Die blaue, mit grünen Fensterläden geschmückte **Casa de Piar 5** beispielsweise fungiert als Casa de la Cultura. In ihrem säulenumstandenen Innenhof erblickt man ein modernes *mural*, ein Wandgemälde, das Karriere und Tod des Bolívar-Mitstreiters Manuel Piar symbolhaft porträtiert. Piar wurde mit 35 Jahren als Verräter an der Revolution festgenommen und zwölf Tage in diesem Haus gefangen gehalten, bevor er am 16. Oktober 1817 an der Kirchenmauer füsiliert wurde. Die fensterlose Kammer ist zu sehen, ebenso ein schlichtes Holzkreuz, das Piar bei seiner letzten Beichte benutzt haben soll. Das benachbarte Gebäude befindet sich heute in Stadtbesitz und war die erste Kirche von Angostura (Calle Bolívar/Plaza Bolívar, Mo–Fr 8–12 und 14–17 Uhr, Eintritt frei).

Die **Plaza Bolívar 6** selbst ist ein neoklassizistisches Schmuckstück aus dem Jahr 1869 und entstand während der Amtszeit des Juan Bautista dalla Costa, eines Gouverneurs der Provinz Guayana. Allegorien rahmen die Bronzestatue des Libertador ein. Sie tragen die Namen der Länder, die er zu einem Großkolumbien zusammenzuschließen beabsichtigte: Ecuador, Peru, Kolumbien, Bolivien und Venezuela – ein Plan, der, wie man weiß, bei seinen Mitstreitern auf große Skep-

sis stieß. Zum einheitlichen Gesamteindruck tragen die symmetrisch angelegten Pflanzen- und Bauminseln bei.

Für die weiße **Kathedrale 7** mit dreigestuftem Glockenturm an der östlichen Seite des Platzes brauchten die Arbeiter allein 70 durch die Unabhängigkeitskriege beeinträchtigte Baujahre, mit dem Ergebnis, dass ihr Stil trotzdem mit dem Datum des Baubeginns 1765 korrespondiert. Sie mag eine der wenigen Kirchen sein, für die die armen Sünderlein direkt zur Kasse gebeten wurden, denn der 1766–1777 regierende Gouverneur Manuel Centurión verfügte eine Steuerabgabe auf den Zuckerrohrschnaps *guarapo* und den Hahnenkampf, mit der er den Bau der Kathedrale finanzierte. Und Zuckerrohrschnaps und Hahnenkampf dürften auch die herausragenden, weil einzigen Unterhaltungsmöglichkeiten gewesen sein. So reichte die eingenommene Summe außerdem noch für den Bau eines Krankenhauses und des Regierungssitzes Casa del Gobierno.

In der **Casa del Congreso de Angostura 8** an der gegenüberliegenden Seite der Plaza Bolívar ruhen die Schätze des Archivo Histórico de Guayana, die der Besucher allerdings nicht zu sehen bekommt; einzig eine kleine Auswahl an Kopien von Dokumenten hängt in den Gängen des Patio. Weitaus bedeutungsvoller ist der historische Charakter des 1766 erbauten, luxuriösen Kolonialhauses mit schwarzer Holzgalerie. Hier wurde am 15. Februar 1819 der Kongress von Angostura abgehalten. Die entsprechende **Sala Histórica** mit originalem Mobiliar wird geschmückt von Porträts der Kongressteilnehmer. Die Dachterrasse bietet den idealen Standort für einen Panoramablick über Fluss- und Stadtlandschaft (Plaza Bolívar, Di–So 9–17 Uhr, Eintritt frei).

Wieder zurück auf dem Paseo Orinoco und vorbei an den verführerischen Warenkontoren gelangt man zu der unaufgeräumten, kuriosen **Casa Ciudad Bolívar 9** (Paseo Orinoco/Calle Carabobo). Das mit Kunstwerken und Kunstgewerbe aller Art angefüllte Patiohaus gehörte der mit Bolívar befreundeten Familie Cornieles, die von hier aus das

Cityplan: Ciudad Bolívar

Piedra del Medio

Río Orinoco

Sehenswürdigkeiten

1 Paseo Orinoco
2 Mirador Angostura
3 Puente de Angostura
4 Mercado de la Zapaora
5 Casa de Piar
6 Plaza Bolívar
7 Kathedrale
8 Casa del Congreso de Angostura
9 Casa Ciudad Bolívar
10 Parque El Zanjón
11 Quinta de San Isidro
12 Museo de Arte Moderno Jesús Soto

Übernachten

1 Hotel La Cumbre
2 Casa Grande
3 Posada Angostura
4 Hotel Laja Real
5 Hotel Valentina
6 Posada Don Carlos
7 Posada La Casita

Essen und Trinken

8 Parilla Alfonso
9 Mezza Luna

erste offizielle Presseorgan der Regierung der Dritten Republik 1818–1821 hinaus in den Rest des Landes flattern ließ. Der »Correo del Orinoco« verbreitete sein revolutionäres Gedankengut in englischer und spanischer Sprache. Der Satz »Die Presse ist die Artillerie der Gedanken«, den der Libertador einst formulierte, ziert heute einen der schummerigen Säle. Die berühmte Druckerpresse ist im Archivo Histórico de Guayana verschwunden, dafür gibt es Kunsthandwerk und einen indianischen Petroglyphen zu bestaunen (Paseo Orinoco/Calle Igualdad, Tel. 02 85/632 88 01, Di–Fr 9–17 Uhr, Eintritt frei).

Parque El Zanjón

Wie es sich zwischen den charakteristischen Steinen aus dem Orinoco wohnt, den *lajas*, veranschaulicht ein Besuch des **Parque El Zanjón** 10 westlich der Plaza Bolívar. Zwischen grünem Gras ragen allerorten die sanft gerundeten, elefantengrauen Granitsteine aus dem Untergrund. In der **Casa de las Tejas** wurden eine Kunstschule und ein kleines Museum untergebracht und man hat von hier oben ebenfalls einen guten Blick auf den Orinoco. Zurück zur Plaza Bolívar und noch ein wenig weiter die Calle Constitución hinauf erreicht man die kühl beschattete Plaza Miranda. Davor liegt der ehemalige Gerichtshof.

Quinta San Isidro

Simón Bolívar hat natürlich auch in der nach ihm benannten Stadt seinen besonderen Platz. In einer alten Hacienda im damaligen Angostura verbrachte er oft seine Nächte bei besagtem Freund Andrés Roderick Cornieles auf dessen Familiensitz **Quinta de San Isidro** 11. Den von hohen Mahagonibäumen beschatteten Garten gab es damals schon, denn mit Stolz wird auf den riesigen Tamarindenbaum hingewiesen, an dem Bolívar sein Pferd festzubinden pflegte. Das Landhaus hat keinen Patio, sondern nach Gutshofmanier eine säulengestützte Veranda, hinter sich die in Dämmerlicht getauchte

Die alten, oft farbenfrohen Handelshäuser säumen den Orinoco

Zimmerflucht öffnet. Das Haus ist prächtig restauriert und lässt viel Atmosphäre spüren. Sämtliche Möbel entstammen der Kolonialzeit. Museumsstolz ist selbstverständlich das recht kleine, schmale Bett, in dem Bolívar übernachtete (Av. Táchira/Av. 5 de Julio, Di–Sa 9–12 und 14–17, So 9–13 Uhr, Eintritt frei).

Museo de Arte Moderno Jesús Soto

Die Qualität der modernen Museen in Venezuela ist ungewöhnlich hoch und das **Museo de Arte Moderno Jesús Soto** 12 ist eines der interessantesten. Hier fehlen weder die Konstruktivisten noch Man Ray, weder Roy Lichtenstein noch die Nagelbilder von Günther Uecker, weder Victor Vasarely noch Niki de Saint-Phalle. Intelligent und lustig sind die kinetischen Spielereien des namengebenden berühmten Sohnes der Stadt sowie von Carlos Cruz-Díez. Ein Besuch lohnt sich (Av. Germania/Av. Maracay, Tel. 02 85/632 01 58, Di–Fr 9–17.30, Sa/So 10–17 Uhr, Eintritt frei).

Mit den jüngeren Stadtgeschichte auf eine verwunderliche Art verknüpft ist ein kleines Flugzeug, aufgestellt vor dem Flughafen. Es ist die Propellermaschine des Buschpiloten Jimmy Angel. Das wäre nun nicht weiter erwähnenswert, hätte nicht Jimmy Angel zufällig den höchsten Wasserfall der Welt entdeckt, den Salto Angel, heute ein Naturheiligtum im Parque Nacional Canaima (s. S. 259). Das Maschinchen wurde jedoch ausgeweidet und den Originalmotor gibt es im Museo Aeronáutico in Maracay zu sehen.

---

i **Corporación de Turismo:** Av. Bolívar, Quinta Yeita 59, Tel. 02 85/617 03 12, 04 14/893 68 16 (Mobiltelefon), www.turismobolivar.com.

Hotel La Cumbre 1: Av. 5 de Julio, Tel. 02 85/632 77 09, lacumbre@cantv.net; 24 Zimmer. Abends ist die Lage ein wenig oberhalb der Altstadt richtig spektakulär. Großzügig angelegtes Hotel mit großen, behaglich und funktional ausgestatteten Zimmern. Open-Air-Restaurant auf zwei Ebenen und Swimmingpool. DZ 70 US-$.

Ciudad Bolívar und Ciudad Guayana

Casa Grande 2: Av. Boyacá/Calle Venezuela, Buchung über Cacao Travel Group in Caracas, Tel. 02 12/977 12 34, www.cacao travel.com; 10 Zimmer. Dieses hochherrschaftliche Kolonialhaus wurde mit viel Liebe zum Detail zu einer bezaubernden, stilsicheren Posada umgebaut. Der Star ist der kleine Swimmingpool auf dem Dach mit Mosaikboden. Klimaanlage. DZ ca. 100 US-$.

Posada Angostura 3: Calle Boyacá s/n, Buchung über Cacao Travel Group in Caracas, Tel. 02 12/977 12 34, www.cacaotravel. com; 6 Zimmer. Mitten im historischen Zentrum liegt dieses aufwendig restaurierte Kolonialhaus mit geschmackvoller Ausstattung im

Posada La Casita

Diese Posada empfiehlt sich ganz besonders für diejenigen, die sich ein bisschen erholen wollen, etwa vor oder nach einer anstrengenden Tour in die Gran Sabana oder nach Canaima, denn dafür liefert sie ideale Bedingungen. Bungalows und ein Zimmertrakt liegen in einem sehr gepflegten parkähnlichen Garten. Die großen Zimmer in den Bungalows haben Topqualität, sind mit Kolonialstilmöbeln ausgestattet, haben geräumige, geflieste Bäder und, Erleichterung für viele, keine Klimaanlage. Durch die rundum angebrachten Fenster herrscht in den Zimmern genügend Ventilation. Wer will, kann auch in der Hängematte übernachten. Pool und Minizoo verwandeln die Anlage in ein Feriendomizil. Außerdem sind die herzlichen Gastgeber Peter und Maria Rothfuss zuverlässige Organisatoren von Ausflügen, ganz speziell für Canaima und die Bootstouren. Für das große Restaurant, das gleichzeitig als Aufenthaltsraum dient, wurde eine *churuata* entworfen. Die Mahlzeiten gibt es bis aufs Frühstück auf Anfrage. Überraschendes Preis-Leistungs-Verhältnis: DZ ca. 50 US-$.

Posada la Casita 7: Av. Ligia Pulido, Urbanización 24 de Julio, Tel. 02 85/617 08 32, 04 14/854 51 46 (Mobiltelefon), info@gekko tours-venezuela.de, www.gekkotours-vene zuela.de; 13 Zimmer.

Kolonialstil. Brunnen mit Pflanzen, geräumige Zimmer, große Bäder und ein gutes kleines Restaurant. Außerdem sehr zuvorkommender Service. DZ ca. 70 US-$.

Hotel Laja Real 4: Av. Andrés Bello/Jesús Soto, gegenüber vom Flughafen, Tel. 02 85/ 632 79 44, 632 79 55, www.lajareal.com; 45 ordentliche, kleine Zimmer im originalen 1970er-Jahre-Stil, kleiner Pool, freundlicher Service, Restaurant. DZ ca. 55 US-$.

Hotel Valentina 5: Av. Maracay, Tel. 02 85/ 632 21 45; 18 Zimmer. Das kleine, intime Haus liegt in der ruhigen Villengegend und hat ein ausgezeichnetes Preis-Leistungs-Verhältnis. DZ 40 US-$.

Posada Don Carlos 6: Calle Boyacá s/n, Tel. 02 85/632 60 17, saonatravel@gmx.de; 14 Zimmer. Martin und Yourlenis Haars haben hier ein Kolonialhaus mit den typischen großen und hohen Zimmern in eine angenehme und preiswerte Posada umgewandelt. Bei dieser Architektur mit 2 Patios kommt man im heißen Ciudad Bolívar auch ohne Klimaanlage aus. Gelungener Traveller-Treff mit einer originellen Bar-Bibliothek. DZ 20 US-$. Die Besitzer führen mit Saonatravel auch ihr eigenes Reisebüro.

🍴 **Parilla Alfonso** 8: Av. Maracay, Tel. 02 85/632 20 34; tgl. ab 17 Uhr. Ist immer noch *der* Tipp: empfehlenswertes Grillrestaurant mit Garten. Gerichte für 15 US-$.

Mezza Luna 9: neben dem Hotel Laja City, Tel. 02 85/632 05 24; tgl. 11.30–23 Uhr. Wer zur Abwechslung einmal richtig gut italienisch essen möchte, ist hier richtig: Hier schmeckt die Pizza für 7 US-$ ausgesprochen lecker. Restaurants im Hafenmarkt **Mercado de la Zapaora** am östlichen Ende des Paseo Orinoco; Plastiktischdecken und, wenn überhaupt, verbogenes Besteck, aber dafür mit Sicherheit die frischesten Fische!

🛍 Wer nicht die Zeit hat, nach El Callao zu fahren, kann sich hier einmal nach Goldschmuck umschauen. Er ist sicherlich preiswerter als in den Großstädten. Die Geschäfte findet man am **Paseo Orinoco** und in den Seitensträßchen.

Vom Boot direkt an den Käufer: Frischer kann man den Fisch nicht bekommen

Ciudad Bolívar bildet den Ausgangspunkt für Exkursionen nach Canaima und in die Gran Sabana. Im Flughafengebäude gibt es mehrere lokale Veranstalter. Gekkotours vermitteln kleine Maschinen nach Canaima. Touren nach Canaima, in die Gran Sabana, an den Río Caura, auf dem Orinoco und in die Parks von Guayana veranstalten auch die Betreiber der Posada Angostura und der Casa Grande, **Cacao Travel Group,** Tel. 02 12/977 12 34, www.cacaotravel.com, sowie **Gekkotours,** Tel. 02 85/632 23 32, www.gekkotours-venezuela.com. Für Touren nach Canaima: **Tiuna Tours,** im Flughafen, Tel. 02 85/632 86 86, Fax 632 86 97. Ihre Spezialität ist eine dreitägige Bootsreise zum Fuß des Salto Angel, Übernachtung in Hängematten. Büro auf der Isla de Margarita, Tel. 02 95/262 93 06.

Der **Flughafen Ciudad Bolívar** liegt etwa 2 km südöstlich vom Zentrum; tgl. Flüge nach Caracas und Maturín. Verschiedene Charter für Flüge mit kleinen Maschinen nach Canaima.

Busbahnhof: 2 km südlich des Stadtzentrums, Av. Sucre/Av. República; häufige (Nacht-)Verbindungen nach Caracas; Verbindungen nach Barcelona, Puerto La Cruz, Santa Elena de Uairén, Puerto Ayacucho, Paragua und Ciudad Piar.

Ciudad Guayana: Die Stadt vom Reißbrett

Reiseatlas: S. 15, B 2, **Karte:** S. 245
121 km Autobahn verbinden Ciudad Bolívar mit **Ciudad Guayana** 1 am Zusammenfluss von Orinoco und Río Caroní. Der rasante Aufstieg von Ciudad Guayana, das die Landeshauptstadt als ökonomische Größe längst überflügelt hat, spiegelt die jüngere Wirtschaftsgeschichte Venezuelas wider. Ein Plan hat es zusammengefügt, denn eigentlich besteht es aus zwei verschiedenen Städten, San Félix und Puerto Ordaz. San Félix war ein schlichtes Goldgräberstädtchen, arm und verwahrlost, Startpunkt der Maultierpfade für die Versorgung der Goldminen bei El Callao

auf dem Boden des ursprünglichen Santo Tomás de la Guayana. Bis 1950 zählte es nicht mehr als 4000 Seelen. Puerto Ordaz hingegen ist eine Gründung der Orinoco Mining Company, einer Tochtergesellschaft der United Steel Corporation, als Werkssiedlung für die Arbeiter in den Eisenerzvorkommen bei El Pao und am Erzberg Cerro Bolívar. Es entstand 1950: modern, großzügig, mit breiten, im Schachbrettmuster angelegten Straßen.

Der beabsichtigte Zwei-Klassen-Effekt blieb nicht aus. San Félix konzipierten Stadtplaner beim Neuaufbau 1960 als Arbeiterstadt und Auffangbecken für mittellose Zuwanderer und schrieben so seinen proletarischen Charakter weiter fort, Puerto Ordaz sollte mit Grünzonen zwischen weitläufigen Wohnsiedlungen die Ansprüche einer Gesellschaft, die sich aus höheren Angestellten und Ingenieuren zusammensetzte, befriedigen.

Noch heute fühlt sich niemand der auf 800 000 Einwohner angewachsenen Stadt als Bürger einer einzigen Ciudad Guayana. San Félix ist die Welt der kleinen Leute mit verdreckten Straßen und einem unsicheren Busbahnhof, Puerto Ordaz hingegen verfügt über einen lebhaften Flughafen, elegante, baumbestandene Avenidas, schicke eisgekühlte Apartmenthäuser und ebensolche Einkaufsparadiese sowie eine Alltagsorganisation wie in den Vereinigten Staaten. Der Triumph des kleinen Mannes liegt jedoch in der Avenida Castellito in San Félix: Alles, was man im teureren Puerto Ordaz nicht findet, gibt es dort in den Ladenhöhlen und heruntergekommenen Großmärkten auf einer Avenida, der die Bäume fehlen, dafür aber gewiss nicht die Stimmung einer Ausfallstraße ins Nirgendwo.

Die Parks

Größter Anziehungspunkt von Puerto Ordaz sind zweifellos seine gepflegten Parkanlagen am Río Caroní. Der **Parque Cachamay** an der Avenida Guayana schließt die Stadt praktisch östlich zum Fluss ab. Er wurde auf einer Siedlung der Cachamay-Indianer angelegt. Neben schattigen Spazier- und Joggingwegen und kleinen Ausflugsrestaurants enthält er den Botanischen Garten **Parque Loefling**

mit einem nahezu unberührten, für den Ufersaum des Caroní typischen Galeriewald. Seinen Namen verdankt er dem schwedischen Botaniker Peter Loefling, der im Jahr 1754 als erster Europäer die Flora Venezuelas erforschte. Zwei Aussichtspunkte hat man gegenüber den imposanten Stromschnellen und Wasserfällen des Caroní eingerichtet, der genau wie der Orinoco mit rundgewaschenen, schwarzen Steinen (lajas) angefüllt ist (tgl. 5–17 Uhr). Und mittendrin: Das Hotel InterContinental in unschlagbar attraktiver Lage, denn es liegt genau am Wasserfall.

Am gegenüberliegenden Ufer des Caroní lagert der wunderbare **Parque La Llovizna** mit seinem eigenen Wasserfall, der derart dichte Tröpfchen sprüht, dass man ihn Regenschauer getauft hat. Mindestens eine Dreiviertelstunde, besser jedoch zwei Stunden sollte man sich für die Erkundung dieses Parks Zeit lassen, es ist Entspannung pur.

Lehrreiches gleich am Eingang an der Plaza de Agua: das **Ecomuseo del Caroní** am Macagua-Staudamm ist in die Tiefe gebaut, zeigt präspanische Exponate, die während des Baus am Staudamm gefunden wurden, und enthält großzügige Räumlichkeiten für Wechselausstellungen. Die Konstruktion des Staudamms wird ebenfalls dokumentiert (Plaza de Agua, Av. Leopoldo Sucre Figarella, Tel. 02 86/960 44 64, Eintritt frei).

Café con leche beschreibt in Ciudad Guayana nicht (nur) den üblichen Milchkaffee, sondern vor allem ein Naturphänomen: den Zusammenfluss nämlich von Orinoco und Caroní. Die braunen Fluten des Ersteren mischen sich nicht gleich mit den hellen Wassern des Caroní. So sieht es aus, als würde ein überdimensionales Lineal die beiden schäumenden Wasserfarben fein säuberlich voneinander trennen.

Ausflüge von Ciudad Guayana

Der großzügig gestaltete **Parque Fundación** an der Stadtgrenze auf dem Weg zur Ruta Nacional 10, der Strecke hinunter in die Gran

Sabana, thematisiert die wirtschaftliche Grundlage des reichen Estado Bolívar: Bodenschätze und Wasserkraft, Eisen, Bauxit, Elektrizität, Gold, Aluminium (Av. José Gumilla/Centurión, San Félix, Di–So 6–21 Uhr, Eintritt frei).

Castillos de Guayana La Vieja

Als ein Wahrzeichen der Stadt gelten die restaurierten **Castillos de Guayana la Vieja** 2 40 km nordöstlich von San Félix, welche die Spanier zum Schutz gegen niederländische Piratenüberfälle 1678 erbauten. Zu erreichen sind sie über die Av. Manuel Piar in San Félix in Richtung Upata. In Ciudad Guayana werden Halbtagesausflüge angeboten oder man fragt einen Por-Puesto-Fahrer im Busbahnhof von San Félix.

Die beiden Festungen thronen über einer der engsten Stellen des Orinoco; der **Castillo de San Francisco de Asís** erhebt sich an der Stelle eines ehemaligen Franziskanerkonvents auf einem Felsen und umfasst eine kleine Stadtanlage. Der **Castillo de San Diego de Alcalá** entstand 1747 oberhalb auf einem Hügel (Di–So 9–17 Uhr).

Guri-Stausee

Wasser sorgt für einen Reichtum, der auf das gesamte Land abstrahlt: Der mächtige Guri-Stausee, mit einer Fläche von 4250 km^2 der zweitgrößte der Welt, versorgt halb Venezuela mit Energie und hat sich wegen seines Fischreichtums auch als beliebtes Anglerziel etabliert. Der Damm staut seit 1978 die Wasser des mächtigen Caroní auf.

Besonders eindrucksvoll zeigt sich der mächtige **Guri-Stausee** 3 des Caroní vom Flugzeug aus: Wie sich die metallen schimmernden Wasserbänder in dem riesigen Wasserbecken versammeln, ist ein wahrhaft bemerkenswerter Anblick. Ohne die Meisterleistung dieser hydroelektrischen Anlage stünde sämtliche Schwerindustrie in Ciudad Guayana still, ja bliebe halb Venezuela ohne Strom. Zum Zeitpunkt ihres Erweiterungsbaus 1990 war die Anlage die größte der Welt – ein wahres Technikwunder.

Stammen aus der Zeit, als es noch Flusspiraterie gab: die Castillos de Guayana

Ciudad Bolívar und Ciudad Guayana

Auch wenn man sich nicht für alle technischen Einzelheiten interessiert, ist der Besuch allein schon wegen der grandiosen Aussichten ein Gewinn. Einen schönen Überblick über den See liefert der Mirador am **Raúl-Leoni-Staudamm**. Von San Félix verkehren Por Puestos zum Guri-Stausee; zum *Centro de Visitantes* der EDELCA nimmt man sich am besten von dort aus ein Taxi. Die EDELCA veranstaltet täglich jeweils vormittags kostenlose Führungen (EDELCA, Calle Garuachi/Aro, Alta Vista Sur, Tel. 02 86/960 33 10, asuntospublicos@edelca.com.ve, www.edelca.com.ve).

Hotel InterContinental Guayana: Parque Punta Vista, Av. Guayana, Tel. 02 86/713 10 00, www.intercontinental.com; 184 Zimmer. Die Lage ist unschlagbar: Vom Zimmerbalkon sieht man den Wasserfall im Parque La Llovizna. Alles sehr nobel, die Zimmer sind allerdings nicht sehr groß. Fitnesscenter, Spa, Ladengalerie und Poollandschaft. DZ 300 US-$.

Roraima Inn: Carrera La Paragua s/n, Tel. 02 86/920 05 11, www.roraimainn.com; 125 Zimmer. Von außen kühler weißer Marmor, von innen abgedunkelt und fast schon anheimelnd. Ein klassisches Hotel mit eleganten Zimmern, Pool, Spa, Fitnessraum. DZ ca. 160 US-$.

Hotel Rasil: Centro Cívico, Tel. 02 86/920 16 12, www.reservaciones@hotelrasilpzo.com; 88 Zimmer. Ein bisschen plüschig ausgestattete Zimmer; Pool. DZ 80 US-$.

Hotel Tepuy: Carrera Upata, Ed. Arichuna, Tel. 02 86/717 37 50; 50 Zimmer. Nüchternes, funktionales Haus ohne Schnickschnack in zentraler Lage. DZ 60 US-$.

La Casa del Lobo: Villa Africana, Calle Zambia 2, Manzana 39, Tel. 02 86/961 62 86; 8 Zimmer. Bei Wolf Löffler herrscht eine Atmosphäre wie zu Hause: Entree, Küche, kleiner Garten und im ersten Stock eine geräumige, luftige Terrasse mit Bar für alle Gäste. Saubere, kühle, funktionale Zimmer mit Schränken und recht geräumigen Bädern, Internet gratis, Touren unter zuverlässiger Leitung. DZ 15–20 US-$.

El Bigote del Abuelo: Av. Las Américas, Tel. 02 86/922 81 31; tgl.11.30–24 Uhr. Cesar's Salad und ausgezeichnete Steaks in rustikal gepflegtem Ambiente. Gleich nebenan gibt es das etwas preiswertere Freiluftrestaurant. Grillteller 15 US-$.

Tasca Jai-Alai: Av. Las Américas, Ed. Amazonas, Tel. 02 86/717 30 72; Mo–Sa 11–15 und 18–23 Uhr. Tasca im spanischen Stil mit Restaurant, in dem man spanische Spezialitäten bekommt. *Paella* für zwei ca. 20 US-$.

El Churrasco: Carrera Upata, Ed. Morimar, Tel. 02 86/922 59 39; tgl. ab 11.30 Uhr. Hier bietet sich eine gute Adresse für Fleischliebhaber, die im teuren Puerto Ordaz nach einer günstigen Option zum richtig Sattessen suchen. Das Steak gibt es für 10 US-$.

Club Náutico Caroní: Castellito, Tel. 02 86/924 05 35. Liegt herrlich am Flussufer mit Blick auf die Brücke über den Caroní und serviert Berge voller *parila mar y tierra*, gegrillte Meeresfrüchte und Fleisch. Gut auch für einen Drink. Ca. 12 US-$.

Ivarkarima Expediciones: Villa Alianza, Calle Toronto 43, Tel. 02 86/923 17 50, Fax 718 00 20, ivarka@telcel.net.ve. Ivarkarima veranstaltet verschiedene Touren in die Gran Sabana, aber plant auch zuverlässig und mit äußerst kompetenten Führern individuelle Programme nach Maß.

Der **Flughafen Puerto Ordaz** liegt am westlichen Stadtrand (Ciudad Guayana taucht in den Flugplänen nicht auf, sondern nur Puerto Ordaz). Flüge nach Barcelona, Canaima, Caracas, Charallave, Maracaibo, Maturín, Porlamar und Valencia.

Busbahnhof in San Félix, Av. Gumilla, 1 km südlich vom Zentrum; **Por Puestos** nach Ciudad Bolívar, Caracas, Carúpano, Maracay, Valencia, Tucupita und Upata; **Busse** außerdem nach Boa Vista (Brasilien) über Santa Elena de Uairén, Guasipati und Tumeremo.

Autovermietung: Im Flughafen gibt es verschiedene Anbieter.

Autofähre – Chalana verkehrt zwischen San Félix und Los Barrancos über den Orinoco. Pendelverkehr; Ticket ca. 50 Cents.

In das Goldgräberland und die Gran Sabana

Wir sind im El Dorado, im mythischen und auch im echten. Der Gottkönig, an dem sich ungezählte Konquistadorenfantasien erhitzten, wurde in diesen geheimnisvollen Dschungeln vermutet; und Gold und Diamanten gibt es hier tatsächlich. Kostbar kann man auch die uralte Landschaft nennen: einzigartige Tafelberge, umringt von sanfter Savanne mit Bändern aus Palmenhainen.

Das Land der Legenden

Zuerst kamen die Konquistadoren, später dann jene Männer, die den Ruf von Gold- und Diamantenvorkommen in der Gran Sabana und in Canaima verbreiten sollten: die Glücksritter und Vagabunden. »Ein wundersamer Spieltisch war Guayana, auf den ein großartiger Zufall die Würfel warf und an dem alle kühnen Männer spielen wollten«, schreibt Rómulo Gallegos. Mit Reichtum beschenkt wurden die Goldsucher indes nicht immer und wenn, dann gaben sie es auch gerne mit vollen Händen wieder aus. Reich wurden indes stets Plantagenbesitzer, die als gelernte Kapitalisten den Kautschuk aus den Gummibäumen pressen ließen und ihre Arbeiterheere mit unerträglichen Bedingungen knebelten.

Schätze, wohin man blickt: Die aus erdgeschichtlicher Vorzeit, als Afrika und Südamerika noch den Großkontinent Gondwana bildeten, stammenden 2000 Tafelberge sind Göttersitze, welche die indianische Bevölkerung aus Ehrfurcht nicht zu besteigen wagte. Ihr Alter begründet den Reichtum an Gold und Diamanten; auch unter der Erde von Schwarzafrika lagern entsprechende Minen.

Hier befindet sich der höchste Wasserfall der Welt. Hier gibt es Orchideen, die nirgendwo sonst auf der Erde zu finden sind, kleine Städte, die so neu sind wie die Missionen, die erst in den 1930er-Jahren in das Land der drei Pemonesverbände eindrangen:

Das älteste Stück Erde der Welt ist noch nicht ganz dieser Welt einverleibt und das macht sie so unwiderstehlich und abenteuerlich.

Straße durch den Dschungel

Eine junge Straße durchschneidet diese urtümliche Natur. Ist man aus den Dschungeln entlassen, in denen die Sägewerke kreischen und der *pajaro minero* mit seinem Schrei die Goldsucher anlockt, entrollt sich eine riesige Savanne, bebändert mit Streifen aus *moriche*-Hainen und beherrscht von den mythischen *tepuis*, den Tafelbergen.

Die am Weg von Ciudad Guayana hinunter in den äußersten Südosten des Landes nach Santa Elena de Uairén liegenden Städtchen gehen allesamt auf Kapuzinergründungen zurück. Die recht unscheinbare Sägewerkstadt **Upata** 4 , nach 56 km erreicht, datiert aus dem 18. Jh., hat aber keine architektonischen Bilder ihrer Gründung erhalten können, als Missionare gemeinsam mit Einwanderern von den Kanarischen Inseln die Region zu besiedeln begannen. Sie verwandelten sie in fruchtbare Ackerfläche und kultivierten Kaffee, Indigo, Reis, Tabak, Kakao und Baumwolle; die Böden eigneten sich auch gut für die Rinderzucht. Upata bildete rasch den wirtschaftlichen Mittelpunkt der umliegenden, schnell heranwachsenden Mis-

Richtig Reisen-Tipp: An der Straße schlemmen

An den Straßenrändern gibt es das Maniokbrot *casabe* (s. S. 278) zu kaufen. Sein leicht säuerliches Aroma und sägespäneartige Konsistenz mag nicht jedermann munden, aber zu Käse aus Guayana passt es sehr gut. Der wird passenderweise gleich mit angeboten. Nach dem sanften *queso guayanés* und dem seidenweichen, saftigen *telita* steht man in Caracas Schlange – nirgendwo gibt es ihn frischer und aromatischer als an den Wegrändern bei Upata.

Ebenfalls ein Tipp für Durchreisende: Die reiche Viehregion, die auch für die gute Milch verantwortlich ist, versteht sich als Ausläufer der legendären Llanos und die Essgewohnheiten ähneln sich in der Tat. Entlang der Straße wird man Ausflugslokale finden, die Fleisch in hoher Qualität anbieten, vorausgesetzt allerdings, man mag und verträgt es rustikal und kann auf eine Klimaanlage verzichten. Die Frage nach der Speisekarte erübrigt sich meistens, denn es gibt ausschließlich gegrilltes Fleisch und das allerdings pfundweise. Venezolaner bestellen mindestens ein halbes Kilo für zwei Personen, dazu werden meistens Karotten-Kraut-Salat, scharfe Avocadosauce und *casabe* auf einem Holzbrett angerichtet.

sionsstationen am Caroní; hier wurden die Waren umgeschlagen. Seinen Status als Landwirtschaftszentrum hat es beibehalten: Heute versorgt Upata den halben Bundesstaat und seine prosperierenden Erdölstädte mit Obst und Gemüse. Zweites wirtschaftliches Standbein der Stadt ist Holz aus Brasilien, das hier zu Brettern verarbeitet wird und später in die Möbelindustrie von Maracay und Valencia wandert.

Die Ruta Nacional 10, El Troncal (Stamm), zerschneidet in einer schnurgeraden Linie die flach gewellte Landschaft und die Aussicht dehnt sich bis zum Horizont. In **Guasipati** **5** sind die Minenarbeiter aus El Callao eingezogen und haben es reich und glücklich gemacht und das schon vor einem Jahrhundert. Guasipati bedeutet schönes Land und erwies sich zunächst als kapuzinischer Flop, weil im Gegensatz zu Upata die Erde äußerst unfruchtbar war. Die reichen Goldminen 18 km südöstlich katapultierten Guasipati allerdings schnell mitten in die Neuzeit. So wohlhabend wurde es, dass es sich früher als Caracas, nämlich bereits 1857, mit einer glitzernden Nachtbeleuchtung aus elektrischen Glühlampen schmücken konnte. Und die war nicht den Goldgewinnern vorbehalten, sondern für die Allgemeinheit auf den Straßen gedacht. Auch das mittlerweile recht schläfrig gewordene Guasipati vermag nicht mit Baudenkmälern zu entzücken, aber insgesamt erweckt die Stadt einen ordentlichen, soliden und recht hübschen Eindruck.

El Callao, die Goldstadt

Goldgelb blühende Araguaneybäume begleiten die Straßenbrücke über den Río Yuruari hinüber zu der in der Mitte des 19. Jh. reichsten Goldminenstadt der Welt, **El Callao** **6**. In Hamburg, New York, Paris und London hatten damals Untersuchungen des Guayanaquarzes rekordverdächtige Resultate erbracht. In den Bergen jenseits des Ozeans konzentrierten sich 50 Unzen Gold pro Tonne Gestein; das bisher erzielte Maximalergebnis lag bei 4 Unzen pro Tonne. Und dann kam der Paukenschlag: Im Jahr 1849, zeitgleich mit dem kalifornischen Goldrausch, brach das Goldfieber in Venezuela aus. Angezogen fühlten sich hauptsächlich Schwarze aus den britischen Kolonien Trinidad, Guyana und von den Karibischen Inseln.

Sie haben El Callao in ein schwarzes Städtchen mit dem lebenslustigsten Karneval von ganz Venezuela verwandelt. Schließlich ist der Karneval von Trinidad weltberühmt und der von El Callao versucht sich als getreue Kopie davon. In den engen, von bunt bemalten Steinhäuschen mit Zinkdächern gerahmten Gassen ist dann derart die von Kalypsorhythmen lautstark umrahmte Hölle los, dass die Stadtautoritäten ein Regelwerk für den Ablauf zusammengestellt haben: Besonders beliebt ist das Anmalen und Nassspritzen der Teilnehmer; das wird aber ausschließlich zwischen zwei Uhr nachts und acht Uhr morgens toleriert und darf nicht die treffen, die sich in kunstvolle Masken und Kostüme gehüllt haben.

El Callao ist sicherlich nicht die schönste Perle Venezuelas, aber dennoch angenehm und mit einer hübschen und lebhaften Plaza versehen. Am Flussufer ist ein ruhiger Park entstanden. Im Reigen der noch kommenden Mineroortschaften der Gran Sabana wirkt es geradezu wie ein Idyll.

Sehenswert sind die Goldminen außerhalb der 20 000-Einwohner-Stadt und das Minero-Museum. Die staatliche Gesellschaft Minerven unterhält die **Mina Colombia**, die tiefste Goldmine Venezuelas, deren Galerien bis zu 500 m in die Erde reichen. Minerven ist es auch, die Schürfrechte an *mineros* vergibt. Auf den 120 m² Land, das sie vom Staat pachten, können sie jedes Erdkorn untersuchen, das Gold gehört ihnen. Der Staat versucht damit, den Illegalen das Wasser abzugraben, was aber kaum gelingt. Die Mina Colombia kann besucht werden, am besten mit einem Tourenveranstalter, z. B. Ivarkarima (Minerven, Zona Industrial Caratal, Tel. 02 88/762 07 10, www.cvgminerven.com).

Auch in Venezuela gibt es ein Goldmuseum, das **Museo de Oro de Venezuela**, und welcher Platz wäre dafür geeigneter als El Callao? Nur darf man sich von ihm nicht die spektulären Schätze eines Museums von Bogotá in Kolumbien oder Lima in Peru erwarten; hier dreht sich alles um die Arbeit und die Geschichte der venezolanischen Goldminenarbeit (Campamento Minero El Perú, Tel. 02 88/762 03 30, Mo–Fr 8–14.30 Uhr, Eintritt frei, Spende erwünscht).

Außerhalb von El Callao liegen weitere Minen und Goldmühlen; einige davon haben sich zu einer Asociación zusammenge-

Mit der Autorin unterwegs

Einkaufen gehen in El Callao
Die Brieftasche festzuhalten wäre sträflich, denn nirgendwo sonst in Venezuela ist Goldschmuck so preiswert zu haben wie in diesem aufgeräumten **Goldgräberstädtchen** mit Tradition. Das Gramm wird zu etwa 35 US-\$ gehandelt! Eine Halskette für etwa 120 US-\$ wäre in jedem anderen Land ein Vielfaches wert (s. S. 242 f.).

Tafelberge wirklich sehen
Das geht am besten in den Monaten Januar und Februar während der Trockenzeit. Ansonsten verhindert die starke Nebelbildung oft eine klare Sicht. Von besonderem Reiz ist die **Fahrt von San Rafael de Kamoiran bis hinunter nach Santa Elena de Uairén** im weichen Nachmittagslicht (s. S. 247 ff.).

Flug von Santa Elena de Uairén nach Ciudad Bolívar
Mit ein wenig Glück findet man Platz in der sechssitzigen Cessna. Eine festgelegte Reiseroute gibt es nicht, fest steht lediglich, dass man in Santa Elena startet und in Ciudad Bolívar ankommt. Bei einem Direktflug dauert das etwa zwei, bei Stopps vier Stunden. In der wegelosen Gran Sabana ist das Kleinflugzeug ein wichtiges Verkehrsmittel. Und zwischen den Tafelbergen auf etwa 1000 m Höhe herumzusausen ist schlicht unglaublich. Und je häufiger die Zwischenlandungen sind, desto aufregender ist ein solcher Flug natürlich (s. S. 257).

schlossen und kämpfen gegen den schlechten Ruf, der den Minenarbeitern und ihren umweltschädigenden Abbaumethoden anhaftet wie Pech dem Schwefel. Heutzutage, behaupten sie, wird kein Quecksilber mehr zur Metallscheide benutzt, lediglich Wasser, und man gräbt auch nur 40 bis 50 m tief.

 Hotel El Arte Dorado: Calle Roscio, Tel. 02 88/762 05 35; 22 Zimmer. Sauberes, einfaches Haus mit funktionalen Zimmern und ebensolchen Bädern; liegt nicht gerade ruhig. DZ ca. 30 US-$.

🛍 Eine Empfehlung ist bei den rund 30 Juweliergeschäften im Städtchen nicht unbedingt einfach. Die Schmuckdesigner von El Callao sind vielleicht nicht die originellsten der Welt, aber es gibt solide, ordentliche Ware zu wirklich niedrigen Preisen. Wer länger bleibt, kann sich ein Stück nach eigenen Vorstellungen anfertigen lassen.

El Dorado

Wieder zurück über den Río Yuruarí, teilt sich die Straße nach weiteren 110 km zwischen Wänden aus tropischer Dschungelvegetation, durch Farne und Bromelien. Eine kleine Stichstraße führt in das 7 km entfernte **El Dorado** 7 . Man möchte, seiner angesichtig, das Hohe- und ein Hohnlied gleichzeitig darauf anstimmen: Der Menschheitstraum El Dorado, das goldene Land, hat eine wirklich schäbige Heimstatt gefunden. Das Gold wird hier längst nicht mehr im großen Stil abgebaut, die Minen sind erschöpft, nur aus den schlammigen Urwaldflüssen Yuruán und Cuyuní lässt sich noch etwas holen. Dementsprechend desillusioniert, aber auch grell herausgeputzt wirkt das Dörfchen, wirken die Menschen.

Ganz in seiner Nähe wurde eines der Gefängnisse für Venezuelas Schwerverbrecher errichtet. Vergewaltigung und Raubmord gehören zu den üblichen Vergehen in **Las Colonias**, der Gefängnisinsel, umgeben von Flüssen voller Zitteraale, die eine Flucht zum tödlichen Risiko werden lassen. Henri Charrière, der Autor von »Papillon«, war einige Monate in Las Claritas inhaftiert, und für den, der sich für diesen makabren Ausflug interessiert, ist es unter Umständen möglich, diese Zelle zu besichtigen. Beim Anblick wird man allerdings kaum von Gruselschauern überrieselt: Es ist eine saubere, kleine Zelle mit vergittertem Fenster und einem Gemeinschaftsraum für zwei weitere Häftlinge.

🛏 **El Encanto Cuyuní:** liegt kurz vor der Abzweigung nach El Dorado an der Carretera, der Weg ist ausgeschildert, Tel. 02 88/808 38 45, elencantocuyuni@gmail.com. Direkt am Ufer des Cuyuní liegt das Anwesen von Bruno und Vanessa Reichlin. Bungalowanlage in einem großen Gartenpark mit gemütlichem Restaurant und Bar in einer großen *churuata*. Man kann hier auch seine Hängematte aufhängen. Vom Garten aus sieht man die Brücke, die Gustave Eiffel gebaut hat. DZ-*cabaña* ca. 35 US-$.

Las Claritas

Hastig gerodete Flecken, billige Holzhütten mit altersfeuchter Patina, durchbrechen die grünen Pflanzenwände auf dem Weg hinunter nach Las Claritas. El Dorado markiert den Kilometer 0, hier fängt man wieder von vorne an zu zählen, was symbolisch durchaus verständlich erscheint. **Las Claritas** 8 liegt 85 km südlich: ein tatsächlich recht klägliches Dienstleistungsörtchen für die Arbeiter in den Goldminen und -flüssen. Wie ein Gebilde von einem anderen Stern liegt das ordentliche Camp des Tourveranstalters Anaconda genau in seiner Mitte, umgeben von einem grellen Kranz aus *licorerías* (Schnapsläden), *rumbas* (Tanz- und Vergnügungsbars), Einkaufszentren aus Brettern und bunten *comedores* (einfachen Speiserestaurants). An den Straßenböschungen kauern meist *mineros* und warten auf eine Mitfahrgelegenheit.

🛏 **Campamento Anaconda:** rechts von der Hauptstraße, km 85, Tel. 04 14/391 68 44, 04 16/490 29 86 (Mobiltelefon); 13 Bungalows, umgeben von einem gepflegten Garten. Diese Anlage kommt einem in dem unaufgeräumten Las Claritas vor wie eine Quäkersiedlung, gut ausgestattet und ansprechend eingerichtet. Hat außerdem eine hübsche Bar und ein gutes Restaurant in einem Extrahaus. Am besten reserviert man vorher, aber wenn eine *cabaña* frei ist, wird sie auch gerne an den Einzelreisenden vermietet. Freundliche Aufnahme. DZ 40 US-$.

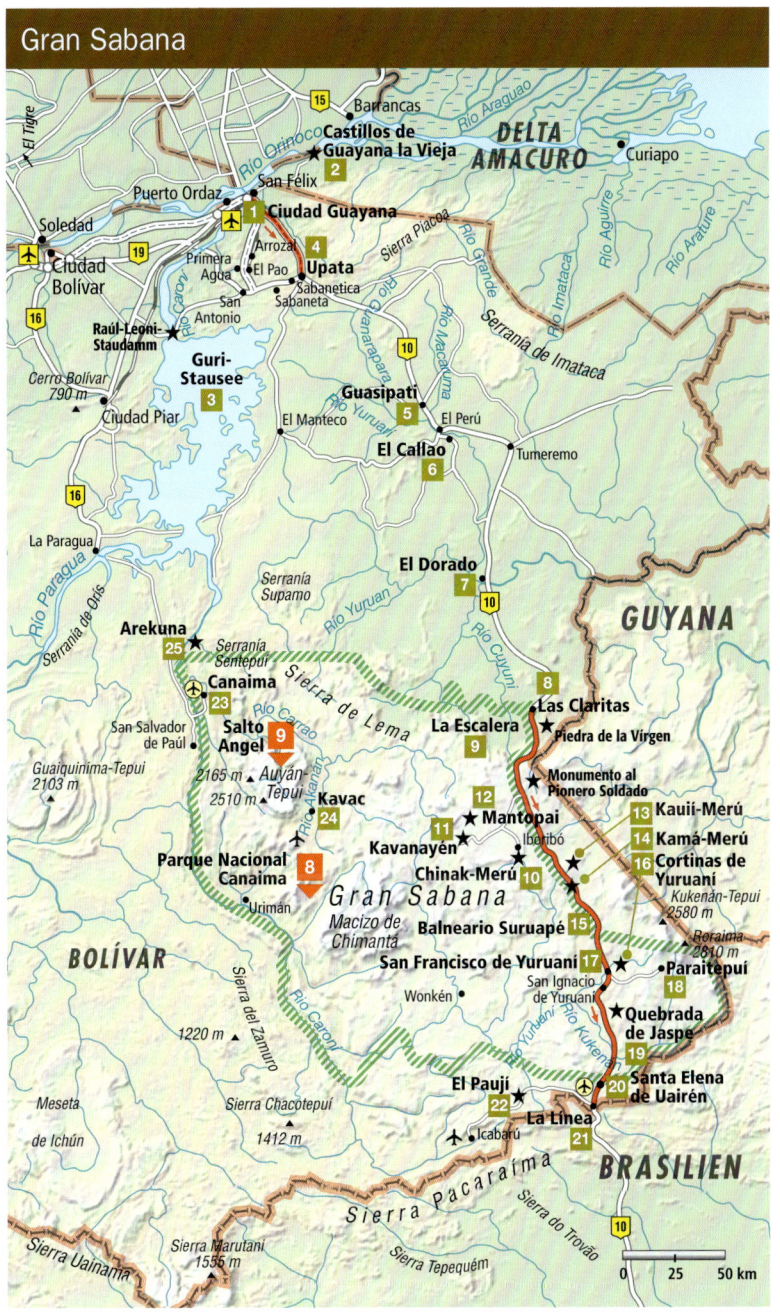

Gran Sabana

El Tigre

Río Orinoco

15 Barrancas

Castillos de Guayana la Vieja 2

San Félix

Río Araguao

DELTA AMACURO

Curiapo

Puerto Ordaz

1 **Ciudad Guayana** 4

Soledad

19 Primera
Agua El Pao **Upata**
San Sabanetica
Antonio Sabaneta

Arrozal

Sierra Piacoa

Río Grande

Río Aguirre

Río Arature

16 **Ciudad Bolívar**

Raúl-Leoni-Staudamm ★

Cerro Bolívar 790 m ▲

Guri-Stausee 3

Ciudad Piar ▲

Río Guanaparo

Río Macurina

Serranía de Imataca

10

Guasipati 5

El Manteco El Perú

El Callao 6

Tumeremo

16

La Paragua

Río Paragua

Serranía de Orís

Serranía Supamo

El Dorado 7

Río Yuruan

10

GUYANA

Arekuna 25 ★

Serranía Sentépui

Sierra de Lema

Canaima 23 ✈

San Salvador de Paúl

Salto Angel 9

Guaiquinima-Tepui 2103 m ▲

2165 m
Auyán-Tepui
2510 m

Kavac 24

Río Carrao

Río Akanan

Parque Nacional Canaima 8

Uriman

Gran Sabana

Macizo de Chimantá

La Escalera 9

8 **Las Claritas**
Piedra de la Virgen ★

Monumento al Pionero Soldado ★

12 **Mantopai** ★

11 ★ **Kavanayén**

Iboribó

13 **Kauii-Merú**

14 **Kamá-Merú**

16 **Cortinas de Yuruaní**

Chinak-Merú 10

Balneario Suruapé

15

San Francisco de Yuruaní 17

San Ignacio de Yuruaní

★ **Quebrada de Jaspe**

BOLÍVAR

Sierra del Zamuro

1220 m

Wonkén

Río Caroní

Río Yuruaní

Río Kukenán

Kukenán-Tepui 2580 m

Roraima 2810 m ▲

Paraitepui ★ 18

19

20 **Santa Elena de Uairén** ✈

El Pauji 22 ★

La Línea 21

Meseta de Ichún

Sierra Chacotepuí 1412 m

Icabarú ★ ✈

BRASILIEN

Sierra Pacaraíma

Sierra do Trováo

10

Sierra Uainama

Sierra Marutani 1555 m

Sierra Tepequém

0 25 50 km

Goldgräber in der Gran Sabana, dem Dorado Venezuelas

Busse nach Ciudad Bolívar, Santa Elena de Uairén (2 x tgl.) und Ciudad Guayana (tgl.)

Die Minen von Santo Domingo

Kurz vor dem Ort Las Claritas zweigt links eine unbefestigte Straße nach Santo Domingo und zu den Goldminen ab, die nach etwa 7 km erreicht sind. Davor erstreckt sich die Zone für unabhängig arbeitende *mineros*. Das Gold ruht hier in einem Bett aus Quarz und Kaolin, einem feinen, hellen Ton. Die *minero*-Faustregel lautet: Etwa 10 kg Kaolin enthalten ein Gramm Gold. Wo das Gold verborgen liegt, so glaubt und hofft man, enthüllen die durchdringenden Schreie des *pájaro minero,* des Minenvogels; sein »pi-pi-yó« ist der Lockruf der Minenarbeiter.

Die Reinigung des Goldes ist elend, eine gesundheits- und umweltschädliche Arbeit. Sämtliche Gold- und Diamantensucher, staatlich und privat, werden zwar durch ein Gesetz zur Beseitigung der Schäden und zur Wiederaufforstung verpflichtet. Doch eine Spur von Zerstörung durchzieht die Wälder. Die Goldquarze werden aus Gruben geborgen, die mit wackeligen Gerüsten aus Holzlatten abgestützt sind. Sämtliche Vorrichtungen wie Gerüste oder Flaschenzüge wirken improvisiert und ärmlich. Der zu Pulver gemahlene Quarz kommt in große Wasserbecken. Minenarbeiter stehen mit aufgekrempelten Hosenbeinen darin und vermischen in einer Schale das Pulver mit Wasser. Das dauert dann schier endlos. Auf jeden Fall sollte man diese Minen unbedingt nur in kundiger Begleitung besuchen!

Das Kaolin übrigens, das in ihrer Sprache *tava* heißt, weiße Erde, benutzten die indianischen Pemones, um ihre Körper damit für den Kolibritanz zu bemalen. Der Kolibri ist in den Palmen und Farnen der Gran Sabana heimisch.

8 ▼ Parque Nacional Canaima

Pflanzenpolster überwuchern die Straßenränder hinauf zur **Escalera** 9 . Dort, am Sockel des Rema-Tepui, beginnt die Sierra de Lema. Auf einer Strecke von 43 km schwingt sich die Straße von 180 auf 1400 m in die Höhe. Die Steilabbrüche in diesem Abschnitt überwanden die Pemones früher mithilfe von geländerlosen Brücken aus Lianen und Binsen, die schwingenden, schwankenden Leitern glichen. Daher rührt die spanische Bezeichnung *escalera*, Leiter, für diesen Streckenabschnitt. Gleichzeitig tritt man in die Gran Sabana und in den Parque Nacional Canaima ein, den wohl berühmtesten Nationalpark Venezuelas.

Bei der Haarnadelkurve an der **Piedra de la Virgen**, gleich hinter der Escalera, hält jeder venezolanische Wagen. Auf der glatten Felsfläche des sogenannten Jungfrauensteins in der Kurvenrundung erscheint eine helle Färbung, die aus verschiedenen Winkeln aus betrachtet die Silhouette einer verschleierten Frau vorspiegelt. Der Name hat aber auch eine weitere Bedeutung, denn dieser Stein widerstand bei den Straßenbauarbeiten hinunter nach Santa Elena de Uairén sämtlichen Sprengversuchen, auch denen eines extra herbeigerufenen japanischen Spezialistenteams: Er blieb unbeschädigt. Für die Venezolaner konnte das nicht mit rechten Dingen zugegangen sein und folglich sprechen sie der Umgebung des Felsens besondere magische Vibrationen zu. Das Wasser des sprudelnden Quells gleich darunter erfreut sich, mit weiteren Essenzen versetzt, in spiritistischen Geschäften großer Beliebtheit als Liebeselixier. Ohne Essenzen eignet es sich für jedermann zum Trinken, es ist frisch und klar und die Venezolaner füllen sich die Wasserflaschen damit.

Wunderschön teilt sich die dichte, urwaldartige Landschaft der Sierra de Lema nach 7 km und lässt rechter Hand das Panorama der Gran Sabana durchschimmern; Weite Fluren, Streifen aus *moriche*-Palmen und

> **Steinerne Ahnen**
> Die 30 000 km² große Gran Sabana ist gleichsam die geologische Wiege des Landes: Sie formte sich vor über 300 Mio. Jahren. 2000 *tepuis* (Tafelberge) ragen aus den Savannen der Gran Sabana und des Estado Amazonas empor.

schwarze Felsen zerteilen einen Dschungel, wie es ihn auch im Bundesstaat Amazonas gibt. Im fernen Dunst glaubt man die Silhouetten der Tafelberge schimmern zu sehen.

Die Straße der Pioniere

Nachdem nun schon 136 km seit El Dorado auf der Ruta Nacional 10 absolviert sind, ist es Zeit, ihrer Erbauer zu gedenken. Die uralte Erde wird nämlich durchschnitten von einer verhältnismäßig jungen Straße, deren Geburtsdatum auf den 20. Februar 1973 fällt. Von El Dorado und von Santa Elena de Uairén ausgehend, arbeiteten sich Absolventen von militärischen Ingenieurschulen gleichzeitig hinauf und hinunter durch den Nebelwald und die Grünflächen der Gran Sabana. Das **Monumento al Pionero Soldado**, das auf einer freien Fläche mit schönem Panoramablick auf die Umgebung errichtet wurde, erinnert an diese Leistung.

Die gut ausgebaute Straße mit den rustikalen Holzschildern, die eigens für den Nationalpark angefertigt worden sind, durchmisst weite, vom Wind ondulierte Grassavannen, rote Erde und Maniokpflanzungen, *moriche*-Palmenwälder und von Flüssen durchzogenes Weideland. Sie prägen das Bild der Gran Sabana, aus der sich die gewaltigen Silhouetten der Tafelberge eindrucksvoll emporheben. Diese Strecke hinunter nach Santa Elena de Uairén gehört zu den schönsten des Landes, wenn die Wetterverhältnisse nicht den Blick trüben, denn von manchen Punkten aus erheben sich die *tepuis* aufgereiht wie Berg gewordene Schlösser hintereinander in den Himmel.

247

In das Goldgräberland und die Gran Sabana

Das Land gehört den Pemones

Das Land gehört dem Staat, so wie ihm auch die Bodenschätze, alle Flüsse und Wasserreservoirs gehören, und nur Pemones dürfen im Parque Nacional Canaima wirtschaften, als Führer und Träger arbeiten, die Badeanstalten versorgen und Restaurants betreiben. Die Grenzen bilden die Sierra de Lema im Norden und der Río Kukenan im Süden, etwa 15 km vor Santa Elena den Uairén.

Die Pemones zählen etwa 23 000 Mitglieder. Ihnen wird ein Sonderstatus zugebilligt und sie akzeptieren die weiße Gesetzgebung nur unter Vorbehalt, was wiederum Ressentiments bei der weißen Bevölkerung hervorruft. Die Pemongesellschaften der Kamara-

Einen wahrhaft verzaubernden Anblick bietet der Tafelberg Roraima

coto, Arekuna und Taurepanes führen große Teile ihrer Löhne an die *comunidad* ab. Diese lebt also direkt von den Tourismuseinnahmen, sagen die Venezolaner. Doch die *caciques* setzten sich nicht für ihre *comunidades* ein, verwendeten das erwirtschaftete Geld nicht für Investitionen in das Dorfbild. Außerdem, so ein oft gehörter Vorwurf, seien sie vom Feuer besessen und fackelten zu Taufen, Totenfeierlichkeiten und weiteren Festen die Wälder ab. In diesem Vorwurf spiegelt sich lediglich Unkenntnis, denn die Erde in der Gran Sabana ist aufgrund ihres beträchtlichen Alters nicht mehr so nährstoffreich wie die der erdgeschichtlich jungen Anden. Nur eine dünne Humusschicht bedeckt den von

In das Goldgräberland und die Gran Sabana

Felsen und Sand durchsetzten Untergrund und so versuchen die Pemones, die Felder durch Brandrodung einigermaßen fruchtbar zu machen.

Zum Wasserfall Chinak-Merú

Auf einer teilweise abenteuerlich zu fahrenden Abzweigung gelangt man zu dem außergewöhnlich hohen Wasserfall des Apongwao, **Chinak-Merú** 🔟, zum Missionsstädtchen **Kavanayén** und in das Indianercamp **Mantopai**. Davor liegt **San Rafael de Kamoiran** mit einer gepflegten Posada im Garten oberhalb des Flusses und einem für die Gegend typischen Restaurant und einer Snackbar. Wichtig: Hier befinden sich eine Tankstelle und ein öffentliches Telefon, was insofern von Bedeutung ist, als man sonst nur wenige Möglichkeiten hat, telefonisch erreichbar zu sein. Hier z. B. haben auch Mobiltelefone wieder Empfang.

Die Abzweigung bei Luepa ist bis zum Airstrip der Militärstation Luepa asphaltiert, danach windet sie sich durch den Nationalpark und erfordert Unerschrockenheit, Gelassenheit und einen Vierradantrieb. Oftmals muss man sich seine eigene Spur suchen, weil die bereits befahrenen zu glitschig geworden sind. Die Holzschilder weisen einigermaßen zuverlässig den Weg in die einsame Wildnis.

Auf dem Weg zum Wasserfall wird ein Pinienwäldchen passiert, das von einem agrarischen Forschungsprojekt mit dem Ziel angelegt wurde, herauszufinden, welche landwirtschaftlichen Nutzungsmöglichkeiten, die nicht den indianischen Traditionen entsprechen, der Boden der Gran Sabana zulassen würde. Das Ergebnis war niederschmetternd: kaum eine, die dessen Teilnehmer in Erwägung gezogen hatten. Die einzige Pflanze, die gedieh, war die Ananas. Eigens ausgesätes Elefantengras sollte als Viehfutter dienen, doch die Tiere erkrankten und mussten geschlachtet werden.

In der Pemongemeinde Iboribó wird der Besuch des Wasserfalls organisiert, die Gruppen aufeinander abgestimmt. Ein lokaler Führer begleitet zum Chinak-Merú. Zunächst wird der Apongwao mit dem Boot

überquert, dann gelangt man schließlich zu einer sandigen Ebene, in der die fleischfressende Pflanze Brocchinie und die scharfkantige *espada de Bolívar* wachsen. Im Hintergrund ruht der lang gestreckte Felsen des Schlafenden Indio, des Tepui Sororopan, der aus bestimmten Blickwinkeln tatsächlich an einen liegenden Menschen erinnert und unter dem die Pemones das Lager Mantopai aufgebaut haben.

Der imposante Chinak-Merú rauscht fotogen etwa 120 m über Farne, Moose, Lianen und schwarze Felsen in die Tiefe. Ein schmaler, mit einem Geländer ausgestatteter Pfad führt hinunter zum Auffangbecken. Der Weg lohnt sich und ist nicht schwierig, Baden ist wegen der starken Strömungen allerdings strengstens verboten. Das kann man dafür sehr idyllisch im **Pozo del Amor**, einem natürlichen tiefen Schwimmbecken mitten im Wald und mit eigenem Miniwasserfall, zu dem man vom unteren Staubecken des Chinak-Merú geleitet wird. Oben am Ausgangspunkt werden in einem aus der Chinakliane geflochtenen Pavillon Getränke und indianisches Kunstgewerbe angeboten; außerdem gibt es zwei Restaurants, in denen man sich bei Bedarf vor dem Besuch des Wasserfalls zum Essen anmeldet. Nach der Rückkehr steht die Mahlzeit dann auf dem Tisch.

Kavanayén

Weiter in Richtung **Kavanayén** 1️⃣1️⃣ (vom Airstrip aus etwa 63 km) wird die Fahrt meist zum regelrechten Abenteuer. Der Untergrund gibt nach, die Spurrillen sind ausgewaschen und so schlidderig, dass sich der in der Region kundige Autofahrer oft neue Wege suchen muss.

Im Jahr 1951 entstand die Missionssiedlung der Kapuziner Kavanayén. Die Gran Sabana bis hinunter nach Santa Elena, in dem sich 1931 die Franziskaner niederließen, war praktisch bis zur Fertigstellung der Pionierstraße 1973 reines Indianergebiet. Lediglich einige Viehzüchter hatten sich dort niedergelassen.

300 getaufte Pemones leben jetzt in Kavanayén. Im Gegensatz zu den indianischen,

aus Pflanzenfasern und -stämmen gebauten, kreisrunden oder ovalen *churuatas* sind die Häuser aus Steinen und Zement gebaut, die Straßen wirken wie mit dem Lineal gezogen. Es gibt neben einem Sportplatz gut ausgestattete Lebensmittelgeschäfte, eine Schreinerei und drei Schulen mitsamt einer landwirtschaftlichen Fachschule. Im Missionsgebäude sind Werkstätten untergebracht und man kann dort auch übernachten. Hier befindet sich das einzige Telefon des Ortes. Und sein Ruf hallt weit! Was immer in der Umgebung gebraucht wird: Medizin, Fleisch, Seile, Glühbirnen – in Kavanayén lässt sich das alles auftreiben. Das Städtchen liegt umgeben von Diamantenfeldern, die die Indios aber nicht maschinell ausbeuten.

Mantopai

Die kurze Strecke nach **Mantopai** `12` führt über roten, ockerfarbigen, grauen und violettfarbenen Sandstein und durch das Flussbett des Sororopan. Dafür ist mindestens eine Stunde einzukalkulieren, denn die Fahrt stellt hohe Ansprüche.

Das Pemoncamp liegt direkt am Fluss – ein richtiges Idyll. Mantopai, in der Sprache der Pemon Haus aus Stein, besteht aus den groben Steinen der Umgebung. Es eignet sich hervorragend als Standort für Wanderungen durch den Saisonregenwald am Fuß des Schlafenden Indio. Unter Baumkuppeln haben die Pemones ihre *conucos* mit Tomaten, Yucca, Ananas und Bananen bepflanzt und bearbeiten sie gemeinschaftlich. Man lernt wasserspeichernde Lianen kennen, deren Flüssigkeit man trinken kann, und die nützliche Regel, dass ein von Termiten gefällter Baum keineswegs als Katastrophe betrachtet wird, denn er bringt neuen Humus. Der Sororopan bildet ein wenig weiter nördlich eine natürliche Wasserrutsche, einen *tobogán*, und von dort aus erreicht man ein buntes Orchideenwäldchen mit einer Vegetation, wie sie teilweise auch auf dem Roraima anzutreffen ist: kleine und große violettfarbene, leuchtend orangefarbige sowie gelbe Sterne, dazu ein ganzes Sammelsurium an fleischfressenden Pflanzen.

Die Route der Wasserfälle

Zurück auf der Hauptstraße in Richtung Santa Elena, schmücken Kaskaden und Wasserfälle die Route. Von einem Sturzbach wird zu Recht behauptet, er mache der Quebrada de Jaspe (s. S. 252) Konkurrenz. Nur 100 m vom Straßenrand entfernt, nach einem kleinen Fußmarsch von fünf Minuten durch dichten Wald, sprudelt das Wasser des **Kauii-Merú** `13` über ein Bett aus dunkelrotem Stein, der an Jaspis erinnert. Er fließt über mehrere Stufen und bildet einige Badebuchten mit leichten Einstiegen an sandigen Stränden.

Bei km 200 gebührt einem weiteren attraktiven Wasserfall die volle Aufmerksamkeit, dem **Kamá-Merú** `14`. Ein Wasservorhang segelt in perfektem, ungebrochenem Schwall 55 m in die Tiefe. Und weil dieser Ort so schön ist, ist er auch sprudelnder Quell von Legenden und Mythen. Die Arekuna-Göttin der Musik und der Berge, Zonda-Tiká, hatte sich den Kamá-Merú zum Geburtsort gewählt; früher wurden ihr zu Ehren fantasievolle Tanzfeste gefeiert. Allerdings herrscht hier auch Rató, der Todesgott in Gestalt einer Riesenkrake, die die *curiaras* der Indios kentern lässt und sich der Körper der Unglücklichen bemächtigt.

Der Wasserfall teilt die Hoheitsgebiete zweier Pemongruppierungen. Im Norden siedeln die Arekuna, im Süden die Taurepanes. Der Platz ist mit zwei Restaurants, deren Besitzerinnen auch kleine Bootsausflüge mit *curiaras* anbieten, einem Kunstgewerbemarkt, indianischen Palmenhäusern und Picknickplätzen für Touristen ausgestattet.

Campamento Kamá: Anlage aus zwei flachen Gebäudetrakten mit einfach ausgestatteten Zimmern mit Bädern oberhalb des Wasserfalls und einem sehr geräumigen Restaurant. Zuvorkommender und freundlicher Service. Zimmer ca. 30 US-$.
Rápidos de Kamoiran, Tel. 02 89/808 15 05; 28 Zimmer. Blitzsaubere, bequeme Zimmer, allerdings nur kaltes Wasser, Platz für Zelte. DZ ca. 25–45 US-$.

In das Goldgräberland und die Gran Sabana

Baden im Urwald

Eine Badeanlage in der Gran Sabana entspricht sicherlich nicht den mitteleuropäischen Vorstellungen von einer Badeanlage. Das am 244 km erreichte **Balneario Suruapé 15** ist ein urweltlicher Ort. Wassergeschliffene, flache Steine formen Becken, die von hellen, kleinen Sandstränden gesäumt werden. Bei niedrigem Wasserstand schliddert man über die *lajas*, um zum nächsten Becken zu gelangen; zum Schwimmen ist es allerdings nicht überall tief genug. Ein Restaurant, ein Kunstgewerbestand und *churuatas* für die Hängematte bilden die touristische Infrastruktur.

Die zahlreichen Flüsse der Gran Sabana entspringen auf den Gipfelflächen der *tepuis*, so auch der Río Yuruaní. Auch er sprudelt über ein Bett aus Jaspis. Von der Ruta Nacional 10 aus lässt sich bequem ein hübscher Wasserfall beobachten, die **Cortinas de Yuruaní 16**, und davor spannt sich eine der malerischsten Eisenbrückenkonstruktionen der Gran Sabana über den wild schäumenden Fluss. Ein ganz besonderes Spektakel bietet ein Spaziergang hinter dem reichen Wasservorhang der *cortinas*. Doch dafür sollte man unbedingt die geeignete Kleidung tragen; bewährt haben sich Wandersocken mit rutschfester Sohle, denn mit ihnen findet man beim Überqueren des Flusses besser sicheren Halt an dem glatten Steinuntergrund. Aber auch nur aus der Distanz betrachtet ist dieser Wasserfall wegen seiner Wassermassen ein unvergleichliches Ereignis.

Das auf 890 m Höhe gelegene **San Francisco de Yuruaní 17** gilt als das bestorganisierte indianische Dorf der gesamten Gran Sabana. Neben den *churuatas* überwiegen die durch das Regierungsprogramm für besonders arme Regionen finanzierten Indafe-Häuser und auf den Speisekarten der drei einfachen Restaurants findet man neben dem gesottenen Wurm der *moriche*-Palme und dem Maniokbier *kachirí* auch Cordon bleu und Kamillentee. Sollte es daran liegen, dass die Taurepanes hier nicht an Zonda-Tiká, sondern an den christlichen Gott glauben und Adventisten sind?

Die Kunsthandwerker von San Francisco de Yuruaní können sich freuen: Eine ganze Galerie von einladenden Verkaufsständen begleitet die Durchgangsstraße und verführt zum Zwischenstopp.

Von dort führt eine Abzweigung in östliche Richtung nach **Paraitepuí 18**, den Ausgangspunkt für die Besteigungen des Roraima-Tafelbergs. Er liegt bereits auf recht kühlen 2000 m und das steile Gelände wird für Viehzucht genutzt. Kleine *conucos* mit Maniok und Bananen klammern sich an die Hänge. Bei feuchtem Wetter ist diese brückenlose, von wasserführenden *quebradas* (Bruch) zerschnittene unbefestigte Straße nur mit Allradantrieb zu bewältigen.

Die indianische Gemeinde vermittelt einen eher tristen Eindruck, doch für die Rückkehrer des Roraima-Trekkings sieht es vermutlich eher aus wie die Komfortzivilisation an sich. Zwei große Steinhäuser nehmen die Bergsteiger auf, die Pemonbehausungen wirken eher vernachlässigt.

Zurück auf der Hauptstraße, folgt **San Ignacio de Yuruaní**. Seine Bevölkerung stammt aus British Guyana und wurde aus politischen Gründen dort ausgewiesen. Die damalige Regierung unter Rafael Caldera siedelte die Familien 1969 in San Ignacio an.

Quebrada de Jaspe

Weiter in Richtung Santa Elena kommt man zu einem unbestrittenen Höhepunkt der Reise, der **Quebrada de Jaspe 19**, bei km 273 etwa 500 m nordöstlich der Hauptstraße zu finden. Die Abzweigung ist gut ausgeschildert. Sie ist ein Naturwunder, eine geologische Besonderheit. Der aus Silizium, Eisenerz und Vulkanasche gebildete Jaspis verläuft normalerweise in subterranen Adern; hier tritt er an die Oberfläche und wird von den Wassern der *quebrada* überspült. Metalloxide verleihen ihm die rote Farbe, die Nässe lässt ihn kostbar glänzen. Für die Pemones ist der Jaspis ein heiliger Stein, der Stein des Feuers, Kakó-Parú. Wenn die Sonne um die Mittagszeit ihre Strahlen durch das dichte

Blattwerk des Urwaldes auf die *quebrada* schickt, funkelt die Jaspisader wirklich in einem leuchtenden Feuerrot. Fast überflüssig zu erwähnen: Es ist streng verboten, sich an dem Jaspis zu bedienen und Stücke herauszulösen.

Ein ganz anderes Spektakel bietet **Agua Fría**, nach weiteren 5 km erreicht. In den Falten eines lang gestreckten Hügels verbergen sich fünf Wasserfälle, Jaspisadern, *lajas*, dichte Wälder und die Quebrada de Jaspe II oder Puerta del Cielo, die Himmelspforte. In einem malerischen Becken aus weißem Jaspis sammelt sich dort das Wasser des **Uakuy-Merú,** der über einen steilen Hang aus rotem Jaspis hinunterstürzt. Diese Gegend sollte man mit einem Führer erkunden, da die landschaftlichen Schönheiten schwer aufzufinden sind, wenn man den Weg durch die teilweise dichten Wäldchen nicht kennt.

15 km vor Santa Elena de Uairén endet der Parque Nacional Canaima an der Brücke über den Río Kukenan, der auf dem Kukenán-Tepui entspringt.

Santa Elena de Uairén

Das 1925 von Lucas Fernández Peña gegründete **Santa Elena de Uairén** 20 am Endpunkt der 1973 fertiggestellten Pionierstraße mausert sich seit einigen Jahren zu einem touristischen Knotenpunkt. Das hat es zwar nicht unbedingt schöner, aber allemal umtriebiger und größer gemacht. Die Nähe der Grenze (15 km) nutzen die Brasilianer zu ausgiebigen Einkäufen, denn im eigenen Land sind Benzin, Turnschuhe, Lederwaren und Modeartikel wesentlich teurer, mit dem Ergebnis, dass die Hauptstraßen von Santa Elena (30 000 Einw.) Warenlagern gleichen und sich stets lange Schlangen vor den Tankstellen bilden.

Doch bevor der Tourismus die Gran Sabana entdeckt hatte, konzentrierten sich in Santa Elena die Diamanten- und Goldsucher. Man sagt heute, sie seien die unsichtbaren Bewohner, denn montags bis freitags arbeiten sie in den Minen, um am Wochenende die billigen Hotels und Vergnügungsstätten aufzusuchen. Etwa 20 000 sollen es sein und ihre Bedürfnisse prägen das Stadtbild neben den vielen Warenlagern, *licorerías* und Internetcafés: Nicht jedes Hotel, das sich so nennt, ist auch tatsächlich eines.

Das Städtchen hat sich überdies zum Ziel für Pioniertouristen entwickelt und die entsprechende touristische Infrastruktur folgte auf dem Fuße. Santa Elena vibriert heute förmlich davon, denn jeder ausländische Gast hat irgendetwas vor: entweder eine Roraimabesteigung oder eine Jeeptour oder eine Wanderung zum Chivaton und er braucht Taschenlampen, das Zweithandtuch, Schlafmatte und Gummistiefel. Und eine gute Organisation. Seine Nähe zu Brasilien verschafft ihm zusätzliche Attraktivität: In zwei Tagen kann man mit dem Bus bereits in Manaus sein. Man braucht es kaum zu erwähnen: Einfach nur abhängen gilt nicht. Die Panadería in der Calle Bolívar und das Café Goldfieber, die Terrassen der Posadas und Hotels gleichen Informationsbörsen.

Sehens- und erlebenswert ist die Stimmung von Santa Elena, dem Grenzposten inmitten der Gran Sabana und an der Grenze zum brasilianischen Amazonastiefland, auf jeden Fall. Als architektonische Attraktion kann sich allerdings nur die prunkvolle **Missionsstation** am Rande der Stadt in der Calle Manakru behaupten, die Franziskaner 1931 erbauen ließen: Aus robusten, braunroten Steinquadern errichtet, mächtig und gotisch inspiriert, liefert sie ein Gegenkonzept zur ungezähmten Natur ihrer Umgebung.

Santa Elena werden, wie könnte es auch anders sein in dieser uralten Erde, besondere kosmische Schwingungen nachgesagt, was Sekten und Esoteriker veranlasste, hier ihre Zelte aufzuschlagen.

Hotel Eco Inn Anaconda: in Richtung La Línea, Tel. 02 89/995 14 59, reservas@ecoinnsantaelenadeuairen.com. Mit 57 Zimmern die neueste Adresse in Santa Elena, doch sie ist leider nicht so ein schönes Camp wie in Las Claritas und auch kein Eco Inn (ökologisches Camp) geworden, sondern ein

Kostbar schön: die Quebrada de Jaspe

In das Goldgräberland und die Gran Sabana

orangerotes Hotel der 4-Sterne-Kategorie, das eigentlich auch überhaupt nicht in die Gegend passt, aber natürlich allen Komfort bietet, den man als geplagter Städter zu schätzen weiß: bequeme, freundlich eingerichtete Zimmer, Pool, mehrere Restaurants. DZ 90 US-$.

Hotel Gran Sabana: auf dem Weg nach La Línea, Tel. 02 89/995 18 10, www.hotelgransabana.com; 58 Zimmer. Dieses Hotel könnte in jeder x-beliebigen Großstadt stehen und spricht demnach wohl v. a. Leute an, die der Dschungelromantik überdrüssig sind oder sie sowieso nicht mögen. Alles ist sehr geräumig angelegt; die Zimmer sind leicht plüschig möbliert. Großer Pool und mehrere Restaurants. DZ ca. 80 US-$.

Campamento Ya-Koo: Lomas de Piedra Kanaima, Tel. 02 89/995 17 42, Fax 995 13 32, www.ya-koo.com. 14 Zimmer sind in schönen, im dezenten Safaristil gehaltenen, geräumigen *churuatas* untergebracht; große Bäder, gepflegter Garten mit mehreren Terrassen, zwei attraktive Swimmingpools, gutes Essen. Sehr freundlicher und hilfsbereiter Service. Die Besitzer Xiomara und Manfred Frischeisen organisieren den Transport zu ihrem Campamento, das etwas oberhalb von Santa Elena liegt; sie organisieren auch Touren oder sind bei der Tourenplanung behilflich. Übernachtung, Frühstück und Abendessen für 2 Personen 80 US-$.

Hotel Michelle: Calle Urdaneta, Tel. 02 89/995 14 15; 10 Zimmer. Beliebter Travellertreff mit freiem Internetzugang für die Gäste und einem richtig guten und kommunikativen Restaurant mit eigener Terrasse, dem Goldfieber. Die Zimmer sind sehr groß und funktional eingerichtet, ebensolche Bäder. Gutes Preis-Leistungs-Verhältnis für 20 US-$.

Hotel Augusta: Av. Bolívar, Centro Comercial Augusta, Tel. 02 89/995 16 54; 15 Zimmer. Dieses saubere Etagenhotel liegt direkt im Zentrum und ist ausgesprochen einladend gestaltet. DZ ca. 15 US-$ pro Person.

Campamento Banana's: Colinas de la Laguna, Vía Parque Venezuela Heroíca (ausgeschildert), Tel./Fax 02 89/995 15 11, 04 14/886 10 73 (Mobiltelefon); 20 Zimmer. Liegt ein wenig außerhalb in Richtung Flughafen, umgeben von einem gepflegten tropischen Garten. Die Zimmer sind einfach, aber funktional und wirklich nett eingerichtet. Zwei geräumige, Schatten spendende *churuatas* dienen hier gleich mehreren Funktionen: Treffpunkt für die Gäste, Bar, Restaurant und Café. Mit guter Küche und kommunikativer Atmosphäre. DZ ca. 35 US-$.

Posada Los Pinos: Urbanización Akurima, Sector Los Pinos, Tel. 02 89/995 15 24, 0414/886 72 27 (Mobiltelefon), www.backpackertours.com; 19 Zimmer. Diese gemütliche und ganz neue Posada besteht aus verschiedenen Trakten, die um einen Garten mit Swimmingpool angelegt sind. Die originell gestalteten und sorgfältig ausgestatteten Zimmer haben unterschiedlichen Zuschnitt. Pro Person 15–20 US-$ mit Halbpension.

Nueva Opçao: Plaza Bolívar, Tel. 02 89/995 10 13; tgl. 11.30–15 und ab 18 Uhr. Hier gibt es brasilianische Küche, so viel man will: Salate, Hühnchen, Reis, Fleisch. Das Ganze hat zwar Kantinencharme, dennoch nett, freundlich und preiswert: Gerichte ca. 10 US-$.

La Estancia: Av. Gran Mariscal; tgl. ab 18 Uhr. In diesem gemütlichen Restaurant gibt es hauptsächlich Steaks und Salat.

Café Goldrausch: Calle Urdaneta, Tel. 02 89/995 15 62. Ein gut besuchtes Etablissement ab 7 Uhr morgens bis gegen 23 Uhr. Frühstück, Säfte, hausgemachtes Essen, Sandwiches. Freundliche lebhafte Stimmung.

Panadería La Tremenda: Calle Bolívar; hat zwei kleine Tischchen vor dem Verkaufsraum und ist als Informationsbörse für Traveller sehr beliebt; guter Kaffee und *empanadas*.

In Santa Elena findet man mittlerweile eine Reihe von Reiseveranstaltern, die Trekkingtouren auf die »Mutter allen Wassers«, den 2810 m hohen Roraima, organisieren. Auf seiner Tafelplatte entspringen die drei Flüsse, deren Verläufe die Ländergrenzen zu Guyana und Brasilien bestimmen. 5 bis 7 Tage nimmt eine solche Tour in Anspruch und ein Spaziergang ist sie wahrlich nicht. Doch was man dort sieht, kann man nirgendwo sonst auf der Welt sehen, denn in der Abgeschiedenheit der uralten Gipfelplatten zwischen den erodierten Klüften und Überhängen des dunklen Granits konnte eine besondere Flora und Fauna überleben. Wie frisch gefallene Schneekristalle wirken ganze Felder aus leuchtendem Quarzgestein. Wer sich diese kleinen Naturwunder anschauen möchte, sollte freilich über eine gute Kondition verfügen.

Empfehlenswerte Organisation bei **Backpacker Tours**, Calle Urdaneta 167, Tel. 02 89/ 416 06 02, www.backpacker-tours.com. Zu den weiteren Tourzielen gehören Mantopai, die Wasserfälle der Gran Sabana und Chirikayen. Es wird Deutsch, Englisch, Französisch und Italienisch gesprochen.

Kamadec Travel: Calle Urdaneta, Tel. 02 89/ 995 14 08, www.abenteuer-venezuela.de. Expeditionen und Extremtouren. Roraima-Besteigung.

Mount Roraima: Av. Principal Cielo Azul, Quinta Walkirias, Tel. 02 89/995 18 26. Gehören zu den Roraima-Pionieren. Auf Wunsch auch individuelle Fahrten durch die Gran Sabana.

Der **Flughafen** liegt außerhalb auf der Strecke nach La Línea. Die kleinen Maschinen der Linie Rutaca fliegen nur, wenn sechs Passagiere buchen und das Wetter es erlaubt. Sie fliegen täglich zwischen 10 und 11 Uhr ab. Auskünfte erteilen die Reisebüros.

Busbahnhof im Nordosten des Zentrums; tgl. mehrmals Busse nach Ciudad Bolívar, Ciudad Guayana und Caracas.

Kleinbusse und **Por Puestos** nach San Francisco und El Pauji. Sie halten an der Panadería Gran Café.

Ausflug nach La Línea

Das brasilianische Grenzörtchen **La Línea** 21 ist von Santa Elena de Uairén weiter in Richtung Süden in einer Viertelstunde erreicht. Die Hauptattraktion dieses Ausflugs dürfte weniger mit dem Örtchen selbst zu tun haben, sondern eher mit der Idee, in Brasilien gewesen zu sein und nun den Stempel im Pass zu haben. Halbedelsteine werden überall angeboten und das Bier schmeckt auch anders. Die meisten Touristen schießen auch ein Foto an dem pompösen Grenzübergang.

Nach El Pauji

Am Flughafen vorbei führt eine Straße in das Niemandsland der Minencamps und nach **El Pauji** 22 sowie Icabarú nahe der Grenze zu Brasilien. Die Strecke ist etwas für Abenteuerlustige, denn einfach zu fahren ist sie nicht. Über Jahrzehnte hinweg wanderten die für die Ausbesserung der Verbindung bereitgestellten Gelder ganz offensichtlich in die falschen Taschen, denn Versprechungen und Pläne für den Ausbau existierten immer wieder. Nur geschehen war nichts oder zumindest nicht viel.

Mittlerweile ist die Fahrbahn bis El Pauji gut, danach dafür umso schlechter. Das liegt natürlich auch daran, was und vor allem für wen etwas erschlossen werden sollte. Nur wenige Familien siedeln im Umkreis und die Diamantenschürfer, die in den Wäldern überall zu finden sind, haben keine politische Lobby, die ihre Interessen stützen könnte. Für sie wollte der Staat keine so kostspielige Straße ausbauen lassen. *Mineros* genießen in Venezuela keinen guten Ruf, im Gegenteil: Sie haben das Recht des Stärkeren in diesen Landstrich eingeführt. Geldgierige Flintenweiber und illegal eingewanderte, drogensüchtige Brasilianer bevölkern am häufigsten die Geschichten, die man sich von den Minenarbeitern erzählt.

Die Regierung von Hugo Chávez versucht in jüngster Zeit, dieser Situation Herr zu werden, aber offenbar nicht mit den geeigneten Mitteln, denn sie will die *mineros* vertreiben und sie in staatlich kontrollierten Minen einsetzen, was den an gänzliche Unabhängigkeit gewöhnten Diamantenschürfern selbstverständlich nicht gefällt.

Der kleine, weit über verschiedene Hügel verstreute Flecken **El Pauji** konnte sich we-

In das Goldgräberland und die Gran Sabana

Besuch bei den Goldschürfern

Die Camps der *mineros* kann man mit ihrem Einverständnis gegen ein kleines Trinkgeld besuchen. Am besten befragt man vorher seine Wirte in El Paují oder auch in Santa Elena, ob eine solche Organisation möglich und empfehlenswert ist, denn einfach so unangemeldet und auf eigene Faust hineinspazieren wird nicht gerne gesehen.

Aber wer hinein darf, erhält auch eine kleine Führung: In blank gerodeten Flächen sind Erdlöcher gegraben, die unter Wasser gesetzt und leer gepumpt werden. Der Schlamm kommt in feine Siebe und wird ausdauernd geschüttelt. Eine Form der staatlichen Überwachung gibt es nicht, soll aber eingeführt werden. Die Männer arbeiten in *cooperativas* gemeinschaftlich 12 Std. am Tag und bezahlen die Maschinen und den Sprit aus gemeinsamer Tasche. Und so sind die häufigsten Gäste, die diese Strecke befahren, Laster mit teurem Benzin, Maschinenteilen und Lebensmitteln für die Minenarbeiter.

gen der traditionell schlechten Verkehrsanbindung nicht richtig entwickeln. Ob das nun zu seinem Schaden ist, mag man eigentlich nicht behaupten, zumindest als Gast nicht, der hier nur ein paar Tage verbringen will und gerade die idyllische Abgeschiedenheit genießt.

Ende der 1960er-Jahre von einer jungen intellektuellen Schicht aus Caracas gegründet, die zwischen den Tafelbergen ein naturnahes Leben führen wollte, machte es bald Karriere als Sommerfrische, denn in El Paují herrscht ein gesundes Klima. Seitdem unter der Regierung Chávez an der Straße gearbeitet wurde, nimmt der Ausflugstourismus im bescheidenen Maße wieder zu. Wo man früher 11–12 Std. brauchte oder überhaupt nicht ankam, ist das Örtchen heute in 2–3 Std. erreichbar.

Gleich mehrere Camps stehen den Gästen momentan offen. Wer nach El Paují kommt, will vor allem eines: Natur, Ruhe und Wandern. Eine wirklich empfehlenswerte Wanderung führt bis hinauf zum Abismo, von dessen Gipfel aus man seinen Blick über das brasilianische Amazonastiefland schweifen lassen kann.

Weitere Wanderungen führen zu Wasserfällen tief im Dickicht wie etwa **Pozo Esmeralda** mit seinem verführerischen Badebassin oder zu dem Wasserfall, dem man ehrfürchtig den Namen **Catedral** gegeben hat. Für beide Wanderungen ist man am besten mit rutschfesten Wanderschuhen unterwegs, weil die Wege teilweise entlang der Wasserfälle über schlüpfrige Steine hinunterführen oder man Staubecken überquert. Das ist zwar durchaus malerisch, aber auch ein bisschen abenteuerlich.

Posada Maripak: an der Hauptstraße, Tel. 02 89/808 10 33, 04 14/886 71 44 (Mobiltelefon). Der Klassiker von El Paují: Die Besitzerin, Marielly Gil aus Caracas, lebt hier bereits seit Jahrzehnten und ist eine freundliche, hilfsbereite und dazuhin überaus interessante Gastgeberin. Sie vermietet einige Gartenbungalows von einfacher Qualität, aber mit geschmackvoller Einrichtung. Das Restaurant öffnet auch für Nichtposadagäste. Zimmer ca. 35 US-$.

Campamento Cantarana: Tel. 04 15/212 06 62 (Satellitentelefon), www.gran-sabana.info; 8 Zimmer in *cabañas*, Hängematten. Das Camp von Sabine und Alfonso liegt hinter El Paují und ist ein Tipp für alle, die einmal ein paar Tage in seltener Umgebung ausspannen wollen, denn in der Gegend befinden sich viele schöne und interessante Ziele, z. B. der Abismo und Anlagen von *mineros*. Cantaranas Hauptattraktionen sind der hauseigene Wasserfall mit einem schönen Schwimmbecken und der große, attraktive Obstgarten. An Platz herrscht für die Gäste kein Mangel. Gepflegte, gut ausgestattete Zimmer. Gemüse und Obst kommt aus dem eigenen Garten. Mit Vollpension ca. 35–50 US-$ pro Person.

 Por Puestos und Kleinbusse von und nach Santa Elena de Uairén.

Magie pur: Canaima

Der schönste Strand des Landes liegt nicht in der Karibik, er liegt an der Lagune des tanningefärbten Río Carrao, weder besonders breit noch besonders weiß, aber er rauscht von einem Tafelberg hinab wie aus dem Bilderbuch. Dies gibt es sonst nirgendwo auf der Welt! Und ebenso wenig den Salto Angel, die höchste Kaskade überhaupt.

9 Salto Angel

Es war im August 1923 und er war pleite. James Crawford »Jimmy« Angel aus Missouri saß in einer Hotelbar in Panama City und besaß nichts außer seiner viersitzigen Propellermaschine vom Typ Flamingo G2W und schlechten Aussichten, als ihn der folgenreichste Auftrag seines Lebens ereilte. Ein Bergbauingenieur wollte ihn als Piloten anheuern, um einen Goldfluss in Venezuela zu finden, von dem er schon viel gehört hatte. Er bot ihm dafür die damals sagenhafte Summe von 5000 Dollar. »Für so viel Kohle wäre ich sonst wohin geflogen«, sagte Jimmy Angel später, aber damals konnte er ja noch nicht wissen, worauf er sich eingelassen hatte.

Der Abenteurer und Pilot transportierte normalerweise Material und Lebensmittel für Glücksritter, die der sagenhafte Ruf des Goldes verführt hatte, in die tiefsten Dschungel von Südamerika. Insofern war der Auftrag auch nicht ungewöhnlich. Doch der Ingenieur leitete ihn auf eine neue, unbekannte Strecke weiter östlich nach Guayana. Wolkenfetzenverhangene Tafelberge streiften fast die Tragflächen, aber die Besatzung war an materiellen, nicht an landschaftlichen Kostbarkeiten interessiert.

Jimmy Angel und der Ingenieur suchten den Goldfluss. Wie die vom Gold besessenen Konquistadoren beflügelte von da an auch den Piloten ausschließlich die Suche nach dem Dorado. Er hatte sich damals die Kisten mit goldhaltigem Kies vollgepackt und wollte nun immer mehr davon. Doch in dem Gewirr aus tiefen Schluchten, nebelverhüllten Steilflanken und den von der Erosion prägnant schraffierten Granitplateaus hatte er nur mit Mühe die Flamingo wieder zum Starten bringen können. Und in dieser noch so unerforschten Landschaft eine Orientierung zu finden war alles andere als einfach. Zwölf Jahre sollte er noch alleine nach dem Goldfluss suchen, ohne die Hilfe des Ingenieurs entdeckte er ihn nicht.

Schließlich fand er etwas anderes. Bei seinem letzten Versuch im März 1935 blieb die Flamingo in den marschigen Böden des Auyán-Tepui stecken. Zu seinem großen Glück befand sich Jimmy Angel in Begleitung des damals berühmtesten Entdeckungsreisenden Venezuelas, des Biologen Félix Cordona Puig, und der kannte den einzig möglichen Weg hinab vom flachen Gipfel des Tafelberges, weil er ihn für seine botanischen Exkursionen bereits erkundet hatte. Elf Tage brauchte die Gruppe, um die Siedlung Kamarata zu erreichen. Jimmy Angel aber hatte den höchsten Wasserfall der Welt gefunden, der heute seinen Namen trägt: Salto Angel.

Für die Pemones, die in dieser Gegend siedeln, heißt die fast 1000 m vom Gipfel des Auyán-Tepui hinunterstürzende Kaskade Churún-Merú und der Auyán-Tepui, wie alle anderen Tafelberge in ihrem Glauben ein Göttersitz, ist der Berg des Gottes des Übels.

Magie pur: Canaima

Mit der Autorin unterwegs

Besuch im Ucaima Camp des Dschungel-Rudy

Wenn einem die Ehre gebührt, das touristische Potenzial von Canaima entwickelt zu haben, dann dem mittlerweile verstorbenen Holländer **Rudy Truffino**. Im Jahr 1956, also schon 19 Jahre, nachdem der Salto Angel von Jimmy Angel bei einer Bruchlandung überhaupt erst gefunden worden war, ließ er sich hier mit seiner Familie nieder. Seine beiden Töchter führen das Camp des Dschungel-Rudy weiter. Es liegt ein wenig abseits von Canaima und hat einen eigenen Bootsanlegesteg am Carrao. Der Salon ist mit Fotografien vom **Canaima der ersten Stunde** geschmückt und entführt ein wenig in die Geschichte dieses Ortes (s. S. 262).

Nachmittagstee im Garten der Wa Kü Lodge

Die Aufregungen des Tages haben sich gelegt, die Exkursionen sind zu Ende gegangen. Entspannen kann man sich vorzüglich in dem schönen Garten der Wa Kü Lodge genau gegenüber der Laguna Canaima (s. S. 263).

Kinder des Mondes

Die Yanomami nennen die *tepuis* »Kinder des Mondes«. Ihr seltsames Aussehen lässt die indianische Bezeichnung durchaus verständlich erscheinen. Die Tafelberge entstanden vor über 300 Mio. Jahren, als der Großkontinent Gondwana noch Afrika und Südamerika miteinander vereinte. Tafelberge finden sich bis auf Südafrika nirgendwo anders in der Welt. Den Indianern waren sie heilig und so bestiegen sie sie nicht. Die Berge verharrten unberührt von Begegnungen mit der Zivilisation. Auf ihren Gipfeln und in ihren Schluchten lagerten Schätze von bis dahin unbekannter Tier- und Pflanzenwelt und noch immer sind erst 20 % der Flora katalogisiert. Glocken und Becher, Trichter und Rosetten, Vasen und Pflanzen, die aussehen wie kleine geöffnete Fischmäuler, Orchideen, Bromelien und Gewächse, die hundert Jahre brauchen, um etwa 50 cm hoch zu werden, übersäen die Granitfurchen wie regenbogenbunte Sterne. Sie versetzen Forscher in Entzücken, Bergsteiger in ehrfürchtiges Erstaunen. Die Welt der Tafelberge bildet einen eigenen Kosmos und nun ist diese geheimnisvolle Schönheit, auch durch die Entdeckung des Salto Angel, eine der größten Touristenattraktionen des Landes.

Nach einer knappen Flugstunde von Santa Elena landet man in **Canaima** 23, nordwestlich des **Auyán-Tepui**. Unter den Tragflächen entrollt sich, sofern die Wetterverhältnisse dies zulassen (Santa Elena beispielsweise hat ein Minimum von 76,6 % Luftfeuchtigkeit!), eine Landschaft von unvergleichlicher Anmut und Größe. Bis hinauf in die Wolkenpolster ragen die dunklen Silhouetten der Tafelberge aus einem Meer von Grün empor. Gleißende Farbtupfer setzen die Wasserfälle, die von den *tepuis* stürzen. Canaima, die indianische Gottheit des Bösen, hat diesem Landstrich seinen Namen gegeben. Es gibt keine Straße nach Canaima, doch die Abgeschiedenheit erhöht noch den Reiz.

Diese spektakuläre Stelle des Nationalparks Canaima um den Auyán-Tepui herum konzentriert noch einmal richtig die Schönheiten seiner Umgebung: undurchdringliche Waldstücke, die zerzausten Kronen der Morichalpalmen, rote Erde, brausende Flüsse unter *tepuis,* dottergelbe Schmetterlinge und azurblaue Libellen. Unzählige, über Terrassen und Stufen sprudelnde Wasserfälle produzieren einen permanenten Nebel aus Gischt und flirrendem Licht. An diesen anmutigen, gleichsam wilden Bildern kann man sich kaum sattsehen.

Wünsche, dieses Füllhorn an Seltsamkeiten zu erkunden, werden erfüllt, denn viele kleine Reiseveranstalter und ein großer streiten sich bereits auf dem Rollfeld um den Gast. Ob die Wahl zur Qual wird, hängt auch von der Aufenthaltsdauer ab. Geradezu ein Pflichtprogramm besteht aus einem Flug

Nicht von Menschenhand: Salto Angel, die höchste Kaskade der Welt

Magie pur: Canaima

über den **Salto Angel**, den höchsten Wasserfall der Welt, einer Fahrt über die Laguna de Canaima hinüber und einem Dschungelspaziergang unter einem Netzwerk von Lianen an Bromelien und Riesenfarnen vorbei.

Etwas absolut Besonderes verspricht der Spaziergang hinter den reißenden Wasserschleiern des **Salto Sapo**. Der Weg ist gut begehbar in den Felsen gehauen. Ein Seil, an dem man sich entlanghangeln kann, verleiht die nötige Sicherheit. Der aus Peru stammende Canaima-Veteran Tomás Bernal hat diesen Weg vor etwa zwanzig Jahren eigenhändig angelegt und damit einen der Höhepunkte von Canaima geschaffen. Nachdem man ihn absolviert hat, führt ein weiterer Pfad hinauf zum weiten, über viele Terrassen sprudelnden **Salto Sapito,** oberhalb des Salto Sapo gelegen.

Dieses Programm füllt leicht einen Tag, wobei der Flug noch einen weiteren Höhepunkt bildet, denn die kleinen Maschinchen tauchen ein in die tiefen *cañones* des Auyán-Tepui – besonders dramatisch: der **Cañon del Diablo** –, rasen auf nebelverhangene Felswände zu und überstreifen schwarzsteinerne Schriftbilder auf den flachen Gipfelplateaus, die aus den zerklüfteten Granitfelsen emporschimmern. Diesen Flug spektakulär zu nennen wäre fast untertrieben; er ist so fremdartig schön wie ein Besuch auf einem anderen Stern und sicherlich die Krönung jeder Venezuelareise.

Wer ein bisschen länger und noch ein bisschen abenteuerlicher unterwegs sein will, schließt sich einer zweitägigen Bootsexkursion zum Salto Angel an, bei der man auf der **Isla Orquídia** in Hängematten übernachtet. Diese Insel kann man auch während eines Tagesausflugs von Canaima aus besuchen. Die namengebenden Orchideen blühen nur im Mai, also nicht während der Regenzeit zwischen Juni und Dezember, wenn die Bootsausflüge wegen des ausreichenden Wasserstands angeboten werden. Die Gäste reisen in motorbetriebenen *curiadas*. Die Fahrt zwischen den steil aufragenden Felswänden des mächtigen Auyán-Tepui vermittelt, obwohl so prächtig durchorganisiert, das Gefühl, an einer Expedition teilzunehmen. Ein abschließender Fußmarsch führt zum Aussichtspunkt am Fuß des *tepui*.

Am südöstlichen Rand des herzförmigen Tafelbergs liegt **Kavac** `24`, ein steiler Aufsteiger im Tourismusgeschäft. Ein wenig anstrengend und schön ist die Durchwanderung der Kavacschlucht zu den Tabanarempa-Fällen. Mehrtägige Trekkings in die Tafelberglandschaft werden auf Wunsch organisiert. Man kann von Kavac aus auch mit einem Boot bis zum Salto Angel fahren. Zum ersten Mal hat das die US-Amerikanerin Ruth Robertson im November 1949 gewagt.

Mit **Arekuna** `25` ist ein drittes Ziel am Auyán-Tepui entstanden. Dieses malerische Camp liegt am südlichen Rand des Tafelbergs und ist in einem 20-minütigen Flug von Canaima aus erreichbar. Die wasserreichen Ströme der Region bilden die Wege zu den Zielen der Umgebung. Hier werden indianische Siedlungen und Wasserfälle erwandert.

Campamento Ucaima: Buchung in Caracas, Tel. 02 12/693 06 18, in Puerto Ordaz: 02 86/962 23 59, 04 14/868 67 21 (Mobiltelefon), www.junglerudy.com; 14 Zimmer. Man ist in verschiedenen einladenden Bungalows im gepflegten und bewaldeten Gartengelände untergebracht, mit eigenen Terrassen und Hängematten. Organisation einer Vielzahl von Touren, Shuttle zum Flughafen, freundlicher und aufmerksamer Service. Das ganze Camp atmet eine gediegene, häuslich-private Pionieratmosphäre. Nur in verschiedenen Packages und mit Reservierung buchbar. DZ mit Vollpension 212 US-$.
Campamento Canaima: Buchung über Hoturvensa in Caracas, Tel. 02 12/976 05 30, www.hoturvensa.com. Eine Großanlage: 115 Zimmer in traumhafter Lage am Río Hacha vor den Wasserfällen, verteilt auf komfortable Bungalows im Park. Eines der ersten Camps. Es wird kein eigenes Ausflugsprogramm geboten, doch mit Canaima Tours zusammengearbeitet. Der Gast kann selbstverständlich auch bei anderen, preiswerteren Anbietern seine Exkursionen buchen. Nur Vollpension. 190 US-$ pro Person.

Wa Kü Lodge: Tel. in Puerto Ordaz: 02 86/ 961 69 81, 962 55 60, www.canaimatours. com. Diese sehr hübsche Anlage hat 15 gepflegte Zimmer und einen tropischen Garten, der an die Lagune grenzt. Vom Garten aus hat man eine Sicht auf den Salto Hacha, das ist schon spektakulär. Das Restaurant wurde in einer *churuata* untergebracht. Mehrsprachiges Personal. Nur mit vorheriger Reservierung und Packages. 160 US-$ pro Tag.

Campamento Parakaupa: Laguna de Canaima, Tel. 02 86/952 15 29, www.canaima. net; 12 Zimmer. Das rustikale Restaurant steht bei Anmeldung auch Gästen offen, die nicht im Campamento wohnen. Komfortable Zimmer, die im ersten Stock des zweistöckigen Gebäudes geräumiger und schöner sind. Bieten ein interessantes Ausflugsprogramm. DZ 112 US-$.

Campamento Tiuna: Tel. 02 86/962 42 55, 04 14/884 05 02 (Mobiltelefon). Die Betreiber sind spezialisiert auf die Bootstouren hinauf zum Salto Angel (zuverlässig!) und bieten Hängematten in ihrem pieksauberen, loftartigen Holzbau. Freundliche Atmosphäre. Gute Adresse für Sportler. Bei genügend Platz wird auch aufgenommen, wer vorher nicht gebucht hat, aber eine Reservierung ist in jedem Fall zu empfehlen.

Campamento Wey Tü Pü: hinter dem Campamento Canaima, Tel. 02 86/941 54 66, 04 14/884 05 24 (Mobiltelefon); 17 Zimmer. Liegt 15 Min. vom Flughafen entfernt und verströmt den Charme eines Schulgebäudes. Saubere, etwas nüchterne Zimmer, ausschließlich kaltes Wasser. Nur als Unterkunft mit Kochmöglichkeit buchbar oder mit eigenem Ausflugsprogramm von Ein- bis Dreitagestouren. Sehr nette Gastgeber. 60 US-$.

Tomás Bernal Camp: auf der Insel Anatoly romantisch in der Lagune gelegen. Tel. 02 85/632 79 89, www.bernaltours.com. Rustikale Hängematten-Unterkunft, gutes Essen. Die Kinder des legendären Canaima-Pioniers führen eine Werk fort. Organisation sämtlicher Exkursionen. Ca. 60 US-$ mit Vollpension.

Campamento Arekuna: Valle de Arekuna, nur über Aerotuy (die es auch als einzige anfliegen) mit Reservierung in Caracas: Tel. 02 12/212 31 06, www.aerotuy.com; 25 Zimmer in zwölf dekorativ über eine Hügelkuppe verteilten Bungalows. Schön gelegene, sehr attraktive Anlage, für ein Camp richtig luxuriös. Indianischer Stil kombiniert mit Designertouch. Die Zimmer sind geräumig, der Speisesaal thront auf einem Hügel. Gutes Essen. Nettes Ausflugsprogramm mit Bootsfahrten, Schwimmen und Wanderungen. Kann man nur in Packages buchen und reservieren, 2 Tage/1 Übernachtung mit Programm und Vollpension im DZ 370 US-$.

Comedor Imawary: neben der Panadería Simón, dem Bäckerladen, in dem man auch Lebensmittel einkaufen kann. Ordentliche Menüs und ebensolches Frühstück.

Canaima hat jeder Reiseveranstalter im Programm. Wer es nicht bereits zu Hause gebucht hat, erhält in Venezuela gute und fachlich aufwendige Beratung, etwa in den verschiedenen Posadas unter deutscher Leitung, Posada Nena in Carúpano, Posada La Casita und Gekkotours sowie Saonatravel in Ciudad Bolívar, Backpacker-Tours in Santa Elena de Uairén, Caiman Tours in Mérida sowie bei Revis Travel in Mérida und Ivarkarima Expediciones in Puerto Ordaz (Tel. 02 86/923 17 50, Fax 718 00 20, Villa Alianza, Calle Toronto 43, ivarka@telcel.net.ve).

In Canaima am Flughafen selbst haben folgende Veranstalter ihre Kabinen und Informationstische aufgebaut: Sapito Tours, Tel. 04 14/854 82 34 (Mobiltelefon), 02 85/632 79 89 (Ciudad Bolívar), www.bernaltours.com, Tiuna Tours, Tel. 02 86/962 42 55.

Artesanía Makunaima: Kunstgewerbe aus dem gesamten Land, große Auswahl. Es gibt auch Softdrinks, Filme, Sonnen- und Mückenschutz und Kekse. In dem kleinen Indianerdorf gibt es einen Laden, der lokales Kunstgewerbe anbietet.

Zur Zeit bestehen nur drei Flüge wöchentlich nach Caracas (www.avior. com.ve), sonst Charterflugverkehr und Verbindungen mit Rutaca nach Ciudad Bolívar.

Estado Amazonas

Auch hier blitzt urweltlicher Zauber auf und er wirkt noch stärker als in Canaima, denn der Bundesstaat Amazonas verfügt weder über dessen fixierte Geschichte noch über eine vergleichbare Vermarktungsstrategie. Flüsse und Kanäle dienen als Wege und die undurchdringlichen Gebiete des Dschungels sind durch Pflanzenwände wie versiegelt.

10 Mittellauf des Orinoco

Der Bundesstaat Amazonas führt seinen Namen zu Unrecht. Der mächtigste Strom Südamerikas berührt den venezolanischen Bundesstaat nicht, der in seinem tiefen Süden von dichtesten Dschungeln bedeckt ist, in dem sich die weit verstreuten Runddörfer der Yanomami wie auf die Erde gefallene Sternschnuppen in einem grünen Meer ausmachen. Durch den Río Negro ist der Amazonas jedoch mit dem Orinoco verbunden, was kein anderer als der berühmteste Entdeckungsreisende Südamerikas, Alexander von Humboldt, erkundet hat. Der von Legenden umwitterte Strom durchläuft also keineswegs den Estado Amazonas, er speist sich höchstens ein wenig aus seinen Wassern. Doch jede wissenschaftliche Exaktheit verblasst angesichts der Größe und der Majestät dieser Landschaft.

An den milchig braunen Wassern des südlichen Orinoco wurde 1924 in einem fast unbewohnten Dschungelgebiet die Siedlung Puerto Ayacucho eingerichtet, um die Bauarbeiter der etwa 30 km langen Straße hinunter zum Orinocohafen Samariapo aufzunehmen. Diese Verbindung sollte eine Doppelfunktion erfüllen: Die unüberwindlichen Stromschnellen in diesem Abschnitt, Raudales de Atures und Maipures, machten den Orinoco nur schwer schiffbar und behinderten damit den Gütertransport aus dem Amazonasgebiet. Außerdem war es in der kaum

zugänglichen und deswegen schwer kontrollierbaren Region zu politischen Unruhen gekommen, deren Urheber die Diktatur des Juan Vicente Gómez nicht tolerieren wollte. Mit der Straße ließ sich das vorher nahezu weglose Gebiet nun leichter überwachen.

Die Carretera Périco-Morganito blieb dann die einzige asphaltierte Strecke im gesamten Bundesstaat und Puerto Ayacucho die einzige Stadt. Über sie wird Organisation und Verwaltung sowie der Handelsverkehr für das Amazonasgebiet abgewickelt. Ihr Flughafen fungiert als Sprungbrett für die im tiefen Dschungel angelegten Missionsstationen und Militärbasen im noch nahezu unerschlossenen Süden, der von Indianervölkern wie den Yanomami (ca. 10000 Mitglieder), den Piaroa (ca. 7000 Mitglieder), Guajibo und Maiquiritares bewohnt wird.

Geografisch rechnet man die Gegend zur Gran Sabana, weil sie dieselbe landschaftliche Komposition aufweist. Attraktivster Beleg dafür ist der Cerro Autana, den viele für den schönsten Tafelberg halten, weil er vollkommen isoliert steht. Savannenstreifen und dichte Palmenwälder sowie subtropische Vegetation bedecken den Grund. 53 % der Waldmenge des gesamten Landes konzentriert sich im Estado Amazonas. Seine besondere Schönheit erhält der Landstrich durch die urzeitlich wirkenden, dunklen Granitfelsen, die aus der dünnen Vegetationsdecke ragen, und die hellen, auf schwarzen Granitterrassen ruhenden Sandbänke am

Orinoco. Keine ordnende Macht hat ihm die Hoheit seiner Ursprünglichkeit geraubt. Der Estado Amazonas ist eine wahrhaft unglaubliche Mischung aus Wildheit und landschaftlicher Sanftheit. Dass man mitunter glaubt, einen Berg vor sich zu sehen, der die Silhouette einer Fledermaus mit ausgebreiteten Schwingen hat oder wie ein überdimensionales Schlachtschiff aussieht, erscheint in dieser Umgebung kaum als unnatürlich.

Die Siedlungen

Eine ganz besondere Pionierstimmung liegt bis heute über der Umgebung von Puerto Ayacucho, Venezuelas jüngster Hauptstadt, wie sie nur der Zusammenprall zwischen vernünftiger Planung und chaotischer Natur hervorbringen kann. **Samariapo** 1 liegt recht unbelebt am Ende der Asphaltstraße, nicht mehr als eine Blechhüttensiedlung mit einer Kneipe. Seine ursprünglich geplante Funktion hat Samariapo nicht erfüllt, denn von **El Venado** 2 aus beginnen heute die Bootsfahrten auf dem Orinoco, und zwar sowohl die touristischen als auch die alltäglichen Bootspassagen zu den seltenen indianischen Siedlungen am Oberlauf des Flusses. Zum Bau für die charakteristischen Einbäume (*curiaras*) verwenden die Einheimischen die hellen, festen Stämme des *palo de arco*, die ein besonders dichtes Holz haben.

Das touristische Potenzial des weitgehend unberührt wirkenden Estado Amazonas scheint genauso unerschöpflich wie sein Ozean aus dichtesten Baumkronen. Kleinste, auf der Landkarte verzeichnete Flecken wecken bald das Interesse der Besucher, denn man fragt sich, wie sie da überhaupt hingelangen können, so scheinbar ohne jede Verbindung zur Außenwelt außer den Strömen.

San Fernando de Atabapo, rund 300 km südlich von Puerto Ayacucho, war zu Zeiten des Südamerikareisenden Alexander von Humboldt die Hauptstadt dieser Region, in diesem Falle die Koordinationsstelle der weiter im Land sich verlierenden Missionsstationen. Hier vereinten sich seinerzeit der Präsident und der oberste Missionsleiter in ein und derselben Person.

Mit der Autorin unterwegs

Die Schwimmbäder im Orinoco

Die Touren sind recht anstrengend, die Tage heiß, das Sonnenschutzmittel rinnt und das Mückenschutzmittel klebt. Da ist so ein Bad zwischendurch in einem kühlen natürlichen Schwimmbecken eine Wohltat. Zum Beispiel in den **Pozos Cristal** oder Azul, auf der Wasserrutsche **Tobogán de la Selva** (nur bei ausreichendem Wasserstand) oder im **Balneario La Culebra** (s. S. 272).

Und wie hat man sich eigentlich **San Juan de Manipiare** vorzustellen? Beim späteren Besuch findet man heraus, dass es letztlich vermutlich mehr Buchstaben als Einwohner zählt.

Alexander von Humboldt wird gerne bemüht, um mit seinem klangvollen, berühmten Namen den Programmen diverser Veranstalter ein wenig Glanz zu verleihen. Man scheint sich in dieser Region immer ein wenig auf seinen Spuren zu bewegen; Humboldt stellt gewissermaßen die Klammer dar, mit der die Bausteine der touristischen Angebote zusammengehalten werden.

Und da nähert sich die Metapher von der Humboldt-Fährte tatsächlich ein bisschen der Wirklichkeit an. Die Mücken plagen heute genauso wie damals vor über 200 Jahren den Wissenschaftler und vom Gast wird erwartet, dass er Landschaft und Menschen Entdeckerlust entgegenbringt und die Geschmeidigkeit der Organisatoren bei der Durchführung einer Reise ohne Murren genießen kann.

Puerto Ayacucho

Das permanent in Hitze und Schwüle gebadete **Puerto Ayacucho** 3 ist innerhalb von zehn Jahren von 10000 auf 100000 Einwohner angewachsen und hat ein weit auseinandergezogenes Straßenbild. Platz gibt es hier wahrlich genug und es ist locker und laut, lateinisch, immer ein bisschen unaufgeräumt.

Stimmige Architektur: das Orinoquia Camp bei Puerto Ayacucho

Im Prinzip ist ganz Puerto Ayacucho ein einziger Markt, denn es gibt an allen Ecken und Enden etwas zu kaufen oder zu essen: Von *empanadas*, *perros calientes* und frisch gepressten Säften bis hin zu Kleidungsstücken, Musikkassetten, Bananen, Tomaten, Yucca, Flussfischen oder Autoersatzteilen. Gemüse und Obst aus Caracas kommen auf der Landverbindung über San Fernando de Apure. Dann bereiten die Hausfrauen in Puerto Ayacucho Obstsaft für die gesamte Woche zu. Was aber nicht heißen soll, dass man in den Optikergeschäften keine Giorgio-Armani-Sonnenbrillen findet.

Die Plaza Bolívar mit einer Kopie der aus Caracas bekannten Reiterstatue des Libertador sowie einige Straßenzüge sind verschwenderisch schön mit Mangobäumen geschmückt.

Wesentliche Attraktionen bilden der **Mercado de los Indígenas** (tgl., am besten früh hingehen) und das Ethnologische Museum, **Museo Etnológico**. Beide liegen benachbart an der Plaza Rómulo Betancourt. Auf dem Markt der indianischen Stämme werden tatsächlich neben Industrieware lokale Schnitzereien, Web- und Flechtarbeiten feilgeboten; aber auch Stempel zur Hautbemalung und die scharfe, mit den Chitinpanzern der Blattschneiderameisen versetzte Würzsauce *guachaco picante* finden ihre Kundschaft. Das Museum liefert einen oft gerühmten Überblick über die indianischen Kulturen des Amazonasgebietes. Und jeder Stamm erhält hier seinen etwas trüb beleuchteten Saal: Yanomami, Arawak, Ye Kwana, Piaroa, Guajibo (auch Guahibo) und Maiquiritares werden mit Ritual- und Gebrauchsgegenständen, Bauweise, Musikinstrumenten und Schmuck vor-gestellt. Fotos dokumentieren ihre Jagdme-thoden (Di–Fr 9–12 und 15–18, Sa/So 9–13 Uhr, Eintritt frei, Spende erwünscht).

Eine weitere Sehenswürdigkeit ist die **Casa de Tarzán,** bei der es sich um einen leichten, von einer Galerie umgebenen Bun-galow handelt, der auf einem hohen Granit-felsen balanciert. Den Aufstieg bewältigt man über eine schmale Eisentreppe. Wer die Schönheit der näheren Umgebung betrach-ten möchte, erklimmt den **Mirador Périco** oder den *mirador* auf dem **Cerro El Zamuro**.

Dirección de Turismo: Plaza Bolívar, in der Casa del la Gobernación, Tel. 02 48/521 00 33.
Fondo Mixto Amazonas: Av. 23 de Enero, Ed. Elegon, 1. Stock, Tel./Fax 02 48/521 45 13, www.fondoturismoamazonas.com.

Campamento Orinoquia: nur über Cacao Travel Group, Tel. in Caracas 02 12/977 12 34, Fax 977 01 10, www.cacao travel.com. Liegt ca. 15 km südlich von Pu-erto Ayacucho, Abzweigung bei der Aus-schilderung des Camturana Resort. 10 reiz-volle und landestypisch gestaltete *churuatas* für jeweils 2–3 Personen und großes *chu-ruata*-Restaurant am Ufer des Orinoco mit kleinem Flussstrand. Ausflugsangebot vom Museumsbesuch mit Citytour bis zum Ori-noco-Rafting zwischen den Stromschnellen von Atures und Maipures. Dschungelwande-rungen mit Piaroaführer, Besuch von Petro-glyphen, Organisation von Flügen über den Cerro Autana und Exkursionen zum Cacao-Camp Las Trincheras am Río Caura. Deutschsprachige Leitung und Führer. Pro Person kostet das All-inclusive-Angebot 150 US-$. Reservierung empfehlenswert.
Posada Manapiare: Calle Principal Alto Pa-rima, Tel. 02 48/521 39 54; 14 Zimmer. Eine überzeugende Offerte in dem an guten Un-terkünften nicht reichen Puerto Ayacucho. Saubere und mit lokalem Kunsthandwerk de-korierte Zimmer um einen gepflasterten In-nenhof, freundlicher und effektiver Service DZ ca. 40 US-$.

Hotel Apure: Av. Orinoco 28, Tel. 02 48/521 44 43; 17 Zimmer. Ein sehr einfaches Hotel mit ordentlichen, jedoch etwas lichtarmen Zimmern. DZ 45 US-$.
Weiterhin gibt es zahlreiche sehr einfache Un-terkünfte in Puerto Ayacucho.

La Estancia: Av. Aguerrevere/Calle Río Negro, Tel. 02 48/521 62 34. Freundliche Atmosphäre, Spezialitäten sind die Fische aus dem Orinoco (z. B. *pavón*) und Grillgerichte.
Preiswerte Restaurants und **Imbissstände** liegen rund um den Lebensmittelmarkt an der Av. Orinoco.

Bazar La Colmena, Plaza Rómulo Be-tancourt, Av. Río Negro 38; eine Über-fülle an handgemachtem regionalem Kunst-gewerbe.

Lokale Veranstalter bieten Exkursionen und Ausflüge an. **Cacao Travel Group** hat vieles davon zu einem Paket mit Unter-kunft geschnürt (Tel. in Caracas 02 12/977 12 34, www.cacaotravel.com). Wie auch beim Orinocodelta gilt: Es gibt einige Piraten unter den Veranstaltern und das ist bei aufwendi-geren Bootstouren und Expeditionen in Na-tionalparks besonders schmerzhaft. Zu emp-fehlen sind:
Coyote Expediciones: Av. Aguerrevere 75, Tel. 02 48/521 45 83, coyotexpedition@cantv. net.
Ecodestinos de Venezuela: Calle Piar, Tel. 02 48/521 39 64, www.amazonasvenezuela. com.
Expediciones Selvadentro: Tel. 02 48/414 74 58, www.selvadentro.com.
Aguas Bravas: Av. Río Negro, Loc. Aguas Bravas, Tel. 02 48/52 10 41, aguasbravas@ cantv.net. Sie veranstalten Rafting auf den Stromschnellen Atures und Maipures und Flussfahrten zu indianischen Petroglyphen. Touren werden auf Spanisch, Englisch und Deutsch angeboten.
Yutaje: Barrio Monte Bello Nr. 21, Bello Monte, Tel. 02 48/521 06 64, turismoamazo-nas@cantv.net. Exkursionen auch in die wei-

Imput mich Warme Felsbilder

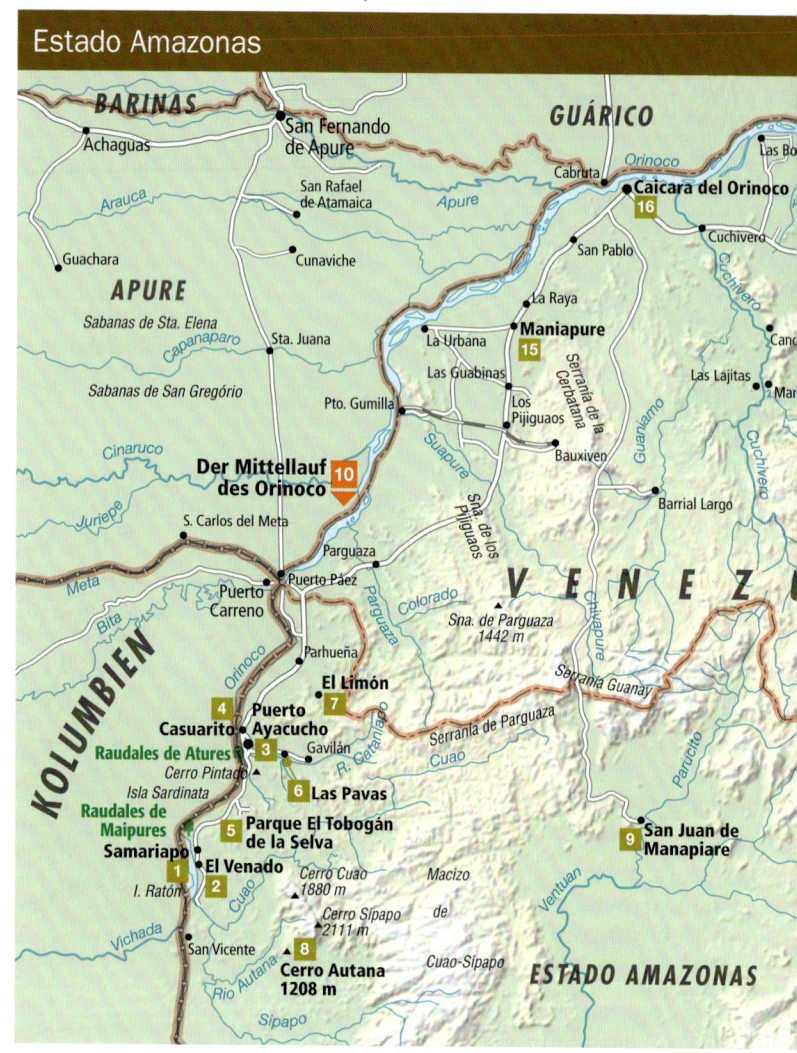

Estado Amazonas

tere Umgebung, z. B. nach Yutaje. Mit Spezialerlaubnis auch zu den Yanomami. Wer an den Exkursionen teilnimmt, kann in der Posada übernachten.

Der **Flughafen Cacique Aramare** liegt 6 km südöstlich des Stadtzentrums; Flüge nach Caracas (1 x tgl., unbedingt bestätigen lassen!). **Aguaysa** (Av. Río Negro,

Tel. 02 48/521 00 26) und **Wayuni** (Calle Evelio Roa, Tel. 02 48/521 06 35) fliegen in das Amazonasgebiet nach San Fernando de Atababo, San Juan de Manipiare und nach San Carlos de Río Negro.

Busbahnhof östlich des Zentrums: Busse nach Ciudad Bolívar (mehrmals tgl.), Caracas, Caicara de Orinoco (mehrmals tgl.) und nach San Fernando de Apure.

Ausflüge; bei speziellen Interessen (z. B. Ornithologie) werden besondere Führer engagiert.

Der wohl unspektakulärste Trip dürfte der Grenzübertritt ins kolumbianische **Casuarito** 4 sein, für den man lediglich die Fähre über den Orinoco zu besteigen braucht. Casuarito hat sich einen Namen vor allem in der Lederverarbeitung gemacht, entbehrt aber jeglicher größerer Reize.

An dem Anlegeplatz für die Fähren nach Casuarito machen auch die Katamarane halt, die man für eine Tour auf dem Orinoco besteigt, dorthin, wo er am ungezähmtesten ist: zur **Isla Sardinata**. Sie liegt zwischen den Stromschnellen Atures und Maipures. Die Tour ist eine kleine Sensation der Sinnestäuschungen, denn zunächst wird man zwischen den Strudeln hin- und hergeschleudert, später dann scheint sich die Insel zu bewegen und nicht das Boot. Auf der Sardinata wartet die nächste Überraschung: Meterhohe Granitsteine lagern hier wie im Lauf gestoppte überdimensionale Murmeln und als Zugabe stößt man auf indianische Petroglyphen, die noch nicht entschlüsselt sind. Vermutet wird, dass sie auf einen Friedhof hindeuten.

Für die Stromschnellen haben die Indianer eine Legende parat. Ein unglücklicher Fischer hat sie errichtet, der, als er ein ihm von den Göttern anvertrautes Geheimnis verriet, mit der Verwandlung seiner Söhne in Delfine bestraft wurde. Um sie daran zu hindern, sich von ihm zu entfernen, griff er zu allem, was er finden konnte, um im Orinoco Barrieren zu errichten. Doch die Strömung verstärkte sich dadurch nur noch umso mehr. Letztendlich hatten die Götter Erbarmen mit ihm und ließen die Delfine in seiner Nähe.

Auch eine weitere Attraktion der Umgebung beruht auf einer Sinnestäuschung: 8 km südlich von Puerto Ayacucho erheben sich zwei immense schwarze Granitkuppeln. Im Innern der größeren soll sich ein Indianerfriedhof befinden; der Zugang freilich ist nicht gestattet, der Besuch wird über eine Niederlassung der INPARQUES geregelt. Von einem bestimmten Blickwinkel aus erscheinen die beiden Kuppeln wie Kopf und Körper ei-

Ausflüge von Puerto Ayacucho

Höheren touristischen Stellenwert als der Ort selbst genießen die Exkursionen, deren Beliebtheit mitverantwortlich für das rapide Wachstum der Stadt ist. Mehrere Reisebüros haben sich in der Stadt etabliert; die *campamentos* der Umgebung veranstalten eigene

Wie kommt der Feminismus in den Estado Amazonas?

Sobald man sich mit der ethnografischen Hinterlassenschaft der ersten Eroberer beschäftigt, greift man mit beiden Händen in eine wahre Schatztruhe. Es gab buchstäblich nichts, was die fiebrigen Gemüter der Europäer nicht zu sehen glaubten, was die erhitzte Fantasie ihren Nerven nicht vorgaukelte. Von ihnen stammen die außergewöhnlichsten Natur- und Menschenbeschreibungen.

Der apokalyptische Kosmos des Malers Hieronymus Bosch wird wieder lebendig in den menschlichen Gebilden, die sie gesehen zu haben vorgaben. Logisch erscheint das schon: Man war so weit gefahren, hatte äußerste Entbehrungen und Belastungen kennengelernt, da durfte die Wirklichkeit gar nicht so sein, wie sie wirklich war.

Doch diesmal war alles anders. Die beiden Spanier Francisco de Orellana und der Bruder des Perubezwingers, Gonzalo Pizarro, beide siegreich in Lima eingezogen, begannen ihre Expedition auf der Suche nach El Dorado und dem Zimtland La Canela in dem von Orellana gegründeten Quito 1540 mit 300 Soldaten. Doch die Unpassierbarkeit des Flusssystems zwang sie, sich zu trennen: Pizarro, der später in dem verrufenen Haufen des Lope de Aguirre (s. S. 198) mitmarschieren sollte, beauftragte Orellana, Hilfe zu holen. Orellana verlor sich in den reißenden Strömungen des Río Coca und steuerte auf den Amazonas zu, den die Indianerverbände *amaçunu* nannten, Wasserwolkenlärm, und der bei den Spaniern damals noch Marañón hieß. Sie stießen auf erbitterten Widerstand der indianischen Verbände und die kämpferischsten unter diesen waren Frauen. Diesen erstaunlichen Fakt umkleideten die Spanier mit einer quasiethnologischen Bestandsaufnahme. Was ist Wahrheit, was Fiktion? Der Schreiber Orellanas, Fray Gaspar de Carva-

jal, hielt die Kunde von den Frauenheeren, die er flugs Amazonen taufte, in den Tagebüchern und Reisechroniken fest. Bei den Spaniern hinterließen sie offenbar einen nachhaltigen Eindruck: Sie waren mutig, hochgewachsen, von heller Hautfarbe und flochten ihr langes Haar fest um den Kopf. Sie bewohnten ein Dorf aus 70 Steinhäusern und belegten alle, die ihr Gebiet passieren wollten, mit einer Tributzahlung. Männer duldeten sie nur in ihrer Gesellschaft, wenn sie Lust darauf verspürten, und schickten sie wieder heim, sobald sie schwanger waren. Gebaren sie Söhne, so konnten diese von ihren Vätern aufgenommen werden. Die Herrscherin der Amazonen hieß Coñori und verfügte über einen großen Reichtum an Gold und Silber. Der Sonnentempel Caranain soll mit einer Vielzahl goldener Statuen geschmückt gewesen sein. So lautet die Geschichte aus der Feder des Gaspar de Carvajal, der auch das Datum der folgenreichen Flusstaufe notierte: Am 24. Juni 1542 bekam der Marañón den Namen Amazonas.

Ein Jahr nach seinem Aufbruch und seiner Trennung von Gonzalo Pizarro erreichte Orellana den Ozean und kehrte nach Spanien zurück. Das Vorhaben war gescheitert, aber er kam wenigstens mit dem Leben davon. Der nun umgetaufte Amazonas blieb sein Schicksal: Bei einer neuerlichen Flussexpedition blieb er 1546 verschollen.

Thema

Die südamerikanische Variante einer eigentlich griechischen Sage indes ging nicht verloren. Selbstbewusste Kriegerinnen vermutete man aber nicht nur am Amazonas, sondern auch in den Savannen von Guayana. Die Akawoyo erzählen sich dort das Märchen der stolzen, schönen Häuptlingsfrau To-eyza, die sich einen Mann in Gestalt eines schwarzen Jaguars zum Liebhaber nahm. Die eifersüchtigen Männer des Dorfes erschlugen den ungebetenen Geliebten unter Führung ihres eigenen Häuptlings To-eyborori. Die Rache der Frauen ließ nicht auf sich warten: Sie töteten die Männer mit *casabe*-Brot (s. S. 278),

aus dem sie die hochgiftige Blausäure nicht entfernt hatten, und gründeten einen eigenen Staat, in dem Männer nur als Liebhaber, aber nicht als Gefährten und schon gar nicht als Beherrscher geduldet wurden.

To-eyza wird in dieser Sage mit recht feministischen Worten zitiert: »Manche sagen, die Ehe sei ein Schutz. Ich halte sie für eine gemeine Unterwerfung. Lieber wäre ich tot. Was können wir, die von den Eltern weggegeben werden, von Liebe wissen? Alle unsere Tage verleben wir in Plage. Arbeit heute und Arbeit morgen, immer Arbeit und Leid. Widersetzt Euch dieser schmachvollen Knechtschaft!«

»Ein Edel Weib« – Die Entdeckung der Neuen Welt illustrierte Theodore de Bry

ner Schildkröte und so kamen sie auch zu ihrem Namen **Piedra de La Tortuga**. Diese Steine sind so ungewöhnlich, dass man sie 1992 zum *monumento natural* erklärt hat.

Verfolgt man die Straße weiter, wölbt sich eine Zinkbrücke über den blauen Río Cataniapo, der das **Balneario La Culebra** speist. Die entsprechende Abzweigung rechter Hand ist nicht sehr auffällig ausgeschildert. Gleich am Eingang der Badezone befindet sich eine Picknickanlage. In den schwarzen Mulden und Becken sammeln sich die Flusswasser. Landschaftlich ist das sehr hübsch, doch man sollte die entlegeneren Stellen nur mit Ortskenntnis aufsuchen, weil der Cataniapo auch starke Strömungen hat. Schlangen (*culebras*) sind dagegen nicht zu befürchten.

Weiter in Richtung Samariapo, 35 km südlich der Hauptstadt, liegt der **Parque El Tobogán de la Selva** 5, umgeben von schattigen Wäldern. Dieser Platz gehört zu den beliebtesten Attraktionen in der Umgebung von Puerto Ayacucho und ist dementsprechend gut ausgeschildert. Ist schon La Culebra ein typischer natürlicher Badeplatz, so gibt es hier eine hervorragende Ergänzung: Über einen 100 m langen, in einem Winkel von 45 Grad geneigten, wassergeschliffenen, spiegelglatten Felsen ergießt sich ein glasklarer Bach und verwandelt ihn in eine natürliche Wasserrutschbahn. Die Naturbecken am Ende sind geradezu prädestiniert als Swimmingpools à la Ayacucho. Allerdings sollte man sich dieses Vergnügen nur bei entsprechend hohem Wasserstand gönnen. Am Ufer laden *churuatas* zum Picknick ein.

An den beiden Orinocoflusshäfen **Samariapo** und **El Venado** endet die Straßentrasse. Es sind herbe, winzige Abenteurerörtchen am Ende der Welt. Auch wenn keine Bootsfahrt beabsichtigt ist, lohnt es sich, dort etwas zu trinken, den schläfrigen Bootsbauern zuzuschauen, die ihre *curiaras* verzieren, und in die dunkelgrünen Vegetationswände zu starren, die den Fluss so geheimnis- und verheißungsvoll umgeben.

Pozo Cristal heißt das Konkurrenzbad auf der Strecke in den Norden. Es ist ein nicht erschlossener, besonders idyllischer Abschnitt

des Parhueña, eines von Bambusgewächsen überwölbten Flusses. Die vielleicht malerischste Bademöglichkeit bietet jedoch **Las Pavas** 6 am Río Cataniapo: Schwarze Granitfelsen rahmen und grundieren ein Wasser so blau wie aus dem Tuschkasten und dicht herabhängende Palmblätter tauchen es in ein ewiges Dämmerlicht.

In die Welt der Piaroa

Der weitere Weg zu den Indianergemeinden ist breit und gut. Die von *moriche*-Palmen eingefassten Felder werden für die Viehwirtschaft genutzt, die immerhin 50 % der (ge-

ringen) landwirtschaftlichen Produktion einnimmt. Der Boden ist wie in der Gran Sabana
nicht besonders nährstoffreich. In den Gemeinden sieht man neben den *churuatas* die
typischen Indafe-Häuser der Regierung.

Ein Besuch der *comunidad* **El Limón** **7**
macht mit einer Keramikfabrik bekannt, die
von Piaroa betrieben wird. Der Lehm entstammt dem Fluss. In der Nähe des Piedra
de La Tortuga lagert er in 2 m Tiefe. Zwölf
Frauen sind in der geräumigen Halle damit
beschäftigt, kleine Fische und Glocken aus
dem weichen Material zu schneiden, die
dann zu Mobiles zusammengesetzt werden.
Das gesamte Dorf kann sich von der Kunstgewerbeproduktion ernähren.

Durch den indianischen Wald

Eine besondere Gelegenheit, Pflanzenwelt,
Anbaumethoden und Lebensweise der india-
nischen Gemeinden kennenzulernen, bieten
Wanderungen mit indianischen Führern.
Denn erst beim genaueren Betrachten der
Palmen- und Galeriewälder fallen die winzi-
gen *conucos* auf, landwirtschaftlich genutzte
Flächen, die in die üppige Vegetation einge-
bettet sind.

Die indianischen Gemeinden leben von der
Subsistenzwirtschaft und bauen weiter ihre
traditionellen Früchte und Gemüse an. Das
Multitalent *moriche*-Palme liefert dazu eine

Auf der Jagd im Dschungel: Die Piaroa pflegen ihre traditionelle Lebensweise

Estado Amazonas

Lebensgrundlage: Aus den Blattfasern werden Körbe und Hängematten geflochten, das Holz zum Hausbau benutzt, die Früchte zu Mehl verarbeitet. Die Wurzeln des federblättrigen Maniok dienen der Zubereitung des extrem haltbaren Indianerbrotes *casabe* (s. S. 278). Erntet man die Wurzel, stirbt zwar die Pflanze, aber die Stiele werden einfach wieder in die Erde gesteckt und es entsteht ohne großes Zutun eine neue *yuca*, wie die Venezolaner Maniok nennen. Die biegsamen, hohen Stengel der Papaya und die feurigroten Lanzenblätter der Ananas wirken in den kleinen Fruchtgärten fast so schön wie Ziergewächse, die hohen Mangobäume mit ihren üppigen Kronen sowieso.

Um das landwirtschaftliche Potenzial des Amazonasgebietes zu erweitern, wird über eine staatliche Gesellschaft ein Programm zum Anbau von Kakao, dem Pflanzenfarbstoff *onoto*, Paprika und *ají dulce* (kleine, scharf-süße Paprikaschoten) abgewickelt; in der Region der Yanomami gedeihen die von ihnen selbst eingeführten Bananen und Kochbananen; Zuckerrohr und die stärkehaltige Knollenfrucht *ocumo chino* sind dort importierte Lebensmittel.

Die Piaroa und Guajibo um Puerto Ayacucho herum begnügen sich hingegen mit den traditionellen Erzeugnissen, Eiweiß liefern Fisch und Geflügel. Auch wenn sie in *comunidades* leben, sich von dem Kunsthandwerk ernähren, das auf dem Indianermarkt oder in den Souvenirgeschäften von Puerto Ayacucho verkauft wird, und die Indafe-Häuser bewohnen: ihre eigene Lebensweise ziehen sie immer vor.

Und so wölben sich die charakteristischen kreisrunden Palmdächer der *churuatas* über die durch den Sozialplan der Regierung bereitgestellten Häuschen. Unser kundiger Piaroaführer durch die *selva* (Urwald) macht jedes Jahr mit seiner Familie Urlaub im Dschungel, um den Bezug zu seiner natürlichen Umwelt nicht zu verlieren. Man ernährt sich von dem, was zu jagen ist, er zeigt, wie man Fallen baut, wie man die Erd- und Baumverstecke der gefährlichen Vogelspinne (*tarántula*) entdeckt, welche die *selva* bevölkert, und die Wege der *hormiga venticuatro* vermeidet, einer Ameise, deren Biss 24 Stunden lang starke Schmerzen bereitet. Wenn man häufiger gebissen wird, tut es nicht mehr ganz so weh, so heißt es zumindest …

Der Urwald gleicht einem natürlichen üppigen Markt, auf dem man sich bedienen kann. Die riesigen, smaragdgrünen Blätter der Platanillopflanze benutzen die Hausfrauen zum Abdecken von Gerichten oder sie kleiden eine Erdgrube damit aus, die ihnen als natürlicher Ofen dient. Aus den Chitinpanzern der Blattschneiderameisen gewinnen sie ein Gewürz, das, vom Geschmack an Zitronenpfeffer erinnernd, einer würzigen Sauce beigemischt wird.

Der Cerro Autana

Über den unvermittelt zu einer Höhe von 1208 m aufragenden Tafelberg Autana erzählen die Piaroa, dass der Gott des Berges ein schönes Indianermädchen raubte, in das er sich verliebt hatte. Das Mädchen willigte in sein Begehren ein, doch nur unter der Bedingung, dass er auch das gesamte Dorf, aus dem sie stammte, auf dem Autana wohnen lasse. Der Berggott, überglücklich, richtete dem Dorf eine Heimstatt ein und machte alle Dorfbewohner unsterblich.

Der **Cerro Autana** 8 wurde 1978 zum *monumento natural* erklärt. Die Flussläufe des Orinoco und Autana geleiten zu seinem Fuß. Eine 395 m lange und 40 m hohe Höhlengalerie in seinem Innern besteht aus purem Quarzgestein. Unterhalb der Tafelplatte hat die Erosion ein riesiges Loch gebohrt, durch das die kleinen Flugzeuge, die ihn zwecks Besichtigung umfliegen, glatt hindurch passen würden.

Der Autana am Rande der wilden Sierra de Maigualida liefert einen außergewöhnlichen Anblick und um ihn zu beschreiben, greift jeder zu religiösen Metaphern. Für die Katholiken ist er ein Dom, für die Piaroa der Heilige Berg. Von surrealem Zauber ist diese Landschaft und man könnte Salvador Dalí für den Architekten halten.

Zwei mehrtägige Bootsausflüge nähern sich den Tafelbergen. Drei Tage dauert es, bis die Piaroagemeinde erreicht ist, die zu Füßen des Autana siedelt. Wer will, kann auf einen Nachbarberg klettern. Zum Cuaomassiv, das wie ein kaum wahrnehmbarer Schattenriss von Samariapo und El Venado aus zu erahnen ist, entrollt sich die Flusslandschaft wie ein Lehrbilderbogen des Dschungels. Mückenplagen sind auf beiden Schwarzwasserflüssen nicht so sehr zu befürchten wie auf dem Orinoco, denn sie bieten – auch das eine Erkenntnis des preußischen Universalgenies Humboldt – nicht deren Lebensraum.

Von Puerto Ayacucho nach Ciudad Bolívar

Von Puerto Ayacucho nach Ciudad Bolívar ist es eine staubige, ermüdende Tagesreise mit dem Bus. Wer durch diese Gegend einfach nur fährt, sieht nicht viel. Am schönsten sind die üppigen Mangobäume und die aus der Erde heraufgebrochenen Granitkuppeln, die von grünen Flechten gemustert sind. In der Ferne schimmern die Silhouetten der Tafelberge, doch dann folgt grenzenlos scheinendes Weideland: Über Hunderte von Kilometern ziehen sich die Zaunpfähle, unterbrochen von einigen wenigen Hinweisschildern. Die Erde ist alt hier und nicht reich an Humus, deswegen wird extensiv gewirtschaftet. Die Umgebung wirkt wenig einladend.

Was Interesse erheischen könnte, liegt jenseits der Straßenränder. Die Carretera 19 bewegt sich am Rande einer wilden Natur und eines umfangreichen Indianergebietes. Seit in den 1960er-Jahren dort Bauxitvorkommen entdeckt und ausgebeutet wurden, gibt es eine Straße, die sich heute in gutem Zustand präsentiert. Praktisch auf der Hälfte des Weges liegt **Caicara del Orinoco**, eine geräumige, saubere Handelsstadt, in der abends das latinische Leben erwacht. Wer dieses von wasserreichen Strömen durchzogene Gebiet näher kennenlernen will, muss hinein. Man kann das per Flugzeug und Boot oder mit dem Wagen tun.

Erste Variante: Mit dem Flugzeug

Für die erste Variante steht zunächst der Flug über den **Cerro Autana** auf dem Programm, dann, nur wenn genügend Sprit vorhanden ist, die **Sierra de Maigualida**. Seinem lieblichen Mädchennamen zum Trotz ist der mit Dschungel überzogene Gebirgszug bei schwierigen Wetterverhältnissen geradezu diabolisch und aus den feuchten Wäldern steigt der Dampf und vernebelt die Sicht. **San Juan de Manapiare** 9 besteht aus einigen propperen Hausreihen und einer trotz des verwahrlosten Aussehens funktionstüchtigen Piste. Für die in Entre Rios braucht man einiges Geschick, denn die Vegetation überwuchert sie schnell, der Schwarzwasserfluss Caura überschwemmt sie während der Regenzeit. Entre Rios befindet sich bereits in dem Gebiet der Curyuani. Sie sind für die Infrastruktur zuständig und halten die Piste in Ordnung. Bezahlt werden sie dafür von staatlicher Stelle offenbar nicht, aber die Benutzer pflegen immer etwas mitzubringen. Schließlich sind alle auf den Erhalt der Piste angewiesen.

Salto Pará

Einen der eindrucksvollsten Wasserfälle des Landes bildet der Caura mit dem **Salto Pará** 10, etwa eine halbe Bootsstunde von Entre Rios entfernt. Ein bequemer Fußweg erreicht den oberen Rand der hufeisenförmigen Fälle. Die Curyuani haben genau an dieser Stelle einen Picknickplatz angelegt. Der Blick von hier oben ist einfach umwerfend und kleine Pfade führen zwischen Granitfelsen an zahlreiche Aussichtspunkte heran. Der Pará erweist sich als ein Wasserfall zum Anfassen, weil man ihn so hautnah erleben kann.

Der Abstieg zu **El Playón** 11 führt durch Regenwald und ist nicht zu verfehlen, weil die Strecke auch von den Curyuani frequentiert wird. Gekennzeichnet freilich ist sie nicht, doch ist der Pfad deutlich gespurt. Aber Vorsicht ist geboten, das letzte Stück ist recht steil und rutschig. Unten an dem feinsandigen, hellen Flussstrand des Caura haben die Indianer ein sehr angenehmes Hängemattencamp aufgebaut und servieren den köstlichen, in Bananenblättern über dem Feuer gegarten Flussfisch *morocoto*.

Boca de Nichare

Danach reist man im Einbaum weiter. Dass sich an den Rändern des Caura spärlich gestreute Siedlungen befinden, nimmt man vom Boot aus kaum wahr. Geruhsam gleitet die *curiara* durch das klare dunkle Wasser zwischen *lajas* und harmlosen Stromschnellen hinein in das Gebiet der Makiritare. Wie produktiv sich indianische Wertvorstellungen mit technologischer Effizienz verbinden lassen, beweist die überraschende Solarenergieanlage in **Boca de Nichare** 12, einem ihrer Dörfer. Ein Besuch lohnt sich. Die Makiritare arbeiten und leben gemeinschaftlich, bauen Bananen, die indianische Tomate *tupiro* und *yuca* an und sie angeln Flussfische. Das *casabe*-Brot wird kollektiv für das Dorf zubereitet und trocknet in wagenradgroßen Scheiben auf den Dächern der Pflanzenhäuser. Hinter dem Dorf liegen die *conucos*. Im Kulturhaus aus Lehm gibt es einen kleinen Markt mit heimischem Kunsthandwerk, der von geflochtenen Glasperlenhalsbändern bis zu originellen Möbeln, dekorativ verzierten Vorratskörben und stilisierten Jagdspeeren reicht. Gefärbt wird mit Pflanzen, beispielsweise mit dem tiefroten *onoto*, der gleich hinter dem Haus wächst. In Boca de Nichare wohnen 90 Makiritare.

Isla de Yokore

Wasserschildkröten und Flussdelfine begleiten die Reise. Der Franzose Philippe Lesne wollte sich hier einen Traum verwirklichen und hat auf der **Isla de Yokore** 13 ein bequemes Hängemattencamp aufgebaut. Die Landschaft ist genauso attraktiv wie bei Puerto Ayacucho: Mit Sand bedeckte, helle Flussstrände werden von Granitfelsen in sämtlichen Tönungen von Anthrazit gerahmt, aus der die Erosion Kugeln, Schildkröten und Fächer gezaubert hat. Yokore ist so surreal schön wie einsam; die schillernd gefiederten *grullas* mit ihren dünnen Stelzenbeinen stolzieren elegant zwischen den mit Bromelien

behängten Bäumen. Die Insel bietet sich als Ausgangspunkt für Besuche in indianischen Siedlungen und Dschungelwanderungen an (Buchungen über Cacao Travel Group, Tel. in Caracas 02 12/977 12 34, www.cacaotravel.com).

Eine wichtige Station rückt ins Blickfeld: der Campamento Caura, in dem man übernachten und auch einige Tage verbringen und von dort aus Ausflüge unternehmen kann. Das von Sarrapiabäumen beschattete Camp thront regelrecht über dem Flussufer. Ein Kolonialstilbau, ein Baumhaus, ein kleines Chalet, zwei bequeme *churuatas* und wundervolle Aussichtsterrassen versammeln sich hier an einem romantischen Platz. Das Campamento verfügt sogar über einen Privatstrand und im Fluss kann man baden.

Auf der Felseninsel gegenüber breiten die Frauen aus **Las Trincheras** 14 ihre Wäsche zum Trocknen aus. Dieser Ort ist ein weit auseinandergezogener Flecken, einer der wenigen, die sich in dieser Gegend befinden. Hier verläuft die Grenze zwischen Regenwald und Urwald, doch davon ist nicht viel zu erkennen, seit in dieses Gebiet Guajibo gezogen sind. Sie kommen aus südlicher gelegenen Regionen und haben von dort ihre Form der Urbarmachung mitgebracht: das Abbrennen der Böden. Sie tun es aber auch, um Tiere besser jagen zu können, die das Feuer aufschreckt.

Wanderungen durch den tropischen Urwald, Flussfahrten auf dem Caura hinunter in seinen wilden amazonischen Süden, wo sich der Nationalpark Jaua-Sarisarinama mit seinen Tafelbergmassiven ausbreitet, die eingesackte Plateaus haben, bieten die Betreiber dieser Unterkünfte an. Da darf man sich dann wirklich wie ein Entdecker fühlen.

Eine asphaltierte Straße führt hinauf bis nach Maripa. Von dem dortigen Airstrip könnte man in ein Ziel der Wahl fliegen. Oder man schlägt mit dem Wagen den Weg auf der Carretera 19 nach Ciudad Bolívar ein. Wer die Straße wählt, bricht mit gefülltem Tank auf, denn sicheren Nachschub gibt es erst wieder bei Caicara. Die Tankstelle bei Pijiguaos nach 225 km wird nicht immer versorgt.

Campamento Caura: nur über Cacao Travel Group in Caracas, 02 12/977 12 34, Fax 977 01 10, www.cacaotravel.com. Das Camp, das in einem riesigen Waldschutzgebiet oberhalb des Caura liegt, muss man im Voraus buchen. Untergebracht ist man in einem attraktiven Bungalow oder in geräumigen *churuatas*. Romantisch oberhalb des Flusses befindet sich eine Terrasse und Bar. Auch Tourenangebote: Dschungelspaziergänge, Flussfahrten und eine aufregende Zweitagestour zum Salta Pará, dort Übernachtung in einem gepflegten Hängemattencamp der Curyuani.

Zweite Variante: Mit dem Auto

Die Strecke führt aus Puerto Ayacucho heraus an den sanft gerundeten, flachen Granitfelsen vorbei, die so charakteristisch für die Staaten Amazonas und Bolívar sind: kleinere Schwestern der Piedra La Tortuga. Auch sie sind erstarrte, kristalline Massen, die durch den Guayanaschild emporgehoben sind und durch die Erosion abgeschliffen wurden. Wer genauer hinsieht, bemerkt, dass in ihren Becken und Mulden neues Leben entstanden ist. Bromelien und Orchideen haben sich verankert und manchmal entdeckt man sogar einen Kaktus. Am Orinocozufluss Río Parguaza, der in der gleichnamigen Sierra entspringt, liegen winzige indianische Dörfchen. Nordöstlich davon beginnen bereits die Bauxitvorkommen. Bekanntester Platz dafür ist das Valle de los Colorados.

Von **Maniapure** 15 aus führt eine abenteuerliche Piste in das Siedlungsgebiet der Panare. Die Mission Nuevos Estribos arbeitet seit über 30 Jahren in dieser Region. Die Panare leben vom Fischfang und vom Ackerbau; weite Teile des Geländes sind gerodet. An die Touristen, die sich in ihre Gegend verirren, verkaufen sie Ketten aus bunten Glasperlen oder Federn und Stempel für Körperbemalungen. Sie haben weder Kleidung noch Haarschnitt den venezolanischen Vorstellungen angepasst. Die Männer tragen einen korallenroten Lendenschurz, den *guayuco,* die Frauen ein Tuch um die Hüften und Perlonschnüre als Oberteil.

Nur wenige und dazu auch noch schlechte Pisten durchfurchen das Gebiet jenseits von Maniapure. Ihr Ziel sind die Minas de Guaniamo, ein großes Gelände von Diamantenminen, die hier zwischen den Tafelbergen ruhen. Von der Abzweigung sind es nur noch 11 km nach Caicara del Orinoco.

Caicara del Orinoco

Früher war das doch ein wenig nüchtern wirkende und von sehr breiten Avenidas durchschnittene **Caicara del Orinoco** 16 bedeutsamer als heute, denn die Fähre über den Orinoco nach Cabruta stellte die einzige Verbindung des nördlichen Bereiches des Estado Amazonas in den Norden her. Man gelangte praktisch bis nach Caracas. Immer noch ist der Paseo am Orinoco von Caicara sehr hübsch. Hier kann man in einem attraktiven Freiluftrestaurant Platz nehmen, was besonders schön und beliebt zum Sonnenuntergang ist.

Hinter Caicara beginnt das Land der Viehzüchter. Von dem 130 km entfernten Maripa fädelt sich die Straße nach Las Trincheras ein. Man kann die Route an dieser Stelle unterbrechen, hinunter an den Río Caura fahren und sich erneut vom Zauber des Dschungels einfangen lassen.

Hotel Central: Calle Juncal 100, Tel. 02 84/666 71 92; 20 Zimmer. Ein einfaches, ordentliches Hotel mit Klimaanlage und sauberen, funktional ausgestatteten Zimmern. DZ 30 US-$.

Hotel Miami: Av. Carabobo, Tel. 02 84/666 78 85; 15 Zimmer. Ordentlich und funktional eingerichtete Zimmer. DZ ca. 25 US-$.

Caicara liegt an der wichtigen Verbindungsstraße zwischen Puerto Ayacucho und Ciudad Bolívar, **Busse** verkehren in beide Richtungen mehrmals tgl.

Fähren über den Orinoco nach Cabruta, mehrmals tgl. Von dort Verbindungen nach Valle de Pascua, Altagracia und San Juan de los Morros.

Das Maniokbrot *casabe*

Man nennt es *pan de la selva*, Dschungelbrot. Besonders in Guayana, im Estado Amazonas und auch im Orinocodelta gehört die *casabe* zu den Grundnahrungsmitteln, aber sie wird auch auf der Península de Paria hergestellt. Ihr unüberbietbarer Vorteil: sie hält sich lange frisch, so dass man sie nicht täglich zuzubereiten braucht.

Wir könnten sie mit Brot vergleichen, tun es aber besser nicht. Denn Marmelade oder Käse gehören nicht zu den Alltagsbegleitern der *casabe,* man tunkt sie eher in eine scharfe Soße, in der auch schon mal des pikanteren Geschmackes wegen Blattschneiderameisen schwimmen. Auch sind ihre Rohstoffe nicht unbedingt gesund: die hochgiftige Blausäure muss erst einmal aus dem Grundstoff, der *yuca brava* (Maniok), verschwinden, bevor man ihn weiterverarbeiten kann.

Casabe ist indianischen Ursprungs und sie wird in den venezolanischen Gebieten mit hohem indianischen Bevölkerungsanteil auch am häufigsten verzehrt. Für die präkolumbische Zeit lässt sich die traditionelle Herstellung von *casabe* anhand von Keramikfunden am Unterlauf des Orinoco nachweisen. Die ausladenden Pfannen von etwa 1 m Durchmesser waren schon damals in Gebrauch. Diese *budares* werden aus Ton hergestellt, den die Frauen in den *quebradas* der *selva* finden. Sie töpfern das Gefäß mit der Hand und versehen es mit einem etwa 10 cm hohen Rand.

Ein weiteres Hilfsmittel zur *casabe*-Produktion ist der *sebucán* aus Baumrinde oder aus *caña de sitira*, einem Bambusgewächs. Mit dem 2 m langen, elastischen Schlauch wird die Blausäure aus dem grob gemahlenen, geschälten und gewaschenen Maniok gepresst, der zuvor über Nacht in einem Ke-

Casabe ist eine indianische Erfindung und wird wie Brot gegessen

Thema

ramikgefäß fermentiert ist. Über den sogenannten *rallador,* ein mit scharfkantigen kleinen Steinchen besetztes hölzernes Reibeisen, wandert die gemahlene, ausgepresste *yuca* zur weiteren Zerkleinerung; das feine, leicht feuchte Mehl wird dann auf die *budares* verteilt und erhitzt. Durch seine besondere Beschaffenheit backt das Mehl ohne weitere Zusätze zu festen, dünnen, eiweißfarbenen Fladen zusammen. Zum Verzehr

bricht man diese in Stücke. Überall wird man bei einer Fahrt durch die Gran Sabana hölzerne Unterstände sehen, in denen *casabe* angeboten wird, manchmal zusammen mit dem *queso guayanés,* einem milden, recht mageren Käse.

Ihn zu probieren lohnt sich, denn die indianische, leicht säuerliche *casabe* taucht in den Speisekarten der Restaurants und Hotels nicht auf.

Reisen in die Llanos

Was das Außergewöhnlichste an Venezuela ist? Für viele Venezolaner steht fest, dass dies nur die Llanos sein können, die gigantischen, nahezu unberührten Tiefebenen, die sich über die gesamte Mitte des Landes breiten. Im Sommer stehen sie halb unter Wasser, in der Trockenzeit brüten sie unter der Sonne. Touristisches Potenzial haben die Hatos, riesige Viehfarmen. Sie sind zugleich wunderbare Stationen für die Tierbeobachtung.

Die Llanos

Wie ein *llano* (Ebene, Flachland) auszusehen hat, weiß jedes Kind, das mal Karl May gelesen hat: endlos weit, gewellte Steppe und ein Blick bis zum Horizont. In Venezuela sind die Llanos wirklich so: flach wie ein Teller und so weit wie der Himmel. Von Barinas am Fuß der Anden im Westen bis hinüber nach El Tigre, der Erdölstadt im Osten, umfassen die Llanos mit circa 300 000 km² ungefähr ein Drittel der gesamten Landesfläche und dehnen sich auch bis hinüber nach Kolumbien aus. In Venezuela unterscheidet man zwischen den Llanos Altos, die sich als etwa 50 km breiter Streifen am Andenrand von Barinas über Guanare nach Acarigua hinziehen, und den Llanos Bajos. Sie erstrecken sich hinter Calabozo hinunter zum Río Meta im Süden und zum Orinoco im Osten.

Unendlich grün, unendlich monoton: Die Llanos Bajos sind von eigentümlichem, aber großem Reiz, eben weil sie so einzigartig sind. Die spärlich über die große Weite gestreuten Galeriewälder und Vegetationsbänder entlang der Flüsse, die Haine mit *moriche*-Palmen und die kleinen Wäldchen wirken wie Stecknadelköpfe in einem Meer aus Gras. Es gibt nur eine Stadt darin, die sich so nennen kann – San Fernando de Apure –, aber unendlich viele sich auseinanderspreizende Wasserläufe.

Während der Regenzeit gleichen die Llanos Bajos, die den Löwenanteil dieser Landschaft bilden, der Oberfläche eines riesigen Sees, weil die Flüsse über die Ufer treten und das Land überfluten. Während der Trockenzeit brennt eine unerbittliche Sonne auf die Erde nieder, die ihre Elastizität und Fruchtbarkeit aber wegen der Wasserdepots, die sich während der Regenzeit bilden, nie ganz einbüßen muss.

Spekulationen über die Lage des legendären Goldsees von El Dorado bringen immer wieder die Llanos ins Gespräch. Kann es sein, dass die Konquistadoren auf der Suche nach diesem sagenhaften See, der später als der Guativitasee in Kolumbien identifiziert wurde, die überfluteten Llanos dafür hielten? Und sie dann nicht mehr fanden, weil sie sich im jahreszeitlichen Wechsel zur Steppe gewandelt hatten?

Der erste Reichtum des Landes: die Viehzucht

Die Llanos, untauglich für alles andere, erwiesen sich als geeignetes Gelände für die Viehzucht. Im Gegensatz zu den Konquistadoren, die ausschließlich vom Gold besessen waren, entdeckten 1548 einige andalusische Familien den wahren Wert dieses unzugänglichen Gebietes. Und bereits Mitte des 18. Jh. war der Rinderbestand beachtlich angewachsen. Die Vegetationsdecke ist allerdings wegen der extremen Wetterwechsel ausgesprochen nährstoffarm. Man braucht 1 ha Land, um ein Stück Vieh durchzubringen, lautet eine Faustregel. Kleinbauern konnten hier nicht Fuß fassen, so konzentriert sich der Landbesitz in wenigen Händen. *Hatos* nennt man hier die Viehfarmen.

Aber die abgeschiedenen Llanos verhalfen dem Land bereits im 18. Jh. zur ersten wirtschaftlichen Blüte, weil Vieh und Leder in Europa reißenden Absatz fanden. Flussläufe kompensierten den Mangel an Straßen, deren Bau auch viel zu aufwendig und kostspielig geworden wäre. Über Ciudad Bolívar und Barcelona konnten die Waren dann verschifft werden.

Daran hat sich bis heute nichts Wesentliches geändert. Die wenigen asphaltierten Straßenachsen von San Fernando de Apure nach Barinas und von Guasdualito nach San Cristóbal sind in schadhaftem Zustand, die geschotterten Stichstraßen lassen sich während der Regenzeit nicht passieren und auch sonst ist meist Vierradantrieb empfehlenswert, um in die Viehzuchtzonen zu gelangen. Schnell stellt sich heraus, dass die Llanos auch heute noch trotz ihrer Verbindung zu den wichtigen landwirtschaftlichen Zentren vollkommen abgeschieden liegen.

Die Wiege des Landes

Nicht jeder, der von ihnen schwärmt, kennt sie auch. Aber sie haben sich ähnlich wie der Wilde Westen für die Vereinigten Staaten zu einem nationalen Mythos verdichtet. In den Llanos könnten die Wurzeln von Venezuela liegen. Ihre Weglosigkeit symbolisiert Unabhängigkeit und Unregierbarkeit, die Nichtunterwerfung. Das Vieh, das frei im Gelände herumsprang, gehörte dem, der es als Erster zu seinem Besitz erklärte und brandmarkte, Zäune existierten nicht. Die Ebenen nähren den Mythos vom starken, einsamen, gänzlich unabhängigen Mann, der sich seiner Arbeit mit dem Vieh widmet und Strapazen erträgt, weil er sich damit ein Stück anarchischer Freiheit erkauft.

Die venezolanischen *llaneros* (*vaqueros*) ähneln von ihrer Ikonografie her den argenti-

Mit der Autorin unterwegs

Ausreiten mit den Llaneros

Was kann es Schöneres geben, als nach dem aufregenden Tagwerk, wie beispielsweise Tierbeobachtung oder Piranhafischen, mit den venezolanischen Cowboys in den Sonnenuntergang auszureiten? Schließlich befinden wir uns in der bedeutsamsten Viehzuchtregion Venezuelas, die jeder Venezolaner mit Herzblut verteidigen würde. Diese Ausritte sind auf einigen Viehfarmen möglich, etwa auf dem **Hato El Cedral** und auf dem **Hato El Cristero** (s. S. 289, 290).

nischen *gauchos*. Ihre Musik ist leicht und balladesk und der arabeske Gesang wird mit einer ungewöhnlichen Kombination aus einer viersaitigen Gitarre und einer Harfe begleitet. Die beliebtesten Sänger des Landes sind nicht die Salsastars, sondern die *llanero*-Größen Reinaldo Armas und Simón Díaz.

In der multikulturellen Gesellschaft Venezuelas, die immer stark europäischen, später nordamerikanischen Einflüssen ausgesetzt war und sie auch gerne adaptiert hat, versinnbildlichen die Llanos und der *llanero* die unverwechselbare Eigenständigkeit, die Verwurzelung im eigenen Land. Das Leben war schwer darin, aber es war auch ungebunden. Rómulo Gallegos, nicht zuletzt ein wichtiger Schriftsteller des Landes, hat auch für die Llanos einen Schlüsselroman geschrieben: »Doña Bárbara« (s. S. 282).

Tierparadiese für Touristen

Die Llanos rücken aber nicht als Heimstatt der *llanero*-Romantik – das höchstens als Zugabe –, sondern als natürliche Tierreservate immer mehr in den Mittelpunkt touristischen Interesses. Die Entfaltungsmöglichkeiten der exotischen Tierwelt in einer nahezu unzerstörten Natur, auf die die Industrialisierung noch keinen Zugriff hat, sind groß, wenn auch nicht uneingeschränkt. Einige Viehfarmen haben den Tourismus als Nebenerwerbsquelle entwickelt, andere leben ausschließlich da-

La Devoradora: Doña Bárbara

Sie ist die Sphinx, von der Ödipus annahm, sie geschlagen und beherrscht zu haben, indem er ihre Fragen beantwortete, sie ist ein Mythos und sie ist, wie die Sphinx, derart gewaltig, dass in ihrer Person die üblichen Geschlechtsstereotypen zu verschmelzen scheinen. Die Doña Bárbara des Rómulo Gallegos, die berühmte Romanfigur, von der es eine kongeniale Verfilmung mit María Félix gibt, hat archetypische Qualitäten.

Doña Bárbara hat keinen Vater und keine Mutter, als sie von Missionaren als ganz junges, wildes Mädchen irgendwo in den Tiefen der namenlosen Flusslandschaften der Dschungel aufgenommen und erzogen wird. Ihre starke sexuelle Ausstrahlung und ihre makellose Schönheit bestimmen ihr Schicksal. Sie wird geraubt, vergewaltigt und muss dem Mord an ihrem Geliebten beiwohnen, der sie zu schützen versucht. Daraufhin schwört sie ewige Rache.

Jahre später beherrscht sie die Llanos mit einer undurchsichtigen Mischung aus Willkür, Hexenzauber und unfehlbarer Schönheit. Sie verfügt über riesige Ländereien, die sie unerschrocken zusammengeraubt hat, über eine Schar domestizierter *machos,* deren Rauheit sie abstößt, die sie aber zugleich verehrt und in ihre Dienste gestellt hat, und über eine Legion zurückgelassener Liebhaber. Sie ist die *devoradora,* die Männerverschlingerin, und in jedem Mann bekämpft sie die erlittene Schmach. Aber sie besiegt sie nicht.

Der gebildete Hauptstädter Santos Luzardo schafft Ordnung. Mit den Mitteln der an Hochschulen erlernten westlichen Zivilisation reist er in die Llanos, um eine Erbschaft anzutreten. Sämtliche Warnungen, dort ginge er unter, aufgesogen von der Barbarei der Doña Bárbara, schlägt er in den Wind. Die schier unbegrenzten Weiten der Llanos verwandeln

sich unter der Feder von Gallegos zum Symbol des unbeherrschten und unbeherrschbaren Venezuela, dessen Wirkung fesselt und gleichermaßen erschreckt. Santos Luzardo pflanzt tapfer Zäune in die bis dahin unvermessene Landschaft und will sein Recht vor einem korrupten Richter erstreiten. Mit Briefen und Paragrafen tritt er gegen Naturgesetze an. Er arbeitet mit Vernunft gegen die Aura von undurchschaubarer Mystik, die Doña Bárbara umhüllt, und er entlockt ihr die Gefühle einer liebenden Frau, doch seine Mittel, ihr zu begegnen, sind konventioneller und weniger mutig als ihre. Sie löst ihre strengen Konturen auf, er nicht. Im Bewusstsein, die richtige Arbeit zu tun und die richtige Anschauung zu vertreten, also durch die Untadeligkeit seines Auftrages legitimiert, nähert er sich ihr nicht an. Er will die Unschuld, personifiziert in der noch rettbaren Tochter.

Und das ist das Wundervolle an der Argumentation des Rómulo Gallegos. Sicherlich wirbt er für Aufklärung kontra Unwissenheit, für geregelte Verhältnisse, Ordnung und Justiz kontra angemaßte, nicht legitimierte Herrschaftsansprüche, für Arbeit kontra Feudalmentalität – und dies alles verkörpert Santos Luzardo –, aber er zeigt auch dessen Angst vor der tellurischen Doña Bárbara, in der er nur die Mutter der halbwüchsigen Tochter Marisela sehen kann, von der er wünscht,

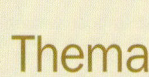

dass sie vor seiner beabsichtigten Heirat mit ihr im Kloster erzogen wird. Er wird dann ein Mädchen heiraten, das gewaschen, belesen, ehrfürchtig und gläubig ist, mit anderen Worten: vollkommen domestiziert. So bleibt am Ende der Geschichte der Wunsch nach Aussöhnung der beiden Elemente unerfüllt. Und das ist gut so.

Doña Bárbara ist zweifellos eine der wichtigsten literarischen Figuren des Landes, das Buch Pflichtlektüre an den Schulen und in unzähligen Ausgaben erhältlich. In der Populärsprache symbolisiert Doña Bárbara die starke, unabhängige, sexuell aktive Frau, die weiß, wo es langgeht, Macht ausüben will und kann. Das offensichtliche Schreckensbild der *machos* wurde ersonnen von einem Präsidenten (Rómulo Gallegos übte dieses Amt von 1947 bis 1948 aus) über ein Macholand. Vielleicht ist es aber auch nur dessen Kehrseite, ein Traumbild?

Doña Bárbara übrigens soll es tatsächlich gegeben haben. Einer der dem Fremdenverkehr zugänglichen *hatos* in den Llanos Bajos trägt ihren Namen. Dort befindet sich auch das Grab der *devoradora,* die im wirklichen Leben (angeblich) Francisca Vásquez de Carillo hieß.

María Félix (rechts) in der Rolle der Doña Bárbara im gleichnamigen Film

von. Und so möchten sich die Betreiber der Touristenfarmen denn auch als Tierschützer verstanden wissen, was nur logisch ist, denn der Zugang zu »unzivilisierten« Tierparadiesen ist ihr Kapital. Man kann natürlich darüber streiten, ob die Exkursionen zu den Nistplätzen der Vögel, dem größten Schatz der Llanos, unbedingt deren Erhaltung dienen oder ob es sinnvoll ist, sich nachts mit aufgeblendeten Suchscheinwerfern auf Tierbeobachtung zu begeben.

In Anlehnung an kenianische Gepflogenheiten werden die Touristen in sogenannten Safarijeeps, die rundherum freundlich offen sind, zu den lohnendsten Plätzen gefahren. Ornithologen staunen angesichts der kleinen Paradiese in den Llanos. Elegante Sonnenrallen, Orinocogänse, Reiher, Scharlachsichler, Ibisse, Wasserhühner, Rohrdommeln und Adler bevölkern die Region. Tausende von Kaimanen und Wasserschlangen vermitteln den Reiz gefährlicher Exotik. Die Wasserschweine (*chigüires*) sorgen für einen lustigen Anblick: Mit stacheligem, dunkelbraunem Fell bedeckt und ausgesprochen plumpschnäuzig hoppeln ganze Familien augenscheinlich dreiviertelblind über die Spuren, welche die Jeeps in ausgetrocknete Sümpfe gegraben haben.

Empfehlenswert ist ein Besuch zur Trockenzeit, dem sogenannten Sommer, während der Monate November bis Mai. Dann ist die Anzahl der Wasserstellen zusammengeschmolzen und die durstigen Tiere treffen sich nur an den wenigen schlammigen Ufern, die schnell gefunden sind. Die Reiseveranstalter nehmen Rücksicht, aber nicht nur auf die Gäste: Wegen des leicht auf über 35 °C ansteigenden Thermometers finden die Exkursionen morgens und am späten Nachmittag statt. Ohnehin verdammt die brütende Mittagssonne auch die Tierwelt zu purer Lethargie.

Während der Regenzeit sammeln sich die Tiere nicht in vergleichbarer Anzahl an den nun reichlicher vorhandenen und größeren Tränken, ihnen steht schlicht ein größeres Angebot zur Verfügung; dafür können Bootsausflüge unternommen werden. Die Tagesgestaltung der Anbieter ähnelt sich: zwei Ausflüge pro Tag, Vollpension; auch die Preise sind vergleichbar hoch. Die Gäste verweilen auf den klassischen *hatos* im Durchschnitt zwei bis drei Tage.

Mittlerweile gibt es eine Reihe von Viehfarmen mit teils luxuriöser und/oder familienfreundlicherer Ausstattung. Swimmingpool, Klimaanlage, Spielplatz, Bartheke mit Happy Hour und abendlicher *llanero*-Musikdarbietung sind den klassischen *hatos* allerdings fremd. Verschämt veranstalten sie höchstens einmal *piraña fishing* als Konzession an den Publikumsgeschmack und tischen anschließend die grätenreiche, aber nicht übel schmeckende Ausbeute auf.

Der Ausgangspunkt: San Fernando de Apure

Im Antlitz der Hauptstadt des namengebenden Bundesstaates spiegelt sich ihre Funktion: Handelsstadt, nichts sonst. Flach auseinandergezogen am Südufer des Río Apure, bietet sie 170 000 Einwohnern Platz.

San Fernando de Apure [1] wurde im 18. Jh. als Missionsstützpunkt der Franziskaner angelegt und blieb mangels Straßenverbindungen lange völlig isoliert. Als Verkehrsweg fungierte der Fluss, über den der

---

Simón Díaz hören!
Die *llanero*-Musik versorgt uns in halb Venezuela zuverlässig als Geräuschkulisse; wenn man sich also in den Llanos aufhält, ist es unumgänglich, sie zu hören. Wie gut, dass sie so schön melodisch ist und eigentlich jedem gefällt. Zur Einstimmung oder zum Abschluss der Reise empfiehlt es sich, Simón-Díaz-CDs einzupacken, als Erinnerung oder als Mitbringsel. Denn um den großen alten Señor der *llanero*-Musik wird man nicht herumkommen, seine Musik ist nachgerade emblematisch nicht nur für die Region, sondern für Venezuela. Und er ist einer ihrer ausgezeichnetesten Vertreter.

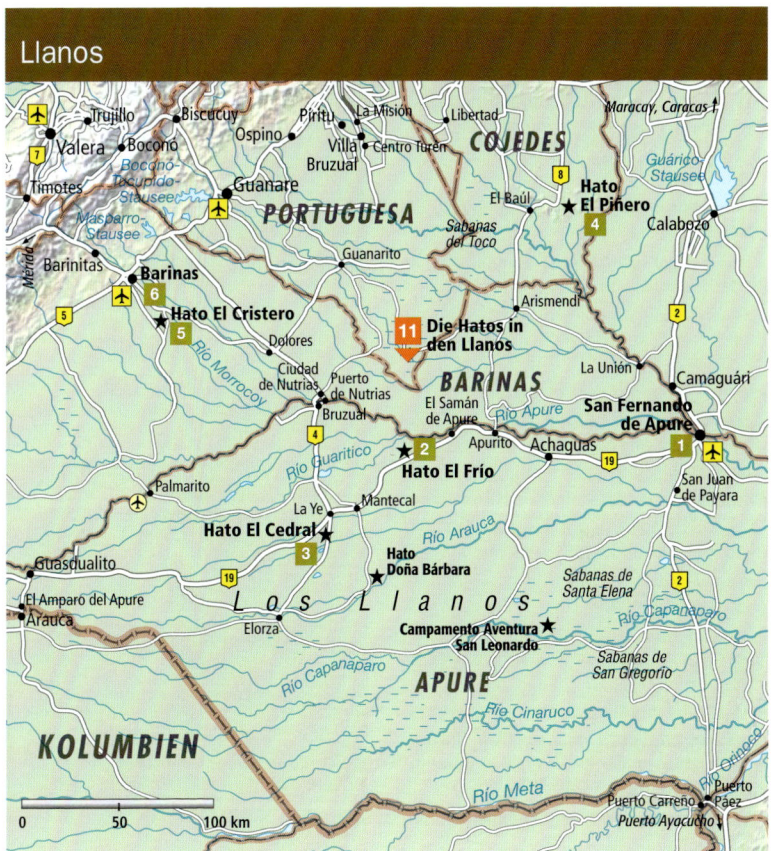

Llanos

Handel mit Krokodilleder sogar mit europäischen Städten abgewickelt wurde.

Das einzige sehenswerte Stück Architektur der Stadt entstammt dieser Zeit: der **Palacio Barbarito** an der Carretera 2, ein von italienischen Einwanderern errichtetes Handelshaus. Kostbarstes Handelsgut stellten Reiherfedern dar, die in Europa immerhin so heiß begehrt waren, dass im entfernten Venezuela deswegen Mord und Totschlag ausbrachen. Zumindest spinnt Rómulo Gallegos eine solche Geschichte in seiner »Doña Bárbara« (s. S. 282). Heute residiert darin die Banco Italo Venezolano.

Der **Paseo Libertador** durchzieht die Stadt in Nord-Süd-Richtung und liefert dabei

eine angenehm unmissverständliche Orientierungshilfe im Schachbrettmuster der Straßen. San Fernando bildet einen guten Ausgangspunkt für Touren zu den *hatos* und ist ein lebhafter Verkehrsknotenpunkt mit einer für einen solch isolierten Platz ansprechenden Hotellerie.

Coratur: im Busterminal, Tel. 02 47/514 72 92. Módulo de Información auch im Flughafen.

Hotel City Day: Calle Bolívar, Tel. 02 47/341 58 09, hcityday@cantv.net; 40 Zimmer. Liegt schön zentral und hat nicht gerade große, aber ganz gemütliche, gepflegte

285

und saubere Zimmer und geräumige, funktionale Bäder zu bieten. DZ 80 US-$.

Gran Plaza Hotel: Plaza Bolívar, Tel. 02 47/342 15 04. Mit 49 recht behaglichen, großen Zimmern liegt es direkt an der schattigen, ruhigen Plaza; ein Hotel mit viel Atmosphäre. DZ 55 US-$.

Hotel Apure: Av. Puente María Nieves, Tel. 02 47/342 22 14, hotelapure@cantv.net; 32 Zimmer. Unter den preiswerten Angeboten ist es das ordentlichste. Im typisch venezolanischen Motelstil gruppieren sich die Zimmer in verschiedenen Trakten um einen Innenhof. DZ 35 US-$.

La Taberna de Don Juan: Av. Carabobo, Tel. 02 47/342 62 59. Stimmungsvoll eingerichtetes Restaurant mit üppigen Fleischgerichten und auch spanischer Küche. Besonders nett wird es am Wochenende, denn dann treten Livebands auf, die nicht nur Musik aus den Llanos, sondern auch Salsa spielen.

Absolut hörens- und sehenswert ist das wichtigste Gesangsfestival der Llanos, der **Florentino de Oro**, der anlässlich der **Patronatsfeiern** veranstaltet wird. Dazu kommt natürlich noch eine Fülle weiterer typischer Llano-Veranstaltungen wie der Stierkampf *toros coleados* und Hahnenkämpfe. Die Patronatsfeiern finden vom 28. bis 31. Mai statt.

Der **Flughafen Las Flecheras** liegt 3 km östlich vom Zentrum. An den Werktagen gibt es einen Flug nach Caracas. Der **Busbahnhof** liegt am nördlichen Stadtrand; **Busse** nach Barinas, Maracay, Caracas, Puerto Ayacucho, Puerto La Cruz sowie nach Guasdalito über Barinas.

11 Die Hatos in den Llanos

In das Reich der Viehzüchter gelangt man über nur wenige Straßenverbindungen. In der Regenzeit muss manches Mal auch ein Motorboot angeworfen werden, um die eine oder andere Nebenstrecke zu bewältigen. Das ist spannend, verdeutlicht es doch, welche besondere Rolle die Llanos im venezolanischen Identitätsspektrum spielen – so weit entfernt von den städtischen Zentren wie Ca-

Das Vieh der Llanos bildete im 18. Jh. die wirtschaftliche Grundlage Venezuelas

racas oder Maracaibo. Aber sie spielen den durchaus gleichberechtigten Gegenpart.

Hato El Frío

Die am schnellsten von San Fernando de Apure zu erreichende Viehfarm **Hato El Frío**

2 (ca. 2,5 Std. an der Ruta Nacional 19 zwischen El Samán de Apure und Mantecal) liefert gleich eine Ausnahme: Die Betreiber des touristischen Programms sind nicht Venezolaner, sondern Spanier. Sie gehören der Asociación Amigos del Coto del Doñana an, die

287

weitere Farmen zur wissenschaftlichen Aufzucht von Tieren in Südamerika unterhält. Der Coto del Doñana an der andalusischen Costa de la Luz ist ein vom Tourismus arg in Bedrängnis gebrachtes Naturschutzgebiet im Marsch- und Schwemmland des Guadalquivir und die Mitglieder des Freundeskreises wechseln sich in der Betreuung der Estación Biológica auf dem Hato El Frío ab.

Diese verdankt ihre Existenz dem Verantwortungsbewusstsein des steinreichen Großgrundbesitzers Iván Darío Maldonado, der einen Teil seines 80 000 ha umfassenden *hato* den Naturschützern zur Verfügung stellte. Dort züchten die Betreiber Orinoco-Kaimane und *morrocoy*-Schildkröten, Letztere allerdings mit wenig Erfolg. Der Orinoco-Kaiman war wegen seines Leders verfolgt und fast ausgerottet gewesen, die *morrocoys* gelten bei vielen Venezolanern als wesentliches Nahrungsmittel und obwohl ihre Tötung mittlerweile verboten ist, gehört der Verzehr einer Schildkrötenpastete zu den festen Traditionen an Ostern: Auch in aktuellen Rezeptbüchern findet man immer noch Angaben zu deren Zubereitung.

Der Hato El Frío liegt auf halbem Weg zwischen El Samán de Apure und Mantecal. Auf Wunsch wird der Transfer vom Flughafen in San Fernando organisiert. Der Platz ist ein Topspot für die Vogelbeobachtung; die Bestände an Kaimanen, Ameisenbären, Brüllaffen und Wasserschweinen sind die größten aller *hatos*.

Hato El Frío: Tel. 02 40/808 10 04, 04 14/74 10 02 (Mobiltelefon), www.elfrio eb.com, hatoelfrio@gmail.com; 10 große und nüchterne, doch schöne Zimmer in einem Trakt, Restaurant und Aufenthaltsraum in einem weiteren Trakt. Reservierung obligatorisch (auch über lokale Reiseveranstalter) und nur für einen begrenzten Zeitraum, üblicherweise 2 Tage mit 4 Fotosafaris in Jeeps zur Tierbeobachtung; mit Vollpension 130 US-$.

Ein El Dorado für viele seltene Vogelarten und Vogelkundler: der Tigerreiher im Visier

Hato El Cedral

Der **Hato El Cedral** 3 , eine etwa 50 000 ha große Viehfarm, befindet sich zwischen La Ye und Elorza, im Herzen der Llanos Bajos.

In jüngster Zeit sind einige Teile von Landlosen besetzt worden. Die Umstände entziehen sich einer detaillierten Beurteilung; es könnten Landlose sein, die sich durch die Agitation des Präsidenten Chávez animiert fühlten, in den erfolgreich operierenden Hato einzudringen. Vielleicht handelt es sich aber auch um Bauern, die ganz im Gegenteil der zahlreichen nicht gehaltenen Versprechen von Hugo Chávez überdrüssig wurden. Der touristische Betrieb wird dadurch aber nicht beeinträchtigt, die Kontinuität ist gesichert, das kompetente Management bleibt wohl erhalten.

Der Tierbestand ähnelt dem des Hato El Frío, auch hier sind exzellente Möglichkeiten zur Tierbeobachtung vorhanden. Über 300 Vogelarten wurden auf dem *hato* gesichtet, hier leben 20 000 *chigüires* (Wasserschweine) und es gibt eine Aufzuchtstelle für Anacondas.

Die Vegetation ist typisch für die Llanos: Galeriewald, Palmen und die schirmakazienförmigen Regenbäume (*samanes*) bestimmen das Bild. Die Lage lässt auch Bootsausflüge und die Beobachtung von Kaimanen zu. Auch El Cedral ist ganzjährig über Straßen erreichbar. Die Anlage ist eine der attraktivsten unter den touristischen Hatos mit großen, dezent im Kolonialstil eingerichteten Zimmern in verschiedenen Trakten, dazu gibt es einen Swimmingpool und einen Garten. Abends wird manchmal *llanero*-Musik am Lagerfeuer geboten, falls genügend Gäste da sind.

Hato El Cedral: An der Carretera 4 zwischen La Ye und Elorza, Reservierung in Caracas über Tel. 02 12/781 89 95, Fax 793 60 82, www.elcedral.com; 25 Zimmer. Die Anlage bewahrt koloniales Ambiente, geräumige, gemütliche Zimmer mit Klimaanlage, kleiner Pool, sehr aufmerksamer Service; Tierbeobachtung in Safarijeeps oder je nach Jahreszeit mit Booten. Mit Vollpension 125 US-$.

Gehört zu den Bewohnern der Hatos: der Kaiman

Hato El Piñero

Weil er in den Llanos Altos östlich von El Baúl liegt, verfügt der **Hato El Piñero** 4 über eine ganz andere Flora und Fauna. In den Wäldern leben auf 80 000 ha Tapire, Leguane, Ozelots, Füchse, Ameisenbären und Affen, wobei die *chigüires* (Wasserschweine) und *babas* (kleine Kaimanart) hier natürlich auch zu sehen sind. Besonders artenreich fällt die Vogelwelt aus.

El Piñero ist mit über 50 Jahren im Geschäft der älteste unter den *hatos* und Pionier in Sachen Ökotourismus. Das Camp ist regelrecht luxuriös ausgestattet, verfügt sogar über einen Swimmingpool und einen großen Garten mit Spielplatz und ist also auch gut für Kinder geeignet.

Hato El Piñero: Zu buchen über Biotur Hato Piñero in Caracas, Tel. 02 12/ 991 11 35, www.hatopinero.com. Mit Vollpension und Exkursionen 130 US-$.

Hato El Cristero

Der vermutlich am unproblematischsten zu erreichende **Hato El Cristero** 5 befindet sich seit jeher im Besitz der Familie Concha.

Sie garantiert neben der ausgesprochen familiären Atmosphäre einen etwas jovialeren Umgang mit den Tierbeobachtungen, zu denen Humberto I Concha auch selbst in seinen Jeep einlädt.

Wer sein Augenmerk ausschließlich auf eine wissenschaftliche Tierbeobachtung legt, ist vermutlich auf anderen *hatos* besser aufgehoben. Wer sich aber eher für den regulären Tagesablauf auf einem *hato* interessiert, wer auch Anbaufelder und nicht nur Anacondas, die es auf dem *hato*-Gelände reichlich gibt, sehen möchte und Gefallen daran findet, einmal mit *llaneros* auszureiten, der ist hier an der richtigen Adresse.

Die Unterkünfte sind in verschiedenen Trakten untergebracht; sie sind sehr hübsch ausgestattet und haben jeweils romantische kleine Terrassen mit Hängematten. Geboten wird eine üppige, landestypische Küche mit überbordenden Grillplatten. Und die Aufnahme ist ausgesprochen herzlich.

Hato El Cristero: 20 km westlich von Barinas, km 28 Carretera vía Barinas, Tel. 02 73/552 26 95, www.hatocristero.com und www.circuitodelaexcelencia.com.

Barinas

In reisetechnisch günstiger Lage breitet sich das feuchtheiße, ländliche **Barinas** 6 aus: Landwirtschaftliches Zentrum für die Vermarktung der Produkte aus den Llanos, bildet es die Pforte zu den Anden und zum Valle de Santo Domingo mit der Panamericana. Die Hauptstadt des gleichnamigen Bundesstaates ist genauso flach ausgefallen wie die Ebenen. Jedes Gebäude mit mehr als drei Stockwerken sticht ins Auge. Barinas, mit einer Viertelmillion Einwohnern nicht klein, ist dennoch recht verschlafen, sodass die Santa Marías (benannt nach der ersten Fabrik, die sie herstellte), die bemalten Rollläden vor den Geschäften, oft den ganzen Tag unten bleiben. Die Hitze drückt die Einwohner buchstäblich in den Mauerschatten.

Das war nicht immer so. Ende des 18. Jh. rangierte Barinas als Mittelpunkt einer intensiv agrarisch genutzten Region der Bevölkerung nach an zweiter Stelle hinter Caracas; Tabak, Zuckerrohr, Bananen und Kakao brachten wirtschaftlichen Reichtum.

An die von Jacarandas und Tamarindenbäumen beschattete **Plaza Bolívar** grenzt der zur Stadtverwaltung umfunktionierte **Palacio del Marqués del Pumar** aus dem 18. Jh. und liefert ein Beispiel luxuriöser Kolonialarchitektur. Modellierte weiße Steinsäulen flankieren das reich geschnitzte Portal und strukturieren die beiden Patios. Die Kathedrale fällt durch ihre hübsche koloniale, leuchtend weiße Gestalt auf.

Hinter den Fassaden der meist würfelförmigen Häuser verbergen sich oft altertümliche Druckereien und Schuhmacherbetriebe. An der **Plaza Zamora** werden Orangen- und Zuckerrohrsaft angeboten.

Información Turística: Palacio del Marqués, Plaza Bolívar, Tel. 02 73/552 81 62. Es gibt auch ein Módulo de Información Turística im Flughafen.

Hotel Internacional: Plaza Zamora, Tel. 02 74/552 23 43. Älteres und recht gepflegtes Haus mit 40 Zimmern in verschiedenen Trakten direkt an der ruhigen, idyllischen Plaza Zamora. DZ ca. 40 US-$.

Posada Turística Doña Delfina: Calle Briceño Méndez, Tel. 02 74/533 46 48; 8 Zimmer. Sehr ordentlich eingerichtete Zimmer, die an der Seite eines Innenhofes liegen. Angeschlossen ist ein *llanero*-Restaurant, offen und recht rustikal; am Samstagabend gibt es mitunter Livemusik. Der Service ist hilfsbereit und freundlich. DZ ca. 30 US-$.

El Estribo: Calle Apure/Garguera; tgl. ab 11.30 Uhr. In einem ländlichen Ambiente wird vor allem eines serviert: Fleisch. Gerichte ab 10 US-$.

La Cantina de Luis: Av. Elias Cordero. Keine Kantine, sondern ein angenehmes Restaurant mit internationaler Karte.

El Sol del Llano: Av. Marqués del Pumar N. 6–74, Tel. 02 74/552 47 04. Eine gute Adresse für die Ausstattung von *llaneros* und alle, die gerne so wirken möchten, dazu Hängematten und Sombreros.
In den Lebensmittelgeschäften wird *queso de bufalá* angeboten, Büffelkäse, von dem die Italiener sagen, er sei besser als ihr eigener.

Die **Feria del Pilar** ist die größte Landwirtschaftsmesse im Umkreis und das will in dieser Viehzüchterhauptstadt etwas heißen. Sie findet vom 9. bis 17. Oktober statt und wird von vielen Darbietungen und Vorstellungen begleitet, dazu gibt es auch Stierkämpfe.

Der **Flughafen** liegt ca. 2 km südlich der Innenstadt; Flüge nach Caracas (5 x tgl.).
Der **Busbahnhof** befindet sich 2 km westlich der Plaza Bolívar an der Avenida Cuatricentenaria. **Busse** und **Por Puestos** nach Acarigua, Barinitas, Barquisimeto, Bruzual, Elorza, Guanare, Mérida und Valencia; Busse nach Acarigua, Barquisimeto, über die Llanosroute (Bruzual, Mantecal, Achaguas) nach San Fernando de Apure, nach San Carlos, nach Ciudad Bolívar, San Cristóbal, Maracaibo, Puerto La Cruz und Valencia.

Der zweitälteste Nationalpark Venezuelas:
Parque Nacional Sierra Nevada

Der Westen:
Von der Wüste
in die Anden

Karibisches Meer

Coro

Maracaibo

Lago de
Maracaibo

Barquisimeto

Mérida

San Cristóbal

Orinoco

Auf einen Blick: Der Westen – von der Wüste in die Anden

Kakao, Sand, Öl und Berge

Abwechslungsreiche Landschaften kennzeichnen den Westen des Landes. Dabei liegt zwischen der Wüste und den schneebedeckten Gipfeln der Anden nur eine Tagesfahrt und von den dampfenden Llanos hinauf in die Berge sind es nicht einmal 50 km. So gleicht der Westen einem Flickenteppich verschiedenster Webarten. Ausgedehnte Industriezonen, boomende Ferienzentren, Nationalparks unterschiedlichster Ausprägung, eine Bacardi-Rum-Idylle, das bedeutendste Schlachtfeld der Unabhängigkeitskämpfe, der einzige Vogelpass in Südamerika, die größte Erdölraffinerie und die höchste und längste Seilbahn der Welt, dazu versunkene Andendörfchen, steinerne Kirchlein und Kartoffelfelder auf 3600 m Höhe. Aus diesen unterschiedlichen Pinselstrichen setzt sich das Bild des Westens zusammen und zeigt, wie viele Facetten Venezuela eigentlich bietet.

Die Reise führt hinein in Tunnel aus hoch aufgeschossenen Bambusfeldern mit herabhängenden Lianen, wo das grüne Dämmerlicht des Dschungels kaum bis auf den Bo-

den dringt, in den Parque Nacional Henri Pittier und zu alten Kakaoplantagen, um deren Kakaobohnen sich die berühmtesten Confiserien von Rom und Brüssel streiten. Sie geleitet zu vom Meerwind getriebenen Sanddünen, in deren Nachbarschaft die Sonne das Meersalz zu Salinen zusammenbackt, den Médanos de Coro, und dann bald in die älteste Stadt Venezuelas, Coro, deren farbensprühende koloniale Lehmarchitektur zum Welterbe der Unesco erklärt worden ist. Die *maracuchos*, Bewohner der zweitgrößten Stadt des Landes, sind wegen ihrer flinken spöttischen Zunge gefürchtet und tragen den größten Nationalstolz zur Schau – auf ihren wunderbaren Bundesstaat Zulia freilich, nicht unbedingt auf Venezuela.

Diese Gegend gehört zu den frühesten von den Spaniern und auch Deutschen besiedelten und befestigten Landstrichen. Der Cabo de la Vela bei Coro bildete praktisch die Eingangspforte Venezuelas und das hieß damals immer auch: von El Dorado. Baumwoll-, Kakao- und Tabakplantagen großer Haciendas musterten bald die fruchtbaren Täler zwi-

schen Maracay und Valencia, eine natürliche Hafenanlage bot die geeignete Ausfuhrmöglichkeit. Piratenüberfälle allerdings führten zu rasch vernachlässigten Siedlungen und eine lange, unbeschädigte Tradition kann keine der Gründungen aufweisen. Einzig Coro sonnt sich im Ruhm seiner authentischen Kolonialarchitektur.

Mérida und die Anden hingegen verkörperten einen eigenen Kosmos; sie standen unter dem Einfluss Kolumbiens und pflegten ihre transandinen Beziehungen. Kolumbien lag nun einmal nur über den Gipfelgrat entfernt, die Reise nach Caracas hingegen war mühselig und beschwerlich. Noch bis in die 1940er-Jahre brauchte man von San Cristóbal bis in die Hauptstadt im schnellsten Fall über vier, manchmal auch zehn Tage.

Highlights

12 **Parque Nacional Henri Pittier:** Der Nationalparkveteran ist vor allem für Vogelfreunde ein lohnendes Ziel. Alte, traditionelle Kakaoplantagen liegen im Hinterland wunderbarer Strände (s. S. 300 ff.).

13 **Koloniales Zentrum von Coro:** Knallorange, Zitronengelb, Sahneweiß und Türkisblau leuchten die kolonialen Fassaden in der Calle Zamora in Coro mit seiner kunstvoll restaurierten Lehmarchitektur, wie sie es sonst selten zu sehen gibt (s. S. 316 ff.).

14 **Pittoreske Andendörfer: von Apartaderos nach Mérida:** Wie aufgereiht an einer Schnur liegen die Andendörfchen hintereinander, eingebettet in die Täler des Río Santo Domingo und des Río Chama. Sie sind allesamt aus Poststationen entstanden, die einst für den Pferdereiseverkehr eingerichtet wurden (s. S. 347 ff.).

15 **Die Stadt Mérida in den Anden:** Mérida mit seiner frischen, klaren Luft, seiner abwechslungsreichen Umgebung und seinem überschaubaren und beschaulichen Stadtzentrum hat sich zum begehrten Reiseziel entwickelt (s. S. 354 ff.).

Richtig Reisen-Tipps

Cabañas Xinia und Peter: Xinia und Peter Lauterbach haben ein Refugium geschaffen, in dem man sich in der Fremde wie zu Hause fühlt (s. S. 352).

Hacienda El Carmen: Hier kann man einmal auf einer richtigen Kaffeehacienda übernachten (s. S. 362).

Metropole der Hängematten – Tintorero: Das Örtchen in der Nähe von Barquisimeto ist im ganzen Land für seine gewebten Hängematten bekannt und hat auch noch allerhand mehr vorzuzeigen (s. S. 379).

Empfehlenswerte Route

Von Barinas nach Mérida: Diese Strecke, die die feuchtheißen Llanos mit den Anden verbindet, ist vielleicht die schönste im ganzen Land. In 5–6 Std. schraubt sich die Route auf fast 4000 m Höhe an den typischen Vegetationszonen der Anden entlang (s. S. 342).

Reise- und Zeitplanung

Diesem Ausschnitt Venezuelas kann man zwei Wochen widmen, wenn auch ein paar Tage Stranderholung in den Nationalparks Henri Pittier und Morrocoy enthalten sein sollen. Für Coro und Maracaibo sollte man jeweils einen Tag einkalkulieren. Mérida und die Andendörfchen haben eine ausführliche Begutachtung verdient. Nicht zu vergessen sind die zahlreichen Möglichkeiten zum Wandern, Rafting, Reiten und Klettern.

Klima- und Reisezeit

Für ein so weites Spektrum eignen sich am besten die Monate Januar bis März. Das ist auch für Bergbesteigungen in den Anden günstig. Im Februar weht der Wind für die Wind- und Kitesurfer am besten.

Nicht nur landschaftliche Höhepunkte wie die beiden Nationalparks Henri Pittier und Morrocoy hat das Land in diesem Abschnitt zu bieten, sondern auch kulinarische Attraktionen. Der Ron Santa Teresa, die einzige Rumfabrik, die im Familienbesitz verblieben ist, und die alten Kakaohaciendas von Choroní, Chuao und Cepe belegen, womit das Land einmal sein Geld verdient hat, bevor das Erdöl entdeckt wurde.

Durch die Valles del Tuy

Eine malerisch gelegte Autobahn führt von Caracas aus gen Westen durch die lieblichen **Valles del Tuy**. Blütenübersäte Haine säumen die Straßen. Kurz bevor Hochhaustürme die Einfahrt der Industriestadt **Victoria** [1] verkünden, zweigt eine Zufahrt zur Rumfabrik **Hacienda Santa Teresa** (Tel. 02 44/302 28 60, www.fundavollmer.com/teresa.htm, tgl. 10–12 und 13–16 Uhr) ab. Sie liegt in einem Bett aus ausgedehnten Zuckerrohrplantagen und man erkennt sie leicht an der Auffahrt zum Haupthaus, denn sie wird von einer schnurgeraden Kokospalmenallee gesäumt.

Zuckerrohr hatte die Kolonialmacht Spanien im 16. Jahrhundert in Venezuela eingeführt. Doch nur wenige Haciendas betrieben ausschließlich Monokultur. Auch auf den Feldern von Santa Teresa baute man ursprünglich Weizen und Kaffee an. Der Beginn des 20. Jh. brachte das Umdenken. Der Betrieb beschränkte sich auf Zucker und produzierte ausschließlich Rum, zunächst mit wachsendem und mittlerweile mit überwältigendem Erfolg. Denn welche Insiderblätter man auch befragt, ein »Santa Teresa« wird immer den Klassenbesten zugeschlagen. Die Familie Vollmer, engagierte Betreiberin der Hacienda, freut das natürlich.

Eine betagte Dampflok von 1925 schnauft über das Gelände und transportiert die Besucher, mittagessen kann man dort auch.

Maracay

Die Industriezonen und ausgefransten Wohnviertel rings um die Millionenstadt lassen kaum die netten Straßenzüge in ihrem Inneren erwarten: San José de Maracay de Tapa Tapa, Hauptstadt des Bundesstaates Aragua, entstanden im Jahr 1710 aus einer Kirche, einem Friedhof und dem Wohnhaus eines Priesters, war Lieblingsaufenthalt des Diktators Juan Vicente Gómez, der aus Verachtung für die intellektuelle und liberale Einwohnerschaft von Caracas – übrigens war die Verachtung durchaus gegenseitig – die Stadt zu seinem Regierungssitz machte. Die von ihm veranlassten Baumaßnahmen bestimmen das Stadtbild von **Maracay** [2], doch das hat darunter nicht gelitten.

Als Kontrapunkt zu den langen Zeiten der Diktatur hat die Universitätsstadt Maracay zusammen mit Caracas und Mérida wohl die unbequemsten Studenten des Landes. Aufruhr herrscht auch in der Armee: Die Militärbasis von Maracay geriet häufiger schon in die Schlagzeilen. Prominentester Kopf von Maracay ist zweifelsfrei der heutige Präsident Hugo Chávez Frias, der 1992 mit seinem Putsch scheiterte, seit 1999 an der Landesspitze steht und seine Regierung bis ins übernächste Jahrzehnt führen will.

Trotz seiner für venezolanische Verhältnisse langen Existenz wuchs Maracay nur sehr langsam. Indigo und Tabak wurden zwar

Mit der Autorin unterwegs

Das Schokoladendörfchen Chuao

Auf den Handelsmärkten Europas nannte man den Kakao aus Venezuela der Einfachheit halber Caracas. Das ließ sich leichter aussprechen als Chuao, wo die Kakaobohnen tatsächlich herkamen. Ihre Qualität war so hervorragend, dass sie als das Maß aller Dinge galten, als Standard, an dem sich jede andere Kakaobohne auf der Welt, sprich der Kolonien, messen lassen musste. Und genau aus diesem Grund ist das verschlafene Chuao auch einen Besuch wert (s. S. 306).

Fischsuppe essen in Puerto Cabello

Fernfahrer können nicht irren, sie wissen meist, wo es **gutes und preiswertes Essen** gibt. Demzufolge ist die Einfahrt nach Puerto Cabello in dieser Hinsicht unschlagbar, denn hier steht ein Budenrestaurant neben dem anderen und alle sind voll. Wer sich nicht daran stört, dass Mobiliar wie Besteck und Tischdecken aus Plastik bestehen und die Aussicht auch nicht die allerbeste ist, wird hier in den Genuss einer köstlichen Fischsuppe kommen (s. S. 311).

Die *cayos* im Parque Nacional Morrocoy

Sie sind so schön, dass man sofort gute Laune hat, wenn man sie sieht, aber sie vergeht einem auch sofort wieder, ist man zur Hauptsaison unterwegs. Die **Korallenkeys** im Nationalpark Morrocoy sind dann einfach voll, hektisch und laut, erfüllen ganz und gar nicht den Wunsch nach **karibischer Idylle**, die sie zu jeder anderen Zeit durchaus verkörpern. Und die Zentren der *cayos* ähneln in Hochsaisonzeiten trotz eindringlicher Appelle großen Müllkippen. Eigentlich heißt es in den Statuten der INPARQUES, dass für Übernachtung und Zeltaufbau Sondergenehmigungen einzuholen sind, doch während der Ferienzeiten schwellen die Gästezahlen ins Unkontrollierbare an (s. S. 314).

in großem Maßstab angebaut, Basken und Bewohner der Kanarischen Inseln verdienten sich auf den Weizen-, Kakao- und Baumwollfeldern der Haciendas ein Auskommen und fortschrittliche Bewässerungssysteme wurden während der Kolonialperiode erprobt, doch die städtische Entwicklung hielt mit der ländlichen nicht Schritt.

Lohnende Ziele liegen in der unmittelbaren Umgebung von Maracay. Mit dem Parque Nacional Henri Pittier, den Stränden von Puerto Colombia, Cata, Chuao und Cepe sowie dem Ort Santa Clara de Choroní gibt es genügend landschaftliche und kulturelle Schönheiten, die schnell zu erreichen sind.

Die Gartenstadt

La Ciudad Jardín – trotz Industrieabgasen und staubiger Luft hat sich Maracay den Titel Gartenstadt durchaus verdient. Die **Plaza Bolívar** beispielsweise, so schön wie ein Park, ist die größte des Landes. Goldfarbene Sitzbänke und Fontänen gliedern die palmenbestandene und von Hecken gerahmte Fläche. Sie wird im Süden von dem weißen Gebäude des ehemaligen **Hotels Jardín** begrenzt, in dem heute die Provinzregierung tagt. Das Hotel sollte unter Vicente Gómez als Repräsentationsbau der Unterbringung hoher Gäste dienen und Maracay einen Hauch weltstädtischer Atmosphäre karibischer Färbung verleihen. Schattige Wandelgänge rahmen erfrischend bepflanzte Patios ein, drinnen ist es so grün und kühl wie in einem Wintergarten, eine Mischung aus Großbürgervilla und ruhigem Landhaus.

Wer am Wochenende kommt, hat Glück: Dann nämlich steht das einzige **Museo Aeronáutico** des Landes, jenseits der Avenida Bolívar, offen. Von den ersten kleinen, stoffbezogenen Fluggeräten aus dem Besitz der französischen Post, die nach dem Ende des

Von Maracay zum Parque Nacional Morrocoy

In der Stierkampfarena von Maracay kämpfte einst Manolete

Ersten Weltkriegs erworben wurden, über das Konferenzflugzeug, die sogenannte Heilige Kuh, und die Maschine, die offenbar Drogen transportierte und auf den Namen Frank Sinatras eingetragen gewesen sein soll, gibt es viel zu sehen. Da vergisst man fast, dass man auch an Kriegsflugzeugen vorbeispaziert. Ein Motor, der es zu einiger Berühmtheit gebracht hat, gehört ebenfalls zu den Ausstellungsstücken. Er trieb die Maschine an, mit der Jimmy Angel den höchsten Wasserfall der Welt, den Salto Ángel am Auyán-Tepui, Hauptattraktion des Parque Nacional Canaima, entdeckte (s. S. 259; Final Av. Santos Michelena, Sa/So 9.30–17 Uhr).

Schräg gegenüber, direkt an der Avenida 19 de Abril, ist in einem Neubaukomplex das **Museo de Arte Contemporáneo Mario Abreu** untergebracht; mit Wechselausstellungen in den unteren beiden Stockwerken, Stadtgeschichte mit Gebäudemodellen und dokumentarischen Fotografien sowie dem Schreibtisch des Naturwissenschaftlers Henri Pittier mit präparierten Schmetterlingen und einem ausgestopften Gürteltier in den darüberliegenden Etagen (Tel. 02 43/237 85 34, Di–So 8–17 Uhr, Eintritt frei).

Zwei Straßenblocks weiter in Richtung Westen prangt die neobarocke maurische **Stierkampfarena**, die aussieht wie ein direkt aus Andalusien importiertes Ausstellungsstück, was kein Wunder ist, denn der berühmte Architekt Carlos Raúl Villanueva nahm sich die Sevillaner Maestranza zum Vorbild, sozusagen die Mutter aller Stierkampfarenen. Sie wurde 1933 erbaut und dem bekanntesten unter den venezolanischen Toreros, César Girón, gewidmet. Eine gusseiserne Skulptur würdigt den Spanier Manolete, der hier auch kämpfte. Man sieht, die Größen des spanischen Stierkampfes machten und machen der Arena ihre Aufwartung. Die prächtige Maestranza hat einen guten Namen unter den Plazas de Toros Lateinamerikas und wurde zum Weltkulturerbe ausgerufen.

Ein Theater mit dem Aussehen einer Jugendstil-Bonbonschachtel ist der **Ateneo de Maracay**. Leider hat es kein festes Ensemble, sodass man während der im April beginnenden Saison nur Gastspiele sehen kann (Av. Santos Michelena, Tel. 02 43/264 08 83, www.teatroateneodemaracay.com).

Die schmale Calle Michelena entführt in ihrem weiteren Verlauf in vergangene Zeiten, weil sie von hübschen renovierten Häusern der vorigen Jahrhundertwende gesäumt wird.

Ein weiteres Theater macht dem Ateneo Konkurrenz: das **Teatro de la Opera** (Av. Miranda/Calle Brion, Tel. 02 43/233 60 43). Allerdings ist es nicht ganz so schön, denn es stammt aus dem Jahr 1973, und es dient ebenfalls als Gastspielbühne.

Die **Plaza Girardot** bildete ursprünglich das Zentrum der Stadt südlich der Avenida Bolívar in einem Netz aus Gassen mit preiswerten Geschäften und wirkt etwas vernachlässigt, genauso wie das **Museo de Arqueología** unter den Arkadengängen (Tel. 02 43/247 25 21, Di–Fr 8.30–15.30, Sa/So 9–12.30 Uhr, Eintritt frei), das nur Unerschrockene besuchen sollten: Die wenigen, kunterbunt zusammengewürfelten Exponate und Vitrinen werden kaum erläutert.

Einziges Gebäude Maracays aus der Kolonialzeit ist die **Kathedrale** mit renovierter und frisch weiß getünchter Fassade.

Inatur: Dirección de Turismo, an der Plaza Girardot, zwischen Calle Mariño und Calle Soublette, Tel. 02 43/242 22 84.

Hotel Pipo Internacional: Calle Principal, Urb. El Castaño, Tel. 08 00/468 35 37 (Reservierungsnummer), 02 43/241 31 11, www.hotelpipo.com; 125 Zimmer. Komfortabler, moderner Bau außerhalb des Zentrums, malerisch gelegen auf dem Weg zum Parque Nacional Henri Pittier. Pool, Palmengarten und Gartenrestaurant. DZ 110 US-\$.

Hotel Micotti: Av. Bermúdez, Tel. 02 43/236 92 87, 234 09 21, micotti@cantv.net; 84 Zimmer. Ein recht gepflegtes, für Venezuela typisches Mittelklassehotel im Businessstil, mit Sauna und Fitnessbereich. DZ 80 US-\$.

Hotel Byblos: Av. Las Delicias, Tel. 02 43/242 34 54; 80 Zimmer. Geräumiges Haus in gepflegtem Stil, in dem Funktionalität im Mittelpunkt steht. Die Zimmer sind nicht sehr groß, haben aber ein recht gutes Preis-Leistungs-Verhältnis. DZ ca. 55 US-\$.

Hotel Aventino: Urb. Calicanto, Tel. 02 43/245 06 56, www.hotelaventino.com; 45 Zimmer. Liegt nicht gerade zentral, aber ist eine gute und neue Option. Von außen bunt bemalter Betonkasten, innen komplett gefliest, sauber, mit netten, etwas kleinen Zimmern, guter Service. Zimmer 40 US-\$.

Posada El Limón: Calle El Piñal 64, El Limón, Tel. 02 43/283 49 25, www.posadaellimon.com; 19 Zimmer. Auf dem Weg in den Parque Nacional Henri Pittier. Die ehemalige Mangohacienda ist heute eine hübsche Posada mit gepflegten und im Kolonialstil eingerichteten Zimmern, Gärten, Terrassen und einem schattigen Pool. Salma und Bernardus führen auch die Reiseagentur Caribean Eco Tours und haben sich auf Vogelbeobachtungen im Parque Nacional Henri Pittier spezialisiert. DZ ca. 40 US-\$. Man kann auch in Hängematten übernachten.

Bodegón de Sevilla: Av. Las Delicias, Tel. 02 43/242 79 14; tgl. 11.30–23 Uhr. Spanische Tasca mit der typischen Ausstattung aus schwerem, dunklen Holz und einladender Tapastheke. Es gibt Paella und *chorizo* (würzige Paprikawurst) und eine ganze Karte weiterer spanischer Leckereien. Gerichte ca. 10 US-\$.

La Terraza del Vroster: Av. Las Delicias, Tel. 02 43/832 96 55; tgl. 12–23 Uhr. Keine besonders spezialisierte Küche wird in diesem gepflegten Terrassenrestaurant serviert, eher ein Potpourri aus Fleisch, venezolanischen Spezialitäten, aber auch Nudelgerichten. Gerichte ab 6 US-\$.

Die Stierkampfsaison erstreckt sich in der Zeit von November bis März. Ein wirklich besonderes Spektakel ist dabei die **Feria de San José** mit zahlreichen *corridas*, die meist in der zweiten Märzwoche abgehalten wird.

Von Maracay zum Parque Nacional Morrocoy

Der **Flughafen** ist zur Zeit nicht für Linienflüge geöffnet. Der Flughafen von Valencia hingegen wurde als internationaler Airport ausgebaut und liegt eine gute Autostunde entfernt.

Busbahnhof an der Av. Constitución/Av. Fuerzas Armadas, 10 Min. von der Plaza Bolívar entfernt.

Por Puestos nach Caracas, Choroní, Ocumare de la Costa; Busse nach Caracas (stdl.), Maracaibo, Barinas, Boconó und Trujillo, Coro und Punto Fijo, El Tigre, Upata und Callao, Puerto La Cruz (häufig), Mérida, La Fria und San Cristóbal (mehrmals tgl.).

Autovermietung: Budget: Calle Las Palmas, Urbanización San Augustín, Tel. 02 43/233 44 20, Fax 233 00 68.

12 ▼ Parque Nacional Henri Pittier

Ein Schweizer zündete den Initialfunken. Der Botaniker Henri François Pittier kam 1917 in das Land, klassifizierte 30000 Pflanzen und gründete 1937 den ersten Nationalpark Venezuelas unter dem Namen Rancho Grande, der später ihm zu Ehren in **Parque Nacional Henri Pittier** umgetauft wurde. Die geschützte Fläche bedeckt 1070 km² zwischen Meeresküste und der Kordillere hinter Maracay, der höchste Gipfel ist der Pico Cenizo (2430 m). Die extremen Höhenunterschiede bringen die vielfältigsten Vegetationsformen hervor: Mangrovenwälder an der Küste, wüstenhafte Polsterpflanzen, Savannenvegetation ab 400 m, später die heimische Kastanie *copey* und Feigenbäume. Der tropische Nebelwald in Höhen ab 1500 m blättert das fantastischste Pflanzenlehrbuch auf. Verschiedene Palmengewächse, Kautschukbäume, Orchideen, Baumfarne, knallrote Helikonien, schneeweiß blühende Bukare und Bromelien verbinden sich mit Lianen zu üppigen grünen Vorhängen, die von meterhohen Bambusgräsern gerahmt werden. Ein außergewöhnlich großblättriges Kraut, die *Gunnera pitteriana*, wächst ausschließlich hier.

Wege zum Parque Nacional Henri Pittier
Um von Maracay in den Parque Nacional Henri Pittier zu gelangen, stehen zwei Ausfallstraßen zur Wahl. Über die Avenida Las Delícias, schattig, schön, von großbürgerlichen Villen gerahmt, erreicht die Ruta 6 die Biologische Station und Choroní; über El Limón verläuft die Ruta 7 nach Ocumare de la Costa und Cata. Es gibt keine Querverbindung über den hohen Kordillerengrat.

So wie ein tropischer Nebelwald aussehen sollte: der Parque Nacional Henri Pittier

Noch überbordender fällt allerdings die Tierstatistik aus. Etwa 520 verschiedene Vogelarten leben im Parque Nacional Henri Pittier; sie repräsentieren über 40 % der in Venezuela beheimateten und immerhin 6,5 % der weltweit vorkommenden Arten. Mit dem V-förmig tief eingeschnittenen Paso Portachelo (1130 m) verfügt dieser Abschnitt der Küstenkordillere über eine ganz einzigartige Durchgangsstation für Zugvögel, der ihnen erlaubt, vom Meer bis hinunter nach Argentinien zu gelangen.

Die von Pittier gegründete **Estación Biológica Rancho Grande** bietet geführte Wanderungen an, die über INPARQUES gebucht werden können (dort erhält man auch die Erlaubnis zur Übernachtung im Park, Tel. der Estación 02 43/550 70 85, Nationalparkgebühr 2 US-$). Picknickplätze und kleine natürliche Schwimmbecken findet man in Guamitas und Cocuizas, 6 km hinter Maracay auf der Strecke nach Choroní.

In dieser tropischen Umgebung liegen einige der wichtigsten Kakaohaciendas der He-

Westküste

Karibisches Meer

Golfo Triste

gion. Und wenn man weiß, dass die Kakaobohnen dieses Küstenabschnittes einmal die berühmtesten der Welt waren, dann machen die Besuche umso mehr Spaß, z. B. auf der Hacienda Sabaneta von Kay Rosenfeld. Man kann sie mit kurzen Wanderungen verbinden, z. B. zum alten Wasserwerk, das mitten im Park liegt. Ein Padre aus Caracas hat den klassizistischen Wassertempel aus hellem Stein zu einem Konzertgelände umgewandelt, in den Hallen können Kunsthandwerker arbeiten und ausstellen und sogar wohnen. Von dort aus erklimmt man den Weg zu dem Hängemattencamp von Virgilio Espinal, El Cocuy, Startpunkt für Wanderungen durch den an Wasserfällen reichen Nebelwald und

mit großartigen Möglichkeiten zur Vogelbeobachtung (s. Puerto Colombia, S. 303).

Santa Clara de Choroní

Das Kolonialdörfchen **Santa Clara de Choroní** **3** ist nach etwa 45 km und zweieinhalb Stunden (mit dem Bus, mit dem eigenen Auto etwa anderthalb Stunden) erreicht. Der Ort ist winzig und von überraschender architektonischer Geschlossenheit. Pastellfarbene Häuschen mit schmiedeeisernen Fenstergittern, mit roten Schindeln bedeckten Dächern und alten, schweren Holztüren verbergen blühende Patios in ihrem Innern. Oftmals findet man an den Türstürzen eingeschnitzte Kakaobohnen, das Wohlstandssymbol vergangener Tage.

An der zierlichen, idyllischen Plaza Bolívar wurde unter malerischen Baumwipfeln ein Gedenkstein für die berühmteste Tochter der Stadt errichtet: La Beata Madre María, die am 25. April 1875 in Choroní geboren wurde, 1901 die Augustinas Recoletas de Corazón de Jesús gründete und als erste Venezolanerin überhaupt 1995 seliggesprochen wurde. Selbstverständlich schmiegt sich an die Plaza eine kleine Kathedrale, und die Farbgebung ihrer Innenausstattung lässt an Sommerkleider denken: bunt, fröhlich, himbeerrosa, himmelblau, gelb und weiß.

La Casa de las García: Calle Cementerio (ausgeschildert, zwischen Choroní und Puerto Colombia), Tel. 02 43/991 10 56; www.choroni.org/casa-de-las-garcias; 12 Zimmer. Reizvolle Anlage in einem restaurierten, 300 Jahre alten Kolonialhaus, dessen Struktur beibehalten und dessen Substanz behutsam modernisiert wurde. Geräumige, stilvolle Zimmer, ruhige Lage, Veranden, Garten. DZ ca. 80 US-$.

Hostería Río Mar: Calle Miranda, Tel. 02 43/941 19 45, riomar@cantv.net; 9 Zimmer. Gepflegte, schlichte, nett gemachte Pension mit freundlichen Wirtsleuten, die auch Touren organisieren. DZ ca. 25 US-$.

Posada Colonial Choroní: Calle Miranda/Plaza Bolívar, Tel. 04 14/275 84 19 (Mobiltelefon); 8 Zimmer. Attraktives Kolonialhaus mit einfachen, aber hübsch gestalteten Zimmern, die um einen blumenbestandenen Innenhof gruppiert sind. Dort werden auch die Mahlzeiten serviert. Meist junges Publikum. DZ ca. 25 US-$.

Die *posadas* und *hosterías* haben ein eigenes Veranstaltungsprogramm. Der Transfer zu der Playa Grande bei Puerto Colombia sowie von Maracay zu den jeweiligen Unterkünften wird meist angeboten. Ausflüge kann man zu den **Kakaoplantagen** von Chuao und **Cepe** unternehmen, auch **Bootsfahrten** zu weiteren Stränden.

An Bargeld denken!
Für die gesamte Region wurde unlängst neben der örtlichen Polizeistation ein Bankautomat des Banco Mercantil eingerichtet. Wie störungsanfällig er ist und eventuell mal kein Geld ausspuckt, hat die Erfahrung noch nicht gelehrt. Deswegen sollte man genügend Bargeld einpacken, da nur wenige der Unterkünfte und Restaurants in Choroní und Puerto Colombia Kreditkarten akzeptieren. Sonst bleibt nur der Weg zurück nach Maracay.

Die **Fiesta de San Juan** wird nicht nur im Barlovento gefeiert, auch hier ist die Küste von schwarzafrikanischem Einfluss beseelt. Um den 24. Juni, den Johannistag, herum darf man mit vielen Festen rechnen, mit Trommelumzügen in den Straßen und natürlich mit der Wahl einer Miss. Dasselbe gilt auch für Puerto Colombia.
Ebenfalls ein wichtiges Datum: der 30 Mai. Gefeiert wird die **Cruz de Mayo** (im Mai soll nach katholischem Glauben das Kreuz Christi gefunden worden sein) und der **Despertar de San Juan**, das Erwachen des hl. Johannes.

Mehrmals tgl. **Busse** nach Maracay. Am Wochenende sind sie meist sehr voll.

Puerto Colombia

Während in den Gässchen von Choroní eine entspannt-gelassene Stimmung herrscht und die Hunde unbehelligt in den Gässchen schlafen, bebt das 2 km entfernte **Puerto Colombia** 4 förmlich unter dem Ansturm der Badegäste. Ganz in der Nähe des Hafenörtchens liegt einer der attraktivsten Strände im Westen Venezuelas, die **Playa Grande** 5. Ihr Name ist allenfalls ironisch zu verstehen, denn die große Playa ist eine in ihren Ausmaßen recht kleine Mondsichelbucht, aber absolut attraktiv gelegen. Kokospalmenhaine ziehen sich bis fast an das goldgelbe Ufer und liefern köstlichen Schatten,

Von Maracay zum Parque Nacional Morrocoy

steile Ausläufer des Küstenberglandes rahmen sie. Die enge Bucht lässt das Meer in gemäßigten Wellenbewegungen hereinrauschen, doch es gibt eine gefährliche Unterströmung. In den Imbissbüdchen wird Fisch serviert und im kleinen Flusshafen warten bunt bemalte Boote auf Gäste, die zu jenen Stränden gebracht werden möchten, die nicht per Straße erreichbar sind.

Puerto Colombia ist vielleicht nicht die Perle der Karibik, aber von einer unverwechselbaren Atmosphäre beseelt, ein richtiger Fischerort, wo die beutehungrigen Pelikane noch auf Fischerbooten balancieren. Da der Tourismus angewachsen ist, hat man die Strandpromenade Malecón aufgepeppt, es gibt dort jetzt auch Kioske, wo man etwas zu Trinken kaufen kann. Die Ausstattung an kleinen Geschäften mit Badezeug und Kunsthandwerk ist auffällig gestiegen. Im Ort selbst findet man eine breite Palette von Unterkunftsmöglichkeiten, Apartments und auch einige gute Restaurants.

Hostal Casa Grande: Calle Morillos 23, Tel. 02 43/991 12 51, hostalcasa grande@cantv.net; 18 Zimmer. Hinter Kolonialstiltüren verbirgt sich ein richtiges Kolonialidyll im modernen Entwurf mit einem originell gestalteten Swimmingpool im blumenbepflanzten Patio. Die Zimmer öffnen sich alle zum Innenhof, es gibt Liegewiesen, ein gediegenes Restaurant und komfortabel eingerichtete Zimmer. Vermutlich die luxuriöseste Anlage im Ort. DZ 140 US-$.

Hotel Club Cotoperix: Calle Morillos 13, Tel. in Caracas 02 12/957 69 91; 24 Zimmer. In einem aufwendig restaurierten Kolonialhaus gibt es ein All-inclusive-Angebot mit Ausflügen für 100 US-$ bei Übernachtung im DZ.

Posada Semoruco: Calle Principal 65, Tel. 02 43/991 12 64; 14 Zimmer. Aus der ehemaligen Posada Humboldt entstand diese attraktive Posada mit gepflastertem, blumengefülltem Innenhof, auf den sich alle Zimmer öffnen, die recht unterschiedlich geschnitten, aber identisch ausgestattet sind. Nicht der bunte holländische, sondern eher der reduzierte spanische Kolonialstil mit dunkelbraunem Holz und weiß getünchten Wänden stand hier Pate. DZ 70 US-$.

Posada Turpial: Calle José Maitín 3, Tel. 08 00/468 35 37 (Reservierungsnummer), 02 12/576 79 16 (in Caracas), www.turpialtravel. com; 11 Zimmer. Die angenehm luftigen Zimmer liegen in einem rückwärtigen, ruhigen Gebäudetrakt, Hängematten im Garten, Restaurant, freundliche Aufnahme und eigenes Reisebüro. DZ 60 US-$.

Casa Luna: Calle Morillos 35, Tel. 02 43/951 53 18, jungletrip@choroni.net. Claudia Beckmann hat die Posada Lemontree übernommen. Sie verfügt über einen Patio mit Garten, viele Sitzgelegenheiten, Platz für Hängematten und fünf hübsche Zimmer. In der Posada ist auch ihre Tourismusinformation untergebracht. DZ 35 US-$.

Mango: Calle Trino Rangel 9; nur abends geöffnet. In diesem Gartenrestaurant mit offener Küche sieht man den Koch über züngelnden Flammen werkeln. Heraus kommen kreative Rezepte, z. B. Kürbisragout und Tamarindenchutney zu frischen Doraden und Curaguas. Das ist für Puerto Colombia wirklich außergewöhnlich. Hauptgerichte ca. 15 US-$.

Restaurant Araguaneyes: Calle Los Cocos, Tel. 02 43/991 11 37; tgl. 11–23 Uhr. Restaurant mit großer Dachterrasse, auf der man schön sitzt. Die Küche offeriert das Gängige: Fisch, Meeresfrüchte, Hühnchen und auch mal Pizza zu ordentlichen Preisen. Gerichte ca. 8–10 US-$.

Intime Bucht mit Palmenhain: die Playa Grande bei Puerto Cabello

Auch das war einmal schwarzes Gold: Kakao aus Chuao

Willi und Evelyn: Vía la Playa, an der Brücke zum Strand. Kochen nur am Wochenende und braten neben Fisch auch sehr gute *lomitos* (Schweinelende).

Kurz vor der Playa Grande ankern Fischerboote für Fahrten zu Stränden, die nicht durch Straßen erschlossen sind **(Playa Escondida** und **Chuao)** oder zur **Bucht** von **Cata.** Ausflüge zu **Kaffeeplantagen** werden von den *posadas* organisiert. **Virgilio Espinal**, Tel. 02 43/991 11 06, 04 16/ 474 38 33 (Mobiltelefon). Vivi unterhält ein eigenes Hängemattencamp, El Cocuy, in der Nähe von Uraca im Parque Nacional Henri Pittier (in der Nähe des Wasserkraftwerkes) und bietet von dort aus Wandertouren in verschiedenen Schwierigkeitsgraden an. Er wird von veschiedenen Posadas auch als Tourguide für die Vogelbeobachtung eingesetzt. Am besten fragt man nach ihm.

Mehrmals tgl. **Busse** und **Por Puestos** nach Maracay.

Ausflüge nach Chuao und Cepe

Im Fischerhafen von Puerto Colombia kann man sich Boote mieten, um die Strände von **Chuao** 6 und **Cepe** 7 zu besuchen. Sie sind auf keinem anderen Weg zu erreichen, allerdings gibt es einen Wanderweg zwischen den beiden Örtchen.

Es sind beides ruhige, authentische Buchten, und besonders Cepe wirkt mit seinem Palmensaum und seinen einfachen Strandrestaurants wie aus einem Reklameplakat herausgeschnitten, während Chuao (Puerto) ein richtiges kleines Hafenörtchen ist; von hier wurde der berühmte Kakao verschifft.

Durch Kokosplantagen führt ein Weg nach Chuao hinein, man kann aber auch den knallbunt bemalten Bus nehmen, der in unregelmäßigen Abständen verkehrt und auf dem Boot übers Meer gebracht wurde. Bougainvilleen und die Glockenblumen der Trompetenbäume prangen zwischen den gemauerten Häuschen des anmutigen Dorfes, das im

Prinzip aus drei parallel angeordneten Straßenzügen und den dazugehörigen Quergässchen besteht. Hauptattraktion ist natürlich sein ordentlich gepflasterter, riesiger Kirchplatz, der zum gemeinschaftlichen Trocknen der Kakaobohnen benutzt wird.

Die Kakaobauern arbeiten als Kooperative und wer sät und erntet, darf eigentlich keine Schokolade herstellen, aber es tun natürlich schon einige. Wenn sich der Gast einmal vor Augen führt, dass vor 200 Jahren der Chuao-Kakao als der beste der Welt galt, dann nimmt man gerne eine Tafel Schokolade oder eine zur Tafel gepresste Trinkschokolade mit nach Hause. Heiße Trinkschokolade, köstlich mit Zimt und Nelken aromatisiert, bietet Morelia Luzón im Restaurant ihrer Posada an.

Cata und Ocumare de la Costa

Wer **Cata** 8 besuchen möchte, nimmt von Maracay die Ruta 7 über El Limón zur Küste. Die Straße erreicht nicht solche Höhen wie die nach Choroní und ist auch nicht so schlecht ausgebaut, weshalb man nur anderthalb Stunden für 48 km braucht. Die Meinungen sind geteilt, ob nun die kleine Playa Grande oder die weit geschwungene, mit feinem, hellem Sand bedeckte Bucht von Cata hübscher sei. Türkisgrünes Karibikmeer haben beide. Cata wirkt gepflegter, das Wasser ist flach und ruhig und an den Strand schließen sich Ferienwohnanlagen und Apartmentblocks an. In Cata gibt es keine Hotels, dafür aber in dem lärmenden, recht proletarischen **Ocumare de la Costa** 9.

Valencia und Umgebung

Wer weiter nach Valencia reist, muss zunächst nach Maracay zurück. Eine der besten Autobahnen des Landes, die Ruta Nacional 1, verbindet die Ciudad Jardín mit der Hauptstadt des Bundesstaates Carabobo.

Von Maracay bis zum 100 km entfernten Valencia legt sich einer der bedeutendsten Industriegürtel über das Land. Doch die zur Entlastung von Caracas vorgenommene Massierung der industriellen Ansiedlungen verwandelte den 370 km^2 großen **Lago de Valencia** in eine Müllhalde. Das liebliche Aussehen des abflusslosen Sees steht im traurigen Kontrast zur tatsächlichen Wasserverseuchung; Baden und Fischen sind schon lange nicht mehr möglich. Alexander von Humboldt hatte im Jahr 1800 für den See noch eine größere Ausdehnung notieren können, seine Länge ist in nicht einmal zwei Jahrhunderten von 56 auf 35 km geschrumpft, der Wasserspiegel lag, als dort vor seiner spanischen Entdeckung 1547 noch Indianer siedelten, 17 m höher.

Wegen der fruchtbaren Umgebung erwählte Alonso Arías de Villacinda 1553 die Talsenke des heutigen **Valencia** 10 zur Gründung einer Siedlung und taufte sie nach seinem spanischen Geburtsort. Doch die Häuser standen auf unsicherem Boden. Erdbeben, Überfälle und Plünderungen legten sie über Jahrhunderte hinweg immer wieder in Schutt und Asche. Lope de Aguirre, die Karibenindianer und französische Piraten zerstörten Valencia komplett. 1812 dann, nach dem verheerenden Erdbeben, das Caracas, Barquisimeto und die Landstriche bis hinunter nach Mérida vernichtete, kürten die Republikaner Valencia zu ihrer Hauptstadt. Zwei weitere Male noch wurde der Stadt diese Funktion während der Kriegswirren nach der Unabhängigkeit übertragen.

Als Bestätigung der herausragenden Position innerhalb des Landes wurde hier das erste Elektrizitätswerk des Subkontinents gebaut. Valencia erstrahlte als eine der ersten Städte Südamerikas 1876 im Licht elektrischer Straßenbeleuchtung.

Entscheidende wirtschaftliche Impulse erhielt die Stadt nach dem Zweiten Weltkrieg, als sie sich zum bevorzugten Standort für Industrieanlagen entwickelte. Ein Areal von über 2000 ha mit schnellen Straßenverbindungen zum Meer und nach Caracas wurde zu diesem Zweck geschaffen. Kaum ein Industriezweig, der sich hier nicht niedergelassen hätte: Zementfabriken, Holzverarbeitung,

Autoindustrie, Tiernahrung, Elektronik, Lebensmittelproduktion, keramische Betriebe.

Der dadurch stimulierte rapide Bevölkerungszuwachs und ein darauf zugeschnittenes Stadtkonzept lassen kaum ein homogenes, gewachsenes Stadtbild erwarten. Die Millionenstadt Valencia ist modern und relativ gesichtslos, aber sie ist ein wichtiger Verkehrsknotenpunkt und verfügt als wichtige Handelsstadt über eine gute touristische Infrastruktur.

Um die Plaza Bolívar

Auf engstem Raum sind einige Sehenswürdigkeiten rund um die **Plaza Bolívar** konzentriert. Zehn Meter efeuumrankte, weiße, klassisch kannelierte Marmorsäule und ein Meter lorbeerbekränzter Libertador in Cäsarenpose obendrauf – so sieht das obligatorische Bolívar-Denkmal aus. Die **Kathedrale** ist ein architektonisches Relikt der Kolonialzeit, aber der Baukörper wurde oft umgestaltet. Die pomphafte Innenausstattung entstammt verschiedenen Epochen und vermittelt kein einheitliches Bild. Wertvollstes Inventar ist ein Bildnis der Nuestra Señora del Socorro von 1590, das ursprünglich die Kathedrale von Lima schmücken sollte.

Südöstlich der Plaza Bolívar liegt die koloniale und stilvoll konservierte **Casa Páez**, Wohnhaus des ersten Präsidenten der unabhängigen Republik Venezuela und Herrn über die sagenhaften llanero-Armeen. Das Schindeldach und die schmiedeeisernen Fenstergitter verleihen ihm ein stilechtes Aussehen. Das Haus kann besichtigt werden und beherbergt acht Wandgemälde, die allesamt Kampfszenen darstellen. Die Möblierung entstammt der Páez-Periode, aber nicht seinem Besitz (Av. 98 Boyacá/Calle 99 Páez, Tel. 02 41/857 12 72, Di–Fr 9–16, Sa/So 9–14 Uhr, Eintritt frei).

Plaza Sucre

Ansprechend renoviert, geben die Gebäude um die von Mangobäumen beschattete **Plaza Sucre** der Stadt einen frischen Impuls. Eine kleine Kopie der Pariser Oper, das **Teatro Municipal**, neoklassizistisch und vanillegelb, und der **Capitolio** mit ausladender, antikisierender Säulenfront spielen mit europäischen Stilen. Im Capitolio hängt ein Bolívar-Porträt von Arturo Michelena. Neben dem Theater liegt die alte **Iglesia de San Francisco**, eingeklemmt zwischen Verkehr und Fußgängerzone. Gegenüber proben Mitglieder der Theaterhochschule in einem renovierten Kolonialhaus mit Patio und Arkadenumlauf und der Hof dient als Kulisse für Freilichtaufführungen.

Richtig hübsch aufgemacht ist das **Museo de Arte e Historia** in der **Casa de los Celis**, südlich der Plaza Sucre in der leicht ansteigenden Avenida Soublette. Das imposante koloniale Herrenhaus, einst im Besitz einer der führenden Familien der Stadt und während der Unabhängigkeitskämpfe Lazarett der Republikaner, bietet den stilechten Rahmen für eine Reihe sakraler Kunstgegenstände, Möbel und Gemälde (Calle Comercial/Av. Soublette, Tel. 02 41/617 68 67; Di–Fr 9–16, Sa 8–13 Uhr, Eintritt frei).

Stolz betet der nationalbewusste Straßenpolizist die Geschichte der **Casa de la Estrella** herunter, jenes Ortes, an dem 1830 die erste Verfassung der jungen venezolanischen Nation erarbeitet wurde. Er hat ihren Eingang an der Ecke Av. Soublette/Colombia zu bewachen. Ganz in warmes Ockerrot getaucht, imponiert die Casa de la Estrella, die zu einem Stadtmuseum ausgebaut wurde, durch ihre monumentalen Säulengänge (Tel. 02 41/874 30 56, Di–Fr 8–17 Uhr, Eintritt frei).

i **Dirección de Turismo de Carabobo:** Av. Bolívar Norte, Torre Venezuela, 8. Stock, Tel. 02 41/824 42 31.

Hotel Valencia Intercontinental: Av. Juan Uslar, Urbanización La Viña, Tel. 02 41/823 40 22, www.intercontinental.com; 220 Zimmer. Im Intercontinental-Standard: Luxuriöser Businesstreff mit sehr gepflegten Zimmern, geräumigen und gut ausgestatteten Bädern und auch sonst allen Annehmlichkeiten, vom Swimmingpool bis zum Kabelfernsehen, die man für diese Preisklasse erwartet. DZ 220 US-$.

Hotel Stauffer: Av. Bolívar Norte, Tel. 02 41/824 70 70; 90 Zimmer. Dezent und gediegen eingerichtete Zimmer, mehrere Restaurants, freundlicher Service. Wendet sich ebenfalls an den Businesskunden. Ca. 90 US-$.

New Hotel Valencia: Av. Lara/Av. Branger und Paseo Cabriales, Tel. 02 41/859 20 70, www.newhotelvalencia.com; 101 Zimmer. Sympathisch eingerichtetes und geführtes Haus. Ca. 70 US-$.

Hotel Roraima: Av. Lara/Av. Branger, Tel. 02 41/85 29 65; 50 Zimmer. Etwas gesichtslos und nüchtern, aber funktional und ordentlich mit einem ebensolchen Service. DZ 45 US-$.

Hotel Le Paris: Av. Bolívar Norte, Tel. 02 41/822 71 72; 55 Zimmer. Typisches Stadthotel, freundlich, nüchtern, aber effektiv. Allerdings liegt es nicht gerade ruhig. DZ 40 US-$.

Asociación de Ganaderos: Av. Claudio Muskus, Urbanización Guaparo, Tel. 02 41/823 44 49; tgl. 12–23 Uhr, außer So abends. In dem Restaurant der Viehzüchter kommt natürlich hauptsächlich eines auf den Teller: Rindfleisch in allen Variationen und Größen.

La Villa de Madrid: Av. Bolívar Norte, Tel. 02 41/823 66 59; tgl 11–23 Uhr. Ein gutes spanisches Restaurant mit einer hübschen Bar, das mit seiner Inneneinrichtung eine authentische Tascastimmung hervorruft: die Schinken baumeln über dem Tresen. Hauptgericht ca. 15 US-$.

Casa Valencia: Av. Bolívar Norte, Tel. 02 41/823 49 23; tgl. 11–24 Uhr. Empfehlenswerte venezolanische Rezepte in einem der Traditionslokale von Valencia, angenehmes Ambiente und nicht teuer.

Flughafen Arturo Michelena 6 km südöstlich des Zentrums; Flüge nach Barcelona, Barquisimeto, Caracas (4 x tgl.), Maracaibo (3 x tgl.), Mérida, Porlamar und San Antonio.

Busbahnhof 4 km östlich des Stadtzentrums; häufig **Busse** und **Por Puestos** nach Caracas, Maracay, Chichirivche, Barquisimeto, Maracaibo, Coro, Puerto Cabello; weniger häufig nach Mérida und San Antonio.

Autovermietung: Budget, Paseo Las Industrias, Tel. 02 41/832 90 08. **Hertz**, im Hotel Intercontinental, Tel. 02 41/824 64 89. Andere Firmen haben Büros im Flughafen.

Ausflug nach Campo de Carabobo

Enger noch als Valencia ist der 32 km südwestlich gelegene **Campo de Carabobo** 11 mit der Geschichte der Unabhängigkeit verknüpft. Die Lanzenreiter des *llanero*-Generals Antonio Páez stürmten am 24. Juni 1821 zur Unterstützung Simón Bolívars herbei, der mit der Schlacht von Carabobo eine kriegstaktische Meisterleistung abliefern und die Unabhängigkeit Venezuelas besiegeln konnte.

Die Feierlichkeit der Gedenkstätte ist unermesslich: Weißer kann ein Triumphbogen gar nicht leuchten als der auf dem *campo*, der 1921 zur Erinnerung an das historische Datum aufgestellt wurde. Zwei rot gewandete Soldaten mit Grenadiermützen bewachen das darunterliegende Grabmal des Unbekannten Soldaten und eine ausladende, prächtige Allee geleitet an Bronzebüsten der bedeutendsten Kämpfer vorbei. Die gesamte Anlage hat die Ausmaße und die Gepflegtheit eines Stadtparks.

Ein voluminöses Stein- und Bronzedenkmal von Manuel Rodríguez de Villar mit einem Fries aus Kampfszenen wird von der Reiterstatue des Libertador gekrönt. Von einem Mirador aus überblickt man, wie einst der glorreiche Feldherr, das Schlachtfeld (tgl. 9–16.30 Uhr, Eintritt frei).

Bejuma und Las Trincheras

Der schwarze Christus in der Kathedrale dürfte wohl das Sehenswerteste an dieser kleinen, karibisch turbulenten Ortschaft sein, die umgeben von malerischen Nebelwäldern, Bambushainen und Wasserfällen liegt. Hier geben eindeutig die Naturschönheiten den Ausschlag für einen Besuch. In **Bejuma** 12 selbst, das etwa 20 km westlich von Valencia liegt, sind die Unterkunftsmöglichkeiten nicht erwähnenswert.

Von Maracay zum Parque Nacional Morrocoy

Hacienda la Calceta: Sector el Rincón, 02 49/793 25 22, 414 81 68, www.posadalacalceta.com; 8 Zimmer. Inmitten einer vielfältigen Berglandschaft liegt diese gepflegte Hacienda in deutschem Besitz. Geräumige, persönlich gestaltete Zimmer mit Privatterrassen. Zahlreiche Ausflugsangebote in die Umgebung. Hier fühlt man sich fast wie ein privater Gast der Hacienda. Nur all-inclusive, pro Person ca. 150 US-$.

Hacienda La Concepción: Aguirre, Sector Bejuma, Tel. 02 12/943 45 70 (in Caracas), 04 14/324 46 67 (Mobiltelefon). Das leicht esoterisch angehauchte Aufenthaltskonzept samt Badeanwendungen muss man schätzen, sonst sollte man besser nicht kommen. Schöne Anlage mitten im tropischen Setting, die *cabañas* (Hütten) bestehen aus Naturmaterialien. All-inclusive-Konzept, 210 US-$ pro Person.

Casa Maria: Vía Palmichal, Tel. 02 49/941 10 20, Fax 808 10 01, www.birdsongs.com/CasaMaria/cmh.htm; 6 Zimmer. Gabriele Maria und Norbert Flauger haben inmitten eines tropischen Gartens voller Vögel und Schmetterlinge eine kleine Naturoase geschaffen: eine schöne und mit persönlichem Stilempfinden ausgestattete Posada, mehrere Fischteiche, Terrarien und einen Swimmingpool. Sie bieten Exkursionen und Wanderungen an. Minimumaufenthalt sind 2 Nächte, Reservierung erforderlich. Mit Vollpension 85 US-$ pro Person.

Die Thermalquellen von Las Trincheras

Auf dem Weg durch die Kordillere nach Puerto Cabello führt eine Abzweigung der Ruta Nacional 1 nach 18 km zum bekanntesten Thermalbadeort Venezuelas, **Las Trincheras** 13. Nirgendwo in der Welt schießt schwefelhaltiges Wasser derart heiß aus seiner Quelle, nämlich mit satten 92 °C. Die heilenden Effekte bei Rheuma, Allergien und Atemwegserkrankungen beurteilt die internationale Fachwelt einhellig euphorisch. Die Bäder sollen auch die Gewichtsreduzierung anregen, auf alle Fälle aber verhelfen sie zu samtweicher Haut.

Lange Zeit wenig attraktiv aufgemacht, verfügt Las Trincheras nun über den Rahmen, der seiner Heilkraft gebührt. Das in der Gómez-Ära (1930) gebaute Hotel für Kurgäste wurde renoviert und bekam einen neuen Anbau, es gibt ein Restaurant und im Bad drei Heilbecken mit verschiedenen Temperaturen, ein Schlammbad und eine Sauna. Das Schönste ist seine tropische Umgebung.

Centro Termal Las Trincheras: Tel. 02 41/808 15 03, www.trincheras.com.ve; 120 Zimmer. Die in verschiedenen Trakten untergebrachten Zimmer haben nichts Luxuriöses, sondern sind funktional und ordentlich ausgestattet. DZ ca. 50 US-$.

Puerto Cabello

Aus den engen und wilden Tälern der Kordillere entlassen, breitet sich zum Meer hin eine flache und stinkende, von Straßenschneisen durchschnittene Industrielandschaft aus. Sie endet nach 68 km bei **Puerto Cabello** 14, das sich wegen seiner nahezu perfekten Lage sehr früh schon für eine Hafenanlage qualifizierte. Man baute es am westlichen Rand einer fast geschlossenen, dreieckigen Bucht auf. Seit dem 16. Jh. ist dieser Hafen in Betrieb. Neuerdings existieren Pläne, ihn als Zielhafen für internationale Kreuzfahrtschiffe auszubauen.

Handelsbeziehungen bestanden zu den Niederländischen Antillen, doch das historische Puerto Cabello war auch Spielball der vor der karibischen Küste operierenden Piraten, bis die spanische Kolonialmacht im frühen 18. Jh. mit der Errichtung der Casa Guipuzcoana ihren Besitzanspruch auf die Kolonie Venezuela manifestierte.

Die feuchtheiße 180 000-Einwohner-Stadt bietet alle für ein Hafen- und Handelszentrum notwendigen Dienstleistungen. Bunte, kleine Gaststätten der Lastwagenfahrer säumen die Einfahrt. Und wo sie einkehren, sollte man es im Übrigen auch tun, denn die Küche in den von ihnen ausgewählten Buden ist meist erstklassig.

Altstadt und Uferpromenade

Eine Schicht letztlich uninteressanter, gewöhnlicher Fassaden beschützt eine kleine, aufwendig restaurierte Altstadt. Die mit Palmen geschmückte Uferpromenade **Paseo Valbuena** begrenzt sie zum Meer hin. An ihrem nördlichen Ende steht das **Monumento El Águila**, eine schlanke Säule mit einem Adler auf der Spitze. Sie wurde zu Ehren der nordamerikanischen Freiwilligen errichtet, die sich in den Präludien der Unabhängigkeitskämpfe von Francisco de Miranda rekrutieren ließen und von New York aus in See stachen.

Es gibt noch ein bisschen abgeblätterten Putz in den Calles Anzoátegui und Democrácia. Ansonsten wurde alles runderneuert. Die architektonische Geschlossenheit von pastellfarben gestrichenen Kolonialhäuschen mit überhängenden, schweren, dunklen Holzbalkonen und Kugellaternen überrascht. In die niedlichen Häuschen der verschwiegenen Calles Comercio und Bolívar zogen Maler und Bäcker eingezogen. Die **Calle Lanceros** weist mit ihrem Namen auf die Lanzenreiter der Unabhängigkeitsarmee des *llanero*-Generals Páez hin.

Als der **Castillo Libertador**, so genannt nach dem Befreier Simón Bolívar, 1935 endgültig geschlossen wurde, versenkte man 14 t Ketten und Eisenfesseln ins Meer. Die grobe, als Fächer konzipierte Befestigungsanlage, während der Kolonialzeit zum Schutz der Handelsschiffe erbaut, diente unter dem Diktator Juan Vicente Gómez ganz im Gegensatz zu ihrem Namen als Gefängnis für politische Häftlinge, die wie Schwerverbrecher behandelt wurden (Fr–So 8–16 Uhr).

Puerto Turístico: im Hafen, Calle Puerto Cabello, Tel. 02 42/362 17 32, www.puertoturistico.com.

Posada Santa Margarita: Calle Bolívar 4–36, Tel. 02 42/361 71 13, 361 41 12, www.ptocabello.com; 10 Zimmer. Das mitten in der Altstadt gelegene Haus führt unterschiedlich gestaltete und originelle Zimmer und der Service ist so reizend wie das in kunterbunten Farben gestrichene Kolonialhaus.

Ausflugsservice zu Stränden und Inseln. DZ 60–80 US-$.

Die Fernfahrerrestaurants am Eingang der Stadt sind sehr empfehlenswert; es gibt auch einige am Malecón, der Uferpromenade.

Restaurant Lanceros: Paseo Valbuena, Av. Bolívar, Tel. 02 42/361 84 71; tgl. 10–22 Uhr. Das restaurierte Kolonialhaus liegt in der Altstadt, hat eine Terrasse mit Meerblick und offeriert hauptsächlich Meeresfrüchte und Fisch. Hauptgerichte 8–13 US-$.

Der Busterminal liegt am Ortseingang, an der Av. La Paz. Häufige Verbindungen nach Valencia und Caracas. **Por Puestos** alle halbe Stunde nach Valencia.

Ausflug nach San Estéban

Dort, wo der *Camino Real* der spanischen Kolonialherren beginnt, inmitten der tropischen Natur rund 7 km südlich von Puerto Cabello, liegt das an eine Sommerfrische erinnernde **San Estéban** (Abzweig kurz vor Puerto Cabello), das schon der berühmte deutsche Landschaftsmaler und Venezuelareisende Ferdinand Bellermann 1844 skizzierte. Die fruchtbaren Böden wurden zunächst von den Arawak und Caiquetíos kultiviert, die ihre Bilderschrift in schwarze Felsen eingravierten. Als der Kakao-, Zuckerrohr- und Kaffeehandel den Hafen Puerto Cabello aufblühen ließ, zog das Geschäft auch Deutsche an. Aus Hamburg, Schlesien und Preußen wanderten in den ersten Jahrzehnten des 19. Jh. die Familien Starke, Römer und Kolster ein. Sie bauten in San Estéban ihre Sommervillen und Landhäuser und diese Gebäude sind, wohl konserviert, auch heute noch zu bestaunen.

Der gleichnamige Nationalpark reicht bis hinunter nach Valencia. Er bedeckt 440 km² und wurde 1987 eingerichtet. Seine Gestalt entspricht dem des Parque Nacional Henri Pittier, da er ähnliche Zonen der Küstenkor-

Die Mangrovendickichte sind beliebte Brutstätten für Wasservögel

dillere bedeckt: Mangroven und Palmenhaine an der Küste, dann Busch- und Savannenvegetation, in höheren Lagen Dschungelpflanzen und Lianen. Er ist durch stark ausgeprägte Abhänge gegliedert; höchster Gipfel ist mit 1830 m der Cerro Villalonga. Besondere Schätze lagern in seinem Inneren: zum einen die indianischen Petroglyphen, zum anderen Brücken und Überreste von Straßenpflasterungen des alten *Camino Real* der Spanier. Der **Puente de los Españoles** von 1807, einem gotischen Spitzbogen gleich über einem tief eingeschnittenen Flussbett, wurde zum Symbol des Nationalparks.

Der Parque Nacional Morrocoy

Die auf zwei Trassen geführte Ruta Nacional 3 nach Tucacas und zum Parque Nacional Morrocoy schmiegt sich an die Küste. Palmenwälder säumen sie fast auf der gesamten Streckenlänge und man kann gut und preiswert direkt am Meer in den Strandrestaurants Fisch essen.

Zwischen den beiden Eingangsportalen Tucacas und Chichiriviche dehnen sich am sogenannten Golfo Triste 320 km² Nationalpark aus. Drei unterschiedliche Vegetations-

Der Parque Nacional Morrocoy

dem Cerro Chichiriviche Eichen sowie die heimischen *cruceto* und *copito*. Füchse, Hasen und Brüllaffen bevölkern den Trockenwald und die Fluss- und Meerwassersysteme sind belebt durch Ibisse, Reiher, Fregattvögel, Seeschwalben, Pelikane und Flamingos. Kolibris und der venezolanische *cristofué* (Christusvogel) schwirren in den Mangrovendickichten herum. Insgesamt beheimatet der Parque Nacional Morrocoy 79 % aller venezolanischen Wasservogelarten und 66 % aller Waldvogelarten.

Mit der Meeresfauna ist es hingegen nicht mehr so üppig bestellt. Umweltschützer sprechen davon, dass 80 % der Korallenriffe abgestorben sind und so auch der Fischreichtum von einst nur noch Legende ist.

Tucacas 15 selbst ist derart komplett von Apartmenthochhäusern umzingelt, dass man sich nicht vorstellen mag, wie die Strände des Nationalparks denn in der Hauptsaison aussehen. Einige merkwürdig dürftige Gässchen geben nur noch eine Ahnung davon, dass es einmal ein Fischerort gewesen sein muss.

i INPARQUES: Av. Libertador, Tucacas, Tel. 02 59/812 21 76. Wenn man auf den *cayos* zelten möchte, holt man sich in diesem Büro der INPARQUES eine Genehmigung.

Posada El Solar de la Luna: Buena Vista, Tel. 02 59/881 10 10, elsolarde laluna@cantv.net; 8 Zimmer. Das Haus ist in den Bergen oberhalb von Buena Vista gelegen, zwischen Tucacas und Chichiriviche. Die Qualität der Posada rechtfertigt die Anreise. Allerdings ist sie ziemlich isoliert von ihrer Umgebung und vollständig von einer Mauer umgeben. Innerhalb dieser Mauern führt Graciaberta eine ausgefallen gestaltete Herberge mit vielen kunstgewerblichen Akzenten sowohl in den sehr persönlich gestalteten Zimmern als auch auf der Riesenterrasse, die einen wunderbaren Ausblick bietet. Hinzu kommen ein exquisites Essen und eine freundliche, hilfsbereite Aufnahme. Mit Vollpension 85 US-$ pro Person.

zonen charakterisieren sein Relief: der 250 m hohe Cerro Chichiriviche, die Buchten und Mangrovenwälder der Küste sowie die Inseln. Kalk- und Sandsteinfelsen kennzeichnen das Landstück und obwohl es nur selten regnet und die Luftfeuchtigkeit dementsprechend gering ist, findet man 300 unterschiedliche Farnarten, die *hierba de vidrio* und die *campanilla de plata* (Silberglöckchen), Sträucher und den fett wuchernden *uvero de playa* (Meertraube). Am vielfältigsten fallen die Mangrovenarten aus. In den salzhaltigen Buchten wachsen heimische Akazienarten wie die *cují yaque* und *cují torcida* und auf

Villa Mangrovia: nördl. von Tucacas auf der Küstenstraße ausgeschilderte Abzweigung zum Parque Nacional Morrocoy in östlicher Richtung (zum Meer hin), Tel. 02 43/881 12 99, 04 14/484 62 82 (Mobiltelefon). Die aus Russland stammende und perfekt deutsch sprechende Irina kümmert sich gerne und gut um die Gäste ihrer vier unterschiedlich geschnittenen und ausgestatteten Zimmer. Frühstück und Abendmenü auf der Restaurantterrasse sind ausgefeilt und lecker. Die Zimmer und der Pool sind von einem gepflegten Garten umgeben. Irina hat eine eigene Bootsanlegestelle an einem *caño* und von dort beginnen die Fahrten auf die *cayos*. Eine echte Wohlfühladresse! Vollpension ca. 70 US-$ pro Person; Voranmeldung ratsam.

Chichiriviche

Die Zufahrt nach **Chichiriviche** `16` nach ca. 75 km wird von ausgedehnten Lagunen flankiert, aus denen sich bei Einbruch der Dämmerung himbeerfarbene Ibisse wie flatternde Blütensäume emporheben.

Seinen Ruhm versteht zwar auch nur, wer länger verweilt, aber zumindest ist Chichiriviche nicht so zugebaut, als müsste man die Costa del Sol an Neubautürmen schlagen, obwohl reichlich neue Betonhotels entstanden sind. Diese Eingangspforte zum **Parque Nacional Morrocoy** ist jedenfalls so beliebt, dass man in den Ferienzeiten tatsächlich um jedes Bettlaken kämpft, und es hat mit einem idyllischen Fischerort oder mit einem exklusiven Ferienwohnungszentrum rein gar nichts mehr gemein. Mit seinen 50 000 Einwohnern ist es heute so unattraktiv und mückengeplagt, wie es vermutlich schon immer gewesen ist, dennoch strahlt es einen gewissen rauen Charme aus. Zehntausende von venezolanischen Gästen verschenken ihre Gunst schließlich nicht umsonst.

Die Attraktion von Chichiriviche, das einem wegen seiner rohen Ungeschminktheit im Lauf der Zeit ans Herz wächst, liegt in den sonnenverwöhnten *cayos*, den Inseln vor seiner Küste. Doch mit unberührter Natur hat der Nationalpark schon lange nichts mehr zu tun. Die wachsende Beliebtheit der idyllischen Inselchen als Ferienziel und die Möglichkeit, dort zu zelten, hat die ökologische Balance empfindlich verletzt.

Mit Taxibooten, die von den beiden Molen Chichiriviches und natürlich auch im Hafen von Tucacas ablegen, erreicht man die unterschiedlich großen *cayos* Pelón, Peraza, Los Muertos, Sal und Borracho, dazu verschiedene weitere Playas. Und sie endlich sind so schön, dass man sie als Landeswerbung einsetzen könnte. **Cayo Pelón** (kleiner Glatzkopf) ist eine winzige, mit goldenem Sand ausgekleidete, sanfte Rundung, auf der keine einzige Pflanze gedeiht. Den Schatten muss man sich selbst mitbringen. Am weitesten draußen liegt der palmenbestandene **Cayo Borracho** (der Betrunkene) – die Fahrt übers aufgeweckte Meer sorgt für diesen Effekt. Er ist bewirtschaftet, ebenso die **Cayos Los Muertos** und **Sal**. Hier kann man in einfachen Kneipen essen oder sich das Essen bringen lassen oder man sucht sich bei Strandverkäufern Seeschnecken, Muschelcocktails und sogar Langusten aus.

Fischer und Tourenveranstalter kombinieren gerne mehrere Inselchen mit einem Besuch der Halbinsel Varadero und einer kleinen Höhlenwanderung zur Cueva del Indio, in der sich einige Petroglyphen entdecken lassen. Von Tucacas aus sticht ein Katamaran zu einer Tagesfahrt in See, während der verschiedene *cayos* besucht werden (Mar y Rumba, tgl. Abfahrten 10.30, Rückkehr 16.30 Uhr, Tel. 04 14/644 25 83, 04 14/432 40 32 (Mobiltelefon), www.maryrumba.com.

ℹ️ Corfaltur: an der Uferpromenade, Tel. 02 59/815 03 40.

🛏️ **Coral Suites & Spa:** Av. Cemento Coro, Sector Los Pozones, Tel. 08 00/ 468 35 37 (Reservierungsnummer), www. hotelcoralsuites.com; 220 Zimmer. Das ursprünglich ganz moderne 5-Sterne-Hotel am Ortseingang ist mittlerweile ein bisschen heruntergekommen, hat aber dennoch alle Grandezza eines solchen Etablissements aufzuweisen: riesige, gut ausgestattete Zimmer und ebensolche Bäder in einer eleganten, großzügigen Anlage mit sehr attraktiver Poollandschaft und äußerst zuvorkommendem Service sowie mehreren Restaurants. DZ ca. 160 US-$.

Villa Marina: Av. Cuare, Calle Villa Marina, Playa Sur, Tel. 02 59/818 64 41, Fax 818 65 03, www.villamarinahotel.com; 50 Zimmer unterschiedlichster Größe, auch Apartments. Eine gepflegte und recht ruhige Anlage ein wenig abseits vom Getöse, mit großem Pool im zentralen Garten, um die sich die Gebäudetrakte mit den Zimmern gruppieren. Terrakottaböden, fröhliche Wandfarben, Holzfensterläden und Blumenbeete vermitteln eine sommerliche Note. Sehr freundlicher Service. Mit Laden, Billardtischen und Kinderspielplatz. DZ für 65 US-$.

Gramimar Hotel: Sector Playa Norte, Las Tunitas, Tel. 02 59/793 39 17, www.grami mar.com.ve; 55 Zimmer. Gutes Preis-Leistungs-Verhältnis für ein angenehmes Hotel, das sich um einen Innenhof erstreckt und eine kleine Ladengalerie hat. Die teilweise geräumigen Zimmer sind ordentlich möbliert. Nettes Restaurant, großer Pool. DZ 50 US-$.

Hotel La Garza: Av. Principal, Tel. 02 59/818 67 11, hotelgarza@cantv.net; 20 Zimmer. Dieses Hotel war eines der ersten am Platze. Es hat ein hübsches Restaurant und einen gepflegten Pool, die Zimmer allerdings sind recht klein und eher nüchtern ausgestattet. Freundlicher Service. Zimmer ab 40 US-$.

Posada Alemania: Vía Fábrica de Cemento, Tel. 02 59/416 07 01; 6 Zimmer. Traditionsziel für deutsche Low-Budget-Reisende, steht in Verbindung mit der Posada Alemania in Mérida und hat blitzsaubere, bequeme Zimmer sowie eine schöne Gemeinschaftsterrasse. Die Wirtsleute bieten Bootstransfer zu den *cayos* an. Zimmer 35 US-$.

Guest House Delia: Calle Mariño 30, Tel. 02 59/818 60 89; 6 Zimmer. Delia vermietet saubere, große Zimmer, teilweise mit Klimaanlage in einem gepflegten, offenen Haus. Freundliche Aufnahme. DZ ca. 30 US-$.

Hotel Capri: Av. Principal, Tel. 02 59/818 64 09; 12 Zimmer. Der traditionelle Travellertreff

in Strandnähe. Ein verschachteltes Haus, die Zimmer sind unterschiedlich geschnitten und kosten 30 US-$.

Marisquería Ixalupa: Final Calle Zamora; tgl. 12–23 Uhr. Der Baske Javier betreibt dieses ausgezeichnete Restaurant für Fisch und Meeresfrüchte mit einer luftigen Terrasse im ersten Stock und einer Karaokebar im offenen Dachgeschoss. Einen *parguito frito* gibt es für 10 US-$.

Weitere verschiedene **Restaurants** befinden sich entlang der Uferpromenade.

In der Hochsaison Straßenstände mit Schmuck und Kunstgewerbe an der Strandpromenade.

Überlandbusse und **Por Puestos** halten auf der Av. Principal; häufige Verbindungen nach Caracas, Coro, Maracay, Puerto Cabello, Tucacas und Valencia.

Ausflug: Isla de los Pájaros

Das Vogelreservat zwischen den üppigen Mangrovenwäldern des südlichen Küstenabschnitts darf nur mit behördlicher Genehmigung und ausschließlich zu Forschungszwecken besucht werden. Was man als Normaltourist auf einem kleinen Bootstrip zu sehen bekommt, ist als Ouvertüre aber schon schön genug. Die Vogelinsel dient Kormoranen, Reihern, Sichlern und Fregattvögeln als Brutstätte.

San Juan de los Cayos

An ausgefransten Palmenwäldchen entlang, zwischen friedlichen Bananen- und Kokosplantagen hindurch, überwindet die rissige Ruta Nacional 3 leicht ansteigende Abhänge und mündet in eine hübsche Savannenlandschaft mit Schirmakazien und sanften Bergrücken. In **San Juan de los Cayos** bietet sich ein unüblicher Anblick: In dem einfachen Ort hält man Ziegen, Schweine und Schafe. Weiter im Inneren der Savannenstrukturieren Seen, Lagunen und Streifen von Wäldern die Gegend bis zu den blau schimmernden Gebirgszügen am Horizont.

Endlich einmal richtig Kolonialvenezuela! Es lässt sich bei einem Besuch von Coro aufspüren, deren kunterbunt bemalte Lehmbauarchitektur ihr zusammen mit dem Hafenort La Vela de Coro den Status als Welterbe der Unesco eingebracht hat. Die Halbinsel Paraguaná mit einigen verschlafenen Dorfschönheiten stellt die Brücke zu den Niederländischen Antillen her.

 Coro

Als einziges koloniales Vermächtnis Venezuelas gilt das dekorative Städtchen **Coro** und entsprechend wird es auch gepflegt und gehegt. Die Anmut der restaurierten Straßenzüge täuscht über die herben, ruppigen Anfänge hinweg, denn Coro, 18 km von der Küste entfernt und 158 km von Chichiriviche, war zwar schon 1527 von Juan de Ampiés gegründet, aber gleich danach wieder aufgegeben worden. Dann traten die Augsburger Kaufleute auf den Plan, Kolonialgeschichte zu schreiben. Es sollte ein interessantes, aber unrühmliches Kapitel werden. Ambrosius Alfinger betrat mit dem spanischen Titel des *adelantado* und als Repräsentant des Augsburger Handelshauses der Welser (s. S. 324) den sandigen Boden des späteren Kolonialjuwels, aber zu dessen Erscheinungsbild hat er rein gar nichts beigetragen.

Ambrosius Alfingers erste überseeische Kolonie schien ihn nicht sonderlich zu fesseln. Nach einer förmlichen zweiten Stadtgründung am 24. Februar 1529 verließ er Coro eilig und ließ einen Stellvertreter für ein paar Hüttchen im Sand zurück.

Sein Ziel war El Dorado, das sagenhafte Reich des goldenen Kaziken. Allein die Legende davon erregte Konquistadoren gleich welcher Nationalität: Im Inneren des Kontinents, wo ein goldener König am Rande eines großen Sees in einer goldenen Stadt mit Dächern aus Juwelen lebte, sollten unermessliche Schätze verborgen sein. Venezuela fieberte in einem Gespinst von Illusionen und Coro entwickelte sich zur Hauptstadt und zum Umschlagplatz der Legenden und Gerüchte. Kein Wunder, dass Alfinger sich aufmachte, dieses Land zu suchen. Selbst die Strapazen erhöhten noch die Glaubhaftigkeit der Anekdoten.

Die Spanier waren nicht gut zu sprechen auf diese deutsche Intervention und als sich erwies, dass weder kolonisiert noch befriedet noch gegründet noch neue indianische Untertanen für Kirche und Krone gewonnen worden waren, fiel Coro wieder an die spanischen Adligen, Seefahrer und Abenteurer zurück. Aber auch sie kümmerten sich nicht um die erste Hauptstadt Venezuelas, die von Rom aus bereits als erster Erzbischöflicher Sitz der Neuen Welt deklariert worden war. 1546 zog die Kolonialverwaltung nach El Tocuyo um und die Kirche ließ sich in der Kathedrale von Caracas nieder, als diese 1637 fertiggestellt wurde. Coro, was in der Sprache der Arawak-Indianer Wind bedeutet, geriet in Vergessenheit.

Die Calle Zamora

Eine übersichtliche Neustadt umgibt mit beschatteten Avenidas das historische Viertel. Wer die **Calle Zamora** **1** aufgespürt hat, und das ist nicht schwer, hat fast alle Sehenswürdigkeiten beisammen. Um sie und in ihren Parallelstraßen scharen sich die hübschesten kolonialen Häuser des Landes, in die geschmackvoll eingerichtete Museen gezogen sind. Sie ist die appetitlichste kopfsteingepflasterte Straße Venezuelas – stilecht, filmkulissenreif. Die Sonne lässt die hellen, leuchtenden Mauerfarben aufblitzen, die sich wie ein buntes Mosaik aneinanderreihen und von der Lust zur Farbenpracht barocker niederländischer Architektur künden.

Im Osten der Stadt gibt es das ungewöhnlich reiche **Museo de Coro Lucas Guillermo Castillo** 2 in den stillen Gebäudetrakten des ehemaligen Franziskanerkonvents zu sehen. Heiligenstatuen der kolonialzeitlichen Werkstätten aus Spanien, Mexiko und Ecuador, geschnitzte Truhen, Möbel, Bilder aus dem 17. Jh., Kirchenkanzeln aus dem 17. und 18. Jh. sowie wertvolle sakrale Schmuckgegenstände aus dem Besitz konvertierter jüdischer Familien, die zunächst auf den Niederländischen Antillen gelebt hatten, gehören zu den Kostbarkeiten des Diöze-

sanmuseums. Einen solchen gut präsentierten Schatz wird man in anderen Orten Venezuelas schwerlich finden (Calle Zamora; Tel. 02 68/251 56 45, Di–Sa 9–12 und 15–18, So 9–14 Uhr; einstündige Führungen obligatorisch, Eintritt frei, Spende erwünscht).

Die benachbarte **Iglesia de San Francisco** 3 stammt aus dem 18. Jh., wurde jedoch im 19. Jh. im neogotischen Stil umgestaltet. Im Reigen der kolonialen Bauwerke nimmt sie sich eher bescheiden aus, hält aber einen kleinen Rekord: Sie hat mit 50 m den höchsten Glockenturm der Kirchen Coros. Das **Cruz de San Clemente** aus dem Holz des *cují*-Kaktus soll das erste Kruzifix von Coro gewesen sein. Den gegenüberliegenden Paseo schmückt an Wochenenden ein Kunstgewerbemarkt. Die nächste Perle ist die **Iglesia de San Clemente** 4 , deren Grundriss einem lateinischen Kreuz nachgeformt ist. Sie wurde ebenfalls im 18. Jh. erbaut.

Orangefarben, weiß und azurblau leuchtet die blendend restaurierte **Casa de los Arcaya** 5 , in deren zweigeschossigem Inne-

Solch prächtige Kolonialbauten schmücken Coro

Coro und die Península de Paraguaná

Dulce de Leche kaufen

Ziegen sind allgegenwärtig im Bundesstaat Falcón: auf den kargen Feldern und im Kochtopf mit einer sämigen Kokossauce. Aus Ziegenmilch wird ein **Karamell** hergestellt, dessen herbe Süße viele Desserts und Gebäckteilchen bereichert und auch pur gut schmeckt. Man kann Dulce de Leche de Cabra einfach entlang der Carretera kaufen oder in den Lebensmittelgeschäften von Coro oder auf Paraguaná, z. B. in Pueblo Nuevo, wo die Herstellung von traditionellen Süßigkeiten aus Nüssen und Honig ihre Wiege hat und noch gepflegt wird (s. S. 321, 326).

Sierra San Luis, Parque Nacional Juan Crisóstomo Falcón

Zwischen Palmen, Farnen, Helikonien, Calendula und Orchideen im Nebelwald dehnten sich einst große Kaffeepflanzungen und Zuckerrohrhaciendas aus. Heute liegt hier ein **begehrtes und vielseitiges Wandergebiet** und man kann sogar ein kleines Stück auf dem ehemaligen *Camino Real* der Spanier wandern, zu den **Tropfsteinhöhlen** Acarite und Uloa. Das Pflaster reichte einst bis nach La Vela de Coro.

Von der Kaffeeherrlichkeit geblieben ist die Rösterei Peraza, in der kleine Kooperativen ihren Café Azul de la Sierra San Luis verarbeiten lassen (s. S. 322). **Wanderungen in die Sierra** organisiert Dierk Demant von der Granja El Ojito (s. S. 321).

ren eine wirklich umfassende Keramiksammlung ausgebreitet wird. Sie beginnt buchstäblich damit, dass Gott den Menschen aus Lehm erschuf, und endet mit deutschen Bierseideln, auf denen bärtige Bayern zu sehen sind (Calle Zamora, Tel. 02 68/251 00 23, Di–Sa 9–12 und 15–18, So 9–13 Uhr, Eintritt frei).

Gegenüber liegt die strahlend gelbe **Casa del Sol** 6 mit schönen Sonnensymbolen an der weißen Fassade. Die **Casa de las Ventanas de Hierro** 7 hat ein wundervolles

Portal mit einem Jakobsmuschelmotiv und maurischen Pilastern. Ihren Namen verdankt sie den aus Sevilla stammenden Fenstergittern aus kunstvoll gedrehtem Schmiedeeisen, wie sie im 18. Jh. in der Kolonialmacht Spanien in Mode waren. In ihrem Inneren ist die reiche Ausstattung eines typischen Kolonialhauses aus den Anfängen des 19. Jh. zu sehen (Calle Zamora, Di–Sa 9–12 und 15–18, So 9–14 Uhr, Eintritt 1 US-$, Führung obligatorisch).

Die **Casa del Tesoro** 8 gleich nebenan, mit einem originalen Ladrillo-Fußboden (Ziegelstein), schmücken wunderschöne verblasste florale Arabesken über blau bemalten Wandsockeln. Sie dient als Galerie für Kunstgewerbe und Gemälde, in einem Nebenraum wird hübsches Kunsthandwerk verkauft.

Zur Plaza Bolívar

Von der Plaza San Clemente mit der Kirche San Clemente bummelt man gemütlich auf dem Paseo Alameda hinunter zur schattigen **Plaza Bolívar**. Dort stößt man auf die **Kathedrale** 9 aus dem Jahr 1630, das älteste Gebäude der Stadt, eine stämmige Schönheit, ganz in strahlendes Weiß getaucht, die allerdings häufig umgebaut wurde.

An der kreuzenden Fußgängerzone Paseo Talavera wartet in einem in Herbstfarben gestrichenen Kolonialhaus das **Museo de Arte de Coro** 10 mit interessanten Wanderausstellungen heimischer Künstler und einem gut sortierten Geschenkeladen. Es gehörte einst der jüdischen Familie Los Señor, einer der einflussreichsten Familien des Kolonialstädtchens (Paseo Talavera, Tel. 02 68/251 56 58, Di–Sa 9–12.30 und 15–18, So 9–14 Uhr).

Corfaltur: Paseo Alameda, Tel. 02 68/262 41 98, corfaltur@hotmail.com.
Fondo Mixto Falcón: Av. Independencia, Centro Comercial Costa Azul, 1. Stock, Tel. 02 68/252 92 50, www.visitfalcon.com.

Hotel Miranda Cumberland 1: Av. Josefa Camejo, gegenüber dem Flughafen, Tel. 02 68/252 33 11, Fax 251 30 96, www.hotelescumberland.com. Ein luftiges

Cityplan: Coro

Sehenswürdigkeiten

1 Calle Zamora
2 Museo Lucas Guillermo Castillo
3 Iglesia de San Francisco
4 Iglesia de San Clemente
5 Casa de los Arcaya
6 Casa del Sol
7 Casa de las Ventanas de Hierro
8 Casa del Tesoro
9 Kathedrale
10 Museo de Arte de Coro

Übernachten

1 Hotel Miranda Cumberland
2 Hotel Club Falcón Médano
3 Hotel InterCaribe
4 La Casa de los Pájaros

Essen und Trinken

5 Da Vincenzo
6 El Conquistador
7 La Barra del Jacal

Hotel mit 156 großen, hellen, bequem ausgestatteten Zimmern und einer angenehmen Poollandschaft im gepflegten Garten mit Snackbar. Freundlicher Service. DZ 80 US-$.
Hotel Club Falcón Médano 2: Av. Estéban Smith Monzón, Tel. 02 68/251 60 76; 50 Zimmer. Bequemer Hotelclub, liegt etwas außerhalb am Parque Nacional Los Médanos. Zwei Pools, Diskothek, Billardsalon, Kinderspielplatz. DZ ca. 50 US-$.

Hotel InterCaribe 3: Av. Manaure, Tel. 02 68/251 18 11, reservas@hotelintercaribe.com. Typischer Motelstil mit 30 sauberen, funktional ausgestatteten Zimmern. DZ 40 US-$.
La Casa de los Pájaros 4: Calle Monzón 74, Tel. 02 68/252 82 15, www.casadelospajaros.com.ve; 5 Zimmer. Empfehlenswertes, sehr hübsch restauriertes Kolonialhaus mit origineller Innenausstattung, freundliche Wirte, angenehme Atmosphäre. DZ 40 US-$.

Coro und die Península de Paraguaná

Wohnen auf der Kokoshacienda

Dierk und Sandra Demant haben ihre Kokos-hacienda um eine Posada erweitert. Damit hat die Posada schon eine Attraktion für sich: den Kokospalmenhain direkt am langen Sandstrand. Die Zimmer sind geräumig und bequem, jedes hat seine eigene große Terrasse mit Hängematte und der große Pool und die Tennisplätze sind auch nicht zu verachten. Die Posada bietet sich als Standort für viele Ausflüge in die Umgebung an, z. B. für Wanderungen in der Sierra San Luis, zur Stadtbesichtigung von Coro, zur Isla de los Pájaros oder sogar zum Parque Nacional Morrocoy. Nicht zu vergessen die Küche: Reyna aus der Sierra zaubert jeden Abend aufs Neue.

Granja El Ojito: Santo Tómas, Tocópero, 4 km außerhalb von Coro, Tel. 02 68/774 10 50, Fax 774 11 30, www.granjaelojito.com; 13 Zimmer. Abholservice von Coro.

Da Vincenzo 5 : Av. Josefa Carmejo, Tel. 02 68/252 48 08; tgl. 12–23 Uhr. Gegenüber vom Hotel Cumberland liegt dieser kleine, atmosphärisch nette Italiener mit guter italienischer Küche. Ansprechender Service. Gerichte ca. 15 US-$.

El Conquistador 6 : Calle Urdaneta, Tel. 02 68/252 67 94; tgl. 11.30–15 und 18–23 Uhr. Eines der besten Restaurants der Stadt, was das Preis-Leistungs-Verhältnis betrifft. Im spanischen Kolonialstil-Ambiente werden Rezepte aus Falcón aufgetischt, z. B. Ziege aus dem Ofen, aber auch *Parilla mar y tierra*, ein Turm aus Meeresfrüchten und Fleischstücken. Gerichte ca. 14 US-$.

La Barra del Jacal 7 : Calle Union/Av. Manaure, Tel. 02 68/252 73 50; tgl. abends. Wer gerne beim Essen im Freien sitzt und es außerdem rustikal mag, ist hier genau richtig. Neben Fleischgerichten werden in diesem sehr netten Patiorestaurant auch Pizzen für ca. 7 US-$ serviert.

Die **Repique de Tambor** ist ein Fest der aus Afrika stammenden Bevölkerung, die versklavt in den Bergen der Sierra San Luis oder in den Fischerhäfen schuftete. Es wird am 30. November begangen. Trommelprozessionen und Tänze, die neben ursprünglichen Riten auch die Sklaverei und Unterdrückung zum Thema haben, umrahmen das Fest.

Im **Museo de Arte de Coro** gibt es ein Kunstgewerbegeschäft mit Postkarten und Briefpapier; außerdem Kontaktadresse bei Interesse an den Exponaten, die z. T. auch käuflich zu erwerben sind.

Auf der **Alameda** findet häufig ein Kunsthandwerksmarkt statt.

Dulce Katty: Calle Colón 10. Ist etwas für alle, die Dulce de Leche mögen, denn sie verkauft besonders gutes.

Granja El Ojito: Santo Tómas, Tocópero, 4 km außerhalb von Coro, Tel. 02 68/774 10 50, Fax 774 11 30, www.granja elojito.com. Organisiert unterschiedliche Touren in die Sierra San Luis, zum Schnorcheln und Tauchen in den Parque Nacional Morrocoy und nach Paraguaná.

Ombra Tours: im Hotel Miranda Cumberland, Tel. 02 68/252 66 12. Rundfahrten auf der Halbinsel Paraguaná.

Flughafen Josefa Carmejo: Flüge nach Caracas (3 x tgl.), Aruba.

Busbahnhof: Av. Los Médanos; häufige Verbindungen nach Caracas, Maracaibo, Punto Fijo, außerdem nach Adícora (4 x tgl.), Barquisimeto (3 x tgl.), Mérida (2 x tgl.) und San Cristóbal (tgl.).

Parque Nacional Médanos de Coro

Nicht nur, wer einen Ausflug zur Península de Paraguaná plant, sollte den **Parque Nacional Médanos de Coro** 1 besuchen, der die Stadt mit der Halbinsel verknüpft. Die Dünen von Coro sind die einzigen Zeugen der Wüste auf venezolanischem Boden. Schimmernder Sand türmt sich auf einer Fläche von etwa 410 km² zu bis zu 40 m hohen, imponierenden Wanderdünen auf. Immer wieder fegt der Wind den Sand über die Schnellstraße hinweg. Räumfahrzeuge schieben permanenten Einsatz. Die Besucher krabbeln meist auf allen Vieren die rutschigen Berge hinauf, die beständig über den Straßenrand zurücksacken.

So viel Wüste gibt es sonst nicht in Venezuela: die Médanos de Coro

Die Sahara in Venezuela? Für dieses Naturphänomen sind die Gründe schnell gefunden. Meeressand von den Karibikstränden wird durch den starken Ostwind an den schmalen Landsteg zwischen Küste und Halbinsel transportiert und der Landwind pustet ihn trocken. Hat man den Grat einer Düne erklommen, entfaltet sich vor den Augen eine Wüste aus sandigen Tälern und Senken, die mit niedrigen Dornenbüschen und Kakteen bewachsen ist. Auf der anderen Seite, zum **Golfete de Coro** hin, hat sich Meersalz durch Verdunstung in riesigen Salinen konzentriert.

La Vela de Coro

Das Hafenstädtchen **La Vela de Coro** **2** war einst viel bedeutsamer als Coro selbst, denn als Hafen markierte es einen wichtigen Bezugspunkt im kolonialen Handelsverkehr – und natürlich auch im Schmuggel mit den praktisch vor der Küste liegenden niederländischen Antilleninseln. Auch La Vela de Coro besticht durch seine koloniale Lehmbauarchitektur, obwohl diese nicht so blendend dasteht wie die von Coro. Trotzdem, dem Hafen und der frisch restaurierten Promenade sollte man einmal einen Besuch abstatten.

Sierra San Luis

Im Süden von Coro liegt die **Sierra San Luis** **3** mit rund 20 000 ha, die die meisten Wasserreservoirs für die Küstenzone schützt und zugleich einen riesigen Stausee umgibt. Auch unterhalb der Sierra lagert Wasser im karstigen Grund.

Die Flora variiert nach Höhenlage: Sind es in den niedrigeren Zonen Kakteen, wachsen auf 900 m Trompetenbaum und wilde Baumwolle. Dieses Gebiet ist auch kolonialgeschichtlich interessant. In San Luis stößt man auf eine alte Kirche aus jener Zeit. Durch den Parque Nacional Juan Crisóstomo Falcón fädeln sich Wanderwege und man kann kleine Kaffeehaciendas besuchen.

Die Halbinsel Paraguaná

Die tellerflache **Península de Paraguaná**, aus der unvermittelt der Cerro Santa Ana (830 m) aufragt, lebt von drei ganz unterschiedlichen Reizen. Es gibt die ereignislosen kleinen Orte im Inneren mit fast ausnahmslos hübschen Kolonialkirchen und einer von der Hitze ermatteten Einwohnerschaft, dann riesige flache Sandstrände, die sich wie ein Kranz um die gesamte Halbinsel winden, und natürlich die Erdölraffinerien Cardón und Amuay, zusammen die weltweit größte Anlage ihrer Art. Ein dichtes Autobahngeflecht umgibt sie und der Kontrast zu den geschotterten Sträßchen im Norden der Halbinsel ist eklatant.

Die Strände

Wer nur die Strände von Paraguaná besuchen will, sei gewarnt: In der Hochsaison, zu Weihnachten und Ostern, sind sie extrem voll und verschmutzt. Krasse Unterschiede entstehen zwischen Ferienzeit und Nebensaison: Schläfrig gedehnt bis zur Langeweile sind normalerweise die Tage in den Küstenorten, um sich dann in den vier Wochen Ferien mit einem nicht endenden hektischen Spektakel anzufüllen. Das hübsche Örtchen Adícora gleicht dann einem *ocean drive* für Arme. Mit dem Auto gibt es kein Durchkommen und die kilometerlangen Strände sind in Dreierreihen zugeparkt. Etwa eine Million Gäste geben sich dann ein Stelldichein auf der Halbinsel. Dafür gleichen die Dörfchen im Hinterland Geisterstädten.

Die Ruta Nacional 4 verbindet auf 89 km Coro entlang der Südküste der Halbinsel schnell mit der modernen Erdölstadt Punto Fijo in unmittelbarer Nachbarschaft der Raffinerien. Richtung Norden führt eine asphaltierte Verbindung auf etwa 60 km zu den schattenlosen Stränden um **Adícora** **4**, die bei Windsurfern einen ausgezeichneten Ruf genießen (beste Saisonzeiten liegen im Februar) und mittlerweile eine entsprechende Infrastruktur aufweisen. Die 4500 Einwohner des kleinen Küstenfleckens leben vom Fischfang und vom Tourismus; es gibt nur wenige

Coro und die Península de Paraguaná

Pensionen, aber in der Saison vermieten viele ein Zimmer oder eines der Häuschen, die häufig im niederländischen Kolonialstil mit Tulpenfriesen bemalt sind.

In der Nähe liegen die Salinen von Cumaraguas und Bajarigua. Die Strände von El Supí, Tiraya und Bucachea schließen sich an. Zum nördlichsten Punkt des südamerikanischen Kontinents, dem **Cabo San Román** 5, kommt man allerdings nur mit dem Geländewagen. Von hier aus kann man dann die Antilleninsel Aruba im Meeresdunst flimmern sehen.

Ein Vogelschutzgebiet liegt kurz davor bei Puerto Escondido: die von Bambusgewächsen gerahmte **Laguna del Caño**, doch leider ist der Zugang davor so vermüllt, dass man sie sich gar nicht ansehen mag. Die Venezolaner, gleich welcher Bildungs- oder sozialen Schicht, sind sowieso sehr nachlässig im Umgang mit Müll und werfen Abfall und Verpackungen einfach auf die Straße. Auf der Península de Paraguaná kommt noch hinzu, dass der starke Wind den Müll überall hinbläst. Und so verfangen sich Plastiktüten und Eispappen in den Kakteen und Sträuchern vor der Lagune.

Posada Windsurf Adícora: Playa Sur, Tel. 02 69/988 82 85, www.windsurf adicora.com; 4 Zimmer, 1 Apartment. Für alle, die diesen Sport betreiben möchten: hier kann man es lernen und es gibt die passende Ausstattung. Die Posada ist nett und funktional eingerichtet. Zimmer ab 35 US-$.
Posada de la Familie Kitzberger: Boulevard Playero, Tel. 02 69/988 80 04; 12 Zimmer. Das Haus am Badestrand auf der anderen Seite von Adícora ist in auffallendes Rosa getaucht, mit schlichten, sauberen Zimmern um einen bepflanzten Innenhof und einem Restaurant am Strand. DZ ca. 30 US-$.

323

Die Welser: Deutsche Konquistadoren mit Handelsverbindungen

An der Unterwerfung Venezuelas, der sogenannten Kolonisation, waren maßgeblich auch Deutsche beteiligt. In gleich mehreren Feldzügen drangen sie bis tief ins Landesinnere vor, um wie alle anderen das sagenhafte Reich des Dorado zu finden, des vergoldeten Gottkönigs, des Herrschers über ein unermesslich reiches Gebiet. Sie waren Konquistadoren von Kaisers Gnaden, denn Karl V. hatte sie in den Rang von Statthaltern und Verwaltern spanischer Interessen erhoben.

Diese für die Geschichte der Konquista ungewöhnliche Episode gründet sich auf Geld. Kaiser- und Königstitel wurden im 16. Jh. nicht nur errungen, sondern auch erkauft. Und so hatte der damalige spanische König Karl I. und spätere Kaiser Karl V. aus dem Haus Habsburg Anleihen aufgenommen, um die Kurfürsten dazu zu bringen, für ihn und nicht für seinen französischen Konkurrenten Franz I. aus dem Haus Valois als Kaiser zu stimmen. Es ging um nichts Geringeres als die Hegemonie in Europa.

Die kaiserlichen Geldmengen reichten hierfür nicht aus. 850 000 Gulden investierte Karl V. in die Bestechungsaffäre. 143 000 Gulden zahlten die Welser direkt an ihn; für weitere 165 000 übernahmen sie die Bürgschaft. Das Augsburger Handelshaus war ein international arbeitender Bank-, Handels- und Minenkonzern mit Niederlassungen in ganz Europa. Es handelte mit Silber, Kupfer und Zinn und fungierte als Großaufkäufer ostindischer Gewürze, Farbstoffe und Textilien.

Am Golde hängt, nach dem Golde drängt doch alles. Als Dr. Faustus in die Alchimie vordrang, drangen die Welser in Hispaniola (Santo Domingo/Haiti) ein, besaßen dort Goldwäschereien und Zuckerrohrplantagen. Ihre neuerlichen Dienste für Kaiser Karl ließen sie auf noch höhere Ehren hoffen, die sie dann auch umgehend erhielten: ein ganzes

Land zum Kolonisieren, vom Cabo de la Vela im Westen bis zum Cabo Maracapaná im Osten, das gesamte westliche Venezuela und ein Teil des Tieflands Kolumbiens.

In einem Kronvertrag, dem *asiento*, vom 27. März 1528 waren die Pflichten des Handelshauses festgeschrieben: innerhalb eines Jahres 200 bewaffnete Soldaten auf mindestens vier Schiffen nach Santa Marta im heutigen Kolumbien zur Befriedung der aufständischen Indios zu entsenden, sie zusammen mit weiteren 100 Europäern in der Nachbarprovinz Venezuela anzusiedeln und den Kolonisationsprozess in Gang zu setzen. Sie verpflichteten sich zur Gründung von mindestens zwei Siedlungen innerhalb von drei Jahren mit mindestens 300 Bewohnern und zum Bau von drei Festungsanlagen.

Im Gegenzug erhielten sie dafür die Titel Gouverneur und Generalkapitän auf Lebenszeit zugesprochen, dazu 200 000 bzw. 100 000 Maravedis als Lohn, das Amt des *adelantado,* des höchsten militärischen Befehlshabers mit richterlicher Funktion, und das Amt des *alguacil mayor,* des obersten Polizeichefs. Versüßt wurden diese Aussichten mit der Zusage, aus den gefundenen Goldminen nur 10 % der Erträge an die spanische Krone abliefern zu müssen. Das Kolonisieren war kein einträgliches, es war ein teures Geschäft.

Am 24. Februar 1529 landete Ambrosius Alfinger fast vorschriftsgemäß mit drei Schiffen beim Cabo de la Vela und gründete Coro, dem er allerdings keine besondere Aufmerksamkeit schenkte. Der Ort wurde nur halbwegs besiedelt, die Siedler erfuhren keinerlei besonderen Schutz. Offenbar erblickte die Welser-Mannschaft auch keinen Sinn in der königlichen Vorgabe, Festungen zu errichten. Was nun bis 1556 geschah, dem offiziellen Datum des Entschlusses der spanischen Krone, den Welsern das Generalkapitanat wieder zu entziehen, ordnete sich einzig dem Ziel unter, an der Schatzsuche zu partizipieren. Belegt wird das durch die wertvollen Zeugnisse, die die deutschen Konquistadoren hinterließen: die Briefe Philipp von Huttens und die »Wahrhafftige Indianische Historia« von Nikolaus Federmann. Dabei war den Welsern offenbar nicht so sehr daran gelegen, in verlustreichen Kriegen unsichere Gebiete gegen Aufständische zu befestigen, sondern mit ihren Geschäften zu expandieren. Wesentlich intensiver betrieben sie die Suche nach Gold. Von den 17 Jahren ihrer tatsächlichen Anwesenheit in Venezuela waren die Amtsträger der Welser insgesamt 13 Jahre und vier Monate ausschließlich mit den *entradas* beschäftigt, den Entdeckungsfeldzügen, in deren Verlauf sie 20000 km zurücklegten, fast ein halbes Mal um die Erde.

Die Liste ihrer Verfehlungen ist lang. Sie gaben kein Land an Siedler aus, sie rekrutierten keine Indios als Tributarbeitskräfte, sie legten keine Plantagen an, sie betrieben weder Viehzucht noch Bergbau, sie trieben weder Handel noch Gewerbe, sie trugen rein gar nichts dazu bei, die Kolonisten in die Lage zu versetzen, überhaupt zu überleben. Sie handelten stattdessen mit Sklaven und stießen ins Herz des Kontinents vor.

Auf Ambrosius Alfinger, der sich, von seinen *entradas* gesundheitlich stark angeschlagen, nach Santo Domingo zurückzog, folgte zunächst Georg Hohermuth, später dann Nikolaus Federmann. Philipp von Hutten besetzte 1540 den Titel des *adelantado*. Inzwischen hatte Federmann die Welser beim spanischen Königshaus denunziert, sie würden den Fiskus hintergehen, und die spanische Konkurrenz für das satte Stück Venezuela wuchs in dem Maße, wie die Reisen anscheinend immer verlockendere Ergebnisse zeitigten. Pässe über die Anden wurden entdeckt, Flüsse gesichtet, riesige Seen ausgemacht. Und Philipp von Hutten schrieb an seinen Bruder, den Erzbischof Moritz von Eichstätt: »Ich fürcht mehr den Krieg mit den Christen als mit den Indiern, denn ich weiß wohl, wir werden auf Christen stoßen und vielleicht ohne Zwietracht nicht voneinander kommen.«

Als er im Jahr 1546 von einer erneuten *entrada* schwer verletzt nach Coro zurückkehrte, fand Philipp von Hutten dort den Sonderbevollmächtigten Juan Pérez de Tolosa vor, der die Vorwürfe des Amtsmissbrauchs gegen die Welser untersuchte. Juan de Carvajal hatte sich in der Abwesenheit von Huttens selbst zum Gouverneur erklärt und die Hauptstadt von Coro nach El Tocuyo verlegt. Als Philipp von Hutten mit 20 Leuten El Tocuyo verließ, wurde er gemeinsam mit dem Welser-Spross Bartholomäus am 17. Mai 1546 von Spaniern ermordet.

Ganze zehn Jahre lang prozessierte das Handelshaus anschließend gegen die spanische Krone um das in Venezuela investierte Kapital. Im Jahre 1556 wurden ihm schließlich endgültig die Rechte auf Venezuela entzogen und sämtliche finanziellen Forderungen abgewiesen.

Einmal über die Halbinsel

Quer über die Halbinsel flicht die Landstraße eine Reihe kleiner Kolonialörtchen zusammen. Über Adícora geht es zunächst nach **Pueblo Nuevo** , dem mit 7000 Einwohnern größten Ort der Halbinsel. Man steuert auf den dicht bewaldeten Cerro Santa Ana (830 m) zu, die einzige nennenswerte Erhebung, die von Weitem betrachtet die kuriose Kontur eines Zwiebelturmhäubchens hat, um nach **Santa Ana** **7** zu kommen. In dessen Zentrum gibt es eine imponierende Kolonialkirche mit kreisrundem, frei stehendem Glockenturm und eine freundliche Plaza Bolívar. Santa Ana befand sich schon 1546 auf der kolonialen Landkarte und seine von den versklavten Indianern erbaute Kirche wurde im 17. Jh. fertiggestellt. Sie musste damals auch die Funktion einer Festung übernehmen.

Moruy **8** hat eine ebensolche Festungskirche aufzuweisen, die das winzige Örtchen dominiert, vor allem, weil auch die von mächtigen Johannisbrotbäumen beschattete Plaza Bolívar davor recht überdimensioniert ist. Drumherum reihen sich in den wenigen ländlichen Straßenzügen einstöckige Häuschen ordentlich aneinander. Höhepunkt der kulinarischen Extravaganz: ein Eissalon.

Die Ruta 4 klettert über ein paar Hügelchen auf Punto Fijo zu. Der scharfe Wind zerfetzt alle Ansätze einer Vegetation, eine richtige Ziegen-Dornen-Landschaft kennzeichnet die Umgebung und der Müll hängt leider kiloweise im Gestrüpp. **Punto Fijo** **9** hat allen Platz der Welt, sich auszudehnen, denn einzig die Erdölraffinerien Cardón und Amuay engen es ein. Das moderne Punto Fijo wurde in den 1920er-Jahren gebaut, um den Arbeitern und Ingenieuren einen angenehmen Aufenthalt zu bieten. Mit den Dörfchen im Innern der Halbinsel verbindet es nichts. Wichtig ist es als Verkehrsknotenpunkt. Auf seinem Flughafen herrscht mehr Betrieb als auf dem von Coro. Punto Fijo, freundlich, doch ein bisschen langweilig, boomt mit über 100 000 Einwohnern und ist nicht gerade die billigste Stadt Venezuelas, aber man übernachtet dort komfortabel und isst gut.

 Corfaltur: Paseo Alameda, Tel. 02 58/ 262 41 98, corfaltur@hotmail.com.
Fondo Mixto Falcón: Av. Independencia, Centro Comercial Costa Azul, 1. Stock, Tel. 02 68/252 92 50, www.visitfalcon.com.

Auf der Halbinsel:
Hacienda Posada La Pancha: Zwischen Adícora und Pueblo Nuevo, kurz hinter El Hato, Tel. 04 14/969 26 49, 04 14/231 26 13 (Mobiltelefon); 7 Zimmer. Typisches altes Haus der Region mit fantasievoll gestalteten, großen Zimmern, eingerichtet im Stil um 1900, gruppiert um einen Minidschungel-Patio; dazu ein barocker Minipool und ein Garten voller Pfauen, Ziegen und Enten. Die Hausherrin kocht fabelhaft mit den Aromen der Region. Vollpension 68 US-$ pro Person.
Los Taques:
Villa Caribe Eurocaribe: Vía Villa Marina El Pico, Sector Puerto Azul, Los Taques, Tel. 02 69/250 92 00, www.eurobuilding.com.ve; 100 Zimmer und *cabañas*. Komfortable Niederlassung der Hotelkette Eurobuilding, Strand, mit Poollandschaft, Restaurant und Bar in *churuatas*. DZ 120–200 US-$.
Posada La Casa de las Tres Ventanas: Calle Principal de Los Taques, Paraguaná, Tel. 02 69/277 06 27, lastresventanas@cantv.net. Kolonialhaus mit 8 individuell eingerichteten Zimmern. Empfehlenswerte regionaltypische Küche mit ungewöhnlichen Zutaten. Freundliche Aufnahme. DZ 60 US-$.
In Punto Fijo:
Las Brisas Paraguaná: Av. Raúl Leoni/Calle San Luis, Tel. 02 69/246 70 11, Fax 246 60 15; 130 gepflegte, geräumige Zimmer und Bäder, kleiner Pool. DZ ca. 120 US-$.

Flughafen Las Piedras: 10 km nördlich von Punto Fijo. Flüge nach Barcelona, Caracas (5 x tgl.), Cumaná (2 x tgl.), Maracaibo, Mérida und Puerto Ayacucho.
Der **Busbahnhof** liegt beim Mercado Municipal, **Busse** und **Por Puestos** nach Caracas, Coro und Maracaibo (häufig), Verbindungen nach Mérida und El Vigia.
Autovermietung im Flughafen Las Piedras: **Budget**, Tel. 02 69/246 01 59.

Bescheiden sind sie nicht, die *maracuchos*, die schlagfertigen Bewohner von Maracaibo: Ihre Stadt sei die größte des Landes, Widerspruch wird nicht geduldet. Rein flächenmäßig stimmt das auch. Und die reichste ist sie zudem, schließlich kommt aus dem Lago de Maracaibo der Reichtum des Landes, das Erdöl. Eigene Musik, die *gaitas*, eigene Rezepte, die *tumbaranchos* – Maracaibo ist ein besonderer Fall.

Maracaibo

Die Hauptstadt von Zulia

Auch wenn **Maracaibo** mit 2 Mio. Einwohnern nicht an die offiziell geschätzten 6 Mio. von Caracas heranreicht: flächenmäßig ist die Hauptstadt des Bundesstaates Zulia größer. Was in Caracas, bedingt durch die topografische Enge, zusammengepresst und in die Höhe geschossen ist, ergießt sich hier grenzenlos über eine haltlose Ebene, verstreut glitzern sonnenbraune Hochhäuser in der Luft.

Womit wir beim zweiten Rekord wären. Die Stadt des emphatisch so genannten ewigen Frühlings, Caracas, die unter wenig frühlingshaften Gewittern und krassen Temperaturstürzen erbeben kann, hat in punkto Hitze keine Chancen gegen Maracaibo, denn es gibt im gesamten Land nichts Heißeres. Was die *maracuchos* aber wieder als Metapher verstanden wissen wollen und keinesfalls als Nachteil, denn schließlich stellen Maracaibo und der Bundesstaat Zulia fast jedes Jahr die Miss Venezuela, was praktisch gleichbedeutend ist mit den meisten Miss World und Miss Universum, denn Venezolanerinnen haben in den vergangenen Jahrzehnten unter den Spitzenplätzen bei der Wahl zur Schönsten der Welt stets mitgemischt.

Noch ein Rekord: keine Stadt ist reicher, trägt mehr zum Unterhalt des Landes bei. Seitdem in der zweiten Regierungsperiode von Carlos Andrés Pérez 1989 der Zentralismus abgeschafft wurde und die einzelnen Staaten Gouverneure und Provinzregierungen erhielten, die nicht vom Präsidenten bestimmt wurden, haben sich die Gemüter doch etwas beruhigt. Trotzdem steht für die *maracuchos* fest, dass sie zwar 80 % des Reichtums des Landes produzieren, ihn aber nicht verwalten dürfen. Der Schatz des Landes, das schwarze Gold Erdöl, lagert unter dem Lago de Maracaibo.

Nicht nur Maracaibo, auch der Bundesstaat Zulia verdient höchste Beachtung. Er ist zwar nicht der schönste, das geben die *maracuchos* gerne zu, aber ein produktiver. Neben Erdöl versorgen auch landwirtschaftliche Erzeugnisse das Land: Tomaten, Weintrauben, Mangos, Kokosnüsse, Wassermelonen, Papayas, Milch und Fleisch – alles *hecho en Zulia* und natürlich allererster Güte.

Geschichte

Maracaibos Geschichte ist lang und von Widersprüchen geprägt. Auf Amerigo Vespucci, der die in der Nähe gelegene Laguna de Sinamaica 1499 nach Venedig benannte, Veneciola, folgte die (zweite) Gründung der Stadt 1574. Man sagt übrigens, das sei nicht an dem Platz geschehen, an dem sich Maracaibo heute befindet, sondern bei Mara, einem Ort an der Laguna. Mehr als einige wenig wehrhafte Hüttchen wurden trotz wiederholter Versuche, diese Gegend

327

Keine Scheu vor grellen Farben: Maracaibo zeigt sich bunt

zu beleben, aber nicht daraus. Beziehungen pflegte Maracaibo zu den Niederländischen Antillen, später diente es als Piratenversteck.

Orientierung

Maracaibo erscheint auf den ersten Blick als ein endloses Geflecht von Stadtautobahnen, auf denen die Orientierung schwer fällt, weil sich die Straßenzüge und Wohnviertel so ähneln. Es zerfällt deutlich in drei Segmente.

Den weitaus größten Teil nimmt die moderne Stadt nördlich der Calle 85 ein, die von breiten Avenidas und Calles großzügig zerlegt und in *barrios* zusammengefasst ist.

Eine ähnliche Ordnung hat man auch im alten Zentrum am See zu schaffen versucht. Unter der ersten Präsidentschaft von Rafael Caldera opferte man 1973 gegen lautstarken Protest das Gewühl einiger Altstadtgassen dem Paseo de las Ciencias, einem grünen Parkrechteck, das die beiden bedeutsams-

La Vereda del Lago

Zum Sonnenuntergang einfach hinreißend ist ein Besuch des breit angelegten **Parkgeländes am Maracaibosee**. Ein Wasserpark mit gigantischen Rutschen, jeder Menge Spazier- und Joggerwegen, von Bäumen beschattete Alleen, Picknickplätze, Kioske und kleine Restaurants machen den öffentlichen Park zu einem der wichtigsten Naherholungsgebiete von Maracaibo, bewacht von Polizisten auf Rädern.

Cepilladero probieren

Zugegeben, jeder Reiseführer warnt davor, in tropischen Ländern Eis zu essen, das man von einem Straßenhändler kauft. Doch sind die **traditionellen Eisverkäufer** an den schattigen Plazas Venezuelas mit ihren Wägelchen, den Eisblöcken und ihren bunten Sirupfläschchen einfach viel zu verführerisch, um daran vorbeizugehen. Hier wird der Begriff *nieve*, Schnee, zur fassbaren Erfahrung. *Cepilladero* könnte man mit gebürstet übersetzen, denn das Eis wird von einem Eisblock mit einer Bürste abgeschabt. In Maracaibo kauft man diese altmodische Köstlichkeit bei El Popular Jesús Ríos in der Avenida 89 E im Barrio Santa Lucia. Die Herstellung ist ganz einfach: Auf den Schnee kommt der Sirup nach eigener Wahl. Die Venezolaner lieben *colita*, eine Art Karamell. Im übrigen Land heißt der richtige Begriff für dieses Eis *raspado*, geschabt.

ten Kirchen von Maracaibo miteinander verbindet. Das Gute daran: schattiges Grün mitten in der Stadt und einige Skulpturen venezolanischer Künstler, darunter eine Plastik von Jesús Soto. Der hoch geschätzte Gouverneur von Zulia, ehemals Bürgermeister von Maracaibo und der letzte und potenteste Präsidentschaftskandidat der Opposition gegen Hugo Chávez, Manuel Rosales, hat den Paseo de Las Ciencias noch einmal gründlich umgestaltet.

Das dritte Segment ist fast so winzig wie die Altstadt. Der *barrio* Santa Lucía grenzt im Norden an deren Kern und verblüfft durch allerbunteste betagte Häuslein.

Paseo de Las Ciencias

Die Sehenswürdigkeiten der Stadt konzentrieren sich im Altstadtbereich um den **Paseo de las Ciencias** **1**. Mittlerweile ist er eine Prachtallee mit einem grandiosen Portal geworden, flankiert von barocken Säulchen und

Cityplan: Maracaibo

C. San Francisco

C. 12

Av. 93 Padilla

Av. 15 Las Delicias

C. 95

2

Paseo de

1

las Ciencias

C. 97

Av. Campo Elías

C. 97

C. 98A

Markt der Guajiro

C. 99

Mercado Municipal

Busbahnhof

Av. 15 Las Delicias

12 *Puente General Rafael Urdaneta*

C. San Francisco

7

SALADILLO

Parque Rafael Urdaneta

C. 92

Av. 93 Padilla

Calle de la Tradición

6 **5** **9**

C. 94

Teatro Baralt **3** **Palacio Gobiern**

11 *Plaza* **4**

Bolívar **Kathed**

Plaza Baralt **9**

Av. 100 Libertador **10**

11

Lago de Maracaibo

Hecken, abgegrenzt durch Ketten und bewacht von berittenen Polizisten. Zwei neue riesengroße Denkmäler sind unter Rosales' Regierungszeit entstanden, beide in ein untadeliges Schneeweiß getaucht: der hl. Sebastian, der an einen echten und ebenfalls schneeweiß bemalten Baum gebunden ist, und die Madonna.

Doch wichtigste Attraktion ist zweifellos die **Basílica de Chiquinquirá 2** am westlichen Rand des Paseo, denn sie ist die Kirche der zärtlich Chinita (kleine Chinesin) gerufenen Schutzpatronin der Stadt. Die im 19. Jh. gebaute Kirche ist eine herausfordernde Interpretation des Neoklassizismus mit einem schwebenden Dreiecksgiebel über dem Por-

tal, der von kannelierten Säulen aus grünlichem Stein gestützt und von zwei kuppelgekrönten Türmen flankiert wird; die gesamte Komposition leuchtet matt in Weiß, Zartgrau und Vanille. Im Inneren herrscht Dämmerlicht zwischen den komplett mit Arabeskenfriesen bedeckten Wänden, die einen Trompe-l'œil-Effekt erzeugen: nachtblaue Wände, Sterne, Stilisierungen. Das ganze Arrangement wirkt wie ein überdimensionales, liebenswertes Puppenhaus und ist wirklich originell und besuchenswert. Die kleine Chinesin, wie sie wegen ihrer orientalischen Augenform genannt wird, befindet sich in einer Nische, hoch über dem Altar, und misst etwa 40 cm. Die wundertätige und jungmädchenhaft süße Chi-

Sehenswürdigkeiten

1. Paseo de las Ciencias
2. Basílica de Chiquinquirá
3. Casa de la Capitulación
4. Plaza Bolívar
5. Saladillo
6. Calle de la Tradición
7. Museo General Rafael Urdaneta
8. Santa Lucía
9. Plaza Baralt
10. Centro de Arte Lia Bermúdez
11. Mercado de Las Pulgas
12. Puente General Rafael Urdaneta

Übernachten

1. Hotel Maruma Intercontinental
2. Gran Hotel Las Delicias
3. Hotel Kristoff
4. Hotel El Paseo

Essen und Trinken

5. Rias del Mar
6. Mi Vaquita
7. La Churuata
8. Girasol
9. El Zaguán
10. Chops
11. Café Baralt

quinquirá wird inbrünstig verehrt und jeder *maracucho* weiß eine andere Legende von ihr zu erzählen. Ihr Bildnis sei einer armen jungen Kaffeepflückerin auf einem Stück Treibholz erschienen oder einer armen alten Bäuerin, die sich ein Feuer zum Kochen bereiten wollte, und plötzlich seien aus dem Scheit die Umrisse der Madonna gesprüht. Wie das so ist bei einer Legende: Es gibt immer viele verschiedene Versionen.

Immerhin konnte man sich auf den Wohnort der beiden Frauen einigen, denen die Chinita erschienen war. Ob jung, ob alt, beide lebten in der Avenida 2 in der Nähe des Hafens, die seitdem und völlig folgerichtig den Beinamen El Milagro, das Wunder, führt.

Zum Tag der Erscheinung im November feiern die *maracuchos* eine ganze Woche lang. Und die Intensität der Feiern hat einen guten Grund, denn die Chinita war die einzige, die Maracaibo während seiner langen Isolation vom Rest des Landes beschützt hatte. Ihr zuliebe schufen die *maracuchos* eine ganz eigene Liedform, die *gaita* (s. S. 65), von der man sagt, dass sie eigentlich eine Protestliedform sei. Das Kirchengebäude wurde übrigens über einer kleinen Einsiedelei aus dem Jahr 1686 errichtet.

Am Paseo selber liegen das restaurierte Jugendstiltheater Baralt, die koloniale Casa de la Capitulación und der neoklassizistische Palacio de Gobierno nebeneinander.

Maracaibo und die Laguna de Sinamaica

Im einzigen übrig gebliebenen Kolonialhaus der Stadt, der **Casa de la Capitulación** 3 mit ihren schmiedeeisernen Fenstergittern und einem dunkel gebeizten umlaufenden Holzbalkon aus dem 17. Jh., wurde liebevoll ein historisches Stadtmuseum eingerichtet. Musikinstrumente und Dokumente, Möbel, Gemälde und Fotografien erzählen die Geschichte der Stadt (Tel. 02 61/725 11 94, Di–So 8–16 Uhr, Eintritt frei).

Plaza Bolívar

An die **Plaza Bolívar** 4 grenzt die eintürmige **Kathedrale**. Sie bezieht ihre schlichte Schönheit aus ihren klaren Proportionen und der kolonialen Farbenharmonie von dunklem Holz, rotbraunen Kacheln und weißen Mauern. Einziges verspieltes Detail im Interieur sind kristallene Kerzenleuchter. Besonders schön sind die eleganten Holzsäulen und die zarten, wie Spitzen wirkenden Schnitzereien in den Türfüllungen. Links vor dem Altar ist die neben der Chinita wichtigste Heiligenfigur der Stadt aufgestellt, der Cristo de Gibraltar. Dabei handelt es sich um eine rauchgeschwärzte, schmucklose Holzskulptur, die im Spanien des 16. Jh. geschaffen wurde. Sie wurde aus dem von Indieneraufständen bedrohten Gibraltar am südöstlichen Rand des Maracaibosees nach Maracaibo evakuiert und sollte nach Beruhigung der Lage wieder zurückgebracht werden. Die *maracuchos* weigerten sich aber, dem Wunsch der *gibraltños* nachzukommen, und so ließ man die Statue selbst entscheiden, wie die Legende behauptet: Die Figur wurde in einem Boot mitten auf dem See ausgesetzt und steuerte gleich dreimal hintereinander Maracaibo an.

Saladillo, Santa Lucía

Nördlich des Paseo de las Ciencias wurde ein winziger Straßenzug vor dem Eifer der Modernisierer verschont. Er gehört zum **Saladillo** 5, für den eigentlich aufwendige Restaurierungspläne bestanden. Doch die Fassaden, die man heute sieht, sind löchrig, und vermutlich wird es keine Wiederauferstehung dieses Viertels in absehbarer Zukunft mehr geben, das aus einer Zeit stammt, als man

noch Fische aus dem Lago de Maracaibo zog. Die Calle Carabobo, oder **Calle de la Tradición** 6, bewahrt das fröhliche Aussehen des niederländischen Kolonialstils und verdeutlicht, wie nahe die Antillen eigentlich liegen. Die putzigen Häuschen in Knallorange, Zitronengelb und Dunkelblau dienen unterhaltsamen Zwecken: Puppentheater, Kunstgewerbeläden, Restaurants.

Durch den staubigen und vernachlässigt wirkenden Parque Rafael Urdaneta mit der modernen Skulptur des Unabhängigkeitshelden kommt man zum ganz im Stil eines griechischen Tempels gehaltenen **Museo General Rafael Urdaneta** 7. In den 1936 erbauten Hallen werden Erinnerungsstücke an den berühmtesten Sohn der Stadt in Ehren gehalten (Av. 7A, Di–Fr 8.30–15 Uhr, Eintritt frei).

Das Viertel **Santa Lucía** 8 zwischen den Avenidas 2 (El Milagro) und 4 (Bella Vista) und den Calles 95 bis 90 gehört zu den ältesten Vierteln von Maracaibo. In Santa Lucía lebt wie in der Calle Carabobo die bunte Leichtigkeit der niederländischen Kolonialarchitektur fort; in den vergangenen Jahren wurde auch sie stärker herausgeputzt und strahlt unverwechselbare Maracaibo-Atmosphäre aus. Jedoch soll die Gegend abends nicht sicher sein; die Besuche sollten besser tagsüber stattfinden.

Die Häuschen übrigens, als Holzmodelle geschnitzt oder aus Ton geformt, sind die Stars der Kunstgewerbegeschäfte, nicht nur der in Maracaibo.

Plaza Bolívar, Centro de Arte und die Hafenpromenade

Eine der ältesten Universitäten des Landes wurde von Franziskanern in Maracaibo gegründet. An der Stirnwand des 1699 gebauten **Templo San Francisco** südlich des Paseo findet sich eine entsprechende Inschrift. Die angrenzende **Plaza Baralt** 9 bildet den originären und originellen Mittelpunkt des früheren Zentrums, eine von Bäumen gesäumte Fußgängerzone inmitten einiger Art-déco-

Die Türme der Iglesia de Santa Lucía überragen das bunte alte Viertel

und Jugendstilfassaden. Hier ging es früher einmal hoch her, denn ganz in der Nähe lag das riesige Marktgebäude.

Das Bauwerk lenkt heute durch seine auffällige Umgestaltung gleich alle Blicke auf sich: In die Farbkombination Olivgrün, Lavendel und Rot gehüllt, überragt die Glas- und Stahlkonstruktion den südlichen Rand der Plaza. Das kunstvolle Äußere lässt auf ein kunstvolles Inneres schließen. Seit 1993 dient das Gebäude, gesponsert von der Bierbrauerei Polar, als multifunktionales Kunstzentrum **Centro de Arte Lia Bermúdez** 10 mit Ausstellungsräumen und Platz für Theater, Kino und Konferenzen. Eine anspruchsvolle Kunstgewerbehandlung vervollständigt den Komplex, den man durchaus in einer europäischen Großstadt vermuten könnte.

In den hohen Glasfenstern des Centro de Arte spiegelt sich die ehemalige Hafenpromenade am Lago de Maracaibo. Einige der Gebäude haben karibisches Handelskontorformat, sind pastellfarben, verwittert und tragen verblasste Aufschriften. Leicht angeschmuddelte Imbissbuden und preiswerte Kleidergeschäfte ziehen sich die Calle 100 und die Avenidas 8 bis 10 entlang und man möchte sich am liebsten stundenlang in der unnachahmlichen Atmosphäre der erhitzten Ladenhöhlen herumdrücken.

Eine Sehenswürdigkeit unkonventionellerer Art ist der **Mercado de Las Pulgas** 11 an der Hafenpromenade, der Avenida Cien. Es handelt sich hier keineswegs um einen Flohmarkt, wie der Name suggeriert, sondern um ein ohrenbetäubendes Gesause und Gewühl von Händlern, die alles Mögliche verkaufen, von der Unterwäsche bis zum Tischtuch.

Die Brücke über den Lago de Maracaibo

Über die 8 km breite Verengung des Lago de Maracaibo (13 280 km^2) verkehrten bis zum Jahr 1961 lediglich Fähren. Die kühne Konstruktion der **Puente General Rafael Urdaneta** 12 verbindet nun dort, wo der See wirkt wie der Hals einer Bocksbeutelflasche, Maracaibo tatsächlich mit dem Rest der Welt. Fest verankert im Grund, halten ihre mittleren

Pfeiler einen Abstand von über 200 m, um Tankschiffe durchzulassen. Unter dem damaligen Präsidenten Marcos Pérez Jiménez auch als Flanierbrücke mit Imbisskiosken und Sitzbänken konzipiert, wurde sie nach seinem Sturz nurmehr als reine Autobahnbrücke fertiggestellt. Heute verwandelt ein ständig wechselndes Lichtfarbenspiel die Brücke in ein auch in der Nacht schillerndes Schmuckstück der Stadt.

i **Corzutur:** Av. 18 zwischen Calles 77 und 78, Ed. Lieja, 4. Stock, Tel. 02 61/ 783 49 28.

Fondoturismo Zulia: Calle 77 (5 de Julio) zwischen Av. 17 und 18, Centro Comercial San Luis, Tel. 02 61/752 89 01, fondoturismo_ zulia@cantv.net. Effektiv, kompetent und zuvorkommend.

Hotel Maruma Intercontinental 1: Circunvalación No. 2, Tel. 02 61/730 27 00, www.hotelmaruma.com; 410 Zimmer. Der wahre Luxustempel der Stadt. Marmor, Glas, Spiegel, Großzügigkeit charakterisieren den eleganten Stil. Das Hotel liegt etwas außerhalb in Flughafennähe. DZ ab 200 US-$.

Gran Hotel Las Delicias 2: Av. 15 Las Delicias/Calle 70, Tel. 02 61/797 05 85; 90 Zimmer. Freundliches, recht modernes Haus, gutes Preis-Leistungs-Verhältnis.

Hotel Kristoff 3: Av. 8/Calle 68, Tel. 02 61/ 796 10 17, www.hotelkristoff.com; 306 Zimmer. Liegt zentral im Zentrum von Bella Vista und besticht durch seine riesigen, sehr gepflegten Zimmer und Bäder und einen Pool. Mit Ladengalerie, gutem Restaurant und nettem Café. Gut informierte und effektive Concierge. DZ 130 US-$.

Hotel El Paseo 4: Av. 1 B, Calle 74, Sector la Cotorrera, Tel. 02 61/792 44 22, Fax 793 94 53, www.hotelelpaseo.com.ve; 59 Zimmer. Neben seiner attraktiven Lage direkt am Seeufer besticht es durch makellose Zimmer und freundlichen Service. DZ ca. 110 US-$.

Rias del Mar 5: Calle 76/Av. 20, Sector Paraiso, Tel. 02 61/751 99 91; tgl. ab 18 Uhr. Ganz hervorragende spanische Küche und Fisch in einem eleganten Ambiente. Hauptgerichte ab 30 US-$.

Mi Vaquita 6 : Av. 3 H/Calle 76, Tel. 02 61/791 19 90; tgl. ab 17 Uhr. Klares Erfolgsrezept: Bar, Disco und gemütliches, großes Grillrestaurant im Cowboystil. Gutes Essen. Gerichte ca. 25 US-$.

La Churuata 7 : Calle 72/Av. 8 (Santa Rita), Tel. 02 61/798 96 85; tgl. ab 18 Uhr. Hier ist man ebenfalls auf Fleisch spezialisiert. Rustikal-elegante Umgebung und gute Weine. Hauptgerichte ca. 25 US-$.

Girasol 8 : Im Hotel El Paseo, Av. 18/Calle 74, Sector La Cotorrera, Tel. 02 61/792 44 22; tgl. ab 11.30 Uhr. Drehrestaurant mit Ausblick, was dem gemütlichen Lokal eine ganz besondere Stimmung verleiht. Klassische Küche mit europäischem Einschlag. Gerichte ab 25 US-$.

El Zaguán 9 : Calle de la Tradición (Carabobo), Tel. 02 61/721 00 41; nur abends geöffnet. Traditionsreiches, angenehmes, einfaches Gartenrestaurant. Venezolanische Spezialitäten wie *arepitas con nata*, *pabellón criollo*. Gerichte ca. 7 US-$.

Chops 10 : Calle 72, zwischen Avs. 9 und 98, Tel. 02 61/797 50 56; tgl. ab 10 Uhr. Filialen auch in den Centros Comerciales Sambil und Lago Mall. Ist nichts für Cholesterinfeinde, denn in diesem Fast-Food-Lokal werden die typischen Schnellgerichte der *maracuchos* serviert, die eher an die kolumbianische Küche als an die venezolanische erinnern: *Patacones*, gebratene Kochbananenscheiben mit deftiger Füllung und ähnliche Kalorienbomben. Sattessen für 6 US-$.

Café Baralt 11 : Paseo Ciencias gegenüber vom Teatro Baralt, Tel. 02 61/718 46 94; Mo–Sa 7–22 Uhr. Wer in der Innenstadt auf Besichtigungstour ist, findet hier ein nettes, preiswertes Restaurant, in dem in einem lichten Pavillon Mittagsmenüs und kleine Gerichte serviert werden.

Cafés: Bambi: Av. 4/Calle 79, Tel. 02 61/797 69 25. Familiäres Café mit bester Ware. Die Besitzer sind italienischer Abstammung.

Fein Kaffee: Calle 78/Av. 3 F, Tel. 02 61/791 42 50. Ebenfalls ein Traditionshaus mit sehr guter Qualität.

Jeffrey's: Calle 78 zwischen den Avs. 3 G und 3 H, Tel. 02 61/791 04 96. Hier sind die Torten zuckersüß und aufwendig gemacht.

Centro Lago Mall: Av. 2 (El Milagro), Sector La Virginia, neben dem Hotel del Lago. Das Exklusivste und Neueste im Moment. Mit Restaurants, Bars, Kinos.

Sambil: Av. Guajira, Sector San Jacinto. Bewährte Sambil-Qualität mit einem Mix aus Filialen bekannter Ladenketten, Kinos und Restaurants.

El Túrista: Calle 72/Av. 3 H. Ein Kunsthandwerksgeschäft mit großer Auswahl. Man findet einige weitere auch am Paseo de las Ciencias, Calle 96.

Die wichtigsten Festivitäten gehören der **Chinita**, der Stadtmadonna. Am letzten Samstag im Oktober wird die Madonna aus ihrer Basilika geholt, anschließend folgen mehrere Prozessionen auf dem See. Am 18. November wird ihrer noch einmal besonders gedacht, denn dieses Datum markiert den Beginn der trubeligen *gaita*-Saison, in der ein Fest auf das andere folgt, dazu addieren sich zahlreiche Stierkämpfe und unterschiedliche Märkte.

Ebenfalls ein Datum zum Vormerken sind die Feste zu **Karneval**; dann gibt es viele Maskenparaden und Umzüge.

Ausflüge zur **Laguna de Sinamaica**. In den Hotels kennt man die jeweils besten Empfehlungen von Veranstaltern, die eine Tour organisieren.

Flughafen La Chinita etwa 12 km südwestlich des Stadtzentrums, Tel. 02 61/735 27 23, 735 80 94.

Flüge nach Barcelona, Barquisimeto, Caracas, Las Piedras, Maracay, Mérida, Porlamar, Puerto Ordaz, San Antonio de Táchira, Valencia.

Busbahnhof: Av. 15, südwestlich des alten Stadtzentrums; Verbindungen nach Coro, Caracas, Valencia, Barquisimeto und in die Anden, häufige Abfahrten nach Valera; **Por Puestos** in alle Richtungen.

Leben zwischen zwei Welten: Die Guajiro

Sie gelten als die kulturell elastischste, widerstandsfähigste und umfangreichste indianische Ethnie auf venezolanischem Boden: die hauptsächlich auf der Halbinsel Guajira siedelnden Guajiro, die sich selbst Wayú nennen. Die Größe ihrer Population wird mit etwa 50 000 angegeben. Die Halbinsel Guajira liegt nördlich von Maracaibo, nur ein schmaler Streifen gehört zum Bundesstaat Zulia, die weitaus größere Landfläche zu Kolumbien.

Die Guajiro fallen auf. Wer in Maracaibo durch die Straßen schlendert oder den Markt besucht, wird vor allem die selbstbewusst agierenden Frauen wahrnehmen, die, in bodenlange bunte Kleider gewandet, ihre Einkäufe tätigen oder selber Handel treiben. Ihre Offenheit und Selbstverständlichkeit im Umgang mit den *civilisados* signalisieren Stolz und Unbefangenheit. Die Wayú verhalten sich weder devot noch scheu.

Doch allmählich kippt die Situation, denn die traditionellen Lebensbedingungen geraten immer mehr ins Wanken: Die Böden ihres Siedlungsgebietes veröden. Das Wasser wird knapp in der halbwüstenhaften Vegetation auf Guajira, die sich für die Viehzucht so gut eignete. Und die Viehhaltung ist es, die den Mittelpunkt der materiellen Kultur der Guajiro bildet, die als Halbnomaden leben. Gegen die ungenügende materielle Absicherung und die Ausbreitung der Städte, die Voraussetzungen und Auslöser für einen allmählichen kulturellen Auflösungsprozess sind, können sie sich nicht mehr schützen.

Vor Ankunft der Spanier Jäger und Sammler, übernahmen sie von den Eroberern das Großvieh, das bald ins Zentrum ihrer sozioökonomischen und religiösen Organisation rückte. Insofern vollzog sich in ihrem Lebensrhythmus kein einschneidender Bruch. Die Gier der Konquistadoren nach Gold, welche die Eroberer zu Expeditionen ins Landesinnere anstachelte, ersparte den Wayú das Schicksal der übrigen indianischen Stämme.

Über Rinder zu verfügen bedeutet in der Lebenswelt der Guajiro wesentlich mehr als einfach nur Reichtum: Die Viehhaltung bildet ein regelrechtes Netz aus Sicherheiten, ersetzt das Geld, fungiert als Grundlage des sozialen Lebens. Ein Viehdieb muss mit derselben hohen Bestrafung rechnen wie ein Vergewaltiger.

Die Guajiro leben in matrilinearen, exogamen Gemeinschaften. Kinder gehören zur mütterlichen Familie, ihr nächster männlicher Verwandter ist der Bruder der Mutter, nicht ihr Vater. Die Frauen in polygamen Ehegemeinschaften leben in der Regel voneinander getrennt in oder nahe dem *rancho* ihrer Mutter. Sie sind durch den Brautpreis in der Ehe besonders geschützt und abgesichert. Dieser Preis besteht aus Vieh und Schmuck, was bedeutet, dass eine betrogene oder geschiedene Frau nie mittellos verbleibt, wenn der Mann sie verlässt. Er darf zwar ihre Herden verwalten, falls sie sich nicht selbst darum kümmern kann, aber er darf keinesfalls mit ihnen handeln. Besitzt er selbst auch Vieh, darf seine Frau die Herden genauso verwalten wie er. Falls es zu Verstößen gegen diese Regeln kommt, muss gezahlt werden. Sogar Kinder sind dazu berechtigt, Zahlungsforderungen bei derartigen Vergehen zu stellen.

Bei der Hochzeit wird der Brautpreis an die mütterlichen Verwandten gezahlt. Stellt sich in der Hochzeitsnacht heraus, dass die Braut ihre Jungfräulichkeit nur vorgetäuscht hat, oder lässt sie während der Ehe einen Schwangerschaftsabbruch vornehmen, kann der Ehemann den Brautpreis teilweise oder in voller Höhe wieder zurückfordern. Da der aber die Grundlage der Versorgung der Frau darstellt, wird sie sich an die Regeln halten. Jungfräulichkeit treibt den Brautpreis in die Höhe und die Mütter achten in dieser Hinsicht streng auf ihre Töchter, zu deren eigener Absicherung.

Die Frauen nehmen einen bedeutsamen Platz in der Guajiro-Gesellschaft ein. Ihre Gebärfähigkeit sichert den Fortbestand des Verbandes und dies wiederum sichert ihnen Ranggleichheit mit dem Mann. Sie überwachen die zeremoniellen Abläufe bei Geburt, Menstruation, Heirat und Tod und vermitteln zwischen ihrer Familie und der ihrer Männer. Gesellschaftlicher und religiöser Bereich obliegen also der weiblichen Gestaltung.

Die Riten der weiblichen Heranwachsenden sind demnach stärker formuliert. Sobald ein Mädchen »Fleisch weitergeben kann«, also das gebär- und heiratsfähige Alter erreicht hat, wird es von dem üblichen sozialen, geselligen Leben ausgeschlossen und verbringt zwei Monate bis zwei Jahre im sogenannten *encierro* in einer abgedunkelten Hütte. In dieser Zeit darf es sich ausschließlich abends einmal im Freien aufhalten, damit seine Haut weiß wird, denn das gilt als Merkmal von besonderer Attraktivität. Unterrichtet wird die Heranwachsende von weiblichen Familienmitgliedern in der Haushaltsführung, im Weben und Flechten, sie erhält auch eine

sexuelle Unterweisung, denn geschlechtliche Attraktivität gilt als das sicherste Mittel für eine dauerhafte Bindung. Gleichzeitig wird sie mit den Riten und Regeln des täglichen Zusammenlebens vertraut gemacht, die sie später beherrschen muss.

Verständlich, dass das Eindringen des westlichen Kulturkreises der *civilisados* in die indianische Lebenswelt zum Teil große Konflikte auslöst. Junge Mädchen, die in die Städte abwandern, etwa nach Sinamaica, nach Paraguaipoa oder in die Viertel Ziruma oder Callejuelo in Maracaibo, und dort Arbeit finden, kritisieren den Brautpreis als regelrechten Frauenkauf, empfinden die voreheliche sexuelle Enthaltsamkeit als Bevormundung und mögen auch nicht mehr den *encierro* aufsuchen. Für sie repräsentiert die Guajirokultur ein deutliches Hindernis auf dem Weg in die Selbstständigkeit. Die Nomadenausstattung der Hütten auf der Halbinsel (Schemel, Hängematte, Steine als Kochstelle) möchten sie durch Betten, Schränke und Esszimmer ersetzen.

Es nimmt nicht wunder, dass hauptsächlich die Mädchen die Regeln ihres Volkes kritisieren, denn sie werden am nachhaltigsten davon eingeengt, auch wenn es auf den ersten Blick vielleicht nicht so erscheinen mag.

Die stetig wachsende Urbanisierung und auch die bessere Anbindung an städtische Zentren leiten im Zusammenhang mit der sich deutlich verschlechternden wirtschaftlichen Situation auf der Halbinsel eine Abwanderung ein. Doch einige Stimmen vermelden auch optimistisch: Trotz 500 Jahren engen und beständigen Kontaktes mit Weißen haben sich die Wayú ihre Sprache und ihre Sozialorganisation weitgehend erhalten können, was schließlich für ein starkes ethnisches Selbstbewusstsein spricht.

Autovermietungen: Viele haben ihre Büros direkt am Flughafen, das ist für die Gäste sicherlich am unproblematischsten, z. B. **Aco Rent a Car**, Tel. 02 61/735 36 10; **Hertz**, Tel. 02 61/735 08 32.
Stadtbüro: **Budget:** Calle 76/Av. 13, Tel. 02 61/797 01 07.

Auf dem Weg zur Laguna de Sinamaica

Neben Macuro auf der Halbinsel Paria liefert auch die Laguna de Sinamaica einige Anekdoten zur Eroberungsgeschichte Venezuelas. Das weit verzweigte Flusssystem des Río Limón soll den 1499 in Südamerika auf Entdeckungsreise befindlichen Florentiner Amerigo Vespucci zu der Bemerkung angestiftet haben, dieses Land sehe wie Klein-Venedig aus, wie Veneciola. Und so hat der Italiener gleich doppelt nachhaltig in der Neuen Welt gewirkt. Sein Vorname benennt stolz den gesamten Kontinent und seine zugegeben recht freimütige landschaftliche Assoziation verschaffte Venezuela den Namen. Ob es denn auch wirklich die Laguna de Sinamaica gewesen ist, die ihm diese Inspiration eingab, oder nicht doch **Santa Rosa de Agua** am Maracaibosee, heute ein leicht heruntergekommenes Palafito-Viertel in Maracaibo selbst, ist noch nicht endgültig geklärt, aber vermutlich wird es doch zugunsten von Santa Rosa ausgehen.

Entlang dem Weg zur Laguna de Sinamaica über die Ruta Nacional 6 wachsen neue Stadtviertel in Richtung Norden. An der Stierkampfarena und einer mutigen modernen, elfenbeinfarbenen Gotteshauskonstruktion, die die *maracuchos* nicht minder furchtlos *Los Huevos de Dios* (Gottes Eier) nennen, führt die Avenida Guajira in eine recht hässliche Gegend, windzerzaust und voller Salzsümpfe.

Inmitten der struppigen Vegetation hat sich eine Reihe von Billigfleischanbietern niedergelassen, an deren Verkaufsständen sich die ärmere Bevölkerung gütlich tut, denn das Fleisch kommt direkt vom Bauern und wird nicht von der Gesundheitspolizei in den Schlachthöfen kontrolliert; entsprechend preiswert kann es angeboten werden. Müll säumt die Straßenränder. Niedrige Wellblechdächer künden von Hühnerfarmen und ein paar Trauben gibt es auch.

Als letzter Posten der Zivilisation begreift sich **El Moján** **1**, denn danach gibt es keine Tankstelle mehr und keine Post, danach führt die Ruta 6 hinein nach Kolumbien und beim Nachbarn herrscht das Chaos. Das ist zumindest die gängige Meinung der *maracuchos*. Schmuggel, Guerilla, alles verwebt

Die Guajiro-Frauen sind selbstbewusste Händlerinnen

sich zu einem Gestrüpp aus Vorurteilen und halbgaren Gerüchten.

In El Moján breitet sich ein viel besuchter Markt mit kolumbianischer Kleidung aus. Bemerkenswert sind auf jeden Fall die merkwürdig leblose Kathedralenfassade und die gespenstisch leere Plaza Bolívar mit dem überdimensionalen Kopf des Libertador auf einer Schale, der aussieht, als gehöre er eigentlich Johannes dem Täufer und wäre diesem frisch abgeschlagen worden. Die Bewohner von El Moján lieben diese künstlerische Interpretation ihres Volkshelden Bolívar

auch überhaupt nicht und sollen sie auch schon mehrfach beschädigt haben.

Beim Ortsausgang Richtung Norden liegt ein Friedhof der Guajiro (s. S. 336). Sie lassen ihre Toten nur etwa ein Jahr an diesem Ort, dann folgt ein Ritual zur Befreiung der Seele des Verstorbenen. Ein Verwandter muss nach Ablauf dieser Frist die Knochen ausgraben, reinigen (meist mit dem Maniokschnaps *chirinche*) und nach Hause bringen. Abschließend wird zwei Tage lang gefeiert, denn es gibt gute Nachrichten: Der Verstorbene ist in einer anderen Welt angekommen.

Umgebung von Maracaibo

Zwischen den Wasserarmen leben etwa 3500 Paraujanos in Pfahlbauten auf einem Gelände, das etwa 50 km² umfasst. Die aus dem natürlichen Material der Umgebung gebauten *bohíos* mit den handgeflochtenen Mattenvorhängen über einer stabilen hölzernen Rahmenkonstruktion befinden sich gegenüber den neuzeitlichen Wellblech- und Holzversionen eindeutig in der Minderzahl. Einige der Häuser sind ordentlich-bürgerlich mit ihren Gärten, den gepflasterten Stiegen und bunten Zäunen, es gibt Bodegas, eine Schule, eine Krankenstation, Kindergärten und sogar ein Gefängnis. Gegenüber einer zweitürmigen Kirche auf schwankendem Stelzengrund liegt das im traditionellen Stil errichtete Restaurant Parador Turístico, das schwarze Bohnen und Fischbällchen mit Kokosnussfleisch (*mojitos de coco*) serviert. Eine indianische Idylle ist Sinamaica also wahrlich nicht, es ist kein Museum, kein Reservat. Es ist einfach ganz normal.

Die Paraujanos leben vom Fischfang. Etwa 700 von ihnen bieten ihre Boote für Touristen an, einige bestellen Felder mit Kokospalmen. Das Holz der Mangrovenwälder der Flussufer steht unter Naturschutz und darf zum Hüttenbau nur von ihnen geschlagen werden.

Castillo de San Carlos

Einer weiteren Annäherung an die kolumbianische Grenze stehen die Venezolaner derzeit skeptisch gegenüber. Man kann von Maracaibo aus aber noch eine der wenigen Festungsanlagen besuchen, die von dem ehemals dichten Ring übrig geblieben sind, den **Castillo de San Carlos** 3 an der Südspitze der gleichnamigen, weit vorgestreckten Halbinsel, die gleichsam den Eingang zum Meer bewacht. Er liegt in einem Fischerhafen am Rande der Welt.

San Carlos de Barra wurde 1667 nach dem gleichen Grundriss errichtet, den auch die übrigen venezolanischen Anlagen aufweisen: sternförmig mit vier runden Wachtürmen und einem rechteckigen Innenhof. Am gegenüberliegenden Ufer stand ur-

Die Lagune

Für einen Besuch der **Laguna de Sinamaica** 2 stehen gleich zwei Einstiegshäfen zur Wahl: der staatlich geschaffene Puerto Cuervito und der regionale Hafen von Corpozulia, Mara. Dort soll Maracaibo im Jahr 1528 von dem Deutschen Ambrosius Alfinger (s. S. 36, 325) zum ersten Mal gegründet worden sein. Beide Häfen können mit einem Ausflugsrestaurant und einer kleinen Bootsflotte für Gäste aufwarten. Die Fahrten über die Lagune nehmen insgesamt etwa anderthalb Stunden in Anspruch.

Wasserstraße in der Laguna de Sinamaica

sprünglich auch eine Festung, schließlich erzwangen die häufigen Piratenüberfälle – unter anderem von Henry Morgan – diese Vorsicht der Spanier. Zur Restauration des Forts soll der spanische König Juan Carlos angestiftet haben. Die Originaltüren und Ladrilloböden sind noch erhalten. Im Museum hängen Plakate der übrigen Forts, ein Bild von Henry Morgan und alte Landkarten, die auf faszinierende Weise verdeutlichen, wie das unbekannte Venezuela in Bilder gebannt wurde und in den Köpfen der Konquistadoren Gestalt gewann.

Parque Nacional Ciénagas de Catatumbo

Der **Parque Nacional Ciénagas de Catatumbo** 4 passt zum Bundesstaat Zulia und seiner Hauptstadt Maracaibo, denn hier blitzt und donnert es unentwegt. Das Fluss- und Lagunensystem im Delta des Catatumbo befindet sich zwar am südwestlichen Rand des Lago de Maracaibo, aber es produziert eine Naturerscheinung, die man in bestimmten Nächten, z. B. während der Regenzeit, sogar in Maracaibo wahrnehmen kann: ein Wetterleuchten ohne Ende und Blitze, die über den dunklen Himmel zucken. Die *relámpagos de Catatumbo* erfreuen sich großer Beliebtheit und zieren auch die Flagge des Bundesstaates.

Der 1991 gegründete Nationalpark umfasst insgesamt rund 2700 km² und verfügt bislang über keinerlei Einrichtungen zum Campieren oder Übernachten. Weder Flora noch Fauna wurden bislang erschöpfend erforscht und inventarisiert. In den Kräuterwiesen, Strauchwäldern und Mangroven leben Königsreiher, Enten, Möwen und Wasserschweine.

In stille Schönheit eingebettet geleiten die Wege zu den Stiegen der Welt. So, nämlich *anden*, tauften die Spanier die Feldterrassen der Timotes, die immer noch kühn die Flanken des Hochgebirges mustern. Viele Kurven schrauben sich durch das malerische Auf und Ab, vorbei an tropischen Plantagen, an Hochgebirgslagunen und verwunschenen Walddörfchen.

Die Anden

Die venezolanischen Anden sind keine Rekordhalter. Weder verzeichnen sie die höchsten Gipfel noch die bizarrsten Ansichten dieses ganz Südamerika wie ein Rückgrat durchziehenden Gebirgsmassivs, aber sie ragen aus einem Saum tropischer Vegetation empor, sie vereinen karibische Färbung mit eisglitzernden Gipfeln und atemberaubenden Pässen. Zwei gut ausgebaute und nur in wenigen Abschnitten etwas problematische Straßenführungen präsentieren sich typisch andinisch: Luftfeuchtigkeit und Frost reißen öfter als gewohnt Löcher in die Asphaltdecke. Die in Streckenabschnitten parallel geführten Transandina und Panamericana sind recht frisch: Die eine erschließt das Gebirge erst seit den 1920er-Jahren, die andere wurde in den 1960er-Jahren gebaut.

Ihre Abgeschiedenheit verlangte von den wenigen in die Bergfalten gesunkenen Städten besondere Autarkie. Nach Mérida beispielsweise flüchteten sich viele Venezolaner vor den Schrecken der lange währenden Bürgerkriege im 19. Jh. Andere kleine Ortschaften, die oft auf indianischen Gründungen beruhen, entwickelten eigene Ökonomien, folgten den früheren indianischen Handelswegen oder trieben einen bescheidenen Tauschhandel mit den *caseríos* (Einzelgehöfte) der unmittelbaren Umgebung. So flicht sich ein Kranz malerischer Dörfer um die Gipfel und durch die Täler und alle haben etwas Besonderes aufzuweisen: eine barocke Kirche, eine eigentümliche Architektur, Volksheilige, eine außergewöhnliche Lage.

Einen Teil des Bundesstaates Mérida bedeckt der Parque Nacional Sierra Nevada (2765 km²); der Parque Nacional de La Culata nimmt noch einmal 2000 km² ein. Beide vereinen Regen- und Nebelwald mit dem *páramo*, einer typischen Vegetationszone, die bei etwa 2500 m Höhe einsetzt.

Von Barinas nach Apartaderos

Diese Straße ist wie eine Ouvertüre: Sie bahnt den Weg zu dem reizvollen Spektakel aus Gipfeln, Gletscherseen und Tabakpflanzungen, windet sich durch tropische Bambuswälder und erreicht den einzigartigen *páramo*, die stille Hochebene Venezuelas mit ihrer charakteristischen Vegetation, den *frailejones*. Sie ist eine der bezauberndsten Routen des ganzen Landes.

Barinas **1**, der heiße Ort am Rand der Llanos Bajos, franst in Richtung Westen in bäuerliche Siedlungen aus. Mangobäume beschatten das Weideland, durch das die Panamericana führt, bis hinauf in das 27 km entfernte **Barinitas** **2** auf der Meseta Moromoy. Der eigentliche, von den spanischen Konquistadoren erwählte Siedlungsplatz für

Barinas inmitten von Kaffee- und Kakaoplantagen ist zur Sommerfrische umgewandelt: Ferienvillen und touristische Einrichtungen säumen die Hauptstraße.

Schnell gewinnt die kurvige Strecke dann zwischen Bananenpflanzungen und flammend roten Weihnachtssternbäumen an Höhe und tief in die Massive der Serranías Santo Domingo und Culata schneidet das Tal des **Río Santo Domingo** ein. Eine halbe Stunde Fahrtzeit nur liegt zwischen den heißen Llanos und dem ersten Restaurant, das in kühler Höhe die andinischen Forellen (*truchas*) anbietet. Ausflugslokale flankieren die Ruta 1 und wo ausreichend Platz herrscht, haben die Besitzer Terrassen vorgebaut, damit man die Aussicht auf die Gebirgskulisse genießen kann.

Altamira de Cáceres

In dieser Region verlief der alte *Camino Real* der spanischen Kolonialmacht. Ein Dorf neben der Hauptstraße war vor rund 500 Jahren dazu auserwählt, Mittelpunkt und Hauptstadt zu sein: **Altamira de Cáceres** 3 . Der kleine stille Kolonialort liegt im Tal des von Bambushainen gesäumten Río Santo Domingo inmitten von Kaffee- und Bananenplantagen auf einem Plateau und überblickt stolz die Llanos. Traditionen beherrschen den Alltag: Die Frauen von Altamira sind für ihre Korbflechtereien und bunten Webdecken bekannt; Ostern wird alljährlich mit Passionsspielen begangen. In der Umgebung gibt es noch eine funktionierende Zuckermühle und den schönen Kolonialort Calderas.

Spazierwege erschließen die interessanten Waldgebiete. Für Ornithologen liefert die Gegend des Pie de Monte Andino besondere Attraktionen. Der seltene Felshahn lässt sich hier noch manches Mal blicken.

Posada Cáceres: Plaza Bolívar, buchbar über Caiman Tours, Joe und Alejandra Klaiber, in Mérida, Tel. 02 74/417 14 89, 04 14/374 83 34 (Mobiltelefon), www.caimantours.com; 4 Zimmer sowie 6 Zimmer

Mit der Autorin unterwegs

Kunsthandwerk kaufen

Entlang der Panamericana reiht sich recht viel aufdringlich Gesamtandines aus allen möglichen Herkunftsländern. Die Anden haben als Hochburg des Kunsthandwerks einen guten Ruf – aber auch zu verlieren. Neben der Casa del Páramo in Apartaderos, die hochwertiges **andines Kunsthandwerk** präsentiert, gibt es auch noch weitere lohnenswerte Adressen, etwa Maderarte in San Rafael de Tabay, das ebenfalls die Produkte lokaler Handwerker ausstellt, insbesondere Keramik (s. S. 352).

Vögel beoachten

Am besten geeignet sind **La Azulita** und auch die Region um **Altamira de Cáceres**. Wer sich dafür interessiert, erkundigt sich bei Arassari Trek in Mérida und Caiman Tours in San Rafael de Tabay (s. S. 344, 352).

Tizaña essen

Die **Früchte aus den Anden** versorgen Dreiviertel des Landes mit Vitaminen, die Obstgeschäfte sehen einfach prächtig aus. Überall gibt es Obstsalat fertig zu kaufen, der in Melonensaft badet, kühl und zum Verzehr bereit in Plastikschälchen abgefüllt.

im Nebenhaus. Aus dem Kolonialhaus wurde eine kleine, idyllische Pension mit nettem Garten. Die dezent mit Kunsthandwerk ausgestatteten Zimmer haben zum Garten gelegene Terrassen mit Hängematten. Restaurant. DZ ca. 25 US-\$, Frühstück 4 US-\$, Abendessen 8 US-\$. Vorausbuchung ratsam. Caiman Tours veranstaltet Mountainbike-Touren und Vogelbeobachtungen (Joe Klaiber ist Ornithologe), www.birdsvenezuela.de.

Eine **Semana Santa** und die **Passionsspiele** gibt es nicht nur in Sevilla oder Oberammergau. In Altamira de Cáceres ist die gesamte Ortschaft auf den Beinen, um entweder an den Passionsspielen mitzuwirken oder sie zu bestaunen.

Rafting auf dem Acequias

Hier befindet sich das empfehlenswerte Camp von Arassari Trek, einem in Mérida ansässigen Veranstalter, der Rafting in verschiedenen Schwierigkeitsstufen auf dem Acequias organisiert: kompetent, zuverlässig und mit erfahrenem Personal. Die Teilnehmer werden vor dem Rafting geschult. Es besteht die Möglichkeit, in bequemen *cabañas* (Hütten) auf dem Campgelände am Fluss zu übernachten, wenn man längere Touren vor oder auch hinter sich hat, oder nach einer Halbtagestour hier zu essen.

Arassari Trek, Calle 24, Nr. 8–301, Mérida, im Parque Las Heroinas, Tel. 02 74/252 48 79, www.arassari.com.

Santo Domingo

Santo Domingo **4** , nach 73 km erreicht, weisen Hotelanlagen, Bungalows und Restaurants als Feriendomizil aus. Auf einem Mesetaabbruch über dem Río Santo Domingo breitet es sich weit zwischen mit Steinen bestreuten Mattenhängen auf 2179 m Höhe aus. Schindeldächer, weiß getünchte Häuser und eine kleine Kolonialkirche vermitteln altspanisches Kolorit, das Städtchen selbst freilich ist neu. In den Hotels kann man sich nach Wanderrouten erkundigen.

La Trucha Azul International Hotel & Resort: am östlichen Ortsausgang, Vía Mérida, Tel. 02 74/898 81 11, Fax 898 80 67, www.latruchaazul.com; 45 Zimmer und 20 Apartments. Ein malerisches Resort, das ein bisschen wie ein Dorf aufgemacht ist. Die Zimmer haben einen hohen Standard und sind sehr komfortabel eingerichtet. Elegantrustikale Ausstattung, großes Gelände. Bieten Reittouren an, veranstalten Ausflüge. Kinderspielplatz, Diskothek, Geschenkladen und Billardraum vervollständigen die Anlage. DZ 85 US-$.

Hotel Moruco: am Ortsausgang von Santo Domingo Richtung Apartaderos, Tel. 02 74/ 898 81 55 oder 898 80 70, www.venaventours.com/hotelmoruco; 24 Zimmer und 12 Bungalows. Der Oldtimer unter den Hotels von Santo Domingo scheint gänzlich aus Holz zu bestehen. Ein Flüsschen durchläuft das Terrain mit einem großen, gepflegten Garten mit Kinderspielplatz. Sehr behagliche Zimmer mit Balkon und gemütliche Gemeinschaftseinrichtungen. Außerdem besteht die Möglichkeit, Pferde für Ausritte zu mieten. Zimmer 65 US-$.

Hotel La Sierra: im Ortszentrum, Tel. 02 74/ 898 83 16, Fax 898 80 50; 30 Zimmer. Gepflegte Backsteingebäude mit Blumengärten, die Zimmer sind in Studiomanier bequem eingerichtet und haben Terrakottafußböden. DZ 50 US-$.

Hotel Santo Domingo: im Ortszentrum, Tel. 02 74/898 81 44; 16 Zimmer, 19 Bungalows. Ordentliche Qualität, die Bungalows sind recht geräumig, die Bäder etwas muffig. Mit Garten. DZ 30 US-$.

 Punto Criollo: Calle San Gerónimo, Tel. 02 74/898 83 31; Mo–Sa ab 10 Uhr. Restaurant im Tascastil, andines Essen: Forellen, Champignons oder die *pisca andina*, die mit Gemüse, Kräutern und Kartoffeln zubereitete Milchsuppe für ca. 5 US-$.

Häufiger **Bus-** sowie **Por-Puesto-Verkehr** nach Barinas und Mérida.

Hinauf auf den Páramo

Gleich hinter Santo Domingo beginnt erneut ein drastischer Anstieg. Die Panamericana verlässt das Flusstal, knickt nach Südwesten zum Río Chama ab und erklimmt die trockenen Hänge, auf denen sich teppichartig die Pflanzen entrollen, die nur hier in den Anden gedeihen: die *frailejones*, kleine Mönche. Von den 300 weltweit bekannten Korbblütlerarten wachsen allein 45 in Venezuela. Die polstrigen Gewächse entfalten ihre ockerfarbenen, dolchförmigen, fleischigen Blätter an einem niedrigen, trockenen Stamm. Sie blühen strahlend gelb und himbeerrot. Und die Andenbewohner

Das Hotel Los Frailes ist eines der schönsten und stimmungsvollsten im Land

wissen sie zu schätzen: Die harten Stiele werden als Brennmaterial genutzt, die Blätter dienen als Matratzenfüllung und aus den Beeren schließlich bereitet man eine wohlschmeckende Marmelade. Die besondere Hochgebirgsgegend hat einen Namen: *páramo.*

Eines der bekanntesten Hotels des Landes liegt eingekapselt zwischen Matten aus *frailejones* und angelegten Kiefernhainen: Das **Los Frailes** (Die Brüder) war ursprünglich ein Kloster, worauf sein Name hindeutet. Erbaut wurde es im Jahr 1642 und die neu angefügten Trakte folgen treu der ursprünglichen architektonischen Vorgabe. Ein feiner Purismus gibt den Stil der Innenausstattung an, grelle Akzente würden hier nicht passen. Zum Essen wird mit einer Glocke gerufen.

Den Eintritt in den zweitältesten venezolanischen Nationalpark, den **Parque Nacional Sierra Nevada** **5**, markiert die Laguna de Mucubají etwa 70 km vor Mérida. Die besonderen klimatischen Verhältnisse (heiße Luft aus den Llanos steigt auf und trifft auf kalte Luftmassen der Anden, was eine starke Ne-

belbildung hervorruft) lassen es ratsam erscheinen, vor der Mittagszeit dort einzutreffen, weil sich dann noch nicht die dichten Wolkenschleier zusammengeballt haben, die die gesamte Landschaft verhüllen können. Direkt an der Laguna informiert ein kleines, aber gut ausgestattetes naturwissenschaftliches Museum unter Einsatz modernster Medien über die Entstehung der Anden, über Nebelwaldbildung und über Flora und Fauna der Region.

Die **Laguna de Mucubají** ist der größte der insgesamt 200 tiefen Gletscherseen des Bundesstaates Mérida. Verwunschen und still ruht er auf 3550 m Höhe inmitten der hochandinen Vegetation, die an die Tundra erinnert. Ein lohnender Spazierweg von 3 km (Pferde kann man aber auch mieten) erschließt die zauberhafte **Laguna Negra** im Innern des Parks. Pflanzungen von Nadelbäumen sollen die natürliche Erosion vermindern; ursprünglich gedieh hier nur bodennahe Flora. Agaven und Opuntien wechseln mit andinen Kiefern, deren Zapfen dem

Von Barinas nach Mérida

Rotwild Nahrung liefern. Ausgerichtet wie Zinnsoldaten paradieren die Koniferen die steilen Abhänge hinauf, die sich dicht um den See schmiegen.

Kurz vor Apartaderos liegt ein beliebter Rastplatz, allerdings in eisiger Höhe. Einige kleine Geschäfte und ein Restaurant bieten hier heimische Wurstspezialitäten (*embutidos*) und Kunstgewerbe an.

Bei **Apartaderos** 6 vereinigen sich auf 3473 m die Panamericana und die Transandina, die in Richtung Valera und Trujillo weiterführt. Diese malerische Straßenkreuzung hat Karriere als Ferienort gemacht: Es gibt einige größere Hotels im Chaletstil und eine Kirche wie aus einem Puppendorf: weiß mit blauem Rand und Blümchenfriesen. Und alles inmitten der indianischen Stiegen, die die Timotes-Cuica hier einst anlegten, um aus dem kargen Boden das meiste herauszuholen: Die Andenhänge sind mit von Steinen gefassten Terrassenfeldern übersät und daher, so heißt es, haben die Anden auch ihren spanischen Namen.

Der Pass bei Apartaderos, dem höchsten Ort der Anden, ist eine Wasserscheide: Die Flüsse entwässern entweder nach Osten zum Orinoco oder nach Westen zum Río Chama und weiter in den Maracaibosee.

Eine Sehenswürdigkeit hat das Örtchen aufzuweisen: die Statue der **Luz Caraballo** am Ortseingang. Stufen führen hinauf zu der Skulptur der traurigen Mutter, deren zehn Söhne im Unabhängigkeitskampf starben. Der Legende nach verlor sie daraufhin ihren Verstand und irrt seitdem nachts in den Anden umher, um nach ihnen zu suchen. Andrés Eloy Blanco hat ihr eine vielstrophige Ballade gewidmet.

Hotel Los Frailes: liegt an einer Abzweigung zur Schnellstraße Mérida-Apartaderos, 10 km außerhalb von Santo Domingo in Richtung Barinas, Tel. 02 12/976 05 30 (Caracas), 02 74/417 34 40 (Hotel), www. hotellosfrailes.com.ve; 17 Zimmer. Die Hotelanlage umschließt ein 1642 erbautes Kloster und liegt mitten in völliger Einsamkeit. Gärten, Teiche, Wander- und Reitmöglichkeiten, Ausflugsprogramm. Eine Vorausbuchung empfiehlt sich, denn in der Hochsaion ist es oft voll. DZ 80 US-$.

Posada Montecarmelo: Urbanización Camino Real, Tel. 02 74/888 00 30, www.andes.

net/montecarmelo; 10 Zimmer. Am Ufer des Chamaflusses inmitten eines Gartens liegt dieses restaurierte Kolonialbauernhaus mit Holzböden und weiß getünchten, dicken Lehmwänden. Die Zimmer haben Kamine und eine gemütliche Atmosphäre. DZ mit Vollpension ca. 100 US-$.

Hotel Parque Turístico Apartaderos: Carretera Mérida-Apartaderos, Tel. 02 74/888 00 94, Fax 888 00 31; 55 Zimmer. Die Anlage ähnelt einem Dorf im Alpenstil. Sie verfügt über einen weitläufigen Garten und bietet äußerst bequeme und dekorativ gestaltete Zimmer. DZ ca. 50 US-$.

Refugio Turístico Mifafi: Carretera Transandina, beim Denkmal Luz Caraballo, Tel. 02 74/888 00 92; 9 Zimmer, 8 Bungalows. Rot geschindelte Dächer, weiße Wände und viel Holz bei der Innenausstattung strahlen Behaglichkeit aus. DZ 40 US-$.

La Casa de los Cien Techos: Carretera Transandina, liegt vor der Tankstelle in Apartaderos, Tel. 02 74/888 02 71, 04 14/748 53 20 (Mobiltelefon). Dieses urige Haus hat nicht wirklich hundert Dächer, wie sein Name suggeriert, aber doch einige, und ist 200 Jahre alt. Ein guter Platz für ein Kunsthandwerksgeschäft und einen Antiquitätenladen, in dem man mit ein wenig Glück alte, ausgefallene Andenmöbel kaufen kann. Im selben Haus ist auch eine einfache Posada untergebracht. DZ 30 US-$.

La Gochita: an der Hauptstraße; tgl. 12–21 Uhr. Winziges und verschachtelt gebautes, nettes Lokal. Aufgetischt werden selbst gemachte *empanadas* und die typischen Forellengerichte der Anden, z. B. *trucha andina* mit Knoblauch für 7 US-$.

Mifafi: an der Hauptstraße. Gepflegte spanische Tasca des Hotels Mifafi; die Schinken baumeln von der Decke.

La Casa del Páramo: an der Hauptstraße, Tel. 02 74/880 13 42; mittags geöffnet, abends nur auf Anfrage. Dies ist sicherlich einer der lohnendsten Kunstgewerbeläden des Landes und nicht zu verfehlen, weil ein fast mannshoher Holzengel vor der Tür postiert ist. Was man hier bekommt, ist kein Folklorekitsch, sondern sind Arbeiten der Bauern aus der Region. Ein gemütliches Restaurant jenseits des Patios bietet regionale Spezialitäten.

14 Andendörfer

Sämtliche Ortschaften auf dem Weg hinunter nach Mérida reihen sich wie Perlen an einer Schnur in einem Abstand von jeweils etwa 14 km aneinander und dieses Maß korrespondiert mit den früher üblichen Haltepunkten der Maultierhandelsroute; längere Strecken ließen sich in dieser unwegsamen Gegend pro Tag nicht bewältigen.

San Rafael de Mucuchíes 7 ficht mit Apartaderos den Wettbewerb um das am höchsten gelegene Dorf in den Anden aus: San Rafael liegt immerhin auf 3140 m. Angesichts seiner besonderen Attraktion stutzt man sofort: Es ist eine aus den typischen groben, graubraunen Steinen der Region ohne Mörtel zusammengefügte Kapelle, die **Capilla de Piedra**, deren drei Arkadenbögen von einem Glockenaufsatz gekrönt werden. Sie liegt direkt am Straßenrand, ein kleiner Garten wurde davor angelegt. Gegenüber hat mittlerweile ein Stand mit Süßwaren und heißen Getränken Stellung bezogen, ein sichereres Zeichen dafür, dass es sich bei dieser Kapelle um etwas besonders Sehenswertes handelt.

Und das stimmt auch: Ihr Erbauer Juan Félix Sánchez (s. S. 350) ist landesweit berühmt und wird in den Anden als der Herr der Steine verehrt. Sánchez hat weitere Kapellen im weit abgelegenen und noch viel höheren El Tisure gebaut, wo er mit seiner Frau Epifanía Gil lange Zeit lebte. Sie sind Gedenkstätten, Beispiele einer lebendigen Volkskultur.

Nebenan wurde sein **Wohnhaus**, in dessen Patio er bis zu seinem Tod saß und Besucher empfing, stets an der Seite seiner Gattin, zu einem Museum umgewandelt. Zu sehen sind alte Aufnahmen von seinen Reisen nach El Tisure, die während eines Dokumentarfilms von Andrés Agusti entstanden

Frailejones, Klosterbrüderchen, heißen diese für den venezolanischen Páramo typischen Pflanzen

Juan Félix Sánchez: Der Herr der Steine

Thema

Ein kleines Gotteshaus machte Sánchez zur Berühmtheit auch außerhalb der Landesgrenzen: Die steinerne Kapelle von San Rafael de Mucuchíes auf 3140 m Höhe in den Anden zieht alle Blicke an, weil sie so ungewöhnlich ist und dabei doch so ganz selbstverständlich.

Juan Félix Sánchez, dem Architekten, Kunsthandwerker und Bildhauer, ist damit eine Demonstration von Volkskultur gelungen, die aus ihrer landschaftlichen Umgebung gewonnen ist und mit ihr zu verschmelzen scheint. Denn diese winzige Kirche besteht nicht aus Mauern mit Putz, verzierender Tünche und kolonialstilistischer Ornamentik, sondern ausschließlich aus groben Steinen, die sich überall auf den Hängen der Umgebung von San Rafael finden.

Zartgrau, ocker, sandfarben, mit einem Schmuckband aus anthrazitgetönten Steinen und kleinen Skulpturen von Heiligen, die dem Glockenaufbau aufsitzen und nicht geformt und bearbeitet, sondern schlicht aus aufeinandergetürmten Steinen gebaut sind, stellt sich diese Konstruktion weit abseits der herkömmlichen Muster der ländlichen Andenkirchen. Entweder huldigen jene dem barocken Kolonialstil oder dem Neoklassizismus; diese hier ist unverfälscht, rein, andinisch – eine Skulptur aus scheinbar vollkommen naiv zusammengesuchten Felsbrocken.

Das Künstlertalent blieb zunächst in den unzugänglichen Anden verborgen. Juan Félix Sánchez verließ 1943 zusammen mit seiner Frau Epifanía San Rafael und ließ sich in Tisure nieder, das nur auf einem recht beschwerlichen Fußweg in fünf Stunden von San Rafael aus zu erreichen ist (im Ort werden heute Führungen organisiert). Dort errichtete der tief religiöse Künstler 1954 eigenhändig eine Kapelle für die Schutzheilige Venezuelas, die Virgen de Coromoto, und später eine für den Arzt José Gregorio Hernández. Das Kirchlein in San Rafael entstand 1984. Seine Besonderheit sprach sich schnell herum und hat das ruhige Dörfchen mit einem Hauch an Touristenrummel überzogen.

Den Künstler focht dies nicht an. Ebenso wie in Tisure, wo ihn junge *merideños* besuchten, hielt er auch in San Rafael bescheiden Hof. Besucher waren in seinem wie die benachbarte Kapelle aus Steinen zusammengefügten Patiohaus jederzeit willkommen. Er hörte sich ihre Geschichten an und man konnte Fotos, Auszeichnungen und Bilder in den Gängen des Patios bewundern. Juan Félix Sánchez selbst thronte im selbstgefertigten Poncho in seinem Rollstuhl, an den er in den letzten Lebensjahren gefesselt war, und strahlte Güte und Ruhe aus. Für mitgebrachte Steine (er war ein fanatischer Sammler und zeigte gerne kleine Felsbrocken, die vom Rhein stammen sollten) kredenzte er den Kräuterschnaps *calentado*.

Als er im April 1997 starb, widmeten ihm die großen Tageszeitungen Venezuelas ganze Seiten voller liebevoller Nachrufe. Juan Félix Sánchez war der Architekt des *páramo*, voller menschlicher Wärme und Würde, der Volksverbundenheit und Liebe zum eigenen Land vermitteln wollte. Vermutlich strahlt sein Einfluss heute stärker, als man vermuten würde: Die vielen lokalen Kunsthandwerker, Autodidakten zumeist wie er, genießen wegen ihrer Authentizität einen guten Ruf und tragen mit ihren Produkten die venezolanischen Anden hinaus in die Welt.

sind, Bilder, Möbel, seine Küche samt originalen Gerätschaften (Di–So 9–13 und 15–18 Uhr, Spende erwünscht).

Der blühende Andentourismus hat der Panamericana einen Saum von Kunstgewerbegeschäften beschert, aus denen gesamtsüdamerikanische Produktion quillt. Webteppiche, Sonnentücher, Papageienmobiles und Perupullover flattern im Wind. Auch oft zu haben sind Hundebabies, deren Anbieter versichern, dass sie einmal zu Bernhardinern heranwüchsen. Cafés laden zu Erdbeeren mit Schlagsahne (*fresas con crema*) ein.

Mucuchíes, kalter Ort in der Sprache der Timotes, liegt auf mehrere Terrassen ausgebreitet auf 2980 m Höhe, unterhalb der schneebedeckten Berggipfel. Sie bewachen eine auffällig weiß-blaue Kirche mit einer blumengeschmückten Plaza Bolívar davor. Auch **Mucurubá** 8 ist indianischen Ursprungs. Die Straße hat nun endgültig an Höhe verloren und davon zeugt auch der Name des Fleckens: Ort, wo Obst wächst, beispielsweise Maracujas, die in Venezuela *parchitas* heißen.

Das gesamte tief eingeschnittene Tal des Chama nimmt allmählich die Aromen und Vegetationsformen der Subtropen an. Es versorgt das gesamte Land mit Kartoffeln, Knoblauch, Tomaten und Zwiebeln, aber hier gedeihen auch Bananen, Papayas, Tabak und der Rizinusbaum. Palmwälder beschatten kleine Weiler wie **Escagüey** mit winzigen Häusern und einem Weizenmuseum (Museo de Trigo). Mit einem potemkinschen Effekt verwirrt **Cacute** 9 zunächst den Besucher, aber dann ist es doch das, was es scheint, nämlich ein richtiges Dorf, kein Kunstprodukt. Hinter einem eleganten Torbogen öffnen sich einige bemalte, zierliche Hausreihen und darin wohnen auch wirklich Menschen.

Ganz besonders wird in San Rafael de Mucuchíes **San Benito** gedacht, des dunkelhäutigen Heiligen, der eigentlich eher dem kolumbianischen Kulturkreis zuzurechnen ist und belegt, dass die Bewohner stärkere Verbindungen zu ihren Andennachbarn pflegten als beispielsweise zur Hauptstadt Caracas, die noch im 20. Jh. nur über tagelange anstrengende Reisen mit Esel oder Maultier, Lastwagen und Schiff zu erreichen war. Man feiert ihn eine ganze Woche, vom 12. bis 20. August.

Los Aleros

Eine getreue Rekonstruktion indes thront einige Kilometer weiter auf einer Bergkuppe. Das alte Mérida entstand in der Touristenattraktion **Los Aleros** 10 neu. Der Transport hinauf wird von den Betreibern besorgt. Um zur Sammelstelle am Parkplatz von Los Aleros zu gelangen, kann man sich ein Por Puesto in Mérida nehmen. Die Absicht des Initiators, Alexis Montilla, ursprüngliche Ansichten eines typisch andinen Dorfes zu bewahren, bringt dort oben auf dem Hügel eine Reihe von Kuriositäten hervor, etwa das Kino, in dem Filme aus der Stummfilmzeit zu sehen sind, oder das Fotostudio, das auf Wunsch Kleidung der vorigen Jahrhundertwende bereitstellt, wenn man sich darin ablichten lassen möchte. Die Häuser sind aus Lehm gebaut und in der Druckerei arbeitet man noch mit einer alten Zeilensetzmaschine.

San Rafael de Tabay

Tabay gedenkt mit seinem Namen eines indianischen Volkes. Es vermittelt einen ländlichen Eindruck: Bauern und Hirten in den Gassen, Sattelgeschäfte und eine malerische, baumbestandene Plaza mit einem Kranz reizender Kolonialhäuser drumherum. Heiße Quellen liegen ganz in der Nähe; man kann sie leicht in einem 45-minütigen Spaziergang erreichen.

Posada Turística Tabay: Av. Bolívar/Calle Benito Marin, Tel. 02 74/283 00 25. Die Posada liegt zentral an der Plaza in einem einladenden Haus, verfügt über einfache, aber helle und saubere Zimmer und hat auf dem Vorplatz eine ebenso einladende spanische Tasca. Beides ist nur in der Saison geöffnet. DZ ca. 25 US-$.

Richtig Reisen-Tipp: Cabañas Xinia y Peter

Xinia und Peter Lauterbach sind nicht nur profunde Landeskenner, sie haben auch ein kleines Refugium für Gäste geschaffen, das sie mit einer Liebenswürdigkeit führen, als zählten alle Gäste zu ihrem persönlichen Freundeskreis. Im Ortsteil Mucuy Baja, kurz hinter Tabay, liegt dieses blumenübersäte, herrlich bepflanzte Anwesen und jede *cabaña* und jedes Zimmer sind so wohnlich und behaglich gestaltet, dass man am liebsten sofort einziehen möchte. Die Suite Otto etwa verfügt über eine Bibliothek mit spanischer, englischer und deutscher Literatur. Beide haben ein Händchen für Kunsthandwerk (in der Nähe leben ja auch einige Künstler, die sie gerne empfehlen) und so findet man überall hübsche Details und auch einen kleinen Kunstgewerbeladen im Haus.

Jeden Abend entwirft Xinia ein komplettes Menü, das man in zwei Variationen bekommen kann, einmal drei, einmal fünf Gänge.

Die Speisefolgen sind delikat aufeinander abgestimmt, mal haben sie einen süßsauren Akzent, mal fallen sie eher scharf aus. Die Qualität ihrer Zubereitungen hat Xinia schon so manchen Preis und lobende Erwähnung in der Gourmetpresse eingebracht. Sie kocht venezolanisch, aber leicht und mit einem exotisch-asiatischen Einschlag, eine Hühnersuppe würzt sie z. B. mit Tamarinde.

Dazu erteilen Xinia und Peter Lauterbach Auskünfte über Ausflüge, Sehenswürdigkeiten, Exkursionen, die weit über den normalen Standard hinausreichen und vermitteln Tourguides und Fahrer. Natürlich holen sie ihre Gäste auch vom Flughafen in Mérida ab. **Cabañas Xinia y Peter:** La Mucuy Baja, Quinta Xinia No. 5116, Tabay, Tel. 02 74/283 02 14, 04 16/874 76 98 (Mobiltelefon), www. xiniaypeter.com. Übernachtung inkl. 3- oder 5-Gänge-Menü am Abend und ein opulentes Frühstück ca. 70 Euro für 2 Personen.

Posada Casa Vieja: San Rafael de Tabay, im Parador Paramito, Tel. 02 74/417 14 98, 04 14/374 83 34 (Mobiltelefon), www.casa-vieja-merida.com. Die Posada von Joe und Alejandra Klaiber liegt nur ein kurzes Stück hinter Tabay, man kommt aber auch als Einzelreisender ohne Auto gut hin, da sich genau vor dem Haupteingang eine Bushaltestelle befindet. Die ausgesprochen freundliche Posada liegt umgeben von einem gepflegten Garten mit einem offenen Grillplatz. Das Frühstück gibt es in mehreren Variationen, das Abendessen muss vorher bestellt werden. Als Veranstalter bieten sie mit ihrer eigenen Reiseagentur **Caiman Tours** umfangund abwechslungsreiche Tourenangebote, die speziell auch für Vogelkundler interessant sind. Informationen unter www.caimantours. com, Tel. 02 74/417 14 89, und www.birds-venezuela.de.

🍴 **El Fogón de la Cachapa:** Calle Bolívar 2–8; tgl. 11–17 Uhr. Ein schlichtes,

aber freundliches Freiluftrestaurant mit wirklich köstlich zubereiteten Forellen und einer verlockenden Vielzahl an *cachapa*-Variationen (Fladen aus geschrotetem Mais). Gerichte ca. 8 US-$.

🛍 **Rincón de Tabay:** an der Plaza Bolívar; bietet die naiven Holzskulpturen der Region an.

Im **Stadtteil Mucuy Baja:** Verschiedene Familien leben hier allein vom Kunsthandwerk, das sie einfach zum Verkauf vor ihre Häuser stellen.

Maderarte: Sector Plazuela, Final Calle La Lugereña, Tel. 02 74/511 54 67. Präsentiert ebenfalls lokales Kunsthandwerk, hauptsächlich Keramik.

 Die **Busse** auf der Strecke Santo Domingo–Mérida halten an der Plaza.

Strahlt bescheidene Gelassenheit aus: Andino in Apartaderos

Mérida ist ohne Zweifel eine der angenehmsten Städte Venezuelas: frisch und grün, lebendig und ein bisschen kolonial, Studentenstadt mit wunderbarem Klima, sicher auch in der Nacht. Kein Wunder, dass es sich in den vergangenen Jahren zu einem touristischen Höhepunkt entwickelt hat, und sein Name hat auch international einen guten Ruf bei Bergsteigern und Kletterern ebenso wie bei Paraglidern und Raftern.

15 Mérida

Bromelien (*barba de palo*), Spanisches Moos und Weihnachtssternbäume begleiten die Panamericana bei ihrer Einfahrt in die luftige Hauptstadt der Provinz, **Mérida**.

Mitterweile wird sie auch von den reichen, älteren *caraqueños* geliebt. Denn ihnen ist ihre Hauptstadt zu unsicher geworden und sie verbringen hier nun einen ruhigen Lebensabend. So schießen um die Stadt herum die teuren Apartmentanlagen wie Pilze aus dem Boden, mit eigenen Wasserfällen hinterm Portal und ähnlichen Designereinfällen. Das hat natürlich die Grundstückspreise in die Höhe getrieben.

Kaum eine andere Stadt ist als Ausgangspunkt für Trekkingtouren, Wanderungen, Paragliding, Reitausflüge, Dorferkundigungen und Spaziergänge besser geeignet als Mérida. Und dazu ist sie so jung: Die zweitälteste Universität des Landes (von dem ersten Präsidenten nach der Unabhängigkeit, General Páez, 1832 als Nachfolgerin einer theologischen Hochschule gegründet) ist gleichzeitig auch eine der politisch aktivsten – kaum ein Streik oder eine Demonstrationswelle landesweit, die nicht hier ihren Anfang oder zumindest ihre Fortsetzung genommen hätte. Und so durchstreifen junge Trekkingtouristen, Paraglider, Sprachstudenten und neugierige Südamerika-Durchquerer gleichermaßen die in Maßen koloniale Innenstadt. Die touristi-sche Infrastruktur korrespondiert mit deren Bedürfnissen. Nirgendwo im Land gibt es eine ähnliche Ansammlung guter, preiswerter Pensionen und ebensolcher Restaurants und Treffpunkte. Und entsprechend ist die Stimmung in der Stadt: Mérida mit seinen 300 000 Einwohnern ist ein bisschen *swinging*.

Straff eingerahmt von den Tälern des Chama und des Albarregas, dehnt sich das prosperierende Mérida in die Länge. Der nördlichere Teil ist alt und traditionsreich, von kleinen Plätzen geschmückt und ausgesprochen charmant, im Süden reihen sich hinter Fassaden von Supermärkten und Einkaufs-zentren recht gesichtslose Neubauviertel aneinander.

Eine lange Geschichte

Konquistadorenschicksale verknüpfen sich mit Méridas Namen. Erstaunlicherweise vermuteten 61 spanische Invasoren unter dem Kommando des Capitán Juan Rodríguez Suárez Gold in der Sierra Nevada, vermutlich aus dem einfachen Grund, dass sie woanders nicht fündig geworden waren. Die indianischen Völker auf dem Weg hinunter vom Ausgangsort im heutigen Kolumbien sollten, so lautete der königlich-spanische Auftrag, unterworfen werden. Am 9. Oktober 1558 gründete Suárez Mérida an der Stelle des heutigen Lagunillas bei der Laguna de Urao, aber das bisschen Siedlung hielt sich nicht einmal einen Monat, dann musste es, von indianischen Angriffen zerstört, neu aufgebaut werden. Die Timotes wussten die Lagune von Urao gut zu nutzen, da ihre erdölfarbenen Wassertiefen Schwefel bargen, der, stundenlang eingekocht, eine Substanz zur Herstellung von Kautabak freigab, dem *chimó*, der auch heute noch eine wichtige Rolle in der Ökonomie der Region spielt.

Capitán Suárez konnte sich seiner nicht autorisierten Stadtgründung nicht lange erfreuen, dann wurde er vom königlichen Gerichtshof in Bogotá zum Tode durch Vierteilen verurteilt. Er floh und war der erste politische Asylbewerber in den Annalen der Andenstadt Trujillo. Juan de Maldonado gründete 1560 die Stadt neu und taufte sie La Ciudad de Santiago de los Caballeros de Mérida.

Mérida hat Tradition als aufrührerische Metropole. Schon 1810 unterstellte sich die Stadt den Kämpfern gegen die spanische Kolonialmacht, und bereits 1813, ein Jahr nach einem Erdbeben, das die Stadt verheerte, begrüßte es den Freiheitshelden Simón Bolívar als Libertador.

Rund um die Plaza Bolívar

Einer der hübschesten und lauschigsten Bolívar-Plätze markiert denn auch den Mittelpunkt der von Norden nach Süden leicht abschüssigen Schwemmlandterrasse, über die die Straßen Méridas quasi herunterzupurzeln scheinen. Der Länge nach durch acht Avenidas segmentiert, verjüngen sich die wie Querstreben einer Leiter angelegten Calles nach Süden. Die Stadtgeschichte ist zwar lang, doch hat sie dem erdbebengeplagten Mérida keine historischen Bauwerke von auffallendem Wert schenken können, und so besteht der Kranz um die **Plaza Bolívar** 1 herum auch nicht aus kolonialen Erbstücken, sondern aus neueren Gebäuden, die ihr junges Alter kaschieren, indem sie eklektizistisch (wie etwa die Kathedrale) oder im Stil der Renaissance (beispielsweise der Erzbischöflicher Palast) gestaltet worden sind. Von der **Kathedrale** blieb nach zwei schweren Beben nur der Turm erhalten, aber in ihrem Inneren gibt es eine Statue der Jungfrau Maria aus

Biologieunterricht mit Seilbahn

Die längste und zugleich höchste Seilbahn der Welt verkehrt von Mérida hinauf auf den **Pico Espejo**. Man ist mit Pausen insgesamt etwa zweieinhalb Stunden unterwegs. Diese Fahrt ist spektakulär, entrollt sich doch unterhalb der **Gondel** die gesamte Andenlandschaft in ihren biologischen Stockwerken über mehr als 3000 Höhenmeter, von 1600 bis 4700 m. Das ist Biologieunterricht zum Genießen, eine Fahrt, die man keinesfalls verpassen sollte. Wichtig dabei ist dicke, warme Kleidung. Im stets frühlingshaften Mérida mögen 20 Grad Celsius herrschen, auf dem Gipfel weht dennoch der Wind recht eisig. Handschuhe, Schal und Mütze erweisen sich da keineswegs als überflüssig (s. S. 363).

Für Weihnachts- und Krippenfans …

… gibt es eigentlich keinen geeigneteren Aufenthaltsort als diesen Abschnitt der Anden, inklusive der Hauptstadt. Nicht nur, dass an allen Ecken und Enden feierlich beleuchtete Krippen aufgebaut sind, es sind auch zwei weitere Bräuche damit verknüpft: der Raub des Jesus, *Robo del Niño*, und später dann die *Paradura de Jesús*, die ab Mitte Januar gefeiert wird. Beim Robo del Niño wird der kleine Jesus aus der Krippe gestohlen, bei der Paradura macht sich das halbe Dorf daran, den verschwundenen Christus zu suchen. Dieses Ritual folgt festgelegten Regeln mit abendlichen Suchprozessionen bei Kerzenschein und anschließendem **Feuerwerk** und Fest. Wer sich also im Januar/Februar dort aufhält, sollte diese Feierlichkeit nicht verpassen.

dem 15. Jh. und in der Krypta werden die Gebeine des hl. Clemens aufbewahrt. Das **Museo Arquidiocesano** 2 im Palacio Arzobispal zeigt neben einigen alten Gemälden eine Glocke aus dem Jahr 909 (Av. 4/Calle 23, Tel. 02 74/252 57 86, Di–So 9–12 Uhr).

Mérida und seine Umgebung

An der Kreuzung der Av. Independencia (oder 3) mit der Calle Vargas (oder 23), an der südwestlichen Ecke der Plaza, betreut in einem Patiohaus die Universidad de los Andes (ULA) das **Museo Arqueológico** 3 und bietet ein kleine, aber wertvolle Hilfe für das Verständnis der indianischen Kulturen (Av. 3 neben dem Rektorat der ULA, Tel. 02 74/240 23 44, Di–So 11–18 Uhr, in der Nebensaison nur Di–Fr 8–11 und 14–17.30 Uhr).

Mit seinen Wechselausstellungen moderner venezolanischer Kunst interessant ist das **Museo de Arte Moderno**, das im Gebäude des **Centro Cultural Tulio Febres Cordero** 4 in der Calle 21 zwischen den Avenidas 2 und 3 untergebracht ist. Zu sehen sind auch Werke der Klassiker Armando Reverón und Jesús Soto. Den Eingang muss man nur erst finden, denn er wird meist von einem Pulk Straßenhändler, die ihre Ware feilbieten, verstellt (Tel. 02 74/252 79 56, Di–Sa 10–16, So 10–13 Uhr, Eintritt frei).

Gut bestückt, fast ausnahmslos mit Werken anonymer, vermutlich aber indianischer Künstler, präsentiert sich das **Museo de Arte Colonial** 5 in der Avenida 4/Calle 20. An diesen christlichen Bildnissen und Skulpturen erkennt man das Talent der indianischen Bevölkerung, die unter spanischer Anleitung diese Werke so adäquat gestaltete. Schließlich entsprachen weder Symbolik noch Gegenstand ihrer eigenen Kultur und Religion (Tel. 02 74/252 78 60, Di–Fr 9–12 und 15–18, Sa/So 10–16 Uhr, Eintritt 1 US-$).

Parkanlagen und Plätze

Vom recht unscheinbaren **Parque Las Cinco Repúblicas** 6 erhascht man bei gutem Wetter einen Blick auf die Gipfelkonferenz der Fastfünftausender, die Mérida schmückt. Die fünf Republiken, die dem Park den Namen gaben, sind natürlich die, die Bolívar befreite: Venezuela, Ecuador, Kolumbien, Bolivien und Peru. Richtig schön wurde die **Plaza Milla** 7 hergerichtet und auch der **Parque Las Heroinas** 8 an der Talstation des Teleférico bekam ein hübsches, grüneres Aussehen.

Der **Parque Beethoven** in der Urbanización Santa María Norte hingegen ist eine optionale Kuriosität: Die Bundesregierung hat sich nicht gerade mit Ruhm bekleckert, als sie ihn ausstaffierte – Gartenzwerge sowie ein Glockenspiel, das die »Ode an die Freude« herausbimmelt, kann, muss man aber nicht unbedingt gesehen haben.

Sehenswürdigkeiten

1. Plaza Bolívar
2. Museo Arquidiocesano
3. Museo Arqueológico
4. Centro Cultural Tulio Febres Cordero
5. Museo de Arte Colonial
6. Parque Las Cinco Repúblicas
7. Plaza Milla
8. Parque Las Heroinas
9. Mercado Principal
10. Mercado Soto Rosa
11. Museo de las Ciencias

Übernachten

1. Park Hotel
2. Hotel Belensate
3. Hotel Prado Río
4. Hotel Caribay
5. Posada Luz Caraballo
6. La Sevillana
7. Cafetal Santa Ana
8. Posada Casa Sol
9. Posada La Montaña
10. Posada Mucurisá
11. Posada Los Bukares

Essen und Trinken

12. La Casa de los Salmones
13. La Abadia
14. Los Tejados de Chachopo
15. La Astilla
16. La Mamma
17. Las 20 Truchas de Cheo's
18. Mogambo
19. Tía Nicota
20. Tinjacá
21. Heladeria Coromoto

Cityplan: Mérida

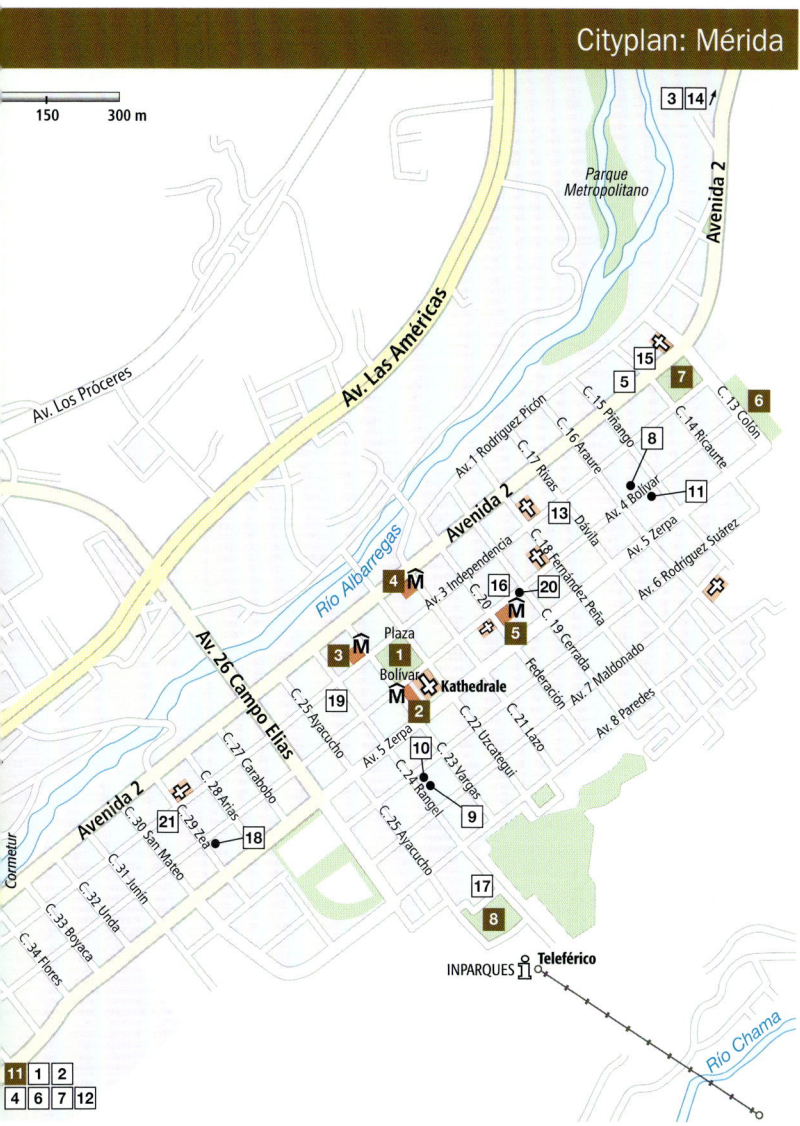

150   300 m

Parque
Metropolitano

Avenida 2

3 14

Av. Las Américas

Av. Los Próceres

15
5   7
C. 13 Colón   6
C. 14 Ricaurte
C. 15 Piñango
Av. 1 Rodríguez Picón   C. 16 Araure   8
C. 17 Rivas   Av. 4 Bolívar   11
Avenida 2   13   C. 18 Dávila   Av. 5 Zerpa
Av. 3 Independencia   C. 20   C. 18 Fernández Peña   Av. 6 Rodríguez Suárez
4   16   20
M   5
Plaza   C. 19 Cerrada   Av. 7 Maldonado
3   M   1   Federación
Bolívar   Kathedrale   C. 21 Lazo
M   C. 22 Uzcátegui   Av. 8 Paredes
2
19   C. 25 Ayacucho   10   C. 23 Vargas
Av. 5 Zerpa   C. 24 Rangel   9
Av. 26 Campo Elías   C. 27 Carabobo   C. 25 Ayacucho

Río Albarregas

Avenida 2   C. 28 Arias   17
21   C. 29 Zea   18   8
C. 30 San Mateo
C. 31 Junín   INPARQUES   Teleférico
C. 32 Unda
Cornetur   C. 33 Boyacá
C. 34 Flores

Río Chama

11 1 2
4 6 7 12

Märkte

Den **Mercado Principal** 9 in der Avenida Las Américas kennt jedes Kind in Mérida. Davor wurden eine Busstation und auch ein Taxihalteplatz eingerichtet, sodass man problemlos hinkommt. Im Erdgeschoss drängeln

sich die Stände mit *empanadas*, *pastelitos* und frischem Orangensaft. Dazu gesellen sich die Verkäufer von Obst, Kräutern und Gemüse sowie den lokalen Süßigkeiten, den *abrantillados* und *bocadillos*, eine Art zuckersüßes Fruchtgelee, das meist aus Gua-

357

Mérida und seine Umgebung

ven und Chirimoya hergestellt und in Bananenblätter gewickelt verkauft wird. Kaffee und Kakao der Andenhaciendien kann man ebenfalls in vielfältiger Auswahl erstehen.

Leder, Kleidung und Kunstgewerbe teilen sich den ersten Stock. Darunter gibt es zwei Kunsthandwerksgalerien mit Ausstellungen. Dort befinden sich auch die Marktrestaurants mit einem gemeinsamen Speisesaal, in dem nur typisch Andines auf den Tisch kommt: *arepa andina* mit *queso frito*, Forelle, *pastelitos*. Manchmal spielt sogar die Marktband.

Ein weiterer Markt von authentischerem Kolorit, der sich nicht an ausländische Touristen wendet, sondern zur ganz normalen alltäglichen Versorgung der *merideños* mit Gemüsen, Hülsenfrüchten und Obst inklusive gemütlichem Marktschwatz dient, liegt jenseits des Flughafens in der Urbanización Santa Mónica (man kommt mit dem Bus mit entsprechender Aufschrift hin) und heißt **Mercado Soto Rosa** `10`. Hier kann man sich davon überzeugen, was in den fruchtbaren Anden so alles angebaut wird, und nebenbei unter freiem Himmel eine der köstlichsten *cachapas con queso* probieren, die im Bundesstaat serviert werden.

Museo de las Ciencias
Noch weiter in Richtung Südwesten hat das didaktisch gut aufbereitete **Museo de las Ciencias** `11` geöffnet. Es gibt einen informa-

tiven Überblick über den Naturraum der Region inklusive Bodenrelief und hat Abteilungen zur Seismografie und den Bodenschätzen des Landes. Außerdem gibt es eine Kletterwand (Boulevard 5 Águilas Blancas, Urbanización Las Tapias, Laguna La Rosa, Tel./Fax 02 74/271 51 26, Di–So 10–17 Uhr, Eintritt 2 US-$).

ℹ Dirección de Turismo: Im Flughafen, im Mercado Principal, im Parque Las Heroínas und im Busbahnhof; am Sonntagvormittag geöffnet, Tel. 08 00/637 43 00.
Cormetur: Corporación Merideña de Turismo, Av. Urdaneta/Calle 45, neben dem Flughafen, Tel. 02 74/262 23 71.
INPARQUES: An der Seilbahnstation des Teleférico, Parque Las Heroínas.
Geldwechsel: Italcambio im Flughafengebäude. **Geldautomaten** haben Banco Union und Banco Venezolano, Av. 4, Calle 23, 24.

🛏 Park Hotel `1`: Parque Glorias Patrias, Calle 37, Tel. 02 74/263 48 66, Fax 263 45 82, www.parkhotel.com.ve; 125 Zimmer. Klassisches Hotel im leicht unterkühlten Businessstil. Geräumige Zimmer ohne große Extravaganzen, freundlicher Service, Terrassenbar und italienisches Restaurant, Reisebüro, Friseur und Kunstgewerbehandlung im Haus. DZ 90 US-$.
Hotel Belensate `2`: Final Av. Las Américas, Tel. 02 74/266 37 22, Fax 266 12 55, www.hotelbelensate.com; 104 Zimmer. Geschmackvolle Anlage im Haciendastil mit Zimmerfluchten im üppig bepflanzten Garten. Die Größe macht sich dabei gar nicht bemerkbar. Die Zimmer sind mit rustikalen Elementen im Kolonialstil eingerichtet. Attraktiver Pool und recht elegante Restaurants. DZ ca. 80 US-$.
Hotel Prado Río `3`: Av. 1, Sector La Milla, Tel. 02 74/252 06 33, www.hotelpradorio.com.ve; 100 Zimmer. Ein Oldtimer, aber immer noch erste Wahl ist die großzügige Anlage hinter komplett um das Gelände gezo-

Méridas Plaza Bolívar mit ihrer Kathedrale gehört zu den schönsten Plätzen des Landes

Mérida und seine Umgebung

genen Mauern, mit geräumigen und gepflegten Suiten und Zimmern, die neueren haben eine Terrasse. Wunderbares Restaurant mit Panoramafenstern. DZ 60 US-$.

Hotel Caribay 4 : Prolongación Av. 2 Lora/Viaducto Miranda, Tel. 02 74/263 64 51, Fax 263 71 41, www.caribay.com; 74 Zimmer. Haus im für Venezuela so typischen moderaten Businessstil, liegt gut in Flughafennähe. Freundliches Personal. Zimmer 45 US-$.

Posada Luz Caraballo 5 : Av. 2 an der Plaza Milla, Tel. 02 74/252 54 41; 40 Zimmer. Eine gemütlich und stimmungsvoll eingerichtete Posada mit einem Kaminraum. Freundlicher Service und gute, gepflegte Zimmer von unterschiedlichem Schnitt, die neueren sind die besseren. Das dazugehörige Restaurant im rustikalen Andenstil serviert 10–22

Unterkünfte für Genießer

La Sevillana 6 : Sector Pedregosa Alta, Tel. 02 74/266 32 27, Fax 266 28 10, www.andes.net/lasevillana; 12 Zimmer. Die Hostería liegt von Wäldern umgeben ein wenig außerhalb der Stadt. Die deutsche Besitzerin hat hier ein intimes und rundum gepflegtes Refugium im andalusisch-maurischen Stil geschaffen: weiß getünchte Wände, Schmiedeeisen, blühende Geranientöpfe und dunkles Holz. Die Zimmer sind in verschiedenen Bungalows im Garten untergebracht. Es gibt schöne Aufenthaltsplätze und eine offene Küche. Angeschlossen ist ein kompletter Spabetrieb mit Aroma- und Hydrotherapie. DZ mit Vollpension ca. 75 US-$.

Cafetal Santa Ana 7 : Im Cafetal Santa Ana, Tel. 02 74/266 27 29, cafesantaana@comcast.net. Die Österreicherin Ely Marie Messmer bietet in ihrem wunderbar ausgebauten und durch Terrassen geordneten Gartengelände mit indianischem Pflanz- und Heilkräutergarten drei *cabañas*, die unterschiedlich geschnitten sind und unterschiedlich viele Gäste aufnehmen können. Alle zeugen vom exquisiten Geschmack der liebenswerten Hausherrrin. Ca. 80 US-$.

Uhr opulentes Frühstück und andine Spezialitäten. Frühstück ca. 6 US-$, DZ 40 US-$.

Posada Casa Sol 8 : Av. 4 zwischen Calles 15 und 16, Tel. 02 74/252 41 62, www.posadacasasol.com; 8 Zimmer. Ein Kolonialhaus wurde gründlich renoviert und mit frischen Farben versehen: Herausgekommen ist diese hübsche neue Option in Mérida, die das koloniale Kolorit durch ausgesuchtes Styling zu bewahren sucht. Die Zimmer sind nicht groß, aber richtig schön. Man spricht Deutsch und Englisch. DZ 40 US-$.

Posada La Montaña 9 : Calle 24, zwischen den Avs. 6 und 7, Tel. 02 74/252 59 77, Fax 252 70 55, posadalamontana@intercable.net.ve; 19 Zimmer. Zu Recht eine der beliebtesten Innenstadt-Posadas, denn dieses gepflegte Patiohaus in lebhaften Farben und mit vielen Pflanzen hat gemütliche Zimmer; es liegt allerdings nicht ruhig. Hilfsbereite Wirtsleute. Angeschlossen ist ein nettes mexikanisches Restaurant. DZ 40 US-$.

Posada Mucurisá 10 : Calle 24, zwischen Avs. 6 und 7, Tel. 02 74/252 03 50, www.posadamucurisa.com; 15 Zimmer. Liegt gleich neben der Posada La Montaña und offeriert eine ähnliche Ausstattung, wobei die Zimmer etwas nüchterner sind. DZ 40 US-$.

Posada Los Bukares 11 : Av. 4, Nr. 15-5, Tel. 02 74/252 28 41; 15 Zimmer. Um einen von den Gästen gerne genutzten Patio gruppieren sich die blitzsauberen Zimmer, die besseren liegen im hinteren Trakt. Freundlicher und hilfsbereiter Service. DZ ca. 25 US-$.

La Casa de los Salmones 12 : Av. Alberto Carnevalli, Centro Comercial La Hechicera, Tel. 02 74/244 37 79; nur abends geöffnet. Ein Ableger des gleichnamigen Restaurants am Anfang der Sierra La Culata. Auch hier dreht sich alles um Lachs, vom Carpaccio bis zum *churrasco* von sehr guter Qualität. Gerichte 15–25 US-$.

La Abadia 13 : Av. 3, zwischen den Calles 17 und 18, Tel. 02 74/251 05 55; Di–So 12–24 Uhr. Beliebtester Treff der Stadt. In einem restaurierten und als Kloster dekorierten Kolonialhaus befinden sich ein luxuriöses Internetcafé, eine Boutique und ein Terrassenrestaurant mit Blick auf den Andengipfelreigen. Die Gerichte sind nicht gerade billig, so kostet der Salat »Der Name der Rose« 9 US-$. Fleisch und Fisch kosten entsprechend mehr. Gute Säfte, gute Drinks.

Los Tejados de Chachopo 14: Vía Chorros de Milla; etwas außerhalb des Zentrums, Tel. 02 74/244 04 30. Folkloristisch eingerichtetes Restaurant mit den Gerichten der Anden: Forelle in allen Variationen, aber auch Braten und weitere Fleischgerichte. Sehr lecker: die Fruchtsäfte. Aufmerksamer Service. Hauptgerichte ab ca.15 US-$.

La Astilla 15: Calle 14, N2-20, an der Plaza Milla. Tel. 02 74/51 08 32. Die Spezialität in diesem kolonialen, pflanzengeschmückten Patiorestaurant auf mehreren Ebenen sind Pizzen, ab 7 US-$.

La Mamma 16: Av. 3, zwischen Calle 19 und 20, Tel. 02 74/252 36 28. Ein Rucksacktouristen-Klassiker: Es gibt Pizza, Pasta und neuerdings auch Sushi. Freundlich und nett. Gerichte ca. 7 US-$.

Las 20 Truchas de Cheo's 17: Final Calle 24, Parque Las Heroinas. Tel. 02 74/252 93 93; tgl. 12–24 Uhr. Man sollte sich von der etwas aufdringlichen Dekoration nicht abhalten lassen: Cheo's ist eine gute Adresse für Fleisch und Fisch, auch Eintöpfe kommen hier auf den Tisch. Ausgesprochen freundliches Personal. Hauptgerichte ca. 10 US-$.

Mogambo 18: Calle 29, zwischen den Avs. 4 und 5, Tel. 02 74/252 56 43; tgl. 11–23 Uhr. Hat eine Café-Bistro-Atmosphäre und serviert mexikanisches Essen, das gerade in Mode ist in Mérida. Sehr kommunikative Atmosphäre und manchmal Livemusik. Kleine Gerichte ab 5 US-$.

Cafés

Tía Nicota 19: Centro Comercial Canta Claro, Av. Las Américas und Galeria 1890, Av. 3, zwischen Calle 25 und 26. Kaffee, Kuchen, Tee und italienische Spezialitäten.

Tinjacá 20: Av. 4/Calle 19, Winzige Cafe-Bar mit naturfrischen Säften, Torten und Drinks.

Eissalon:

Heladeria Coromoto 21: Av. 3/Calle 29. Eine kuriose Institution: Eisdiele mit den tatsächlich meisten Eissorten der Welt und deswe-

gen auch mit Eintrag im Guinessbuch der Rekorde: Hier werden 550 Sorten geboten!

Biblioteca de la Universidad: Av. 4, zwischen Calle 24 und Calle 25. Hier findet man schöne Bildbände und Literatur zu den Anden.

Mario Colombo: Tel. 02 74/266 32 43. Dieser Holzschnitzer und Maler hat sich auf Zirkuspuppen spezialisiert, die wie Modelle für Maler aussehen und dabei alle eine ganz unterschiedliche Statur haben.

Birosca Carioca: Calle 24, zwischen Av. 2 und 3. Immer noch ein Klassiker unter den Pop-Discos.

El Bodegón de Pancho: Centro Comercial Mayeya. Hier wird Merengue und Popmusik aufgelegt.

Góticos: Calle 21, zwischen den Avenidas 4 und 5. Ein Ableger der Abadia, diesmal auf indisch und nordafrikanisch gestylt mit wehenden Tüchern, Räucherstäbchen und passender Musik.

Los Aleros, etwa 10 km nördlich des Stadtzentrums. In dem Museumsdorf wird die gute alte Zeit auf venezolanisch vorgeführt, inklusive einer fingierten Bauernhochzeit. Liegt in den Bergen, man wird von der Hauptstraße aus mit kleinen Bussen abgeholt.

Der **Flughafen Alberto Carnevalli** (Av. Urdaneta) liegt im Südwesten des Stadtgebiets. Verbindungen nach Barinas, Caracas, Maracaibo, San Antonio de Táchira, Valera und Valencia.

Busbahnhof: Av. Las Américas, zu erreichen mit dem Por Puesto 8 auf der Av. 2, Calle 23.

Por Puestos nach: Bailadores, Barinas, Barquisimeto, Boconó, Caracas, El Vigia, Jají, Lagunillas, La Azulita, San Cristóbal, Tovar, Trujillo, Valera. **Busse** nach Barinas (häufig), Barquisimeto (mehrmals tgl.), Cabimas–Maracaibo–Coro–Punto Fijo (mehrmals tgl.), Caracas (häufig tgl.), El Vigia (häufig tgl.), Valencia/Maracay, Santa Bárbara de Zulia, Puerto Cabello, Puerto La Cruz, Los Teques, Trujillo (häufig tgl.) und Guanare-Acarigua.

Richtig Reisen-Tipp: Hacienda El Carmen

Wie schnell wird doch angesichts der vielen Strand- und Sonnenziele vergessen, dass Venezuela aus einem viel bunteren Stoff gewebt ist. Bevor das Erdöl sprudelte, beruhte der Reichtum des Landes auf Landwirtschaft. Rinder und Tierhäute kamen aus den Llanos, Kakao von der Küste und Kaffee aus den Bergen der Küstenkordillere und aus den Anden. Die Hacienda El Carmen stammt aus jener Epoche und Kaffee wird hier auch immer noch angepflanzt, geerntet und verarbeitet. Der riesige Innenhof ist gepflastert, damit die Bohnen darauf zum Trocknen ausgebreitet werden können. Um ihn herum gruppieren sich die verschiedenen Gebäudetrakte, ein wenig verschachtelt, ein wenig übereinandergebaut. Mit ihren Schindeldächern und dicken weißen Mauern wirken sie wie ein winziges Dorf.

Die junge Familie Monzón Alcalá hat neben dem Kaffeeanbau ein Programm für Gäste entwickelt und zu sehen gibt es einiges. Die betagte Möblierung im traditionellen Haupthaus wurde beibehalten und liefert nun Anschauungsunterricht, wie man früher auf der Hacienda lebte, mit Bibliothek und Spitzendeckchen auf den Vitrinen. Für Übernachtungsgäste entstand ein neuer Zimmertrakt, alles im Haciendastil. Jedes Zimmer hat seine Blumenampeln und seine gepflasterte Terrasse. Das offene, rustikal eingerichtete Restaurant verfügt auch über eine Tascabar.

Es bestehen zwei Möglichkeiten, die Hacienda El Carmen kennenzulernen. Man kann einen Halbtagesausflug unternehmen und sich die Plantagen anschauen oder man bleibt einfach länger, reitet aus, geht spazieren und erkundet die Anden.

Hacienda El Carmen: Aldea La Playa, 2 km von Jají (Abfahrt von der Plaza Bolívar in Jají), Tel. 02 74/417 60 10, 04 14/630 95 62, www.haciendaelcarmen.com.ve.

Autovermietung: Budget, im Flughafen, Tel. 02 74/262 27 28.

Die Bergwelt um Mérida

Das Gros der Gäste ist weniger wegen der hübschen Stadt als wegen der Ausflugsmöglichkeiten hier. Dutzende von Reiseveranstaltern mit einem recht homogenen Programm verteilen sich über die gesamte Stadt. Zu finden ist die Kombination Anden–Llanos, aber auch Mountainbiketouren und Pferdewanderungen.

Der Stolz der Stadt und der gesamten Region liegt in schwindelerregender Höhe: Die längste und höchste Seilbahn der Welt **Teleférico** verankert die Stadt fest im Rundfahrtprogramm. Distanz (12,5 km) und Höhe (von 1600 m auf 4700, Pico Espejo) sind außerordentlich und diese Fahrt ist dazu noch ein Traum mit dem schönsten Naturkundeunterricht des Landes. Andine Klimazonen, Agrartechniken, ackerbauliche Nutzformen, pflanzliche und landschaftliche Attraktionen ziehen wie ein Monumentalfilm vor dem Auge des Betrachters vorbei. Zunächst überquert die Gondel das Tal des Río Chama inmitten von Obst- und Kakaoplantagen, es folgen Bromelien und Spanisches Moos, das wie Watte von den Bäumen fließt, und zum Finale nach einem außerordentlichen Panorama, das *páramo, frailejones* und Lagunen versammelt, erscheinen die fünf schneeweißen Gipfel **Pico Bolívar** (5007 m; nur 12 km von Mérida entfernt), **Pico La Concha** (4765 m), **Pico Espejo** (4765 m), **Pico Humboldt** (4942 m) und **Pico Bonpland** (4883 m).

Um diese Stationen herum konzentrieren sich eine Menge an Wanderungen und Pferdetouren. Durch die malerische *selva nublada* führt ein recht steiler, zweistündiger Marsch von der dritten Seilbahnstation, La Aguada (3452 m), zur zweiten, La Montaña (2442 m); ein kürzeres Vergnügen bereitet der einfachere Abstieg von der vierten, Loma Redonda (4045 m), zur dritten. Von La Aguada führt ein abenteuerlicher Maultierpfad zum kleinen Kolonialort **Los Nevados** auf 2700 m Höhe. Es ist ein Fünf- bis Sechs-Stundenritt, den man am besten schon in Mérida organisiert. Eingebettet in den Nebelwald, bietet Los Nevados einfachste Unterkünfte in sechs Posadas (kein Telefon) und die Möglichkeit, weitere Lagunen bis zum Pico Espejo zu erkunden. Eine mehrtägige Tour verbindet El Morro mit Los Nevados auf einer abenteuerlichen Jeepfahrt, die anschließende Wanderung führt zur Station La Aguada.

Teleférico: Talstation Parque Las Heroinas. Eine Fahrt dauert etwa 2,5 Std., wenn man Akklimatisationspausen einlegt, was man unbedingt sollte. Am besten man fährt früh hinauf, denn gegen Mittag pflegen Wolkenbänke aufzuziehen und die Sicht zu trüben. Ein beliebter Ausflug ist der Ritt in das Andendorf Los Nevados, mit Übernachtung in einer Pension und Rückfahrt nach Mérida am nächsten Tag mit dem Jeep.

Natoura Adventure Tours: Calle 24, Nr. 8-237, Tel. 02 74/252 42 16, Fax 252 40 75, www.natoura.com. José Luis Troconis und seine deutsche Frau Brigitte Reiners sind engagierte Reisebegleiter mit einer Fülle außergewöhnlicher Angebote und sehr zuverlässig in der Organisation der Andenreittouren. Ihr Angebot umfasst die Besteigung des Pico Humboldt und Pico Bolívar sowie zahlreiche weitere Wanderexkursionen.

Parque Nacional Sierra La Culata

Karte: S. 346

Auf zwei Wegen kann man sich der **Sierra La Culata** 11 nähern. Von Tabay aus erklimmt eine Straße in westlicher Richtung das Waldgebiet nach San Javier del Valle. Durch die oft mit Blumenschmuck übersäten Ortschaften am Wegrand führen Wanderwege und in den Posadas und Hotels werden Ausritte und Spaziergänge angeboten. Im unteren Teil ist die Sierra La Culata bewaldet. Im oberen Bereich freilich dominieren mit Steinen bestreute Matten.

Estancia San Francisco: Carretera, vía La Culata, km 10, Sector Alto Viento, Tel. 02 74/244 83 38, www.estancia.com.ve; 20 Suiten, 12 Chalets, nur mit Reservierung. Die Estancia San Francisco dürfte wohl das Luxuriöseste und Exklusivste sein, was die Anden zu bieten haben: Hacienda-Herrlichkeit trifft auf britische Clubatmosphäre, umgeben von einer gepflegten Gartenparklandschaft. Die Suiten im Luxusandenstil mit dicken weiß getünchten Wänden und dunklem Holz haben Kamin, Gemälde und Sofas. Restaurants mit Panoramafenster, Terrassenrestaurant mit herrlichem Blick. Für Diskretion sorgen die meterhohen Wände, die das Gelände eingrenzen. DZ 250 US-$.

Hotel Páramo La Culata: beim Eingang des Parque Nacional La Culata, Tel. 02 74/252 01 32; 90 Zimmer. Die Trakte sind wie in einem Dorf zusammengefasst, Zimmer im Landhausstil: Terrakottaböden oder Parkett, viel Naturstein und Holz, weiß getünchte Wände. Das Haus hat eine eigene Forellenzucht, einen Kräutergarten und Restaurants mit empfehlenswerter Küche. DZ ca. 65 US-$.

Hotel Valle Grande: auf der Panoramastraße von Mérida nach La Culata, km 10, Tel. 02 74/244 30 11; 30 Zimmer, 11 Bungalows. Ruhig am Waldrand gelegen, strahlt diese große Anlage mit Schindeldächern, viel Holz und einem Garten eine gemütliche Atmosphäre aus. Restaurant, Bar, Diskothek, Kinderspielplatz, Reitmöglichkeiten, Ausflüge und Aktivitäten für Kinder. DZ ca. 55 US-$.

Hospedería San Javier: vía El Valle, Sector San Javier, Tel./ Fax 02 74/244 05 85; 30 Zimmer. Von Wiesen und einer Parklandschaft eingefasst, bietet dieses weiß getünchte Haus im Neohaciendastil vor allem Ruhe. Die schlichten, nett eingerichteten Zimmer gibt es auch im Mehrbettangebot für Jugendgruppen. Ausflüge. DZ 35 US-$.

La Casa del Salmones: Im Vallecito, Abzweigung auf der Panamericana zwischen Mérida und Tabay. Restaurant in ei-

Er ist der Größte: der Pico Bolívar in den Anden

Stimmungsvoller Patio der Posada de Jají

nem lachsfarbenen Haus im Kolonialstil – ein Geheimtipp! Serviert wird hier ausschließlich Lachs, vom Ceviche bis zur Pasta. Sehr feine und schicke Lokalität, ausgesuchte Weine und familiäres, freundliches Ambiente. Menü ca. 40 US-$.

Sierra La Culata und die Mucuposadas

Die zweite Option führt hinter San Rafael de Mucuchíes wiederum in Richtung Westen, hinauf auf die Hochebenen der Sierra La Culata. Man befindet sich rasch auf 3400 m. Hier sieht die Sierra nur noch für den Beobachter idyllisch aus. Von groben grauen Steinen penibel eingefasste Knoblauch-, Karotten- und Kartoffelfelder ziehen sich die steilen Hänge hinauf, Bauern arbeiten mit Ochsengespannen, um die abschüssigen Felder mühselig zu pflügen. In dieser Region befinden sich die von Kräuter- und Blumen-

gärten eingefassten Mucuposadas: Nidál de Gavilán und El Trigal (s. S. 368).

Hinter Gavilán erklimmt man eine Hochebene. Über eine besondere Attraktion verfügt dieser Streckenabschnitt mit dem Observatorium, dessen weiße Kuppeln schon von der Panamericana aus zu sehen waren. Seine Pforten öffnet der **Centro de Investigación de Astronomía** für Besucher nur in der Hochsaison, dann aber täglich. Nächtliche Besuche sind leider nicht möglich.

Das Observatorium ist über das Andendörfchen **Llano El Hato** 12 zu erreichen. Danach steigt die Straße wieder hinunter nach Apartaderos zum Eingang der Sierra Nevada an der Laguna de Mucubají.

Jají

Das 1968 komplett restaurierte, 400 Jahre alte Kolonialdorf **Jají** 13, 38 km westlich von Mérida (Por Puestos ab Busbahnhof) an der idyllischen Straße zum Aussteigerort La Azulita, zählt zu den beliebtesten Ausflugszielen in der Umgebung Méridas. Bananenplantagen dehnen sich unter dem Andenpanorama, kleine Posadas und Hotels säumen den Weg. 8 km vor Jají stoppen die Venezolaner an den **Chorrera de los González**, um an den Wasserfällen ihre Trinkwasserflaschen und -kanister aufzufüllen.

Eine Abzweigung führt hinauf zu **La Venezuela de Antier**, einem Museumsdorf vom Schöpfer von Los Aleros (s. S. 351). Während sich Alexis Montilla nordöstlich von Mérida bloß mit den Anden beschäftigt hat, hat er sich südwestlich davon dem Kulturerbe des gesamten Landes gewidmet: Die Urdaneta-Brücke von Maracaibo liegt neben der Plaza Bolívar von Caracas, Guajiro spazieren zwischen Amazonasindianern und Juan Vicente Gómez umher. Montilla hat vor nichts Halt gemacht.

Über mehrere steile Terrassen fällt das einheitlich in die Farben Blau und Weiß getauchte, wochentags stille Jají buchstäblich ins Tal. Hibiskusbäume beleben die kleine Plaza Bolívar und der Kranz der weißen Kolonialhäuschen mit schweren, dunklen Holzbalkonen und Schindeldächern. Es duftet nach Holzkohle und Blumen. In den Kunstgewerbegeschäften an der Plaza werden Postkarten und lokale Keramik verkauft. Wer sich für den Kaffeeanbau interessiert, muss nur wenige Kilometer weiter zur **Hacienda El Carmen** fahren.

 Posada de Jají: gegenüber der Plaza Bolívar, Tel. 02 74/416 63 33; 4 Zimmer. Die traditionsreichste Posada im andinen Jají-Stil, um einen Patio gebaut mit Springbrunnen in der Mitte. Die Zimmer im ersten Stock öffnen sich auf eine Galerie. Im Patio selbst kann man hervorragend essen. Zimmer ab 20 US-$.

Aldea Vieja: Calle Principal de Jají, Tel. 02 74/416 61 43; 7 Zimmer, 5 Bungalows. Eine Variante im spanischen Kolonialstil mit weiß getünchten Wänden, umlaufender Holzgalerie im 1. Stock und Terrakottaböden. Mit gutem Restaurant. Zimmer ca. 25 US-$.

 La Venezuela de Antier: auf der Straße zwischen Mérida und Jají, auf die Abzweigung (Beschilderung) achten. In einem großen Park kann man die Nachbildungen venezolanischer Sehenswürdigkeiten und Nationaldenkmäler betrachten. Es gibt Shuttlezüge vom Kartenkiosk zum Museumsgelände. Kartenverkauf Mo–So 8–15, Besuchszeit bis 19.30 Uhr.

Por Puestos verbinden mit Mérida und halten an der Plaza.

La Azulita, Ciénagas de Catatumbo

Reiseatlas: S. 9, C 1; S. 1, B/C 4

Die Weiterfahrt nach **La Azulita** führt auf traumhafter, aber anstrengender Strecke durch Nebelwald, in den die Sonne sparsame Streulichter setzt, später an Kuhweiden entlang durch Viehzuchtgebiet. Der Weg ist das Ziel, denn der Ort selbst hat nichts Spektakuläres zu bieten, weil er sich planlos vergrößert hat, aber er liegt, will man einer Astralkarte der Welt Glauben schenken, auf einem indischen Chakra, einem Energiefeld. Produzierende von Kunstgewerbe, Vogelkundler und Aussteiger treffen hier und in San Luis auf Trappistenmönche und Hare-Krishna-Anhänger, huldigen der natürlichen Ernährung und der alternativen Lebensführung.

Am Weg nach Azulita verbirgt sich die **Cueva del Pirata** (Piratenhöhle), die Seeräubern im 17. Jh. als Versteck gedient haben soll. Bei der Besichtigung der Höhle soll einst ein Priester verrückt geworden sein, weil ihm im Höhleninneren so viele Dinge und Lebewesen erschienen seien, die er nicht habe identifizieren können. Die Polizei in La Azulita vermittelt gerne Führungen.

Über La Azulita erreicht man die **Ciénagas de Catatumbo** am Lago de Maracaibo. Es handelt sich dabei um eine richtige Abenteuerfahrt, landschaftlich zwar atemberaubend, aber mit dem Nachteil, nicht gerade einfach zu bewältigen zu sein. Der Abstieg ist steil, schließlich fällt er von 1800 m zu den Sümpfen am Maracaibosee ab, und bei bestimm-

Die Mucuposadas in den Anden

Er hört auf den Namen Combatiente und lebt auf fast 4000 m Höhe. Seine Nachbarn sind die Steine und eine sternenförmige, salbeifarbene Pflanze, die *frailejón* heißt, Klosterbrüderchen, einzigartig hier und in den Anden Kolumbiens. Combatiente, der Kämpfer, lebt in einer Zuchtstation für Kondore, die in den venezolanischen Anden errichtet wurde. Windig ist es hier, es gibt schwindelerregende Hänge, tiefgrüne Lagunen, schneebedeckte Gipfelgrate und in die Höhe gebaute Terrassen, die von Felsmäuerchen umgeben sind, Anbaugebiete für Kartoffeln, Knoblauch und Zwiebeln: eine fast unwirkliche Welt.

Für die Andenbauern ist sie allerdings sehr real. Den Gegenwert von 3 bis 4 US-$ erhalten sie für 65 kg mühselig geerntete Kartoffeln. Nirgendwo lässt sich mit privat betriebener Ackerwirtschaft großes Geld verdienen, aber Juan Carlos und Señora Rosa wird es schlecht vergolten, dass sie ihren angestammten Platz auf den Äckern nicht verlassen und die Bevölkerung unverdrossen mit Karotten, Weizen, Salat, Kartoffeln, Zwiebeln und *curuba*, der Andenmaracuja, versorgen. Auf 3400 m liegt ihr bescheidenes Anwesen Nidal de Gavilán, in der Nähe des Käfigs von Kondor Combatiente. Anreize, die schwierige Arbeit gegen eine leichtere einzutauschen und sich in der Landeshauptstadt Mérida oder ganz woanders ein neues Leben aufzubauen, wie es so viele vor ihnen getan haben (87 % der Venezolaner leben in Städten) gab und gibt es genug.

Das Programm der Nichtregierungsorganisation Andestropicales versucht, Andenbauern mit Touristenbetreuung eine neue Einkommensmöglichkeit zu schaffen. Das Programm wurde Mucuposadas getauft und bietet Ferien auf dem Bauernhof in den venezolanischen Anden an. Die Bauern bewirten Gäste in ihren Gehöften, veranstalten Wanderungen und Reitausflüge.

Juan Carlos und seine Mutter nehmen an diesem Programm teil: Drei Unterkünfte stellen sie zur Verfügung, die sicherlich nichts für Komfortverwöhnte sind. Aber es gibt warme Duschen, liebevoll hergerichtete, saubere Zimmer und die selbst gemachte Schokolade der Señora Rosa mitsamt der deftigen Hausmannsküche: Milchkräutersuppe zum Frühstück und selbst gebackene *arepas* aus Weizenmehl. Ein Blumengarten mit Kräutern und Heilpflanzen umgibt das kleine, bunt bemalte Patiohaus aus Adobe. Wer nur das Ausflugsangebot nutzen und zum Tagesabschluss einkehren will, ist im Nidál de Gavilán ebenfalls herzlich willkommen.

Irene und ihre Familie wohnen im El Trigal auf 3600 m Höhe. Sehenswürdigkeiten liegen gleich vor der Haustür, ein Observatorium nämlich und ein ökologisches Schutzgebiet. Auch sie halten sich mit dem Gemüseanbau über Wasser, aber, und das sagen sie ganz unverhohlen, das Programm der Andestropicales brauchen sie zum Überleben, der 17-jährige Sohn sei bereits Vater, die Schwiegertochter hilft im Haushalt, die eigene Tochter geht zur Schule, man habe eben viele zu versorgen. Und wie läuft es? Nun ja, Italiener waren gerade da, und letzte Woche zehn Chinesen, die waren schon sehr lustig, sagt

Thema

Irene, doch sehr viele Übernachtungsgäste hätten sie nicht, das Programm sei noch zu unbekannt. Die meisten kämen zum Wandern und anschließendem Mittagessen.

Die Anden bieten hier ein überraschendes Panorama. Das Klima ist weiter unten warm genug, um Tabak, Bananen, Guaven, Ananas und Maracuja anzubauen. Palmen beschatten Pflanzungen von Kaffee und Erdbeeren, die Holzregale der Obstverkäufer biegen sich unter Pyramiden von Kirschen und Orangen. Zusammen mit den höher gelegenen Gebirgsstockwerken liefern sie einen einzigartigen Querschnitt durch eine teilweise noch unangetastete Pflanzenwelt. In dem Nebeneinander von Gletschern, Lagunen, Nebelwald und fruchtbaren Tälern wachsen 45 000 verschiedene Pflanzenarten, von denen 44 % endemisch sind. Sie werden durch einen Nationalpark geschützt. Gleichzeitig ist die Region der Obst- und Gemüsegarten der Anden bis hinab zur Küste und zum Lago Maracaibo. Hier, sagen Andestropicales, sei nicht nur die ökologische Balance innerhalb der Biosphären zu bewahren, sondern auch darauf zu achten, dass der Anbau sich unter Grundregeln der Nachhaltigkeit vollzieht. Und natürlich: dass die Bevölkerung nicht noch weiter verarmt.

In Mérida kann man das Programm der Mucuposadas buchen über Revis Travel, im Flughafen Alberto Carnevalli, Tel. 02 74/263 18 79, www.revistravel.com, www.andestropicales.org.

Die Arbeit auf den Terrassenfeldern der Anden ist auch heute noch mühsam

Ein unbekannteres Gesicht der Anden präsentiert sich auf der Transandina, der alten Route von Mérida in die Handelsstadt Barquisimeto. Abwechslungsreichtum herrscht auch hier: alte Andendörfchen, auf Plateaus über tiefen Schluchten balancierend, ein wie ein Heiliger verehrter Volksdoktor, der höchste Andenpass und eine bemalte Provinzhauptstadt.

Auf der Transandina nach Valera

Eine spektakuläre Route überquert die Anden von Mérida in nordöstliche Richtung hinüber nach Valera, das sich zwischen grünen Höhenzügen bereits am Gebirgssockel befindet. Es ist die am höchsten gelegene asphaltierte Straße des Landes. Diese Route kontrastiert aufsehenerregend mit dem Andenzugang über Barinas in den Llanos und das Valle de Santo Domingo, der mittlerweile der üblichere und bequemere geworden ist. Panamericana contra Transandina: Beide Strecken stecken voller Reize, die eine lieblich, die andere rau. Die ältere Transandina durchstreift eine Gegend mit langer indianischer Tradition der Timotes-Cuica, was auch die spanischen Kolonialörtchen erklärt, die sich in dieser abgeschiedenen Gegend in die Bergsenken betten.

Bei Apartaderos mit seiner blau-weißen Kirche trennen sich auf etwa 3200 m Höhe die Wege. Westlich der Transandina klettert die gut ausgebaute Ruta Nacional 7 zum höchsten Andenpass Venezuelas, dem **Paso El Águila** 1 auf 4118 m hinauf. Kartoffeln werden an den felsigen Bergflanken angebaut. Graubraune Stoppelflächen, säuberlich durch Steineinfassungen als Felder markiert, und tundragrüne *bofedales* (Feuchtgebiete) mustern die Bergrücken. Ziegen und Kühe finden in den Matten ihre Nahrung. Die Luft ist schneidend kalt und feucht und Schwaden dichten Nebels ziehen unter den Gipfeln vorbei. Dasselbe Phänomen wie an der Laguna Negra tritt hier in Erscheinung: Die heiße Luft der tellerflachen Llanos trifft auf die kalten Luftmassen der Anden. Die mannshohen malerischen *piñangos*, sozusagen Doppelstöcker und *frailejones* übersäen die nahezu unbewohnten Gebirgszüge des **Páramo Piñango**. In weiten Kehren ornamentiert ihn der Straßenverlauf wie ein weiß gezacktes Band. Auf diesem Streckenabschnitt liefern die gegen den dunkelblauen Andenhimmel ragenden, bizarren Berggipfel ein Bild von seltsamer Majestät.

In einer Senke gegenüber dem imposanten Pass El Águila betreibt eine Familie ein kleines Restaurant und ein Souvenirgeschäft. Wer hier herumstreifen möchte, kann im Restaurant eine heiße Schokolade trinken und eine Pause einlegen, um sich zu akklimatisieren. Die *Carretera* klettert anschließend wieder hinunter, diesmal in agrarisch intensiv genutztes Land. Verkaufsstände mit Bananenstauden, Salatköpfen und Wassermelonen beleben bald wieder die Straßenränder. Weiß blühendes Hirtentäschelkraut, blaue Lupinen und Callas tüpfeln die Berge.

Chachopo 2 auf 2601 m lebt vom Anbau von Karotten, Blumenkohl, Artischocken und Radieschen und ist Heimatort einer traurigen Legende aus den Unabhängigkeitskriegen, der Loca Luz Caraballo (s. S. 346).

Von weiten Terrassen umgeben, liegt die Kleinstadt **Timotes** 3 auf 2000 m Höhe und 52 km hinter dem Pass. Sie ist eine spanische Gründung aus dem Jahr 1691 und Handelszentrum für landwirtschaftliche Produkte. Etwas schmuddelig und bar jeder touristischen Reize, überrascht sie mit inbrünstig begangenen Prozessionen, den *Giros de San Benito*, die am 29. Dezember zu Ehren des schwarzen Heiligen San Benito abgehalten werden. Tanzgruppen repräsentieren die Indios, Negros und Christen.

Als einer der atmosphärischsten Kolonialorte gilt **Jajó** 4 deswegen, weil sein Erscheinungsbild nicht restauriert oder stilgerecht neu erbaut, sondern nur ausgebessert wurde. Der Weg dorthin ist atemberaubend. Spanisches Moos tropft in langen Wattezapfen von den Bäumen, Eukalyptus parfümiert die Luft. Jajós ländliche Schönheit besteht aus Dächern mit roten Schindeln, weißen Häuschen, dunklen Holzbalkonen und geschnitzten Türen. Die schmalen Gassen sind kopfsteingepflastert.

Vom Tor zu den Anden sprechen die Leute aus Valera, wenn sie das nur 20 km entfernte **La Puerta** 5 beschreiben. Für sie bietet es die Chance, dem schwülen Klima Valeras zu entfliehen. Seine Lage inmitten eines fruchtbaren Tales macht La Puerta zusammen mit der reizenden Plaza und der Kolonialkirche zu einem lohnenden Ausflugsort.

In unmittelbarer Umgebung um den Andenfluss Motatán herum erstreckt sich ein erfolgreiches landwirtschaftliches Versuchsfeld. Es wurde 1926 auf 35 km Länge und zwischen 1500 und 3700 m Höhe eingerichtet, um Anbauflächen für Gemüse und Obst zu schaffen, um die steigende Nachfrage aus den neuen Erdölstädten im Norden zu befriedigen. Dem Projekt war Erfolg beschieden: Die Gebiete wurden schnell erweitert.

Valera

Stickig, laut und betriebsam ist **Valera** 6, das von sieben Hügeln umgebene wirtschaftliche Zentrum des Bundesstaates Tru-

Mit der Autorin unterwegs

Isnotú: Geburtsstadt von Dr. José Gregorio Hernández
Allein die Fahrt auf den weit ausholenden Kehren der Anden ist die Reise in das Geburtsörtchen des berühmtesten Arztes Venezuelas wert. José Gregorio genießt geradezu Heiligenstatus und den Venezolanern, die zu ihm pilgern, ist es völlig gleichgültig, ob der Vatikan das ebenso interpretiert (s. S. 373).

Museo Trapiche de los Clavo, Boconó
Was eine Bürgervereinigung so alles bewirken kann, davon erzählt der Andenort Boconó. Isoliert lag er über lange Zeit und das scheint das Zusammengehörigkeitsgefühl stark geprägt zu haben. Die Bewohner sind stolz auf ihre Tradition und ihre Besonderheiten, haben eine Zuckerrohrpresse zu einem Brauchtumsmuseum umfunktioniert und weisen auf ihre bäuerlichen Fertigkeiten im Centro Tiscachic hin. Dieses Zentrum trägt einen indianischen Namen, auch das ist ungewöhnlich (s. S. 376).

jillo, und mit 160 000 Einwohnern ist es auch gleich dreimal so groß wie die Hauptstadt Trujillo. Dafür bietet es aber so gut wie gar keine Sehenswürdigkeiten. Das regelrecht klebrige Klima lässt die Nähe zu den frischen Andenpässen schnell vergessen. »Valera valerá« soll Landesvater Simón Bolívar über diesen Ort einmal gesagt haben, »Valera wird etwas wert sein«. Und tatsächlich, als Verkehrsknotenpunkt leistet die Stadt gute Dienste, denn Busbahnhof und Flughafen vernetzen die Anden mit anderen Regionen.

Valera liefert ein Beispiel für eine typische lateinische Mittelklassestadt. Es fällt leicht, sich darin zu orientieren. Streng nach dem Schachbrettmuster ausgerichtet, durchschneidet die Avenida Bolívar in nordsüdlicher Richtung die gesamte Stadt. An ihr versammeln sich die Geschäftszonen mit sämtlichen Einkaufsgalerien und die Straßencafés.

Von Mérida nach Barquisimeto

Eine *andina* mit ihrem Kräuterbündel erblickt man häufig in den kleinen Dörfchen

Schuhputzer und Zigarettenverkäufer umlagern die Plaza Bolívar, die gänzlich von einem neogotischen Monstrum von Kathedrale beherrscht wird.

Einige Ausflüge lassen sich von Valera aus unternehmen, von der Avenida Bolívar verkehren Por Puestos in die nahe gelegenen Andenorte.

Centro de Información Turística: Av. Bolívar, zwischen den Calles 10 und 11, Tel. 02 71/225 42 86.

Hotel Camino Real: Av. Independencia, Sector La Plata, Tel. 02 71/225 28 15; 60 Zimmer. Das Hotel ist Valeras beste Wahl, zwar mit recht kleinen, aber dennoch gemütlich eingerichteten, etwas plüschigen Zimmern. Außerdem verfügt es über ein nettes italienisches Restaurant und eine gut bestückte Bar in der obersten Etage seiner 13 Stockwerke. Hinzu kommt ein freundlicher Service. DZ ca. 65 US-$.

Hotel Albergue Turístico: Av. Independencia, Zona Rental Ateneo de Valera, Tel. 02 71/225 50 16; 20 Zimmer. Großzügig angelegtes Haus, saubere Zimmer mit Turnhallencharme. Liegt nicht gerade ruhig. DZ 25 US-$.

Mi Casa Vieja: Av. Bolívar, Sector Las Acacias; tgl. 12–22 Uhr. Terrassenrestaurant mit einem typisch venezolanischen Speiseangebot: Forelle mit Knoblauch oder Steaks in verschiedenen Varianten und Salate als Vorspeise. Gericht ab 7 US-$.

Flughafen Antonio Nicolás Briceño etwa 4 km östlich der Stadt; Flüge nach Caracas (5 x tgl.).

Busbahnhof: Av. México. **Por Puestos** nach Barinas, Barquisimeto, Betijoque, Boconó, Caja Seca, Caracas, Cabimas, El Tigre, Escuque, Isnotú, Maracaibo, Mérida und Trujillo; **Busse** nach Barquisimeto, Caracas, Maracay, Valencia (mehrmals tgl.), Mérida (3 x tgl.) und Barinas (tgl.).

Auf Andenplateaus: Isnotú und Escuque

Das winzige **Isnotú** `7` hat einen berühmten Stadtsohn, vielleicht den berühmtesten in ganz Venezuela: der charismatische Arzt und Priester José Gregorio Hernández. Er wurde 1864 in Isnotú geboren und starb 1919 in Caracas. Man sagt, es kann gar nicht mit rechten Dingen zugegangen sein, als er vom ersten Automobil Venezuelas überfahren wurde, und dieser so heftig bedauerte und ungewöhnliche Tod hat seine Legende nur noch weiter genährt. Man spricht sogar von einem Attentat, weil seine Popularität so immens gewesen war, dass Politiker und Kirche gleichermaßen Gründe gehabt haben sollen, ihn aus dem Wege zu räumen.

In Isnotú gedenkt man seiner in seinem bescheidenen **Geburtshausmuseum** (an der Plaza Bolívar, tgl. 9–16 Uhr, Spende erbeten). Daneben sticht die moderne Konstruktion einer Kapelle ins Auge. Auf der Straße nach Valera erblickt man eine weitere Gedenkstätte mit Denkmal, das ihn, eine Wand durchschreitend, mit Hirsch und Hund zeigt; ein Verweis auf die Transzendenz des Arztes. Die durchaus mystizistisch veranlagten, aber auch handfesten Venezolaner haben daneben einen kleinen Picknickplatz gebaut: Feiern muss ja schließlich nicht feierlich sein. Wer in Isnotú übernachten möchte, kann dies in einer einfachen, aber bequemen Posada an der Plaza Bolívar tun.

Escuque liegt 10 km südwestlich von Valera in den Bergen. Gegründet im Jahr 1558, ist es das älteste Kolonialdorf in den Anden. Seine pittoreske Ausstrahlung wurde mit dem Dekret erkämpft, alle neuen Bauwerke dem Kolonialstil anzupassen, um die bestehende architektonische Harmonie nicht zu beeinträchtigen. Einen besonderen Anziehungspunkt hat es mit dem *Niño de Escuque,* einer barocken Kinderdarstellung von Jesus, die sich in der gleichnamigen Kirche befindet.

Die leicht ansteigende und sehr gut ausgebaute Straße zwischen Valera und Trujillo (35 km) durchschneidet eine fruchtbare Gegend. Trujillo markiert praktisch den Endpunkt der Strecke. Etwa 10 km davor zweigt bei La Consección linker Hand die Straße nach Boconó und Barquisimeto ab.

🛏 **Posada San Onofre:** Plaza Bolívar, Isnotú, Tel. 02 71/663 09 38. Hat 10 funktional eingerichtete Zimmer.

Trujillo

Steil umrahmen dicht bewaldete Bergrücken die Quebrada de los Cedros mit dem Río Castán, in dessen Tal sich die Landeshauptstadt **Trujillo** `8` in die Länge zieht. Viel Ausdehnung lässt dieser Platz nicht zu und so

Charismatischer Volksheiliger

Die Karriere von José Gregorio Hernández verlief kometengleich. Aus großbürgerlichen Verhältnissen stammend, promovierte er im Alter von 24 Jahren zum Doktor der Medizin und arbeitete anschließend in Paris. Später machte er mit seinem unermüdlichen Einsatz für die Armen auf sich aufmerksam. Ihm wurden schnell Wunderheilkräfte zugesprochen; sein Ruf wuchs ins Überlebensgroße. Kranke sehen ihn in ihren Träumen und folgen seinen Ratschlägen, bis zum heutigen Tag.

Es gibt im gesamten Land kein Bildnis, das so häufig angefertigt und verkauft wird, wie das des Arztes im schwarzen Anzug, mit Hut und weißem Hemd und dem charakteristischen Schnauzbart. Man findet es in jedem Souvenirgeschäft, in jeder Devotionalienhandlung. Sogar Maria und Jesus stehen im Schatten des Volksheiligen. Gläubigkeit kennt keine ideologischen Grenzen: Obwohl er in Italien zum Priester geweiht wurde, hat das Volk ihm auch einen Platz im Hofstaat der María Lionza (s. S. 54) zugewiesen, der venezolanischen Göttin des Waldes und der Quellen, und zwar als oberster und einflussreichster Begleiter. Die katholische Kirche verweigert ihm die Anerkennung als Heiliger, was die zutiefst katholischen Venezolaner nicht aber irritiert: Für sie ist er einer, basta!

Von Mérida nach Barquisimeto

besteht das 1557 gegründete Trujillo im Wesentlichen aus zwei parallel verlaufenden Avenidas in der Altstadt und einem latinischen neuen Teil nördlich des Zentrums in Richtung Valera, in dem auch der Straßenmarkt abgehalten wird. Ein sanftes Bananen- und Mangoklima umfächelt das Kolonialstädtchen.

Trujillos Hauswände gleichen einem aufgeblätterten Geschichtsbuch. Es ist die einzige Stadt in Venezuela, in der die sonst überall üppig angebrachten *murales* nicht wild an den Wänden wachsen, sondern von einem Komitee ordentlich verwaltet werden. »Trujillo ist die einzige Stadt der Welt, die ihre Wände benutzt, um ihre Gedanken, die Poesie, die Legende, den Mythos und die Geschichte darzustellen«, liest man gleich beim Eintritt, wenn man von Valera aus kommt.

Nicht nur bedeutende Ereignisse finden Eingang in diese sympathische Form der öffentlichen Galerie. Verdienten Söhnen und Töchtern der Stadt wird ebenfalls in der charakteristisch naiven Darstellung gedacht. Zum Beispiel der ersten graduierten Lehrerin von Trujillo, Ámparo Briceño Perozo, die ihr Examen 1926 mit 20 Jahren bestand und deren Porträt und Legende ein *mural* in der Avenida Independencia zeigt. Dem Unabhängigkeitskämpfer und Lehrer Cristóbal Mendoza, der Simón Bolívar zuerst als Libertador bezeichnete und der 1772 in Trujillo geboren wurde, ist ein Wandgemälde an seinem Geburtshaus an der Kreuzung Avenida Independencia/Calle Carillo gewidmet. Weitere regionale Persönlichkeiten werden auf den Mauern der im ländlichen Kolonialstil gehaltenen Häuser verewigt, was den Stadtspaziergang richtig unterhaltsam macht.

Die reichste Darstellung gebührt, wie immer in Venezuela, Simón Bolívar selbst, der in Trujillo am 15. Juni 1813 das berühmte, folgenreiche »Decreto de Guerra a Muerte« ausrief: Krieg dem spanischen Kolonialmacht bis zum Tod. Eine entsprechende bildliche Darstellung findet man im unteren Bereich der Avenida Bolívar kurz vor der Plaza Bolívar; das Haus, in dem diese Maxime aufgestellt wurde, liegt an der Avenida Independencia.

Selbstredend fungiert es als Museum, als **Centro de Historia**, oder, drastischer ausgedrückt, als »Casa de la Guerra a Muerte«, das Haus vom Krieg bis zum Tod, dem unerbittlichen Schlachtruf der Unabhängigkeitskämpfer. Großformatige Historiengemälde schmücken es. Ansonsten herrscht hier ein kurioses Sammelsurium: So wetteifert hier eine Kopie der Totenmaske des Diktators Juan Vicente Gómez mit der ersten Druckerpresse von Trujillo aus dem Jahr 1864 und ägyptische Statuetten konkurrieren mit präkolumbischen Gefäßen. Mit rotem Baldachin und goldenen Fransen ist das Bett Simón Bolívars verziert, das hier der Nachwelt bewahrt wurde (Av. Independencia 5-29, Tel. 02 72/236 68 79, Mo–Fr 9–17, Sa/So 9–12 Uhr, Eintritt frei).

Zwei weitere Sehenswürdigkeiten von Trujillo liegen sozusagen diametral entgegengesetzt am Anfangs- und Endpunkt der Stadt. 3 km vor der eigentlichen Einfahrt (nördlich, von Valera aus kommend) beschwört das zwischen 1980 und 1983 liebevoll restaurierte Kolonialdörfchen **La Plazuela** vergangene Zeiten herauf. Es besteht aus nicht viel mehr als zwei Straßenzügen, die in schlichter Schönheit schwelgen: Efeu lugt aus den balkonartigen Fenstervorbauten, die Bauweise ähnelt unseren Fachwerkhäusern: weiße, dicke Wände mit eingezogenen dunkelbraunen Stützbalken. Eines dieser Häuser steht als Touristeninformation offen.

Schlendert man geradewegs durch die steilen Gässchen Trujillos, vereinen sich die beiden Altstadt-Avenidas zur Avenida Carmona. Von dichten Wäldern gerahmt, beginnt schräg gegenüber dem Hotel Trujillo der Anstieg zur **Virgen de la Paz.** Sie zu besichtigen ist ein gehöriges Stück Arbeit, denn die recht hässliche und fast 50 m hohe Monumentalstatue thront auf 1600 m Höhe über der Stadt, die auf 800 m liegt. Zwischen 9 und 17 Uhr verkehren Por Puestos vom Hotel Country Trujillo zum Cerro de la Virgen. An klaren Tagen soll der Blick von den Aussichtsplattformen vom Maracaibosee bis zu den Picos Nevados von Mérida schweifen können.

i **Corporación Trujillana de Turismo:** La Plazuela, Tel. 02 72/236 14 55. Hier gibt es viel Informationsmaterial und sehr hilfsbereite Mitarbeiter.

Hotel Country Trujillo: Av. Carmona, Tel. 02 72/236 39 42; 55 Zimmer. Nicht das neueste, aber ein geschmackvoll renoviertes Traditionshaus mit viel Platz vor einer Urwaldkulisse. Geräumige, schöne Zimmer, Pool, Gartenrestaurant, Bar. DZ 50 US-$.
Hotel La Paz: Av. Carmona, Calle 15, Tel. 02 72/236 51 57; 28 Zimmer. Von außen recht modern. Die Zimmer sind zwar groß, aber recht spartanisch. Zimmer 30 US-$.

Tasca Restaurant City: Av. Independencia, Tel. 02 72/236 52 54; tgl. 11.30–22 Uhr, So abends geschl. Spanische Tasca und Restaurant zugleich, andine Rezepte und venezolanische Fleischküche, alles zu moderaten Preisen.

Auch im Bundesstaat Trujillo feiert man die **Paradura de Jesús** vom 1. bis 28. Februar.
Des **hl. San Isidro Labrador** wird am 15. Mai mit Prozessionen und Messen gedacht.

Busbahnhof am Ortseingang; mit **Por Puestos** und Bussen häufige Verbindungen nach Valera. **Busse** nach Barquisimeto, Caracas, Valencia, Maracay, Maracaibo. **Por Puestos** nach Boconó (nur bis zum frühen Nachmittag).

Von Trujillo nach Barquisimeto

Zurück auf der Verbindungsstraße zwischen Valera und Trujillo führt nach etwa 10 km rechts eine Abzweigung nach Barquisimeto. Zunächst erreicht man das Straßendorf **Flor de Patria**. Der nun folgende malerische Abschnitt nach Boconó vermischt auf seinen 85 km hübsche Ansichten der venezolanischen Anden mit karibischem Flair. Sie ist eine der attraktivsten Routen der Region. To-

maten, Wassermelonen, Bananen und Avocados werden am Straßenrand verkauft; die fruchtbare Erde wird zum ausgedehnten Tabak- und Zuckerrohranbau genutzt. Zwischen Berghängen und dichten Wäldern schraubt sich die asphaltierte, aber nicht immer in gutem Zustand gehaltene Straße auf eine Höhe von über 1800 m. Aus den Wäldern quillt oft satter Nebel, der die Landschaft, die einzelnen Gehöfte und die Straße gleichermaßen verschluckt.

Ein traditionelleres Ausflugsziel befindet sich in dem winzigen Kolonialörtchen **San Miguel** [9]. Etwa 25 km vor Boconó weist ein Schild den schmalen, aber geteerten Weg zu einer der hübschesten Kolonialkirchen des Landes. Von einem strahlenden Weiß, das in der Sonne weithin glänzt, wurde die **Iglesia de San Miguel** im Jahr 1760 erbaut und wirkt wie mitten in die Anden gefallen. Das Aufsehenerregendste an dem eindrucksvoll restaurierten Bauwerk ist zweifellos sein Retabel: eine geradezu farbensprühende Manifestation andin-barocker Kunstfertigkeit und Fantasie. An die Stelle kostbarer Goldüberzüge oder Ehrfurcht gebietender Monumentalität treten zierliche florale Arabeskenfriese, mit dem Jakobsmuschelmotiv übersäte Säulchen und eine überzeugende Engel- und Heiligenparade: Erzengel Michael beim Bewachen der Himmelspforte (Mittelnische der zweiten Reihe), die Heiligen Gabriel, Rafael und Lucia. Auch die Kanzel ist schön gearbeitet. Sie zeigt Darstellungen der vier Apostel mit ihren jeweils zugehörigen Symbolen: Johannes mit dem Adler, Lukas mit dem Stier, Markus mit dem Löwen und Matthäus mit dem Engel.

Boconó

Boconó [10] ist seit Jahrhunderten das Zentrum der landwirtschaftlich genutzten Region, aber es verharrte nach seiner Gründung 1560 zunächst fast vier Jahrhunderte in absoluter Isolation. Erst 1930 wurde die Straßenverbindung zwischen Trujillo und Boconó geschaffen.

Von Mérida nach Barquisimeto

Trutzige Festung: die Kirche von San Miguel

Beeindruckend ist hier die kunsthandwerkliche Tätigkeit. Die sozial sehr engagierte Asociación Civil Amigos de Boconó widmet sich nachdrücklich der Brauchtumspflege und der Bewahrung des Kulturerbes. Vor dem Ortseingang, kurz hinter der Eisenbrücke über den Río Boconó, liegt gegenüber dem städtischen Hospital an der Calle Jaurétégui eines der Vorzeigeprojekte der Gruppe. **El Trapiche de los Clavo** ist eine ehemalige Zuckerrohrmühle und Hacienda aus dem Besitz der stadtbekannten Familie Clavo Carillo, die ohne Erben geblieben war. Das ungenutzte Gelände wurde von der Stadt 1987 an die Asociación gegeben, nachdem die Bürger lauthals gegen die offiziellen Pläne protestiert

hatten, dort einen Busbahnhof unterzubringen. Die energische Asociación ließ das Gebäude originalgetreu und unter Anwendung von Handwerkstechniken des 19. Jh. restaurieren und richtete darin mehrere didaktisch gut aufbereitete Museen ein. Kaffee- und Zuckermuseum widmen sich den wirtschaftlichen Grundlagen der Region. Ein botanisches Museum enthält unter anderem ein Herbarium der regionalen Medizinalpflanzen und propagiert die biologisch-dynamische Landwirtschaft. Werkstätten und ein kleines Kunstgewerbemuseum sind gleichfalls informativ und unterhaltsam (Av. Rotaria, Tel. 02 72/652 36 55, Mo–Fr 9–12 und 15–18, Sa/So 10–18 Uhr, Eintritt frei, Spende erwünscht).

In der **Casa Artesanal** gegenüber der Brücke werden Kissenhüllen, Bettüberwürfe, Stofftaschen und Tischdecken in feinster Handarbeit hergestellt. Auch bei diesen Produkten steht die Bewahrung von Traditionen im Mittelpunkt.

Ein weiteres Beispiel für die Initiative der Leute aus Boconó ist **Tiscachic** am Flussufer. *Tiscachic* bedeutet in der Sprache der Cuicaindianer, die hier ursprünglich lebten, »Wir sind alle Brüder«. Das Projekt geht auf die Idee einer städtischen Organisation zurück, die bäuerlichen Gemeinden des Umkreises miteinander zu vernetzen und ihre Produkte auf einem größeren Markt feilzubieten. Das gelingt jetzt auch in dem Centro

de Servicios Múltiples. Dort wurde gleichfalls das **Museo Campesino Tiscachic** eingerichtet. Nicht nur, dass in dem Museum ein fundierter Überblick über die lokale Kunstgewerbeproduktion gegeben wird, man kann diese Sachen im Centro de Acopio Artesanal Tiscachic auch kaufen: farbenfrohe *alpargatas* (aus der sisalähnlichen Faser der *cocuiza*), Vorratskörbe, naive Heiligenbildnisse, Steinskulpturen, Schmuck und verschiedenerlei Gebrauchskeramik (Calle Tiscachic, Tel. 02 72/652 33 13, Mo–Fr 9–15 Uhr).

Hotel Vegas del Río: Av. Vega del Río, Urbanización El Samán, Tel. 02 72/652 29 92; 27 Zimmer. Diese hübsche Anlage liegt noch vor dem Ortseingang im Tal, hat angenehme Zimmer und ein einladendes Gartenrestaurant. DZ 35 US-$.

Posada Eco-Turística Machinipe: Calle Bolívar 6-49, Tel. 02 72/652 15 06; 5 Zimmer. Es herrscht eine sehr angenehme familiäre Atmosphäre in dieser zentral gelegenen, mit Kunsthandwerk der Region ausgestatteten Pension. DZ 25 US-$.

Freitags findet ein **Bauernmarkt** statt. Kunsthandwerk ersteht man bei den oben genannten Adressen, Casa Artesanal und Tiscachic.

Vom 4. bis 7. Januar wird **San Miguel** mit Prozessionen der Schäfer geehrt.

Por Puestos nach Valera; **Busse** fahren nur bis 15 Uhr nach Trujillo. Man kann einen Bus zur Intersección nehmen, die auf der Strecke zwischen Valera und Trujillo liegt, dort aussteigen und ein Por Puesto oder einen Bus stoppen.

El Tocuyo, Quíbor

Ein ganzes Stück weiter nordöstlich, Richtung Barquisimeto, liegt **El Tocuyo** **11**, die ehemalige Hauptstadt von Venezuela, die 1546 Coro den Rang ablief. Gar nichts lässt heute mehr darauf schließen. Nach einem

Richtig Reisen-Tipp:
Metropole der Hängematten – Tintorero

Tintorero 13, 20 km westlich von Barquisimeto an der Straße nach Carora, ist im gesamten Land derart für seine Webereien und Töpfereien berühmt, dass in seinen zwei staubigen Sträßlein alljährlich ein Kunstgewerbefestival abgehalten wird. Sogar in Costa Rica schaukelt man in Hängematten *hecho en Tintorero*.

Wenn man Tintorero besucht, mag man dies kaum glauben. In den von leuchtenden Hibiskuspflanzen geschmückten Gärten baumeln die Waren, die farbenfrohen Hängematten und Tischdecken aus Wolle, die Sitzkissen und Läufer. Und die einfachen Werkstätten hinter den Wohnhäuschen hallen wider vom Aufeinanderschlagen der Webrahmen. Alles harte Handarbeit, denn die jungen Männer an den Gestellen weben nicht für Erinnerungsfotos.

Originelle Keramik gibt es auch, Waschschüsseln werden nach altem Vorbild hergestellt. Landestypische Verpflegung bietet der Parador de Ana: Schwarze Bohnen, Reis und schreiend lilafarbene Traubenlimonade.

Erdbeben 1950 musste die 50 000-Einwohner-Stadt aus Schutt und Asche heraus erneut aufgebaut werden. Unter dem Regiment des damaligen Diktators Pérez Jiménez bedeutete dies Fassadenmodernität. So gibt es nur die rekonstruierte **Iglesia Nuestra Señora de la Concepción** zu sehen, die 1760 entstand und damit 200 Jahre nach der glorreichen, aber nur drei Jahrzehnte währenden Epoche, als El Tocuyo noch Hauptstadt war.

Im Gebiet von **Quíbor** 12 soll einmal ein geheimnisvoller Pygmäenstamm gesiedelt haben. Dass dieses Gerücht schon 1530 ein Deutscher in die Welt gesetzt hat, lässt einen diese Mutmaßung doch mit Skepsis betrachten, denn welche Wunderwesen wollen die vom Gold besessenen Eroberer damals nicht alle gesehen haben: Menschen mit dem Kopf auf dem Bauch oder 3 m große Riesen. Auch Nikolaus Federmann, Abgesandter des Augsburger Handelshauses der Welser und Nachfolger von Ambrosius Alfinger, vom spanischen König Karl I. eigentlich damit beauftragt, das Gebiet um Coro zu kolonisieren, wandte sich wie alle übrigen Konquistadoren lieber der Goldsuche zu. Dies brachte ihn auch in diese Gegend, die von einem Indianerverband namens Quibore bewohnt war.

Tintorero ist berühmt für seine Hängematten

Die Führer des **Museo Antropólogico** klären das Geheimnis um die zierlichen Maße der Mumien, die in dem Museum ausgestellt werden, auf. Es handelt sich dabei um Kinder, die in einem unterirdischen indianischen Friedhof ruhten, der bei Bauarbeiten gegenüber der Plaza Bolívar entdeckt worden war. Die Funde, zusammen mit Grabbeigaben und bänderverzierter Keramik aus verschiedenen Epochen (2. Jh. v. Chr.–3. Jh. n. Chr.), verwandeln das Museum in ein Schatzkästlein. Muschelfunde u. ä. beweisen, dass die Quibores damals Handel mit Völkern von der Küste betrieben haben müssen und Mais gegen Salz tauschten (Av. 10/Calle 12, Tel. 02 53/491 37 81, Di–Fr 9–12 und 15–18, Sa/So 10–13 Uhr, Eintritt 1,50 US-$).

Diesen indianischen Friedhof, den einzigen übrigens, den Venezuela aufzuweisen hat, kann man besuchen, er liegt an der Avenida 8/Calle 12.

Die Plaza, bewachsen wie ein Dschungel, eine hübsche Kathedrale und ein wenig ländliches Kolonialkolorit steuern zum Kleinstadtcharme von Quíbor bei.

Im **Centro de Acopio Artesanal** erhält der Gast nicht nur einen Überblick über die Kunsthandwerkstradition, er kann auch einkaufen (Av. Rotaria/Cubiro, etwas außerhalb von Quíbor).

Von Mérida nach Barquisimeto

Barquisimeto

Barquisimeto 14 mit seinem betriebsamen Flughafen und Busbahnhof liegt auf halbem Weg zwischen den Anden und der Küste: Die Hauptstadt des Bundesstaates Lara und mit 950 000 Einwohnern die viertgrößte des Landes und wichtiges Industriezentrum bietet genau diesen Grund für einen Aufenthalt.

Das Gesicht der »Stadt der schönen Sonnenuntergänge«, wie man Barquisimeto in Ermangelung anderer herausragender Charakteristika getauft hat, widerspricht ihrer langen Existenz. Schon in der Mitte des 16. Jh. gegründet, hat sie sich jahrhundertelang gegen die Widerstände der indigenen Bevölkerung nicht entfalten können. Zu sehen gibt es also tatsächlich nichts Wesentliches; man verweist auf den **Parque Ayacucho** als besondere Attraktion, der auch recht feudal angelegt, mit einem schwarzen, schmiedeeisernen Zaun umrahmt und mit einer Reiterstatue von Sucre sowie Laternen geschmückt, aber doch nicht der größte ist.

Das **Museo de Barquisimeto** in dem auffälligen Gebäude eines ehemaligen Militärhospitals aus der Jahrhundertwende kann gleichzeitig sieben Ausstellungen auf einmal veranstalten. Meist sind es engagierte und großzügig aufgebaute Präsentationen zeitgenössischer Künstler (Carrera 15/Calle 25 und 26, Tel. 02 51/717 10 22, Di–Fr 9–15, Sa/So 10–15 Uhr, Eintritt 1 US-$).

Das winzige historische Zentrum konzentriert sich um die schattige **Plaza Lara.** Die eintürmige, weiß getünchte **Iglesia de San Francisco** mit einer Kopie des Niño Jesús de Escuque begrenzt den Platz im Süden, dahinter gleiten die kopfsteingepflasterten Sträßlein förmlich hinunter in eine fruchtbare Ebene, die von sanften Berghängen gerahmt wird. Das **Instituto Diocesano**, das **Centro de Historia Larense** im Kolonialstil mit dunklen Holzsäulen und das **Archivo Oficial**, 1838 als Sitz der Provinzregierung gebaut, konservieren als einzige ein ganz klein wenig Stadtgeschichte. Der Obelisk, der eigentlich eine Säule ist, erinnert am Ende der Avenida Libertador an das 400. Stadtjubiläum Barquisimetos im Jahr 1952.

Im östlichen Teil der Stadt ist in letzter Zeit ein modernes Zentrum mit Shopping-Malls, Restaurants und Bars entstanden.

Dirección de Turismo: Av. Libertador Este, Ed. Fundalara, 1. Stock, Tel. 02 51/255 75 44. Es gibt auch einen Informationskiosk im Flughafen.
INPARQUES: Parque del Este, Av. Libertador, Tel. 02 51/254 29 33.

Hotel Hilton: Carrera 5, zwischen den Calles 5 und 6, Urbanización Nueva Segovia. Tel. 02 51/256 41 10, www.barquisimeto.hilton.com; 136 Zimmer. Im üblichen Hilton-Stil, luxuriös und dezent, mit allen Annehmlichkeiten ausgestattet. Mehrere Restaurants, eine Bar, 4 Flutlicht-Tennisplätze, großer Pool. DZ 200 US-$.
Hotel Príncipe: Calle 23, zwischen den Carreras 18 und 19, Tel. 02 51/232 35 11, Fax 231 17 31; 135 Zimmer. Das in Venezuela übliche typische Hotel für Geschäftsleute: zentral gelegen, angenehme Atmosphäre, nüchterne, funktionale Zimmer. DZ 50 US-$.

Del Punto Restaurant: Urbanización Nueva Segovia, Carrera 1/Calle 4, Tel. 02 51/254 83 67; So 12–16.30 Uhr, sonst nur abends geöffnet. Junges Restaurant mit jungem Konzept, *fusion food* und ungewöhnliche Gerichte in ungewöhnlichen Zusammenstellungen. Hauptgerichte ab 20 US-$.
El Mesón de la Campana: Av. Lara/Calle 2; tgl. 12–23 Uhr. In rustikaler Dekoration isst man hier larensisch, und das heißt Fleisch, auch Zicklein (*chivo*).

Der **Flughafen Jacinto Lara** liegt 5 km westlich des Stadtzentrums; Flüge nach Caracas (häufig bis tgl.), Barcelona, Maracaibo, Maturín und Puerto Ordaz.
Busbahnhof: Av. Rómulo Gallegos/Carrera 24; häufige Verbindungen nach Caracas, Boconó, Valera, Trujillo, Guanare, Barinas, Mérida, San Cristóbal, Tovar, La Grita, Zea, Coro, Maracaibo, Punto Fijo, Puerto La Cruz.
Autovermietung: im Flughafengebäude.

Santa Rosa

Mit der Divina Pastora hat ein kleiner Bilderbuchort auf der Ruta Nacional 1 in Richtung Valencia die hübscheste Mutter Gottes des Landes. **Santa Rosa** 15 erhebt sich gleich beim Ortsausgang von Barquisimeto hinter einem Verkehrskreisel, den ebenfalls eine Kopie der Divina Pastora ziert. Das Original der göttlichen Schäferin befindet sich in der Ortskirche an der Plaza Bolívar, wenn sie denn gerade einmal zu Hause ist. Denn eigentlich sollte sie in der Kathedrale von Barquisimeto stehen, doch ein »göttlicher Wink« verfügte sie in den Nachbarort. Ihre Gemeinde schickt sie nun oft auf Reisen durch die Provinz.

Legenden von heiligen Irrtümern und Gotteswillen blühen meist üppig in Venezuela; sie vermenschlichen die Gottesbilder, rücken sie dadurch näher an die Gläubigen heran. Der Cristo von Gibraltar entschied sich für Maracaibo und die Divina Pastora nun gegen Barquisimeto.

In einer Art 3-D-Altarbild mit Schäfchen und einem naiv gemalten Landschaftsprospekt thront die lieblich anzusehende und ganz junge Schäferin im hellblauen Kleid mit einem niedlichen Jesuskind auf den Knien. Zu ihrem Ehrentag am 14. Januar wallfahrtet halb Venezuela nach Santa Rosa, das ebenfalls ganz reizend anzuschauen ist. Ein bemalter Torbogen gewährt Durchlass zu einem Dörtchen aus dem 18. Jh. In bunte Farben getauchte kleine Lehmhäuser scharen sich um eine freundliche Plaza Bolívar mit einem ebenfalls in leuchtenden Farben angemalten Taubenschlag.

Dieser Teil der Anden hat nicht ganz so Spektakuläres zu bieten wie der nördlichere Abschnitt und ist touristisch auch nicht gleichwertig erschlossen. Paraglider werden diesem Urteil vermutlich nicht zustimmen, denn für sie sind die Terrains einfach sensationell. Auf dem Weg gen Süden liegen noch einige schöne Waldgebiete.

Als habe man der Landschaft das Pflanzenkleid geraubt, so präsentiert sich zunächst die Strecke hinunter nach San Cristóbal, der 226 km entfernten Hauptstadt des Andenstaats Táchira. Besonders bei sinkender Sonne erglühen die gefalteten Berghänge links und rechts der gut ausgebauten Panamericana in den wärmsten Goldtönen.

Für die Paraglider stellen sie wegen ihrer klimatischen Verhältnisse eine schöne Herausforderung dar. Die Aufwinde garantieren am Vormittag bis gegen elf Uhr und am späten Nachmittag weite Flüge mit spektakulären Sichten. Etwa 30 km hinter **Mérida** beginnt das geeignete Terrain, verstecken sich die aufregenden Dorados für Paraglider, Los González und Tierra Negra. In den Posadas der Hauptstadt warten Hunderte von Fliegern auf ihre Chancen.

Natoura Adventure Tours: Calle 24, Nr. 0-237 an der Plaza Las Heroinas, Tel. 02 74/252 42 16, Fax 252 40 75, www. natoura.com; auch für Trekking und Mountainbiking eine ausgezeichnete Adresse.
Arassari Trek: Calle 24, Nr. 8-301, Plaza Las Heroinas, Tel. 02 74/252 58 79, www.aras sari.com.
Auch hier empfiehlt es sich, nachdrücklich nach dem Ruf und der Erfahrung der Anbieter dieses nicht ganz ungefährlichen Vergnügens zu forschen. Gute Ratschläge erteilen auch Colibri Tours (info@colibri-tours.com) und Caiman Tours (www.caimantours.com).

Lagunillas und Pueblo Nuevo

Die Bekanntheit von **Lagunillas** **1** steht in keinem Verhältnis zu seinem schlichten Stadtbild. Viele Ausflüge von Mérida werden nach Lagunillas und insbesondere zur **Laguna de Urao** organisiert, denn die dunkle Lagune im Osten des Städtchens versteckt in ihren Tiefen von über 22 m das Sodakristall mit dem indianischen Namen *urao*. Schon die Mucujún vermischten das Mineral mit Tabak und Asche und gewannen daraus den *chimó*, einen Kautabak, der Hunger und Durst betäubte. Der schwarze, schlierige Grundstoff muss dreimal mindestens zwölf Stunden gekocht werden, bevor er weiterverarbeitet werden kann. Das geschieht mit bescheidenem Gerät unter freiem Himmel. Die Lagune wurde nicht ohne Grund zum *Monumento Nacional* erklärt.

Beim Herumstreifen durch Lagunillas entdeckt man gut erhaltene Häuserzeilen, die über den hügeligen Untergrund des Städtchens klettern. Am Ortsausgang haben *chimó*-Verkäufer ihre Stände aufgeschlagen und bieten neben Kautabak auch lokales Kunsthandwerk an.

Pueblo Nuevo **2** liegt vis-à-vis des Tales, verborgen hinter den Falten der Anden und auf atemberaubender Höhe. Eingerahmt von den Blüten der Königin der Nacht und Kräutern ist das ehemalige Versteck der Indios vor den spanischen Konquistadoren heute ein malerisches Dorf mit tief herabgezogenen Schindeldächern und einer erstaunlichen Anzahl an Lebensmittellagern, die auf rege landwirtschaftliche Tätigkeit in scheinbar einsamer Umgebung hinweisen. Die Plaza Bolívar liegt fast am Eingang des Dorfes, denn dahinter ist nur noch Raum für schmale Gässchen. Ein sehr malerischer Ausflug, für den man trotz seiner geringen Entfernung von Mérida (es sind nur 47 km) doch ein paar Stunden einplanen sollte, denn für die Fahrt braucht man Zeit.

Hacienda La Victoria

Kaffeeplantagen bedeckten die Anden von Jajó bis hinunter nach La Grita. Wieso sollte man also nicht diesen essenziellen andinen Beitrag zur Kultur von Venezuela besonders herausstellen? In dem größten noch bestehenden Plantagenhaus des Landes, der **Hacienda La Victoria** 3 , etwa 90 Min. von Mérida entfernt, wird dies getan. Die von geschindeldächern geschützten Trakte der traditionellen *casona* gruppieren sich um einen großen, gepflasterten Innenhof, auf dem einst die Kaffeebohnen getrocknet wurden; dieser hier umfasst 1200 m²! Die Hacienda betreibt eine besondere Form der Brauchtumspflege: Neben dem **Museo del Café** mit vielen alten Gerätschaften und Sälen kann man hier auch ein **Einwanderermuseum** besuchen, das in den Gebäudetrakten untergebracht wurde. Auf Fotografien und Dokumenten erfährt man etwas über einen nicht häufig ausgestellten Aspekt venezolanischer Geschichte, denn es war auch ein Einwandererland. In den ersten Jahrzehnten des 20. Jh. stöberten Italiener und Deutsche diesen so weit entfernten Flecken des Landes auf und modernisierten mit den in ihren Heimatländern erworbenen Kenntnissen den Kaffeeanbau und die Verarbeitung (tgl. 9–17 Uhr, Eintritt 2 US-$). Dem Museum angeschlossen ist selbstredend ein Café.

Die Panamericana führt durch zunehmend fruchtbares Land. Kleinbäuerliche *conucos* wechseln mit Kaffeepflanzungen. **Tovar** 4 verdankt Existenz und Wohlhabenheit dem Zuckerrohr. Die rapide ansteigenden Höhen-

meter verwandeln das satte Grün in ein nebelverhülltes Geheimnis. Lichten sich die Schleier, sieht man grasende Kühe und einzelne Gehöfte aus altersgebeiztem Holz. In einer Höhe von fast 2000 m werden Kartoffeln und Zwiebeln angepflanzt.

Bailadores

Zauberhafte Atmosphäre herrscht auch im **Parque Cascada de la India Carú** kurz vor **Bailadores** 5 . Dieser schöne Park dürfte dann auch die Hauptattraktion von Bailadores sein, zusammen mit seiner Lage auf 1750 m Höhe und den Ausflugsmöglichkeiten, z. B. in den Páramo La Negra. Wasserfälle mit Schwimmbecken und Wanderwege durchziehen den Park. Den schönsten Wasserfall adelt das Märchen der Häuptlingstochter Carú, deren Geliebter im Kampf gegen die spanischen Konquistadoren ermordet wurde. Carú schlich zum Schlachtfeld und brachte den Leichnam an die Stelle des heutigen Wasserfalls. Dort starb sie, unaufhörlich weinend, sodass ihre Tränen diese Kaskade erzeugten: La Cascada de la India que murió de Amor. Mit den Liebenden haben sich nun die Wolken verbündet. Sie sammeln die Tränen aller unglücklichen Mädchen, verwandeln sie in Nebel, parfümieren sie mit Minze und lassen sie auf das Grab von Carú regnen. Dort öffnen sich die Blüten, die das Brautbett der im Himmel Vereinten bilden. Eine Art Ur-*telenovela,* ohne Television, versteht sich.

Das beschauliche Bailadores liegt eingebettet in fruchtbare Täler, in denen Erdbeeren und Gemüse angebaut werden. Im Stadtteil **Las Tapias** gibt es noch eine mit Wasser betriebene Mühle und einen Schreiner, der dort arbeitet.

Die Stadt geht auf eine indianische Gründung der Caricuana zurück, die die spanischen Konquistadoren unter Francisco de Cáceres am 25. August 1578 eroberten. Die ursprünglichen Landesherren überstanden eingeschleppte Epidemien; die Kriege gegen die Spanier überstanden sie aber nicht. Ihre

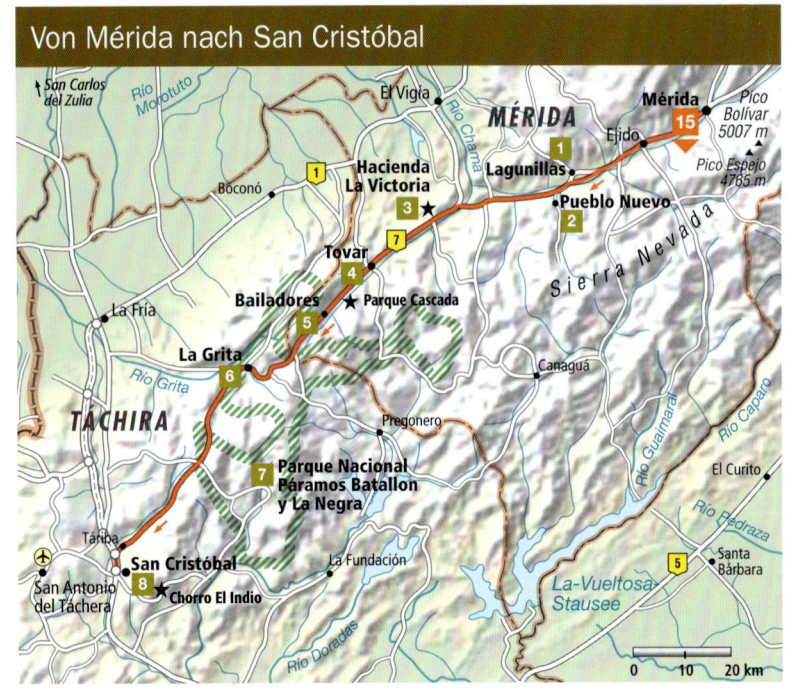

Von Mérida nach San Cristóbal

schnellen Kampfbewegungen brachten ihnen den Namen Tänzer, *bailadores*, ein, so lautet die Legende.

Hotel Toquisay: Final Av. Bolívar, Tel. 02 75/857 01 92; 20 Zimmer. Ein geräumiger Holztrakt umgibt einen riesigen, gepflegten Garten. Die ordentlich ausgestatteten Zimmer haben Balkon. Das Restaurant wird für seine regionalen Spezialitäten gerühmt. Freundliche und hilfsbereite Aufnahme. DZ 50 US-$.

La Grita

Westlich des Ortes erhebt sich der **Páramo La Negra** auf 3000 m. Nach 23 km gabelt sich die Panamericana. Wer den Páramo besuchen möchte, erreicht nach 7 km auf kurviger Strecke seine typische Landschaft, die hier aber nicht dieselbe Fülle an *frailejones*

zeigt wie nordöstlich von Mérida. Ein früher Besuch empfiehlt sich wegen der Aussichten, denn am Nachmittag können sich die Wolken schnell zusammenballen.

Ein wahrer Wasserfall an Kurven begleitet den Abstieg nach **La Grita** 6, einem hübschen, alten, bunten, auf drei übereinandergetürmten Plateaus errichteten Städtchen mit 50 000 Einwohnern. Wenn man hineinfährt, fällt der Blick praktisch hinunter auf das Stadtende im Tal des Río La Grita.

Jedem Plateau seinen Platz und seine Kirche und auf dem obersten, an der Plaza Sucre, befindet sich **La Casa del Balcón de La Grita**. Nun ist ein Haus mit einem Balkon gemeinhin nichts Besonderes, dieses hier ist es aber schon, weil Simón Bolívar von diesem Balkon aus seine Truppen am 17. April 1813 zum Kampf gegen die Spanier anfeuerte. Ihm wird auch die Geschichte gefallen haben, wie La Grita, der Schrei, zu seinem Namen kam. Die Caricuana sollen so laut geschrien haben, als sie das Konquistadorenheer erblickten, dass die Spanier dieses Geschrei offenbar beeindruckte. La Grita eignet sich als Standort für Ausflüge in den **Parque Nacional Páramos Batallon y La Negra** 7.

Kaffee, Kaffee, Kaffee und Präsidenten: Südlich von La Grita gediehen Kaffeebohnen mit einem so herausragenden Erfolg, dass die Bergtäler damit völlig zugepflanzt wurden. Außerdem stammt eine ganze Reihe von Präsidenten des Landes aus dem Bundesstaat Táchira, der nun beginnt, zuletzt Carlos Andrés Pérez. Auch Juan Vicente Gómez wurde hier geboren und rekrutierte seine Camarilla aus Landsleuten. *Gochos* nennen die Venezolaner die Andenbewohner, eigensinnig, starrsinnig und nicht besonders klug – und damit meinen sie offensichtlich auch ihre Präsidenten.

San Cristóbal

Einmal mehr ist die Fahrt das Ziel. Die Panamericana rutscht nach weiteren 75 km nach **San Cristóbal** 8 hinein. Mit 410 000 Einwohnern ist es eine moderne Stadt, die von *calles* und *carreras* durchzogen wird. Eine breite touristische Infrastruktur und latinisch lebhafte Atmosphäre lassen eher die Nähe zu Maracaibo als zu Mérida vermuten. San Cristóbal selbst hat nicht viel an Sehenswürdigkeiten zu bieten, ermöglicht aber einen bequemen Aufenthalt, auch klimatisch, wenn man beispielsweise aus den kalten Anden oder den heißen Llanos anreist. Die Stadt bietet sich für Ausflüge nach Kolumbien und eben auch in die Llanos an.

10 km südöstlich der Stadtgrenze liegt der **Chorro El Indio**, ein Wasserfall, umgeben von dichten Wäldern, 11 km nördlich **Táriba**, wo montags Bauernmärkte abgehalten werden, auf denen Großvieh gehandelt wird.

Oficina Regional de Turismo: Av. España/Av. Carabobo, Ed. Cotatur, Tel. 02 76/357 95 78, Fax 355 10 04.
INPARQUES: Parque Metropolitano, Av. 19 de Abril, Tel. 02 76/347 83 47.

Castillo de la Fantasía: Av. España, Pueblo Nuevo, Tel. 02 76/353 04 48; 18 Zimmer. Ein bisschen Tudor, ein bisschen Schloss, aber alles erst 20 Jahre alt, das sind die Zutaten zu einem wirklich witzigen Hotel. Jedes Zimmer ist individuell gestaltet und altmodisch eingerichtet. Sehr komfortabel. DZ 80 US-$.
Posada Los Pirineos: Av. Fco. Cárdenas, Quinta El Cerrito 16–38, Urb. Pirineos, Tel. 02 76/355 65 28, posadapirineos@cantv.net; 16 mit viel Liebe für Details eingerichtete, große Zimmer in recht ruhiger Lage, Terrassen. DZ 45 US-$.
Posada Turística La Aragueña: Urbanización Campo Alegre 90, Av. España, Tel. 02 76/356 32 55. 12 saubere, funktionale Zimmer mit gut ausgestatteten Bädern, nette Atmosphäre. DZ 30 US-$.

La Bugainvilla: Carrera 22c/Calle 8, Barrio Obrero (in dem Viertel Barrio Obrero konzentrieren sich die Restaurants); tgl. außer So abends geöffnet. Hier spielt nicht Fleisch die Hauptrolle, sondern zur Abwechslung einmal die mediterrane Küche. Hauptgericht ab 15 US-$.
Asados El Botalón: Av. Ferrero Tamayo, Pueblo Nuevo. Ist ein schlichtes Terrassenrestaurant mit vielen Fleischspezialitäten vom Rost. Gericht ca. 12 US-$.

In der zweiten Januarhälfte wird mit großem Aufwand die **Feria de San Sebastián** begangen. Keineswegs handelt es sich dabei um eine pure Landwirtschaftsmesse; eine Miss wird gewählt, außerdem gibt es Autorennen, Umzüge und Kunsthandwerksmärkte und eine Schau der örtlichen Gastronomie auf dem *Recinto Ferial*, dem Marktgelände.

Am 13. Juni wird in San Cristóbal wie in vielen anderen Bundesstaaten auch **San Antonio de Padua** geehrt.

Busbahnhof: Av. Manuel Felipe Rugeles, 2 km südlich des Zentrums; Busse nach Caracas, Mérida und San Antonio (hier gibt es einen Flughafen).

Idylle pur im Parque Nacional Sierra Nevada

Register

Der Haupteintrag ist **fett** hervorgehoben.

Register

Die Ebenen der Llanos (handwritten)

Der Haupteintrag ist **fett** hervorgehoben.

Der Haupteintrag ist **fett** hervorgehoben.

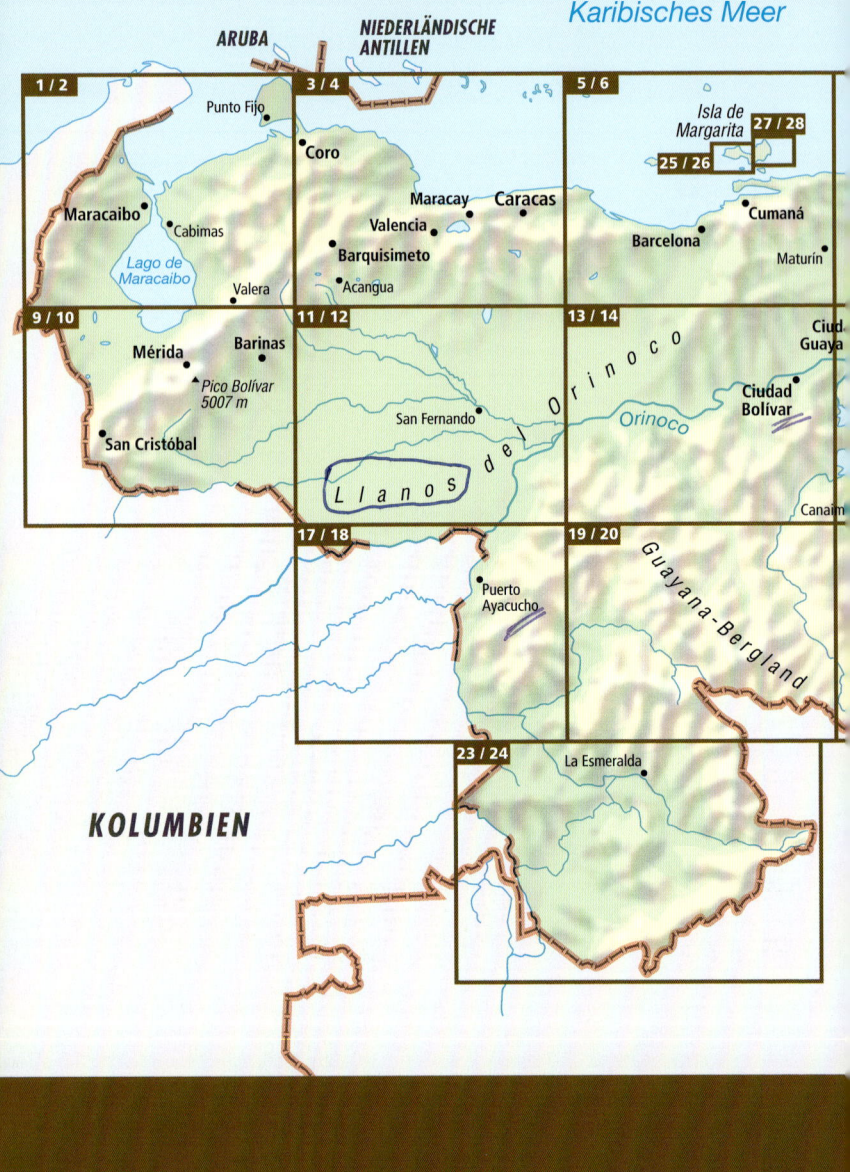

Karibisches Meer

ARUBA

NIEDERLÄNDISCHE
ANTILLEN

1 / 2

Punto Fijo

Maracaibo   • Cabimas

*Lago de
Maracaibo*

Valera

3 / 4

Coro

Maracay   **Caracas**

Valencia

Barquisimeto

Acangua

5 / 6

Isla de
Margarita   **27 / 28**

25 / 26

Cumaná

Barcelona

Maturín

9 / 10

Mérida   **Barinas**

▲ Pico Bolívar
5007 m

San Cristóbal

11 / 12

San Fernando

L l a n o s   d e l   O r i n o c o

13 / 14

**Ciud
Guaya**

**Ciudad
Bolívar**

Orinoco

Canaim

17 / 18

Puerto
Ayacucho

19 / 20

Guayana-Bergland

KOLUMBIEN

23 / 24

La Esmeralda

Legende

Symbol	Beschreibung
5	Autobahn mit Anschlussstelle
11	Schnellstraße mit Anschlussstelle
2	Fernstraße
	Hauptstraße
	Nebenstraße
	Straße ungeteert
	Piste
	Straße in Bau; Straße in Planung
x x x x	Straße für Kfz gesperrt
	Tunnel
	Eisenbahn
	Fähre, Schiffsverbindung
	Staatsgrenze
	Nationalpark, Naturpark
⚓ ✈	Hafen; Internationaler Flughafen
✈ ✈	Regionaler Flughafen; Flugplatz
	Fähre; Grenzübergang
★	Sehenswürdigkeit; Archäologische Stätte
	Kirche; Kloster
	Leuchtturm; Bohrturm
	Badestrand; Tankstelle
M̄ ∩	Museum; Höhle
	Wasserfall; Stromschnellen
	Windsurfen; Tauchen
	Gute Schnorchelmöglichkeit; Fischen
▲	Berggipfel; Pass
	Mangrovensumpf
	Sumpf
	Gletscher

Reiseatlas
Venezuela

A   **B**   **C**

El Carrizal

Parque Nacional los Flamencos

Península de Guajira

Serranía de Cojoro

Arr. Polachero

1

Pta. Manaure
B. Manaure
Manaure
El Pájaro
Auyama
Uribia
637 m
Ranchogrande
Parsmoyle
Guaraguaro
Potchoure
Mayapo
Cojoro
Cojua
Guarapana

Pta. de la Vela

Río Hacha
Araimasain

Río Catatuca o Rancheria

90

Güimpesch
Molina
Güichep
Ensenada de Calaboz

Laguna de
Navio Quebrado
Pta. Caricari
Laguna Grande

Maicao

Río Paraguachón

Guarero
Paraguaipoa

Dibulla
90
Barbacoas
Cuestecitas

Tomarrazón

KOLUMBIEN

Carraipia

PAEZ

Ciga. de
Guana

Gran Eneal
Las Guardias

El Carretal
Misión
de Guana

Montes de Oca

San Felipe
de Guasare

Puerto Rosas
La Boquita
Los Hermanitos
Boca Paijana
Sinamaica

6
San Rafael
(El Mojan)
Isla Zapara
Isla de
San Carlos

El Cerrejón

San José
la Sierra

Vaca Perra
Carrasquero
Puerto Mara
El Toro
San Carlos

2

Rancheria

Parque Nacional
Sierra Nevada

Sierra Nevada
de Santa Marta

Barrancas
Fonseca

Río Guasare

Playa Bonita
Campo Mara
Partelas
La Rosita

Bahia
Tabla

San Juan de César

Río Cachirí

Los Caños
La Sierrita
Gonzalo Antonio
Las Cuarto
Sta. Cruz de Mara
Palmas
Sabaneta
Ancón

Inciarte
C. Diluvio
Bocas

Cerro el Dibujado
1665 m

Embalse
Diluno

Hacienda
El Pantar

La Paz
MARACAIBO

Villanueva

Los Pedales
131 m
Los Teques
Curapire
La Concepción
Palmare

ZULIA

El Laberinto

Barrancas

3

Valledupar

Pobles la Paz

Río Palmar

La Tumba
Las Mucuras
6
Campo
Boscán
Palmarejo
Chiquinquirá
Santa
Rita
Cabin

Valencia
de Jesús

Curazao
766 m

Arimpia
Rosaño
San Juan

Río Palma
Los Claros
La Concepción
El Carmelo
Potrerito

Río de la Paz

Los Haticos

Curarire

Macoa
San Ignacio
Sartanejo

Río San Juan

Codazzi

El Llano

La Sierra

Machiques

Las Piedras
San José

Río San Igna

Lagunitas

Las Tetas
3630 m

Río Negro
1050 m

Calle Larga

San Felipe
Palo Gordo
Playitas
Barranquitas

Cerro Irapa
3590 m

Río Yasa

San Felipe

La Nobleza

Boca del Yasa

Guamo

Río Tucuco

Tucuco

6

Alturitas
Jagüeicito

Punta Río Negro

Maracai

4

2525 m

Parque
Nacional
Perijá

Santa Rosa

Río Negro

Ciga. de Lagunetas
Punta Cascajal
Lagunetas

Laguna Lagunetas

Río Tucuí

La Jagua

C. del Norte

Aldea India

Campo
Bernal

Laguna
Manatí

Parque Nacional
Ciénagas de Catatumbo

Ens. Congo

Ens. Agues Muerias

Las Cruces
Río Lora

Punta Palisada
Ens. Zulia

Ciénaga Juan Manuel
de Aguas Claras

Río Sta. Ana

Río Bravo

1

El Pilar
9
El Rosario
Río de Oro

Catatumbo
Río Palitos
Río Escalante

A **B** **C**

Península

NIEDERLÄNDISCHE ANTILLEN

Bonaire
Lacre

Oostpunt
Klein Curaçao

Caracasbaai
Curaçao

El Vínculo
Pueblo Nuevo
San José
Adícora
Buena Vista
Guacurebo
815 m
Baralved
Santa Ana
de Paraguaná
Agua
aimán
Tacuato

Punta Cuara

Parque Nacional Médanos de Coro

Golfete de Coro

Río Mitare
Mitare

CORO
La Vela de Coro
Puerto Cumarebo
Aguada
Puerto Piedras
Pta. Manzanilla
Tocopero
Boca de Ricoa
Sabanas Altas
S. José de la Costa
B. El Encani
B. Güeque

La Soledad
Gualbacoa
La Toma
El Limón
Acarigua
Taguaqui
Piritu
Curari

Río Maracara
B. Don Diego
Curamichate
Los Taparos
San Juan de l
Boca de Man

Sta. Rita
La Negrita
MIRANDA
P.N. Serra de San Luis
La Chapa
San Miguel
Zazárida
Guarecal
Maicillar
Mirimire
Mirimirito
Capadare
La Pastora

Sabaneta
Curimagua
Pueblo Nuevo
COLINA
Carorita
San Lorenzo
Boca de T
Tocuyo de l

Agua Clara
La Tabla
San Luis
Cabure
FALCON
Jacura
602 m
Yaracal
El Alto
Chi

Pedregal
CIA
Pecaya
La Cruz de Taratara
Agua Linda
Agua Salada
288 m
Riecito
Co. Misión
580 m
Cerro Misión
Sanare
ardo

Pururiche
Aracua
María Díaz
Agua Larga
Churuguara
Sta. Cruz de Bucaral
El Charal
La Taza
Parque Nacional Cueva de la Quebrada de "El Toro"
Felipito
Tucacas
Boc

Piedra Grande
Río Paraíso
El Pauji
Maparari
Duvisi
SILVAR

Tupi
Urucure
Maporal
1152 m
Río Tocuyo
Las Guabinas
Yumare
Río Aroa
Palma Sola

R. Barag
Siquisique
Aguada Grande
Sta. Inés
Moroturo
La Escalera
BOLIVAR
El Hacha
El Cobre
Agua Negra
R. Yaracuy
Alpargatón
Urama

Baragua
Isleño
Copey
El Provenir
El Palmar
San José
Aroa
El Chino
El Guayabo

Cambural
Río Urama
Agua Fría
Parque Nacional Yurubí
Albaríco
El Decho
La Mesa
Parapara
Matatere
Copeyal
La Brujita
Licua
Matín

LARA
Sta. Rita
Uveral
Bobare
La Escalera
Duaca
El Eneal
SAN FELIPE
Cocorote
Guama
YARACUY
Temeria
Canoabo

Río Tocuyo
BARQUISIMETO
Pavia
Carorita
Nonavara
Campo Elías
San Pablo
Boraure
1360 m
Salom
Montalbán
Miranda
Bejun

Carora
Arenales
Atarigua
San Pablo
Guadalupe
La Falda
El Bejuco
El Rodeo
Santa Rosa
Cabudare
Yaritagua
Urachiche
Chivacoa
Nirgua
Los Cogollos
San Vicente Fortress
Salom
Los Mantes

Sabaneta
Los Aranques
Curarigua
Las Veritas
Quibor
Cuara
El Placer
Río Claro
Terepaima
Las Velas
Parque Nacional Terepaima
El Cedrito
1380 m
Cedeño
La Sierra
Tete de Tinaquillo
1144 m
Vallecito
Tinac

San Pedro
Boró
S. José
San Miguel
Buena Vista
La Rastrojos
Oda. Secal
Turbio
Tucuragua

Barbacoas
El Tocuyo
Los Dos Caminos
Cubiro
La Miel
Quebrada Honda
Sarare
COJEDES
Manrique
Macapo
Orupe
Tinaco
735 m

Pmo. Los Nepes
Humocaro Bajo
El Molino
Sanare
Parque Nacional Yacambú
Agua Blanca
San Rafael de Onto
Emb. Majaguas
Corralito
Cojedes
Valle Hondo
5
Hacienda
El Caribe

Humocaro Alto
Guárico
Anzoátegui
Cerro Azul
1893 m
Camburito
SAN CARLOS
Santa Teresa
Las Vegas
Ca

Bicuicuy
Villa Nueva
Cerro Moroturo
Río Acarigua
Araure
Acarigua
Payara
Pimpinela
Campo Alegre
El Totume
La Trinid

Paraíso de Chaba quén
Palma Sola
La Estación
Poterito
Choro
La Chispa
La Misión
El Poblado
Libertad
Hato Felipero

La Pica
Córdoba
Santa Bárbara
OSPINO
Aparición
Piritu
Villa Bruzual
Los Colorados
El Amparo

San Isidro
Las Cruces
El Morador
Ospino
La Trinidad
Centro Turén
Los Colorados
Sta. Cruz (El Acequión)
El Palmar
Sta. Cruz
Campo Amar

San Rafael
Las Matas
Guache
11
RíoSan Carlos
Galeras de

0   25 km   50 km

D **E** **F**

Aves de Sotavento   Aves de Barlovento   Islas Los Roques

Islas de Aves   Gran Roque Pueblo

Isla Larga   Cayo Cuchillo

Parque Nacional Archipiélago
Los Roques

Cayo Sal   Cayo Grande

M a r   C a r i b e

K a r i b i s c h e s   M e e r

Parque Nacional
Morrocoy

Monte

río

Triste

DISTRITO FEDERAL

Ens. de Anare

Catia
la Mar   Maiquetía   Macuto   Las
Caracas

Puerto de
Maya   Puerto
La Cruz   Oricao   Naiguatá   San José
de la Sabana

Puerto de   Chichiriviche   Carayaca   Caraballeda   La Guaira   Osma

PUERTO   Ocumare   Choroní   Puerto   El Limón   Caricuao   Baruta   Avila   Guatire   Salmerón
CABELLO   de la Costa   Chuao   Tovar   Anzoategui   CARACAS   2153   Guarenas   Araira   Capaya

Turiamo   Parque Nacional   Agua Fría   P.N.   San Pedro   El Hatillo   La   Santa Lucía   Aramina
Parque Nacional   Henri Pittier   Turgua   Moca   Loma
San Esteban   Rancho Grande   Los Teques   San Diego   Pato   Castillo   Caucagua
Vigirima   2240 m   San Antonio   Santa
Bárbula   Petroglyphs   San Joaquín   MARACAY   San   Las Tejerías   Paracotos   Teresa   Aragüita
VALENCIA   Guacara   Turmero   Mateo   El Consejo   Tacata   Charallave   Paz   Panaqu

Los Guayos   Lago de   Palo Negro   La Victoria   Cúa   San Francisco   ACEVEDO
Valencia   Sta. Cruz   Cagua   de Yare

Tacaigua   Magda-   Bella Vista   La Candelaria   Altagracia   Ocumare del Tuy   Parque Nacional
Safari Park   El Trompillo   leno   San Francisco   Villa de Cura   Guatopo
Calmital   Belén   SAN SEBASTIAN   La Democracia
Los   Carlos   Manuale   San Sebastián   San Casimiro   Serranía del Interior
Naranjos   Arvelo   Laguita   Morros de San Juan   Pardillal   Valle Morín   Morros
Lagunita   Barrialito   Cerro Platillón   SAN JUAN   Altagracia de Orituco   de Macaira
a Guama   Cerro Helecho   1930 m   DE LOS MORROS   San Rafael de Orituco   Ipar
La Simona   365 m   Paso Pelado   Carmen de Cura   Lézama
chaparral   El Espinito   Canta   El Toco   Camatagua   Taguay
El Pao   Santa Rosa   Gallo   Parapara   Rio Taguay
Galeras de Corozal   San Francisco   Ortiz   El Rosario   Las Minas
de Tiznados   Dos Caminos   Cunaguaro   Corcovado
San José   Río Verde   Tigüigüe   Guabina   Orituco
Pirital   Morrocoyes   Barbacoas   El Corozo
Mantecalito   El Amparo   El Sombrero
El Samán   San José   Sosa
Hato El Milagro   de Tiznados   El Limón   Mapurite   MELLADO   La Encrucijada   Aguada
del Rosario

13   2   13   13

11   2   12

A **B** **C**

1

Islas Los Roques

Gran Roque Pueblo
Isla Larga
Cayo Cuchillo
Parque Nacional Archipiélago
Los Roques
Cayo Sal Cayo Grande

Cayo Noreste

Isla Orchila

Mar Caribe

Karibisches Meer

2

Isla la Tortuga

4

DISTRITO FEDERAL

queta Macuto
El Caribe Naiguatá Anare Las Caracas Osma La Sabana Chuspa Chirimena Ens. Corserios
La Guaira San José Avila 2153 m Aricagua Bal los Totumos
CARACAS Idunno Avila Birongo Carenero
Petare Guatire Salmerón Capaya Curiepe Higuerote
El Hatillo Guarenas Araira Cupo Aramina Río Negro Río Chico Mamporal
San Antonio La Moca Loma Larga Caucagua MIRANDA Tacarigua de la Laguna
San Diego Santa Lucía Laguna de Tacarigua
tos Paz Castillo Aragüita Panaquire El Clavo Cumbo Parque Nacional Laguna de Tacarigua Machurucuto
Charallave Santa Teresa ACEVEDO
San Francisco de Yare Parque Nacional Guatopo El Guapo Cupira Boca de Uchire 346 m Boca de Unare El Hatillo
cia Ocumare del Tuy La Democracia Río Guapo 1000 m Río Uchire Sabana de Uchire Lag. de Unare Pt
Serranía del Interior 759 m
Valle Morín Embalse Guanapito S. Fco. de Macaira El Amparo Clarines
ARAGUA Morros de Macaira Sabana Grande San José de Guaribe Valle de Guanape Guanape Los Conucos
lsa tagua Carmen de Cura Altagracia de Orituco Tumenno Guanapito
Camatagua Taguay San Rafael de Orituco Ipare Las Cocuizas Guaribe Pardillal
Lezama Paso Real Uveral Q. Chepedra La Aguada
El Rosario Río Taguay Hato el Palmar San Antonio de Tamanaco El Vedero
ro Las Minas Corcovado Embalse Playa de Piedra Kilómetro 133 Q. Salsipuedes San José de Unare
El Palmar GUÁRICO Taparito
Barbacoas Orituco Las Piedras
El Corozo Río Orituco Cheguaramas Mamonal El Caro de la Negra Zaraza
Roblecito La Palma Las Campechanas Río Tamanaco Tucupido Limoncito
Valle de la Pascua

9 **12** **11** **13**

3

4

5

A   **B**   **C**

Saint George's

1

M a r   C a r i b e

K a r i b i s c h e s   M e e r

Islas Los Testigos

Frafor

uco

2

Cabo Tres Puntas

Península de Paria

Ens. Tacarigua

Cabo Mata Pascua

Boca Grande

San Juan de las Galdonas

Pta. Tolete

Parque Nacional Península de Paria

Cerro Patao 1046 m

Ens. Mejillones

Unare

Maturo

Ens. Yacua

Bocas del

Playa Güiria

Playa Grande

Playa de Puerto Santo

Puipuy

Maraval

San Antonio

Río Salado

Puerto de Hierro

6

El Morro

Río Caribe

Churupa

Agua Fría

El Pauji

San Antonio

Yoco

Güiria

Ens. Rio Grande

Guaca

San José de Areacuar

Carúpano

9

El Rincón

Bohordal

Río Seco

Irapa

Soro

9

Pta. de Piedra

Pta. Guaraguara

Chacachacai

La

oma

Laguna

Buena Vista

Cariaco

Casanay

El Pilar

Yaguaraparo

Boca de Ajiés

Punta Antica

Golfo de Parí

stado

ncisco

Agua Fría

Buffalo Ranch

Parque Nacional Turuépano

Isla Antica

Río San Juan

Catuaro

Campearito

Río Grande

Laguna Putucual

C. Turuépano

Boca Grande

Barra de Maturín

Santa María

Teresén

SUCRE

Guariquén

Punta Campana

Punta Mata Redonda

Point

3

Vista

Caripe

El Guácharo

10

San Miguel

San Vicente

Los Morros

★ Lago de Asfalto

Guanoco

Bonasse

Río Caripe

Caripito

Isla Venado

Isla Cotorra

Punta Barrial

Punta Tolete

Icacos Pt.

Aragua de Maturín

Quiriquire

Azagua

Reserva Forestal

Río de San Juan

Isla Plata

Pedernales

Bo

Manresa

La Bruja

El Zamuro

Cachipo

Caño Colorado

Isla Misteriosa

Isla Manamo

Punta El

Chaguaramal

Boquerón

Vuelta Larga

Río Amana

Río Guarпa

PEDERNALES

Delta Amacuro

Jusepin

13

La Toscana

Maturín

Río Manamo

C. Capure

El Furrial

El Corozo

La Cruz

10

C. Pedernales

Santa Bárbara

Río Amana

El Merey

Río Manichal Largo

La Morrocoya

S. José de Buja

C. Araguao

4

Río Tigre

Río Guanipa

El Respiro

Río Anbi

Sta. Rita

ESTADO DELTA AMACURO

Río Tigero

El Blanquero

Onado

MONAGAS

Campo Alegre

La Horqueta

Los Güires

Clavellina

Palo Seco

7

S. José del Nato

as Gaviotas

La Madera

15

El Rosario

Corozal

S. Miguel

1 cm = 17,5 km   1 : 1.750.000

0   25 km   50 km

D   **E**   **F**

1

Spyside
Little Tobago
Moriah   Roxborough
Tobago
Plymouth   Scarborough
Columbus
Point

TRINIDAD AND TOBAGO

2

Grande Riviere   Toco
Galera Point
Blanchisseuse   Redhead
El Tucuche   *Northern   Range*
St. Joseph   940 m   Arouca Arima
of Spain   *Matura Bay*
*Caroni
Swamp*   Cunupia
Chaguanas   Longdenville
California   Gran
Couva   Flanagin   308 m   *Trinidad*
San Fernando   280 m   Upper Manzanilla
Cocos Bay
Pt. Radix
Princes Town   Pierreville
Penal   *Rio Ortoire*   *Mayaro Bay*
Siparia   Guayaguayare
an Francique   Basse Terre   Galeota Pt.
Moruga

O c é a n o

A t l á n t i c o

3

Atlantischer

Ozean

la Serpiente
Punta Bombeador

Barra Mariuso
Punta Mariusa
Barra Mariusita
Canal Macareo   Punta Baja
Isla Redonda   Saburojo
Parque Nacional   Punta Araguapiche
C. Caiguara
Mariusa   Isla
C. Mánuso   Teheluha
Boca Araguao
C. Araguaito
El Borbollón   Isla Las Cidras
Araguao   16

4

8

Lago de Maracaib

KOLUMBIEN

MÉRID

TÁCHIRA

SAN CRISTÓBAL

CÁRDENAS

URIBANTE

SAN CRISTÓBAL

Parque Nacional
Páramos Batallón
y La Negra

Parque Nacional

El Tama

Parque Nacional
El Cocuy

Sierra Nevada del Cocuy

Selvas de Camilo

Altos de Cuilotica

Santuario de Fa
y Flora Arauc

Río de Oro
El Rosario
El Pilar
Boca Tarra
Encontrados
San Carlos del Zulia
Bobures
Sta. Bárbara
Punta Concha
Concha
Medio Cuarto
Caño Muerto
Puerto Barco

Valderrama
Pueblo Nuevo
Caño Blanco
Puerto Chama
Palmira
Santa Cruz del Zulia
Onia
El Moralito
Guayabones
Caño Guayab
Los Manueles
Gallinazo
Redoma
La Azul
Casigua
El Guayabo
El Vigía
El Carmelo
El Quince
La Palmita
La Tr
Estación La Concordia
Pozuelos
Embalse de Onia
Lagu
Chigu
Tibú
Tres Bocas
San José de las Palmas
Boconó
Mesa Bolívar
Santa Cruz de Mora
Estanquez
Petrolea
Boca del Grita
Morotuto
Zea
Tovar
Orope
La Blanca
S. Simón
Caño Macho
La Honda
Coloncito
Pueblo Encima
La Playa
Puerto Villamizar
La Fría
El Palmar
Pueblo Hondo
Bailadores
Pmo Río Negro
Río Negro
Cho
Las Mesas
Sabana Grande
Bataraque
Puente Grita
Seborúco
La Grita
Tres Islas
San Félix
El Cobre
El Hato
Mesa de Quintero
San Juan de Colón
Parque Nacional
Pregonero
Gua
Sardinata
La Mulata
Michelena
La Negra
Pico Zumbador 3813 m
Las Lapas
El Potosí
Gramalote
Úrena
San Pedro del Río
Lobatera
Quenjuea
Río Bobo
Raizón
Cúcuta
El Palotal
Indepen
Delota
Táriba
La Fundación
Buena Vista
Sa
San Antonio del Táchira
Palmira
SAN CRISTÓBAL
Pico Navay 1380 m
Libertad
Sabaneta
La Florida
Rubio
El Corozo
URIBANTE
Cáchira
Chinácota
Bramón
El Salado
Los Narjanos
La Polvorosa
Abejales
Pu
El Playón
Santa Ana
Chururu
San Joaquín de Navay
Sacramento
La Honda
Santa Domingo
Pocetas
Puerto Nuevo
Delicias
El Teteo
Piscuri
Villa Páez
Parque Nacional
Jordán
Burgua
Macagual
Pamplona
Páramo de Tama 3829 m
Toledo
Pico Camelo 2023 m
Quebrada Grande
La Ceiba
Uzcáte
Bateca
Nulita
El Nula
Bucaramanga
Bata
Selvas de Camilo
Girón
Chitagá
Florida Blanca
Pie de Cuesta
Río Arauca
Pto. Narino
San Lorenzo
Zapatoca
Guaca
San Andrés
Cubara
Bojaba
Saravena
Banadia
Aratoc
Tubar
Chocal
Málaga
Carcasí
Fortul
El Ti
San Gil
Capitanejo
El Espino
Tame
Socorro
Soatá
Alto Ritacuva 5493 m

3750 m
3918 m
nvención
ego
El Playón
erto

0   25 km   50 km

D | **E** | **F**

Bobures · El Batel · Mendoza · de Trujillo · Mosquey · La Vec · Concepción · San Isidro · Las Mata

Antonio · Caja Seca · Palmira · La Quebrada · Tostós · Parque Nacional · Las Cruces · San Rafael · Port

Nueva Bolivia · S. Cristóbal · La Puerta · Montero · Teta de Niquitao 4000 m · Guaramacal · El Puente · Mijagual · Colonia de Guanare · Guanare · El Mamón

María · Monte Aventino · 3895 m · Jajó · Niquitao · Tucupido · El Barrie

Túcani · Torondoy · Piñango · La Mesa · Chejendé · Las Mesitas · Masparrito · Sipororo · Boconoíto · San Nicolás · Santuario de la Coromoto · Sabana

El Charal · JUSTO BRICEÑO · Santa Apolonia · Chachopo · Pueblo Llano · Pueblo Lano 3900 m · Calderas · Las Piedras · La Veguita · Puerto Anin

La Culata · Misinta · Observatorio · Santo Domingo · Altamira · Barrancas La Yuca · Sabaneta · Sun-Sun

Parque Nacional · Sierra La Culata · Pico Muchinuque 4672 m · San Rafael · Cerro Azul · Barinitas · Quebrada Seca · Pueblo Viejo · S. Hipólito · La Raya · Mijagual · Parapara

Campanario 4486 m · Mucuchíes · 1752 m · Barinas · Obispos · El Pal

Tabay · La Punta · Pico Bolívar 5007 m · El Corozo · Los Silos · Punta Gorda · Torunos · Vegón · Sta. Rosa

Mérida · Parque Nacional Sierra Nevada · 4765 m · Los Nevados · San Pedro · Pozo Negro · Curbatí · Buena Vista · El Real · La Luz · La Bellaca · Cruce Liberta

MONS. AGACIO CHACON · Las Barrancas · Chuponal · Potrerito · Libertad · Dolores · El Cuc

Aricagua · La Esmeralda · Socopo · Mijaguas · Ciudad Bolivia · San Silvestre · Santa Inés · Santa Lucía · San Rafael de Canagua

Mucuchachí · Chameta · San Antonio · San Rafael · Cajeta · PEDRAZA · Santa Ana · La Calzada · BARINAS

Capitanejo · El Curito · Caoitanejo · Pedraza La Vieja · San Antonio Pajen · Santa Bárbara · Boca de Anaro · Santa Rosalía · Suripa · Quintero · C. Setenta

Embalse Vueltosa · Maporalito · Ave María · Santo Domingo · Río Suripa · Morrocoy · MUÑOZ

Almorzadero · Agua Linda · Toro Pintado · Río Caparo Viejo · Maporal · La Manga · Palmarito · La Tigra · C. Balsa

El Cantón · Limoncito · Río Sioca · Río Uribante · La Puerta · La Victoria · C. Guaritarito · LOS

Trompillo · Totumito · Miraflores · Mata de Charo

Guasdualito · Palo Blanco · Río Viejo · El Amparo de Apure · El Trompillo · Caracaral · La Trinidad de Orichuna

Arauca · Mata Azul · El Botín

Mata Leon · Río Arauca · Las Montañitas · San Felipe

El Soco · Maporillal · Ceiba · Río Rosario · Río Capanaparo

Río Ele · Río Lipa · Pto. Ele · Médanos · Río Riecito

La Libertad · Flor Amarilla

10

A 3 B C

Concepción
San Isidro
Las Cruces
La Trinidad
El Palmar
Sta. Cruz (El Acequión)
Sta. Cruz
El Puente
San Rafael
Las M...
Guache
Samancito
Mijagual
Pata Pelada
Santa Rosalía
Tirado
220 m
Colonia de Guanare
El Mamón
San Rafael
Sucre
El E
Río Jucupido
Guanare
San Lorenzo
Nueva Florida
Los Caño
Tucupido
El Barriero
Papelón
Río Portuguesa
GIRARDOT

1
5
Sipororo
Santuario de la Coromoto
Sabana Dulce
Boconoíto
Marara
San Nicolás
Puerto Animas
Calceta
Guanarito
Iques
Sabaneta
Sun-Sun
El Caldero
La Trinidad
Caujurito
Guanarito Alto
S. Hipólito
2
Paraparo
Mijagual
Los Mangos
Río Gar
La Raya
El Palito Arriba
Boquerón
La Hoyada
Lagunitas
GUANARITO
Vegón
Sta. Rosa
La Hermosa
Corozal
Arismendi
El Real
La Luz
La Bellaca
La Florida
El Regalo
Flor Amarillo
Conagua
Cruce Libertad
Potrerito
Libertad
Ramas de Dolores
Veladero
Hato La Cruz
Río Guari
Santa Inés
Dolores
El Cucharo
Cañaverales
La Palmita
Las Mercedes

2
Caño Seco
San Cristóbal
El Venado
Santa Lucía
Ciudad de Nutrias
San Rafael
San Rafael de Canagua
Puerto de Nutrias
Bruzual
Río Apure
San Antonio
10
Suripa
San Vicente
Santa Catalina
El Samán de Apure
Apurito
Quintero
Algarrobo
Sta. Cruz
Turagua
La Palmita
Achaguas
Buena Vista
Merecure
Campo Turismo El Frío
19
MUÑOZ
La Porfia
Caucagua
Morrocoy
Mata de Totumo
Totumal
La Ye
Mantecal
El Yagual

3
Campo Turismo El Cedral
Estacada
Rincón Hondo
El Venado
El Piñal
Guachara
Mata de Charo
19
LOS LLANOS
APURE
La Trinidad
Campo Turismo Doña Bárbara
Río Arauca
La Trinidad de Orichuna
Las Veras
60 m
El Botín
Mata Azul
Elorza
Sta. Rosa
San José
El Porvenir
La Magdalena
as Montañitas
San Felipe
Coronadeña
Las Campanas
San Rafael
Paso Bonito

4
Riecito
Río Cinaruco

11
17

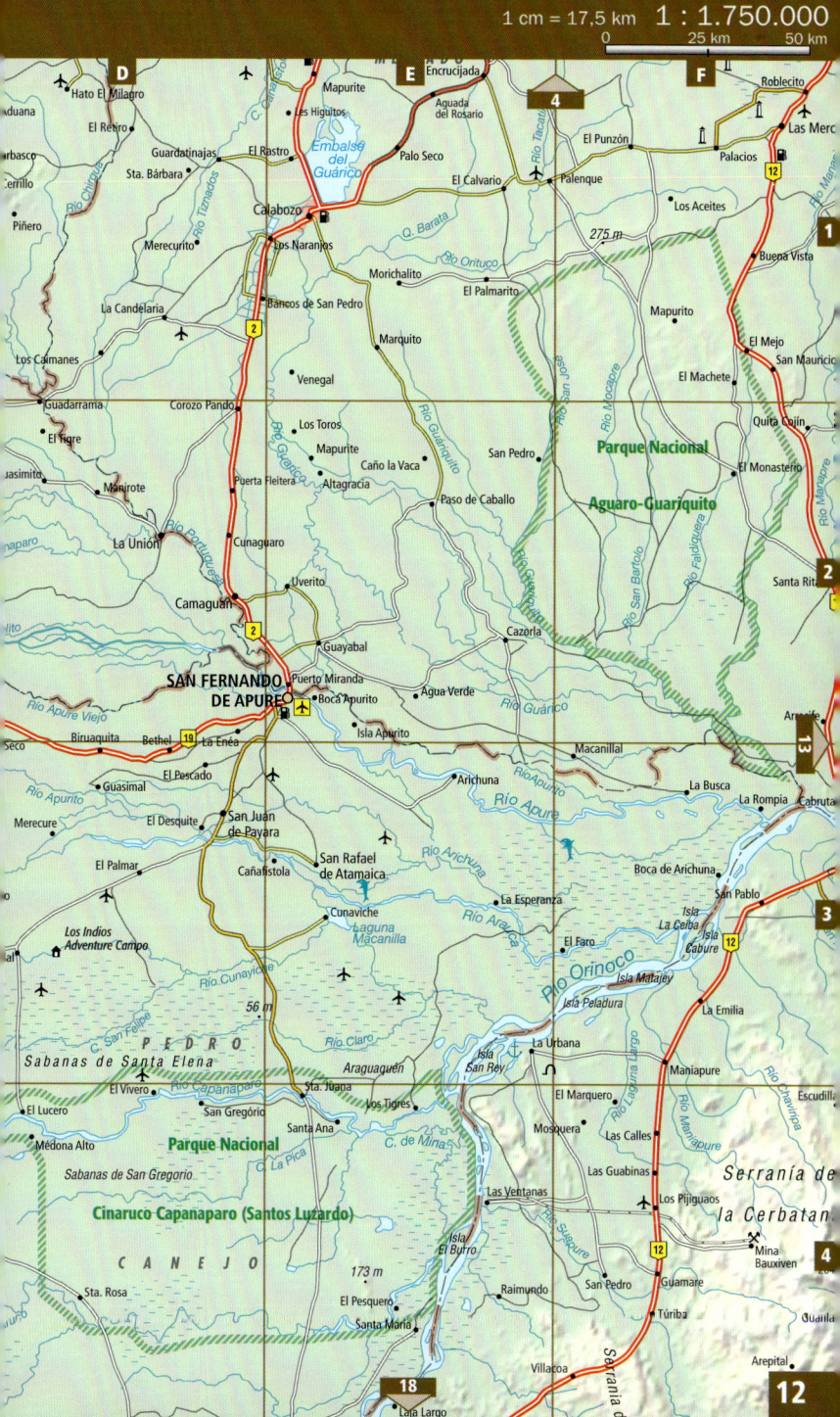

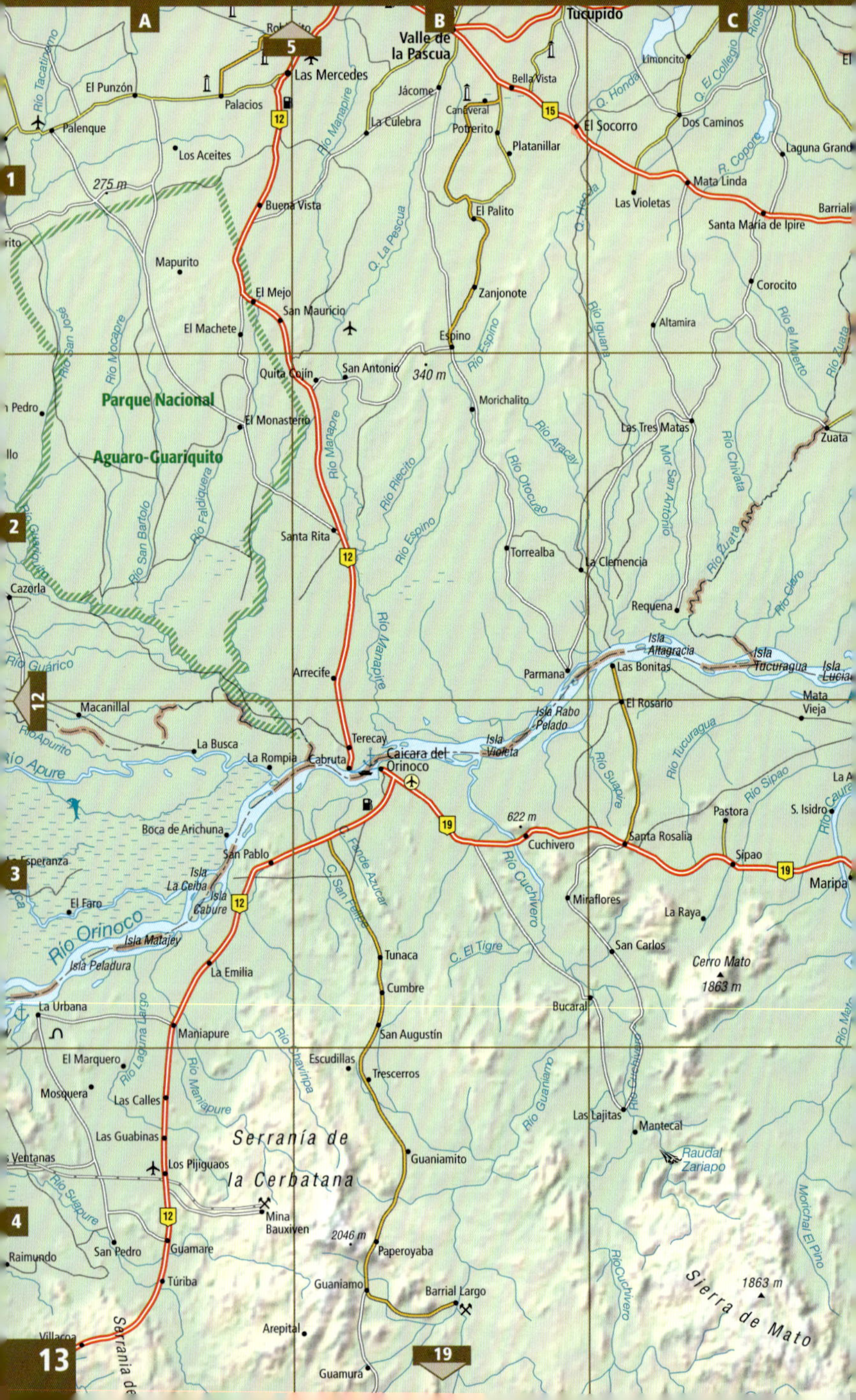

A   B   C

Tucupido

Valle de la Pascua

1

El Punzón
Palenque
Las Mercedes
Rosario
Palacios
Jácome
La Culebra
Bella Vista
El Socorro
Limoncito
Dos Caminos
Laguna Grand
Los Aceites
Mapurito
275 m
Buena Vista
Cañaveral
Potrerito
Platanillar
El Palito
Las Violetas
Mata Linda
Barrial
Santa María de Ipire
Corocito
Zuata

2

El Mejo
San Mauricio
El Machete
Quita Coín
San Antonio
340 m
El Monasterio
Morichalito
Zanjonote
Espino
Altamira
Las Tres Matas
Parque Nacional
Aguaro-Guariquito
Santa Rita
Torrealba
La Clemencia
Requena
Cazorla
Isla Altagracia
Isla Tucuragua
Isla Lucia
Mata Vieja
Zuata

San Pedro

12

Arrecife
Parmana
Las Bonitas
El Rosario
Isla Rabo Pelado
Macanillal
La Busca
La Rompía
Cabruta
Terecay
Caicara del Orinoco
Isla Violeta
622 m
Cuchivero
Santa Rosalía
Pastora
S. Isidro
Boca de Arichuna
San Pablo
Cuchivero
Sípao
Maripa

3

Esperanza
El Faro
Isla La Ceiba
Isla Cabure
Isla Matajey
Isla Peladura
La Emilia
Tunaca
Cumbre
Miraflores
La Raya
San Carlos
Bucaral
Cerro Mato
1863 m

12

La Urbana
Maniapure
San Augustín
El Marquero
Mosquera
Las Calles
Las Guabinas
Escudillas
Trescerros
Guaniamito
Las Lajitas
Mantecal
Raudal Zariapo

4

Ventanas
Los Pijiguaos
Mina Bauxiven
2046 m
Paperoyaba
Guaniamo
Barrial Largo
Sierra de Mato
1863 m
Serranía de la Cerbatana
Raimundo
San Pedro
Guamare
Túriba
Arepital
Guamura
Villaroa

13

19

Río Orinoco
Río Apure
Río Guárico
Río Manapire
Río Suata
Río Cuchivero

5 · 12 · 15 · 19

S. José de A | **A** | Campo Alegre | **B** | | Los Güires | **C**
S. José de A
Las Gaviotas
Río Orituano
Pelayo **15**
Orituano
El Corozo
Los Yopales
Joaquín
Río Tigre
Río Moric
La Horqu
Corozal
S. Miguel
Pto. Amador
S. Diego
S. Antonio de Tabasca
Temblador
El Rosario
10
La Madera
El Salto
15
Mata Negra
El Pelón
Morenero
El Pelón
Paso Nuevo
Uverito
Chaguaramas
Nuevo Mamo
Los Barrancos
Mereicito
Barrancas
15
Clavellina
Palo Blanco
Tucupita
Paloma de
Chamberí
Paloma
Macareito
Boca de Macareo
Macareo
Juncal
Los Remolinos
Isla Tortola
D e l t
Sta.
Río Menaco
Castillos de
Guayana
Piacoa
Los Castillos
El Amparo
Río Orinoco
10
Los Pozos
San Félix
CIUDAD GUAYANA
Puerto Ordaz
Isla Fajardo
Los Barrancos
Isla Mamo
Isla Mamo
Carapa
Río La Pi
San Pedro
Casa Andina
Sabanet
2 **CIUDAD BOLÍVAR**
Tres Piedras
19
Botijones
üera
340 m.
Santa
Bárbara
Piedra Puyúa
16
Santa Rita
Matanzas
La Encrucijada
**Cave
del Elefante**
Paso Caruachi
Arrozal
El Pao
Sabanetica
Las Adjuntas
**Siderúrgica
Nacional**
Centr.
Hidroeléctr.
Los Negros
10
La Grulla
612 m
Buen Retiro
Sabaneta
Cupapui
Upata
Santa
María
El Palm
Minas de
Manganeso
Mata Ve
Villa Lola
Macorumo
Santa Cruz
14 Tranquera
Espinero
Santa
Rosa
Tacomita
Gold Mining
**DISTRICT
MUNICIPAL
CARONÍ**
Salto Necoima
Cordillera Terecay
Los Cocos
Santa
Sierra Piacoa
648 m
El Cogollar
Río Oronao
Santa Inés
La Pastora
10
El Palm
Guasip
3
La Ceiba
Altamira
**Cerro
Bolívar**
**Ciudad
Piar**
Jocoma
Los Barrancos
660 m
El Caruto
790 m³
San Isidro
Santa Bárbara
16
El Calvario
Corocito
Casanare
El Manteco
La Tigra
San Rafael
Viloria
Santa
Rita
El Amparo
El Callao
El I
Las Áni
810 m
Las Bonitas
Ave Chica
La Tigrera
Yagual
Santa
Bárbara
La Quina
Los Yopitos
El Cristo
16
San Pedro
de las Bocas
Las Nieves
Punta Nueva
Pueblo Viejo
El Descanso
ampo Alegre
El Rosario
nana de
nauspa
La Paragua
San Antonio
Río Paragua
La Vergareña
Santa María
Salto Tayucay
San Carlos
Guarento
**Salto
Munay**
Mina Supamo
Río Guaniam
Río Supamo
4
Sabanita
Parepona
**Serranía
Supamo**
698 m.
Río Caroní
**Arekuna
Salto Bobas**
Tupoko
Caño Negro
Serra
Sentepu
21

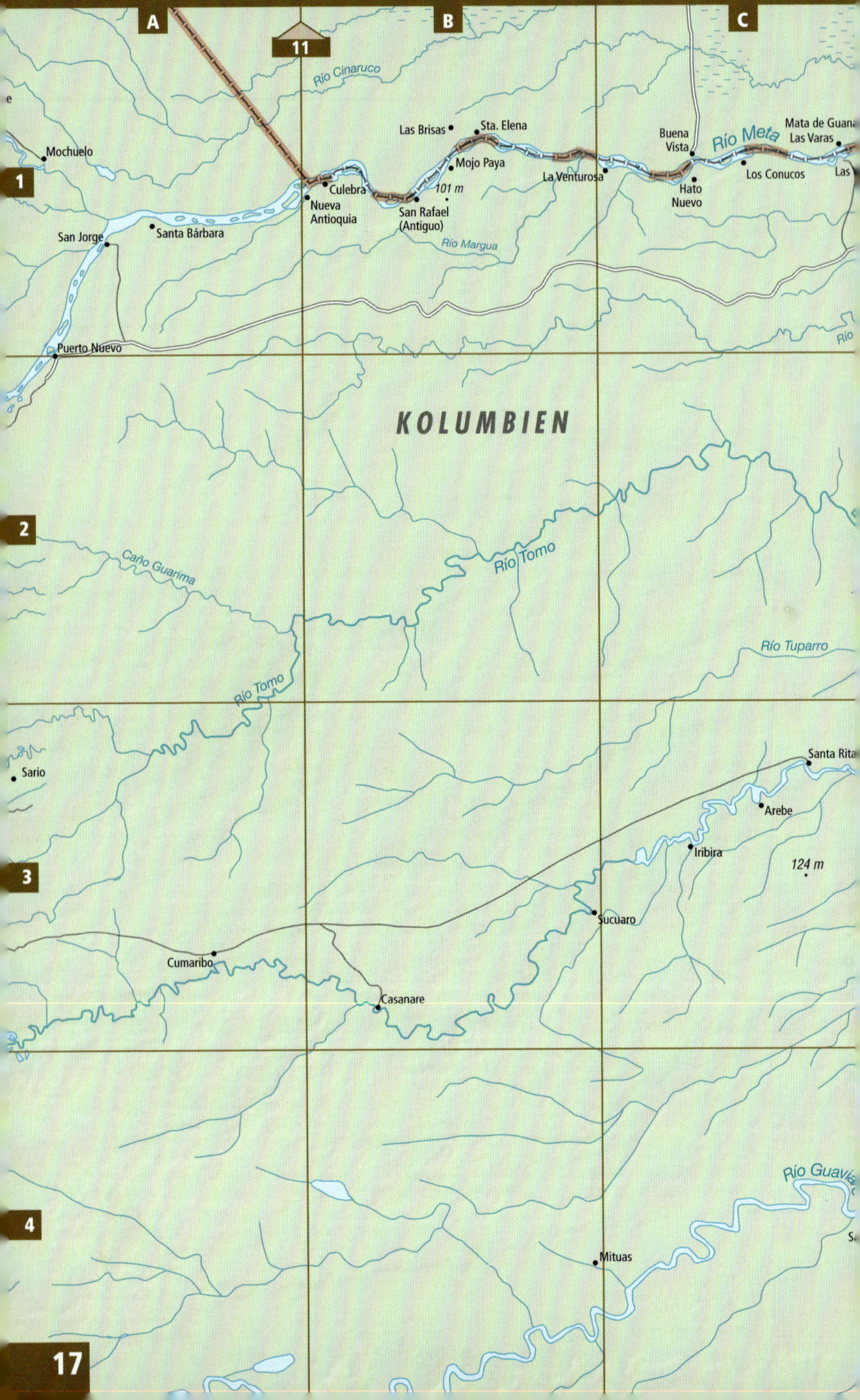

A **11** B C

Río Cinaruco

Mochuelo

Las Brisas • Sta. Elena
Mojo Paya
1
Culebra
Nueva
Antioquia
101 m
San Rafael
(Antiguo)
La Venturosa

Buena
Vista
Río Meta
Mata de Guana
Las Varas
Los Conucos
Hato
Nuevo
Las

San Jorge • Santa Bárbara
Río Margua

Puerto Nuevo
Río

K O L U M B I E N

2
Caño Guarima
Río Tomo

Río Tuparro

Río Tomo

• Sario
Santa Rita
Arebe
Iribira
124 m
3
Sucuaro
Cumaribo •
Casanare •

Río Guaviá

4
• Mituas
S

17

Parque Nacional Juan-Sarisariñama, Río Caura

A B C

13

1

2

18

3

4

19 **23**

Villacoa
Arepital
Guamura
Serranía de los Pijiguaos
Río Mato
Meseta de Icu
2310 m
Río Siapure
Sabana Siamacu
1442 m
1125 m
Sábana de Cardona
Cerro Guanay
2556 m
Río Yapacana
Cerro Corocoro
2442 m
Sierra de Maiga
Serranía de Parguaza
800 m
Cerro Yavi
2441 m
Río Parucito
Serranía Mapiche
Caño Camani
1388 m
Yutaje
Campo
Turismo Yutaje
Cerro Corobo
1904 m
Río Asita
Río Iguana
Caño Santo
Alto Guaviarito
Cerro Raya
1810 m
Cucurito
San Juan
de Manapiare
Cerro Parare
Pendarito
Mosquito
Río Manapiare
600 m
_acizo
Río Marieta
Cerro Pendare
716 m
Río Ventuari
Téncua
Salto Téncua
Salto del Oso
El Oso
Macao
Cuao Sipapo
ESTADO AMAZONAS
Las Macanitas
Moriche
Río Parú
Meseta
del Viejo
Cacure
Raudal Cacure
Usaraí
1350 m
Cerro Ouaná
1978 m
Cerro Moriche
1216 m
Yamara
Borón
Río Hacha
Rajuña
3
Aracapo
18 m
_rra Guayapo
Las Mercedes
Chácara
Anacadiñ
Río Parú
Parú
Cerro Parú
1665 m
Cerro Euaja
Río Viví
Piaroa
Palo Negro
Marueta
Río Marueta
Meseta Boco
Macizo de Parú-Euaja
Tapara
_n
Río Ventuari
Macabana
Cerro Uaca
388 m
Río Ríchira
El Porvenir
Yacuaray
Río Guainchi
Puerto Nuevo
S e r r a
Mawishiña
Raudal Picua
Carmelitas
260 m
Kanariro
_co
Río Corucunuma
Río Parú
4
Parque Nacional
Yapacana
Serranía Parú
Cerro Huachamacari
1700 m
Parque Nacional
Duida-Marahuaca
Culebra
Río Cucunuma
1230 m
Río Padamu
Cerro Yapacana
1344 m
Yagua
Río Yagua
Cerro Marahuaca
2890 m
Salto

19 **23**

0   25 km   50 km

D | **E** | **F**

Sabana de Manaus **14** 510 m Parepona

Río Icutú

Río Caura

Río Orís

Auraima

Río Paragua

Salto Uraima

Sabana de Orís

B O L Í V A R

Salto Pará

Laguana Guayabal

Río Cuyuní

1

811 m

Cerro Tonoro 1685 m

G u a y a n a

Entre Ríos

Cuşimi

Raudal Ravi

2103 m

Guaiquinima-tepuí

Guaiquinima-tepuí 2103 m

755 m

Sicucudiña

Raudal Guaiquinima

Cerro Piaima 1703 m

Cerro Tapi 1400 m

Río Caura

Río Erebato

Raudal Aimara

Cerro Camaron 1135 m

Cerro Carapo

Río Paragua

Cerro Campe 1220 m

Carapo

Raudal Aracapusa

Parupa

Enaña

Río Chanaro

Eineparú

Campetoy

2

Río Karún

Cerro Jato

Cerro Dacu 1790 m

926 m

Caruana de Montaña

Santa María de Erebato

Raudal Dacu

Guaina

Munad

a Uasadi-jidi

Cerro Jumpetire 805 m

Eveneq

21

Meseta del Cerro Jaua

Tanimiña

Arabelo

1705 m

Río Curutú

Río Paragua

Salto Dojo

Parque Nacional 1620 m

Río Arichi

Guanacocojidi

2228 m

Salto Ichún

3

Manaquire

Salto Pauo

Juan-Sarisariñama

Guatisimiña

Río Ichún

Cerro Queipa 1706 m

Salto Mono

Cabadisocaña

2500 m

Canaracuni

Uanaña

Motocuruña

Cerro Uquia 1465 m

M e s e t a

Cerro Masivari

Cajiataña

Río Merevari

d e I c h ú n

n i g u a

Cerro Ihani

Suiña

Yerichaña

Río Labarejuri

Uriranteriña

Cerro Kirkiri 1312 m

Guanajuña

Salto Cadie

Guaña

Salto Curujutu

Taracuriña

Catisimiña

S i e r r a U a i n a m a

4

namay-teri

Cuntinamo

Pacienia

Simarawochi

1587 m

B R Á S I L I E N

Puerto Leval

Cacarivaten

Malocu Macu

24

20

Maloca Siriaña

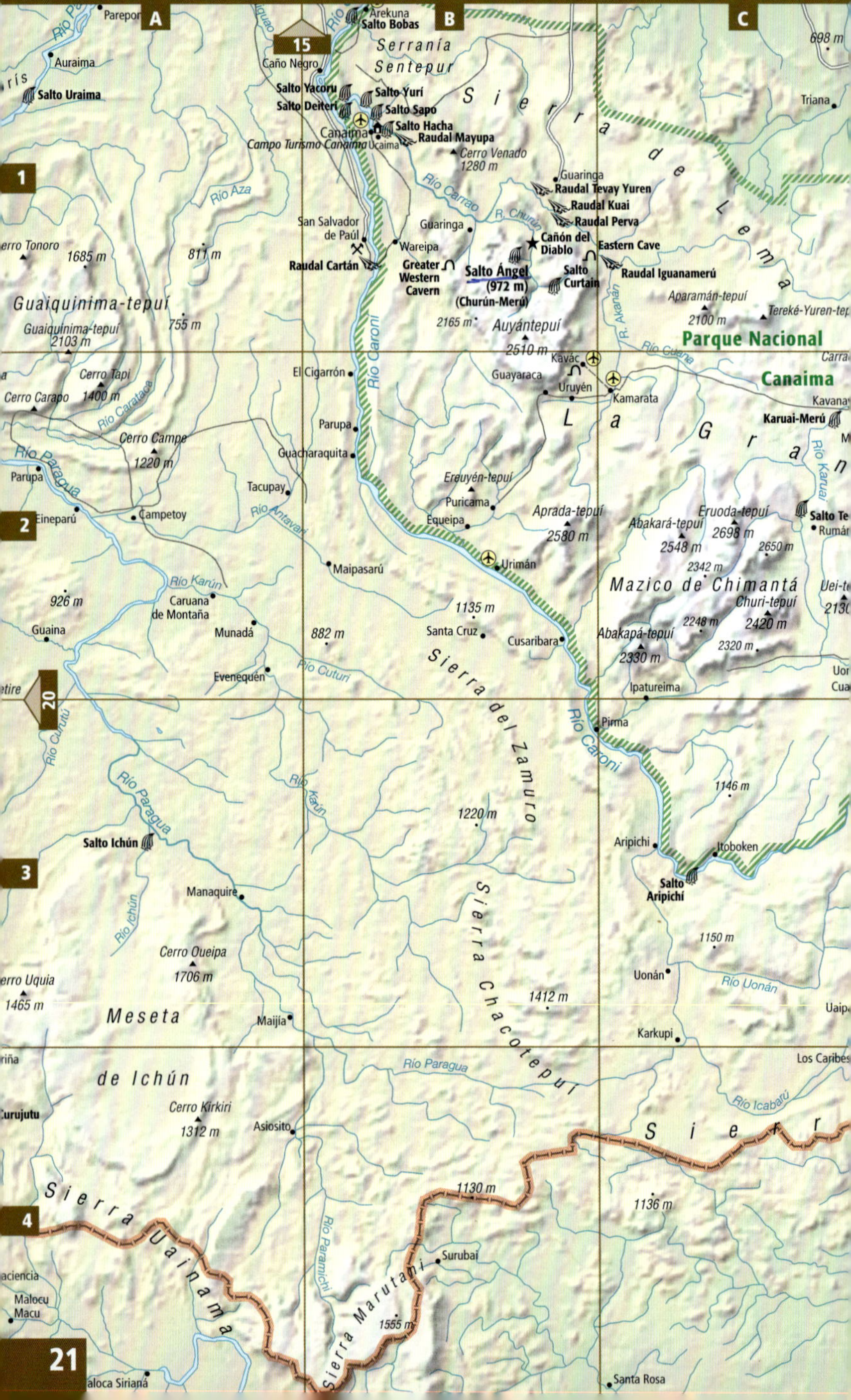

A B C

Parepon
Arekuna
Auraima
Salto Uraima
Caño Negro
15
Salto Bobas
Serranía
Sentepur
Salto Yacoru
Salto Yuri
Salto Deiteri
Salto Sapo
Canaima
Salto Hacha
Campo Turismo Canaima
Ucaima
Raudal Mayupa
Cerro Venado
1280 m
Río Aza
Sierra de Lema
698 m
Triana
1
Cerro Tonoro
1685 m
811 m
Río Carrao
Guaringa
Raudal Tevay Yuren
Raudal Kuai
San Salvador
de Paúl
Guaringa
R. Churún
Raudal Perva
Eastern Cave
Cañón del
Diablo
Wareipa
Raudal Cartán
Greater
Western
Cavern
Salto Ángel
(972 m)
(Churún-Merú)
Salto
Curtain
Raudal Iguanamerú
Guaiquinima-tepuí
2103 m
755 m
2165 m
Auyántepuí
2510 m
Aparamán-tepuí
2100 m
Tereké-Yuren-tep
Parque Nacional
Canaima
Carra
Cerro Tapi
1400 m
Cerro Carapo
Río Carrao
El Cigarrón
Guayaraca
Kavác
Uruyén
Kamarata
Kavana
Karuai-Merú
M
Río Paragua
Cerro Campe
1220 m
Parupa
Río Antavai
Parupa
Eineparú
Campetoy
Guacharaquita
Tacupay
Ereuyén-tepuí
Aprada-tepuí
2580 m
Abakará-tepuí
2548 m
Eruoda-tepuí
2698 m
2650 m
2342 m
Salto Te
Rumár
2
926 m
Río Karún
Caruana
de Montaña
Maipasarú
Puricama
Equeipa
Urimán
Mazico de Chimantá
Churi-tepuí
2420 m
Uei-te
2130
Guaina
Munadá
882 m
1135 m
Santa Cruz
Cusaribara
2248 m
Abakapá-tepuí
2330 m
2320 m
Uor
Cua
etire
Evenequén
Río Cuturí
Sierra del Zamuro
Ipatureima
20
Río Caroní
Pirma
Río Paragua
Salto Ichún
Manaquire
1220 m
1146 m
Aripichi
Itoboken
Salto
Aripichí
3
Cerro Queipa
1706 m
Sierra Chacotepuí
1150 m
erro Uquia
1465 m
Meseta
Maijía
1412 m
Uonán
Río Uonán
Uaip
de Ichún
riña
Los Caribés
Río Paragua
Río Icaburú
Cerro Kírkiri
1312 m
Asiosito
Sier
urujutu
Sierra Uainama
1130 m
1136 m
4
aciencia
Malocu
Macu
Río Paramichi
Surubaí
Sierra Marutaní
1555 m
aloca Siriana
Santa Rosa

A
Cañame
Moriche
B
4 m
Yagua
Laguna
Caridad
C
Río Yagua

18
19

Raudal
Guarinuma
Guarinuma
Chipiro
San Antonio
Puruname
Mapa

Baltazar
Temblador
Pato
Guam

Patacame
Río Patacame
Raudales de
Casura

1
Santa Cruz
Río Aracari
Río Guaname

Laja Jeboa
Laulu
Gallo
Mc

Río Temi
Chiquichical
Río Orinoco
Kira
V

Yavita
Cariche
Cerro
Cariche
Brazo Casiqu

orino
Pimichín
Cuperia
Curamoni

Gabriel
Maroa
Caño San Miguel
Caño Desecho
Capibara
Río Guarmoni

Guzmán Blanco
San Miguel
Desecho
Brazo Casiquiare

Camico
Tomo
San Emeterio
Laguna
Macavacape
Sebucán
Río Pasiba

2
Sinforiano
San Raimundo
Piedra Pintada

Río Tomo
Raudales Corocoro
Playa de Candela
Raudales de
Zurucucú

San Antonio
Río Guainia
Paso del Diablo
Río Manip

KOLUMBIEN
Curare

Nazareth
Colón
Coromoto
Siapa

a do Macaco
Chapazón
Brazo Casiquiare
Guayabal
El Mango

Solario
★ Piedra de
Culimacare
Lago
Culimacare

San Felipe
San Carlos
de Río Negro
Buena Vista

3
Pamá
Tibilibí
El Peligro

Parque Indigena
Altamira
San José
Macanilla
Río Pasimoni
Río Yatua

F. Narciso
Patuco
Cerr

Al Alto Río Negro
Quintana
Murciélago
Laja Alta
Piedra Arauícaua
188 m

Santa Rosa de Amanadona
S
e
r
r
a
n

BRASILIEN
El Carmen

Santa Lucía
▲ Piedra del Cocuy
462 m

Cocuy

Río Icaná
Juca
Santa Anna

4
Jaquiana
Santana
Río Negro
Macizo de la Nebli

Tapéra
Sandoval
Marabitanas
Damiáo
Canal Maracabury

S. Marcelino
Alexandrina
Sierra do Padre
Pico 31

23
raiuara
São Pedro
Pedreira
Pico da Neblina
3014 m

Mabé
Darabi

1 cm = 17,5 km   1 : 1.750.000
0   25 km   50 km

D   **E**   20   **F**

rro Marahuca
2890 m

Salto
Caballate

Salto
Cotinamo

**Parque Nacional
Duida-Marahuaca**

Cerro Duida

Turivijuña

Río Cu...

Río Matacuni

Río Ocamo

Río Vatamu

Iguajuña

Río Padamo

1100 m

Serra Parima

1

...atama

La Esmeralda

Misión
Padamo

Seducuragüey-
teri

Raudal
Arata

Guabutagüey-teri   Guarimajibigüey-teri

Río Ocamo

Chigüire

Yesibigüey-teri

Augüey-teri

Santa María
de Los Guaicas

Yrequemobi-teri

Shitari

Río Manaviche

Mocavaca-teri

Parque Nacional

Opojiiteri

Siparigüey-teri

Jirocaobi-teri

Yabitagüeiteri

Macorima-teri

Pasobequi-teri

Mayabi-teri

2

Boca Mavaca

Manaviche

Caroji-teri

Río Orinoco

Coyosigüey-teri

Tacogüey-teri

Cerro Vinilla
815 m

Platanal

Parima Tapirapecó

Aratitiyope-tepui
1690 m

Majecoro-teri

Motogüey-teri

Río Mavaca

Mono-teri

Conoporibigüey-teri

Río Orinoco

Rewajobigüeyteri

Shama-teri

Jasubigüey-teri

Jaya-teri

Río Chamata

Cerro Tucuy
615 m

Aramanish-teri

Sierra de Unturán

3

Río Mavaca

Yajiyabe-teri

Río Siapa

Narimbi-teri

Sierra Curupira

Conamateri

Akave-teri

Yeisicorobiten

Tushara

Parque Nacional

Nacayayo-teri

Serranía de la Neblina

Uetrubi-teri

Serranía Tapirapecó

4

e la Neblina

BRASILIEN

Sierra de Imeri

24

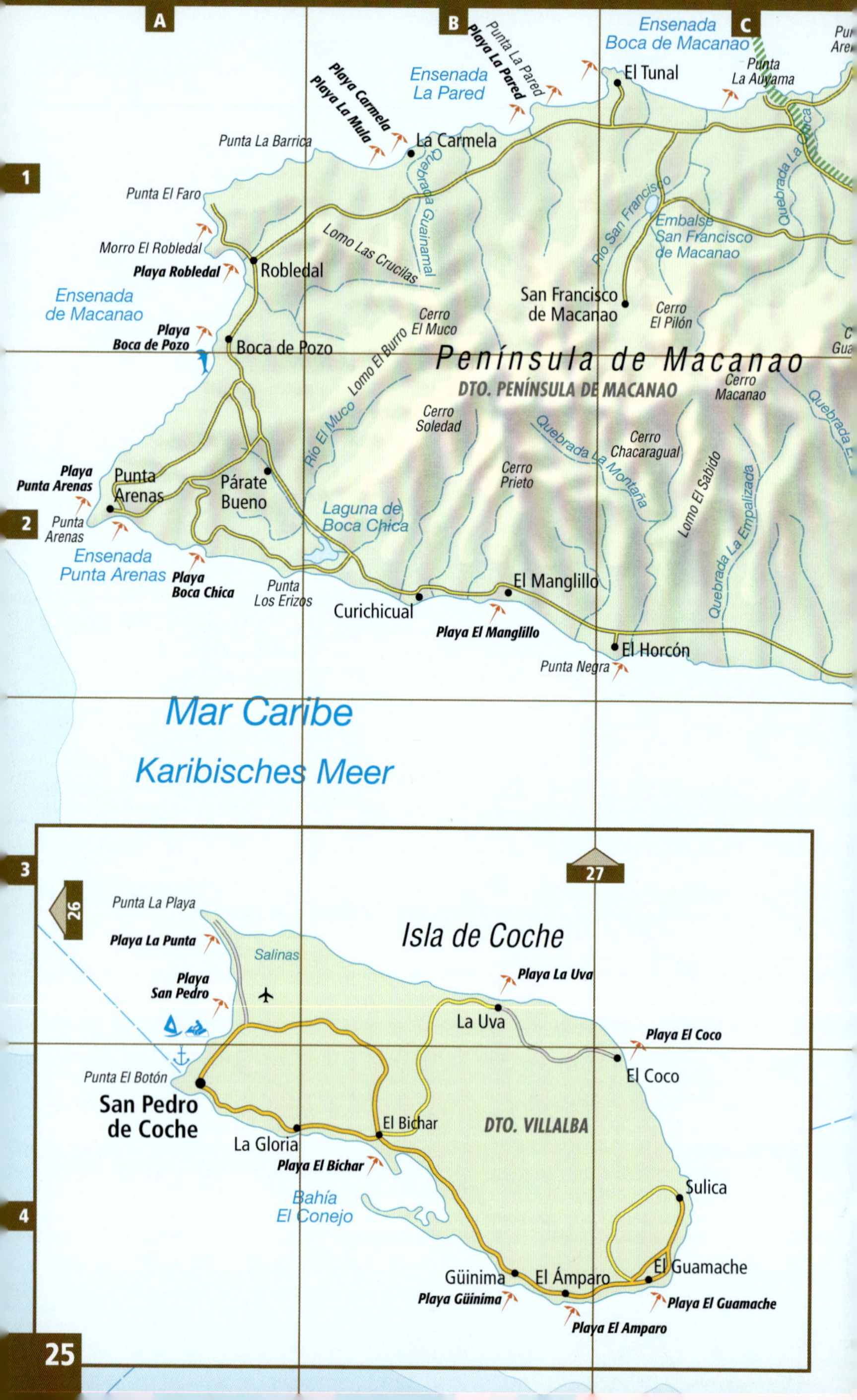

A   B   C

1

Playa Carmela
Playa La Mula
Punta La Barrica
Punta El Faro

Morro El Robledal
Playa Robledal   Robledal

Ensenada de Macanao   **Playa Boca de Pozo**   Boca de Pozo

Punta La Pared
Playa La Pared   Punta La Pared
Ensenada La Pared   La Carmela

Quebrada Guainamal

Lomo Las Crucilas

Cerro El Muco

Ensenada Boca de Macanao   El Tunal
Punta La Auyama

Río San Francisco

San Francisco de Macanao   Cerro El Pilón

Península de Macanao
DTO. PENÍNSULA DE MACANAO

Embalse San Francisco de Macanao

Cerro Macanao

Río El Muco   Lomo El Burro   Cerro Soledad   Cerro Prieto   Quebrada La Montaña   Cerro Chacaragual   Lomo El Sábido   Quebrada La Empalizada

2

Playa Punta Arenas   Punta Arenas   Párate Bueno   *Laguna de Boca Chica*
Punta Arenas
Ensenada Punta Arenas   **Playa Boca Chica**   Punta Los Erizos   Curichicual

El Manglillo
Playa El Manglillo   El Horcón
Punta Negra

Mar Caribe

Karibisches Meer

3

26   Punta La Playa
Playa La Punta   *Salinas*

Playa San Pedro

Punta El Botón

San Pedro de Coche

27

Isla de Coche

Playa La Uva
La Uva

Playa El Coco
El Coco

La Gloria   El Bichar   **DTO. VILLALBA**
Playa El Bichar

Bahía El Conejo

4

Sulica

Güinima   El Ámparo   El Guamache
Playa Güinima   **Playa El Guamache**
Playa El Amparo

25

D **E** **F**

Punta El Tigre

El Magüey Punta Paraguachí

Lomo de Sabana

El Saco

**Ensenada
La Guardia**

1

Playa La Restinga

Quebrada Las Trojas

27 Pla
La
Piedr

Balneario La Restinga

**Parque Nacional
Laguna de La Restinga**

Laguna de La Restinga

2

Boca del Río

Museo del Mar

Chacachacare

Santa
María

Los
Gómez

Los Vásquez

Punta Barbasco

**Monumento Natural
Las Tetas de María Guevara**

Mata
Redonda

El Sur

Las
Hernández

Guayacancito

**Bahía
de Mangle**

Punta Las Macetas

Palo
Sano

Playa
Guayacancito

Punta Manzanillo

Laguna
de Raya

DTO. TUBORES

El Águila

Punta Laguna de Raya

**Laguna Punta
de Piedras**

Las Casitas

3

Punta de Piedras

Bello
Monte

El Guamach

Punta Guamache

Punta
de Mangle

Puerto La Cruz, La Guaira

**Bahía
El Guamache**

Punta
de Mangle

s. Inset S. 25

**Ensenada
de Charagato**

Punta
Charagato

Cumaná

San Pedro de Coche
(Isla de Coche)

4

Punta
Brasil

Playa Charagato

Playa La Cabecera

Playa Brasil

Punta
Horca

Ruinas de Nueva Cádiz

Punta La Cabecera

Isla de Cubagua

DTO. TUBORES

Playa
ta Arenas

Punta
Arenas

Playa
Manglecito

Punta
Manglecito

Punta Chucuruco

Isla de Margarita

A · B · C

1

Mar Caribe

Karibisches Meer

Playa Pedro Gon...
Playa Bahía de Plata
Playa Arenas
Playa La Boquita
Playa Caribe

Lagu...
Suár...

Bahía La Galera
Altagracia

Laguna Los Mártir...

Playa La Galera
Fortín La Galera

Bahía de Juangriego
Playa Juangriego
Juangrie...

Los Millanes

Punta Maria Libre
Pedregales
Las Cabrera...

2

Ensenada La Guardia

Punta Tacuantar
Museo Pueblos de Margarita
Vizcuña
El Mac...

DTO. MARCANO

Playa Pacú

Río El Rincón
El Macho
El Tuey
Agua de Vaca

Guatacaral
San Ju...
Bautis...
Carapacho

26
La R...inga

Punta Negra
Playa La Guardia
La Guardia
Piedras Negras

Los Villarroeles
El Alto

Parque Nacional Laguna de La Restinga

Río Negra

Las Barrancas

DTO. DÍAZ

3

Laguna de La Restinga

El Espinal

...are
...Natural
...evara

Santa María
Los Gómez
Los Vásquez
El Hático
Las Guevaras
El Dátil

Mata Redonda
Palo Sano
El Sur
Las Hernández
Las Giles
Las Bermúdez
Los Bagres

Río San...

La C...
del Pa...

Laguna de Raya

DTO. TUBORES

Las Marvales

...guna de Raya
Laguna Punta de Piedras

El Águila
Las Cuibas
Orinoco

Aeropuerto Internacional Santiago Mariño (El Caribe)

El Yaqu...

4

Las Casitas

Punta de Piedras
Bello Monte
El Guamache
El Manglillo
Playa Punta Carnero
Playa El Yaque
Pl...

Punta Guamache

Bahía El Guamache
Punta de Mangle

Los Algodones

Laguna Punta de Mangle

s. Inset S. 25

26

Punta Cabo Negro
Punta Cazonero
Playa Manzanillo
Playa El Humo
Morros de Constanza
Punta El Humo
Punta Paraguá
Punta Ausente
Playa El Agua
Playa Punta de Piedra
Manzanillo
Playa Guayacán
Punta Cabo Blanco
puerto Viejo
Playa Parguito
puerto Cruz
Guayacán
Cerro Palma Real
La Mira
Cerro La Valla
Punta Cabo Blanco

DTO. ARISMENDI

La Sabana
Aricagua
El Toco
Puerto Fermín
(El Tirano)
Pedro González
Playa El Tirano
La Chica
Playa El Cardón
Laguna a Playa
Belén
El Tanque
Loma de Guerra
El Cardón
Punta Cardón
Cerro Tragaplata
San José de Paraguachí
La Rinconada
El Barrero
Cerro Guayamurí
Las Gamboas
Las Guochoracas
El Salado
480 m
DTO. GÓMEZ
La Polvorosa
Guarame
ecindad
Santa Ana
Cerro El Mico
La Fuente
Monumento Natural Cerros Guayamurí y Matasiete
Santa Ana del Norte
El Chuare
El Cercado
Las Tapias
Cerro Matasiete
Playa Guacuco
Kunsthandwerk
Guayabal
Salamanca
680 m
Sabana de Guacuco
Tacarigua
Santa Isabel
San Sebastián
El Samán
Cocheima
Laguna de Gasparico
Parque
LA ASUNCIÓN
N.S. de la Asunción
Atamo Norte
Río La Asunción
mines
Museo Nueva Cádiz
Fuerte de Santa Rosa
Atamo Sur
El Hato
Catalán
ntidueño
Cerro El Abismo
La Sierra
Los Cerritos
Agua de Vaca
Salinas de Pampatar
Nacional
Cerro Grande
960 m
Cuenilla del Valle
La Aguada
DTO. MANEIRO
Apostadero
El Valle del Espíritu Santo
La Aguada
Museo de Mariposas Harold Skinner
Pampatar
Cast. San Carlos de Borromeo
Cueva del Bufón
Virgen del Valle
El Pilar (Los Robles)
Canódromo
Fortín de La Caranta
Punta Ballena
DTO. MARINO
Museo Diocesano de la Virgen del Valle
Diverland
Playa Pampatar
Playa La Caranta
Conejeros
Guatamare
Urb. Playa El Angel
Puerto Moreno
Bahía de Pampatar
Villa Rosa
San Antonio Norte
PORLAMAR
Museo F. Narváez
Playa Moreno
El Piache
El Faro
Laguna Blanca
San Antonio Sur
El Cuarto
Playa Bella Vista
Playa La Caracola
Macho Muerto
Playa Valdez
El Morro
Bahía de Guaraguao
Las Maritas
El Silguero
Monumento Natural Laguna Las Marites
a de rites
Playa El Silguero
La Isleta

Mar Caribe

Karibisches Meer

ta
Punta El Yaque
Punta Mosquito

Abbildungsnachweis

Bilderberg, Hamburg: S. 1, 104/105
(K. Fengler), 140/141, 378 (M. Horacek)
F1 Online, Frankfurt am Main: S. 292/293
Fondoturismo Zulia, Venezuela: S 7,
338/339
Getty Images, München: S. 9 (D. Evans),
22 (altrendo images), 52 (Ed George),
58/59 (J. Jangoux), 122/123, 261, 359
(K. Dydynski), Klappe vorn (A. Maiquez)
Andreas M. Gross, München: S. 1, 6, 68/69,
214/215, 217, 317, 364/365
Theresa Haufe, Leipzig: S. 100/101, 203
IFA-Bilderteam, Ottobrunn: S. 106/107
(DISC)
Interfoto, München: S. 158/159 (H. Buberl)
laif, Köln: S. 3, 144/145, 147, 298 (Hemis),
Klappe hinten (Hoa-Qui), 8, 18/19, 346/
347 (Kreuels), 2, 39 (contrast), 32, 45 (Re-
dux), 36/37, 306 (Gebhard), 99 (REA), 5,
226/227, 228, 246, 254/255, 266, 304/
305, 367 (M. Gonzáles), Titel, 234, 237,
272/273, 278/279 (Le Figaro Magazine)
Look, München: S. 63 (I. Pompe), 96
(H. Endler), 213 (B. Limberger), 320/321
(Jürgen Richter)

Mauritius Images, Mittenwald: S. 1, 5,
10/11, 178, 300/301 (age), 4, 74/75,
192/193, 218/219 (R. Pigneter), 328/329
(Norbert Fischer)
Naturbildarchiv Mielke, Sachsenried: S. 157
Okapia, Frankfurt am Main: S. 2, 25,
248/249, 286/287, 288
picture alliance/dpa, Frankfurt am Main: S.
6, 339 (maxppp), 8, 31, 64, 148/149, 199
Schapowalow, Hamburg: S. 112/113
(Huber)
Andres Stephany, Venezuela: S. 4, 186
Thomas P. Widmann, Regensburg: S. 3, 5,
7, 26, 55, 90/91, 92/93, 118, 163,
164/165, 171, 177, 182, 209, 239, 290,
312/313, 345, 353, 366, 372, 376/377,
386/387
White Star, Hamburg: S. 330/331 (Fried-
richsmeier)
Michael Zegers, Frankfurt am Main: S. 3, 7,
49, 120/121, 128, 132, 134/135, 174/175,
181, 185, 196/197, 204/205

Kartografie

DuMont Reisekartografie, Puchheim
© MAIRDUMONT, Ostfildern

Umschlagfotos

Titelbild: Lagune im Parque Nacional Canaima
Umschlagklappe vorn: Kathedrale in Cartagena, Umschlagklappe hinten: Quebrada de Jaspe

Über die Autorin: Susanne Asal studierte Geschichte, Ethnologie und Anglistik und lebte mehrere Jahre in Argentinien und Mexiko. Sie arbeitet als freie Autorin und Lektorin für Tageszeitungen und Verlage mit Schwerpunkt südliches Südamerika, Venezuela und Mexiko. Ebenfalls
im DuMont Reiseverlag erschien von ihr »Richtig Reisen: Chile mit Osterinsel«.

Hinweis: Autorin und Verlag haben alle Informationen mit größtmöglicher Sorgfalt geprüft.
Gleichwohl sind Fehler nicht vollständig auszuschließen. Alle Angaben erfolgen ohne Gewähr.
Bitte schreiben Sie uns! Über Ihre Rückmeldung zum Buch und über Verbesserungsvorschläge
freuen sich Autorin und Verlag:
DuMont Reiseverlag, Postfach 3151, 73751 Ostfildern, E-Mail: info@dumontreise.de

1. Auflage 2008
© DuMont Reiseverlag, Ostfildern
Alle Rechte vorbehalten
Grafisches Konzept: Groschwitz, Hamburg
Druck: Rasch, Bramsche
Buchbinderische Verarbeitung: Bramscher Buchbinder Betriebe